Effective Machine Learning Teams
잘되는 머신러닝 팀엔 이유가 있다

| 표지 설명 |

표지 동물은 금란조(학명: *Euplectes*)입니다. 주로 사하라 이남 아프리카에 서식하는 작은 새로, 풀과 식물을 엮어 정교한 둥지를 짓습니다. 수컷은 번식기에 선명한 빨강, 주황, 노랑 등 밝은 깃털을 지닌 반면, 암컷과 비번식기 수컷은 갈색 계열 깃털로 눈에 덜 띕니다. 수컷은 공중에서 과시 비행을 하며 암컷의 선택을 받습니다. 일부다처성으로 알려져 있으며, 둥지에 계절마다 2~4개의 알을 낳습니다.

금란조과에는 60여 종이 있으며, 그중 IUCN 보전 등급으로 지정된 9종 모두 안정적인 개체 수를 유지하고 있습니다. 대표적으로, 남부홍금란조는 모잠비크와 남아프리카 등 적도 남부에, 북부홍금란조는 나이지리아, 에티오피아 등 적도 북부 지역에 분포합니다.

오라일리 표지의 동물들은 대부분 멸종위기종입니다. 이 동물들은 모두 우리에게 중요합니다.

표지 일러스트는 『Dover』의 고전 선화를 바탕으로 캐런 몽고메리가 그렸습니다.

잘되는 머신러닝 팀엔 이유가 있다

최고의 성과를 내는 머신러닝 팀의 구조적 사고, 실무 중심 엔지니어링, 문화 구축법

초판 1쇄 발행 2025년 5월 30일

지은이 데이비드 탄, 에이다 양, 데이비드 콜스 / **옮긴이** 라인 AI Lab / **펴낸이** 전태호
펴낸곳 한빛미디어(주) / **주소** 서울시 서대문구 연희로2길 62 한빛미디어(주) IT출판2부
전화 02-325-5544 / **팩스** 02-336-7124
등록 1999년 6월 24일 제25100-2017-000058호 / **ISBN** 979-11-6921-387-5 93000

책임편집 박지영 / **기획 · 편집** 김종찬 / **교정** 홍원규
베타리더 강찬석, 안민재, 오두영, 이상욱, 이석곤, 이장훈, 조재욱, 한경흠
디자인 표지 윤혜원 내지 박정우 / **전산편집** 홍원규
영업마케팅 송경석, 김형진, 장경환, 조유미, 한종진, 이행은, 김선아, 고광일, 성화정, 김한솔 / **제작** 박성우, 김정우

이 책에 대한 의견이나 오탈자 및 잘못된 내용은 출판사 홈페이지나 아래 이메일로 알려주십시오.
파본은 구매처에서 교환하실 수 있습니다. 책값은 뒤표지에 표시되어 있습니다.
한빛미디어 홈페이지 www.hanbit.co.kr / 이메일 ask@hanbit.co.kr

© HANBIT MEDIA INC. 2025.
Authorized Korean translation of the English edition of **Effective Machine Learning Teams**
ISBN 9781098144630 © 2024 David Tan Rui Guan, Ada Leung Wing Man, and David Colls.

This translation is to be published and sold by permission of O'Reilly Media, Inc., the owner of all rights to publish and sell the same.

이 책의 저작권은 오라일리와 한빛미디어(주)에 있습니다.
저작권법에 의해 보호를 받는 저작물이므로 무단 전재와 무단 복제를 금합니다.

지금 하지 않으면 할 수 없는 일이 있습니다.
책으로 펴내고 싶은 아이디어나 원고를 메일(writer@hanbit.co.kr)로 보내주세요.
한빛미디어(주)는 여러분의 소중한 경험과 지식을 기다리고 있습니다.

Effective Machine Learning Teams

잘되는 머신러닝 팀엔 이유가 있다

O'REILLY® 한빛미디어

지은이 · 옮긴이 소개

지은이 데이비드 탄 David Tan

시니어 머신러닝 엔지니어로, 다양한 데이터 및 머신러닝 프로젝트를 수행해 왔습니다. 검증된 소프트웨어 엔지니어링 기법을 도입하여 반복 가능한 머신러닝 개발 환경을 구축하고, 팀이 빠르고 안정적으로 개발을 이어갈 수 있도록 지원하고 있습니다.

지은이 에이다 양 Ada Leung

소트웍스의 시니어 비즈니스 애널리스트이자 프로덕트 오너입니다. 기술, 비즈니스, 공공 부문에 걸쳐 복잡한 문제를 해결해 온 실무 경험을 바탕으로, 고객 중심 애플리케이션, ML 솔루션 확장, 데이터 전략 및 플랫폼 구축 등 다양한 분야에서 활동하고 있습니다. 성과 중심의 팀 문화를 중요하게 여기며, 온·오프라인 협업 팀을 이끌어 왔습니다.

지은이 데이비드 콜스 David Colls

기술 리더로서 소프트웨어 및 데이터 팀의 성과 개선을 이끌고 있습니다. 엔지니어링 설계, 시뮬레이션, 최적화, 대규모 데이터 처리에 전문성을 갖추고 있으며, 소트웍스에서는 애자일과 린 전환을 주도하고 오스트레일리아 데이터·AI 부문을 설립했습니다. 현재는 머신러닝 전략 수립과 서비스 개발, 프로젝트 리더십을 담당하고 있습니다.

옮긴이 라인 AI Lab

라인 내부 여러 서비스에서 필요한 AI 제품과 공통 솔루션을 개발합니다. 주로 서버 및 클라이언트에 적용되는 AI 모델, AI Face SDK, AI Effects, AI Moderation, AI Music Fingerprint 등을 연구하고 있습니다.

베타리더의 글

올해 처음으로 인공지능 관련 프로젝트를 맡게 되면서 어떻게 하면 효율적으로 프로젝트를 운영할 수 있을지 고민하던 중 이 책을 접하게 되었습니다. 이 책은 실제 ML 프로젝트 운영에 필요한 과정, 프레임워크, 조직 관리에 관한 내용을 명확하고 체계적으로 전달합니다. 또한 운영 측면에만 국한되지 않고 실무자들이 참고할 만한 내용도 잘 담겨 있어, ML 업무를 실제로 수행하는 구성원들이 프로젝트를 성공적으로 이끌어갈 수 있는 자양분을 얻을 수 있을 것이라 생각합니다.

— 강찬석, LG전자 소프트웨어 엔지니어

많은 조직이 ML을 도입하고 운영하며 비슷한 어려움을 겪지만, 그 경험을 구조적으로 정리한 책은 드뭅니다. 이 책은 단순히 모델 개발을 넘어 ML 프로젝트를 실제 서비스로 연결하기 위한 팀 관리, 제품 개발, 배포 전략, 엔지니어링, 조직 문화 등을 구체적으로 제시합니다. 현실적인 문제의식과 이를 해결하기 위한 원칙, 도구, 사례들이 체계적으로 정리되어 있어 ML 실무자뿐만 아니라 조직의 리더와 ML 엔지니어를 준비하는 이들에게도 큰 인사이트를 제공합니다. 잘되는 ML 팀엔 이유가 있고, 그 이유를 알고 싶은 이들에게 이 책을 추천합니다.

— 안민재, KT AI 엔지니어

데이터 과학과 IT 실무에 꼭 필요한 인사이트를 담은 책입니다. ML 프로젝트가 왜 실패하는지, 그리고 이를 어떻게 극복할 수 있는지 실제 현장 경험을 바탕으로 구체적으로 안내합니다. 원서도 훌륭하지만, 이번 한국어판은 가독성과 편집이 뛰어나 실무에서 참고하기에 더욱 적합합니다. ML 팀뿐 아니라 IT와 관련된 모두에게 추천합니다.

— 오두영, 데이터 과학 IT 기술블로그 운영자

베타리더의 글

이 책은 ML을 단순한 기술적 시각에서 접근하지 않고, 제품 개발과 프로젝트 운영이라는 현실적인 상황에서 풀어낸다는 점이 인상적입니다. ML 모델이 실제 서비스로 구현되기까지의 모든 과정을 조망하며, 프로젝트의 흐름과 기술 구현을 동시에 이해할 수 있도록 돕습니다. 특히 실무에서 자주 마주치는 기술적 문제와 팀 간 협업에서 발생하는 현실적 이슈들을 구체적으로 제시하고, 그 해결책을 함께 제안하는 점이 돋보입니다. 또한 프로젝트 관리자, MLOps 엔지니어, 소프트웨어 엔지니어, QA 테스터 등 다양한 역할의 시각에서 ML 프로젝트를 설명하여 협업과 커뮤니케이션 구조에 대한 이해를 높여줍니다. 소프트웨어 개발 방법론을 ML 프로젝트에 어떻게 적용할 수 있는지 실질적으로 보여주는 가이드북입니다.

— 이상욱, PETRONAS AI 플랫폼 리드

ML 프로젝트의 성공은 기술적 역량보다 팀의 협업과 프로세스에 달려 있습니다. 『잘되는 머신러닝 팀엔 이유가 있다』는 이 진리를 생생한 사례를 통해 입체적으로 보여줍니다. ML 프로젝트 실패의 근본 원인을 파악하고, 제품 개발부터 엔지니어링, 팀 구성까지 전 과정을 아우르는 해결책을 제시합니다. MLOps, 자동 테스트, 듀얼-트랙 전달 등 실전에서 검증된 기법을 린 전달 철학과 결합하여 복잡성을 줄이고 가치를 신속하게 전달하는 방법을 알려줍니다. 데이터 과학자부터 관리자까지, 모든 팀원이 협력하여 '지속 가능한 성공'을 실현할 수 있게 도와주는 이 책을 강력히 추천합니다.

— 이석곤, 아이알컴퍼니 부설연구소 수석

최근 AI를 사용하지 않으면 뒤처지는 상황이 되어, MLOps의 중요성이 크게 부각되었습니다. 그러나 이러한 변화가 급작스럽게 찾아오다 보니, MLOps에 대한 명확한 가이드나 모범 사례가 여전히 부족한 실정입니다. 이 책은 이러한 고민을 해결할 수 있는 해답을 제시합니다. 단순히 ML 사용법을 설명하는 데 그치지 않고, 프로젝트 기획부터 개발, 운영까지 전반적인 과정을 포괄적으로 다루고 있습니다. 책에서 제시하는 다양한 방법론과 정책을 선택적으로 도입하여 회사의 가이드라인을 수립하는 데 큰 도움이 될 것입니다. ML을 사용하고 있거나 사용할 예정이라면 프로젝트 구성을 위해 일독을 권합니다.

– 이장훈, DevOps 엔지니어

ML 제품 구축 경험을 바탕으로 프로젝트 과정에서 마주하는 다양한 문제를 해결할 수 있는 실용적인 접근법을 상세히 설명하고 있습니다. 린 개발 방법론, 애자일 기법, 자동 테스트, MLOps, CI/CD 등 검증된 방법을 통해 ML 프로젝트의 효율성과 안정성을 높이는 구체적인 방안을 제시하여, ML 프로젝트를 처음 시작하는 팀부터 운영 경험이 있는 조직까지 모두에게 유익한 내용을 담고 있습니다. 프로젝트의 기획, 개발, 운영을 담당하는 모든 실무자에게 추천합니다.

– 조재욱, 사랑모아금융서비스 IT 팀 PL

ML 프로젝트의 성공을 위해 제품 기획부터 엔지니어링, 팀 운영에 이르기까지 실무자들이 직면하는 현실적인 문제들에 대한 해결책을 제공합니다. 의존성 관리, 자동 테스트, MLOps, CI/CD 등 현대 ML 프로젝트의 핵심 요소들을 상세히 다루며, 코드 에디터 활용법, 리팩터링 기법, 기술 부채 관리까지 실제 사례를 통해 구체적인 해결 방안을 제시하고 있습니다. ML 팀을 이끌거나 참여하는 실무자에게 ML 프로젝트 성공을 위한 지침서가 될 것입니다.

– 한경흠, SK브로드밴드 솔루션 매니저

옮긴이의 말

들어가기에 앞서, 함께 번역에 참여해 주신 라인 AI Lab의 손재범 님, 유지현 님, 설재환 님, 신수민 님, 신정우 님께 먼저 감사 인사를 드립니다.

처음 원서를 접했을 때, ML 제품 개발과 제공 과정에서도 여느 제품과 마찬가지로 다양한 형태의 낭비가 발생하며, 이러한 낭비를 줄이기 위해 많은 고민이 필요하다는 점을 느꼈습니다. ML 제품은 지속적으로 개발되기 때문에, 보다 효율적인 방법으로 제품을 만들고 제공할 수 있다면 많은 리소스를 절약할 수 있습니다. 이러한 노력은 단순한 리소스 절감을 넘어 인사이트를 도출하여 개인과 조직이 빠르게 성장할 수 있는 토대를 마련하는 데에도 큰 도움이 됩니다.

이 책은 저자의 경험을 기반으로 ML 조직이 ML 제품을 개발하며 직면할 수 있는 다양한 장애물을 정의하고, 이에 대한 실질적인 솔루션을 제안합니다. ML 프로젝트를 진행하다 보면 누구나 한 번쯤 마주칠 수 있는 문제들을 미리 알지 못하면 시행착오를 겪게 됩니다. 이 책은 구체적인 사례를 통해 이러한 장애물을 효과적으로 해결하는 방안을 제시하며, 그 과정을 명확하게 설명합니다.

최근 IT 업계는 믿기 어려울 만큼 빠른 속도로 변화하고 있습니다. 이렇게 급변하는 상황에서는 '시행착오'조차 사치처럼 느껴질 때가 많습니다. 이제는 시행착오도 효율적이고 신속하게 겪어야 하는 시대이기에, 이 책의 의미는 더욱 크다고 생각합니다. 이 책은 단순히 좋은 방법론을 소개하는 데 그치지 않고, 실제 조직에서 직면하는 복잡한 문제를 구조적으로 해결하는 데 필요한 실용적인 관점과 구체적인 실행 방안을 제공합니다. 특히, ML 제품을 반복적으로 개선하고 운영하는 과정에서 발생하는 비효율을 줄이려는 모든 시도에 든든한 가이드가 될 것입니다.

번역 과정에서도 현업에서 느낀 장애물과 그 솔루션을 독자들이 직접 체감할 수 있도록 문맥 하나하나에 신경을 기울였습니다.

이 책이 ML 제품을 개발하고 운영하는 모든 분에게 더 나은 길을 제시하고 앞으로의 시행착오가 조금이라도 더 신속하고 가볍게 지나가는 데 도움이 되기를 바랍니다.

– 한길로, 라인 AI Lab

● 이 책에 대하여

들어가며

밤 9시 25분, 다나는 눈이 피로해진 채 컴퓨터 앞에 앉아 오류 수정 작업을 계속했다. 화면은 빨간색 경고와 수많은 탭으로 가득 차 있었다. 이미 저녁 식사와 집안일도 마쳐서 특별히 신경 쓸 일이 없었지만, 그녀의 생각은 여기저기 흩어져 있었다.

그날은 정말 바쁜 하루였다. 모델 훈련 작업에 오랜 시간을 들였고, 모델이 대출 신청을 거절하여 들어온 고객 문의를 해결하기 위해 지원 팀과 수많은 메시지를 주고받으며 시간을 보냈다. 데이터와 모델 구조를 여러 번 조정해 봤지만 소용이 없었고, 모델 성능이 개선되지 않는 이유를 찾기 위해 디버깅 작업에 더욱 몰두해야 했다. 더군다나 가끔 나타나는 프로그램의 심각한 오류 stack trace는 상황을 더 어렵게 만들었다.

피곤함이 몰려왔고, 컴퓨터에 아직 수정하지 않은 많은 코드가 그녀의 머릿속을 복잡하게 만들었다. 하지만 포기할 수 없었다. 그녀의 팀은 이미 예정된 릴리스를 네 달이나 넘겼고, 경영진의 인내심은 이미 한계였다. 더 나쁜 것은, 그녀의 일자리가 위험할 수도 있다는 두려움이었다. 최근 비용 절감 조치로 그녀가 알고 있는 사람들을 포함해 회사의 1/10이 해고되었다.

팀원 모두 선한 의도와 능력을 가지고 있지만, 매일 반복되는 지루한 테스트와 스트레스가 많은 생산화와 배포 그리고 어려운 코드를 다루느라 고생하고 있었다. 몇 달간의 계속된 노력으로 모두 지쳐 있었다. 최선을 다했지만, 마치 뼈대 없이 집을 지으려는 것처럼, 문제는 계속해서 생겨났다.

많은 사람이 머신러닝 machine learning (ML)을 배우기 시작할 때 큰 열정과 섣부른 자신감을 얻습니다. 이는 도구, 기술, 학습 자료 그리고 ML 전문가들의 커뮤니티가 점점 더 많아지고 있기 때문입니다. 그러나 이후 학습 자료나 대회를 넘어서 실제 문제, 복잡한 데이터, 여러 시스템과 다양한 목표를 가진 사람들과 일할 때, 많은 이가 ML의 가능성을 현실에서 실현하는 데 어려움을 느낍니다.

데이터 과학 분야가 '가장 멋진 직업'이라는 말이 있지만, 실제로 ML 전문가들은 반복적이고 힘든 작업, 복잡하고 취약한 코드 그리고 결국 제품으로 만들어지지 않는 실험에 시간을 많이 쓰는 경우가 대부분입니다.

2019년에는 데이터 과학 프로젝트 중 87%가 실제 서비스나 제품 단계까지 이르지 못했다는 보고가 있었습니다.[01] 2021년에는 실제로 ML 모델을 제품에 적용한 회사 중에서도 새 모델을 배포하는 데 한 달 이상 걸린다는 응답이 64%에 달했는데, 이는 2020년의 56%보다 증가한 수치입니다.[02] 또한 조사한 기관 중 38%가 데이터 과학자의 절반 이상의 시간을 모델 배포에 사용하고 있다고 합니다.

이러한 장벽들은 때때로 ML 실무자들이 전문 지식을 활용하여 고객과 기업에 AI의 가치와 약속을 제공하는 것을 방해하거나 심지어 막기도 합니다. 하지만 반가운 소식은 반드시 그럴 필요가 없다는 것입니다. 지난 몇 년 동안 우리는 다양한 데이터 및 ML 프로젝트에 참여하고 여러 산업의 ML 실무자들과 협력할 기회를 가졌습니다. 앞서 언급한 장벽과 어려움이 있지만, ML 실무자들이 고객의 손에 ML 기능을 탑재한 제품을 신뢰성 있게 제공할 수 있는 더 나은 경로, 관행 그리고 작업 시스템도 있었습니다.

이 책은 바로 그 내용을 다룹니다. 우리의 경험에서 추출한 일련의 지속 가능한 원칙과 관행을 정리하여 실제 세계에서 ML 솔루션을 효과적으로 제공하는 데 도움이 되는 방법을 공유할 것입니다. 이 관행들은 ML 시스템을 구축할 때 전체론적 접근 방식을 기반으로 하여 효과적입니다. 이들은 단순히 ML뿐만 아니라 제품, 엔지니어링, 데이터, 전달 과정, 팀 구조 등 다양한 하위 시스템에서 필수적인 피드백 루프를 생성합니다. 이를 통해 팀은 빠르고 안전하게 실패하고, 신속하게 실험하며, 신뢰성 있게 서비스를 제공할 수 있습니다.

---

[01] https://oreil.ly/xy9Xi
[02] https://oreil.ly/HP6Qh

이 책에 대하여

대상 독자

> 당신이 할 수 있다고 생각하든 할 수 없다고 생각하든 생각하는 대로 될 것입니다.
>
> — 헨리 포드

이 책은 대학원생, 기업체 직원, 스타트업, 성장 중인 기업의 일원 또는 컨설턴트로 일하는 ML 전문가들에게 도움이 됩니다. 이 책에서 다뤄지는 다양한 ML 기법은 ML 작업을 하는 팀의 여러 역할에서 나타나는 고민과 목표를 해결하는 데 초점을 맞추고 있습니다.

데이터 과학자와 ML 엔지니어

최근 몇 년간 데이터 과학자의 역할은 많이 변화했습니다. 단순히 모델링 기술이나 실험 분석에만 집중하는 것이 아니라, 데이터 정리부터 ML 엔지니어링, MLOps, 비즈니스 케이스 개발까지 다양한 역량이 필요해졌습니다.[03] 이 책에서는 데이터 과학자와 ML 엔지니어가 실제 세계에서 ML 솔루션을 설계하고 구현하기 위해 필요한 능력을 자세히 설명합니다.

과거에 우리는 데이터 과학자, ML 엔지니어, 박사 과정 학생, 소프트웨어 엔지니어, 품질 분석가, 제품 관리자 등에게 이 책의 원칙과 실습을 소개했고, 그들에게서 긍정적인 피드백을 받았습니다. 업계에서 함께 일한 ML 전문가들은 자동 테스트와 코드 리팩터링 같은 관행을 통해 피드백 루프와 워크플로, 신뢰성이 개선되었다고 말했습니다. 이를 통해 ML 커뮤니티가 이런 기술과 관행을 배우고 싶어 한다는 것을 알게 되었고, 이 지식을 널리 공유하고자 이 책을 집필했습니다.

---

[03] https://oreil.ly/jV7EP

■── 소프트웨어 엔지니어, 인프라 및 플랫폼 엔지니어, 아키텍트

현업에서 워크숍을 진행하게 되면, ML 분야에서 일하는 소프트웨어 엔지니어, 인프라 및 플랫폼 엔지니어, 아키텍트들을 자주 만나게 될 겁니다. 소프트웨어 세계의 기술들(예 코드형 인프라(IaC), 자동 배포, 자동 테스트)은 실제로 ML 솔루션을 만들고 제공하는 데 필요하지만 그것만으로는 부족합니다. ML 솔루션을 믿을 수 있게 만들기 위해서는 더 넓은 시야로 다른 원칙과 방법들(예 ML 모델 테스트, 듀얼-트랙 전달$^{dual-track\ delivery}$, 지속적인 발견, ML 거버넌스)을 적용해 ML만의 도전을 해결해야 합니다.

■── 제품 관리자, 전달 관리자, 엔지니어링 관리자

만약 우리가 ML 제품을 만드는 데 데이터 과학자와 ML 엔지니어만 필요하다고 생각한다면, 이미 실패를 향해 가고 있는 것입니다. 실제로, 팀이 ML, 데이터, 엔지니어링, 제품, 전달에 필요한 모든 능력을 갖추었을 때 가장 성공적이라는 것을 경험을 통해 알게 되었습니다.

이 책에서는 고객의 의견에 집중하고, 피드백을 빠르게 받으며, 빠르고 안정적으로 테스트하고, 올바른 방향으로 나아가게 하는 구조를 만들기 위해 린 전달$^{Lean\ delivery}$ 방식과 시스템 사고를 어떻게 적용할 수 있는지 상세히 설명합니다. W. 에드워즈 데밍[04]이 말했듯이, **언제나 나쁜 시스템이 좋은 사람을 이깁니다.** 그래서 더 나은 시스템을 통해 정보의 흐름을 최적화하고, 낭비(예 인수인계, 의존성)를 줄이며, 가치를 높이는 구조를 만들 수 있는 원칙과 방법을 공유해야 합니다.

만약 우리가 이 책을 제대로 썼다면, 여러분은 ML과 팀에서 '항상 해 왔던 방식'을 다시 한번

---
[04] https://oreil.ly/eUxHc

이 책에 대하여

살펴보고, 그것들이 얼마나 잘 작동하는지 반성하며 더 나은 대안을 고려하게 될 것입니다. 이 책을 열린 마음으로 읽고, 엔지니어링 관련 장에서는 코드 에디터를 열어두세요. 피터 M. 센지Peter M. Senge[05]는 『제5의 경영』(세종, 1996)[06]에서 '정보를 받아들이는 것과 실제 학습은 별개이다. "나는 자전거 타는 법에 대한 훌륭한 책을 읽었으니 이제 자전거를 탈 줄 안다"고 말하는 것은 말이 안 된다'고 했습니다. 우리는 책에서 설명하는 방법들을 여러분이 직접 팀에서 시도해 보기를 권장하며, 실제 프로젝트에서 그들이 가져오는 가치를 직접 경험하기를 바랍니다.

이 책을 접할 때는 완벽을 추구하기보다는 지속적으로 개선하려는 태도로 다가가세요. 모든 것이 완벽하게 진행되는 프로젝트는 없습니다. 복잡함과 도전은 언제나 존재하며(건강한 수준의 도전은 성장에 필요합니다), 이 책에 담긴 방법들은 우연히 생기는 복잡도를 줄여서 ML 솔루션의 핵심 복잡도에 집중하고 가치를 책임감 있게 전달할 수 있도록 도와줄 것입니다.

이 책의 구성

1장 ML 솔루션 제공의 도전과 더 나은 방향

이 장은 책의 핵심 내용을 간략하게 소개합니다. ML 프로젝트가 왜 실패하는지 그리고 어떻게 성공으로 이끌 수 있는지에 대한 깊이 있는 분석을 다룹니다. 이어서 제품, 전달, 머신러닝, 엔지니어링, 데이터, 다섯 가지 주요 분야에서 린 전달 방식을 적용해 ML 솔루션의 가치를 효과적으로 전달하는 방법을 제시합니다.

---

[05] https://oreil.ly/9HEwI
[06] 옮긴이_ 원서는 Peter M. Senge, 『The Fifth Discipline Fieldbook: Strategies and Tools for Building a Learning Organization』(Crown Currency, 1994)이고 번역서는 안중호가 번역했습니다.

1부 제품과 전달

1부 '제품과 전달'에서는 ML 솔루션을 성공적으로 전달하기 위해 필요한 다양한 부분들에 대해 설명합니다. 제품 중심 사고부터 린 전달 방식까지, ML 솔루션을 만들고 전달하는 데 필요한 실질적인 방법들을 자세히 다룹니다.

2장 ML 팀을 위한 제품과 전달 기법

이 장에서는 기회를 찾아내고, 시장이나 기술에 대한 가설을 빠르게 검증하며, 실현 가능한 해결책을 찾아가는 제품 발견 방법에 대해 이야기합니다. 중요한 문제와 실현 가능한 해결책을 우선시함으로써, 제품을 성공적으로 릴리스할 준비를 합니다. 또한 지속적으로 가치를 창출하기 위해 작업을 어떻게 구성하고 순서를 정하는지에 대한 전달 방식도 다룹니다. ML 문제의 복잡하고 불확실한 특성에 따른 도전 과제를 해결하기 위한 방법, 예를 들어 더 빠르게 배우고 짧은 주기로 반복하는 듀얼-트랙 전달$^{\text{dual-track delivery}}$ 모델 같은 기술도 소개합니다. 마지막으로 ML 프로젝트의 중요한 부분을 어떻게 측정하고 프로젝트 위험을 식별 및 관리하는 방법에 대해서도 알려줍니다.

2부 엔지니어링

2부 '엔지니어링'에서는 ML 솔루션을 구현하고 전달하는 과정에서 ML 실무자들이 알아야 할 중요한 기술과 관행들을 소개합니다. 자동 테스트, 코드 리팩터링, 효율적인 코드 에디터 사용법, 지속적 전달$^{\text{continuous delivery}}$, MLOps 등 실제 작업에서 바로 적용할 수 있는 유용한 팁들을 제공합니다.

이 책에 대하여

■― 3장과 4장 효율적인 의존성 관리

이 장들은 코드를 실행할 때 일관되고, 재현 가능하며, 안전한 운영을 할 수 있는 환경 구축 원칙과 방법을 소개합니다. 여러분이 직접 따라 할 수 있는 실습 예제도 준비되어 있습니다. 솔루션을 실제로 만들고 전달하기 시작하면, 이 장에서 배운 방법들이 어떻게 여러분과 팀원들이 쉽게 일관된 작업 환경을 만들 수 있게 해 주는지 알게 될 겁니다. 이런 방식으로 의존성 문제에 헤매지 않고도 효율적으로 작업할 수 있습니다.

■― 5장과 6장 ML 시스템을 위한 자동 테스트

이 장들은 여러분의 ML 솔루션의 구성 요소(소프트웨어 테스트, 모델 테스트, 데이터 테스트 등)를 테스트하기 위한 기준을 제공합니다. 자동 테스트가 어떻게 우리의 피드백 루프를 단축시키고, 수동 테스트의 불필요한 노력을 줄여주는지, 심지어 수동 테스트로 인한 서비스 결함을 어떻게 줄여주는지까지 보여줍니다. 그리고 ML 모델에 대한 소프트웨어 테스트 패러다임의 한계와 ML 적합도 함수 및 동작 테스트가 ML 모델의 자동 테스트를 확장하는 데 어떻게 도움이 될 수 있는지 설명합니다. 또한 대규모 언어 모델(LLM)과 LLM 애플리케이션을 종합적으로 테스트하는 기술도 다룹니다.

■― 7장 간단한 기술로 코드 에디터를 효과적으로 사용하기

여러분이 더 효과적으로 코딩할 수 있도록 코드 에디터(파이참 PyCharm 또는 VS Code)를 구성하는 방법을 보여드립니다. IDE를 몇 단계로 구성한 후, 리팩터링을 자동화하고, 문제를 자동으로 감지하고 수정하며, 코드베이스를 탐색할 때 헤매지 않는 등의 작업을 도울 수 있는 일련의 키보드 단축키를 소개합니다.

- **8장 리팩터링과 기술 부채 관리**

    이 장에서는 소프트웨어 설계의 지혜를 통해 코드의 가독성, 테스트 용이성, 유지보수성 및 확장성을 향상시키는 방법을 다룹니다. **실천하며 배우기**의 정신으로, 리팩터링 기술을 적용하여 우리의 코드베이스를 모듈화하고, 테스트하며, 읽기 쉬운 상태로 반복적으로 개선하는 방법을 볼 것입니다. 또한 여러분과 여러분의 팀이 기술 부채를 가시화하고 건강한 수준을 유지하기 위해 도움이 될 수 있는 기술을 배워 봅니다.

- **9장 MLOps와 ML을 위한 지속적 전달(CD4ML)**

    이 장에서는 MLOps와 지속적 통합 및 전달(CI/CD)의 진정한 의미와 기존에 알고 있는 역할 그 이상의 역할을 설명합니다. ML 프로젝트에 맞는 CI/CD를 어떻게 구축할 수 있는지, 그 과정에서 각 부분을 어떻게 조립해서 신뢰할 수 있는 ML 솔루션을 만들고, 팀원들이 반복적인 일에서 벗어나 더 중요한 문제에 집중할 수 있게 할지에 대해 알아볼 겁니다. 또한 CD4ML이 ML 거버넌스와 책임 있는 AI의 기준을 지키는 데 어떻게 도움을 주는지도 살펴볼 예정입니다.

3부 팀

3부 '팀'에서는 ML 팀이 더욱 효과적으로 작업할 수 있도록 만드는 다양한 요소들을 탐구합니다. 팀 내 신뢰 구축, 진행 공유, 다양성 증진, 높은 성과의 팀 만들기 등 팀의 역량을 강화하는 방법들을 살펴봅니다. 또한 ML 관행을 소규모 팀에서 더 큰 조직으로 확장할 때 마주치는 흔한 문제들과 이를 해결하기 위한 팀 구성, 소통 방식, 리더십에 대한 전략도 공유합니다.

이 책에 대하여

10장 효율적인 ML 팀의 구성 요소

이 장에서는 팀이 잘 운영되게 만드는 사이 좋은 관계와 같은 인간적인 요소에 초점을 맞춥니다. 팀원 모두가 안전하게 느끼고, 서로를 중심으로 하며, 성장할 수 있는 환경을 만드는 원칙과 방법에 대해 다룹니다. 신뢰, 소통, 공통의 목표, 의미 있는 성과, 팀 내 다양성 등을 다루면서, 피해야 할 잘못된 접근법과 팀 내 협업, 효율적인 작업 진행, 학습을 장려하는 방법에 대해서도 공유합니다.

11장 효과적인 ML 조직

이 장에서는 ML 팀을 여러 가지 방식으로 구성할 수 있고, 조직이 ML 작업을 여러 팀으로 확장할 때 자주 마주치는 어려움에 대해 이야기합니다. 『팀 토폴로지』(에이콘출판사, 2020)[07]에서 나온 아이디어를 바탕으로, 팀이 일의 흐름과 전문성, 협업과 독립성 사이에서 좋은 균형을 찾을 수 있도록 돕는 특별한 구조와 방법들을 소개합니다. 이러한 구조의 좋은 점과 제한점을 살펴보고, 조직의 요구에 맞게 이들을 어떻게 발전시킬 수 있는지 안내합니다. 마지막으로 민첩하고 빠르게 반응하는 ML 조직을 만드는 데 중요한 리더십과 지원하는 관행에 대해서도 다룹니다.

---

[07] 옮긴이_ 원서는 Matthew Skelton, Manuel Pais, 『Team Topologies: Organizing Business and Technology Teams for Fast Flow』(It Revolution Press, 2019)이고 번역서는 김연수가 번역했습니다.

추가 사항

본격적으로 시작하기 전에 네 가지 사항을 언급하고자 합니다.

첫째, ML은 단순히 지도 학습과 LLM만을 의미하지 않습니다. 우리는 강화 학습reinforcement learning,[08] 운영 연구operations research,[09] 시뮬레이션simulation[10] 등 다른 최적화 기법을 사용하여 데이터가 많은 문제뿐만 아니라 데이터가 부족한 문제도 해결할 수 있습니다. 또한 ML은 만능 해결책이 아니며 일부 문제는 ML 없이도 해결할 수 있습니다. 비록 이 책에서 지도 학습 문제(대출 연체 예측)를 중심 예제로 사용했지만, 여기서 다루는 원칙과 실천 방법은 지도 학습을 넘어 다른 영역에서도 유용합니다. 예를 들어, 자동 테스트, 종속성 관리, 코드 에디터 생산성에 관한 장은 강화 학습에서도 유용합니다. 2장에서 설명한 제품 및 전달 실천 방법은 어떤 제품이나 문제 영역에서도 탐색 및 전달 단계에 유용합니다.

둘째, 생성형 AI와 LLM이 많은 조직의 대중 인식과 제품 로드맵에 등장하면서, 우리와 동료들은 생성형 AI를 활용한 제품을 구상하고 개발하는 기회를 가졌습니다. LLM은 모델을 원하는 기능으로 유도하거나 제한하는 방식에 변화를 가져왔지만, 린 원칙과 엔지니어링의 기본 원칙은 변하지 않았습니다. 사실, 이 책의 기본 도구와 기법은 가정을 일찍 테스트하고, 빠르게 반복하며, 신뢰성 있게 전달하는 데 도움을 주어, 생성형 AI와 LLM의 복잡성을 다룰 때도 민첩성과 신뢰성을 유지할 수 있었습니다.

셋째, ML의 효율성과 이 책의 실천 방법은 혼자서 할 수 있는 일이 아닙니다. 그래서 이 책의 제목을 『잘되는 머신러닝 팀엔 이유가 있다』라고 지었습니다. 예를 들어, 테스트를 작성하는 사람이 혼자면 안 됩니다. 우리가 일해 온 조직에서는 팀, 부서, 심지어 조직 전체에서 이

---

[08] https://oreil.ly/7PjY6
[09] https://oreil.ly/ZezrC
[10] https://oreil.ly/UVhfB

이 책에 대하여

러한 린Lean과 애자일agile 실천 방법에 대한 문화적 정렬이 있을 때 개인이 가장 효과적으로 활동할 수 있었습니다. 이는 조직 전체를 한꺼번에 변화시켜야 한다는 것을 의미하지는 않습니다. 단지 혼자서는 충분하지 않다는 것을 의미합니다. 스티브 잡스는 이렇게 말했습니다. "비즈니스에서 위대한 일은 한 사람이 하는 것이 아닙니다. 팀이 함께 합니다."

마지막으로, 이 책은 생산성(가능한 한 많은 기능, 스토리, 코드를 배포하는 방법)에 관한 것이 아니며, 효율성(가능한 한 빠른 속도로 기능, 스토리, 코드를 배포하는 방법)에 관한 것도 아닙니다. 오히려, 이 책은 효과성에 관한 것입니다. 즉, 올바른 제품을 신속하고 신뢰성 있게 그리고 책임감 있게 만드는 방법에 관한 것입니다. **이 책은 균형을 찾고, 효과적인 방식으로 움직이는 방법에 관한 것입니다.**

이 책의 원칙과 실천 방법은 우리가 ML 솔루션을 성공적으로 전달하는 데 일관되게 도움을 주었으며, 여러분에게도 동일한 효과를 가져다 줄 것이라고 확신합니다.

코드 예제

책에 나오는 코드 예제와 연습문제는 다음 링크에서 다운로드할 수 있습니다.

한국어판

- https://github.com/wasplinguist/effective_machine_learning_teams

원서

- https://github.com/davified/loan-default-prediction
- https://github.com/davified/ide-productivity
- https://github.com/davified/refactoring-exercise

CONTENTS

지은이·옮긴이 소개 ··· 4
베타리더의 글 ··· 5
옮긴이의 말 ·· 8
이 책에 대하여 ··· 10

CHAPTER 01 ML 솔루션 제공의 도전과 더 나은 방향

1.1 ML을 향한 기대와 현실 ·· 30
  1.1.1 ML에 대한 지속적인 낙관 ·· 30
  1.1.2 ML 프로젝트가 실패하는 이유 ·· 31
1.2 시스템 사고와 린의 활용 방안 ·· 39
  1.2.1 MLOps만으로는 문제를 해결할 수 없다 ··· 40
  1.2.2 전체를 보는 관점: ML 효과적 구현을 위한 시스템 사고 ······················ 42
  1.2.3 효과적인 ML 전달을 위한 다섯 분야 ·· 43
1.3 결론 ·· 66

PART 01 제품과 전달

CHAPTER 02 ML 팀을 위한 제품과 전달 기법

2.1 ML 제품 발견 ··· 75
  2.1.1 제품 기회 발견 ··· 78
  2.1.2 제품 기회를 정의하는 캔버스 ·· 80
  2.1.3 빠르게 솔루션을 설계, 전달, 테스트하는 기술 ·································· 87

CONTENTS

   2.2 개시: 팀의 성공을 위한 준비 ·· **94**
       2.2.1 개시: 개시가 무엇이며 어떻게 하는가? ·· **94**
       2.2.2 개시 계획 및 실행 방법 ·· **96**
       2.2.3 사용자 스토리: MVP의 구성 요소 ·· **101**
   2.3 제품 전달 ··· **109**
       2.3.1 전달 활동의 리듬 ··· **109**
       2.3.2 제품 및 전달 측정 ··· **115**
   2.4 결론 ··· **120**

PART 02 엔지니어링

CHAPTER 03 효과적인 의존성 관리: 원칙과 도구

   3.1 코드가 어디서나 항상 작동한다면 어떨까요? ··· **126**
       3.1.1 더 나은 방법: 체크아웃하고 바로 시작하기 ··· **128**
       3.1.2 효과적인 의존성 관리 원칙 ··· **130**
       3.1.3 의존성 관리를 위한 도구 ·· **133**
   3.2 도커와 batect에 대한 간단한 소개 ·· **141**
       3.2.1 컨테이너란 무엇인가? ·· **142**
       3.2.2 batect로 도커의 복잡성 줄이기 ·· **146**
   3.3 결론 ··· **154**

CHAPTER 04　실무에서의 효과적인 의존성 관리

- 4.1　ML 개발 워크플로　156
  - 4.1.1 컨테이너로 만들 대상 식별하기　156
  - 4.1.2 실습하기: 컨테이너를 활용해 동일한 개발 환경 만들기　160
- 4.2　안전한 종속성 관리　175
  - 4.2.1 필요하지 않은 종속성 제거하기　176
  - 4.2.2 종속성의 검사 및 업데이트 자동 설정하기　178
- 4.3　결론　183

CHAPTER 05　자동 테스트: 신속하게 진행하되 문제는 피하기

- 5.1　자동 테스트: 빠르고 안정적으로 반복하기 위한 기본 요소　187
  - 5.1.1 왜 필요한가: 자동 테스트의 장점　189
  - 5.1.2 자동 테스트가 그렇게 중요하다면, 왜 우리는 하지 않을까요?　193
- 5.2　ML 시스템을 위한 포괄적인 테스트 전략의 구성 요소　196
  - 5.2.1 무엇을 테스트할 것인가: 테스트할 구성 요소 식별　196
  - 5.2.2 좋은 테스트의 특징과 피해야 할 함정　203
  - 5.2.3 테스트 구조　208
- 5.3　소프트웨어 테스트　211
  - 5.3.1 단위 테스트　211
  - 5.3.2 훈련 스모크 테스트　215
  - 5.3.3 API 테스트　217
  - 5.3.4 배포 후 테스트　222
- 5.4　결론　225

CONTENTS

CHAPTER 06 자동 테스트: ML 모델 테스트

- 6.1 모델 테스트 ·· 228
  - 6.1.1 모델 테스트의 필요성 ··· 228
  - 6.1.2 ML 모델 테스트의 어려움 ·· 230
  - 6.1.3 ML 모델을 위한 적합도 함수 ·· 232
  - 6.1.4 지표 기반 모델 테스트(전역, 층화) ·· 234
  - 6.1.5 동작 테스트 ·· 240
  - 6.1.6 LLM 테스트: 필요성과 방법 ··· 242
- 6.2 모델 테스트에 필수적인 보완 기법 ·· 248
  - 6.2.1 오류 분석 및 시각화 ·· 249
  - 6.2.2 릴리스 단계에서 데이터 수집 루프를 닫아 학습하기 ····················· 252
  - 6.2.3 개방형-폐쇄형 테스트 설계 ·· 255
  - 6.2.4 탐색적 테스트 ··· 257
  - 6.2.5 모델을 개선하는 방법 ·· 257
  - 6.2.6 실패 비용을 줄이기 위한 설계 ·· 259
  - 6.2.7 운영 모니터링 ··· 260
  - 6.2.8 모델 테스트 과정을 종합해 보기 ··· 262
- 6.3 다음 단계: 배운 것을 적용하기 ·· 265
  - 6.3.1 점진적으로 개선하기 ··· 265
  - 6.3.2 가치 증명하기 ··· 267
- 6.4 결론 ··· 267

CHAPTER 07 간단한 기술로 코드 에디터를 효과적으로 사용하기

- 7.1 IDE를 아는 것의 이점(그리고 놀라운 단순성) ······ **271**
  - 7.1.1 왜 IDE에 신경 써야 할까요? ······ **271**
  - 7.1.2 IDE가 그렇게 중요하다면 왜 아직 배우지 않았을까요? ······ **274**
- 7.2 계획: 두 단계로 생산성 높이기 ······ **275**
  - 7.2.1 1단계: IDE 구성하기 ······ **276**
  - 7.2.2 2단계: 편의성의 핵심, 키보드 단축키 ······ **284**
  - 7.2.3 해냈습니다! ······ **298**
- 7.3 결론 ······ **304**

CHAPTER 08 리팩터링과 기술 부채 관리

- 8.1 기술 부채: 자동차 기어 속 모래 ······ **306**
  - 8.1.1 테스트, 설계, 리팩터링을 통해 건강한 수준의 기술 부채 달성하기 ······ **308**
  - 8.1.2 리팩터링 101 ······ **312**
- 8.2 노트북(또는 문제가 있는 코드베이스) 리팩터링 방법 ······ **314**
  - 8.2.1 지도: 여정 계획하기 ······ **315**
  - 8.2.2 여정: 출발하기 ······ **321**
  - 8.2.3 우리가 이룬 것을 돌아보기 ······ **334**
- 8.3 현실에서의 기술 부채 관리 ······ **340**
  - 8.3.1 기술 부채 관리 기법 ······ **340**
  - 8.3.2 부채에 대한 긍정적인 관점: 시스템 상태 평가 ······ **344**
- 8.4 결론 ······ **348**

CHAPTER 09　MLOps와 ML을 위한 지속적 전달(CD4ML)

- 9.1 MLOps의 강점과 부족한 퍼즐 조각들 · · · · · · 354
  - 9.1.1 MLOps 101 · · · · · · 354
  - 9.1.2 스멜: 우리가 무언가를 놓쳤다는 힌트 · · · · · · 361
- 9.2 ML을 위한 지속적 전달(CD4ML) · · · · · · 365
  - 9.2.1 CD4ML의 이점 · · · · · · 366
  - 9.2.2 지속적 전달 원칙에 대한 소개 · · · · · · 368
  - 9.2.3 CD4ML의 구성 요소: 운영 준비가 완료된 ML 시스템 구축 · · · · · · 370
- 9.3 CD4ML이 ML 거버넌스와 책임 있는 AI를 지원하는 방법 · · · · · · 385
- 9.4 결론 · · · · · · 389

PART 03　팀

CHAPTER 10　효율적인 ML 팀의 구성 요소

- 10.1 ML 팀이 직면하고 있는 공통적인 문제 · · · · · · 395
- 10.2 효율적인 팀의 내부 구성 요소 · · · · · · 400
  - 10.2.1 기본 구성 요소로서의 신뢰 · · · · · · 401
  - 10.2.2 커뮤니케이션 · · · · · · 410
  - 10.2.3 멤버의 다양성 · · · · · · 415
  - 10.2.4 동기부여와 프로세스 공유 · · · · · · 419
  - 10.2.5 효과적인 팀을 만들기 위한 내부적인 전략 · · · · · · 422
- 10.3 엔지니어링 효율성을 통한 흐름 개선 · · · · · · 425

10.3.1 피드백 루프 · 427
10.3.2 인지 부하 · 428
10.3.3 흐름 상태 · 429
10.4 결론 · 433

CHAPTER 11 효과적인 ML 조직

11.1 ML 조직이 직면한 일반적인 과제 · 438
11.2 팀 단위에서의 효과적인 조직 구성 · 441
11.2.1 가치 중심 포트폴리오 관리의 역할 · 442
11.2.2 팀 토폴로지 모델 · 443
11.2.3 ML 팀을 위한 팀 토폴로지 · 449
11.2.4 효과적인 팀을 구축하기 위한 구성 전략 · 465
11.3 효과적인 리더십 · 467
11.3.1 계획적이고 효과적인 팀을 위한 구조와 시스템 구축 · 468
11.3.2 이해관계자 참여 유도 및 조직 리소스 조정 · 468
11.3.3 심리적 안전 조성 · 469
11.3.4 성공 분야에 대한 지속적인 개선 · 470
11.3.5 실패를 배움의 기회로 삼기 · 470
11.3.6 우리가 바라는 문화 구축 · 471
11.3.7 팀이 일을 즐겁게 하도록 장려 · 471
11.4 결론 · 474
11.4.1 에필로그: 다나의 여정 · 476

찾아보기 · 478

CHAPTER 1

ML 솔루션 제공의 도전과 더 나은 방향

> 가장 위험한 종류의 낭비는 우리가 인식하지 못하는 낭비입니다.
>
> — 시게오 신고Shigeo Shingo, 도요타 생산 시스템에 대한 선도적 전문가

> 마주하는 모든 것을 바꿀 수는 없지만, 마주하기 전에는 아무것도 바뀔 수 없습니다.
>
> — 제임스 볼드윈James Baldwin, 작가이자 극작가

앞서 언급했던 것처럼 많은 개인과 조직이 머신러닝(ML) 여정을 시작할 때 큰 기대를 갖고 시작하지만, 많은 ML 종사자의 실제 경험은 ML 솔루션을 전달하는 여정이 함정, 우회로, 때로는 극복할 수 없는 장애물로 가득 차 있음을 보여줍니다. 데이터 과학의 화려한 과대광고를 벗겨내면, 우리는 종종 ML 종사자들이 번거로운 수작업, 운영 중 문제 해결, 팀 간 고립, 다루기 힘들고 취약하며 복잡한 솔루션에 시달리는 모습을 보게 됩니다.

이러한 문제는 팀이 고객에게 가치를 전달하는 것을 방해하거나 심지어 막아버려 조직의 AI에 대한 투자와 야망을 좌절시킵니다. 하이프 사이클hype cycle[01]을 따라가다 보면, 많은 사람이 부풀려진 기대의 정점을 지나 실망의 골짜기로 추락하게 됩니다. 이와 반대로 높은 성과를 내는 일부 ML 팀이 생산성의 고원으로 나아가는 것을 보며, 우리가 과연 그곳에 도달할 수

---

[01] 옮긴이_ 또는 가트너 하이프 사이클, 과대광고 주기. 미국 리서치 기업 가트너(Gartner)가 1995년 도입한 개념으로, 신기술이 시장에서 어떻게 성숙하고 채택되는지를 다섯 단계로 시각화한 그래프입니다(https://oreil.ly/mGwWj).

있을지 궁금해할지도 모릅니다.

여러분이 학계, 데이터 과학, ML 엔지니어링, 제품 관리, 소프트웨어 엔지니어링 등 어떤 배경에 속해 있든, ML이 포함된 제품이나 시스템을 구축하고 있다면 이 장에서 설명하는 도전에 직면하게 될 것입니다. 이 장은 ML 기반의 제품을 구축하고 전달하는 우리의 경험과 다른 사람들의 경험을 요약한 것입니다. 우리의 이러한 원칙과 실천 방법이 불필요한 함정을 피하고, 더 신뢰할 수 있는 여정을 찾는 데 도움이 되기를 바랍니다.

이 장은 현실 세계에서 ML의 약속과 실망이라는 두 가지 진짜 모습을 인정하는 것부터 시작합니다. 그런 다음 ML 프로젝트가 종종 실패하게 만드는 고수준 및 일상적인 도전을 살펴봅니다. 그런 다음 린 전달$^{Lean\ delivery}$, 제품 중심 사고, 애자일 엔지니어링의 원칙과 실천 방법을 기반으로 더 나은 과정을 제시합니다. 마지막으로, 이러한 실천 방법이 생성형 AI 제품과 대규모 언어 모델(LLM) 애플리케이션을 전달하는 팀에게 특히 중요한 이유를 간단히 논의합니다. 이 장을 이 책의 나머지 부분을 축약한 미니어처 버전으로 생각해 주세요.

1.1 ML을 향한 기대와 현실

이 절에서는 ML에 대한 투자와 관심이 계속해서 증가하고 있는 증거를 살펴본 후 이러한 투자의 수익을 방해하는 엔지니어링, 제품, 전달의 병목 현상에 대해 깊이 탐구합니다.

1.1.1 ML에 대한 지속적인 낙관

과대광고와 하이프 사이클에서의 위치를 잠시 제쳐두고, ML은 여전히 빠르게 발전하는 분야로, 실제 문제를 해결하기 위한 많은 기술을 제공합니다. 스탠퍼드의 'AI 인덱스 보고서 2022'[02]에 따르면, 2021년 전 세계 민간 AI 투자 총액은 약 940억 달러(약 134조 원)로, 이는 코로나19 팬데믹 이전인 2019년의 총 민간 투자액의 두 배 이상입니다. 맥킨지의 '2021

---
02 https://oreil.ly/GUC4H

년 AI 현황' 설문조사[03]에서는 AI를 도입하는 비율이 꾸준히 증가하고 있음을 보여줍니다. 2020년에는 응답자의 50%가 최소한 하나의 기능에서 AI를 도입했다고 보고했으나, 2021년에는 56%로 증가했습니다.

또한 스탠퍼드의 'AI 인덱스 보고서 2022'를 통해 기업들이 다양한 ML 기술(예 자연어 이해, 컴퓨터 비전, 강화 학습)을 헬스케어, 소매, 제조, 금융 서비스 등 다양한 분야에 적용하기 위해 계속해서 투자하고 있음을 발견했습니다. 일자리와 기술의 관점에서, 스탠퍼드의 2010년 이후 수백 만 건의 구인 공고 분석에 따르면, 지난 10년 동안 ML 역량에 대한 수요는 매년 꾸준히 증가했습니다. 이는 코로나19 팬데믹 동안이나 그 이후에도 계속되었습니다.

이러한 추세는 기회 측면에서는 안심이 되지만, 과거에 있었던 ML 시스템의 생산자와 소비자 모두를 얽매었던 도전 과제를 직면하고 배우지 않으면 앞으로의 여정에서 큰 문제가 될 수 있습니다. 이러한 함정들을 자세히 살펴봅시다.

1.1.2 ML 프로젝트가 실패하는 이유

상위권을 휩쓰는 많은 캐글Kaggle 노트북이 있지만, 현실 세계에서 ML 프로젝트가 실패하는 것은 흔한 일입니다. 실패는 다양한 형태로 나타날 수 있습니다.

- ML 기능이 포함된 제품을 운영 환경에 배포하지 못한다.
- 고객이 실제로는 거의 사용하지 않는 제품을 배포한다.
- 결함이 있어 고객이 신뢰하지 않는 제품을 배포한다.
- 운영 중인 모델을 빠르게 발전시키고 개선하지 못한다.

명확히 하자면, 우리는 실패를 피하려는 것이 아닙니다. 모두가 알다시피, 실패는 가치가 있으며 피할 수 없는 것입니다.[04] 실패에서 배울 수 있는 것이 많습니다. 문제는 실패의 비용이 증가할 때 발생합니다. 예를 들어, 마감일을 놓치고, 비즈니스 결과를 달성하지 못하며, 때로

---

[03] https://oreil.ly/ylNOs
[04] https://oreil.ly/zEvK8

는 부수적인 피해까지 발생합니다. 사람들에게 해를 끼치거나[05] ML 프로젝트와 직접 관련이 없는 많은 직원이 일자리와 생계를 잃는 경우[06] 등이 그런 경우입니다.

저비용으로 안전하게 자주 실패함으로써 관련된 모든 사람의 성공 가능성을 높이는 것이 목표입니다. 또한 실패에서 배우고, 진행한 실험의 결과와 배운 교훈을 문서화해서 공유하여 같은 방식으로 반복해서 실패하지 않기를 원합니다. 이 절에서는 성공 가능성을 낮추는 일반적인 도전 과제를 살펴보고, 다음 절에서는 실패의 비용과 가능성을 낮추며 더 효과적으로 가치 있는 결과를 전달하는 방법을 탐구할 것입니다.

먼저, 높은 수준에서 시작하여 가치 전달을 가로막는 일상적인 장벽들을 자세히 살펴봅시다.

높은 수준에서 ML 프로젝트의 성공을 가로막는 장벽 살펴보기

ML 프로젝트가 원하는 성과를 달성하지 못하는 이유를 높은 수준에서 살펴보면 다음과 같은 도전들 때문입니다.

- **사용자에게 가치를 제공하거나 올바르게 문제를 해결하지 못하는 경우**

    이 경우에는 엔지니어링 사례가 충분히 갖추어져 있고 '제대로 된 제품을 만들었다'고 할지라도, '올바른 제품을 만들지 않았다'는 이유로 비즈니스 목표에 도달하지 못합니다. 이는 종종 제품 관리 능력이 부족하거나 제품이 비즈니스 목표와 일치하지 않을 때 발생합니다. 팀 내에 제품 중심 사고가 충분히 발달하지 않으면, ML 팀이 사용자 중심 설계 기법(예 사용자 테스트, 사용자 경험 매핑)을 활용하여 사용자의 고통, 필요, 욕구를 파악하지 못하는 경우가 흔합니다.[07]

- **모델을 운영 환경에 적용하는 도전**

    많은 ML 프로젝트가 실제 운영 환경에서 구현되지 못합니다. 2021년 가트너가 조사한

---

[05] https://oreil.ly/yQJFi
[06] https://oreil.ly/pybEo
[07] 해결하지 않아도 될 잘못된 고객 문제를 해결 대상으로 식별하는 오류는 ML에만 국한된 것이 아니며, 모든 제품이 이에 취약할 것이라고 판단하는 것을 경계해야 합니다.

설문에 따르면, AI 프로젝트 중 53%만이 시범 단계에서 실제 운영 환경으로 넘어가며, 성공한 경우에는 평균 9개월이 소요됩니다.[08] 모델을 운영 환경에 적용하는 문제는 단순히 컴퓨팅 문제(예: 모델 배포deployment)에 국한되지 않고, 적절한 품질, 지연 시간, 분포를 갖춘 데이터가 운영 환경에서 사용할 수 없는 경우도 포함됩니다.

모델을 운영 환경에 적용한 후의 도전

모델이 운영 환경에 도입된 후에는 반복적인 실험과 모델 개선을 방해하는 지루한 작업에 ML 종사자들이 매몰되는 것이 일반적입니다. 2021년 알고리드미아Algorithmia의 보고서[09]에 따르면, 기업의 64%가 새 모델을 배포하는 데 한 달 이상이 걸리는데, 이는 2020년에 비해 증가한 수치입니다. 보고서는 또한 조직의 38%가 데이터 과학자의 50% 이상의 시간을 배포에 사용하고 있으며, 이 비율은 규모가 커질수록 더욱 악화됩니다.

길거나 누락된 피드백 루프

모델 개발 중 긴 피드백 루프는 중요한 ML 제품 개발 작업에서 소중한 시간을 낭비하게 합니다. 모든 것이 잘 작동하는지 확인하는 주요 방법은 수동으로 훈련 노트북이나 스크립트를 실행하고, 완료될 때까지 기다린 후(때로는 몇 시간이 걸림), 로그나 출력된 문장을 수동으로 검토하여 모델 지표metric를 확인하는 것입니다. 이 방법은 잘 확장되지 않으며, 개발 중이나 운영 중에 예상치 못한 오류와 품질 저하 문제가 종종 발생합니다.

운영 환경에서 데이터 수집 및 레이블링 메커니즘과 같은 학습 메커니즘을 갖추지 않고 배포된 모델이 많습니다. 이러한 피드백 루프 없이 팀은 데이터 중심 접근 방식을 통해 모델 품질을 개선할 기회를 놓치게 됩니다.

취약하고 복잡한 코드 베이스

ML 코드 베이스는 종종 이해하기 어려운 코드로 가득 차 있습니다. 예를 들어, 잘못된

---

[08] 이 가트너 설문조사(https://oreil.ly/hkDJR)는 200명만을 대상으로 한 소규모 설문조사이므로 지역, 산업, 회사별로 제공되지 않은 ML 프로젝트의 수에 큰 편차가 있을 수 있습니다. 구체적인 수치를 약간 염두에 두고 여러분의 질적 경험과 연관 지어 생각해 보세요. 수 개월의 투자에도 불구하고 사용자에게 제공되지 않은 ML 프로젝트를 개인적으로 경험했거나 들어본 적이 있나요?

[09] https://oreil.ly/NpeRD

변수 이름, 길고 복잡한 함수, 구조가 명확하지 않은 코드(또는 스파게티 코드)spaghetti code 등이 있습니다. 이런 요소들이 코드를 이해하고 수정하기 어렵게 만듭니다. 새로운 기능이 추가될 때마다 복잡성과 오류 및 버그의 위험이 기하급수적으로 증가합니다. 코드 베이스를 수정하거나 확장하는 것은 개발자들이 복잡한 코드와 관련 시스템을 풀어야 하기 때문에 매우 어렵습니다.

ML 시스템에 자동 테스트가 없으면 더 취약해집니다. 테스트가 없으면 아무도 리팩터링을 원하지 않게 되어 복잡성이 더 커집니다. 이는 개발 주기를 길게 만들고 생산성을 낮춥니다.

▪── 운영 중 데이터 품질 문제

다음과 같은 예시로 설명하겠습니다. '영국 의학 저널British Medical Journal'[10]의 연구에 따르면, 병원이 코로나19를 감지하기 위해 개발한 수백 개의 예측 도구 중 어느 것도 실제로 작동하지 않았습니다. 이 모델들이 실패한 이유는 많았지만, 그중 하나는 데이터 품질 문제였습니다. 데이터 누출, 잘못된 레이블 데이터, 훈련 데이터와 실제 데이터 간의 차이 등이 주요 원인이었습니다.

문제를 더 복잡하게 만드는 것은 모델을 자동으로 재훈련, 재평가, 재테스트 및 재배포하는 과정에서의 어려움입니다. 이는 시간이 지남에 따라 변화하는 데이터에 대응하는 우리의 능력을 저해합니다.

▪── 불충분한 데이터 보안 및 프라이버시

데이터 보안과 프라이버시는 모든 조직 구성원의 책임입니다. 이는 제품 팀, 데이터 엔지니어링 팀 등 모든 팀에 해당합니다. ML의 맥락에서, 제품 실패를 초래할 수 있는 몇 가지 고유한 데이터 보안 및 프라이버시 문제가 있습니다. 그중 하나는 데이터 포이즈닝data poisoning으로, 악의적이거나 편향된 데이터를 훈련셋에 주입하여 모델을 손상시키는

---

10 https://oreil.ly/tlJe4

것입니다. 예를 들어, 마이크로소프트의 테이^{Tay} 챗봇[11]은 사용자들이 공격적인 내용을 학습시켜 릴리스 하루 만에 서비스가 중단되었습니다. 최근에는 LLM의 등장으로, 프롬프트 주입$^{prompt\ injection}$ 공격이 사용자 데이터를 유출하고 시스템 프롬프트를 드러내는 사례가 발생하고 있습니다.[12]

윤리적으로 문제가 있는 ML 제품

ML이 잘못될 수 있는 사례는 쉽게 찾을 수 있습니다. 예를 들어, 아마존의 채용 도구[13]가 '여성'이라는 단어가 포함된 이력서에 불이익을 준 사례를 들어봤을 것입니다. 아마존은 이 도구를 릴리스 1년 이내에 폐기했습니다. 또 다른 예로, 프로퍼블리카^{ProPublica}[14]의 분석에 따르면, 재범을 예측하는 ML 시스템이 흑인 피고인에게는 **두 배 높은 거짓 양성률**을, 백인 피고인에게는 **두 배 높은 거짓 음성률**을 보였습니다.

이제 ML 프로젝트가 실패하는 이유를 전반적으로 살펴봤으니, ML 프로젝트가 성공하기 어렵게 만드는 일상적인 도전 과제를 살펴보겠습니다.

미시적 관점에서 보는 일상적인 성공 장애물

미시적인 수준, 즉 ML 프로젝트에서 기능을 구현하는 단계에서는 아이디어의 실행을 방해하는 여러 가지 병목 현상이 존재합니다. 이러한 관점은 애자일 개발 생명주기에서 사용자 스토리가 효율성이 **낮은 환경**과 **높은 환경**, 두 가지 조건에서 어떻게 달라지는지를 비교하면 가장 잘 드러납니다. 우리 경험에 따르면, 이러한 장애물은 ML 및 엔지니어링 접근 방식뿐만 아니라 비효율적인 협업 워크플로와 계획되지 않은 작업에서도 발생합니다.

---

11 https://oreil.ly/2-HDD
12 https://oreil.ly/K8m4C
13 https://oreil.ly/Y3WqW
14 https://oreil.ly/yQJFi

효율성이 낮은 환경에서의 스토리 생명 주기

이번 시나리오에서 이 책의 주인공이자 ML 엔지니어인 다나^{Dana}와 함께 여정을 떠납니다. 캐릭터는 허구지만 고통은 실제입니다.

- 다나는 하루를 시작하면 바로 운영 중인 문제에 대한 경고와 모델이 특정 방식으로 작동한 이유에 대한 고객 지원 문의를 처리해야 합니다. 다나의 팀은 이미 경고 피로에 시달리고 있어 들어오는 경고를 종종 무시합니다. 이는 문제를 더욱 악화시키고 일일 경고 수를 증가시킵니다.
- 다나는 여러 로깅 및 모니터링 시스템을 확인하여 문제를 분류합니다. 시스템 간에 통합된 로그가 없기 때문입니다. 그녀는 수동으로 모델을 조사하여 특정 고객에 대해 모델이 예측한 이유를 찾습니다. 다나는 지난달에 유사한 고객 문의가 있었던 것을 어렴풋이 기억하지만, 그런 고객 문의를 해결하는 방법에 대한 내부 문서를 찾을 수 없습니다.
- 다나는 지난주에 만든 풀 리퀘스트를 검토할 자원봉사자를 요청하는 알림을 팀 채팅 창에 보냅니다. 그렇게 해야 병합 작업을 진행할 수 있습니다.
- 마침내 다나는 문제를 해결하고 코딩할 시간이 생겼습니다. 팀의 공유 작업 중 하나를 선택합니다.
- 코드 베이스에는 자동 테스트가 없기 때문에, 다나는 코드를 변경한 후 전체 훈련 스크립트나 노트북을 다시 시작하고 실행해야 합니다. 모델 훈련 시간이 40분 정도 걸리므로, 오류 없이 실행되기를 바랍니다. 그녀는 또한 모델 지표가 감소하지 않는지 확인하기 위해 일부 출력문을 수동으로 확인합니다. 때때로 개발 중 실수로 코드가 중간에 멈추기도 합니다.
- 다나는 커피를 마시고 싶지만 할 일이 너무 많아 잠깐의 여유에도 죄책감을 느낍니다. 그래서 2분 만에 커피를 만들고 책상에서 일과 함께 마십니다.
- 코딩하는 동안 다나는 풀 리퀘스트에 대한 댓글과 질문을 받습니다. 예를 들어, 특정 함수가 너무 길고 읽기 어렵다는 댓글이 있습니다. 다나는 작업의 맥락을 전환하여 지난주에 만든 코딩 설계 결정에 대한 응답을 작성하고, 다음 번에 이 긴 함수를 리팩터링하기 위한 스토리 카드를 만들겠다고 언급합니다.
- 페어 프로그래밍 없이 2주 동안 솔루션에 투자한 후 그녀는 이를 팀과 공유합니다. 팀의 엔지니어링 책임자는 솔루션이 코드 베이스에 너무 많은 복잡성을 초래하므로 다시 작성해야 한다고 지적합니다. 또한 이 스토리는 실제로 높은 우선순위가 아니었으며, 다나가 대신 살펴볼 수 있는 다른 스토리가 있다고 덧붙입니다.

다나가 얼마나 좌절하고 의욕을 잃었을지 상상이 되나요? 긴 피드백 루프와 여러 작업 사이를 오가는 일은 그녀가 달성할 수 있는 양을 제한했습니다. ML 작업과 풀 리퀘스트 검토 같은 번거로운 작업 사이를 오가는 것은 실제로 머리를 지치게 하여 피곤하고 비생산적으로 만듭니다.[15] 이런 상황 속에서 다나는 업무 시간이 끝난 후에도 다시 로그인해 작업을 마쳐야 한다는 압박도 느낍니다. 하루에 모든 일을 끝내기에는 시간이 턱없이 부족하기 때문입니다.

각 단계에서 긴 피드백 루프는 전체 작업 시간을 증가시켜 하루 동안 실험, 또는 반복할 수 있는 횟수를 줄입니다. 작업과 노력이 종종 여러 작업 사이에서 앞뒤로 이동하여 흐름을 방해하는 경우도 많습니다.

효율성이 높은 환경에서의 스토리 생명 주기

이제 다나가 효율성이 높은 환경에서 어떻게 다르게 일할 수 있는지 살펴봅시다.

- 다나는 하루를 팀 프로젝트 관리 도구를 확인하며 시작합니다. 그런 후 스탠드업 미팅에 참석해 스토리 카드를 선택합니다. 각 스토리 카드는 비즈니스 가치를 명확히 설명하며, 무엇을 해야 하는지 분명하게 정의합니다.
- 다나는 팀원과 함께 스토리 카드에 명시된 문제를 해결하기 위해 코드를 작성합니다. 코딩하면서 서로의 실수를 잡아주고 실시간 피드백을 주고받으며, 더 간단한 해결 방법을 제안하고 지식을 공유합니다.
- 코드를 작성하는 동안 각 코드의 변경 사항은 자동 테스트를 통해 몇 초 또는 몇 분 내에 빠르게 검증됩니다. 기존 테스트와 새로 작성한 테스트를 실행합니다. 소규모 데이터셋으로 로컬에서 ML 모델 훈련 파이프라인을 실행하여 모든 것이 예상대로 작동하는지 1분 내에 피드백을 받습니다.
- 전체 ML 모델 훈련이 필요할 경우, 로컬 머신에서 코드 변경 사항을 적용한 채 대규모 인프라에서 학습을 시작할 수 있습니다. '작동하는지 확인하기 위해 푸시할' 필요가 없습니다. 모델 훈련은 운영 데이터와 확장 가능한 컴퓨팅 리소스에 접근할 수 있는 환경에서 시작됩니다.
- 코드를 커밋하면, 지속적 통합 및 지속적 전달(CI/CD) 파이프라인에서 자동화된 여러 검사를 통과한 후 전체 ML 모델 훈련을 트리거합니다. 훈련 시간은 ML 모델 아키텍처와 데이터양에 따라 몇 분에서 몇 시간까지 걸릴 수 있습니다.
- 다나와 팀원은 몇 시간 동안 작업에 집중하며, 정기적으로 휴식하며 커피를 마십니다. 심지어 산책도 합니다. 이는 그들이 더 잘 일할 수 있도록 도와주고 작업의 예측 가능성에 자신이 있기 때문에 죄책감 없이 작업할 수 있습니다.
- 모델 훈련이 완료되면, 모델 배포 파이프라인이 자동으로 시작됩니다. 배포 파이프라인은 모델 품질 테스트를 실행하고, 지정된 지표(예 정확도, 정밀도)에 대한 품질 기준을 충족하는지 확인합니다. 모델 품질이 만족스러우면, 새로 훈련된 모델이 자동으로 패키징되고 사전 운영 환경에 배포됩니다. CI/CD 파이프라인은 새로 배포된 모델에 대해 배포한 후 테스트도 실행합니다.

---

[15] https://oreil.ly/Haw0v

- 스토리 카드의 완료 정의가 충족되면, 다나는 팀에 알리고 20분 동안 팀 회의를 소집하여 팀과 작업 내용을 공유하고 솔루션이 완료 정의를 어떻게 충족하는지 시연합니다. 만약 놓친 부분이 있다면, 팀원 누구라도 그 자리에서 피드백을 제공할 수 있습니다.
- 추가 개발 작업이 필요하지 않으면, 다른 팀원이 '테스트 모자'를 쓰고 솔루션이 완료 정의를 충족하는지 새로운 시각으로 테스트합니다. 대부분의 경우 새로운 기능의 수용 기준은 이미 자동 테스트를 통해 테스트되었기 때문에, 팀원은 합리적인 시간 내에 탐색적이고 고수준의 테스트를 수행할 수 있습니다.
- 비즈니스가 원할 때마다 운영 및 비즈니스 지표를 모니터링하면서 변경 사항을 점진적으로 사용자에게 배포할 수 있습니다. 팀에서 좋은 테스트 커버리지를 유지하므로 파이프라인이 모두 초록색일 때 새로운 모델을 운영 환경에 배포하는 데 불안감을 느끼지 않습니다.

다나와 팀원들은 매일 작업 계획에 대해 점진적인 진전을 이루며, 팀의 속도는 효율성이 낮은 환경보다 효율성이 높고 안정적입니다. 작업은 일반적으로 앞으로 나아가며, 다나는 만족감을 느끼고 활기찬 기분으로 퇴근합니다. 하하!

두 가지 속도의 이야기를 마무리하기 위해, [그림 1-1]에서 효율성이 높은 환경(위)과 효율성이 낮은 환경(아래)에서 작업을 완료하는 데 걸리는 시간을 비교해 봅시다.

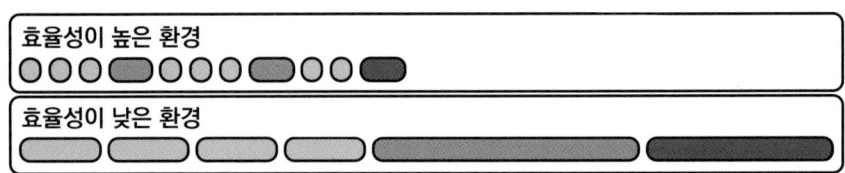

그림 1-1 효율성이 높은 환경에서 팀의 민첩성을 유지하는 빠른 피드백 루프[16]

이를 좀 더 자세히 정리한 [표 1-1]은 효율성이 높은 환경과 효율성이 낮은 환경을 구분하는 피드백 메커니즘을 보여줍니다. 각 행은 모델 전달 과정에서 중요한 작업을 나타내며, 열은 각 작업의 피드백 루프 시간을 비교합니다.

---

16 출처_ 팀 코크란(Tim Cochran)의 'Maximizing Developer Effectiveness' 이미지를 수정했습니다(https://oreil.ly/tQPgL).

표 1-1 효율성이 높은 환경과 효율성이 낮은 환경에서의 피드백 메커니즘과 피드백 시간 비교

작업	피드백 루프와 각 작업에 대한 피드백 시간(대략적인 시간 범위)	
	효율성이 높은 환경	효율성이 낮은 환경
코드 변경이 예상대로 작동하는지 테스트	자동 테스트 (~ 몇 초에서 몇 분) ●●	수동 테스트 (~ 몇 분에서 몇 시간) ●●●●
ML 훈련 파이프라인이 처음부터 끝까지 작동하는지 테스트	훈련 스모크 테스트 (~ 1분) ●●	전체 모델 훈련 (~ 모델 아키텍처에 따라 몇 분에서 몇 시간) ●●●●●
코드 변경에 대한 피드백 받기	페어 프로그래밍 (~ 몇 초에서 몇 분) ●●	풀 리퀘스트 리뷰 (~ 몇 시간에서 며칠) ●●●●●●
운영 환경에서 애플리케이션이 예상대로 작동하는지 이해하기	운영 환경 모니터링 (~ 실시간으로 몇 초 내) ●	고객 불만 (~ 며칠, 또는 직접 보고되지 않으면 더 오래) ●●●●●●●

지금까지 ML 솔루션을 제공하는 데 흔히 발생하는 문제점과 더 효과적인 대안을 살펴보았으니, 이제 효율성이 낮은 환경에서 효율성이 높은 환경으로 팀이 어떻게 이동할 수 있는지, 그 방법을 알아봅시다.

1.2 시스템 사고와 린의 활용 방안

> 언제나 나쁜 시스템이 좋은 사람을 이깁니다.
> — 윌리엄 에드워즈 데밍 W. Edwards Deming,[17] 경제학자 및 산업 엔지니어

이전 절에서 다나가 효율성이 낮은 환경에서 불필요한 작업과 재작업에 시달리는 모습을 살펴봤습니다. 이는 지속적인 좌절감을 유발하고, 결국 번아웃으로 이어질 수 있습니다. 이러

---

[17] https://oreil.ly/D-lqT

한 ML 종사자들이 자주 겪는 고통과 좌절감, 번아웃은 우리의 작업 시스템에 개선점이 있다는 것을 나타내는 증거이기도 합니다.

이 절에서는 MLOps만으로는 ML 종사자의 효율성을 향상시키기에 충분하지 않은 이유를 설명합니다. 시스템 사고의 관점에서 효과적인 ML 전달을 위해 필요한 실천 방법을 알아볼 것입니다. 그런 다음, 린 원칙과 실천 방법을 통해 하위 시스템을 연결하여 낭비를 줄이고 가치를 극대화하는 방법을 살펴보겠습니다.

1.2.1 MLOps만으로는 문제를 해결할 수 없다

ML 전달의 효율성을 높이기 위해 MLOps 실천 방법과 ML 플랫폼에 의존하는 것은 직관적이지만 잘못된 접근 방식입니다. 이러한 방법이 필요할 수 있지만 그것만으로는 충분하지 않기 때문입니다.

소프트웨어 전달delivery 세계에서는 **DevOps**나 **플랫폼**만으로 문제를 해결할 수 없습니다. DevOps는 인프라, 배포, 운영과 관련된 하위 시스템을 최적화하고 관리하는 데 도움을 줄 수 있지만, 소프트웨어 설계, 사용자 경험, 소프트웨어 전달 생명 주기와 같은 다른 하위 시스템도 훌륭한 제품을 만드는 데 똑같이 중요합니다.

마찬가지로, ML에서도 MLOps만으로 문제를 해결할 수 없습니다. 소프트웨어 엔지니어링 실천 방법(예 자동 테스트, 잘 구성된 설계 등)과 제품 전달 실천 방법(예 고객 여정 매핑, 명확한 사용자 스토리 등)이 부족하면, MLOps 실천 방법과 플랫폼 기능이 낭비와 재작업을 막아줄 수 없습니다. MLOps와 ML 플랫폼은 포괄적인 테스트를 작성해 주거나 사용자와 대화해 주거나 팀 간의 부정적인 영향을 줄여주지 않습니다.

Booking.com에서 작성한 '150개의 성공적인 ML 기반 고객 응용 프로그램에 대한 연구'[18]를 보면, 엄격한 무작위 대조 테스트를 통한 성공의 핵심 요인은 반복적이고 **가설 기반의 프로세스이며**, 제품 개발, 사용자 경험, 컴퓨터 과학, 소프트웨어 엔지니어링, 인과 추론 등 다른 분

---
[18] https://oreil.ly/6CYB6

야와 통합된 것이라고 결론짓고 있습니다. 이 발견은 다수의 ML 및 데이터 제품을 전달한 우리의 경험과도 일치합니다. 우리는 성공적인 ML 프로젝트를 전달하기 위해 제품, 소프트웨어 엔지니어링, 데이터, ML, 전달이라는 다섯 가지 분야에 걸친 여러 학문적 접근이 필요하다는 것을 자주 확인했습니다(그림 1-2).

그림 1-2 ML 프로젝트를 성공적으로 수행하려면 제품, 전달, ML, 소프트웨어 엔지니어링, 데이터 등 여러 분야의 협력이 필요합니다.

이 다섯 가지 분야를 함께 결합했을 때의 장점과 일부 분야에만 집중하고 다른 분야를 무시했을 때의 단점을 이해하기 위해 시스템 사고의 관점을 적용할 수 있습니다. 다음 절에서는 시스템 사고가 ML 제품을 효과적으로 제공하는 데 필요한 상호 연결된 분야를 어떻게 밝혀낼 수 있는지 살펴보겠습니다.

1.2.2 전체를 보는 관점: ML 효과적 구현을 위한 시스템 사고

시스템 사고[19]는 시스템의 개별 부분보다, 모든 요소 간의 **관계**와 **상호작용**에 초점을 맞추도록 도와줍니다. 시스템 사고는 우리가 잘못된 구조를 이해하고 개선할 수 있도록 정신 모델과 도구를 제공합니다. 여기에는 우리의 사고 방식과 인식도 포함됩니다.

왜 ML 제품 전달을 시스템으로 봐야 할까요? 그리고 시스템이란 무엇일까요? 시스템 사고의 선구자인 도넬라 메도우스Donella H. Meadows[20]는 시스템을 '서로 연결된 요소들이 일관되게 조직되어 어떤 목적을 달성하는 집합'으로 정의합니다. 시스템은 **요소**, **상호 연결**, **기능 또는 목적**이라는 세 가지 요소로 구성되어야 합니다.

이제 ML 제품 전달의 맥락에서 다시 읽어 보겠습니다. 시스템은 방금 말한 것처럼 세 가지 요소로 구성됩니다(그림 1-3).

- **요소**

    데이터, ML 실험, 소프트웨어 엔지니어링, 인프라 및 배포, 사용자 및 고객, 제품 설계 및 사용자 경험 등

- **상호 연결**

    크로스 기능 협업 및 이후 레이블링과 재훈련을 위한 데이터를 생성하는 운영 ML 시스템 등

- **ML 제품의 기능 또는 목적**

    사용자가 가장 적합한 제품을 찾도록 돕는 것 등

---

19 https://oreil.ly/dcAJ-
20 https://oreil.ly/QumE3

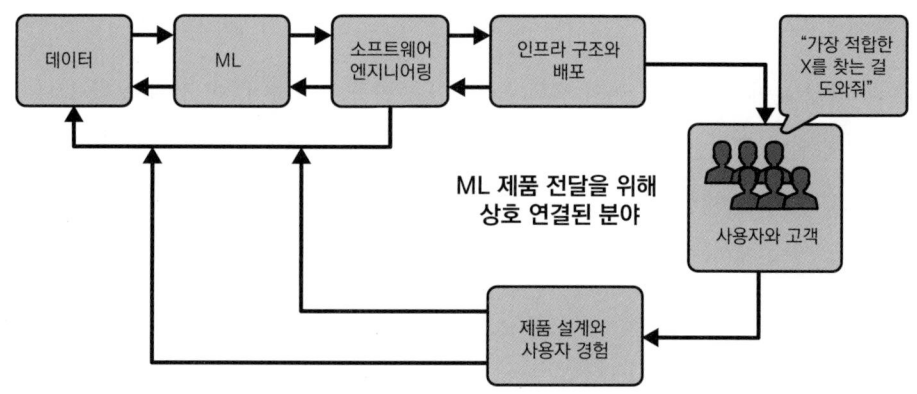

그림 1-3 ML 제품 전달의 이러한 구성 요소들은 본질적으로 상호 연결되어 있습니다.

이러한 상호 연결에서 정보 흐름을 보고 최적화하는 능력은 ML 제품을 효과적으로 전달하는 데 도움이 됩니다. 반면, ML 제품 전달을 단순히 데이터와 ML 문제로만 보는 팀은 실패할 가능성이 더 큽니다. 시스템의 전체적인 본질(예 사용자 경험이 제품 성공의 핵심 요소다)이 결국 드러날 것이기 때문입니다.

시스템 사고는 모든 요소가 상호 연결된 전체로서의 시스템을 인식합니다. 이 관점에서는 시스템 내 어느 한 부분의 변화가 전체에 영향을 미칠 수 있다는 것을 이해해야 합니다. 따라서 시스템을 깊이 이해하고 효과적으로 개선하려면 개별 요소뿐만 아니라 시스템 전체의 작동 방식을 종합적으로 고려해야 합니다.

다행히도, ML 전달 시스템 요소 사이의 상호 연결에서 정보 흐름을 개선하는 데 도움이 되는 철학이 있습니다. 그것이 바로 린입니다.

1.2.3 효과적인 ML 전달을 위한 다섯 분야

이 절에서는 린이 무엇인지 그리고 린이 ML 제품을 더 효과적으로 전달하는 데 어떻게 도움이 되는지 간단히 설명합니다. 그런 다음 ML 전달에 필요한 다섯 분야(제품, 전달, 소프트웨어 엔지니어링, 데이터, ML)를 살펴보고, 각 분야에서 ML 팀이 올바른 제품을 만들기 위해 필요한 핵심 원칙과 실천 방법을 설명합니다.

먼저, 이 다섯 분야 각각은 한 권의 책을 쓸 수 있을 만큼 중요하며, 이 장에서 제시하는 원칙과 실천 방법의 모든 것을 다루지는 않습니다. 그럼에도 이들은 중요한 출발점이며, 우리가 어떤 ML 프로젝트에서도 효과적으로 ML 솔루션을 전달하기 위해 사용하는 원칙과 실천 방법입니다. 이 절에서는 전체적인 방향을 제시하며, 나머지 장에서 세부 사항을 다룰 것입니다.

린이란 무엇이며, 왜 ML 종사자가 관심을 가져야 할까요?

ML 프로젝트(다른 소프트웨어나 데이터 프로젝트와 마찬가지로)에서는 일반적으로 다양한 형태의 낭비가 발생합니다. 예를 들어, 기능을 '완료'하기 위해 시간과 노력을 들였지만, 결국 그 기능이 고객에게 어떠한 가치도 주지 않는다는 것을 알게 될 수 있습니다. 또는 다른 팀과의 반복적인 협업 과정에서 며칠을 허비했을 수도 있습니다. 아니면 제품의 결함이나 버그로 워크플로가 예상치 못하게 중단되었을 수도 있습니다. 이러한 모든 낭비[21]는 릴리스 지연, 목표 미달성, 더 많은 작업(그리고 모든 작업을 끝낼 시간이 부족하다는 느낌), 스트레스, 결과적으로 팀 사기 저하와 같은 부정적인 결과를 초래합니다.

이러한 부정적인 결과를 경험한 적이 있다면 첫째, 이는 누구나 겪는 문제입니다. 이러한 문제는 우리가 개인적으로 경험해 왔으며, 어느 정도는 계속 경험할 것입니다. 어떤 시스템도 100% 낭비나 문제가 있을 수밖에 없기 때문입니다.

둘째, 린 원칙과 실천 방법이 도움이 될 수 있습니다. 린은 조직이 고객 가치를 식별하고, 고객의 요구를 충족시키는 제품을 효율적으로 전달할 수 있게 합니다. 개발 및 전달 과정에서 고객의 목소리를 반영함으로써, 팀은 최종 사용자의 요구를 더 잘 이해하고 관련성 있는 제품을 만들 수 있습니다. 린은 우리가 하는 일을 더 잘하게 하고, **낭비를 최소화**하고 **가치를 극대화**할 수 있게 합니다.

---

[21] 린은 낭비를 세분화해 분류하는데, 이를 '여덟 가지 치명적인 낭비(eight deadly wastes)'라고 합니다. 이는 고객에게 가치를 전달하는 과정에서 발생할 수 있는 일반적인 비효율성을 설명합니다. 이 문단의 세 가지 예시는 각각 과잉 생산, 대기, 결함을 나타냅니다. 나머지 다섯 가지 낭비 유형은 운송, 과잉 처리, 재고, 불필요한 움직임 그리고 활용되지 않은 인재입니다.

린 실천 방법은 1950년대 도요타에서 시작되었습니다. 처음에는 도요타 생산 시스템Toyota production system(TPS)로 알려졌습니다. 제임스 워맥James P. Womack과 다니엘 존스Daniel T. Jones는 이후에 이를 린 원칙Lean principles[22]으로 정리하고 대중화했습니다. 그들의 책 『The Machine That Changed the World』(Free Press, 2007)에서 소개된 다섯 가지 린 원칙은 자동차, 제조, IT 산업 등을 변혁하는 데 중요한 역할을 했습니다(그림 1-4).

- **원칙 1. 가치 식별**

    고객에게 가장 중요한 가치를 찾아내고 그 가치를 극대화하는 데 집중합니다.

- **원칙 2. 가치 흐름 매핑**

    가치를 더하는 과정의 단계를 식별하고 가치를 더하지 않는 단계를 제거합니다.

- **원칙 3. 흐름 생성**

    작업이 원활하고 끊김 없이 진행되도록 프로세스를 간소화합니다.

- **원칙 4. 풀(당기기) 시스템 확립**

    고객의 수요를 기준으로 생산을 시작하여 과잉 생산을 피합니다.

- **원칙 5. 지속적인 개선**

    가치 사슬의 모든 영역에서 지속적으로 개선하고 낭비를 제거합니다.

---

[22] https://oreil.ly/8Lmxt

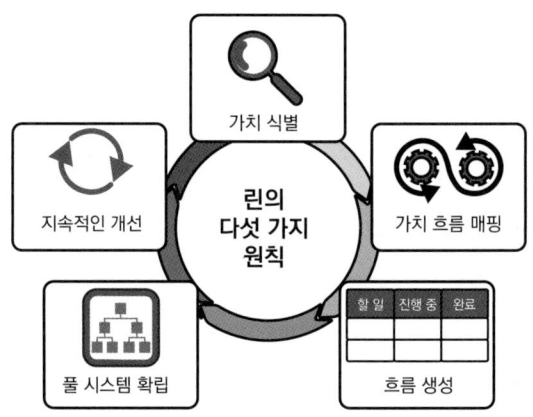

그림 1-4 린의 다섯 가지 원칙

ML 제품을 전달하는 우리 경험에서 린은 가치를 창출하는 작업으로 우리를 이끌어 주며, 이는 고객 만족, 팀 사기, 전달 속도의 긍정적인 피드백 루프를 만듭니다. 예를 들어, 단순히 멋진 기술을 사용한다고 해서 기능을 '밀어내는' 대신, 먼저 사용자에게 가장 큰 가치를 줄 기능을 식별하고 우선순위를 정합니다(원칙 1). 수요가 확립되면 이를 우리의 전달 흐름에 '끌어옵니다'(원칙 4). 반대로 이러한 원칙을 따르지 않으면 코드 베이스에 복잡성을 추가하면서도 가치를 증명하지 못하는 기능을 완료하는 데 시간과 노력을 낭비하게 됩니다. 린의 관점을 가진 사람들은 이미 이런 부분을 발견했을 것입니다.

가치 흐름 매핑value stream mapping(원칙 2)은 고객에게 가치를 전달하는 모든 단계와 자원을 시각적으로 표현할 수 있게 해 주는 도구입니다. 팀은 이 도구를 사용하여 낭비를 식별하고 이를 제거하며, 가치의 흐름을 개선할 수 있습니다(원칙 3).

팀이나 제품의 가치 흐름을 작성하려면 다음 단계를 따르세요.

1. 매핑할 제품이나 서비스를 식별합니다. 이는 단일 제품일 수도 있고 전체 프로세스일 수도 있습니다.
2. 현재 상태 지도를 작성합니다. 현재 프로세스를 시각적으로 표현하고, 원재료부터 완료된 제품까지 모든 단계와 자원(시간과 노동 포함)을 포함합니다.
3. 가치 있는 활동과 가치 없는 활동을 식별합니다. 제품이나 서비스에 가치를 더하는 단계와 그렇지 않은 단계를 구분합니다.

4. 낭비를 식별합니다. 과잉 생산, 대기, 결함, 과잉 처리, 초과 재고, 불필요한 움직임, 과도한 운송, 불필요한 원자재 사용, 불필요한 노력을 찾아냅니다.
5. 미래 상태 지도를 작성합니다. 현재 상태 지도의 분석을 기반으로, 낭비를 제거하고 자원과 정보의 흐름을 더욱 효율적으로 만들기 위해 프로세스를 재설계합니다.
6. 변경 사항을 구현합니다. 재설계된 프로세스를 실천에 옮기고 지속적으로 모니터링하며 개선합니다(원칙 5).

이제 린에 대한 기본 이해를 갖추었으니, 린의 다섯 가지 분야와 어떻게 교차하여 ML 팀이 피드백 루프를 단축하고 가치 있는 제품을 향해 빠르게 반복할 수 있는 실천 방법을 만드는지 살펴보겠습니다. 이러한 실천 방법을 결합하면 ML 제품을 전달하는 시스템에서 빠른 피드백, 저렴하고 적은 실패, 예측 가능한 전달 그리고 가장 중요한 가치 있는 결과와 같은 여러 바람직하고 상호 보완적인 특성을 만들어냅니다.

> **NOTE** 이 장에서 각 실천 방법의 설명이 짧게 느껴지더라도 걱정하지 마세요! 이 책에서는 ML 제품을 개발할 때 이러한 방법들을 왜 그리고 어떻게 사용하는지 자세히 설명할 것입니다.

첫 번째 원칙: 제품

제품 분야가 없다면, 다른 분야(예 ML, 데이터, 소프트웨어 엔지니어링)의 전문성이 아무리 뛰어나도 ML 제품을 효과적으로 전달할 수 없습니다. 사용자의 필요와 조직의 비즈니스 모델을 이해하지 못하면, 비즈니스와의 조율이 어려워 시작조차 힘들어집니다. 팀이 시작한다고 해도, 제품 중심의 접근이 없으면 잘못된 가정들로 불필요한 기능을 과도하게 설계하게 되고, 결국 귀중한 에너지와 자원을 낭비하게 됩니다.

비즈니스 모델과 고객의 필요를 이해하지 못하면, 방향성과 추진력을 잃기 쉽습니다. 반면, 제품 중심으로 접근하면, ML 팀은 최종 목표를 염두에 두고 시작할 수 있으며, 지속적으로 가정을 테스트하고 고객의 필요에 맞는 솔루션을 구축할 수 있습니다.

린 사고방식을 통해, 우리의 모든 아이디어는 테스트가 필요한 가정에 기반하며, 많은 가정이 틀릴 수 있음을 인식하게 됩니다. 린은 가설을 테스트하기 위한 일련의 원칙과 실천 방법을 제공합니다. 예를 들어, 프로토타입 테스트, 실패해도 안전한 실험, 빌드-측정-학습 주기 등이 있습니다. 각 실험은 우리가 정보를 바탕으로 지속할지, 방향을 바꿀지, 중단할지 결정하는 데 도움을 주는 학습을 제공합니다. 잘못된 아이디어를 초기에 수정하거나 버림으로써 시간과 자원을 절약하고, 고객에게 가치를 제공할 아이디어에 집중할 수 있습니다. 린은 우리가 더 빠르게 움직이고 '올바른 것을 올바른 시기에 구축하여 가치 없는 아이디어에 사람들의 시간을 낭비하지 않도록' 도와줍니다.

스포티파이Spotify의 헨릭 니버그Henrik Kniberg는 "제품 개발은 쉽지 않다. 사실, 대부분의 제품 개발 노력은 실패하며, 가장 흔한 실패 이유는 잘못된 제품을 만드는 것이다"라고 말합니다. 여기서 목표는 실패를 피하는 것이 아니라, 빠르고 안전하게 실패하여 공감을 구축하고 학습하기 위한 빠른 피드백 루프를 만드는 것입니다. 이를 달성하는 데 도움이 되는 몇 가지 실천 방법을 살펴봅시다.

발견 발견[23]은 문제, 기회, 잠재적인 솔루션을 더 잘 이해하는 데 도움을 주는 일련의 활동입니다. 이는 다양한 이해관계자와 고객이 참여하는 빠르고 시간이 제한된 반복 활동을 통해 불확실성을 탐색하는 구조를 제공합니다. 『Lean Enterprise』(O'Reilly, 2020)에서 설명된 것처럼, 공유된 비전을 만드는 과정은 항상 문제를 명확히 정의하는 것에서 시작합니다. 명확한 문제 정의는 팀이 중요한 것에 집중하고 불필요한 산만함을 피하는 데 도움을 줍니다.

발견 과정에서는 아이디어를 시각화하고 외부화하며, 토론하고 테스트하고 발전시키기 위해 시각적 도구를 많이 사용합니다. 유용한 시각적 도구로는 린 캔버스Lean canvas[24]와 가치 제안 캔버스value proposition canvas[25] 등이 있으며, 이 외에도 많은 도구가 있습니다. 발견 과정에서는 고객과 비즈니스를 중심에 두고, 사용자 여정 매핑, 맥락적 탐구, 고객 인터뷰 등 활동을 통해 수집한 고객의 목소리를 충분히 반영합니다. 이를 통해 문제/솔루션 적합성[26]과 제품/시

---

23 https://oreil.ly/P77Iv
24 https://oreil.ly/aUa8q
25 https://oreil.ly/gt7US
26 https://oreil.ly/nmvsQ

장 적합성[27]에 대한 가설을 수립하고 테스트합니다.

ML의 맥락에서 발견 기법은 후보 솔루션의 가치와 실현 가능성을 초기에 평가하는 데 도움을 줍니다. 이를 통해 자신감을 가지고 전달 단계로 넘어갈 수 있습니다. 이와 관련하여 유용한 도구 중 하나는 데이터 제품 캔버스 data product canvas[28]로, 데이터 수집, ML, 가치 창출 간의 연결을 제공하는 프레임워크입니다. 또한 발견 과정을 통해 성공 측정 방법을 명확히 하고, 이해관계자 간의 합의를 도출하는 것도 중요합니다.

『Lean Enterprise』에는 발견에 대해 훌륭하게 설명하는 장이 있습니다. 조직에서 발견 워크숍을 구조화하고 효과적으로 진행하는 방법을 깊이 있게 이해하고 싶다면 꼭 읽어 보시기를 권합니다. 발견은 한 번으로 끝나는 활동이 아니라, 고객이 가치를 느끼는 제품을 만들기 위해 빌드-측정-학습 과정을 지속적으로 실천할 수 있는 원칙[29]입니다.

프로토타입 테스트 '도자기 비유'[30]에 대해 들어본 적이 있나요? 학교에서 진행하는 도자기 수업에서 교사는 수업에 참여한 학생 중 절반에 해당하는 인원에게는 최고의 도자기를 하나만 만들도록 했습니다. 반면 나머지 인원은 같은 시간 동안 가능한 한 많은 도자기를 만들도록 했습니다. 이후 결과를 보면 여러 번 시도한 후자가 더 높은 품질의 도자기를 만들었다는 이야기입니다.

프로토타입은 사용자와 아이디어를 빠르고 저렴하게 테스트할 수 있는 방법입니다. 이를 통해 우리가 세운 가정과 가설이 맞는지 확인할 수 있습니다. 프로토타입은 사용자가 상호작용할 인터페이스를 '손으로 그린' 그림처럼 간단할 수도 있고 클릭 가능한 인터랙티브 목업 mockup일 수도 있습니다. 때로는 '오즈의 마법사' 프로토타입을 선택할 수도 있습니다. 이는 실제로 작동하는 제품처럼 보이지만, 모든 기능이 수동으로 처리되므로 사용자는 이를 알지 못합니다. '오즈의 마법사'는 프로토타입 테스트를 위한 것이며 실제 운영 시스템에 사용해서는

---

27 https://oreil.ly/B0W87
28 https://oreil.ly/F_O50
29 https://oreil.ly/bcr3p
30 이 비유는 데이비드 베일즈와 테드 올랜드가 쓴 책 『Art and Fear: 예술가여, 무엇이 두려운가』(루비박스, 2012)에서 처음 소개되었습니다. 실제 이야기에서 도자기 대신 사진이 주제였다는 점만 다릅니다. 실제 이야기의 교사는 유명한 미국 사진작가이자 환경운동가인 안셀 애덤스의 조수였던 테드 올랜드입니다(https://oreil.ly/S2x8Q).

안 됩니다. 이는 '인공의 인공지능artificial artificial intelligence'[31]이라는 용어로 불리며, AI가 해결할 수 없는 문제를 해결하기 위해 많은 인력이 필요합니다.

어떤 방법을 선택하든, 프로토타입 테스트는 ML 제품 개발에 특히 유용합니다. 데이터, ML, MLOps에 많은 비용을 들이기 전에 사용자로부터 피드백을 받을 수 있기 때문입니다. 프로토타입 테스트는 데이터, ML, MLOps에 대한 엔지니어링 노력이 몇 주 또는 몇 달이 걸리는 피드백 루프를 며칠로 단축할 수 있게 도와줍니다. 이처럼 빠른 피드백을 받을 수 있다는 점에서 매우 유용합니다.

두 번째 원칙: 전달

제품 원칙이 우리가 무엇을 만들고 왜 만드는지에 대해 다룬다면, 전달 원칙은 우리가 아이디어를 **어떻게** 실행하는지에 대해 다룹니다. ML 제품을 전달하는 과정은 여러 분야를 포함합니다. 여기에는 전달 계획, 엔지니어링, 제품, ML, 보안, 데이터 등이 있습니다. 여기서 **전달**delivery이라는 용어는 우리가 ML 솔루션을 어떻게 구축하는지에 대한 계획을 의미합니다.

전달 원칙은 주로 작업을 세 가지 범위로 나누어 관리합니다. 이는 사용자 스토리 또는 기능, 반복, 릴리스입니다. 또한 팀의 운영 방식과 관련이 있으며 다음을 포함합니다.

- 팀 구성
- 작업 방식(예 스탠드업 회의와 회고)
- 팀 건강(예 사기와 심리적 안전)
- 전달 위험 관리

린은 인재가 조직의 가장 귀중한 자산임을 인식하며, 전달 원칙은 시스템 내 장애물을 최소화하고 각 팀원의 기여와 팀 전체의 소유권을 증대시키는 구조를 만들어 이를 강화합니다. 올바르게 실행되면 전달 원칙은 낭비를 줄이고 가치 흐름을 개선하는 데 도움이 됩니다.

전달은 종종 간과되지만 ML 제품을 구축하는 데 있어 매우 중요한 측면입니다. 다른 모든 원

---

[31] http://oreil.ly/Db7b1

칙을 잘 지키더라도 전달을 소홀히 하면, ML 제품을 사용자에게 적시에 신뢰성 있게 전달하지 못할 가능성이 큽니다. 이는 고객 만족도 감소, 경쟁력 저하, 기회의 상실, 궁극적으로 원하는 비즈니스 결과를 달성하지 못하는 결과를 초래할 수 있습니다.

수직적으로 나눈 작업 ML 프로젝트에서 흔히 하는 실수 중 하나는 작업을 수평적으로 나누는 것입니다. 이는 기술 솔루션의 각 기능을 순서대로 개발하는 방식입니다. 예를 들어, 데이터 레이크data lake, ML 플랫폼, ML 모델, UX 인터페이스 등을 차례대로 개발하는 방식입니다. 이 방법은 위험합니다. 고객이 제품을 경험하고 피드백을 주기까지 몇 개월, 심지어 몇 년이 걸릴 수 있기 때문입니다. 또한 나중에 통합할 때 문제가 발생할 수 있어 제품 릴리스가 지연될 위험이 큽니다.

이를 해결하기 위해 우리는 작업과 스토리를 수직적으로 나눌 수 있습니다. 수직적으로 나눈 스토리는 독립적으로 전달 가능한 가치 단위로, 사용자 인터페이스부터 데이터 파이프라인, ML 모델까지 모든 기능을 포함합니다. '사용자 인터페이스' 정의는 사용자가 누구인지에 따라 다를 수 있습니다. 예를 들어, 데이터 과학자를 위한 ML 플랫폼을 제공하는 팀이라면, 사용자 인터페이스는 프런트엔드 애플리케이션 대신 명령줄 도구일 수 있습니다.

수직적 나누기 원칙은 개별 기능을 넘어 더 넓게 적용됩니다. 전달 원칙의 세 가지 범위에서 수직적 나누기는 다음과 같습니다.

- **스토리** 수준에서는 각 스토리에서 비즈니스 가치를 명확히 하고 시연합니다.
- **반복** 수준에서는 실질적인 결과를 달성하기 위해 스토리를 계획하고 우선순위를 정합니다.
- **릴리스** 수준에서는 비즈니스 가치를 창출하는 데 중점을 둔 스토리 모음을 계획하고, 순서를 정하며 우선순위를 정합니다.

> **최소 수직 나누기가 충분하지 않다면 어떻게 해야 할까요?**
>
> 이 시점에서 최소 수직 나누기가 기대하는 모델 성능을 충족하지 못하면 어떻게 해야 할까요? 예를 들어, 재고 예측 모델을 훈련시키는 경우 모델의 예측이 창고 운영에 영향을 미치고 잘못된 예측은 큰 비용 손실을 초래할 수 있습니다.

> 이런 상황은 모든 ML 종사자가 겪게 됩니다. 이를 해결하기 위해 몇 가지 방법이 있습니다. 예를 들어, 앞서 설명한 프로토타입 테스트를 통해 프로토타입 모델을 훈련시켜 ML 접근 방식이 비즈니스 문제를 해결할 수 있는지 테스트하는 것입니다. 이를 발견 단계에서 최대한 빨리 수행하면, 몇 주 또는 몇 달의 노력이 헛되지 않게 할 수 있습니다.
>
> 또한 ML 문제를 프레이밍framing하는 방법도 있습니다. 이는 관련 고객이나 이해관계자와 협력하여 ML 시스템의 적절한 역할을 찾는 것입니다. 이를 통해 아이디어를 실험하는 테스트를 통해 ML이 비즈니스 문제를 해결하는 데 적합한지 여부를 학습할 수 있습니다. ML 문제 프레이밍에 대해서는 이후 'ML 원칙'을 다루는 절에서 더 자세히 설명할 것입니다.

수직적으로 나눈 팀 또는 크로스 기능 팀   ML 프로젝트에서 흔히 발생하는 실수 중 하나는 팀을 기능별로 나누는 것입니다. 예를 들어, 데이터 과학, 데이터 엔지니어링, 제품 엔지니어링을 별도의 팀으로 분리하는 경우입니다. 이런 구조는 두 가지 큰 문제를 초래합니다.

첫 번째, 팀 간의 의존성으로 작업이 지연되는 '백로그 커플링backlog coupling'[32] 문제가 발생합니다. 비공식적인 분석에 따르면, 백로그 커플링은 작업 완료 시간을 평균 10배에서 12배까지 늘린다고 합니다.

두 번째 문제는 '콘웨이 법칙Conway's law'입니다. 이는 팀이 그들의 커뮤니케이션 구조를 반영하는 시스템과 소프트웨어를 설계하는 현상입니다. 예를 들어, 같은 제품을 작업하는 두 팀이 동일한 문제를 해결하기 위해 서로 다른 솔루션을 구축하는 경우가 있습니다. 이는 콘웨이의 법칙이 작용하는 예입니다. 팀은 공동 기능을 조율하기보다는 각자 최적화를 찾는 경향이 있기 때문에 이런 문제가 발생합니다.

이런 문제를 해결하기 위해, 우리는 제품에 자연스럽게 결합되는 기능을 식별하고, 프런트엔드 요소(예 경험 설계, UI 설계)부터 백엔드 요소(예 ML, MLOps, 데이터 엔지니어링)까지 포함하는 크로스 기능 팀을 구성할 수 있습니다. 이러한 다학제적 팀을 만드는 방법을 때때로 '역 콘웨이 기법inverse Conway maneuver'이라고 부릅니다. 이는 네 가지 주요 이점을 제공합니다.

---

[32] 옮긴이_ 한 제품 백로그에서 정의된 작업이 다른 제품 백로그의 작업 완료에 의존하는 상황을 말합니다. 이는 여러 프로젝트의 작업 간 상호 의존성이 있다는 것을 보여줍니다.

- **의사 결정 속도와 품질 향상**

  공유된 배경과 일정 덕에 설계 결정, 우선순위 결정, 가정 검증 등 모든 것을 논의하고 반복하는 데 걸리는 시간이 줄어듭니다. 여러 팀 간의 회의를 조율할 필요 없이, 팀 내에서 바로 문제를 논의할 수 있습니다.

- **반복적인 업무 전달과 대기 시간 감소**

  올바르게 구성된 크로스 기능 팀은 자율적으로 기능을 설계하고 전달할 수 있습니다. 다른 팀에 의존하거나 기다릴 필요가 없습니다.

- **다양성을 통한 사각지대 감소**

  다양한 능력과 관점을 가진 팀은 ML 프로젝트가 모든 관련 요소를 고려하도록 도울 수 있습니다. 예를 들어, UX 디자이너는 고객과 아이디어를 테스트하고 개선할 수 있는 프로토타입을 만들 수 있습니다.

- **배치 크기 감소**

  작은 배치로 작업하는 것은 많은 이점이 있으며, 린 소프트웨어 전달의 핵심 원칙 중 하나입니다. 도널드 라이너첸이 쓴 책 『The Principles of Product Development Flow』(Celeritas, 2009)에서 설명했듯이, 작은 배치는 더 빠른 피드백, 낮은 위험, 적은 낭비, 높은 품질을 가능하게 합니다.

크로스 기능 팀의 첫 세 가지 이점(향상된 커뮤니케이션과 협업, 최소화된 업무 전달, 다양한 전문 지식)은 팀 배치의 크기를 줄이는 데 도움을 줍니다. 예를 들어, 피드백을 받기 위해 기능을 완전히 개발할 필요 없이, 크로스 기능 팀은 필요한 제품 및 도메인 지식을 보유하여 피드백을 제공할 수 있습니다(또는 그렇지 않은 경우, 효율적인 비용 방법을 찾아 답을 구할 수 있습니다).

물론 크로스 기능 팀도 문제를 완전히 피할 수는 없습니다. 각 제품 팀이 반복적으로 발생하는 문제에 대해 각기 다른 솔루션을 개발할 위험이 있기 때문입니다. 하지만 올바른 엔지니어링 관행을 따르면, 이는 기능별로 분리된 팀에서 발생하는 비효율성보다 더 어려운 문제도 해결할 수 있습니다. 또한 실무 커뮤니티communities of practice,[33] 플랫폼 팀 등 제품 팀을 조율하는 데 도움이 되는 방법도 있습니다. 이는 11장에서 자세히 다룰 것입니다.

반대로 강력한 애자일 프로그램 관리가 도입된 경우, 기능별로 특화된 팀이 협업을 통해 효과적으로 작업을 진행하는 사례도 있습니다. 이는 전체적인 전달 과정과 제품 운영 상태를 명확히 보여주며, 시스템의 건강을 개선하기 위한 지속 가능한 작업 지침을 제공합니다.

모든 상황에 맞는 팀 구조는 없습니다. 조직에 적합한 팀 구조와 상호작용 방식은 여러 요인에 따라 달라지며 시간이 지남에 따라 변화할 것입니다. 11장에서는 다양한 팀 구조와 팀 토폴로지team topologies 원칙이 조직 내 ML 팀에 적합한 팀 구조와 상호작용 방식을 찾는 데 어떻게 도움이 되는지 논의할 것입니다.

작업 방식 작업 방식ways of working(이하 WoW)은 팀이 제품 기능을 전달하기 위해 사용하는 프로세스, 관행, 도구를 의미합니다. 여기에는 애자일 의식(예 스탠드업 회의, 회고, 피드백), 사용자 스토리 워크플로(예 칸반, 스토리 킥오프, 페어 프로그래밍, 책상 체크[34]), 품질 보증(예 자동 테스트, 수동 테스트, 결함 발생 시 '라인 정지') 등이 포함됩니다.

팀이 흔히 빠지는 함정 중 하나는 이러한 WoW 관행의 형식은 따르지만, 그 본질이나 의도를 놓치는 것입니다. WoW를 전체적으로 이해하고 실천하지 않으면 오히려 역효과를 낼 수 있습니다. 예를 들어, 팀이 스탠드업 회의를 진행하면서도 팀원들이 일반적인 업데이트만 제공하는 경우가 있습니다(예 "어제 X 작업을 했고 오늘도 계속할 예정입니다"). 대신, 각 WoW 관행은 팀이 더 구체적인 정보를 공유하도록 도와야 합니다(예 "Y에서 막혔어요", "아, 제가 최근에 그 문제를 겪었는데 도와줄 방법을 알아요"). 이를 통해 팀의 공동 이해가 향상되고, 정렬이 이루어지며, 각 팀원이 가치를 전달하는 흐름을 개선하는 데 필요한 정보를 제공받을 수

---

[33] 옮긴이_ 공통의 관심사나 열정을 공유하는 사람들이 모여 서로 배우고 함께 성장하는 그룹입니다.
[34] 책상 체크(Desk Check)는 두 사람이 기능 개발을 완료했다고 생각할 때 팀과 짧게(예 15분) 모여 점검하는 것입니다. 모든 팀원이 참석할 필요는 없지만, 제품, 엔지니어링, 품질 담당자는 함께하는 것이 좋습니다. 완료 기준과 기능 구현 방법을 간단히 설명하면, 집중적이고 열린 토론을 할 수 있습니다. 이렇게 하면 팀원들이 여러 번 작업의 맥락을 전환하거나 채팅 그룹에서 길고 복잡한 대화를 기다리는 것을 줄일 수 있습니다(https://oreil.ly/Pri1o).

있습니다.

작업 방식은 팀의 협업과 효율성을 높이는 데 중요한 역할을 합니다. 각 팀원이 자신의 작업 상황을 명확히 공유하고, 서로 도울 수 있는 기회를 제공함으로써, 팀 전체의 생산성을 높일 수 있습니다.

전달 지표 측정 애자일 팀에서도 종종 간과되는 관행 중 하나는 시간 경과에 따른 전달 지표(예 반복 속도, 사이클 타임, 결함률)를 기록하는 것입니다. 팀을 생산 라인으로 생각해 본다면(창의적인 솔루션을 생산하는), 이러한 지표는 전달 상태를 정기적으로 모니터링하고 계획이나 일정에서 벗어날 때 경고 신호를 줄 수 있는 좋은 장치가 됩니다.

팀은 소프트웨어 전달 성과를 네 가지 주요 지표[35]로 측정할 수 있습니다. 이 지표는 전달 리드 타임, 배포 빈도, 평균 복구 시간(MTTR), 변경 실패율입니다. 『디지털 트랜스포메이션 엔진』(에이콘출판, 2020)[36]라는 책에서는 4년간의 연구와 기술 조직에 대한 통계 분석을 바탕으로, 소프트웨어 전달 성과(네 가지 주요 지표로 측정된 성과)는 '조직의 비즈니스 성과는 재무 성과와 상관관계가 있다'고 밝혔습니다. 네 가지 주요 지표를 측정하면 생산 라인의 안정적이고 높은 품질의 흐름을 보장할 수 있습니다.

이러한 지표의 객관적인 특성은 계획 관련 대화를 데이터에 기반하도록 하고, 팀이 앞으로의 작업과 목표 달성 상태를 양적으로 볼 수 있게 도와줍니다. 이상적인 환경에서는 이러한 지표가 순수하게 지속적인 개선을 위해 사용되어, 시간이 지남에 따라 생산 라인을 개선하고 제품 전달 목표를 달성하는 데 도움이 됩니다.

그러나 이상적이지 않은 환경에서는 지표가 오용, 남용, 조작되어 결국 비효율적으로 변할 수 있습니다. 굿하트의 법칙[37]에 따르면, '측정이 목표가 되면 좋은 측정이 되지 않는다'고 합니다. 올바른 결과를 측정하고 지속적으로 개선하여 조직의 ML 실습에 적합한 지표를 찾도

---

35 https://oreil.ly/FQKdD

36 옮긴이_ 원서는 Nicole Forsgren, Jez Humble, Gene Kim, 『Accelerate: The Science of Lean Software and DevOps: Building and Scaling High Performing Technology Organizations』(It Revolution Press, 2018)이고 번역서는 박현철, 류미경이 번역했습니다.

37 https://oreil.ly/7OUSH

록 해야 합니다. 10장에서 생산성 측정의 함정과 이를 피하는 방법을 설명할 때 팀 건강 지표 측정에 대해 더 자세히 다룰 것입니다.

세 번째 원칙: 엔지니어링

> 우리가 학습하고 피드백을 반영하여 제품이나 프로토타입을 업데이트한 후 다시 테스트하는 속도는 강력한 경쟁력을 제공합니다. 이것이 린 엔지니어링 관행의 핵심 가치입니다.
>
> — 제즈 험블, 조앤 몰스키, 배리 오렐리, 『Lean Enterprise』(O'Reilly, 2020) 저자

이 절에서 설명하는 모든 엔지니어링 관행은 하나의 목표에 집중합니다. **피드백 루프를 단축**하는 것입니다. 『Lean Enterprise』에서 인용한 문구는 이를 잘 설명합니다. 효과적인 팀은 코드, 데이터, 또는 ML 모델에서 필요한 변경 사항을 빠르게 만들고, 테스트하고, 배포할 수 있는 팀입니다.

자동 테스트 ML 프로젝트에서는 자동 테스트 없이 코드가 쌓이는 경우가 많습니다. 자동 테스트가 없으면 변경 사항으로 오류가 발생하기 쉽고, 번거롭고, 스트레스를 유발합니다. 코드의 한 부분을 변경할 때 자동 테스트가 없으면 전체 코드를 수동으로 테스트해야 하는데, 이는 많은 시간과 노력을 요구합니다. 예를 들어, 피처 엔지니어링 로직의 변경이 모델 품질이나 API 동작에 영향을 미치지 않았는지 테스트를 통해 확인해야 합니다. 이를 수동으로 진행한다면 ML 작업이 아닌 일에 많은 시간을 소비하게 만듭니다.

반면, 포괄적인 자동 테스트는 팀이 실험을 더 빠르게 진행하고, 인지 부하를 줄이며, 빠른 피드백을 받을 수 있도록 도와줍니다. 자동 테스트는 변경 사항에 대해 빠르게 피드백을 제공하며, 모든 것이 예상대로 작동하는지 확인할 수 있게 합니다. 실제로, 자동 테스트는 아이디어를 얼마나 빠르게 실행하고 작업을 제대로 완료할 수 있는지에 큰 차이를 만듭니다.

효과적인 팀은 새로운 비즈니스 요구 사항, 피처 엔지니어링 전략, 모델링 접근 방식, 훈련 데이터 등 다양한 측면에서 유용한 변경 사항을 환영하고 대응할 수 있는 팀입니다. 자동 테스트는 이러한 변경에 대응할 수 있는 능력과 신뢰성을 제공합니다. ML 시스템 테스트 기법은 5장과 6장에서 자세히 다룰 것입니다.

리팩터링　　열역학 제2법칙에 따르면 우주는 점점 무질서해집니다. 우리 코드도 마찬가지입니다. '빠른 해킹'이나 엔트로피를 줄이려는 노력 없이 기능을 추가할 때마다 코드 베이스는 점점 복잡해지고 취약해집니다. 이렇게 되면 코드를 이해하기 어려워지고, 수정할 때 오류가 발생하기 쉽습니다.

자동 테스트가 없는 ML 프로젝트는 특히 복잡성이 빠르게 증가합니다. 자동 테스트가 없다면 리팩터링을 테스트하기에 번거롭고 위험도 큽니다. 그래서 리팩터링을 자꾸 미루게 되고, 결국 악순환에 빠져 ML 솔루션을 발전시키기 어려워집니다.

효과적인 팀은 리팩터링이 안전하고 쉽게 이루어집니다. 그래서 기능을 추가할 때도 리팩터링을 자연스럽게 할 수 있습니다. 이러한 팀이 이처럼 할 수 있는 이유는 다음과 같습니다.

- 포괄적인 테스트를 통해 리팩터링이 기존 기능을 유지하는지 빠르게 확인할 수 있습니다.
- 코드 에디터를 잘 설정하고, 현대적인 코드 에디터의 리팩터링 기능(예 변수 이름 변경, 함수 추출)을 활용합니다.
- 기술 부채나 작업량이 적절한 수준에 있어, 압박 없이 기능을 추가하면서 필요한 리팩터링을 통해 코드의 가독성과 품질을 개선할 수 있습니다.

코드 에디터 효율성　　앞서 언급한 것처럼, 오늘날의 코드 에디터는 개발자가 더 효율적으로 코드를 작성할 수 있도록 돕는 강력한 기능이 많습니다. 코드 에디터는 낮은 수준의 세부 사항을 처리하여 우리가 더 중요한 문제 해결에 집중할 수 있게 합니다.

예를 들어, 변수를 수동으로 검색해서 바꾸는 대신 코드 에디터를 사용하면 단축키 하나로 변수의 모든 참조를 한 번에 변경할 수 있습니다. 함수(`cross_val_score()`)를 가져오기 위한 구문을 수동으로 검색하는 대신, 단축키를 누르면 통합 개발 환경integrated development environment(IDE)이 자동으로 함수를 가져올 수 있습니다.

적절하게 설정된 코드 에디터는 강력한 도우미가 되어 아이디어를 실행하고, 문제를 해결하며, 가치를 더 효과적으로 전달할 수 있게 합니다. AI 코딩 기술이 없어도 말입니다.

ML을 위한 지속적 전달 ML 종사자가 반복 작업을 줄이고 테스트 속도를 높이며 고품질 제품을 만들 수 있는 방법이 있다면 얼마나 좋을까요? 바로 그것이 ML을 위한 지속적 전달 continuous delivery for ML(이하 CD4ML)[38]이 팀을 돕는 방식입니다. CD4ML은 지속적 전달[39] 원칙과 관행을 ML 프로젝트에 적용한 것입니다. 이를 통해 팀은 피드백 루프를 단축하고 품질 관리를 확립하여 소프트웨어와 ML 모델이 높은 품질을 유지하고 안전하게 배포될 수 있도록 합니다.

『디지털 트랜스포메이션 엔진』의 연구에 따르면, 지속적 전달 관행은 팀이 가치를 안정적으로 전달하고 시장 요구 변화에 빠르게 대응할 수 있게 하여 조직이 더 나은 기술적, 비즈니스 성과를 달성하도록 돕습니다. 이는 우리가 ML 팀과 함께 일하면서 경험한 바와 일치합니다. CD4ML은 우리의 속도, 대응력, 인지 부하, 만족도, 제품 품질을 향상시키는 데 도움이 되었습니다.

9장에서 CD4ML에 대해 자세히 다룰 것입니다. 지금은 그 기술적 구성 요소를 미리 살펴보겠습니다(그림 1-5).

- 재현 가능한 모델 훈련, 평가, 실험
- 모델 제공
- 테스트 및 품질 보증
- 모델 배포
- 모델 모니터링 및 관찰 가능성

---

[38] https://oreil.ly/d6GEE
[39] https://oreil.ly/Pv8Dw

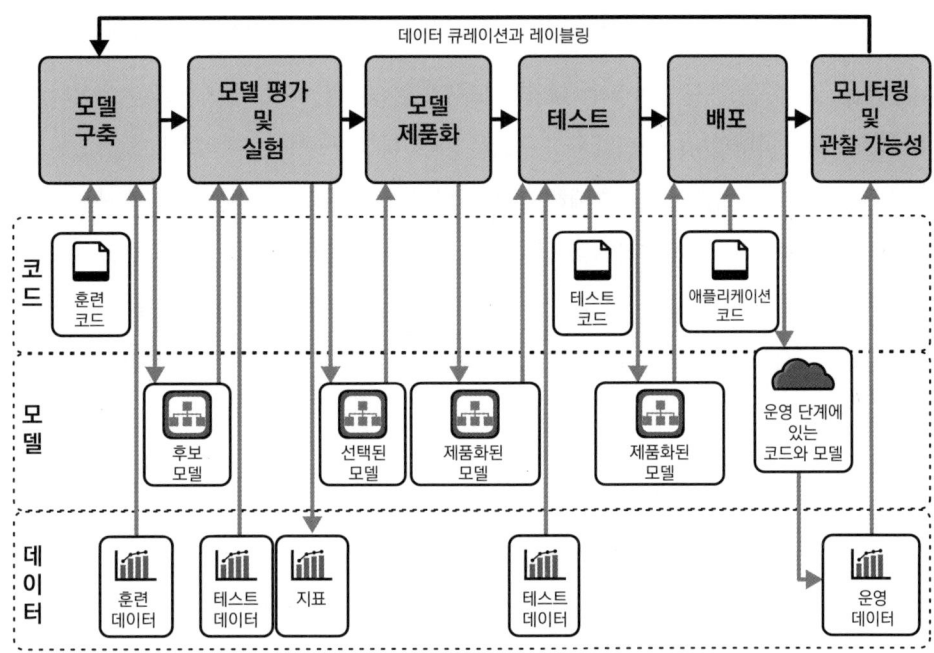

그림 1-5 CD4ML 전체 프로세스[40]

네 번째 원칙: ML

ML 원칙은 단순히 ML 모델을 훈련하고, 선택하고, 개선하고, 배포하고, 활용하는 것 이상의 내용을 포함합니다. 여기에는 ML 문제 정의, ML 시스템 설계, 설명 가능성 설계, 신뢰성, 책임 있는 AI$^{responsible\ AI}$, ML 거버넌스 등의 역량도 포함됩니다.

ML 문제 정의   ML 프로젝트의 초기 단계에서는 우리가 해결해야 할 문제가 무엇인지, 누구를 위해 해결하는지 그리고 왜 해결해야 하는지 명확하지 않을 때가 많습니다. 또한 어떤 ML 접근 방식이나 모델 아키텍처가 도움이 될지, 문제 해결을 위해 어떤 데이터가 있는지 또는 필요한지 명확하지 않을 수 있습니다. 그래서 ML 문제를 명확히 정의하고, 아이디어를 구조화하고 실행하며, 관련 고객이나 이해관계자와 가설을 검증하는 것이 중요합니다. "문제를

---

[40] 출처_ 'ML을 위한 지속적 전달'에서 가져온 이미지 기반(https://oreil.ly/d6GEE)

잘 정의하면 문제의 절반은 해결된 것이다"[41]라는 말은 이 맥락에서 딱 맞아떨어집니다.

ML 문제를 정의하는 데 도움이 되는 다양한 도구가 있습니다. 이 장에서 언급한 데이터 제품 캔버스[42]도 그중 하나입니다. 또 다른 도구로는 가설 캔버스hypothesis canvas[43]가 있습니다. 가설 캔버스는 테스트 가능한 가설을 수립하고, 아이디어가 왜 가치 있는지, 누가 혜택을 받을지 명확히 하며, 아이디어를 검증하거나 반증하기 위한 객관적인 지표를 측정하도록 도와줍니다. 이는 목표 지향적이고 시간 제한이 있는 실험을 통해 피드백 루프를 단축하는 또 다른 방법입니다. 여기서는 간단히 언급하고, 다음 장에서 이러한 캔버스에 대해 자세히 다룰 것입니다.

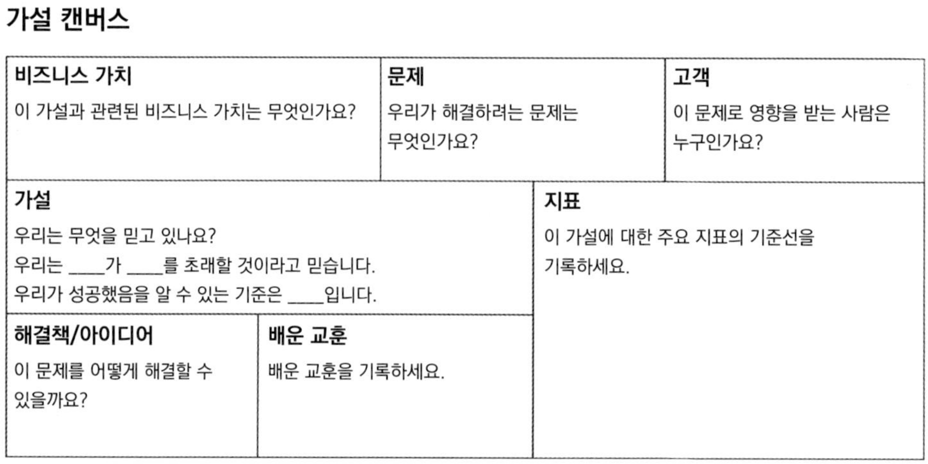

가설 캔버스

비즈니스 가치	문제	고객
이 가설과 관련된 비즈니스 가치는 무엇인가요?	우리가 해결하려는 문제는 무엇인가요?	이 문제로 영향을 받는 사람은 누구인가요?
가설	**지표**	
우리는 무엇을 믿고 있나요? 우리는 ___가 ___를 초래할 것이라고 믿습니다. 우리가 성공했음을 알 수 있는 기준은 ___ 입니다.	이 가설에 대한 주요 지표의 기준선을 기록하세요.	
해결책/아이디어	**배운 교훈**	
이 문제를 어떻게 해결할 수 있을까요?	배운 교훈을 기록하세요.	

그림 1-6 가설 캔버스는 테스트 가능한 아이디어를 만들고 성공 여부를 판단하는 데 도움을 줍니다.[44]

ML 시스템 설계 ML 시스템을 설계하는 데는 많은 부분이 포함됩니다. 모델에 필요한 데이터를 수집하고 처리하는 것, 적절한 ML 접근 방식을 선택하는 것, 모델의 성능을 평가하는 것, 접근 패턴과 확장성 요구 사항을 고려하는 것, ML 실패 모드를 이해하는 것, 모델 중심

---

41 https://oreil.ly/DCX0Z
42 https://oreil.ly/F_050
43 https://oreil.ly/KzSkM
44 출처_ 조 피에코타와 메이 쑤가 쓴 '데이터 기반 가설 개발(https://oreil.ly/KzSkM)'에서 허가 받아 실었습니다.

및 데이터 중심 전략을 통해 모델을 반복적으로 개선하는 것 등이 있습니다.

이 주제에 대해 훌륭한 책이 있는데, 칩 후옌의 『머신러닝 시스템 설계』(한빛미디어, 2023)[45] 입니다. 아직 읽지 않았다면 꼭 읽어 보길 권합니다. 이 주제에 대한 훌륭한 문헌이 이미 존재하므로, 이 책에서는 『머신러닝 시스템 설계』에서 다룬 개념을 자세히 다루지 않습니다.

책임 있는 AI와 ML 거버넌스 'MIT Sloan Management Review'는 책임 있는 AI[46]에 대해 간결하고 실용적인 정의를 제공합니다.

> 개인과 사회에 유익한 AI 시스템을 개발하고 운영하면서도 비즈니스에 긍정적인 영향을 주기 위한 원칙, 정책, 도구, 프로세스로 구성된 프레임워크입니다.

MIT Sloan의 '2022 책임 있는 AI 글로벌 보고서'[47]에 따르면, AI 프로젝트는 급증하고 있지만 책임 있는 AI는 뒤처지고 있습니다. 조사 대상 회사 중 52%는 일부 책임 있는 AI 관행을 따르고 있지만, 79%는 구현이 제한적이라고 답했습니다. 이들은 안전, 편향, 공정성, 프라이버시 문제와 같은 AI 위험을 해결하는 데 책임 있는 AI가 중요하다는 것을 인식하지만, 우선순위를 두는 데 소홀하다고 인정했습니다. 이 격차는 고객에게 부정적인 결과를 초래할 가능성을 높이고, 사업을 규제, 재정, 고객 만족도 위험에 노출시킵니다.

팀이 책임 있는 AI를 목표로 한다면, 나침반만으로는 원하는 곳에 도달할 수 없습니다. 지도, 경로, 안내, 교통수단도 필요합니다. 여기서 ML 거버넌스가 중요한 역할을 합니다. ML 거버넌스는 팀이 책임 있는 AI 목표를 달성하는 데 도움이 되는 주요 메커니즘입니다.

ML 거버넌스는 ML 제품을 책임감 있고 신뢰성 있게 전달하는 데 도움을 주는 다양한 프로세스, 정책, 관행을 포함합니다. 이는 ML 전달 생명 주기 전반에 걸쳐 다음과 같은 단계에서 중요한 역할을 합니다.

---

[45] 옮긴이_ 원서는 Huyen, Chip, 『Designing Machine Learning Systems: An Iterative Process for Production-Ready Applications』(O'Reilly, 2022)이고 번역서는 김대근, 김영민이 번역했습니다.
[46] https://oreil.ly/3y0or
[47] https://oreil.ly/3y0or

- **모델 개발:** ML 모델을 개발, 테스트, 문서화, 배포하기 위한 지침, 모범 사례, 황금 경로[48]
- **모델 평가:** 모델 성능 평가, 편향 식별, 배포 전 공정성 보장 방법
- **모니터링 및 피드백 루프:** 모델 성능을 지속적으로 모니터링하고 사용자 피드백을 수집하여 모델을 개선하는 시스템
- **편향 완화:** 데이터와 알고리즘의 편향을 식별하고 완화하여 부정적이고 불공정한 결과를 피하는 접근 방식
- **설명 가능성:** 특정 상황에서 모델의 동작을 설명하여 투명성을 높이고 사용자 신뢰를 구축하며 오류 분석을 용이하게 하는 기술과 도구
- **책임성:** 명확한 역할, 책임, 권한 라인. ML 시스템과 위험 관리 프로세스를 관리할 수 있는 다학제 팀
- **규제 준수:** 데이터와 ML 사용에 관한 법적 및 산업별 규제 또는 감사 요구 사항 준수
- **데이터 처리 정책:** 데이터 수집, 저장, 처리에 대한 지침을 통해 데이터 프라이버시와 보안 보장
- **사용자 동의 및 프라이버시 보호:** 사용자의 동의를 얻고 프라이버시를 보호하기 위한 조치
- **윤리적 지침:** 사회적 영향, 인간 가치, 잠재적 위험, 해악 가능성을 고려한 ML 개발 및 사용 원칙

'거버넌스'라는 용어는 보통 관료주의적 의미지만, 9장에서 ML 거버넌스가 어떻게 간결하고 효율적으로 구현될 수 있는지 설명할 것입니다. 우리 경험에 따르면, 지속적 전달과 린 엔지니어링은 안전한 실패 영역과 피드백 메커니즘을 확립하여 거버넌스를 보완합니다. 이러한 거버넌스 관행은 팀이 위험을 줄이고 부정적인 결과를 피하는 데 도움을 줄 뿐만 아니라, 팀이 혁신하고 가치를 전달하는 데도 도움을 줍니다.

9장에서는 '책임 있는 기술 플레이북'[49]과 '구글 모델 카드'[50]와 같은 ML 거버넌스에 유용한 다른 자료도 공유할 것입니다.

다섯 번째 원칙: 데이터

많은 ML 종사자가 알고 있듯이, ML 모델의 품질은 데이터의 품질에 달려 있습니다. 훈련 데이터가 편향되어 있다면 (전체 데이터셋의 분포와 비교하여), 모델은 그 편향을 훈련하고 지속시킬 것입니다. '오늘날의 기술이 어제의 데이터를 기반으로 한다면, 과거의 실수와 편향을

---

[48] https://oreil.ly/eOMvb
[49] https://oreil.ly/uFZiV
[50] https://oreil.ly/Pzl7v

그대로 반영할 뿐이다'[51]라는 말이 이를 잘 설명합니다.

더 나은 ML 솔루션을 제공하기 위해, 팀은 데이터 원칙에서 다음과 같은 관행을 고려할 수 있습니다.

데이터 수집 루프 닫기   모델을 훈련하고 배포할 때, 우리의 ML 시스템 설계는 모델의 예측을 실제 환경에서 수집하고 관리하는 방법도 고려해야 합니다. 이렇게 하면 이를 레이블링하는 것으로 모델을 평가하고 재훈련하기 위한 고품질의 실측 데이터를 확보할 수 있습니다.

레이블링은 번거로운 작업일 수 있으며 종종 병목 현상이 발생합니다. 이 경우, 능동 학습active learning,[52] 자가 지도 학습self-supervised learning,[53] 약한 지도 학습weak supervised learning[54]과 같은 기술을 통해 레이블링을 확장하는 방법도 고려할 수 있습니다. 만약 자연 레이블natural label[55]을 우리의 ML 작업에 사용할 수 있다면, 해당 데이터 포인트에 대한 관련 특징을 참고하여 자연 레이블을 스트리밍하는 소프트웨어 및 데이터 수집 파이프라인을 설계해야 합니다.

자연 레이블을 수집할 때는 데이터 중독 공격data poisoning attack과 모델의 편향된 예측이 현실 세계에 영향을 미쳐 데이터와 후속 모델에 편향을 더욱 강화시키는 위험한 피드백 루프[56]를 방지하는 방법도 고려해야 합니다.

팀은 종종 ML 프로젝트의 마지막 단계에만 집중하여 만족스러운 모델을 릴리스하는 데 중점을 두고, 다음 단계와 모델 개선을 위한 데이터 수집을 소홀히 합니다. 이렇게 되면 데이터 중심 접근 방식[57]을 통해 ML 모델을 개선할 기회를 놓치게 됩니다.

다음으로 이 장의 마지막 주제인 데이터 보안과 프라이버시를 살펴보겠습니다.

---

51 Patrick K. Lin, Machine See, Machine Do: How Technology Mirrors Bias in Our Criminal Justice System(Potomac, MD: New Degree Press, 2021).
52 옮긴이_ 모델의 정확도를 유지하면서도 레이블링(어노테이션) 비용을 절감하기 위한 방법론입니다(https://oreil.ly/qvvBi).
53 옮긴이_ 레이블이 없는 데이터로부터 학습하는 인공지능 기법입니다(https://oreil.ly/xfRiX).
54 옮긴이_ 지도 학습 설정에서 많은 양의 교육 데이터에 레이블을 지정하기 위한 지도 신호를 제공하기 위해 시끄럽고 제한적이거나 부정확한 소스를 사용하는 인공지능 방법입니다(https://oreil.ly/32Ypm).
55 옮긴이_ 자동으로 평가되거나 부분적으로 평가될 수 있는 정답 레이블입니다(https://oreil.ly/HJZ9W).
56 https://oreil.ly/tdi5E
57 https://oreil.ly/9fmg3

데이터 보안과 프라이버시 이 장의 앞부분에서 언급했듯이, 데이터 보안과 프라이버시는 조직 내 모든 사람이 책임져야 할 중요한 문제입니다. 제품 팀부터 데이터 엔지니어링 팀까지 모든 팀이 이에 해당합니다. 조직은 심층 방어(defense in depth)[58]라는 여러 보안 통제 계층을 시스템 전체에 배치하는 방법으로 데이터를 보호할 수 있습니다. 예를 들어, 데이터를 전송 중이거나 저장 중일 때 암호화 및 접근 통제를 사용하여 안전하게 저장하는 것 외에도 최소 권한 원칙(principle of least privilege)[59]을 적용하여 승인된 개인과 시스템만이 데이터에 접근할 수 있도록 할 수 있습니다.

조직 차원에서는 팀이 데이터를 수집, 저장, 사용하는 방법을 안내하는 명확한 정책을 정의하고 시행하는 데이터 거버넌스 및 관리 지침이 있어야 합니다. 이를 통해 데이터가 윤리적으로 사용되고 관련 법규를 준수할 수 있습니다.

이러한 관행이 생성형 AI와 대규모 언어 모델에도 적용되나요?

생성형 AI와 대규모 언어 모델(이하 LLM)이 많은 조직에서 주목받게 되면서, 우리와 동료들은 생성형 AI[60]를 활용한 제품을 개념화하고 개발하며 전달하는 기회가 생겼습니다.

이 글을 쓰는 시점(2023년 말)에는 많은 생성형 AI 애플리케이션이 자연어 처리를 위해 LLM을 사용하고 있습니다. LLM은 트랜스포머 아키텍처[61]를 기반으로 한 신경망의 일종입니다. 생성적 적대 신경망(GAN)과 오토인코더와 같은 다른 생성형 신경망 아키텍처도 있습니다. 또한 베이지안 방법과 같은 다른 유형의 생성형 AI도 있습니다.

LLM은 일반적으로 텍스트를 생성합니다. 이 텍스트는 자연어일 수도 있고, 테이블, JSON, 코드와 같은 구조적 형태일 수도 있습니다. LLM은 입력된 토큰에 반응하여 출력 토큰의 스트림을 생성합니다. 이러한 입력 토큰은 '프롬프트'라고도 합니다. 토큰은 텍스트 입력과 출력을 나타내는 단위입니다. 예를 들어, Llama 2 7B 모델은 'Of'로 시작하는 토큰 #4587과 'course'로 이어지는 토큰 #3236을 생성할 수 있습니다. LLM은 이미지, 오디오 등 다양한 데이터를 처리하고 생성할 수 있는 멀티모달 기능도 있으며, 이 경우 토큰에는 이미지나 패치가 포함될 수 있습니다.

---

58 https://oreil.ly/w6q-D
59 https://oreil.ly/fUR7I
60 효과적인 ML 팀의 관점에서 생성형 AI(Generative AI)를 이야기할 때, 우리는 일반적인 챗봇이나 코드 작성 도구를 말하는 것이 아닙니다. 우리는 생성형 AI 기술을 활용해 새로운 시스템을 구축하는 ML 팀을 이야기하는 것입니다.
61 https://oreil.ly/99WY7

LLM은 신경망으로서, 예측된 출력과 기대된 출력 간의 차이를 줄이기 위해 확률적 경사 하강법stochastic gradient descent(이하 SGD)을 사용하여 많은 입력과 기대 출력 인스턴스에서 훈련됩니다. 각 훈련 반복에서, SGD는 신경망의 가중치를 조정하여 이후 예측의 손실 함수를 줄입니다. 복잡하고 여러 단계로 이루어지며 많은 데이터를 소비하지만, LLM 훈련은 이 책에서 논의된 다른 ML 모델 훈련과 기본적으로 동일합니다. 따라서 이 책은 LLM을 훈련하거나 미세 조정하는 팀에게 여전히 유용한 참고 자료입니다.

생성형 AI를 효과적으로 사용하는 ML 팀에 대해 이야기할 때, 우리는 단순히 코드나 사용자 스토리를 작성하는 데 도움을 주는 일반적인 챗봇이나 새로운 생산성 도구를 사용하는 것을 의미하지 않습니다. 우리는 생성형 AI 기술을 통합한 새로운 시스템을 구축하는 데 역할을 하는 ML 팀을 의미합니다.

많은 생성형 AI 애플리케이션은 LLM을 훈련하거나 미세 조정하는 복잡성을 피하고, 사전 훈련된 LLM을 추론 모드에서 유연한 애플리케이션 구성 요소로 사용합니다. 독립된 LLM은 훈련을 통해 어느 정도 기본적인 능력이 있습니다. 애플리케이션에 통합되면, LLM은 프롬프트에서 추가적인 맥락을 얻거나 더 나은 응답을 위해 여러 번 호출될 수 있습니다. 이러한 LLM 기능은 **제로샷**zeros-hot, **퓨샷**few-shot, **맥락적 학습**in-context learning으로 설명되며, 이러한 기능을 사용하는 기술은 '프롬프트 엔지니어링'이라고 합니다.

이러한 애플리케이션 통합 기술은 추가 데이터를 제공하여 LLM의 기본 기능을 확장합니다. LLM은 콘텐츠를 생성할 수 있지만, 정보를 완벽하게 기억하거나, 민감한 정보를 억제하거나, 추론, 계획, 계산, 악의적 의도를 감지하거나, 이러한 측면에서의 한계를 식별하는 데 의존할 수 없습니다. 이는 애플리케이션이 더 나은 성능, 견고성, 위협으로부터의 보호를 위해 전통적인 자연어 처리natural language processing(NLP) 및 소프트웨어 애플리케이션 개발 기술을 사용하여 LLM 입력이나 출력을 제어해야 할 수도 있음을 의미합니다. 일반적으로 이러한 고려 사항은 LLM 통합을 복잡하게 만듭니다.

결과적으로, 사전 훈련된 모델을 통합하든 자체 모델을 훈련하든, 이 책에서 설명한 좋은 소프트웨어 아키텍처 원칙과 개발 관행은 여전히 유효하며, LLM 응답의 예측 불가능한 특성을 수용해야 하기 때문에 더욱 중요할 수 있습니다.

생성형 AI와 LLM은 특정 기능을 달성하기 위해 모델을 지시하거나 제한하는 방법에 있어 패러다임 전환을 가져왔지만, 린 제품 전달과 엔지니어링의 기본 원칙은 변하지 않았습니다. 사실, 이 책의 기본 도구와 기술은 제품, 전달, ML, 엔지니어링 측면에서 가설을 초기 단계에서 명확히 하고 테스트하며, 빠르게 반복하고, 신뢰성 있게 전달하는 데 도움을 주었습니다. 이 장에서 설명한 기술을 통해 우리는 생성형 AI와 LLM의 복잡성을 다루면서도 시간과 비용을 절감할 수 있었습니다.

2장에서는 제품 발견 기술이 생성형 AI 제품 기회를 구체화하는 데 어떻게 도움이 되었는지 간단히 설명할 것입니다. 6장에서는 LLM 애플리케이션에 대한 테스트 전략과 기술을 더 자세히 다룰 것입니다.

스스로에게 큰 칭찬을 해 주세요. ML 솔루션을 효과적으로 전달하는 데 필요한 여러 중요한 원칙을 많이 배웠습니다!

이 장을 마치기 전에, 이러한 관행이 긍정적이거나 부정적인 결과를 예측하는 지표로 어떻게 작용할 수 있는지 강조하고자 합니다. 예를 들어, 제품 아이디어를 사용자와 초기에 자주 검증하지 않으면, 잘못된 제품을 만드는 데 많은 시간과 노력을 낭비할 가능성이 큽니다. 크로스 기능 팀이 없으면 여러 팀이 조율하고 서로 기다리며 변경 사항을 사용자에게 전달하는 데 시간이 걸리는 '백로그 커플링'이 발생할 것입니다.

이것은 단순한 일화가 아닙니다. 2,800개 이상의 조직을 대상으로 한 기술 비즈니스의 성과와 효율성에 대한 과학적 연구에서, 지속적 전달, 린, 크로스 기능 팀, 생성적 문화와 같은 관행을 채택한 조직이 더 높은 성과를 보인다는 것을 발견했습니다. 예를 들어, 기능을 더 빨리 전달하고, 실패율이 낮으며, 직원 만족도[62]가 높습니다. 다시 말해, 이러한 관행은 실제로 조직의 성과를 예측하는 지표가 될 수 있습니다.

1.3 결론

이 장에서 다룬 내용을 간단히 정리하겠습니다. 먼저 ML 프로젝트가 실패하는 일반적인 이유를 살펴보고, 효율성이 낮은 환경과 효율성이 높은 환경에서의 ML 전달 방식을 비교했습니다. 그런 다음 시스템 사고의 관점에서 효과적인 ML 전달을 위해 필요한 원칙들을 확인했습니다. 린이 어떻게 낭비를 줄이고 가치를 극대화하는 데 도움이 되는지도 알아보았습니다. 마지막으로, ML 솔루션을 더 효과적으로 전달하는 데 도움이 되는 다섯 가지 원칙(제품, 전달, 소프트웨어 엔지니어링, ML, 데이터) 각각의 관행을 빠르게 살펴보았습니다.

다양한 산업 분야의 여러 ML 또는 데이터 과학 팀과의 상호작용을 통해, 우리는 ML과 린 소프트웨어 전달 사이에 여전히 큰 격차가 있음을 확인했습니다. 일부 팀은 필요한 제품, 전달, 엔지니어링 관행을 채택하여 훌륭한 ML 제품을 제공할 수 있었지만, 많은 팀에게는 여전히 큰 격차가 있습니다. 이 장의 초반에 언급된 다나의 저효율 환경에서의 경험을 보면 이 격차의 징후를 알 수 있습니다.

---

[62] 『디지털 트랜스포메이션 엔진』(에이콘출판, 2020)

이 격차를 해소하기 위해, ML 커뮤니티는 접근 방식이나 기본 가정의 근본적인 변화를 필요로 합니다. **ML 기반 제품**을 만드는 것은 단순히 ML과 데이터 문제만이 아닙니다. 이는 무엇보다도 제품 문제이며, 이는 제품, 엔지니어링, 전달 문제를 의미합니다. 따라서 전체적인 다학제적 접근이 필요합니다.

좋은 소식은 바다를 끓이거나 새로운 형태의 바퀴를 발명할 필요가 없다는 것입니다. 각 원칙에는 팀이 성공적으로 ML 제품을 전달하는 데 도움이 되는 원칙과 관행이 있습니다. 이 책의 나머지 부분에서는 이러한 원칙과 관행을 탐구하고, ML 솔루션을 전달하는 우리의 효율성을 어떻게 향상시킬 수 있는지 살펴볼 것입니다. 우리는 제품과 전달부터 시작하여 원칙과 관행을 실용적인 방식으로 자세히 설명할 것입니다. 여러분이 ML 프로젝트에 적용할 수 있는 관행, 프레임워크, 코드 예제도 제공될 것입니다. 이 여정에 함께 하기를 기대합니다.

> **함께하는 여정에 초대합니다**
>
> 이 장에서 많은 내용을 다루었습니다. 여러분의 상황과 경험에 따라, 우리가 제시한 이상적인 상태가 너무 어렵게 느껴질 수도 있고, 아니면 다른 사람들도 여러분과 같은 어려움을 겪었고 더 나은 길이 있다는 사실에 흥분될 수도 있습니다.
>
> 어디에 있든, 이 책이 여러분에게 초대장이 되기를 바랍니다. 초보자의 마음가짐[63]을 가지고 ML 종사자들이 다섯 가지 원칙으로 ML 솔루션을 전달하는 방식을 어떻게 개선할 수 있는지 탐구해 보세요. 우리의 경험에 따르면, 각 원칙은 오늘날 팀이 기존 역량을 보완하는 데 사용할 수 있는 다양한 기술들로 이루어져 있습니다. ML, 제품, 소프트웨어 엔지니어링 어느 분야에서든 말입니다.
>
> 이 책은 또한 여러분의 팀이나 조직의 ML 프로젝트를 돌아보고, 가치 있는 부분과 낭비되는 부분을 발견하도록 초대합니다. 낭비가 있는 곳에서, 이 책에서 제시하는 원칙과 관행이 여러분이 원하는 목표에 더 빠르고 신뢰할 수 있는 길을 찾는 데 도움이 되기를 바랍니다. 이 원칙들은 분명 우리에게 큰 도움이 되었고(그래서 이 책을 쓰게 되었습니다), 우리는 계속해서 우리의 ML 프로젝트에 이 원칙과 관행을 적용하고 있습니다.
>
> 변화를 일으키기 위해서는 의지와 좋은 관행뿐만 아니라, 조직의 정렬, 적합한 문화, 좋은 리더십 등의 요소가 필요하다는 것을 알고 있습니다(이 내용은 10장과 11장에서 자세히 다룰 것입니다). 이 책은 ML 솔루션을 효과적으로 전달하는 방법에 대한 실질적인 지식을 가진 팀이 더 나은 방법을 찾아내고, 영향력 있는 결과를 전달하며, 조직 내에서 변화를 일으키고 영감을 줄 수 있다는 믿음으로 썼습니다.

---

63 https://oreil.ly/FdZHe

PART 01

제품과 전달

PART 01

02장 ML 팀을 위한 제품과 전달 기법

CHAPTER 2

ML 팀을 위한 제품과 전달 기법

제품 개발은 쉽지 않습니다. 사실 대부분의 제품 개발은 실패하며 가장 흔한 원인은 잘못된 제품을 만드는 것입니다.

— 헨릭 크니버그^{Henrik Kniberg}, 애자일 및 린 코치

하루에 8시간 동안 슛 연습을 할 수 있지만 애초에 자세가 잘못되었다면 당신은 잘못된 방식으로 슛을 하는 사람이 될 뿐입니다. 기본기를 익히면 모든 것이 향상됩니다.

— 마이클 조던^{Michael Jordan}, 전 NBA 농구 선수

1장에서 ML 솔루션을 제공하기 위해 필요한 다섯 분야를 소개했습니다. 제품, 전달, ML, 소프트웨어 엔지니어링, 데이터입니다. 이후 이 책의 2부에서는 팀이 **올바르게 제품을 구축**하고 작업량과 낭비, 재작업을 줄이는 데 도움이 되는 여러 엔지니어링, ML, 데이터 실천 방법에 초점을 맞출 것입니다. 이러한 실천 방법을 통해 속도와 제품 품질을 향상시킬 수 있습니다. 그러나 **올바른 것을 구축**하기 위한 제품 및 전달 실천 방법이 더 중요하므로 이 내용부터 시작하겠습니다.

이 장에서는 ML 제품 전달 생명주기의 특정 측면에 초점을 맞춥니다. 특히 고객 또는 비즈니스가 필요로 하는 요구 사항과 제품 엔지니어링 팀이 제공하는 실제 구현 사이의 불일치나 모호성으로 발생하는 팀 내의 비효율적 사용 문제를 다룹니다. 우리는 실제 ML 프로젝트에서

도움이 된 제품 및 전달 실천 방법을 소개할 것입니다. 이 장은 제품 전달의 세 가지 주요 단계(발견discovery, 개시inception, 전달delivery)에 대해 설명합니다.

- **발견**

    팀이 기회를 이해하고 적절한 솔루션의 형태를 정의하도록 돕습니다.

- **개시**

    실행을 위한 공유된 계획에 대해 의견을 일치시키는 단계입니다.

- **전달**

    위험을 관리하면서 솔루션을 전달하고 필요에 따라 지속적인 발견을 통합하여 솔루션을 지속적으로 개선하는 것입니다.

[그림 2-1]은 이 장에서 다룰 발견, 개시, 전달에 대한 시각적 기준점을 제공합니다. 발견 단계에서는 영국 디자인 위원회의 더블 다이아몬드 디자인 프로세스[01]를 사용합니다.

이 프로세스는 기회를 발견하고 정의하는 것과 솔루션 옵션을 설계하고 전달하는 네 가지 구성 요소로 이루어져 있습니다. 개시 단계는 다양한 이해관계자가 참여해 중요한 고려 사항이 전달 계획에 반영되도록 하는 여러 활동으로 구성된 단일 타임박스timebox로 처리합니다. 전달 단계에서는 지속적인 발견과 같은 ML을 위한 지속적 전달 및 지원 활동 모델을 사용합니다. 이 장에서 제품 발견 및 전달 실습을 탐색하는 데 도움이 되도록 [그림 2-1]을 숙지하기를 권합니다.[02]

---

01 https://oreil.ly/VVCyY
02 우리는 더블 다이아몬드를 제품 발견 단계 전체에 포함했습니다. 일부 프레임워크는 경계를 다르게 설정할 수 있지만, 여기에서는 발견 단계에서 가능한 솔루션을 프로토타이핑하거나 테스트할 수 있는 여지를 제공합니다. 이는 ML 작업 시 불확실성을 관리하고 줄이는 데 특히 유용합니다. 이러한 더블 다이아몬드 활동은 전달의 후반 단계에서도 지속적으로도 발생할 수 있습니다.

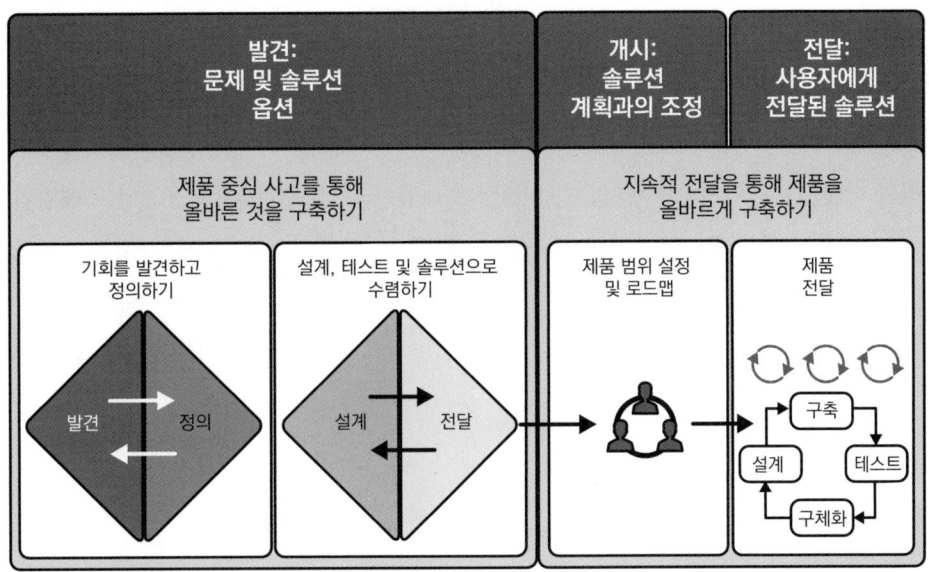

그림 2-1 제품 발견, 개시, 전달 단계의 시각적 요약[03]

이 장에서는 프로세스 중심의 접근 방식을 취하고 있지만 고객과 사용자의 요구를 더 잘 이해하고 대응하는 데 도움이 되는 실천 방법에 대해서도 논의합니다. 이와 관련하여 사용자 또는 고객 중심의 사고 방식과 접근 방식의 중요성을 강조하고자 합니다. 이를 위해 장 후반에 **디자인 중심 사고**design thinking를 소개할 것입니다. 또한 솔루션이 상업 제품(또는 다른 자금 조달 모델)으로써 실행 가능해야 한다는 점도 중요합니다. 이러한 점에서, 우리는 디자인 중심 사고와 제품 관리를 포괄하는 용어로 **제품 중심 사고**product thinking를 사용합니다. 시작부터 새로운 용어가 많이 등장합니다만 이는 ML 혹은 다른 유형의 디지털 제품을 설계할 때 매우 중요한 분야이기 때문입니다. 아무튼 프로세스 관점에서 우리는 각 단계에서 팀에 도움이 될 수 있는 명확하고 실용적인 기술을 제공하려고 합니다.

읽기 편하게 하기 위해 제품을 발견하고 정의하며 전달하는 과정을 **순차적으로** 소개하지만 올바른 것을 구축할 가능성을 높이려면 이러한 활동이 **협력적으로**(그리고 일반적으로 **지속적으**

---

03 출처_ 영국 디자인 위원회의 더블 다이아몬드 디자인 프로세스 및 탄비 메타의 '성공적인 발견을 위한 방법에서'에서 가져왔습니다 (https://oreil.ly/VVCyY https://oreil.ly/sEVOy).

로) 이루어져야 합니다. 그렇지 않으면 제품, 디자인, ML, 엔지니어링 사이에 불필요한 인수인계가 발생하여 발견과 전달이 분리된 '미니 폭포수^{mini waterfall}'라는 구식 모델과 다를 바 없을 것입니다. 이러한 점에서 우리의 기본 철학은 린과 애자일입니다.

우리의 단계는 아틀라시안^{Atlassian}의 제품 전달 프레임워크[04]와 같은 다른 공개된 프레임워크와 유사합니다. 이 프레임워크는 의문^{wonder}, 탐색^{explore}, 제작^{make}, 영향^{impact} 단계를 포함합니다. 여러분은 이러한 단계에 대해 고유한 이름을 가진 제품 또는 프로젝트 전달 프레임워크를 가지고 있을 수 있습니다. 중요한 것은 프레임워크가 다음과 같은 기본 원칙을 준수하는 것입니다.

- 고객의 요구 이해
- 애자일 계획
- 조기에 반복적으로 새로운 가치 전달
- 학습한 내용에 대응

이러한 프레임워크는 세상을 질서 있게 바라보는 관점을 제시합니다. 보완적인 모델로는 디자인 스퀴글^{design squiggle}[05]이 있습니다. 이 모델은 제품 디자인의 현실이 불확실성에 의해 지배되지만 디자인의 목적은 결국 좋은 솔루션으로 수렴하는 것임을 보여줍니다(그림 2-2). 제품 개발의 현실이 특히 혼란스러울 때 스퀴글을 유용하게 사용할 수 있습니다.

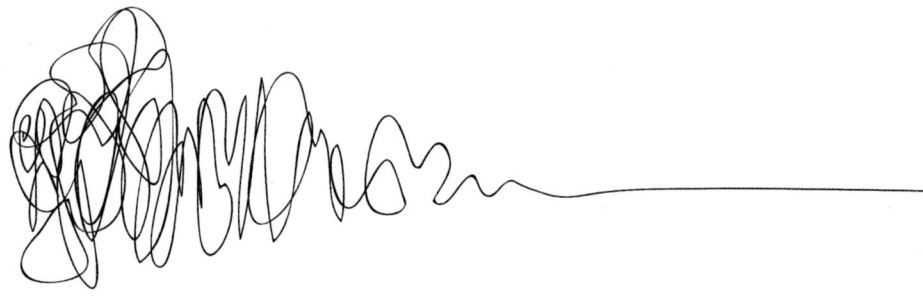

그림 2-2 디자인 스퀴글 프로세스[06]

---

04 https://oreil.ly/moXX_
05 https://oreil.ly/pWfkm
06 출처_ 다미엔 뉴먼(https://thedesignsquiggle.com)의 홈페이지에서 가져 왔습니다.

ML 제품 전달은 독특한 도전을 제시합니다. 비즈니스와 고객이 ML 제품에 대해 정확히 무엇을 필요로 하거나 기대할 수 있는지 모르기 때문에 우리가 수집할 수 있는 데이터로 ML 시스템이 얼마나 잘 작동할지 미리 알기 어렵습니다. 또한 제품 아이디어를 우선적으로 구상해도 기술적으로 실현 불가능한 아이디어로 끝날 수도 있습니다. 따라서 실험을 하고 작동하는 소프트웨어를 보기 전까지 ML로 어떤 제품 기능이 가능한지조차 모를 수 있습니다. 이러한 도전에 대응하기 위해 이 장 후반부에서는 팀이 지속적인 발견을 할 수 있도록 돕는 듀얼-트랙 전달 모델dual track delivery model과 같은 몇 가지 기술을 소개할 것입니다.

이러한 제품 및 전달 실천 방법을 이해하고 구현함으로써 팀은 필요와 실현 가능성 사이의 간극을 메우고, 개발하는 ml 솔루션이 기술적으로 실현 가능할 뿐만 아니라 고객에게 바람직하고 비즈니스에도 실행 가능하다는 것을 보장할 수 있습니다.

그럼 이제 이 장의 첫 번째 절인 발견으로 들어가 보겠습니다. 더블 다이아몬드double diamond 설계 프로세스의 각 단계에서 사용할 수 있는 구체적인 기술과 이러한 기술을 통해 팀이 기대할 수 있는 결과를 살펴보겠습니다.

2.1 ML 제품 발견

> 좋은 제품 발견은 의사 결정 과정 전반에 걸쳐 고객을 포함합니다.
>
> — 테레사 토레스Teresa Torres[07]

> 최선을 다하는 것만으로는 충분하지 않습니다. 무엇을 해야 할지 알고 난 후, 그 다음에 최선을 다해야 합니다.
>
> — 에드워즈 데밍W. Edwards Deming[08]

여러분은 혹시 팀에서 다음과 같은 어려움이 있었나요?

---

[07] 『Continuous Discovery Habits』(Product Talk LLC, 2021)의 저자입니다.
[08] https://oreil.ly/HYo11

- 예상 사용량이나 참여 수준에 훨씬 미치지 못하는 ML 솔루션을 제작하여 전달한 경우
- 검증할 수 없는 가정에 기반하여 ML 제품의 일부를 과도하게 설계한 경우
- 사용자에 전달되지 않은 개념 증명Proof of Concept(PoC)을 반복해서 만든 경우
- ML 시스템을 사용할 수 있는 비즈니스 기회에 대한 가능성 있는 사례를 만들지 못한 경우

이러한 문제는 적절한 제품을 발견하지 못하는 데서 비롯됩니다. 모든 디지털 제품과 마찬가지로 ML 제품도 고객의 요구를 충족시키기 위해 구조화된 발견 접근 방식[09]이 필요합니다. 제품 발견이 없으면 팀은 문제를 완전히 이해할 기회를 놓치게 됩니다. 결과적으로 잘못된 제품이나 기능을 구축하는 데 시간과 노력을 투자할 위험이 증가합니다.

새로운 제품 이니셔티브(주도권)initiative를 쥐려면 별도의 단계에서 일정량의 발견이 필요하지만, 발견은 ML 프로젝트의 전달 전반에 걸쳐 지속적인 과정이어야 합니다. 특히 초기 발견 단계에서는 운영 솔루션에 사용될 모든 데이터에 접근할 수 없는 경우가 많습니다. 필요한 고품질 데이터에 접근하고 사용할 수 있다면, 초기 가정이나 발견 단계에서 만든 프로토타입을 검증할 수 있어서 빠르게 오류를 파악하거나 심지어 제품에서 요구하는 성능을 달성할 수 없다는 것을 보여줄 수도 있습니다. 따라서 우리는 전달 중 가능한 한 빨리 이러한 문제를 발견하기 위해 지속적인 발견 메커니즘이 필요합니다.

발견을 초기 단계로 삼아 더블 다이아몬드 디자인 프로세스를 사용하면 ML 팀이 잘못된 문제를 해결하거나 잘못된 솔루션을 찾는 데 몇 달을 낭비하지 않고 시간을 절약할 수 있습니다. 문제 영역에서 먼저 확산적 사고를 하고, 그 다음 수렴적 사고를 하는 이 디자인 프로세스의 일반적인 원칙은 거의 모든 문제 해결 시나리오에 적용할 수 있습니다. 이 모델을 사용해 회의를 진행하거나 코드를 작성할 때도, 심지어는 저녁 식사를 계획할 때도 이 모델을 적용할 수 있습니다. [그림 2-1]에 시각화한 것처럼 더블 다이아몬드 디자인 프로세스의 발견 단계에는 네 가지 하위 단계가 있습니다(4D, 발견discover, 정의define, 개발develop, 전달deliver).

---

[09] https://oreil.ly/tbRzj

- 발견

    문제를 단순히 가정하는 대신 이해하는 것이 중요합니다. 이를 위해 문제에 영향을 받는 사람들, 예를 들어, 고객 또는 사용자와 대화하고 시간을 보내는 것이 포함됩니다.

- 정의

    발견 단계에서 얻은 통찰력은 도전 과제나 문제를 다른 방식으로 정의하는 데 도움이 될 수 있습니다.

- 개발[10]

    명확하게 정의된 문제에 대한 다양한 답을 생성하며 다른 곳에서 영감을 얻고 다양한 사람들과 함께 디자인합니다.

- 전달

    작은 규모에서 다양한 솔루션을 테스트하여 작동하지 않는 것을 버리고 동작하는 것을 개선합니다.

이러한 단계들의 실제 활용 예시는 소트웍스Thoughtworks와 Guide Dogs Victoria(GDV)가 제작한 시각장애인 및 저시력자를 위한 보조 기술 설계에 관한 짧은 비디오[11]에서 볼 수 있습니다. UX 리서치가 이끄는 팀은 GDV의 고객이 안내견 이외의 솔루션을 선호하는 다양한 시나리오를 발견하기 위해 시간을 보냈습니다. 그 결과로 횡단보도를 건널 때 경로를 벗어나는 문제를 정의하게 되었습니다. 팀은 눈가리개를 사용해서 직접 이 문제를 경험하기도 했습니다. 그 후 ML(컴퓨터 비전)을 포함한 다양한 기술 전략, 블루투스 비콘을 기반으로 한 솔루션, 지팡이에 광학 센서를 장착한 솔루션 등 여러 솔루션을 디자인했습니다. 이들은 여러 차례의 프로토타이핑을 통해 이러한 잠재적인 솔루션을 분석하고 테스트하여 최종적으로 광학 센서 솔루션이 사용된 프로토타입을 전달했습니다.

---

10 이 장에서는 디자인으로 언급합니다.
11 https://oreil.ly/XU4yi

> **NOTE** 모든 제품이 직접 고객을 대상으로 하지 않는 사실을 인식하는 것이 중요합니다. 아마도 여러분은 회사에서 ML 실무자를 위한 플랫폼 제품[12]을 제공하는 ML 플랫폼 팀에 있을 수 있습니다. 또는 고객을 대상으로 다른 팀이 사용하는 ML 기반 데이터 제품[13]을 구축하는 팀에 있을 수도 있습니다. 예를 들어, 온라인 서점의 ML 팀은 고객에게 도서 목록을 추천하는 도서 추천 시스템을 구축할 수 있습니다. 이 시스템은 마케팅 팀이 이메일로 구독자에게 맞춤형 책을 추천하거나 웹 홈페이지나 모바일 홈페이지 팀이 사용자가 로그인할 때 맞춤형 추천을 표시하는 데 사용할 수 있습니다.
>
> 이러한 제품이 직접적으로 고객을 대상으로 하지 않더라도 결국에는 고객 경험에 나타나거나 사내의 다른 팀을 대상으로 할 수 있습니다. 따라서 이 장에서 설명하는 모든 실천 방법의 혜택을 받을 수 있습니다. 이후 11장에서는 고객을 대상으로 하는 팀과 내부를 대상으로 하는 팀이 가치를 전달하고 낭비나 재작업을 피하기 위해 어떻게 최선의 협력을 할 수 있는지 논의할 것입니다.

이제 첫 번째 다이아몬드의 전반부인 '기회 발견'에 도움이 되는 실천 방법을 살펴보겠습니다.

2.1.1 제품 기회 발견

이 절에서 소개하는 기술은 팀이 제품 아이디어에 대한 막연한 생각을 명확하고 테스트 가능한 가설로 발전시키는 데 도움을 줍니다. 이는 고객의 요구와 솔루션이 비즈니스에 가져올 잠재적 가치를 명확히 하는 데 기여합니다. [그림 2-1]의 더블 다이아몬드 다이어그램의 첫 번째 부분에 해당합니다.

발견 단계에서는 고객을 중심에 둡니다. 고객의 목소리를 반영하는 주요 기술로는 페르소나personas, 고객 여정 매핑customer journey mapping, 상황적 질의contextual inquiry, 고객 인터뷰customer interviews 등이 있습니다. 이것들은 경험 디자인 분야에서 흔히 사용되는 도구로, 각기 다른 사용자와 고객에 대한 독특한 통찰을 제공합니다. 이제 각 기술을 살펴보겠습니다.

페르소나[14]는 연구를 기반으로 한 가상의 캐릭터를 만들어서 목표 사용자 층을 대표합니다.

---

12 https://oreil.ly/f2iY0
13 https://oreil.ly/QOkkt
14 https://oreil.ly/VvBd1

페르소나를 개발하면 팀이 사용자의 행동, 목표, 좌절, 인구통계적 특성을 명확히 이해할 수 있습니다. 이를 통해 팀은 사용자와 더 깊이 공감하고, 사용자의 요구에 맞춘 솔루션을 더 정교하게 조정하며, 제품 기능과 디자인에 대해 더 나은 결정을 내릴 수 있습니다. 페르소나는 다음 기법인 고객 여정 매핑의 배경을 설정하는 데도 도움이 됩니다.

고객 여정 매핑[15]은 전체 고객 경험을 시각적으로 포착하여 접점, 감정, 상호작용을 강조합니다. 이를 통해 문제점pain point과 기회를 식별할 수 있습니다. 이 기술을 사용하면 우리는 초기 단계의 필요나 트리거부터 다양한 참여 단계를 거쳐 원하는 결과에 이르기까지 고객의 여정을 매핑할 수 있습니다. 개발한 페르소나를 고려하여 제품이나 서비스와의 각 상호작용 지점에서 그들의 경험, 감정 그리고 어려움을 이해해야 합니다. 그 결과는 팀이 고객의 요구를 충족할 수 있는 격차와 기회를 식별하는 데 도움이 됩니다.

고객 인터뷰[16]는 고객의 욕구, 고통, 인식을 구조화된 대화를 통해 밝혀낼 수 있는 또 다른 기술입니다. 이러한 일대일 상호작용은 고객의 직접적인 참여를 제공하여 비즈니스가 가정을 검증하고 제품 방향을 실제 고객의 요구와 일치시키는 데 통찰을 제공합니다. 그렇다고 하더라도 고객이 말하는 것과 실제로 원하는 것 사이에는 차이가 있을 수 있습니다. 이를 조정하기 위해 우리는 상황적 탐구[17]를 사용하여 사용자를 자연스러운 환경에서 관찰함으로써, 그들의 어려움과 실제로 원하는 것에 대한 보완적인 이해를 제공할 수 있습니다.

이러한 핵심 기법들을 일기 학습diary study, 경쟁사 연구competitor research, 설문조사survey 또는 탐색적 데이터 분석exploratory data analysis과 같은 다양한 발견 활동[18]으로 보완할 수 있습니다. 설문조사와 탐색적 데이터 분석은 정성적인 통찰을 보완하는 정량적인 정보를 제공하며, 기회가 '얼마나 많은지'와 '이것이 기회인지'를 밝혀낼 수 있습니다.

이 기술들은 문제/해결책 적합성[19]과 제품/시장 적합성[20]에 대한 가설을 세우고 테스트할 수

---

15 https://oreil.ly/gFEwh
16 https://oreil.ly/N4NYC
17 https://oreil.ly/gFEwh
18 https://oreil.ly/LUL2t
19 https://oreil.ly/wIblW
20 https://oreil.ly/1hxoN

있는 증거 기반을 제공합니다. 이를 통해 우리는 고객 중심의 제품 개발을 추진할 수 있습니다.

> **NOTE** 이러한 발견 기술은 특히 기회를 탐색하는 초기 단계에서 UX(사용자 경험) 연구자가 설계하고 이끄는 것이 이상적입니다. UX 연구자의 고객 연구와 제품 디자인 기술은 고객의 목소리를 이끌어내고 다양한 고객 페르소나의 요구에 맞춰 발견 활동을 정립하는 데 도움을 줍니다.
>
> 동시에, UX 리더는 팀과 발견한 내용을 적극적으로 공유하여 공감을 구축해야 합니다. 이를 통해 팀이 고객의 문제를 이해하고 고객의 입장에서 생각해 볼 수 있게 됩니다. 필요한 경우 ML이나 엔지니어링의 전문가를 참여시킬 수도 있습니다. 뛰어난 리더는 팀원이 이러한 활동을 수행할 수 있도록 지원하면서 자신의 편견에 휘둘리지 않도록 주의합니다.

이제 문제에 대한 통찰을 넓게 탐색했으니 기회에 집중할 차례입니다. 첫 번째 다이아몬드의 후반부인 '기회 정의'에 도움이 되는 방법을 살펴보겠습니다.

2.1.2 제품 기회를 정의하는 캔버스

캔버스는 발견 단계에서 아이디어를 명확히 하고 구체화하며, 토론하고, 테스트하고, 발전시키는 데 도움이 되는 강력한 도구입니다. 캔버스는 린 기법인 A3 매니지먼트[21]의 발전된 형태입니다. 캔버스를 사용하면 사람들이 문제를 이해하고 디지털 솔루션을 찾는 데 도움을 줍니다. 유용한 캔버스 중 하나는 가치 제안 캔버스[22]입니다. [그림 2-3]에서 볼 수 있듯이, 이 캔버스는 팀이 고객의 욕구 혹은 '이득', 도전 혹은 '고통' 그리고 해야 할 일을 이해하고 이러한 요구를 충족시키기 위해 제품과 서비스를 설계하는 방법을 고려하도록 돕습니다.

---

21 https://oreil.ly/23YBB
22 https://oreil.ly/DO4Yf

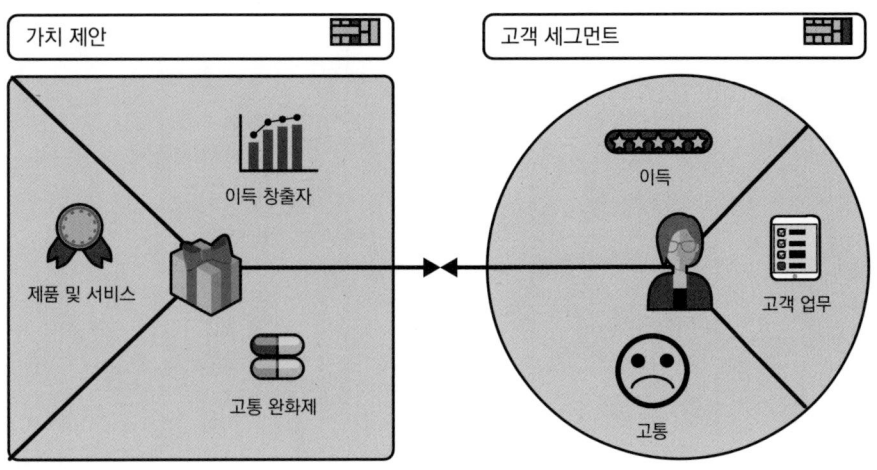

그림 2-3 가치 제안 캔버스[23]

이제 ML 제품을 설계하고 전달하는 데 특히 유용한 두 가지 캔버스를 살펴보겠습니다. '데이터 제품 캔버스'와 '가설 캔버스'입니다.

데이터 제품 캔버스

ML 제품을 발견하려면 후보 솔루션의 가치와 실행 가능성을 평가하는 것이 중요합니다. 이때 유용한 도구 중 하나가 데이터 제품 캔버스[24]입니다. 이 캔버스는 데이터, ML, 가치 창출 간의 연결을 구성하는 프레임워크입니다. 여러분은 이전에 ML 캔버스(ML canvas)[25]에 대해 들어본 적이 있을 수 있습니다. ML 캔버스의 단점 중 하나는 성공 측정 기준이 포함되어 있지 않다는 점입니다. 성공 측정 기준은 후보 ML 솔루션의 적합성을 평가하는 방법에 대해 이해관계자들 간의 일치와 동의를 얻는 데 필요합니다. 데이터 제품 캔버스는 이 문제를 해소하고 ML 기회를 형성하기 위한 포괄적인 기준을 제공합니다(그림 2-4).

---

23 출처_ Strategyzer(https://oreil.ly/D04Yf)의 이미지를 바탕으로 수정했습니다.
24 https://oreil.ly/bLs8B
25 https://oreil.ly/75fLn

문제	데이터	솔루션	KPI(핵심성과지표)	동작
올바른 질문하기: • 문제는 무엇인가? • 왜 문제인가? • 누구의 문제인가? • 왜, 왜, 왜?	올바른 질문하기: • 출처는 무엇인가? • 품질은 어떤가? • 접근성 대 이용 가능성 • 처리/변환 • 출력 • 테스트/훈련/검증	올바른 질문하기: • 유형(분석, ML, AI 등) • 솔루션은 무엇이 될 것인가? • 예상되는 출력은 무엇인가?	올바른 질문하기: • 모델은 어떻게 평가하나? • 어떤 지표를 사용해야 하나? • 처리할 수 있는 불확실성의 정도는 얼마나 되나? • A/B 테스트: 어떻게 진행하나?	올바른 질문하기: • 어떤 동작을 취할 것인가? • 어떤 캠페인을 사용할 것인가?
	가설 올바른 질문하기: • 무엇을 테스트할 것인가? • 각 가설에 대한 예상 반응은 무엇인가? • 각 답변에 대해 무엇을 해야 하나? • 어떤 전략을 따라야 하나?		참여자 올바른 질문하기: • 고객은 누구인가? • 이해관계자는 누구인가? • 후원자는 누구인가? • 솔루션을 사용할 사람은 누구인가? • 누가 영향을 받게 되나?	
가치 올바른 질문하기: • 문제의 규모는 얼마나 되나? • 기준선은 무엇인가? • 향상 효과나 절감 효과는 얼마나 되나?		위험 올바른 질문하기: • 어떤 위험이 있나? • 이러한 위험들이 무엇을 방해할 수 있나?	성능/영향 올바른 질문하기: • 영향은 무엇인가? 어떻게 측정할 수 있나? • 이 개선/성능을 어디에서 볼 수 있나? 예시: • 고객 기반 확대 • 이탈률 감소를 통한 고객 유지 • 잃어버린 수익 절감 + A/B 테스트 • 획득 비용 감소	

그림 2-4 데이터 제품 캔버스(출처: 레안드로 카르발류 박사의 이미지를 바탕으로 수정)[26]

[그림 2-4]에서 볼 수 있는 것처럼, 데이터 제품 캔버스는 세 부분으로 나뉩니다. 제품(왼쪽 상단 네 개 섹션), 비즈니스 전략(오른쪽 상단 세 개 섹션), 비즈니스 결과(하단 세 개 섹션)입니다. 각 섹션을 효과적으로 사용하는 방법을 설명하겠습니다. 먼저 제품 섹션부터 시작합니다.

제품

문제: 발견 단계에서 배운 내용을 바탕으로 문제를 명확하게 정의합니다. 세 가지 주요 질문은 다음과 같습니다. '문제는 무엇인가?', '왜 문제인가?', '누구 문제인가?' 찰스 케

---

[26] https://oreil.ly/bLs8B

터링Charles Kettering의 말[27]처럼 '문제만 잘 정의하면 문제의 절반은 해결된 것'입니다. 즉 문제를 명확히 정의하면 팀은 잘못된 문제를 해결하는 데 노력을 낭비하지 않게 됩니다.

데이터: 솔루션이 의존할 데이터와 입력을 식별합니다. 데이터를 어떻게 접근하거나 수집할지, 솔루션에 적합한지 또는 품질을 어떻게 확인할지 결정합니다. 이는 개발 중에 반드시 발생할 질문이므로 초기에 이를 해결하면 잠재적인 장애물을 미리 파악할 수 있습니다.

솔루션: 문제에 대한 후보 솔루션을 정의합니다. 사용자 요구와 비즈니스 목표를 고려하여 핵심 문제를 해결하는 명확하고 실행 가능한 접근 방식을 설명합니다.

가설: 제품 개발 중에는 항상 가정을 하게 됩니다(예 X라는 기능이 Y라는 사용자를 도와준다). 가설은 이러한 가정을 실험하고 검증할 수 있는 명제로 구성하는 데 도움을 줍니다. 다음 템플릿을 이용하여 가설을 정의할 수 있습니다.

- 우리는 [이 기능]이 [이 결과]를 만들 것이라고 생각합니다.
- [측정 가능한 신호]를 볼 때 우리가 성공했음을 알 수 있습니다.

예를 들어, 개인화된 제품 추천을 표시하면 판매량이 증가할 것이라는 아이디어가 있다고 가정해 봅시다. 이 아이디어를 테스트하기 위해 가설을 정의하고 실험을 진행할 수 있습니다. 예를 들어 보겠습니다.

- 우리는 개인화된 제품 추천을 표시하면 평균 주문 금액이 증가할 것이라고 생각합니다.
- 우리는 평균 주문 금액이 10% 증가했을 때 성공했다는 것을 알 수 있습니다.[28]

---

[27] https://oreil.ly/3keSv

[28] 이 가설을 테스트하는 매우 비싼 방법 중 하나는 실제 제품을 제작하여 고객에게 제공하고 평균 주문 금액이 증가하는지 확인하는 것입니다. 우리의 가정을 가설로 명확히 표현하면, 가설을 테스트하기 위한 더 방법이나 구현이 더 간단해집니다. 예를 들어, 비용 효율적인 실험으로 여러 테스트 고객과 함께 목업(mock-up) 프로토타입 테스트를 수행할 수 있습니다. 이 실험은 우리가 세운 가설을 검증하거나 무효화할 뿐만 아니라 제품을 구매하는 고객의 동기를 이해하고 디자인 결정에 영향을 미치는 풍부한 통찰과 학습을 제공합니다.

비즈니스 전략

행위자: 제품과 관련된 모든 행위자(고객, 이해관계자, 후원자 등)를 식별합니다. 제품 섹션의 문제, 솔루션, 데이터, 가설과 일치하는지 확인한 후 이 목록을 정리합니다.

행동: 솔루션이 준비되면 어떤 행동이 실행될지 정의합니다. 이는 ML 제품이 사용되지 않거나 클라우드에서 비용만 발생하는 상황을 줄이는 데 도움을 줍니다. 유용한 질문은 다음과 같습니다.

- 나열된 행위자들이 제품과 어떻게 상호작용하거나 혜택을 받을 것인가?
- 제품이 비즈니스에 어떻게 가치를 창출할 것인가?

주요 성과 지표(KPI): 이는 ML 제품의 수명 주기 동안 품질을 평가하거나 모니터링하는 데 사용할 수 있는 기술적 또는 운영적인 성공 측정 기준입니다. KPI를 개발하는 데 유용한 질문은 다음과 같습니다.

- 모델이 '충분히 좋은지' 또는 '이전보다 나은지' 어떻게 평가할 것인가?
- ML 제품의 효과나 정확성에서 허용 가능한 불확실한 수준은 무엇인가?
- 잘못된 예측(예 거짓 긍정 및 거짓 부정)에 대한 실제 비즈니스 비용은 얼마인가?

비즈니스 결과

가치: ML 제품의 잠재적인 가치를 명확히 하는 것은 어렵지만 매우 중요합니다. 많은 사람이 노력을 들이기 전에 가치가 낮은 아이디어를 걸러낼 수 있기 때문입니다. 또한 가치를 명확히 하면 솔루션 설계와 문제 정의에 큰 도움이 됩니다. 예를 들어, ML 제품에는 '어려운' 질문이 이상적일 수 있지만 기술적으로 너무 어려울 수 있습니다. 제품의 고유한 가치를 알면 제품 범위를 조정할 수 있습니다. 중요한 질문을 먼저 묻는 것(예 사용자가 클릭하거나 구매할 책을 추천할 수 있는가?)은 어려운 질문(예 다른 책과의 상호작용을 기반으로 사용자에게 실시간으로 책을 추천할 수 있는가?)에 필요한 데이터를 수집하는 데 도움이 됩니다.

위험: 데이터 제품 캔버스는 위험 관리 도구로 설계된 것은 아니지만 위험을 식별하고

계획하는 것은 중요합니다. 잠재적 위험을 이해하면 이를 평가하고 완화할 방법을 찾을 수 있습니다. 위험을 식별하는 데 유용한 프레임워크로는 델파이^{Delphi} 방법과 SWOT 매트릭스[29]가 있습니다. 유용한 질문은 다음과 같습니다.

- 무엇이 잘못될 수 있는가? 이 제품이 실패할 방법들은 무엇인가?
- 모델이 실수했을 때 들어가는 비즈니스 및 제품 비용은 얼마인가?
- 이러한 위험의 결과는 무엇일 것인가?

성능 및 영향: 이 섹션은 제품이 비즈니스에 미치는 영향을 추정하고 이를 측정하는 방법에 중점을 둡니다. 아이디어가 비즈니스에 어떤 영향을 미칠지 명확하게 설명하고, 그 결과를 시간이 지나면서 꾸준히 측정하겠다고 약속하면, 이 과정은 비즈니스 관계자들이 아이디어를 받아들이고 협력하는 데 필요한 이해와 신뢰를 제공합니다. 유용한 질문은 다음과 같습니다.

- 성공을 측정하기 위해 어떤 비즈니스 지표를 사용해야 하며 어떻게 측정할 것인가?(예 구독자 또는 회원 수, 수익, 고객 만족도 점수)
- 해당 지표의 기준선은 무엇인가?
- 새로운 제품에서 얼마의 이득이나 비용 절감을 기대할 수 있는가?

> **NOTICE** ML 팀이 흔히 저지르는 실수 중 하나는 무엇이든 해결할 수 있는 '요술망치'를 먼저 만들고 '이제 어떤 문제를 해결할 수 있을까' 하는 것입니다. 그러나 먼저 해결할 실제 고객의 문제를 식별하지 않으면 이는 좋은 결과로 이어지기 어렵습니다.
>
> 제품을 개발할 때 기술과 '어떻게'는 부차적입니다. 항상 '무엇'에 초점을 맞춰야 합니다. 예를 들면 '제품이 어떤 문제를 해결하는가?' '고객에게 어떤 가치를 제공하는가?' 등입니다.
>
> 문제와 필요를 식별한 후에는 기술적 노력을 집중하여 ML을 활용해 최선의 방법으로 문제를 해결할 수 있습니다. 일부 경우에는 ML이 솔루션의 작은 부분일 수도 있습니다. Guide Dogs Victoria 사례와 같이 ML이 최선의 솔루션이 아닌 경우도 있을 수 있습니다. 고객이 다른 대안을 더 선호할 수도 있고, 기술적으로 다른 대안이 더 현실적일 수도 있으며, 조직에 더 적합한 대안이 있을 수도 있습니다.

---

[29] https://oreil.ly/-KLjc

가설 캔버스

아이디어를 체계적으로 명확히 하고, 빠른 주기로 테스트하며, 학습 내용을 지속적으로 추적하는 데 도움이 되는 가설 캔버스[30] (그림 2-5)가 있습니다.[31]

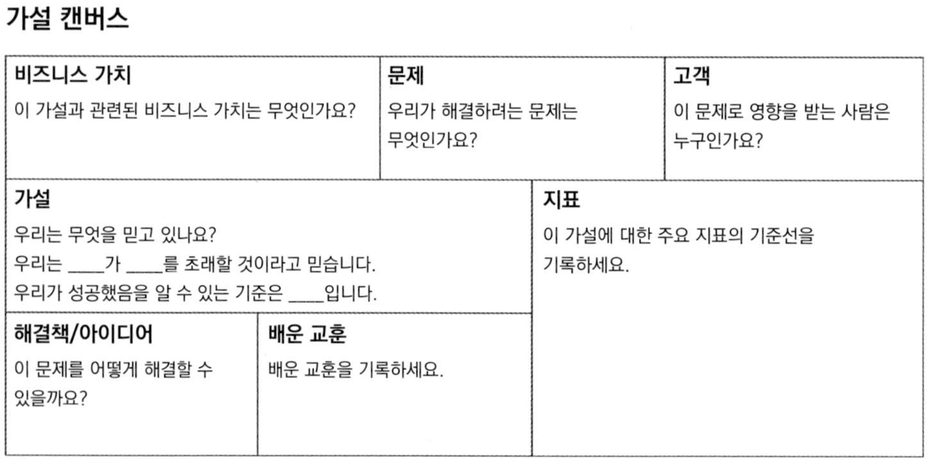

가설 캔버스

비즈니스 가치	문제	고객
이 가설과 관련된 비즈니스 가치는 무엇인가요?	우리가 해결하려는 문제는 무엇인가요?	이 문제로 영향을 받는 사람은 누구인가요?
가설 우리는 무엇을 믿고 있나요? 우리는 ___가 ___를 초래할 것이라고 믿습니다. 우리가 성공했음을 알 수 있는 기준은 ___입니다.		**지표** 이 가설에 대한 주요 지표의 기준선을 기록하세요.
해결책/아이디어 이 문제를 어떻게 해결할 수 있을까요?	**배운 교훈** 배운 교훈을 기록하세요.	

그림 2-5 가설 캔버스[32]

이 캔버스는 1장에서 소개했습니다. 가설 캔버스는 테스트를 할 수 있는 가설을 만들고 객관적인 지표를 식별하며 가벼운 실험을 통해 아이디어를 신속하게 검증하거나 무효화하는 데 도움을 줍니다. 이 기술은 제품의 초기 단계에서든, 전달 중 지속적인 발견에서든 매우 유용합니다(지속적인 발견에 대해서는 '2.3.1 전달 활동의 리듬'에서 다룰 예정입니다).

예를 들어, 2023년에 생긴 생성형 AI의 열풍으로 AI를 사용해 제품 경험이나 내부 프로세스를 개선하려는, 흥미롭지만 모호한 아이디어가 넘쳐날 수 있습니다. 우리도 그런 상황을 겪었으며, 가설 캔버스는 비즈니스 가치와 성공 기준을 명확히 하고 어떤 가설을 우선해서 테스트할지 정하는 데 도움이 되었습니다. 이 방법은 비즈니스, 제품, 엔지니어링, ML 등 다양

---

[30] https://oreil.ly/Ta7Ss
[31] '가설'이라는 용어를 사용함으로써 팀은 제품 개발 초기 단계에서 불확실성을 다룰 수 있고 '올바른' 답을 가지고 있지 않아도 아이디어를 제공하고 조율할 수 있는 공간을 만들 수 있습니다.
[32] 출처_ 조 피에코타와 메이 쑤가 쓴 '데이터 기반 가설 개발(https://oreil.ly/KzSkM)'에서 허가 받아 실었습니다.

한 이해관계자 간의 일치를 만드는 데 유용했습니다. 이 캔버스를 사용해서 다양한 아이디어의 잠재적 가치를 확인하고, 필터링하고, 우선순위를 정하여 우리의 노력을 집중할 수 있었습니다.

[그림 2-5]에서 설명한 대로 가설의 파라미터를 명확히 함으로써 아이디어가 왜 가치가 있을지, 누가 혜택을 받을지, 성공했다는 것을 어떻게 알 수 있을 지 등과 같은 중요한 질문에 답을 찾는 데 집중할 수 있습니다. 솔루션(예 화려한 ML 기술)에서 문제로 초점을 전환하면 문제를 해결하기 위해 반드시 ML을 사용할 필요가 없다는 것을 알 수 있습니다. 이를 통해 경우에 따라서 ML을 사용하지 않고도 간단하게 문제를 잘 해결할 수 있는 방법을 발견할 수 있습니다. 불필요한 복잡성을 추가하지 않고도 가치를 전달할 수 있는 길입니다.

이제 기회를 발견하고 정의하는 기술을 살펴봤으니 이러한 기회에 대한 가설을 테스트하는 기술을 살펴보겠습니다. 이를 위해 두 번째 다이아몬드로 넘어가 후보 솔루션을 신속하게 설계하고, 전달하고, 테스트하는 데 중점을 두겠습니다.

2.1.3 빠르게 솔루션을 설계, 전달, 테스트하는 기술

최소 기능 제품minimum viable product(MVP)을 만드는 것은 기회에 대한 가설을 테스트하는 하나의 방법이지만 다른 검증 기술에 비해 시간과 비용이 많이 듭니다(MVP에 대한 정의와 논의는 'MVP를 할 것인가, 말 것인가?'라는 제목의 글상자를 참조하세요). 우리는 시장에서 사용자와 함께 제품을 테스트하기 위해 MVP를 구축하고 릴리스하고 싶지만 우리의 노력이 가치 있는 MVP에 투자되고 있다는 확신이 필요합니다.

> **MVP를 할 것인가, 말 것인가?**
>
> 'MVP'는 실제 제품 개발 과정에서 그 의미가 흐려지는 경우가 많습니다. 종종 'MVP'라는 이름이 조잡한 해결책을 만드는 핑계로 사용되기도 하기 때문입니다. 이 장에서는 이러한 의미의 혼란을 바로잡기 위해[33] MVP를 제품 방향이 시장 요구와 맞는지 테스트하며 '대규모 릴리스'의 위험과 비용을 줄이고 팀이 고객에게

---

[33] https://oreil.ly/mnmtZ

> 가치를 조기에 그리고 자주 전달하는 만족감을 느끼게 하는 기술로 자리 잡게 하려고 합니다.
>
> 일부 사람들은 최소로 사랑받는 제품minimum lovable product[34] 또는 가장 초기 테스트 가능/사용 가능/사랑받는 제품earliest testable/usable/lovable product[35]와 같은 다른 용어를 선호합니다. 또 다른 사람들은 그것이 무엇이라고 불리던 조직에서 잘 정의되고 이해되지 않으면 동일한 문제에 직면할 것이라고도 주장합니다.
>
> 우리는 이러한 다양한 용어들이 모두 우리가 원하는 본질을 설명하고 있다고 믿습니다. 고객의 가장 시급한 문제(V)를 일관되게 해결하는 고품질 제품(P)을 조기(M)에 제공하고 이후 반복적으로 개선하는 것입니다.
>
> 이 장에서는 이러한 의미로 'MVP'라는 용어를 계속 사용할 것입니다. 이후 또 다른 글상자에서 MVP 릴리스와 다른 유형의 릴리스를 비교할 것입니다.

팀은 다음 기술을 통해 비용을 효율적으로 사용하여 가설을 설계, 테스트, 개선할 수 있습니다. 이 방법들은 팀에서 약한 아이디어를 빠르게 걸러내고 영향력 있고 실행 가능한 개념만 전달 단계로 넘어가도록 돕습니다.

프로토타입

프로토타이핑은 비용 면에서 팀이 아이디어를 탐구하고 테스트하며 개선할 수 있게 하는 효율적인 기술입니다. 이는 많은 자원을 투입하기 전에 아이디어를 검증할 수 있는 필수 도구입니다. 그리고 린 UX 도구 상자에서 중요한 역할을 합니다.

다양한 프로토타입   프로토타이핑은 복잡성과 정밀도에 따라 여러 형태가 있습니다. 종이 프로토타입[36]처럼 간단한 스케치부터 더 정교하고 상호작용이 가능한 디지털 프로토타입[37]까지 다양합니다. 간단한 프로토타입은 빠르게 만들 수 있고 비용이 적게 들어 빠른 반복과 피드백 수집이 가능합니다. 이는 초기 단계에서 아이디어의 기본적인 측면을 검증하는 데 유용합니다. 개념이 성숙해지면 피그마Figma와 같은 도구를 사용하여 더 정교한 디지털 프로토타입이나 기술적 프로토타입으로 이동합니다.

---

34 https://oreil.ly/krJDO
35 https://oreil.ly/z73kU
36 https://oreil.ly/GCSyj
37 https://oreil.ly/5TJRU

예를 들어, 우리가 온라인 서점을 운영 중이라고 가정하고 실시간 동적 개인화가 고객 참여와 매출을 개선할 것이라는 가설이 있다고 가정해 봅시다. 테스트 사용자와 함께 프로토타입을 테스트한 결과 대부분의 사용자가 개인화된 추천에 참여하지 않은 이유는 책 표지만으로는 충분히 매력적이지 않기 때문이라는 것을 알게 되었습니다. 하지만 이때 최고 및 최저 리뷰 요약이 제공되었다면, 사용자가 책에 대해 더 큰 확신을 가지고 책을 구매하거나 저장했을 가능성이 높았을 것입니다. 이러한 프로토타입 테스트에서 얻은 학습은 제품을 설계하고 전달할 때 올바른 방향으로 나아가도록 돕습니다.

반복적인 프로토타이핑을 통해 팀은 약한 아이디어를 빠르게 식별하고 버릴 수 있습니다. 이를 통해 가장 영향력 있고 유망한 개념만이 개발 단계로 넘어가도록 보장합니다. 프로토타이핑, 테스트, 개선의 반복 주기는 제품 개발과 관련된 위험을 줄이는 데 도움을 줍니다. 이는 MVP를 구축하고 릴리스할 때 제품이 검증된 학습, 사용자 피드백, 잘 고려된 디자인 접근 방식에 기반하고 있음을 보장합니다.

기술적 프로토타입 또는 개념 증명(PoC) 고객 피드백을 바탕으로 아이디어나 개념을 검증한 후 실제 작동하는 소프트웨어를 통해 아이디어의 실행 가능성을 '슬라이드 자료'가 아닌 실제 소프트웨어로 검증하는 것이 중요합니다. 기술적 프로토타입이나 PoC를 만드는 것은 특히 ML에서 중요합니다. ML 모델의 실제 동작을 실험하고 테스트하지 않으면 결과를 확인할 수 어렵기 때문입니다.

전달 단계에서 몇 달 동안의 노력 끝에 MVP의 ML 모델이 성능 기대치를 충족하지 못한다는 것을 알게 되는 상황은 아무도 원하지 않을 겁니다. PoC를 통해 이를 사전에 발견할 수 있습니다. 예를 들어, 발견 단계에서 성능이 낮은 공급망 부품 예측 모델이 수백만 달러의 손실을 초래할 수 있다는 것을 알게 되면, PoC를 만들어 실행 가능성을 테스트할 수 있습니다. 잘 설계된 PoC는 성능, 기술적 실행 가능성, 다양한 요인에 대한 민감도를 조기에 발견하는 데 도움을 주며 아이디어가 전달 및 제품화 준비가 되었는지 판단하는 데 도움을 줍니다. 또한 PoC는 성공 측정 기준, 잠재적 문제, 예상치 못한 기술적 도전 과제, 적절한 문제 정의를 조기에 발견하는 데 도움을 줍니다.

PoC를 통해 개념이 실행이나 실현이 가능하다는 것을 증명하지 못할 수도 있습니다. 그럴 경우 이를 가치 있는 학습 기회로 간주하고 자원을 더 유망한 기회로 돌릴 수 있는 기회로 삼아야 합니다.

경험상 PoC는 이해관계자의 지원을 얻는 데 유용한 도구가 될 수 있습니다. 고객이나 비즈니스의 필요에 따라 PoC가 구체적인 솔루션의 실행 가능성을 보여주는 증거를 제공하기 때문입니다. 잘 수행된 PoC는 복잡한 ML 접근 방식과 용어를 시각적 시연과 구체적인 결과로 전달하여 기술 쪽 이해관계자가 아니더라도 제안된 솔루션의 가치와 기술적 필요를 쉽게 이해할 수 있도록 도와줍니다.

이제 잠재적 솔루션을 테스트하는 또 다른 기술을 살펴보겠습니다.

가장 위험한 가정 테스트

> 최소 기능 제품(MVP)이라는 용어에는 한 가지 문제가 있습니다. 이 용어의 P는 실제로는 제품을 의미하는 것이 아닙니다. 오히려 해결할 가치가 있는 문제를 찾았는지를 검증하는 방법입니다. 즉 가장 큰 가정을 빠르게 테스트하여 위험을 줄이는 방법과 다름 없습니다. 따라서 MVP를 만드는 대신, 처음부터 가장 위험한 가정 테스트riskist assumption test(RAT)를 식별하고 테스트하세요. 불필요한 고통을 줄일 수 있습니다.
>
> — 릭 하이엄Rik Higham

릭 하이엄은 그의 기사 'MVP는 죽었다. RAT 만세'[38]에서 명확하고 간단한 요점을 제시합니다. MVP를 만드는 것은 매우 위험한 가정 몇 가지와 덜 위험한 가정 여러 가지를 테스트하는 것을 포함합니다. 가장 위험한 가정 테스트(RAT)를 수행하는 것이 제품의 성공 여부를 결정할 수 있는 '가장 중요한 가정'을 식별하고 테스트하는 더 효율적인 비용 지출 방법입니다. 릭은 다음과 같은 내용을 제안합니다.

---

[38] https://oreil.ly/_tqzU

- **모든 주요 가정을 나열하고 가장 위험한 가정을 식별하십시오**

    제품이 성공하려면 반드시 성립해야 하는 모든 가정을 적어 보세요. 각 가정에 위험 점수(위험은 가능성과 영향의 곱으로 정의됨)를 부여하세요. 간단한 티셔츠 크기(소, 중, 대, 특대)로도 충분합니다. 잘못된 경우 프로젝트의 성공에 가장 큰 영향을 미칠 가정을 식별하세요. 이 가장 위험한 가정은 고객 행동, 시장 수요, 기술적 실현 가능성 등을 포함한 제품의 주요 측면과 관련될 것입니다.

- **가장 위험한 가정을 테스트할 방법을 정의하세요**

    테스트는 가정을 직접적으로 다룰 수 있도록 가능한 한 간단하고 집중적이어야 합니다. 테스트는 사용자 인터뷰, 최소 기술적 PoC, 또는 페이크 도어 테스트^{fake door tests}[39]와 같은 형태일 수 있습니다. 예를 들어, 기능에 관심이 있는 사용자의 수를 측정하기 위한 랜딩 페이지입니다. 카다브라^{Cadabra} 스튜디오의 기사[40]에서는 에어비앤비^{Airbnb}, 자포스^{Zappos}, 버퍼^{Buffer}에서 고안한 몇 가지 창의적인 테스트를 보여줍니다.

- **테스트를 수행하세요**

    가장 위험한 가정에 대한 데이터를 수집하기 위해 테스트를 수행하세요. 가정이 검증되면 프로젝트는 더 낮은 수준의 위험으로 진행될 수 있습니다. 가정이 검증되지 않으면 프로젝트는 방향을 전환하거나 접근 방식을 팀에서 재평가해야 할 수 있습니다.

가장 위험한 가정 테스트는 발견 단계에서 프로젝트의 지속 또는 전환 기준으로 활용될 수 있으며 빠른 학습 주기와 애자일로 조정할 것을 장려합니다. 이는 전달에 들이는 노력에 대한 불확실성을 줄이는 데 중요한 역할을 합니다.

---

[39] https://oreil.ly/Z2Ykm
[40] https://oreil.ly/q3byP

제품 중심 사고와 디자인 중심 사고: 인간 중심의 혁신 접근법

디자인 중심 사고[41]는 사용자 중심 접근 방식을 통해 복잡한 문제를 해결하는 방법론입니다. 다양한 산업에서 널리 사용되며, 사용자의 요구와 경험을 이해하고, 문제를 재정의하며, 혁신적인 솔루션을 창출하는 것을 목표로 합니다. 이는 더블 다이아몬드와는 다른 프레임워크입니다. 우리는 더블 다이아몬드를 주요 프레임워크로 선택했지만, 이 장에서 설명한 다양한 기술을 디자인 중심 사고 프레임워크를 사용하여 정리할 수도 있습니다. [그림 2-6]을 참조하세요.

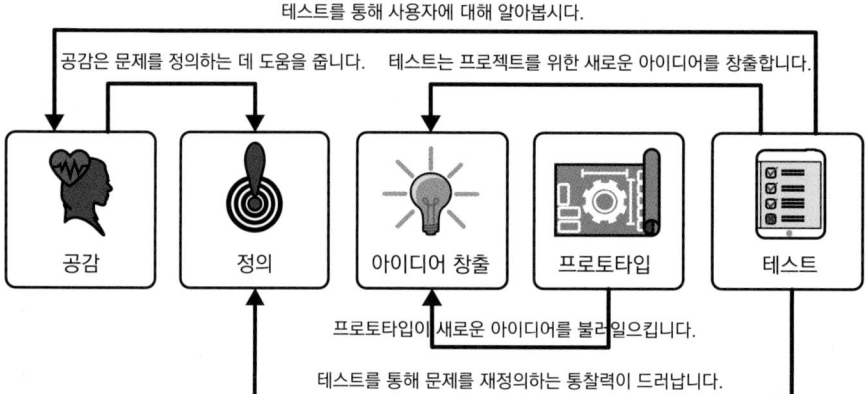

그림 2-6 디자인 중심 사고 과정[42]

디자인 중심 사고의 핵심 원칙은 다음과 같습니다.

공감
최종 사용자의 요구, 욕구, 도전을 이해합니다. 이는 사용자의 경험과 관점을 깊이 이해하기 위해 심층적인 연구와 참여를 포함합니다.

정의
문제를 명확하게 정의합니다. 이 단계에서는 공감 단계에서 수집한 정보를 명확한 문제 진술로 종합하여 이후의 아이디어 창출 과정을 안내합니다.

아이디어 창출
창의적인 다양한 아이디어를 생성합니다. 이 단계에서는 상자 밖에서 생각하고 실행 가능성이나 실용성에 즉시 제한을 두지 않고 다양한 솔루션을 탐색합니다.

---

41 https://oreil.ly/BXcn7
42 출처_ 인터랙션 디자인 재단의 이미지를 바탕으로 수정했습니다.

프로토타입

아이디어의 구체적인 표현물을 만듭니다. 이는 제안된 솔루션의 축소판 버전이나 모델을 만드는 것을 포함하며, 아이디어의 복잡성에 따라 그림부터 기능적인 프로토타입까지 그 종류가 다양할 수 있습니다.

테스트

프로토타입을 실행하고 피드백을 수집합니다. 이 단계에서는 사용자 테스트를 통해 피드백을 받아 솔루션을 개선합니다. 종종 새로운 통찰을 얻어 이전 단계로 돌아가서 다시 조정하는 과정을 반복합니다.

디자인 중심 사고는 반복적인 과정입니다. 사용자와 문제에 대해 더 많이 알게 되면서 이러한 단계를 오가며 계속해서 개선하고 조정합니다. 이는 매우 협력적이며 문제 해결 과정에 다양한 관점과 전문 지식을 제공하기 위해 다양한 기능을 하는 팀이 참여합니다. 디자인 중심 사고는 제품 디자인뿐만 아니라 서비스 디자인, 비즈니스 전략, 조직 문제 해결에도 사용됩니다.

제품 중심 사고[43]는 디자인 중심 사고를 기반으로 제품 관리 실천을 포함하여 제품의 비즈니스 또는 조직적 실행 가능성에 중점을 둡니다. 이는 초기 집중 투자에서 지속 가능한 제공을 통해 점진적 혁신을 특징으로 하는 제품 수명 주기를 통해 제품 디자인을 개발하는 것을 의미합니다. 또한 제품의 상업적 모델을 고려하고, 조직 내 사람들과 자원을 조정하여 제품을 제공하는 것을 의미합니다. 제품 중심 사고는 때때로 솔루션 사고와 대조됩니다. 솔루션 사고는 고객 문제를 일관된 사용자 경험으로 해결하는 통합된 제공이 아닌 임시방편인 솔루션들을 제공한다고 할 수 있습니다.

발견 단계가 끝나면 팀과 비즈니스는 고객의 욕구를 충족할 수 있는(바람직한), 수익을 낼 수 있는(실행 가능한), 주어진 자원과 제약 조건에 따라(달성 가능한) 제품 아이디어에 도달해야 합니다. 발견 단계에서 얻은 증거와 공유된 맥락은 필요할 경우 설득력 있는 비즈니스 사례를 만들고 제품 기회를 추구하기 위한 자금을 확보하는 과정을 지원합니다.

이제 팀은 제품 전달의 다음 단계인 개시로 넘어갑니다. 개시 단계는 제품 범위, 기술, 전달 계획, 위험 관리 등과 관련된 실행 가능한 계획을 정의하여 제품 전달 중 팀을 올바른 방향으로 안내하는 데 도움을 줍니다. 이제 이 주제를 다루어 보겠습니다.

---

[43] https://oreil.ly/WIExn

2.2 개시: 팀의 성공을 위한 준비

코드를 작성하고 제품을 만들기 전에, 모든 주요 인물들과 가벼운 계획을 조율하여 성공 가능성을 높일 수 있습니다. 여기서 말하는 것은 상세한 폭포수 스타일의 계획이 아니라 팀이 솔루션을 구축하기 시작하고 전달 위험에 대해 모두가 동일하게 이해할 수 있도록 하는 협력적인 '적시just-in-time' 계획입니다. 이러한 전달 위험에는 제품 범위, 완료 정의, 작업 방식 및 조직적 의존성에 대한 기대치의 불일치가 종종 포함됩니다. 이러한 요소들이 명확하지 않으면 관리되지 않은 위험이 전달되고, 결국 문제를 일으켜 팀이 릴리스 지연을 경험하게 됩니다. 그러나 이해관계자가 위험을 인식하고 이를 모니터링하고 대응할 메커니즘이 있다면 팀은 이러한 지연을 피하고 오히려 앞서 나갈 수 있습니다.

이 절에서는 다음 내용을 다룹니다.

- 개시가 무엇인지, 왜 팀이 명확한 전달 계획을 정의하는 데 개시의 가치가 있는지 그리고 팀이 이를 어떻게 실천할 수 있는지에 대한 방법
- 고객의 관점에서 기능 설명을 명확히 하고, 고객의 요구, 비즈니스 가치 및 완료 정의를 강조하여 개발을 안내하는 사용자 스토리 작성 방법

2.2.1 개시: 개시가 무엇이며 어떻게 하는가?

영화 〈인셉션Inception〉[44]을 아나요? 그 영화에서는 팀이 협력하여 사람의 무의식에 아이디어를 심습니다. 여기서 말하는 개시도 비슷한 개념입니다. 팀과 이해관계자가 제품의 비전, 범위, 목표, 전달 계획에 대해 이해를 공유하도록 돕는 것이 목적입니다. 전달 과정에서 다양한 변화에 대응해야 하기 때문에 시작할 때 이해를 공유해야 대응에 좋은 기반이 됩니다.

개시는 팀이 제품을 전달하기 위해 필요한 작업을 **형성**하고 **크기**를 조정하고, **순서**를 정하는 데 도움이 되는 일련의 활동으로 구성됩니다. 프로젝트의 규모에 따라 며칠에서 최대 4주까지 지속될 수 있지만 보통 이 기간을 더 길게 끌지 않는 것이 좋습니다. 휴리스틱heuristic은 시

---

[44] https://oreil.ly/yd50Z

작하기에 충분한 계획만 세우는 것입니다. 개시는 항상 전달 직전에 이루어져야 하며 전달 때와 동일한 팀과 이해관계자가 참여해야 합니다. **개시의 경량성은 풍부한 맥락을 전달**합니다. 처음부터 명확성과 일치를 보장하면 명확하지 않거나 일치하지 않는 기대치로 발생하는 많은 일반적인 문제를 피할 수 있습니다. 만약 중요한 중단이 있거나 단계 간에 팀이 변경되면, 그 맥락이 소멸되거나 완전히 사라질 수 있으며, 전달 팀은 계획에 대한 오너십ownership이나 달성 의지를 느끼지 못할 수도 있습니다.

발견 단계는 해결해야 할 문제와 이를 해결하기 위해 무엇을 구축할지에 중점을 둡니다. 반면 개시는 솔루션을 더 구체화하고 기술적 측면을 포함하여 팀이 이를 어떻게 전달할지에 중점을 둡니다. 이상적으로는 하나의 팀이 발견에서 개시로 그리고 전달로 맥락을 이어가며 공유된 이해를 유지합니다. 이를 통해 전달 팀과 비즈니스 이해관계자 간에 제품을 전달하기 위해 해야 할 작업의 범위와 순서에 대한 동의를 얻을 수 있습니다.

예산과 자금 문제로 제품 전달 단계를 분리해야 한다면 팀이나 활동을 분리하기 가장 좋은 지점은 발견과 개시 사이입니다. 이 경우, 기회와 가능한 솔루션에 대한 발견 결과를 신중하게 문서화해야 합니다. 발견 단계에서는 문제 해결의 가치를 명확히 하고 일정 수준의 전달 수행 계획(예 6개월 동안의 팀 구성)에 대한 진행 여부를 결정할 수 있어야 합니다. 만약 '진행' 결정이 내려지면 개시와 전달은 하나의 패키지로 진행됩니다.

개시/전달 패키지에 할당된 인원과 자원을 초과하지 않는 것이 매우 중요하다면 개시 계획은 특정 범위를 전달하는 데 필요한 시간대timeframe를 이해하려고 하기보다는 해당 범위 내에서 달성 가능한 전달 범위에 중점을 둘 수 있습니다. 만약 발견 단계가 다소 불완전하고 진행 여부 결정을 내리기 위해 추가 설명이 필요한 경우, 개시 후에도 진행 여부를 결정할 수 있는 단계를 설정할 수 있습니다. 이때 '진행하지 않음' 결정은 이 이니셔티브의 종료를 의미합니다(상황이 변할 때까지). 이러한 방식으로 발견과 개시를 통해 투자 위험을 최소화하면서도 이러한 접근 방식의 장점을 유지할 수 있습니다.

문제나 기회가 너무 명확하고 단순하며 설득력이 있어 발견 단계가 필요 없는 경우도 드물게 있습니다. 이 경우 제품 전달은 개시 단계에서 시작할 수 있습니다(그러나 적절한 발견 없이는 문제의 실제 단순성을 알지 못할 수도 있다는 점을 유의해야 합니다).

이제 개시를 실행하는 세부 사항을 살펴보겠습니다.

2.2.2 개시 계획 및 실행 방법

팀이 구축할 솔루션에 대한 기존 지식과 맥락에 따라 개시 일정 설계가 달라집니다. 특정 이니셔티브의 필요에 따라 다르기 때문에 이 장에서 개시 활동 목록을 구체적으로 제시하기는 어렵습니다. 그러나 '개시 계획 방법',[45] '린 개시',[46] 아틀라시안의 '팀 플레이북'[47]과 같은 훌륭한 자료들을 참고할 수 있습니다. 여기에는 개시 일정을 구성하기 위해 선택할 수 있는 워크숍과 활동 메뉴가 나와 있습니다. 이러한 활동은 비즈니스, 제품, 사람, 프로세스, 기술 및 우선순위 설정에 대한 명확성을 제공하는 데 목적이 있습니다.

최소한 [표 2-1]에 나열된 활동을 포함하는 개시 일정을 추천합니다. 각 활동에 대한 자세한 설명은 '개시를 계획하는 방법'[48]에 나와 있습니다. 이를 시작점으로 사용하고 필요에 맞는 추가 활동으로 개시 일정을 맞춤화하는 것을 권장합니다.

표 2-1 개시 활동, 목적 및 산출물

활동	목적	산출물
❶ 우선순위 조정(예) 비전 설정, 트레이드오프 슬라이더 trade-off sliders)[49]	문제와 제품에 대한 공유된 비전을 수립하고 주요 우선순위와 성공 측정 기준을 정합니다.	• 엘리베이터 피치 elevator pitch[50] • 트레이드오프 슬라이더[51] • 성공 측정 기준
❷ MVP 정의	필수 기능을 포함한 제품의 핵심 요소를 정의합니다.	• MVP 캔버스[52] • 검증이 필요한 가설[53]

---

45 https://oreil.ly/VBJmy
46 https://oreil.ly/G_X0U
47 https://oreil.ly/9wwDZ
48 https://oreil.ly/VBJmy
49 https://oreil.ly/D743M
50 https://oreil.ly/Bpxl6
51 https://oreil.ly/D743
52 https://oreil.ly/6asl6
53 https://oreil.ly/-qmxz

활동	목적	산출물
❸ 교차 기능 요구 사항(CFRs)	MVP의 성공 또는 실패를 결정할 수 있는 중요한 운영 및 아키텍처 측면을 식별합니다.	• MVP에 관련된 교차 기능 요구 사항 목록[54]
❹ 솔루션 설계 및 최소 기능 아키텍처	솔루션의 기본 아키텍처 설계 개요를 작성합니다.	• 솔루션 아키텍처[55](여기서는 C4 다이어그램[56]이 도움될 수 있다.)
❺ 제품화 경로	소프트웨어 변경 사항이 운영 환경에 도달하기 위해 필요한 단계, 사람, 도구, 작업 및 출력을 시각화하고 매핑합니다(참고: 이 주제는 3, 4, 9장에서 자세히 다룹니다).	• 제품화 경로 다이어그램[57]
❻ 위험, 가정, 문제 및 의존성 (RAID)	제품의 성공을 방해할 수 있는 위험, 가정, 문제 및 의존성을 식별합니다.	• RAID 캔버스[58]
❼ 보안 위협 모델링[59]	시스템 또는 제품에 대한 잠재적 보안 위협에 대한 식별, 평가 및 완화 방법을 찾습니다.	• 산출물에는 공격 트리Attack Trees[60] 또는 주요 위험 및 완화 계획을 설명하는 위협 모델이 포함될 수 있다(ML에 특정한 보안 취약점을 포함한다).[61]
❽ 윤리 및 책임 있는 기술[62]	기술의 책임 있는 사용을 보장하기 위해 잠재적인 윤리 문제를 식별하고 지침을 설정합니다.	• 산출물에는 특정 활동에 따라 다르지만, 고장 모드 및 영향 분석표 또는 책임 전략 문서가 포함될 수 있다.
❾ 릴리스 계획	제품의 릴리스 일정과 마일스톤, 반복 주기를 계획합니다.	• 고수준 사용자 스토리 맵과 MVP 백로그[63] • 스토리 추정[64]
❿ 작업 방식	팀이 협력하고 소통하며 일상적으로 일하는 방식을 정해 프로젝트 목표를 효과적으로 달성할 수 있도록 합니다.	• 작업 방식[65] 문서 • 팀원들의 역할과 책임[66]

---

54 https://oreil.ly/W6qcM
55 https://oreil.ly/qrHTr
56 https://oreil.ly/PemHl
57 https://oreil.ly/g17TK
58 https://oreil.ly/_TNrQ
59 https://oreil.ly/z_ySr
60 https://oreil.ly/A15wI
61 https://oreil.ly/3h4pQ
62 https://oreil.ly/icVNH
63 https://oreil.ly/KEFwb
64 https://oreil.ly/7oaom
65 https://oreil.ly/Zvowc
66 https://oreil.ly/RA-mw

> **특별 언급: 교차 기능 요구 사항(CFR)**
>
> 제품이 기능적 요구 사항을 충족하지만 성능, 용량, 속도, 보안, 가용성 등 단 하나의 교차 기능 요구 사항cross-functional requirements(CFR)을 충족하지 못하면 문제가 발생할 수 있습니다. 예를 들어, LLM 기반의 고객 서비스 에이전트가 많은 고객 문의에 올바르게 답변할 수 있지만 프롬프트 주입 공격[67]으로 훈련 데이터를 유출할 수 있다면[68] 이는 큰 문제입니다.
>
> 이러한 암묵적인 요구 사항을 고려하지 않으면 계획되지 않은 작업이나 잘못된 제품을 만들 수 있습니다. 이는 팀 일정에 큰 차질을 줄 것입니다. 따라서 중요한 초기 활동 중 하나는 CFR 목록[69]을 검토하고 MVP에 관련된 CFR을 결정하는 것입니다. 이를 통해 우리의 ML 제품이 반드시 있어야 하거나 있어야 한다고 동의하는 암묵적 행동을 도출하게 됩니다.
>
> 솔루션을 단순화하거나 솔루션이 가져야 할 암묵적 행동을 표면화할 때 이러한 논의는 우리가 무엇을 구축하고 있는지 더 명확히 이해하는 데 도움이 됩니다. 또한 구축의 복잡성을 어느 정도 파악하는 데도 도움이 됩니다.

개시 활동의 메커니즘도 좋은 결과를 얻는 데 매우 중요합니다. 적절한 사람들을 참여시키고 모두가 적극적으로 참여하며 짧은 기간 동안 집중적으로 강력하게 진행하면 최상의 결과를 얻을 수 있습니다. 진행자는 세션을 설계할 때 시각적 협업과 언어적 협업을 포함하고 그룹 전체의 지식을 반영하도록 기여를 장려하거나 조정해야 합니다.

원격 근무와 지리적으로 분산된 팀에서는 원격 협업 도구와 시각적 진행 도구가 개시 활동에 유용합니다. 이러한 도구는 시각적 사고와 명확한 커뮤니케이션을 촉진하고 팀 구성원 간의 이해를 돕습니다. 이를 통해 기술, 비즈니스, 위험, 범위 등 제품 전달 계획의 다양한 측면을 형성할 수 있습니다(모든 참가자는 세션 중에 이메일이나 메시지를 확인하지 않고 완전히 몰입해야 합니다!).

이 활동들은 실행 중 팀을 안내하고 정보를 제공하는 산출물을 생성해야 합니다(다음 글상자 내용 참조). 이러한 산출물 중 일부는 시간이 지남에 따라 지식과 상황을 반영하기 위해 반복적으로 검토되고 업데이트되는 살아 있는 산출물living artifacts이 됩니다.

---

[67] https://oreil.ly/S3htl
[68] https://oreil.ly/ywBVy
[69] https://oreil.ly/W6qcM

> **개시 산출물 사용 예시: 제품화 경로 설정**
>
> 각 개시 활동은 팀이 작업을 진행하는 데 도움이 되는 산출물을 만듭니다. 예를 들어, 제품화 경로를 설정하려면 코드나 데이터 변경이 어떻게 테스트되고 최종적으로 운영 환경에 어떻게 전달되는지를 설명하는 다이어그램을 만들어야 합니다.
>
> 이 제품화 경로 산출물은 첫 번째 반복 주기$^{iteration\ zero}$에서 제품화 경로를 설정하는 방법을 팀에게 명확히 알려줍니다. 전달 과정의 처음 과정인 첫 번째 반복 주기는 팀의 원활한 작업을 위해 인프라, 환경, 접근 권한을 설정하는 데 집중합니다. 이를 통해 팀은 자신감을 얻고 초기부터 아키텍처와 관련된 문제를 해결할 수 있습니다.

개시가 성공했는지 어떻게 알 수 있을까요? 이를 판단할 수 있는 좋은 기준이 있습니다. 개시가 끝났을 때 팀과 이해관계자 모두가 다음을 할 수 있으면 됩니다.

- 첫 번째 릴리스의 범위 또는 MVP의 비전, 비즈니스 가치를 동일하게 설명해야 합니다([그림 2-7]의 사용자 스토리 맵 예시 참조).
- 고객 가치를 기준으로 우선순위가 매겨진 고수준 사용자 스토리의 백로그를 이해해야 합니다.
- 첫 번째 릴리스와 이후 릴리스를 위한 로드맵이나 타임라인에 동의해야 합니다. 이는 고수준의 성과 측정과 전달 활동의 주기를 기반으로 합니다.
- 우리가 올바른 방향으로 가고 있는지 또는 경로를 수정해야 하는지를 나타내는 지표에 동의해야 합니다.
- 주요 위험, 가정, 문제 그리고 의존성에 대한 관점이 명확하고 공유되어야 합니다.

[그림 2-7]에 나타난 도서 큐레이터 프로젝트는 개인 맞춤형 도서 추천을 제공하는 예시입니다. MVP를 나타내는 선은 MVP의 릴리스 범위에 포함된 것을 나타냅니다. 이는 팀 논의를 통해 가치와 노력을 기반으로 개시 중 결정됩니다. 실제 사용자 스토리 맵은 더 많은 스토리를 포함하겠지만 이 이미지에서는 가독성을 위해 몇 가지만 포함했습니다.

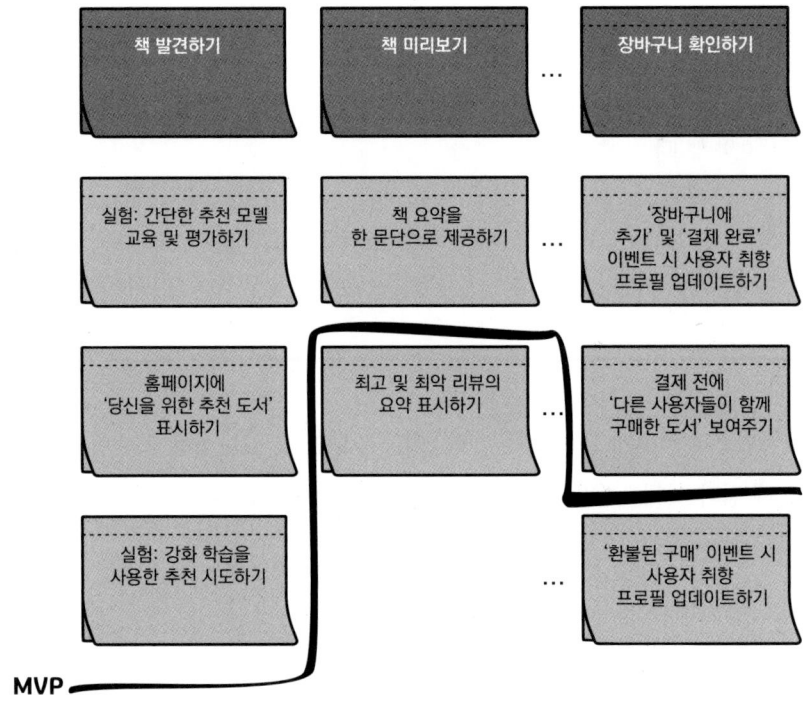

그림 2-7 도서 큐레이터 제품을 위한 사용자 스토리 맵 예시

[그림 2-7]에서 보듯이 고수준 사용자 스토리는 이 시점에서 가치가 명확하지만 여전히 많은 세부 작업이 필요합니다. 엔지니어와 ML 실무자가 첫 번째 반복 주기에서 제품화 경로 설정과 같은 기술 작업에 착수할 때, 제품 삼각편대(제품 관리자, 엔지니어링 리드, 디자이너)[70]는 보통 다가오는 반복을 위해 사용자 스토리를 구체화하기 위해 협력합니다.

사용자 스토리가 제품 반복 주기를 정의하는 만큼, 이제 팀이 효과적인 사용자 스토리를 작성하는 데 도움이 되는 몇 가지 실천 방법과 기술을 살펴보겠습니다.

---

70 제품 삼각편대의 세 가지 역할은 시작점에 불과하며, 팀에서 사용자 스토리를 작성할 때는 명확성이나 지침을 제공하기 위해 필요한 경우 다양한 팀원을 참여시켜야 합니다. 스토리 작성 프로세스에 너무 많은 팀원이 참여하면 시간이 많이 걸리고 방해가 될 수 있으므로 균형을 맞추는 것이 중요합니다.

2.2.3 사용자 스토리: MVP의 구성 요소

사용자 스토리[71]는 독립적으로 운영 환경에 전달될 수 있는 가장 작은 단위의 가치입니다. 사용자 스토리는 제품 기능의 기본 단위입니다. 애자일 방법론에서는 프로젝트 범위의 기본 단위이기도 하여 제품과 프로젝트의 진행 상황이 연결됩니다.

사용자 스토리는 아이디어와 의도를 명확하고 비즈니스적으로 검증된 수용 기준으로 변환합니다. 이를 통해 개발자, 데이터 과학자, ML 엔지니어, 품질 분석가 등 팀원들이 무엇을 구축해야 하는지 그리고 기능이 완료되었는지를 어떻게 알 수 있는지 안내합니다.

> **사용자 스토리 관련 용어 정의**
>
> 애자일 소프트웨어 개발에서 자주 사용되는 몇 가지 용어를 설명합니다. 이러한 개념에 익숙하지 않은 독자를 위해 간단하게 정의하겠습니다.
>
> **수용 기준**
>
> 사용자 스토리에는 하나 이상의 수용 기준이 포함됩니다. 수용 기준은 팀이 무엇을 구축해야 하는지 명확히 이해하는 데 도움을 줍니다. 구현 전에 이 기준을 통해 팀은 주어진 스토리에 대해 작업해야 할 기능을 명확히 정의하고 검증할 수 있습니다. 구현 중이나 구현 후에는 이 기준을 통해 사용자 스토리가 제대로 구현되었는지 테스트할 수 있습니다.
>
> 수용 기준이 없으면 제품 엔지니어링 팀 사이에 정보 손실이 많아질 수 있습니다. 수용 기준에는 'given–when–then'과 같은 템플릿[72]이 있습니다. 이 장에서는 간결함을 위해 이러한 형식을 엄격히 따르지 않지만, 팀에 맞는 형식을 사용하는 것이 좋습니다.
>
> **완료 정의**
>
> 완료 정의definition of done(DoD)[73]는 프로젝트나 사용자 스토리가 완료되었다고 간주되기 전에 완료해야 하는 항목을 정리한 목록입니다. 일반적인 예로는 수용 기준 충족, 자동 테스트 작성 및 통과, 운영 환경에 하는 전달 등이 있습니다.
>
> **수직으로 나누기**
>
> 1장에서 언급된 수직으로 나눈 스토리는 사용자 관점에서 기능을 나타내며 프론트엔드부터 데이터 파이프라인 및 머신러닝 모델과 같은 백엔드까지 모든 계층을 포괄합니다. '프론트엔드'의 정의는 사용자가 누구냐에

---

71 https://oreil.ly/tFJKe
72 https://oreil.ly/Cz8MN
73 https://oreil.ly/xCsK_

> 따라 다를 수 있습니다. 예를 들어, 데이터 과학자를 위한 ML 플랫폼을 제공하는 팀이라면 프론트엔드는 UI 애플리케이션 대신 명령줄 도구일 수 있습니다.
>
> 이것은 수평으로 나눈 스토리와 다릅니다. 예를 들어, 하나의 스토리는 ML 모델을 위한 데이터를 준비하는 데 초점을 맞추고, 또 다른 스토리는 모델을 훈련하며, 또 다른 스토리는 모델을 프론트엔드와 통합하는 것에 초점을 맞춥니다. 최종 단계(예: 모델을 프론트엔드와 통합할 때)에서 모든 기능이 제대로 작동하지 않는다면 첫 두 스토리에 들인 시간과 노력이 낭비될 수 있습니다.

이제 사용자 스토리를 정의하고 구체화하는 기술을 살펴보겠습니다.

사용자 스토리는 수직으로 나눕니다

수직으로 나눈 스토리는 단순한 요구 사항을 정리한 문서가 아닙니다. 전통적인 요구 사항 문서만큼 상세하지 않을 수 있지만 더 많은 맥락, 테스트 사양 작업 조정 수단 및 진행 상황 추적 수단을 제공합니다. 또한 팀원 간의 풍부한 대화를 촉진합니다. 잘 작성된 수직으로 나눈 스토리는 문제를 해결하는 데 필요한 올바른 사고방식을 갖추게 합니다. 사용자 스토리를 선택하는 순간 우리는 엔지니어링과 ML 구현 세부 사항에서 벗어나 올바른 것을 구축하는 방법에 대한 높은 수준의 이해로 초점을 이동합니다.

그렇다면 수직으로 나눈 스토리는 어떤 모습일까요? 수직으로 나눈 스토리는 사용자 관점에서 기능이나 제품 기능을 나타내며, 애플리케이션 스택의 모든 계층을 포괄합니다. 이는 고객의 필요, 고객과 제품 간의 상호작용 그리고 그들이 기대하는 가치나 결과를 포함합니다. 사용자 스토리 문장은 명확한 사용자 역할로 시작하여 행동이나 의도를 나타내며 원하는 결과로 끝납니다. 예를 들면 '나는 [페르소나]로서 [행동/의도]를 원합니다. 그래서 [원하는 결과]를 얻을 수 있습니다'와 같습니다(좀 더 자세한 내용은 '사용자 스토리 예시' 글상자 참조).

사용자 스토리 문장은 일반적으로 스토리별 수용 기준acceptance criteria으로 보강됩니다. 이는 스토리가 완료되었는지 확인하는 방법을 제공합니다. 모든 스토리에 대한 '완료'는 완료 정의에 따라 특정 의미가 있으며, 다음 스토리를 시작하기 전에 모든 교차 기능 요구 사항과 작업이 완료되어야 합니다.

이 형식은 사용자의 목표를 명확히 하고 개발자와 디자이너가 설계 결정을 내리는 데 필요한 맥락을 제공합니다. 또한 비즈니스 가치와 수용 기준을 명확히 하여 팀이 스토리의 가치와 완료 정의를 모두가 이해하도록 도와줍니다. 수직으로 나눈 스토리는 사용자 경험에 초점을 맞춥니다. 이는 팀의 노력을 사용자 목표와 제품 비전에 맞추고, 단순 작업 완료를 넘어, 가치 제공의 긍정적 피드백 루프를 형성합니다.

> **사용자 스토리 예시**
>
> **제목: 홈페이지에서 개인 맞춤형 제품 추천**
>
> 온라인 쇼핑객으로서
>
> 관련 있는 제품 추천을 보고 싶습니다.
>
> 그래서 쇼핑할 때마다 필요한 것을 쉽게 찾을 수 있게 합니다.
>
> [수용 기준]
> - 홈페이지에 '여러분을 위한 추천' 섹션이 최소 다섯 개의 제품 추천과 함께 표시되어야 합니다.
> - 추천은 최근 브라우징 활동과 구매 내역에 따라 업데이트되어야 합니다.
> - 추천된 제품을 구매하면 유사한 제품이 이후에 추천되어야 합니다.
> - '관심 없음'과 같은 피드백을 제공할 수 있는 옵션이 있어야 합니다.
> - 이미 구매했거나 관심 없다고 표시한 항목은 반복해서 추천되지 않아야 합니다.

이제 '와, 저건 정말 큰 스토리 같아 보이네요. 사용자의 브라우징 및 구매 내역을 기반으로 제품 추천 모델을 훈련하고 평가하며, 제품 유사성을 측정하고, 홈페이지를 업데이트하고, 피드백 채널을 만드는 것이라니'라고 생각할 수 있습니다. 맞습니다. 이는 매우 큰 스토리입니다. 의도적으로 이렇게 큰 스토리를 만든 이유는 많은 팀이 큰 스토리를 다루는 데 어려움을 겪기 때문입니다. 이 스토리를 더 작은 단위로 나누어 병렬로 작업할 수 있는 방법을 보여주고자 합니다.

다음 절에서는 스토리를 나누고 세분화하는 방법을 다룹니다.

사용자 스토리 나누기

너무 큰 스토리는 여러 문제를 야기합니다. 복잡성이 증가하고 진행 상황을 추정하고 추적하기 어려워지며 단일 사용자 스토리에 몇 주간의 작업이 누적될 수 있습니다. 이는 병목 현상과 팀의 생산성 및 사기 저하로 이어질 수 있습니다. 스토리의 범위가 과도하게 확장되지 않도록 하기 위해 큰 스토리를 작은 스토리로 나눌 수 있습니다.

스토리를 나누는 결정을 안내하기 위해 INVEST 원칙[74]을 사용할 수 있습니다. 이 원칙들은 가능한 한 많이 적용되어야 합니다. 왜냐하면 이 속성들이 우리가 스토리를 얼마나 수직적으로 나누었는지에 대한 지표가 되기 때문입니다. INVEST는 다음을 의미하는 머리글자의 모음입니다.

- **독립적**independent

    각 스토리는 다른 스토리와 독립적으로 존재해야 합니다. 이렇게 하면 스토리를 어떤 순서로든 병렬로 개발하고 우선순위를 설정하고 구현할 수 있습니다.

- **협상 가능**negotiable

    스토리는 계약이 아니라 대화의 시작점입니다. 세부 사항은 전달 팀과 제품 소유자 간의 협력을 통해 논의하고 조정할 수 있습니다.

- **가치 있는**valuable

    모든 스토리는 최종 사용자나 비즈니스에 가치를 제공해야 합니다. 그렇지 않다면 제품 백로그에 포함할 가치가 없을 수 있습니다.

- **추정 가능**estimable

    팀은 스토리에 필요한 노력을 추정할 수 있어야 합니다. 스토리가 너무 모호해서 추정할 수 없다면, 팀은 스토리의 세부 사항을 명확히 하거나 문제를 더 세분화해야 합니다.

---

[74] https://oreil.ly/tvrcy

- **작은**small

    스토리는 한 번의 반복 내에 완료될 수 있을 만큼 작아야 합니다. 너무 크면 더 작고 관리 가능한 단위로 나누어야 합니다.

- **테스트 가능**testable

    스토리가 완료되고 예상대로 작동하는지 확인할 수 있는 명확한 기준이 있어야 합니다. 그렇지 않으면 작업이 진정으로 완료되었는지 알기 어렵습니다.

테스트 가능 원칙은 특히 ML에서 독특한 도전 과제를 제시합니다. 주어진 측정 기준에 대한 임곗값으로 표현될 때 특히 그렇습니다. 예를 들어, F-스코어F-score[75]를 생각해 봅시다. 첫째로 선택한 측정 기준은 상충하는 목표나 파레토 전선Pareto front[76] (F-스코어의 경우 거짓 긍정과 거짓 부정)에서 조정하는 것을 포함할 수 있습니다. 이는 다양한 이해관계자의 영향과 특정 지표에서 이익과 손해를 보는 사람들을 반영하는 정치적 요소가 있습니다. 둘째로 측정 기준이 비즈니스 및 고객과의 결과를 대표할 때 임곗값을 선택하는 것이 어려울 수 있습니다. 이 경우, 반복과 추가 협상이 필요하여 어느 정도의 성능이 수용 가능한지 결정해야 합니다. 셋째로 결과는 일반적으로 실행 간에 변동하며 이는 잘못된 테스트 성공이나 실패를 피하기 위해 조정되어야 합니다.

이러한 문제는 ML에 내재되어 있으며 피할 수 없습니다. 그러나 적절한 제품 개발 단계에서 이를 해결하면 성공 가능성을 높일 수 있습니다. 예를 들어, 발견 또는 개시 초기에 조직의 트레이드오프trade-off[77]를 포착하고 동의를 얻어 나중에 불쾌한 놀라움이 되지 않도록 합니다. 합리적인 기대에 기반하여 임곗값을 점진적으로 높이고 한 번에 큰 도약을 시도하지 마세요 (독립적 및 추정 가능 원칙도 점진적인 모델 중심 또는 데이터 중심 개선에 도움이 됩니다). 테스트 주도 개발과 자동 테스트에서 통계적 사고에 익숙해지세요. 이러한 접근 방식을 통해 사용자 스토리의 효과를 ML 제품 개발에 적용할 수 있습니다.

---

[75] https://oreil.ly/OAXne
[76] https://oreil.ly/mYOsH
[77] 비용 민감 학습 기법은 절충안에 대한 동의를 얻고 기본 ML 기법에 대한 다양한 보강(데이터 처리, 훈련 또는 추론)을 제공하여 다양한 유형의 실수에 민감한 솔루션을 구축하는 데 도움을 줄 수 있습니다. 비용 민감 학습에 대해서는 6장에서 더 자세히 다루겠습니다.

모든 원칙과 마찬가지로 예외가 있습니다. 예를 들어, 독립적 원칙에서는 스토리 간의 의존성을 완전히 제거하는 것이 종종 불가능합니다. 하지만 우리는 여전히 각 팀의 짝(페어)이 다른 짝과 독립적으로 병렬로 스토리를 처리할 수 있도록 가능한 한 독립적으로 만들려고 노력합니다. 우리의 경험에 따르면 INVEST 원칙은 사용자 스토리가 명확하고, 실행 가능하며, 프로젝트 목표에 부합하도록 도와주어 더 효율적이고 효과적인 제품 개발로 이어집니다.

추가 수직 나누기 예시

다음은 [사용자 스토리 예시]의 큰 스토리를 더 작은 사용자 스토리로 나누는 예시입니다.

사용자 스토리 2는 스파이크spike[78]입니다. 스파이크는 팀이 불확실성을 줄이고 가정을 테스트하며 빠르게 학습할 수 있도록 시간 제한이 있는 실험이나 조사입니다. 이 스파이크의 결과는 사용자 스토리 3의 기능을 어떻게 구현할지 결정하는 데 도움이 됩니다. 나중에 듀얼-트랙 전달에 대해 이야기할 때, 스파이크와 실험이 ML 프로젝트에서 지속적인 발견을 어떻게 촉진하는지 볼 수 있습니다.

사용자 스토리 1: 홈페이지에서 기본 추천

온라인 쇼핑객으로서

내 구매 이력에 기반한 추천 제품 목록을 보고 싶습니다.

그래서 나에게 흥미로울 수 있는 항목을 찾을 수 있게 합니다.

[수용 기준]

- 홈페이지에 '당신을 위한 추천' 섹션이 다섯 개의 항목과 함께 표시됩니다.
- 제품 추천은 최근 구매에 기반합니다.
- 운영 환경에서 추천의 품질을 평가할 수 있는 메커니즘이 있습니다.

사용자 스토리 2: [스파이크] 실시간 추천을 위한 강화 학습 실험

[가치]

- 이 실험을 통해 실시간 강화 학습이 우리 제품에 적합한지 평가하고, 사용자 스토리 3에서 설명한 기능을 어떻게 구현할지 결정하는 데 도움이 됩니다.

[결과]

---

[78] https://oreil.ly/nPKT-

- 대표 데이터 추출 또는 생성: 사용자와 항목 간의 상호작용 및 결과
- 가능한 강화 학습 기법 결정
- 노트북에서 프로토타입 구현 및 시연, 팀과 공유
- 대안과 비교한 성능 기준 제안
- 실시간 추천을 위한 고수준 솔루션 및 데이터 아키텍처 고려 사항 정리

[예상 시간:]
- 타임박스: 5일[79]

사용자 스토리 3: 실시간 사용자 상호작용 기반 개인 맞춤형 추천

온라인 쇼핑객으로서

브라우징할 때 '별표 표시'한 항목을 기반으로 추천 제품 목록을 보고 싶습니다.

그래서 나에게 흥미로운 항목을 발견할 수 있게 합니다.

[수용 기준]
- …

[의존성]
- 구현 접근 방식은 사용자 스토리 2: 실시간 추천을 위한 강화 학습 실험에 의존합니다.

사용자 스토리 4: 중복 추천 방지

온라인 쇼핑객으로서

이미 구매했거나 관심 없다고 표시한 제품을 보고 싶지 않습니다.

그래서 다양한 새로운 추천을 볼 수 있게 합니다.

[수용 기준]
- …

---

[79] 스파이크의 예상 시간은 스토리 포인트가 아닌 절대적인 일수로 표시됩니다. 스파이크는 본질적으로 추정하기 어려운 영역을 다루기 위해 설계되었습니다. 따라서 팀은 실험의 목표를 달성하기 위해 합리적인 기간을 논의하고 동의하여 무한한 연구와 개발의 함정에 빠지지 않도록 합니다.

> **사용자 스토리 5: 추천에 대한 피드백 메커니즘**
>
> 온라인 쇼핑객으로서
>
> 추천받은 제품에 대해 피드백을 제공하고 싶습니다.
>
> 그래서 향후 추천이 내 취향에 더 맞게 하고 싶습니다.
>
> [수용 기준]
>
> - …

사용자 스토리: 대화에 대한 약속

스토리를 작업할 때 팀원들은 '이건 여전히 너무 모호해' 또는 '이건 내가 알 필요 없는 너무 많은 정보야'라고 불평할 수 있습니다. 한 팀 내에서 이러한 두 가지 의견을 모두 듣는 것은 드문 일이 아닙니다. 이런 의견이 나오는 것은 괜찮습니다.

수직으로 나눈 스토리는 대화[80]에 대한 약속[81]입니다. 사용자 스토리에 적절한 세부 사항이 포함되었는지 어떻게 알 수 있을까요? 팀의 피드백을 통해 알 수 있습니다. 전달 중에 스토리 구체화 및 추정 세션[82]이나 스토리 킥오프[83]는 세부 사항이 적절히 추가되었는지 평가할 수 있는 좋은 기회입니다. 팀원들은 더 명확한 질문을 하거나 작업 범위에 대한 합의가 이루어질 것입니다.

성과가 좋은 전달 팀은 수직으로 나눈 사용자 스토리에 대해 풍부한 대화를 나누는 것을 주저하지 않습니다. 이는 팀 전체가 공유된 이해를 유지하려는 진정한 열망 때문입니다.

이 시점에서 우리는 개시를 완료하고 첫 번째 또는 두 번째 반복을 위한 잘 작성된 사용자 스토리가 포함된 백로그가 있으며 팀은 전달을 시작할 준비가 되었습니다. 이제 이 장의 마지막 절인 전달로 넘어가겠습니다. 여기서는 팀이 전달, 피드백, 지속적인 발견의 리듬을 확립하는 데 도움이 되는 실천 방법을 논의할 것입니다.

---

[80] https://oreil.ly/66j7K
[81] https://oreil.ly/WTKZ_
[82] https://oreil.ly/L0eU8
[83] https://oreil.ly/JG8Qv

2.3 제품 전달

제품 전달은 많은 활동이 일어나는 곳입니다. 여기서 대부분의 비용과 시간이 소요되며 많은 노력이 필요합니다. 또한 계획되지 않은 작업, 숨겨진 작업, 범위 확장, 우선순위 변경, 확인되지 않은 의존성 등 흔히 발생하는 문제들도 여기서 나타납니다. 이러한 문제들은 팀의 일정과 목표를 방해할 수 있습니다. 하지만 이곳에서 우리는 함께 무언가를 만들고 고객에게 가치를 전달합니다.

이 절에서는 팀이 스프린트 내에서 반복적으로 전달할 수 있는 가치 단위를 형성하고 순서를 정하는 방법을 통해 이러한 도전 과제를 완화하는 전달 및 지속적인 계획 전달에 대해 설명합니다. 특히 다음 내용을 다룰 것입니다.

- 팀이 전달, 피드백, 지속적인 발견의 리듬을 확립하는 데 도움이 되는 전달 활동
- 제품 및 전달에서 진척 상황을 측정하여 팀이 진척 중인지, 올바른 방향으로 나아가고 있는지, 충분한 진척을 하고 있는지, 또는 방향을 수정해야 하는지 이해하도록 돕는 방법

좋은 개시의 산출물에 따라 우리는 명확하고 공유된 전달 활동의 리듬([표 2-1]에 정의된 작업 방식)과 전달의 다양한 차원을 측정하는 방법을 통해 제품 전달에 들어가야 합니다. 리듬과 측정 방법은 상황이 변함에 따라 진화할 수 있지만, 각 전환 시점마다 우리는 집단적으로 변화와 새로운 상태를 이해해야 합니다.

이제 전달 활동부터 시작해 봅시다.

2.3.1 전달 활동의 리듬

디지털 제품을 구축하고 전달하는 과정은 피드백과 지속적인 학습을 위한 많은 기회를 제공합니다. 우리의 경험에 따르면 피드백을 받고 학습하는 속도는 성공의 중요한 요소입니다. 예를 들어, 팀이 두 달에 한 번씩 제품 소유자와 주요 이해관계자에게 진행 상황을 보여주기로 결정했을 때, 고객의 요구를 잘못 이해했다는 피드백을 받을 수 있습니다. 또는 쇼케이스 중에 다른 팀에서 자신들이 해결하려는 문제를 이미 해결했다는 사실을 알게 될 수도 있습니

다. 만약 팀이 매주 쇼케이스를 조직하여 진행 상황을 일찍 자주 공유했다면 더 빠르게 이러한 피드백을 받을 수 있었을 것입니다.

이제 팀이 지속적인 발견과 학습을 촉진하고 접근 방식과 제품을 개선하는 속도를 높이는 데 도움이 되는 일련의 전달 활동을 살펴보겠습니다.

반복 계획

반복 계획은 다가오는 스프린트나 반복에 대한 목표와 범위에 대해 팀이 일치하도록 돕습니다. 팀이 이미 우선순위가 정해진 구체적인 작업 목록을 가지고 있다면, 이 계획 단계에서는 팀의 목표 달성을 위해 가장 중요하고 시급한 작업들을 골라내는 것이 핵심입니다. 반복에 계획된 스토리는 팀의 주어진 용량과 속도 내에 맞아야 합니다(다음 절에서 전달 지표 측정에 대해 더 다룹니다).

계획은 데이터 과학자, 머신러닝 엔지니어, 제품 관리자 및 기타 이해관계자가 참여하는 협력적인 노력이 되어야 하며, 모두가 다음 반복에서 팀이 수행할 작업에 대한 이해가 공유되어야 합니다.

우리 경험에 따르면 반복 계획은 보통 가치 있는 초기 피드백을 제공 하는 데 도움이 됩니다. 예를 들어, 제품 소유자는 다음 반복에서 가장 가치 있거나 중요한 스토리에 대한 통찰력을 제공할 것입니다. 이는 우리가 나중에(예 우선순위가 낮은 스토리에 2주 동안 작업한 후) 받는 것보다 더 빨리 받고 싶은 피드백입니다.

데일리 스탠드업

스탠드업은 팀이 효과적이고 효율적으로 함께 작업할 수 있도록 하는 정기적인 조율 활동입니다. 자세한 내용은 제이슨 입Jason Yip의 '일어서기만 하는 것이 아닙니다. 일상적인 스탠드업 회의를 위한 패턴'[84]을 참고하세요.

---

[84] https://oreil.ly/jwawS

- **스토리 전달**

    각 반복마다 팀은 (종종 짝을 이루어) 스토리 생명 주기 전반에 걸쳐 분석, 개발, 테스트 활동을 진행합니다. 개인은 수명 주기의 한 부분을 담당하거나 스토리 전체 수명 주기에 참여할 수 있습니다. 팀은 데일리 스탠드업을 통해 스토리 전달 활동을 조율하며 지속 가능한 품질로 워크플로의 효율을 최대화하는 것을 목표로 합니다. 효율적인 워크플로와 품질 유지는 팀의 진행 중인 작업(WIP)을 소수의 스토리나 작업으로 제한함으로써 달성됩니다. 쇼케이스, 회고, 미래 반복 계획은 각 반복에서 전달된 스토리와 백로그에 남아 있는 스토리를 기반으로 합니다.

- **정기적인 쇼케이스**

    쇼케이스는 학습과 통찰을 공유하고 새로운 기능이나 진행 중인 작업에 대한 피드백을 받을 수 있는 기회입니다. 일반적으로 반복의 끝에 열리는 쇼케이스는 프로젝트의 현재 상태에 대해 투명하게 소통할 수 있는 기회를 제공합니다. 이는 성과를 축하하는 시간일 뿐만 아니라 도전 과제를 논의하고 통찰을 얻는 시간입니다. 예를 들어, 이해관계자는 조직 목표와 일치하거나 충돌하는 기능을 지적하거나 다른 팀이 작업 중인 내용과의 시너지를 강조할 수 있습니다.

    정기적인 쇼케이스가 없으면 팀은 몇 주 동안 개발에 갇혀 귀중한 피드백을 놓칠 수 있습니다. 쇼케이스는 팀이 가치를 명확하게 설명하고 기능을 어느 정도 완성하도록 하여 모호함이 지속되지 않도록 합니다.

- **회고**

    회고는 일반적으로 각 반복의 끝에 수행되며 팀이 최근 작업을 반성하고 잘된 점과 개선할 점을 논의할 수 있는 시간입니다. 반성은 지속적인 학습과 개선을 위해 필수입니다. 팀원들이 성공을 축하하고 공유된 장애물을 식별하며 솔루션을 협력적으로 브레인스토밍할 수 있게 합니다.

잘 수행된 회고는 팀원 간의 연결, 참여, 심리적 안전을 촉진하는 데도 도움이 됩니다. 이에 대해서는 10장에서 더 자세히 논의합니다.

▰ 지속적인 위험 관리

개시에서 사용한 RAID 캔버스를 기억하나요? 이는 시작점일 뿐이며 팀의 성공을 방해할 수 있는 위험, 가정, 문제, 의존성을 해결하기 위해 정기적으로 다시 검토합니다.

지속적인 위험 관리는 잠재적인 문제를 주요 문제로 발전하기 전에 식별하고 해결하는 데 중요합니다. 프로젝트 수명 주기 전반에 걸쳐 위험을 지속적으로 모니터링하고 평가해야 합니다. 팀은 작업 중에 새로운 위험을 발견하면 위험 로그를 정기적으로 업데이트합니다(예 개발 중 모델 품질 문제나 새로운 실패 모드를 발견한 경우에 해당합니다).

이러한 사전 예방적 접근 방식은 위험이 발생했을 때 대응하는 것이 아니라, 적시에 위험을 완화할 수 있게 합니다. 정기적인 위험 평가 회의를 팀의 일상에 통합하여 위험 관리가 후속 작업이 아닌 팀의 기본 리듬의 일부가 되도록 해야 합니다.

▰ 아키텍처 결정

팀은 솔루션을 개발하는 과정에서 아키텍처에 대한 결정을 해야 합니다. 이는 솔루션 아키텍처에서 사용되는 기술에 이르기까지 다양합니다. 이러한 결정은 프로젝트의 확장성, 유지 관리성, 기능성에 장기적인 영향을 미칩니다. 따라서 엔지니어, 아키텍트, 기타 이해관계자가 협력하여 접근하는 것이 중요합니다.

관련 인원을 포함한 토론을 통해 팀의 고려 사항과 결정을 문서화함으로써 이러한 아키텍처 선택이 잘 이해되고 투명하며, 프로젝트의 즉각적 및 미래 요구에 맞게 조정되도록 할 수 있습니다. 이와 관련하여 유용한 도구로는 DACI 의사결정 프레임워크와 경량 아키텍처 결정 기록lightweight architecture decision records(LADR)이 있습니다.

지속적인 발견

이 장의 처음 절에서 다룬 고객 인터뷰, 고객 여정 매핑, 프로토타이핑, 가정 테스트와 같은 실천 방법을 기억하나요? 이러한 실천 방법은 MVP나 제품이 릴리스될 때까지 한 번만 하고 다시는 손대지 않는 활동이 아닙니다. 『Continuous Discovery Habits』(Product Talk LLC, 2021)의 저자 테레사 토레스$^{\text{Teresa Torres}}$는 이러한 실천 방법을 MVP나 다른 제품 개발 과정에서 지속적이고 반복적인 프로세스로 적용하는 방법에 대해 이야기합니다.

이러한 실천 방법을 지속적으로 수행함으로써 팀은 제품의 각 시점에서 필요한 고객의 요구와 행동에 대한 이해를 발전시킬 수 있습니다. 이는 고객과의 주간 상호작용을 포함하여 빠른 프로토타이핑과 테스트에 대한 지속적인 피드백 흐름을 생성할 수 있습니다. 이러한 접근 방식은 팀이 가정을 신속하게 검증하거나 반박할 수 있게 하여 데이터를 기반으로 한 결정을 통해 제품을 올바른 방향으로 지속적으로 조정할 수 있게 합니다.

듀얼-트랙 전달

ML 제품을 구축하는 것은 일반적인 웹 애플리케이션을 만드는 것과 다릅니다. 가정과 가설을 테스트하기 위해 기술적, 비기술적 실험이 필요합니다. 이를 위해 듀얼-트랙 전달$^{\text{dual-track delivery}}$을 사용할 수 있습니다. 이 방법은 팀이 올바른 것을 구축하는 데 도움이 됩니다. 프로젝트를 두 개의 트랙(또는 단계)으로 나누는데, 하나는 **발견**이고 다른 하나는 **개발**입니다(그림 2-8). 듀얼-트랙 방법은 혁신적인 탐색(발견)과 효과적인 실행(개발)을 결합하여 팀이 짧은 주기 내에서 학습하고 전달할 수 있게 합니다.

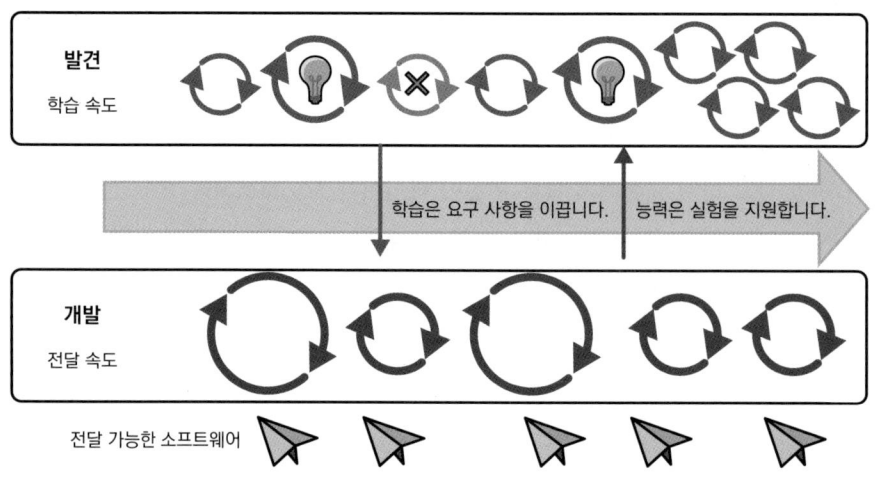

그림 2-8 듀얼-트랙 전달 모델의 다이어그램[85]

듀얼-트랙 개발 모델을 사용하면 연구와 개발을 동시에 진행할 수 있습니다. 팀은 '발견 트랙'에서 이해관계자 연구, 문헌 검토, 시간 제한이 있는 데이터 과학 실험을 통해 올바른 것을 구축하기 위한 지식을 얻습니다.

동시에, '개발 트랙'에서는 좋은 엔지니어링 실천 방식을 따릅니다(3장에서 9장까지 다룰 내용). 이를 통해 팀은 빠르고 자신 있게 변화에 적응할 수 있습니다. 우리의 경험에 따르면 이는 팀이 올바르게 구축할 수 있게 하여 발전하는 이해에 맞춰 솔루션을 빠르고 예측 가능하도록 발전시킬 수 있게 합니다.

> **모든 릴리스는 어디에 있는가?**
>
> 지속적 전달 모델에서는 '무엇을 언제 릴리스할 것인가'라는 질문을 기술적 결정이 아닌 비즈니스 결정으로 만듭니다. 특정 릴리스는 프로모션, 교육, 변화 관리 등 중요한 비즈니스 시장 진입Go-To-Market(GTM) 활동을 포함할 수 있으며 이를 조율하는 게 중요합니다. 하지만 자동화된 제품화 경로와 수직으로 나눈 스토리를 통해 각 스토리에 제품 릴리스 노력을 포함시켜서 릴리스에 특별한 주의가 필요하지 않도록 합니다.

---

85 출처_ 소트웍스의 'Electrifying the World with AI Augmented Decision-Making'에서 각색한 이미지입니다(https://oreil.ly/zVsoa, https://oreil.ly/zVsoa).

> 이 장에서는 이미 MVP를 한 가지 릴리스 유형으로 소개했습니다. MVP로 가는 과정에서 알파 릴리스와 베타 릴리스도 수행할 수 있습니다. 알파 릴리스는 핵심 기능이 준비되면 소수의 주요 사용자에게 제공되어 추가 검증을 합니다. 베타 릴리스는 알파 릴리스 피드백을 반영하여 더 많은 사용자에게 제공되며 제품의 일반 릴리스를 준비합니다. 물론 때로는 이러한 용어가 다르게 사용될 수도 있습니다.
>
> 3장에서 9장까지 논의할 실천 방법들은 릴리스가 특별한 주목을 받지 않고도 정기적인 활동이 되도록 도와줍니다. 이는 우리가 전달하는 엄청난 가치를 제외하고 말입니다!

최종 전달 실습을 위해 팀이 전달 및 제품 목표를 수량화하고 유지하는 데 도움이 되는 측정 방법을 살펴보겠습니다. 목표에 맞지 않을 경우에는 수정을 할 수 있도록 조치합니다.

2.3.2 제품 및 전달 측정

팀은 제품을 전달하는 과정에서 진행 상황을 이해하기 위해 다양한 측정 방법을 필요로 합니다. 올바른 방향으로 가고 있는지, 충분히 진행되고 있는지를 파악해야 합니다. 이 절에서는 주요 측정 기법과 그 기법을 적용할 때의 고려 사항을 소개합니다.

전달 측정

팀이 작업을 진행하면서 종종 간과하는 관행 중 하나는 작업에 대한 전달 지표[86]를 수집하는 것입니다. 예를 들어, 반복 주기마다 완료된 범위, 반복 시간, 결함률 등의 지표를 시간에 따라 기록하는 것입니다. 팀을 창의적인 솔루션의 생산 라인으로 생각해 보면 이러한 지표는 팀이 전달 계획이나 일정에서 벗어날 때 경고 신호를 보내며 전달 상태를 정기적으로 모니터링하는 데 도움이 됩니다.

번업 차트(burn up chart)[87]를 사용한 예시를 통해 실제로 어떻게 작동하는지 살펴보겠습니다. 번업 차트는 프로젝트의 전체 범위와 시간에 따른 완료된 총 작업량을 시각적으로 보여주는 도구입니다(그림 2-9).

---

[86] https://oreil.ly/OyZmp
[87] https://oreil.ly/DrN_a

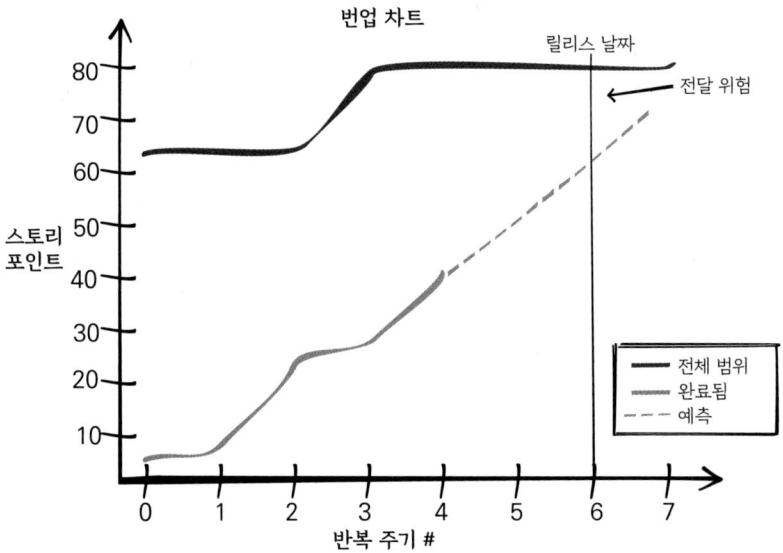

그림 2-9 프로젝트의 계획된 범위와 반복 주기마다 실제 완료된 작업을 보여주는 번업 차트. 이 예시에서 번업 차트는 팀이 반복 주기 6의 끝에 예정된 릴리스 전에 모든 스토리를 완료할 수 없음을 알게 해 줍니다.

[그림 2-9]에 설명된 대로 프로젝트의 계획된 범위와 반복 주기마다 실제 완료된 작업을 추적하면 팀이 계획된 일정에 따라 제품을 전달할 수 있는지 또는 계획된 릴리스를 놓칠 위험이 있는지를 확인할 수 있습니다. 이러한 불일치를 조기에 파악하는 것은 매우 유익합니다. 이는 팀의 현재 전달 실천에 문제가 있음을 나타내거나 범위 관리가 부족함을 의미합니다. '계획을 따르는 것보다 변화에 대응한다'는 애자일 원칙[88]을 따르면서 팀은 범위를 관리하고 용량을 늘리며 품질에 집중하거나 일정 조정을 통해 전달 계획을 조율할 수 있습니다.

속도는 [그림 2-9]의 점선 예측선의 기울기로 표시됩니다. 이는 반복 주기 계획 및 우선순위 결정에 도움을 줍니다. 팀이 반복 주기 목표나 계획된 릴리스를 놓쳤을 때 사기 저하나 이해관계자 불만을 피할 수 있도록 합니다. 과거 속도(실선 완료선의 기울기)는 실제 전달 성과를 기록하며 이는 미래의 예측 속도(점선 예측선의 기울기)로 추정됩니다. 일반적으로 마지막 세 번의 반복 주기 평균 속도가 예측에 사용됩니다. 이 현재의 증거 기반 예측은 이해관계자

---

[88] https://oreil.ly/fk2CY

의 기대를 관리하고 마케팅과 같은 다른 조직 기능과 조정하며 적시에 제품을 전달하는 데 중요합니다. 또한 호프스태터의 법칙Hofstadter's law[89]은 '호프스태터의 법칙을 고려하더라도, 일은 항상 예상보다 오래 걸린다'는 것입니다. 이를 인지하고 대비하는 것이 팀 운영에 도움이 됩니다.

이제 '우리 팀에서는 어떻게 해야 하지?'라는 질문을 할 수도 있습니다. 아틀라시안의 번업 차트에 대한 기사[90]는 유용한 참고 자료지만, 간단히 말해 (i) 각 반복 주기마다 완료된 스토리 포인트의 수와 (ii) MVP나 제품 릴리스의 모든 스토리의 총 스토리 포인트를 측정해야 합니다. 앞서 언급했듯이 스토리 포인트는 스토리의 복잡성, 노력, 불확실성에 대한 전달 팀의 이해를 기반으로 추정됩니다.[91]

속도는 팀별로 특화된 지표라는 점을 주의해야 합니다. 이는 다른 팀과 비교하는 데 유용하지 않습니다. 대신해서 개별 팀이 자신의 전달 상태를 이해하고 목표를 향해 나아가기 위해 필요한 조정과 타협을 할 수 있도록 돕는 것이 주요 목적입니다.

요약하면, 전달 측정은 우리가 올바르게 제품을 만들고 있는지를 이해하는 데 도움을 줍니다. 우리는 범위와 속도에 대해 자세히 논의했지만, 결함률[92]과 반복 시간[93] 같은 다른 중요한 지표도 있습니다.

전달 초기에 제품 모델 성능을 파악하여 올바른 제품을 만들고 있는지를 확인해야 합니다. 다음으로 이를 실제로 어떻게 적용하는지 살펴보겠습니다.

제품 측정

제품 성능을 측정하는 여러 프레임워크가 있습니다. 이는 제품의 성숙도와 조직의 목표를 반영합니다. 일반적인 지표는 보통 사용자 참여와 제품 사용으로 발생하는 재무 결과에 중점을 두지만, 개별 제품은 고유한 특정 지표를 가질 수 있습니다. 이러한 지표는 제품 중심 사고의

---

89 https://oreil.ly/yuRYD
90 https://oreil.ly/DrN_a
91 https://oreil.ly/7oaom
92 https://oreil.ly/OyZmp
93 https://oreil.ly/F81-q

예시입니다.

획득^{activation}, 활성화^{activation}, 유지^{retention}, 추천^{referral}, 수익^{revenue} (AARRR)의 다섯 단계로 구성된 해적 지표$^{\text{pirate metrics}}$[94]는 사용자 생명 주기를 퍼널(또는 깔때기)^{funnel} 형태로 보여줍니다. 이를 통해 마케팅 및 개발 노력을 어디에 집중해야 할지를 파악할 수 있습니다. 2007년 데이브 맥클루어가 소개한 『Pirate Metrics』(O'Reilly, 2007)(혹은 다른 변형들)은 SaaS 제품에 여전히 널리 적용됩니다.

중요한 단일 지표$^{\text{one metric that matters}}$ (OMTM)[95] 프레임워크는 제품 팀이 제품 개발 단계에서 가장 적합한 단일 지표에 집중하도록 권합니다. 다른 지표를 무시하지 않지만 우선순위를 정합니다. 또한 팀이 짧은 피드백 루프를 위해 선행 지표와 상대적 지표를 찾도록 권장합니다.

소비를 추적할 수 있는 위치에 도달하면 이러한 제품 측정 지표의 일부 버전을 적용할 것을 권장합니다.

모델 측정

우리의 ML 모델은 전달 노력의 중요한 산출물이며 제품 성능에 큰 영향을 미칠 수 있습니다. 예를 들어, 강화 학습을 사용하면 모델이나 에이전트가 직접 제품이나 비즈니스 지표(예 고객 획득)를 최적화할 수 있습니다. 이 방법은 사전에 승인된 동작만 허용하여 위험을 줄일 수 있습니다. 또 다른 예시로 제품의 주 이미지$^{\text{hero image}}$를 강화 학습을 통해 사전에 승인된 셋에서 선택하여 참여도를 극대화할 수 있습니다.

이러한 직접적인 접근이 불가능하거나 적합하지 않은 경우 일반적으로 제품 지표의 대리 또는 구성 요소인 모델 성능 지표를 선택해야 합니다. 그런 다음 이러한 간접 지표를 최대화하는 ML 모델을 구축하려고 합니다.

일반적인 예시 지표는 분류기의 정확도나 F-스코어입니다. 제품 개발 중에 이러한 지표에 대해 목표 또는 최소 기준을 설정하고 지속적인 발견을 통해 조정할 수 있습니다. 그러나 제

---

[94] https://oreil.ly/n7lfu
[95] https://oreil.ly/K7zMB

품 지표를 모델 지표로 변환하는 과정은 간단하지 않으며 정치적 요소가 있을 수 있습니다. 하지만 팀이 모델 성능을 개선할 수 있도록 자율성을 부여하기 위해 이 과정이 필요할 수 있습니다. 예를 들어, 금융 서비스 스타트업이 원활한 가입 절차를 통해 최대한의 고객 획득을 목표로 하는 새로운 제품을 릴리스한다고 가정해 봅시다. 그리고 금융 범죄 팀이 특정 최소 확인 절차를 요구한다고 상상해 보십시오. 정상 고객이 의심 거래로 잘못 분류되면(거짓 긍정 false positive) 가입 절차에서 이탈하여 고객 획득이 감소할 수 있습니다. 반대로 나쁜 행위자가 탐지되지 않으면(거짓 부정 false negative) 비즈니스는 사기로 발생하는 손실과 고객 불만, 또는 벌금이나 제재를 받을 수 있습니다. 팀은 합의된 균형을 최적화할 수밖에 없습니다.

합의된 지표를 통해 우리는 지속적인 발견과 전달을 기반으로 현재 기준선 또는 대안 솔루션(예: 다수 클래스 예측)에서 목표 지표로 꾸준히 나아가는 것을 보여주고자 합니다. 듀얼-트랙 전달을 고려할 때 모델 성능 향상은 발견 트랙에서 실험과 프로토타입을 통해 발견되고, 스토리 전달을 통해 제품에 반영될 수 있습니다. 모델 지표는 진행 상황을 보여주고 경로를 수정할 수 있는 또 다른 기회를 제공합니다.

발견 측정

모델 측정을 살펴보면서 듀얼-트랙 전달 모델에서 발견 트랙과 개발 트랙을 구분했습니다. 전달 활동의 결과는 주로 사용자 스토리에 정의된 내용에 의해 결정되지만, 발견 활동의 결과는 사전에 알 수 없기 때문에 발견이 필요합니다.

문제는 '발견을 어떻게 측정할 것인가'입니다. 발견의 주요 지표는 의미 있는 실험의 깊고 넓은 포트폴리오(가치 창출을 위한 많은 옵션)를 보유하고 있으며 합리적인 시간 내에 실행할 수 있는지(그 옵션들을 예측 가능하게 실행하는지)입니다. 따라서 발견을 위해 실험 백로그를 정기적으로 검토하고 추적하며 실험 주기를 최소화하여 모델 성능을 향상시키는 것이 좋습니다. '데이터 기반 가설 개발'[96]을 참조하여 실험 백로그를 관리하고 실험 결과를 추적하는 방법을 가볍게 살펴볼 수 있습니다. 또한 10장에서 엔지니어링 효율성에 대한 데이터 과학 관점을 논의할 것입니다.

---

[96] https://oreil.ly/Ta7Ss

측정에 대한 논평

팀은 지표가 잘못 사용되고 악용되며 조작되고 결국 비효율적으로 변할 수 있는 경향과 위험을 인정해야 합니다.[97] 굿하트의 법칙Goodhart's law[98]에 따르면 '측정이 목표가 되면 그것은 더 이상 좋은 측정이 아니다'라고 합니다. 따라서 팀은 이러한 지표를 주로 성과를 개선하기 위한 지침으로 봐야 하며 그것 자체가 목적이 되어서는 안 됩니다. 우리는 10장에서 이를 더 자세히 논의할 것입니다(10장의 '생산성 측정의 함정과 이를 피하는 방법' 글상자 참조). 리더는 팀이 올바른 결과를 측정하고 지속적으로 개선하여 조직의 ML 전달 역량에 적합한 지표를 찾도록 하는 데 중요한 역할을 합니다.[99]

이러한 지표를 효과적으로 사용하는 능력은 팀과 조직 내의 심리적 안전 수준에 달려 있습니다. 전달 일정 준수에 대한 두려움 때문에 팀이 진행 상황을 과장 보고하고 전달 문제를 축소 보고하는 사례를 보았습니다. 모든 것이 녹색으로 보였지만 실제로는 황색 또는 적색이었고 팀은 근본적인 장애물에 대한 주의 없이 비현실적인 일정에 맞추려고 압박을 받았습니다.

반면에 안전한 환경에서는 전달 지표가 순수하게 지속적인 개선을 위해 사용되어 시간이 지남에 따라 '생산 라인'을 개선하고 제품 전달 목표를 달성하는 데 도움을 줍니다. 11장에서 팀 내 심리적 안전을 어떻게 조성할 수 있는지 논의할 것입니다. 마지막 전달 실천을 마쳤으니 제품 및 전달 실천에 대한 이 장을 마무리합시다!

2.4 결론

이 장에서 다룬 모든 실천 방법은 팀이 피드백 루프를 단축하고 불필요한 노력을 줄이기 위한 것입니다.

- 개발자나 ML 종사자의 솔루션이 비즈니스 기대에 부합하지 않는다는 것을 2주 후에 알게 되는 대신 몇 시간 동안 사용자 스토리를 작성하고 검증합니다.

---

[97] https://oreil.ly/hAyjy
[98] https://oreil.ly/d263p
[99] https://oreil.ly/KbE20

- 팀이 중요한 릴리스 마일스톤을 놓칠 것이라는 것을 3개월 후에 알게 되는 대신 매주 한 시간 동안 팀의 속도를 측정합니다.
- 전체 릴리스가 고객 경험을 개선하지 못했다는 것을 6개월 후에 알게 되는 대신 2주 동안 발견을 통해 중요한 성공 요인을 파악합니다.

이 장에서는 ML 제품 개발의 필수 단계를 설명하고, 발견discovery, 검증validation, 전달 계획delivery planning, 실행execution의 중요성을 강조했습니다. 이러한 작업을 반복적이고 지속적으로 수행하는 것이 중요합니다. 이러한 제품 발견, 개시, 전달 기술은 팀이 가장 가치 있는 작업에 집중하고 가치 있는 제품 기능을 조기에 자주 릴리스하도록 설계되었습니다. 또한 ML 제품 전달의 고유한 복잡성과 도전을 다루는 방법에 대해서도 깊이 다루었습니다.

물론, 다양한 제품 혁신 및 전달 기술을 다루려고 노력했지만 모든 것을 다루는 것은 불가능합니다. 이를 출발점으로 삼아 테레사 토레스의 『Continuous Discovery Habits』(Product Talk LLC, 2021)[100]과 구글의 '사람 + AI 가이드북'[101]과 같은 중요한 자료를 통해 이 주제에 대해 더 깊이 탐구하기를 권장합니다. 특히 『머신러닝 파워드 애플리케이션』(한빛미디어, 2021)[102]은 '아이디어에서 제품으로 가는' 전 과정을 다루며, 성공적인 ML 제품 전달을 위해 각 단계에서 무엇을 해야 하는지에 대한 구체적인 지침을 제공합니다.

이번 장의 목표는 ML 팀이 좋은 예시를 참고할 수 있도록 엔드 투 엔드 린 제품 개발 프로세스에 대한 실용적인 소개를 제공하는 것이었습니다. 팀의 모든 구성원이 이 과정에 어떻게 기여할 수 있는지 이해할 수 있도록 돕는 것입니다. 이 장에서는 올바른 제품을 만드는 방법을 소개했으며 이후 장에서는 제품을 올바르게 만드는 방법에 대한 실천이 효과적이고 효율적이도록 할 것입니다. 에마뉘엘 아메장Emmanuel Ameisen의 상세한 분석은 이 책의 완벽한 보완 자료이며 ML 제품 수명 주기에 대해 더 깊이 알고 싶다면 그의 책을 읽어 보기를 권합니다. 그 책에는 사례 연구도 포함되어 있습니다.

이 장에서 다룬 실천 방법은 누구나 사용할 수 있지만 최대한 활용하려면 연습이 필요합니

---

[100] https://oreil.ly/Rnbmx
[101] https://oreil.ly/Bih92
[102] 옮긴이_ 원서는 Emmanuel Ameisen, 『Building Machine Learning Powered Applications』(O'Reilly, 2020)이고 번역서는 박해선이 번역했습니다.

다. 연습을 시작하기에 가장 좋은 시기는 바로 '오늘'입니다. 팀은 이 장을 통해 제품과 전달의 격차를 찾아내고 이를 기존의 도전과 연결시키며, 필요한 UX 연구, 제품 관리 또는 전달 계획 전문 지식을 찾는 데 사용해야 합니다. 경험이 부족한 경우 개발자, ML 엔지니어, 데이터 과학자가 이러한 실천을 시도해 보기를 권합니다. 고객이나 이해관계자와 대화하여 해결해야 할 핵심 문제를 이해하려는 노력만으로도 충분합니다.

다음 질문에 대한 답을 적어 보며 스스로에게 도전해 보세요.

- 현재의 ML 제품 개발 프로세스에 발견과 검증 기술을 어떻게 통합할 수 있을까요?
- 사용자 스토리가 제품 전달 과정에서 팀 내 명확성과 일치를 어떻게 향상시킬 수 있을까요?
- 이 장에서 배운 실천 방법 중 다음 스프린트나 다가오는 프로젝트에서 시도해 볼 수 있는 것은 무엇일까요?

이 장을 마친 것을 축하합니다. 이제 2부 '엔지니어링'으로 넘어가 이 장에서 논의한 제품 및 전달 실천을 통해 식별한 제품 솔루션을 빠르고 신뢰성 있게 전달하는 데 도움을 주는 일련의 엔지니어링 실천을 살펴보겠습니다. 효과적인 의존성 관리부터 시작할 것입니다. 이는 ML 모델을 훈련하고 전달하기 위한 재현 가능하고 실제와 같은 환경을 만들어 의존성 문제를 피하는 데 도움을 줄 수 있는 원칙과 실천입니다.

PART 02

엔지니어링

PART 02

03장 효과적인 의존성 관리: 원칙과 도구

04장 실무에서의 효과적인 의존성 관리

05장 자동 테스트: 신속하게 진행하되 문제는 피하기

06장 자동 테스트: ML 모델 테스트

07장 간단한 기술로 코드 에디터를 효과적으로 사용하기

08장 리팩터링과 기술 부채 관리

09장 MLOps와 ML을 위한 지속적 전달(CD4ML)

CHAPTER 3

효과적인 의존성 관리: 원칙과 도구

이 장과 4장에서는 모든 ML 종사자가 경력 중 여러 번 겪게 될 도전 과제인 '의존성 지옥'에 대해 다룰 것입니다. 의존성 지옥은 악명 높은 '내 컴퓨터에서는 잘 되는데' 문제[01]의 일반적인 원인 중 하나입니다. 의존성 지옥을 자주 다루는 ML 종사자라면 다음과 같은 질문에 대한 답을 찾고 있을 것입니다.

- 팀원들과 내가 로컬 컴퓨터, 클라우드의 노트북, 분산 클러스터 등 어디서든지 최소한의 수고와 문제 해결로 의존성을 쉽게 재현할 수 있도록 설치할 수 있는 방법은 무엇인가?
- 프로젝트의 의존성이 점점 커질 때 의존성을 설치하는 것이 거대한 인터넷 자체를 다운로드하는 것처럼 느껴지지 않도록 최적화할 수 있는 방법은 무엇인가?
- 프로젝트가 의존성과 그 의존성의 의존성에 있는 보안 취약점으로 손상되지 않도록 보장할 수 있는 방법은 무엇인가?

3장과 4장이 끝날 때쯤 여러분은 이러한 질문에 대한 답을 알게 될 것입니다. 그리고 여러분은 다음과 같은 효과적인 의존성 관리 방법을 자신의 프로젝트에 적용할 수 있게 될 것입니다.

- 불완전한 의존성 관리 접근 방식을 인식하는 방법
- ML 프로젝트에서 의존성을 효과적으로 관리하기 위한 원칙과 도구

---

01 https://oreil.ly/Ib_og

- 컨테이너를 언제, 왜, 어떻게 사용하는지
- 명령행 도구인 batect[02]를 사용하여 도커Docker를 간소화하는 방법

따라서 3장과 4장은 파이썬을 기반으로 하는 ML 프로젝트에서 의존성 관리를 처음 접하는 초보자와 고급 원칙 및 모범 사례를 찾는 중급자 모두에게 적합합니다. 초보자는 ML 프로젝트에서 파이썬 의존성 관리자와 컨테이너를 쉽게 이해할 수 있으며 의존성 관리의 기본 원칙과 실용적인 구성 요소를 배울 수 있습니다. 중급자는 의존성 관리를 단순화하는 고급 사용 패턴과 도구를 배울 수 있습니다. 두 그룹 모두 제공된 리포지터리repository (코드 리포지터리)를 사용하여 자신의 ML 프로젝트를 시작하거나 업데이트할 때 도움을 받을 수 있습니다.

실습 예제로 간단한 지도 학습 예제[03]를 선택했지만 이 장의 접근 방식은 딥러닝, 강화 학습, 운영 연구 등의 다양한 ML 및 데이터 과학 패러다임뿐만 아니라 웹 애플리케이션, 시각화 대시보드와 같은 파이썬 애플리케이션에도 적용할 수 있습니다. 이 장에서는 코드 예시를 참조하지만 이는 개념을 설명하기 위한 자료입니다. 다음 장에서는 실습 예제를 통해 직접 코딩해 볼 수 있습니다.

마지막으로 여기서 제시하는 처방전은 '이렇게 해야만 한다'는 지침이 아닙니다. 오히려 ML 및 파이썬 생태계에서 의존성을 관리하는 데 있어 흔한 함정을 피하는 데 도움이 되는 기술과 도구의 모음입니다. 이 장에서 설명한 문제에 직면하게 되면 이러한 원칙과 실천 방법이 어떻게 도움이 될 수 있는지 고려해 보세요.

그럼 첫 번째 절인 효과적인 의존성 관리를 위한 원칙과 실천 방법으로 들어가 봅시다.

3.1 코드가 어디서나 항상 작동한다면 어떨까요?

혹시 팀에서 다음과 같은 어려움이 있었나요?

---

02 https://batect.dev
03 https://oreil.ly/851RR

- 직장이나 개인 프로젝트에서 리포지터리[repo]를 클론한 후 의존성 설치 오류(예) 'gcc' failed with exit status 1) 때문에 시작도 못하고 막혀버린 적이 있나요?
- 운영체제 수준의 파이썬이나 다른 프로젝트의 가상 환경에 라이브러리(예) pandas==x.x.x)를 실수로 설치해 의존성이 꼬이고 이를 되돌리느라 시간을 낭비한 적이 있나요? 올바른 가상 환경의 활성화 방법을 잊어버렸기 때문입니다.
- 새로운 프로젝트를 설정하는 데 며칠, 심지어 몇 주를 소비하면서 운영체제 수준의 의존성 버전 차이로 발생하는 의존성 설치 오류(예) Error: No matching distribution found for torch==x.x.x)와 같은 문제를 해결하느라 고생한 적이 있나요?

이런 문제를 겪은 건 우리만이 아닐 거라고 확신합니다. 사실 모든 ML 종사자는 로컬이나 클라우드에서 ML 코드를 실행하려고 할 때, 불완전한 의존성 관리 솔루션 때문에 비슷한 문제에 걸려 넘어졌을 것입니다(그림 3-1).

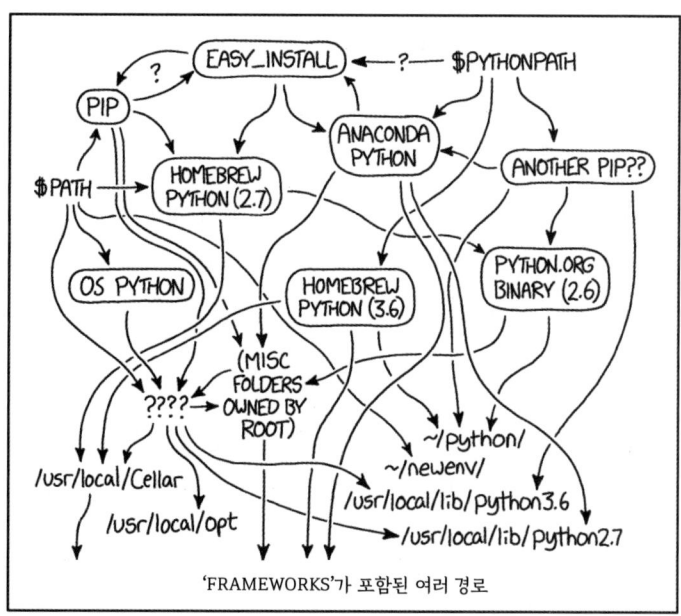

내 파이썬 환경이 너무 엉망이 되어서
노트북이 복구 불가능하다고 선언되었습니다.

그림 3-1 파이썬 의존성 관리의 복잡성을 재미있게 표현한 xkcd 만화[04]입니다.

---

04 출처_ http://xkcd.com에서 가져왔습니다(https://oreil.ly/ffGv7).

파이썬에서 의존성 관리의 기본과 효과적인 의존성 관리를 위한 원칙과 실천 방법을 이해하면 이러한 문제를 피할 수 있습니다.

이 절에서는 소프트웨어 엔지니어링의 지속 가능한 의존성 관리 원칙과 실천 방법을 통해 더 나은 방법을 살펴보겠습니다.

3.1.1 더 나은 방법: 체크아웃하고 바로 시작하기

여기 재미있는 질문이 있습니다. 여러분이나 새로운 팀원이 처음 팀에 합류했을 때 개발 환경을 설정하고 첫 커밋을 하는 데 얼마나 걸렸나요? 며칠이었나요? 몇 주였나요?

이런 상황을 상상해 보세요. 새로운 팀원을 온보딩할 때 "프로젝트 리포지터리를 체크아웃하고 `./go.sh`를 실행하면 끝이야"라고만 지시하는 것입니다. 지금은 이 이야기가 급조한 허풍처럼 보이겠지만, 이 장이 끝날 때쯤 이러한 방법이 가능하다는 것을 알게 될 것이며, 여러분의 ML 프로젝트에서도 이를 구현하는 방법을 배우게 될 것입니다.

이 방법은 '체크아웃하고 바로 시작하기'[05]로 알려져 있으며 성숙한 소프트웨어 엔지니어링 관행을 가진 팀에서 흔히 사용됩니다. 이들은 부분적으로 자동화된 설정 절차나 긴 문서, 구전 지식, 임시 문제 해결에 의존하지 않습니다. 대신 새로운 코드 기여자가 몇 가지 명령어만으로 로컬 개발 환경을 설정하고, 테스트를 실행하고, 코드를 커밋하고 푸시할 수 있습니다.

곧 이러한 방법을 실현하는 데 도움이 되는 원칙과 실천 방법을 설명하겠습니다. 하지만 그 전에 실제 ML 프로젝트에서 이 방법을 채택했을 때의 이점을 설명하겠습니다.

▪— **빠른 온보딩**

며칠, 심지어 몇 주 동안 개발 환경을 설정하는 데 소비하는 대신 새로운 팀원이나 조직 내 다른 프로젝트에 기여하는 기존 팀원, 혹은 새 컴퓨터를 받은 팀원이 하루 안에 설정을 마치고 로컬에서 코드와 테스트를 실행하며 코드 기여를 시작할 수 있습니다.

---

05 https://oreil.ly/b5kNk

- **시간과 인지 자원 절약**

    운영 환경과 유사한 일관된 환경을 자동으로 생성할 수 있는 능력은 설정과 스노우플레이크 환경[06] 문제 해결에 낭비되는 시간을 줄여줍니다. 예를 들어, 몇 달 전에 특정 의존성을 설치하고 설정한 방법을 기억하려고 애쓰는 시간을 줄여줍니다. 그 결과로 팀원들은 생산성과 만족감을 느끼게 됩니다.

- **테스트-운영 대칭성**

    일관되고 재현 가능한 운영 환경과 유사한 환경에서 모든 것을 실행함으로써 로컬 머신에서 작동하는 것이 클라우드에서 코드와 테스트를 실행할 때도 작동할 것임을 확신할 수 있습니다. 예를 들어, CI/CD 파이프라인에서 테스트를 실행하거나 클라우드의 CPU나 GPU 인스턴스에서 모델을 훈련할 때도 마찬가지입니다.

- **재현성과 반복성**

    우리가 지난주에 작성한 코드는 어디서나 작동할 것입니다. 동료의 컴퓨터, CI/CD 파이프라인, 클라우드 컴퓨팅 인스턴스에서도 항상 동일하게 작동합니다. 운영체제와 상관없이 일관되게 작동합니다. 이는 연구 결과의 재현성을 높이는 데 중점을 두고 있는 학계에서도 유용합니다.

'체크아웃하고 바로 시작하기'는 팀이 개발, 테스트, 코드 실행을 위한 환경을 쉽게 설정할 수 있게 해 줍니다. 이를 통해 팀은 해결해야 할 문제에 집중할 수 있고, 불필요한 작업[07]에 시간을 낭비하지 않게 됩니다.

팀은 새로운 팀원이나 새로운 컴퓨터를 사용하는 기존 팀원의 '첫 푸시까지의 리드 타임'을 측정하여 팀의 의존성 관리 방법의 효과를 평가할 수 있습니다. '첫 푸시'는 새로운 팀원이 로컬 개발 환경을 설정하고, 코드 에디터를 구성하고, 테스트를 실행하고, 간단한 변경을 하고,

---

06 '스노우플레이크(snowflacke)' 환경은 수동 또는 부분적으로 수동으로 생성되고 구성된 환경을 말합니다. 눈송이처럼, 두 개의 스노우플레이크 환경은 동일하지 않습니다(https://oreil.ly/Akr5L).

07 https://oreil.ly/NhBxW

변경 사항이 작동하는지 로컬에서 테스트할 수 있는지 확인하는 데 도움이 됩니다.

이제 '체크아웃하고 바로 시작하기'의 장점을 살펴보았으니, 어떤 기술이나 도구를 사용하더라도 이를 구현하는 데 도움이 되는 지속 가능한 원칙을 살펴보겠습니다.

3.1.2 효과적인 의존성 관리 원칙

의존성 관리는 기본적으로 간단한 개념입니다. 이 맥락에서 의존성은 프로젝트가 의도한 대로 작동하고 런타임 오류를 피하기 위해 필요한 모든 소프트웨어 구성 요소를 의미합니다(그림 3-2). 의존성은 운영체제 수준의 의존성과 애플리케이션 수준의 의존성으로 나눌 수 있습니다.

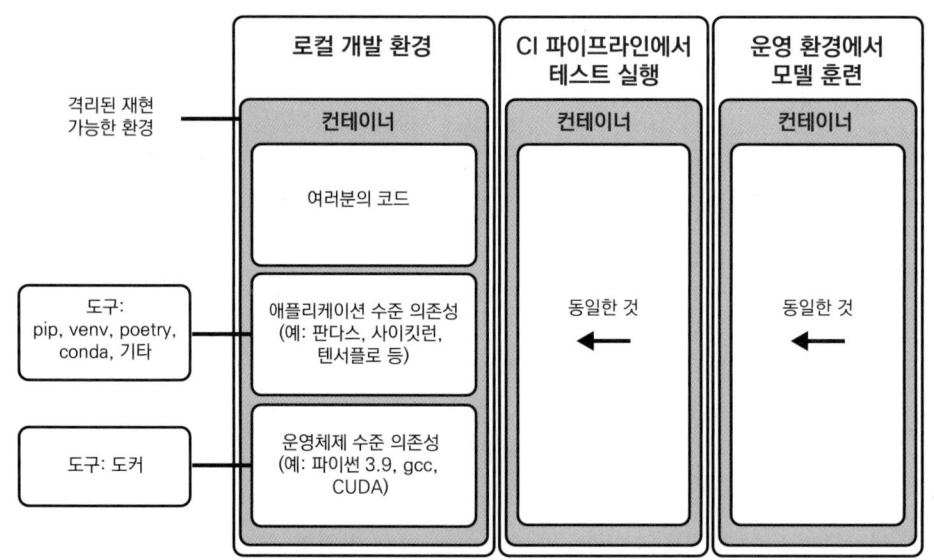

그림 3-2 좋은 의존성 관리 관행을 통해 처음부터 일관되고 운영 환경과 유사하며 재현 가능한 환경을 만들 수 있습니다.

현대의 ML 애플리케이션은 여러 운영체제에서 실행될 것으로 기대됩니다. 예를 들어, 우리는 맥, 리눅스, 윈도우에서 개발을 하고 CI 파이프라인(일반적으로 리눅스)에서 테스트를 실행하며 일시적인 클라우드 CPU나 GPU 인스턴스(일반적으로 리눅스)에서 전체 모델 훈련을 실행할 수 있습니다. 도커와 같은 컨테이너 기술은 운영체제 수준의 의존성 관리를 단순화하는 데 도움을 줍니다. 하나의 환경(예 로컬 개발 환경)에서 설치한 애플리케이션 수준의 의존성은 다른 환경(예 CI, 사전 제작, 운영 환경)에서도 동일하게 작동해야 합니다.

두 수준에서 의존성을 적절히 관리함으로써 우리는 코드에서 일관되고 운영 환경과 유사한 환경을 만들 수 있으며, 여기서 지금 작동하는 것이 어디서든 항상 작동할 수 있도록 보장할 수 있습니다.

특정 기술과 구현 세부 사항을 다루기 전에, 우리가 어떤 특정 기술이나 도구를 선택하든 적절한 의존성 관리 솔루션으로 안내할 수 있는 네 가지 지속 가능한 원칙을 살펴보겠습니다.

코드로서의 의존성

모든 의존성과 구성을 코드[08]로 명시하면 모든 코드 기여자가 자동으로 일관된 개발 환경을 만들 수 있습니다. 또한 운영체제 수준과 애플리케이션 수준의 의존성 스택에 대한 모든 변경 사항은 버전으로 관리할 수 있으며 다른 환경(예 CI 파이프라인)에서 재현하고 신속하게 테스트할 수 있습니다.

반면 코드화되고 자동화되지 않은 의존성은 코드가 실행되는 모든 컴퓨팅 환경에서 수동으로 구성해야 합니다. 이는 다른 팀원의 기기, CI/CD 파이프라인, 클라우드 훈련 인스턴스, 운영 환경 서버를 포함할 수 있습니다. 우리의 경험에 따르면 이는 큰 시간 낭비와 고통의 원인이 됩니다.

첫날부터 운영 환경과 유사한 개발 환경

운영 환경에서 문제나 오류를 발견하는 것만큼 스트레스가 많고 고통스러운 일은 거의 없습니다. 개발 중에 운영 환경과 유사한 환경을 가지는 것은 이러한 문제를 해결하는 데 도움이 됩니다. 코딩을 하면서도 개발 환경이 의존성 측면에서 운영 환경과 유사하기 때문에 코드가

---

[08] https://oreil.ly/-45KL

운영 환경에서 실행될 때 발생할 수 있는 잠재적인 문제를 포착할 수 있습니다. 이는 개발 및 테스트 중에 로컬에서 작동하는 것이 운영 환경에서도 작동할 것이라는 확신을 줍니다.

새로운 ML 애플리케이션이나 프로젝트의 첫 주부터 가능한 한 빨리 운영 환경과 유사한 개발 환경을 만들어야 합니다. 엉망인 프로젝트를 정리하는 것보다 처음부터 올바른 습관을 형성하는 것이 훨씬 더 쉽습니다.

애플리케이션 수준의 환경 격리

각 애플리케이션, 프로젝트, 코드 리포지터리는 파이썬 가상 환경이 자체적으로 격리되어야 합니다. 이렇게 하면 서로 다른 애플리케이션 간의 불필요한 결합을 피할 수 있습니다. 우리 경험에 따르면 하나의 애플리케이션에서 의존성을 변경할 때 다른 애플리케이션에 의도치 않은 오류가 발생하는 경우가 많았습니다. 이는 작업 속도를 늦추고 불편함을 초래합니다.

파이썬의 내장 venv, poetry, pipenv, conda와 같은 도구들이 격리된 가상 환경을 만드는 데 유용합니다. 어떤 도구를 선택하든 팀은 하나의 도구로 통일하여 복잡성을 줄여야 합니다. 각 애플리케이션이 자체 가상 환경에 필요한 의존성을 설치하도록 해야 합니다.

운영체제 수준의 환경 격리

대부분의 경우, 우리는 여러 운영체제에서 ML 개발을 실행해야 합니다. 예를 들어, 윈도우나 맥OS에서 개발하고 CI 인스턴스에서 리눅스로 테스트하며 클라우드나 대상 장치에서 리눅스 인스턴스로 배포합니다. 팀 전체가 하나의 운영체제(예 리눅스)를 사용하더라도 운영체제 수준의 의존성(예 특정 버전의 파이썬 3.x 설치)을 배포 중에 정기적으로 재현할 수 있어야 합니다.

ML 종사자들은 보통 파이썬에서 애플리케이션 수준의 의존성은 잘 관리하지만 운영체제 수준의 의존성 관리는 소홀히 하는 경우가 많습니다. README 파일에 특정 의존성(예 파이썬 3)을 수동으로 설치하라는 지침을 남기고 설치할 특정 버전(예 파이썬 3.x)을 명시하지 않는 경우가 많습니다.

이렇게 꼼꼼하지 않다면 문제와 오류를 해결하는 데 많은 시간을 낭비하게 만듭니다. 예를 들어, 유망한 코드나 노트북을 실행하려고 리포지터리를 클론한 후, 누락되거나 잘못 구성된 운영체제 수준의 의존성 때문에 몇 시간 또는 며칠을 낭비한 경험이 있을 것입니다.

이제 이러한 원칙을 배웠으니 이를 실천하는 데 도움이 되는 도구와 기술을 살펴보겠습니다.

3.1.3 의존성 관리를 위한 도구

이 절에서는 원칙을 실천하는 데 도움이 되는 몇 가지 도구를 소개하겠습니다. 프로젝트의 의존성을 효과적으로 관리하려면 다음을 수행해야 합니다.

- 운영체제 수준의 의존성을 코드로 명시하기(예 도커 사용하기)
- 애플리케이션 수준의 의존성을 코드로 명시하기(예 poetry 사용하기)

이 책에서는 도커와 poetry를 사용합니다. 우리는 지난 몇 년 동안 여러 파이썬 도구를 사용해 왔는데, 도커와 poetry가 특히 잘 작동했습니다. 하지만 어떤 도구를 선택하든 앞서 설명한 네 가지 원칙을 준수하는 방식으로 사용해야 합니다.

이제 도커가 어떻게 운영체제 수준의 의존성을 관리하는지 알아보겠습니다.

운영체제 수준의 의존성 관리

컨테이너는 코드와 모든 의존성을 함께 압축합니다. 이를 통해 옮기기 쉽고, 재현할 수 있으며, 여러 기기에서 일관된 실행 환경을 제공합니다.

여러분이 가진 ML 스택이 여러 환경(예 로컬 개발자 기기, 클라우드 훈련 인스턴스, 프로덕션 API 서버, CI/CD 파이프라인)에서 코드를 실행해야 할 경우 도커를 사용하면 큰 이점을 얻을 수 있습니다. 코드를 컨테이너화하면 도커 런타임이 있는 한 실험 및 개발 중에 동작하는 코드를 다른 환경에서도 동일하게 작동할 수 있습니다.

다음 절에서는 도커의 기본 사용법을 다룰 것입니다. 하지만 먼저 ML 종사자들 사이에서 흔히 있는 도커에 대한 세 가지 오해로 발생하는 반감을 다루고자 합니다.

오해 1: 도커는 복잡하고 불필요하다   일부 사람들은 도커가 복잡하며 배우기 어렵고 큰 가치가 없다고 생각합니다. 그러나 우리는 도커가 업무를 방해하기는커녕 ML 종사자들도 일상 업무에서 정말 유용하게 사용해 왔습니다.

이 장에서는 도커의 가치와 단순성을 보여주고자 합니다. 코드가 단 한 대의 기기에서만 실행된다면 도커가 필요 없을 것입니다. 그러나 ML 시스템을 구축할 때는 여러 환경에서 실행해야 하는 경우가 대부분입니다.

다른 기술과 마찬가지로 도커도 학습이 필요하지만 그렇게 어렵지는 않습니다. 경험에 따르면 도커가 없을 때 더 많은 시간이 소요됩니다. 예를 들어, 개발 환경을 엉망으로 만들었을 때 호스트에서 실행 중이라면 복구하기 어렵지만, 도커 컨테이너를 사용하면 이미지를 삭제하고 컨테이너를 몇 분 안에 새로 시작할 수 있습니다.

도커를 배우고 팀을 위해 설정하는 데 시간을 투자해야 하지만 일단 설정이 완료되면 일관되고 재현 가능하며 운영 환경과 유사한 개발 환경을 쉽게 만들 수 있습니다.

오해 2: 나는 이미 X(예 conda)를 사용하고 있어서 도커가 필요 없다   도커는 종종 pip, conda, poetry, pip-tools와 같은 다른 파이썬 의존성 관리 도구와 비교됩니다. 그러나 이는 잘못된 비교입니다. 파이썬 의존성 관리자는 애플리케이션 수준의 파이썬 의존성만 다루지만 도커는 파이썬, gcc$^{\text{GNU Compiler Collection}}$, CUDA와 같은 운영체제 수준의 의존성 설치와 구성도 도와줍니다.

도커가 없으면 우리 코드는 명시되지 않은 호스트 수준의 런타임 의존성에 의존하게 됩니다. 예를 들어, 단순히 `pandas==1.5.1`을 설치하려고 할 때 파이썬 3.8 이상을 사용하는 개발자에게는 설치가 성공하지만, 파이썬 3.7 이하를 사용하는 다른 기기에서는 `No matching distribution found for pandas==1.5.1` 오류가 발생합니다(그림 3-3).

```
(.venv) root@134888574acd:/code# python --version
Python 3.7.15
(.venv) root@134888574acd:/code# pip install pandas==1.5.1 --quiet
ERROR: Could not find a version that satisfies the requirement pandas==1.5.1 (
from versions: 0.1, 0.2, 0.3.0, 0.4.0, 0.4.1, 0.4.2, 0.4.3, 0.5.0, 0.6.0, 0.6.
1, 0.7.0, 0.7.1, 0.7.2, 0.7.3, 0.8.0, 0.8.1, 0.9.0, 0.9.1, 0.10.0, 0.10.1, 0.1
1.0, 0.12.0, 0.13.0, 0.13.1, 0.14.0, 0.14.1, 0.15.0, 0.15.1, 0.15.2, 0.16.0, 0
.16.1, 0.16.2, 0.17.0, 0.17.1, 0.18.0, 0.18.1, 0.19.0, 0.19.1, 0.19.2, 0.20.0,
 0.20.1, 0.20.3, 0.21.0, 0.21.1, 0.22.0, 0.23.0, 0.23.1, 0.23.2, 0.23.
3, 0.23.4, 0.24.0, 0.24.1, 0.24.2, 0.25.0, 0.25.1, 0.25.2, 0.25.3, 1.0.0, 1.0.
1, 1.0.2, 1.0.3, 1.0.4, 1.0.5, 1.1.0, 1.1.1, 1.1.2, 1.1.3, 1.1.4, 1.1.5, 1.2.0
, 1.2.1, 1.2.2, 1.2.3, 1.2.4, 1.2.5, 1.3.0, 1.3.1, 1.3.2, 1.3.3, 1.3.4, 1.3.5)
ERROR: No matching distribution found for pandas==1.5.1

(.venv) root@749c93219843:/code# python --version
Python 3.9.15
(.venv) root@749c93219843:/code# pip install pandas==1.5.1 --quiet
(.venv) root@749c93219843:/code# pip list | grep pandas
pandas         1.5.1
(.venv) root@749c93219843:/code# []
```

그림 3-3 파이썬 라이브러리(pandas==1.5.1)를 설치할 때, 파이썬 버전에 따라 실패(왼쪽: 파이썬 3.7 사용)하거나 성공(오른쪽: 파이썬 3.9 사용)할 수 있습니다.

이 글을 쓰는 시점에서 스택 오버플로Stack Overflow에는 이 오류와 관련된 500개의 질문이 있습니다.[09] 이는 스택 오버플로에 질문을 올린 사람만을 센 것이며 이 오류에 대한 답을 찾고 있는 수많은 사람은 포함하지 않았습니다. 물론 우리도 그중 하나입니다. 특정 파이썬 버전을 명시하기 위해 도커를 사용했다면, 이 모든 시간과 노력을 절약할 수 있었을 것입니다.

오해 3: 도커는 성능에 큰 영향을 준다   느린 코드라서 실행 시간이 길 때 많은 시간을 들여 중요한 질문을 생각할 수 있습니다. '삶의 의미는 무엇인가?', '왜 내 코드는 이렇게 느린가?' 같은 질문입니다. 마치 시간이 부족한 사막에서 시간에 쫓기는 유목민처럼 도커가 내 코드를 느리게 하는지 의심하게 됩니다.

최적화를 생각할 때 **최적화하기 전에 측정하라**는 규칙을 잊지 마세요. 한 벤치마크 분석[10]에 따르면, 컨테이너 안과 밖에서 계산 집약적인 딥러닝 작업을 실행했을 때 **뚜렷한 성능 차이가 없었습니다**. 또 다른 벤치마크 분석[11]에서도 다양한 딥러닝 모델(InceptionV3, VGG16 등)을 컨테이너와 호스트에서 실행했을 때 **성능 차이가 거의 없음을 확인했습니다**.

도커가 때때로 파이썬 성능을 저하시킬 수 있지만[12] 그 영향은 항상 일관되지 않습니다. 성능 저하는 도커의 보안 기능 중 하나인 seccomp[13] 때문일 가능성이 큽니다. 이 장의 코드 예제를 사용하여 도커와 호스트에서 `python src/train.py`를 실행했을 때 평균 1.7%의 성능 저

---

09 https://oreil.ly/iHDtN
10 https://oreil.ly/VcpSh
11 https://oreil.ly/YPILp
12 https://oreil.ly/d07Mo
13 https://oreil.ly/BzGuK

하를 재현했습니다(표 3-1). 두 경우 모두 파이썬 3.10.6을 사용했습니다. 그러나 성능 분석을 보면 주로 디스크에서 데이터를 읽는 때에 성능 저하가 발생했습니다. 데이터 처리 및 모델 훈련 코드는 동일하거나 더 나은 성능을 보였습니다.

표 3-1 이 장에서 실행할 모델의 훈련 실행 시간을 벤치마킹한 결과

실행할 코드	10회 실행 평균 시간 (초)	
	호스트에서의 실행 시간	컨테이너에서의 실행 시간
pd.read_csv(…) (100,000개의 데이터 행 로드)	0.6	1.75(호스트보다 느림)
preprocess_data(…)	1.1	1.1
fit_model(…)	15.4	14.6(호스트보다 빠름)
evaluate_model(…)	0.4	0.4
	17.5	17.85

최적화하기 전에 항상 측정하세요. 한 조건이 다른 조건보다 나쁠 것이라고 가정하지 말고 두 조건에서 성능을 측정하세요. 그렇지 않다면 어떤 이익을 얻었는지 알지 못한 채 컨테이너의 사용 여부를 저울질하게 될 수 있습니다.

복잡한 상황: 다른 CPU 칩과 명령어 집합 한 번 빌드하고 어디서나 배포라는 개념은 도커의 큰 장점입니다. 하지만 인텔 칩을 사용하는 맥과 M1/M2[14]의 칩을 사용하는 맥처럼 다른 칩을 사용하는 팀원들과 협업해 본 사람이라면 항상 그렇지는 않다는 것을 알 것입니다. 흔히 발생하는 문제는 한 기기에서 파이썬 의존성을 성공적으로 설치하는 도커 파일이 다른 칩이나 명령어 집합을 사용하는 기기에서는 실패하는 경우입니다. 이타마르 터너-트라우링[Itamar Turner-Trauring]은 그의 기사 '새로운 맥이 도커 빌드를 망가뜨리는 이유와 해결 방법'[15]에서 이 문제의 원인을 잘 설명합니다. 시간을 내어 읽어 보기를 권합니다.

---

14 옮긴이_ 2024년 5월 기준으로 M4까지 릴리스되었습니다.
15 https://oreil.ly/0ct3e

터너-트라우링의 기사를 요약하면 두 종류의 CPU에서 의존성 설치 실패는 다음과 같이 발생할 수 있습니다(그림 3-4).

- 팀원 다나는 AMD64 명령어 집합(x86_64라고도 함)을 사용하는 인텔 맥을 사용합니다.
- 다른 팀원 테드는 ARM64 명령어 집합(aarch64라고도 함)을 사용하는 M1 또는 M2 프로세서를 탑재한 새로운 맥을 사용합니다.
- AMD64와 ARM64 명령어 집합은 서로 다른 언어를 사용합니다. 한 언어를 사용하는 CPU는 다른 언어를 이해할 수 없습니다.
- 파이썬 패키지를 더 쉽게 설치하기 위해, 패키지 유지 관리자들은 보통 사전에 컴파일된 휠(파이썬 빌드 패키지 형식)을 PyPI^{Python Packaging Index}에 업로드합니다. 하지만 모든 CPU 명령어 집합을 위한 것은 아닙니다. 사전 컴파일된 파이썬 휠은 특정 CPU 명령어 집합에 맞춰져 있습니다.

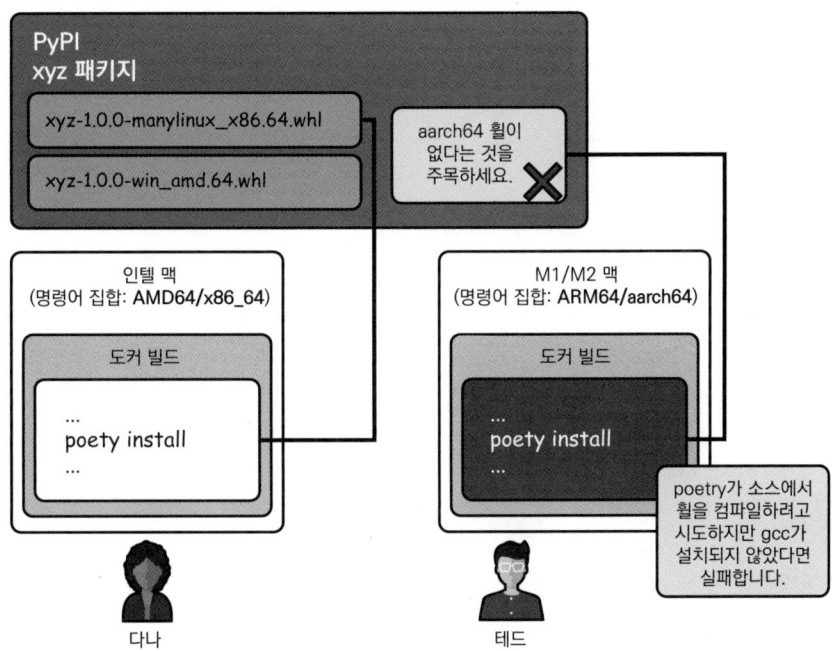

그림 3-4 도커가 이러한 실패를 방지하도록 설계되었는데도 패키지 유지 관리자가 ARM64와 AMD64 휠을 모두 게시하지 않을 때 발생하는 파이썬 의존성 설치 실패의 구조

의존성 설치 실패가 발생하는 일반적인 과정은 다음과 같습니다.

- 다나는 프로젝트에 파이썬 패키지 xyz=1.0.0을 추가합니다. 이 패키지는 AMD64 휠이 게시되어 있어서 그녀의 인텔 맥에서 성공적으로 설치됩니다.
- 테드는 코드 변경 사항을 가져옵니다. 새로운 의존성이 있기 때문에 Docker build가 이제 poetry install(또는 pip install)을 실행합니다. [그림 3-4]에서 보듯이 xyz의 유지 관리자는 ARM64 휠을 게시하지 않았습니다. poetry가 PyPI에서 xyz의 ARM64 휠을 찾지 못하면 소스 코드를 다운로드하여 패키지를 소스에서 컴파일하려고 시도합니다.
- 이 시점에서 팀의 개발 환경에 gcc 컴파일러가 설치되어 있지 않으면 poetry install이 실패합니다.

간단한 해결책은 Dockerfile에 파이썬 의존성을 설치하기 전에 gcc 컴파일러를 설치하는 것입니다. 이렇게 하면 유지 관리자가 특정 CPU 명령어 집합에 대한 휠을 게시하지 않았더라도 프로젝트에 지정된 패키지 버전을 설치할 수 있습니다. 이는 도커를 사용하여 쉽게 해결할 수 있습니다.

```
FROM python:3.10-slim-bookworm

# ...
RUN apt-get update && apt-get -y install gcc
RUN poetry install

# ...
```

이 방법의 단점은 이미지 빌드가 느려지고 이미지 크기가 커진다는 점입니다. 다행히도 이러한 단점은 캐싱과 다단계 빌드를 통해 완화할 수 있습니다. 4장에서 이 두 가지 기술을 시연할 것입니다.

올바른 해결책은 모든 파이썬 패키지 유지 관리자가 AMD64, MacOS ARM64(맥OS 호스트에서 poetry install을 위해), 리눅스 ARM64(도커 컨테이너에서 poetry install을 위해) 휠을 배포하는 것입니다. 그러나 이것은 항상 우리의 손 밖에 벗어나 있습니다.

이러한 파이썬 의존성 설치 실패 외에도 여러 플랫폼이나 다양한 종류의 CPU 칩을 사용하는 배포 대상과 작업하는 팀은 다중 플랫폼 이미지를 빌드해야 합니다.[16] 이렇게 하면 도커 런타임이 해당 개발 및 배포 환경의 운영체제와 아키텍처에 맞는 이미지를 자동으로 선택할 수 있습니다.

이를 위해 팀은 도커의 buildx 도구[17]를 사용하여 다중 아키텍처 이미지를 생성할 수 있습니다. 이는 기본 이미지가 리눅스, 맥OS, 윈도우와 같은 운영체제에서 ARM64와 AMD 같은 여러 아키텍처를 지원하도록 보장합니다. 다중 아키텍처 빌드 및 테스트 단계를 포함한 CI/CD 파이프라인에서 철저한 테스트를 수행하면, 개발자 기기나 운영 환경에서 사용되는 CPU 칩에 관계없이 ML 모델이 원활하게 실행될 수 있습니다.

운영체제 수준의 의존성을 다루었으니 이제 애플리케이션 수준의 의존성을 관리하는 도구로 넘어가겠습니다.

애플리케이션 수준의 의존성 관리

파이썬 생태계에는 유사한 문제를 해결하는 다양한 도구가 많아서 혼란스러울 수 있습니다. 어떤 도구를 선택하든 **개발과 운영 환경에서 모두 잘 작동해야 합니다**. 예를 들어, conda는 개발에 유용하지만 이미지 크기가 3~6GB로 너무 커서 불필요한 의존성이 많습니다. 모델을 웹 API로 배포하려면 conda는 과하며 너무 많은 리소스를 차지합니다. 개발에 conda를 사용하고 운영 환경에서 다른 의존성 관리자를 사용하면 (i) 훈련-서비스 비대칭성, (ii) 의존성 관리 솔루션의 분기를 초래해 유지 관리가 복잡해집니다.

이 장에서는 의존성 관리자로 poetry를 선택했습니다. 그 이유는 다음과 같은 이점이 있기 때문입니다.

---

16 https://oreil.ly/Jw_dy
17 https://oreil.ly/XXDEy

- **의존성 고정**

    poetry는 의존성 해결 기능을 통해 전체 의존성 트리를 파악하고, 모든 의존성을 고정하는 `poetry.lock` 파일을 생성합니다. 이렇게 하면 시간이 지나도 의존성이 조용히 변경되어 코드가 깨지는 것을 방지할 수 있습니다.[18]

- **자동으로 pyproject.toml 업데이트**

    poetry는 최신 호환 버전을 찾기 위해 `poetry add some-package` 명령어를 실행하면, pyproject.toml 파일을 자동으로 업데이트합니다. 더 이상 `requirements.txt` 파일을 수동으로 업데이트하거나 `pip list` 명령어로 설치된 버전을 확인할 필요가 없습니다.

- **단일 의존성 명세 파일**

    poetry의 `pyproject.toml`[19] 파일은 운영 의존성과 개발 의존성을 명확하게 정의합니다. 또한 PEP 518[20] 표준을 따르므로 pyproject.toml 파일이 프로젝트의 모든 빌드 시스템 의존성을 포함합니다.

- **패키징 및 배포**

    몇 가지 명령어만으로 PyPI나 개인 리포지터리에 패키지를 쉽게 배포할 수 있습니다.[21]

지금까지 운영체제 수준과 애플리케이션 수준의 의존성 관리에 대해 주요 원칙과 도구를 다루었습니다. 다음 장에서는 실습을 통해 이를 설명할 것입니다. 도커와 batect에 익숙하지 않은 독자를 위해 이 장의 나머지 부분에서는 ML 워크플로에서 컨테이너를 사용하는 방법을 간단히 소개하겠습니다.

---

[18] https://oreil.ly/dbwOW
[19] https://oreil.ly/CW6Ub
[20] https://oreil.ly/yikrL
[21] https://oreil.ly/AEPkG

3.2 도커와 batect에 대한 간단한 소개

이 절의 첫 부분에서는 도커의 기본 개념을 설명합니다. 그 다음으로 많은 도커 인수와 여러 Dockerfile을 관리하는 문제를 해결하는 명령행 도구인 batect[22]를 소개합니다. 프로젝트에서는 batect를 사용하는 방법도 볼 수 있습니다.

먼저 도커의 기본 개념을 살펴보겠습니다. 기본적인 도커 개념을 간단히 설명할 것이며 자세한 내용은 다양한 튜토리얼[23]과 가이드[24]를 참고하면 됩니다. 도커와 컨테이너에 익숙하다면 바로 batect 절로 넘어가도 좋습니다.

> **재미있는 사실: NASA도 도커를 사용합니다**
>
> NASA 기후 시뮬레이션 센터는 다음과 같이 발표했습니다. "NASA의 토지 정보 시스템(LIS) 프레임워크는 특정 버전의 소프트웨어와 컴파일러에 의존성이 커서 **비전문가가 설치하기 어렵습니다.** 이는 도메인 과학자들이 소프트웨어를 자체 컴퓨팅 시스템이나 클라우드에서 사용하는 데 큰 장벽이 되었습니다. 또한 여러 런타임 환경을 지원해야 하는 요구 사항은 NASA 팀에게 큰 부담이 되었습니다. **이러한 문제를 해결하기 위해 NASA는 도커 컨테이너**[25]를 사용하여 전체 소프트웨어 패키지와 모든 의존성을 포함한 런타임 환경을 설치하고 쿠버네티스Kubernetes를 사용하여 컨테이너 클러스터를 관리했습니다. **몇 주 또는 몇 달이 걸리던 설치가 이제는 클라우드나 온프레미스 클러스터에서 몇 분 만에 완료될 수 있습니다.**"
>
> 또 다른 NASA 프로젝트인 이중 소행성 방향 전환 평가(DART) 프로젝트도 도커를 사용합니다. DART는 소행성의 운동을, 운동 충격을 통해 변경하여 소행성의 방향을 바꾸는 방법을 연구하고 입증하는 첫 번째 임무입니다. 2022년에 소행성의 궤도를 성공적으로 변경했습니다.
>
> DART의 개발 시스템은 매우 비싸서 한 대당 30만 달러입니다. 따라서 모든 개발자가 자신의 시스템을 가질 수는 없었습니다. 30명의 개발자가 다섯 개의 시스템을 공유하면서 개발 환경의 부족으로 진행 속도가 느려지는 문제가 발생했습니다. 이 문제를 해결하기 위해 DART 개발자들은 도커[26]와 네트워킹 기술을 사용하여 모든 개발자가 자신의 노트북에서 작업할 수 있도록 하고 실제 하드웨어에 연결하여 개발 및 테스트를 수행할 수 있게 했습니다.

---

[22] https://oreil.ly/Lt2ap
[23] https://oreil.ly/amr1g
[24] https://oreil.ly/vqtwh
[25] https://oreil.ly/0tn5x
[26] https://oreil.ly/jaqCr

3.2.1 컨테이너란 무엇인가?

컨테이너는 `echo 'hello world'`, `python train.py` 또는 `python3 -m http.server`와 같은 실행 중인 프로세스로 생각할 수 있습니다. 이 프로세스는 성공적으로 실행되기 위해 필요한 모든 의존성을 포함하고 있습니다.

프로세스 코드와 의존성은 이미지image라는 파일에 저장됩니다. 이미지는 코드 실행에 필요한 모든 것을 포함한 가볍고 독립적인 소프트웨어 패키지입니다.

이미지를 **실행**하면 **컨테이너**container가 생성됩니다. 따라서 컨테이너로 프로세스나 명령을 실행하면 호스트 머신이 도커 런타임 외에 필요한 의존성이 없는 '새로운 박스'라 하더라도 항상 성공적으로 실행됩니다.

컨테이너가 처음인 사람들에게는 이러한 용어들이 어렵게 느껴질 수 있습니다. 이를 쉽게 이해할 수 있도록 다음 비유를 준비했습니다.

- **컨테이너가 없는 불편한 오후**

  친구가 열대 지방에 살고 있는데 그들이 말하길 "의자를 밖에 두고 앉아서 시원한 바람을 즐겨봐"라고 했습니다. 그러나 여러분이 지내는 곳의 계절은 겨울입니다. 같은 지시를 따랐지만 친구와 같은 결과를 얻지 못했습니다.

- **컨테이너가 있는 편안한 오후**

  친구는 세상 어딘가에서 살고 있습니다. 친구가 에어컨이 있는 우주 캡슐을 구입하고 의자를 그 안에 두고 앉아서 시원한 바람을 즐깁니다. 그 경험이 너무 좋아서 즉시 당신에게 말해 줍니다. 여전히 겨울인 당신은 같은 지시를 따릅니다. 동일한 우주 캡슐을 구입하고 에어컨을 켜고 의자에 앉아서 시원한 바람을 즐깁니다.

이것이 컨테이너가 애플리케이션에 하는 일입니다. 컨테이너는 우주 캡슐처럼 코드와 운영 체제의 상태를 분리하여 일정한 런타임 환경을 제공합니다.

> **전문 용어 정리!**
>
> 도커를 사용하다 보면 처음에는 어려워 보이는 용어들을 접하게 될 것입니다. 이러한 용어들을 배우고 그 의미를 이해하는 것이 처음의 압박감을 극복하는 좋은 첫걸음입니다.
>
> 새롭고 어려운 용어를 접했을 때는 도커의 용어 사전[27]을 참고하여 쉽게 이해할 수 있습니다. 여기 몇 가지 자주 사용하는 도커 용어들을 소개합니다.
>
> **이미지 Image**
>
> 코드 실행에 필요한 모든 것을 포함한 가볍고 독립적인 소프트웨어 패키지입니다.
>
> **컨테이너**
>
> 이미지의 실행 인스턴스입니다. 이미지를 실행하면 컨테이너 Container가 생성됩니다.
>
> **도커 데몬 Docker daemon 또는 도커 엔진 Docker Engine**
>
> 이미지와 컨테이너를 관리하는 호스트에서 실행되는 백그라운드 프로세스입니다. 예를 들어, 컨테이너를 시작하고 중지하는 작업을 담당합니다. 재미있는 사실은 '데몬'이라는 용어는 물리학과 열역학에서 분자를 정렬하는 상상 속의 존재인 맥스웰 Maxwell의 데몬[28]에서 유래했다는 것입니다. 이는 다시 그리스 신화에서 백그라운드에서 일하는 초자연적 존재인 데몬에서 비롯되었습니다.
>
> **도커 CLI 클라이언트 Docker CLI client**
>
> 예를 들어, Docker run 명령어를 실행할 때 사용하는 도커 클라이언트입니다. 이는 도커 데몬과 상호작용하는 주요 방법입니다.
>
> **도커 데스크톱 Docker Desktop**
>
> 맥,[29] 윈도우,[30] 리눅스[31]에서 사용할 수 있는 도커 개발 환경입니다. 도커 데스크톱에는 도커 엔진, 도커 CLI 클라이언트, 도커 컴포즈, 도커 콘텐츠 트러스트, 쿠버네티스, 자격 증명 헬퍼가 포함됩니다.
>
> **도커 레지스트리 Docker registry**
>
> 이미지를 올리고 다운받을 수 있는 호스팅 서비스입니다.
>
> **호스트 Host**
>
> 도커 데몬과 컨테이너를 실행하는 머신입니다. 예를 들어, 개발자의 노트북이나 CI 빌드 에이전트가 될 수 있습니다.

---

27 https://oreil.ly/Q0pT0
28 https://oreil.ly/mvqB4
29 https://oreil.ly/Jcl0U
30 https://oreil.ly/s9dhN
31 https://oreil.ly/HPrf4

[그림 3-5]는 이 용어들과 개념들이 서로 어떻게 연관되는지를 보여줍니다.

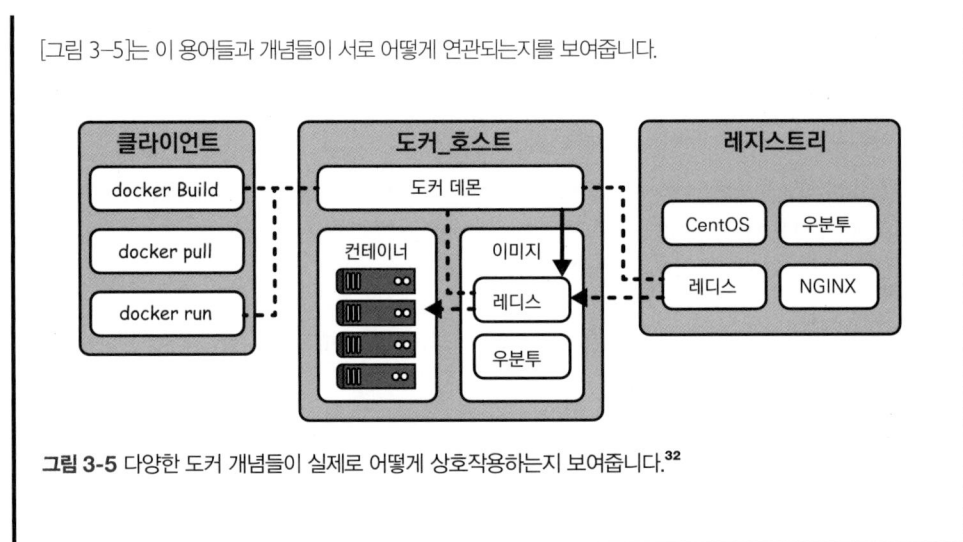

그림 3-5 다양한 도커 개념들이 실제로 어떻게 상호작용하는지 보여줍니다.[32]

이제 도커가 다양한 개발 환경에서 어떻게 활용될 수 있는지 알아보겠습니다.

ML 종사자의 개발 환경은 개인의 경험, 팀의 선호도, 조직의 정책 그리고 컴퓨팅 및 데이터의 위치에 대한 규제 등 여러 요인에 따라 달라집니다. ML 종사자는 다음과 같은 환경에서 개발할 수 있습니다.

- 로컬 컴퓨터
- 클라우드나 분산 클러스터에서 작업을 실행하는 로컬 컴퓨터(예 쿠브플로, 메타플로, 레이, 아마존 세이지메이커, 구글 버텍스 AI, 애저 ML)
- 임시로 제공되는 클라우드 컴퓨팅 인스턴스(예 AWS EC2 인스턴스)
- 클라우드 워크스페이스(예 깃허브 코드스페이스, 아마존 세이지메이커 스튜디오 노트북, GCP 클라우드 워크스테이션)
- 온프레미스 컴퓨팅 인스턴스
- 임베디드 디바이스(예 라즈베리 파이(Raspberry Pi))

---

32 출처_ 다닐로 바로스의 '도커 구조', '위키미디어 커먼즈(https://oreil.ly/m1fF2)', 'CC BY-SA 4.0(https://oreil.ly/GFxEX)'에서 가져왔습니다.

어떤 개발 환경을 사용하든 도커는 도커 런타임이 사용할 수 있는 앞의 모든 환경에서 코드의 일관된 실행 환경을 빠르게 만들어줍니다. 클라우드 ML 서비스는 일반적으로 도커를 지원하며 작업을 실행할 때 공용 이미지나 사용자 정의 이미지를 지정하는 방법에 대한 문서를 제공합니다.

> **이 책에서 사용하는 도커 데스크톱과 대체 컨테이너 런타임에 대해서**
>
> 이 책을 작성할 당시 도커 데스크톱 사용 약관[33]에 따르면 도커 데스크톱은 소규모 비즈니스(직원 수 250명 미만, 연간 수익 1,000만 달러 미만), 개인 사용, 교육, 비상업적 오픈소스 프로젝트에 무료로 제공됩니다. 그렇지 않다면 전문적인 사용을 위해 유료 구독이 필요합니다.
>
> 이 책에서는 개인 사용 및 교육 목적으로 도커 데스크톱을 사용합니다. 만약 상업 환경에서 이 책의 종속성 관리 설정을 사용하고 싶은데 도커 라이선스가 없다면 맥과 리눅스 운영체제에서 사용할 수 있는 무료 도커 데몬인 colima[34]를 사용할 수 있습니다. 이 책에서 다루는 모든 개념을 동일하게 사용할 수 있으며, 유일한 차이점은 도커 엔진이나 도커 테스크톱 대신 colima를 사용한다는 것입니다.
>
> colima를 사용하려면, '도커 데스크톱에서 colima로 batect 전환하기'[35]와 colima의 공식 문서[36]를 참고하세요.
>
> 1. colima와 Docker-credential-helper를 설치합니다.
>    ```
>    brew install colima docker-credential-helper
>    ```
> 2. 도커가 올바른 자격 증명 도우미를 사용하도록 구성합니다. ~/.docker/config.json 파일을 편집하고 다음을 포함하도록 합니다.
>    ```
>    'credsStore': 'osxkeychain'
>    ```
> 3. 도커 데몬을 시작합니다.
>    ```
>    colima start
>    ```
>
> colima를 도커 데몬으로 설정한 후 도커 데스크톱을 사용할 때와 동일하게 이 장에서 도커와 **batect** 명령어를 실행할 수 있습니다.

---

[33] https://oreil.ly/PeXTf
[34] https://oreil.ly/lwBbt
[35] https://oreil.ly/grRuA
[36] https://oreil.ly/lwBbt

3.2.2 batect로 도커의 복잡성 줄이기

프로젝트가 복잡해질수록 도커의 설정 파라미터와 명령행 옵션이 점점 많아질 수 있습니다. 예를 들어, 볼륨 마운트와 노출될 포트 설정 같은 것입니다. 이러한 설정들은 코드베이스의 여러 곳에서 관리해야 할 때가 많습니다. 많은 팀에서 README, CI/CD 파이프라인, Makefile, 셸 스크립트 등 여러 곳에서 일일이 입력한 도커 설정을 유지하고 동기화하는 경우를 보았습니다.

더 복잡해지는 문제는 여러 컨테이너가 서로 통신해야 하거나 특정 순서로 실행되어야 하거나 여러 작업을 위한 여러 Dockerfile이 필요할 때 발생합니다.

좋은 소식은 batect[37]라는 명령행 도구를 사용하면 이러한 모든 복잡한 요소들을 단순화할 수 있다는 것입니다. batect를 사용하면 (i) 개발 작업과 관련된 설정을 하나의 구성 파일로 정의할 수 있고, (ii) 도커 컨테이너를 batect 작업으로 실행할 수 있습니다.

ML 개발 주기에서 batect를 사용하면 다음과 같은 네 가지 이점을 얻을 수 있습니다.

> **NOTE** 이 장을 작성하고 몇 달 후 batect의 제작자이자 유지 관리자가 batect의 유지 관리를 중단할 것이라고 발표했습니다.[38] 기존 프로젝트에서 사용하는 batect는 계속 작동할 것이며, 이 책의 코드 예제 리포지터리에서도 계속 작동해 왔습니다. 그러나 batect는 더 이상 새로운 기능, 버그 수정, 보안 수정 등을 받지 못합니다.
>
> 그럼에도 이 장에서 설명할 것처럼 batect는 도커 위에서 유용한 도구로 계속 활용할 수 있습니다.

이점 1: 간편한 명령행 인터페이스

도커를 사용할 때, 환경 변수, 볼륨 마운트 폴더, 공개할 포트 등 많은 설정을 포함한 도커 명령어를 여러 곳에서 사용하게 됩니다. 예를 들면 다음과 같습니다.

---

[37] https://oreil.ly/Lt2ap
[38] https://oreil.ly/ZyMrQ

```
# 모델 훈련하기(batect 없이)

# 이미지 먼저 빌드하기
docker build . --target prod -t my-image

# 스테이징 스크립트에서
docker run -it --rm -v $(pwd):/code -e STAGING my-image:latest \
./scripts/train-model.sh

# 프로덕션 스크립트에서
docker run -it --rm -v $(pwd):/code -e PROD my-image:latest \
./scripts/train-model.sh

# README에서
$ docker run -it --rm -v $(pwd):/code -e DEV my-image:latest \
./scripts/train-model.sh
```

이러한 명령어를 README에 적는 것 외에도, bash 스크립트나 CI 파이프라인 등 명령어를 실행하려는 모든 곳에 적어야 합니다. 만약 옵션(예 볼륨 마운트 디렉터리)을 변경해야 한다면 여러 곳에서 변경해야 합니다. 이는 DRY 원칙(Don't Repeat Yourself)을 위반하며, 명령어를 수동으로 동기화해야 하는 번거로움과 실수로 발생하는 불일치의 위험을 초래합니다.

반면, batect를 사용하면 이러한 설정을 하나의 구성 파일에 유지할 수 있습니다. 예를 들면 다음과 같습니다.

```
# 모델 훈련하기(batect 포함)
$ ./batect train-model ❶

## batect.yml ❷
containers:
 dev: ❸
  build_directory: .
  volumes:
  - local: .
    container: /code

tasks:
 train-model:
```

Chapter 3 효과적인 의존성 관리: 원칙과 도구 **147**

```
description: Train model
run:
  container: dev
  command: scripts/train-model.sh
  environment: ${ENVIRONMENT}
```

❶ batect는 동일한 docker run 명령어를 간단하게 실행할 수 있게 해 줍니다.

❷ batect를 사용하면 컨테이너와 작업을 구성 파일(batect.yml)에 정의할 수 있습니다. 일반적으로 docker build와 docker run 명령어에 전달하는 모든 도커 옵션을 이제 batect.yml에 '코드로서' 정의할 수 있습니다. 컨테이너를 시작하려면 단순히 batect 작업을 실행하면 됩니다(예 ./batect train-model). batect.yml은 이러한 이러한 작업에 대한 단일 소스가 되며 옵션(예 environment = 'staging' 또는 'production')을 변경해야 할 경우 한 곳에서만 변경하면 됩니다.

❸ 이 컨테이너의 이름을 원하는 대로 지정할 수 있으며, 꼭 dev일 필요는 없습니다.

이점 2: 간단한 작업 구성

모델 훈련 작업을 먼저 실행한 후 API 테스트 작업을 실행해야 하는 상황을 생각해 봅시다. 새로운 인스턴스(예 CI)에서 바로 API 테스트를 실행하면 모델 파일이 아직 생성되지 않았기 때문에 실패할 것입니다. batect 없이 이 작업을 어떻게 수행할 수 있을지 보겠습니다.

```
# 모델 훈련 스모크 테스트 실행(API에서 필요한 로컬 모델 아티팩트 생성)
$ docker run -it --rm -v $(pwd):/code loan-default-prediction:dev \
.scripts/tests/smoke-test-model-training.sh

# 그런 다음 API 테스트를 실행할 수 있습니다.
$ docker run -it --rm -v $(pwd):/code loan-default-prediction:dev \
.scripts/tests/api-test.sh
```

우리의 CI/CD 파이프라인에서 API 테스트를 실행하려면 두 가지 긴 명령어를 지정해야 합니다. 팀들은 일반적으로 이러한 복잡한 명령어를 감싸고 숨기기 위해 bash 스크립트를 사용합니다.

이제 같은 작업을 batect로 어떻게 수행할 수 있을지 보겠습니다.

```
# API 테스트 실행하기
$ ./batect api-test

## batect.yml
tasks:
  smoke-test-model-training:
    description: Run smoke tests for model training
    run:
      container: dev
      command: scripts/tests/smoke-test-model-training.sh

  api-test:
    description: Run API tests
    run:
      container: dev
      command: scripts/tests/api-test.sh
    prerequisites:  ❶
      - smoke-test-model-training
```

❶ batect는 prerequisites 옵션을 사용하여 이 작업을 간단하게 만들어줍니다. CI/CD 파이프라인에서 ./batect api-test만 지정하면 batect가 API 테스트를 실행하기 전에 필요한 작업(smoke-test-model-training)을 실행해 줍니다.

이제 batect가 docker run 명령어를 간단하고 일관되게 유지하는 방법을 보았으니, batect의 또 다른 이점인 로컬-CI 대칭성 local-CI symmetry에 대해 알아보겠습니다.

이점 3: 로컬-CI 대칭성

batect 없다면 CI에서 각 단계는 매우 긴 명령어가 될 것입니다. 예를 들어, `docker run -it --rm -v $(pwd):/code loan-default-prediction:dev ./scripts/train-model.sh`와 같은 명령어입니다. 이는 읽기 어렵고 진행 상황을 추적하기 어렵게 만듭니다.

반면, batect를 사용하면 CI/CD 파이프라인을 간결하고 이해하기 쉽게 유지할 수 있습니다.

다음 코드 예시에서는 smoke-test-model-training, api-test, train-model 세 가지 명령어를 실행하는 것이 명확하게 나타나 있습니다.

```yaml
# .github/workflows/ci.yaml

name: CI/CD pipeline
on: [push]
jobs:
  smoke-test-model-training:
    runs-on: ubuntu-20.04
    steps:
      - uses: actions/checkout@v3
      - name: Run model training smoke test
        run: ./batect smoke-test-model-training

api-test:
  runs-on: ubuntu-20.04
  steps:
    - uses: actions/checkout@v3
    - name: Run API tests
      run: ./batect api-test

train-model:
  runs-on: ubuntu-20.04
  steps:
    - uses: actions/checkout@v3
    - name: Train model
      run: ./batect train-model
  needs: [smoke-test-model-training, api-test]
```

이것은 또한 CI에서 발생한 실패를 쉽게 재현할 수 있게 도와줍니다. 만약 CI에서 작업이 실패하면(예 api-test), CI에서 실행한 것과 동일한 명령어(예 ./batect api-test)를 로컬에서 실행하여 오류를 재현하고 버그 수정을 반복할 수 있습니다. 더 이상 CI/CD 파이프라인 사양과 셸 스크립트에 흩어져 있는 명령어, 인수, 환경 변수를 수동으로 정리할 필요가 없습니다.

이점 4: 캐시를 활용한 빠른 빌드

ML 프로젝트에서 도커를 사용할 때 주의해야 할 주요 문제 중 하나는 큰 파이썬 패키지(예 torch==1.13.1은 500MB), 대형 사전 훈련 모델(예 llama-2-7b는 13GB), 대형 데이터셋을 다운로드하고 설치하는 데 시간이 오래 걸린다는 것입니다.

도커는 빌드 시간 캐싱 메커니즘[39]을 제공하여 각 새 빌드마다 시간을 절약할 수 있습니다. 아래 굵은 줄을 추가하면 불필요한 다운로드와 설치를 피하고 이미지 빌드 시간을 줄일 수 있습니다. 이 예제에서 사용한 비교적 단순한 종속성만으로도 빌드 시간을 3분에서 2분 미만으로 단축했습니다. 더 큰 종속성, 사전 훈련 모델, 데이터셋을 다운로드하는 프로젝트에서는 시간 절약이 더 클 것입니다.

```
FROM python:3.10-slim-bookworm

WORKDIR /code

RUN --mount=type=cache,target=/var/cache/apt \
    apt-get update && apt-get -y install gcc

RUN pip install poetry
ADD pyproject.toml /code/
RUN poetry config installer.max-workers 10
RUN --mount=type=cache,target=/root/.cache/pypoetry \
    --mount=type=cache,target=/opt/.venv \
    poetry install
```

엄밀히 말하면 도커 캐시의 이점을 얻기 위해 반드시 batect가 필요한 것은 아닙니다. 그러나 batect의 캐시 정의 인터페이스와 필요한 경우 캐시 무효화가 더 사용하기 쉽다는 것을 알게 되었습니다. 다음 코드 예시는 동일한 캐시를 구현하는 방법을 보여줍니다. 이번에는 batect를 사용합니다.

```
# batect.yml
containers:
```

---

[39] https://oreil.ly/Szm18

```
    dev:
      build_directory: .
      volumes:
        - type: cache  ❶
          name: python-dependencies
          container: /opt/.venv
        - type: cache
          name: poetry-cache-and-artifacts
          container: /root/.cache/pypoetry
        - type: cache
          name: apt-cache
          container: /var/cache/apt

# Dockerfile  ❷

FROM python:3.10-slim-bookworm

WORKDIR /code

RUN apt-get update && apt-get -y install gcc
RUN pip install poetry
ADD pyproject.toml /code/
RUN poetry config installer.max-workers 10
RUN poetry install
```

❶ 이것은 캐시 볼륨을 정의하고 추가하는 방법입니다. 종속성 외에도 사전 훈련된 모델과 데이터와 같은 다른 다운로드한 파일도 캐시할 수 있습니다. 캐시 볼륨의 이름을 지정할 수 있어 진행 상황을 이해하기 더 쉽습니다.

❷ 이제 Dockerfile이 캐시를 추가하기 전과 같은 상태로 돌아가 이해하기 더 쉬워졌습니다.

> **NOTE** 명령을 실행할 때 캐시가 오래되었거나 손상된 경우 오류가 발생하면 캐시를 삭제하고 다시 시도할 수 있습니다.
>
> batect[40]로 캐시를 지우려면 다음 명령어를 실행하세요.
>
> ./batect –clean

---

40 https://oreil.ly/Iprov

> 도커[41]로 캐시를 지우려면 다음 명령어를 실행하세요.
>
> ```
> docker builder prune
> ```

캐시를 지정하지 않고 컨테이너를 사용하면 많은 시간을 낭비하게 됩니다. ML 기술 스택에서 다양한 이미지를 로컬이나 CI에서 빌드하는 데 3~10분이 걸릴 수 있습니다. 기다리는 동안 빈 화면을 멍하니 바라보는 것보다는 다른 일을 하면서 기다리는 것이 '생산적'이라고 느낄 수 있습니다. 그러나 이러한 맥락 전환은 더 많은 작업을 열어두고 더 많은 정신적 피로와 낮은 생산성으로 이어집니다. batect의 몇 줄의 YAML 설정만으로도 대기 시간과 관련된 비용을 줄일 수 있습니다.

프로젝트에서 batect 사용 방법

batect는 설치가 간단하며[42] 깃허브 액션GitHub Actions[43]과 CircleCI[44] 같은 일반적인 CI 플랫폼과 잘 통합됩니다. batect는 컨테이너[45]와 작업[46]이라는 두 가지 간단한 개념을 제공하며, 도커 클라이언트를 통해 할 수 있는 모든 작업(예 볼륨 마운트, 포트 공개, 엔트리 포인트)을 지원합니다. 다음 장에서는 도커와 batect를 사용한 프로젝트가 어떻게 생겼는지 보여주겠습니다.

batect에 대해 더 알아보고 싶다면 관련된 문서가 잘 정리되어 있으며 시작 가이드,[47] `batect.yml` 구성 참조,[48] CI 시스템과 함께 사용하는 방법에 대한 가이드[49]를 포함하고 있습니다.

---

41 https://oreil.ly/5r-Uu
42 https://oreil.ly/sOQuW
43 https://oreil.ly/kcHL9
44 https://oreil.ly/QWcCV
45 https://oreil.ly/A5ijI
46 https://oreil.ly/3lPZm
47 https://oreil.ly/tDD9s
48 https://oreil.ly/xxGO6
49 https://oreil.ly/XWnNU

> **NOTE** 자주 듣는 반론 중 하나는 '새로운 도구를 도입하는 대신 도커 컴포즈를 사용하면 안 되나요?' 라는 것입니다. 도커 컴포즈는 장기 실행 프로세스를 실행하고 관리하기 위해 설계되었습니다. 또한 특정 작업이나 컨테이너의 부분 집합만 실행할 수 없습니다. 예를 들어, `docker-compose up` 명령어는 `docker-compose.yml`에 지정된 모든 서비스를 시작합니다. 반면에 batect는 장기 실행 프로세스와 단기 실행 프로세스 모두를 지원하며 ML 개발 주기에서 로컬 및 CI/CD 파이프라인에서 실행할 작업을 정의하는 데 더 적합합니다.

이제 효과적인 종속성 관리를 위한 원칙과 도구를 갖추었으니, 다음 장에서 실습 예제로 들어가기 전에 이 장에서 배운 내용을 요약하겠습니다.

3.3 결론

한 장에서 많은 내용을 다루었으니 스스로에게 큰 칭찬을 해 주세요! 요약하자면 이 장에서는 다음 내용을 다루었습니다.

- 불완전한 종속성 관리 접근 방식을 인식하는 방법
- ML 프로젝트에서 '체크아웃하고 바로 시작'할 수 있는 원칙과 도구
- 컨테이너를 언제, 왜, 어떻게 사용하는지에 대한 안내
- batect를 사용하여 도커 명령어의 정의와 실행을 단순화하는 방법

종속성 관리의 아이러니는 소프트웨어 엔지니어링 세계에서는 해결된 문제지만 ML 세계에서는 여전히 흔한 함정이라는 것입니다. 아마도 이는 도구의 과다한 선택지, 기존 관행의 강한 영향 그리고 파이썬 생태계에서 표준화된 종속성 관리 접근 방식의 부족 때문일 것입니다.

어떠한 이유든, 우리의 경험상 ML 종속성 관리 도구 체인은 성숙한 상태에 있으며 이러한 원칙과 관행을 통해 실험, 개발, 운영 환경에서 신뢰할 수 있고 재현 가능한 런타임 환경을 만들 수 있습니다.

이제 이 주제의 가장 흥미로운 부분인 실습 예제로 넘어갈 시간입니다. 효과적인 종속성 관리가 실제로 어떻게 보일 수 있는지 시연하겠습니다.

CHAPTER 4

실무에서의 효과적인 의존성 관리

앞선 장에서 우리는 효과적인 의존성 관리를 위한 원칙들을 제시했습니다. 그 네 가지 원칙을 기억하나요? 그리고 의존성 관리를 지원하는 도구들도 소개했습니다. 이 장에서는 그 원칙들을 실제로, 그러면서도 재미있게 적용해 볼 것입니다.

이 장에서 배울 내용은 다음과 같습니다.

- 실전에서 '체크아웃하고 바로 시작하기(check out and go)'
- 도커, batect 그리고 poetry를 활용하여 ML 전달 수명 주기 전반에 걸쳐 일관되고 재현 가능한 그리고 운영 환경과 유사한 런타임 환경을 구축하는 방법
- 의존성에서 보안 취약점을 자동으로 감지하고 의존성 업데이트를 자동화하는 방법

이 장에서 소개할 기술들은 실제 프로젝트에서 우리가 사용하는 것으로, ML 코드의 실행 환경을 재현할 수 있고, 일관성 있게 격리된 실제 운영 환경처럼 만들어 줍니다. 이 방법들은 의존성을 효율적으로 안전하게 관리하고, 의존성 문제로 골치 아픈 상황을 피하는 데에 큰 도움을 줄 것입니다.

이제 시작해 보겠습니다!

4.1 ML 개발 워크플로

이 절에서는 '체크아웃하고 바로 시작하기'를 실제로 확인할 수 있습니다. 코드 연습을 통해 '대출 채무 불이행' 확률을 예측하는 모델을 훈련하고 제공하는 것을 목표로 다음 단계를 진행해 보겠습니다.

1. 호스트 기기에 필요한 의존성을 설치하기 위해 go 스크립트를 실행합니다.
2. 도커화된Dockerized 로컬 개발 환경을 만듭니다.
3. 프로젝트의 가상 환경을 코드 에디터가 인식할 수 있도록 설정하여, 효율적인 코딩 환경을 만듭니다.
4. ML 개발 수명 주기에서 일반적인 작업들(예 모델 훈련, 테스트 실행, API 구동)을 실행합니다.
5. 모델을 클라우드에서 훈련시키고 배포합니다.

이 장을 최대한 활용하기 위해, 깃허브[01]에서 포크fork, 클론clone하고 코드를 따라 해 보세요. 여기서 우리는 '대출 채무 불이행' 가능성을 예측하는 분류기를 훈련시키고 테스트할 것입니다. 커밋commit하고 변경 사항을 푸시push할 때 포크한 리포지터리의 깃허브 액션 CI 파이프라인에서 도커와 batect가 작동하는 것을 보기 위해 코드를 포크하는 것을 추천합니다.

코드 작업에 들어가기 전, 우리가 ML 워크플로에서 어떤 부분을 컨테이너로 만들고 있는지에 대해 쉽게 이해할 수 있도록 설명하겠습니다.

4.1.1 컨테이너로 만들 대상 식별하기

프로젝트를 도커로 만드는 가장 첫걸음이자 중요한 점은 우리가 무엇을 컨테이너화할지 명확히 정하는 것입니다. 이 과정은 일부 ML 종사자들에게 혼란을 줄 수 있고, 서로 다른 작업들이 섞이거나 공유되는 상황을 초래할 수 있습니다. 예를 들어, ML 모델 개발과 모델을 서비스로 제공하는 두 가지 다른 작업에 같은 이미지를 사용한다면, 개발에만 필요한 도구들(예 주피터Jupyter, Pylint)이 실제 서비스 운영 환경(예 모델 웹 API)에 포함되어 있을 수 있습니다. 이러한 상황은 컨테이너 빌드와 시작 시간을 불필요하게 늘리고, API가 공격받을 수

---

[01] https://oreil.ly/enuv7

있는 범위도 넓히게 됩니다.

소프트웨어 개발에서는 주로 웹 애플리케이션 또는 웹 API를 컨테이너화합니다. 이것은 명령어(예 `python manage.py runserver`)를 실행한 후 계속 실행되는 프로세스입니다. ML에서도, 컨테이너화된 웹 애플리케이션을 사용하여 API를 통해 모델의 예측 결과를 제공할 수 있습니다. 그러나 우리는 보통 웹 애플리케이션만 실행하는 것이 아니라 다양한 작업을 진행합니다. 예를 들어, ML 솔루션을 만들기 위해 진행하는 몇 가지 일반적인 작업과 프로세스는 다음과 같습니다.

- 모델 훈련하기
- 모델을 웹 API로 제공하기
- 노트북 서버 시작하기
- 배포 실행하기(ML 훈련 작업, 모델 API 등)
- 대시보드 또는 실험 추적 서비스 시작하기(이 장에서는 다루지 않지만, Streamlit과 도커와 같은 도구를 사용하여 웹 서버로 대시보드를 운영하는 것은 문서화[02]가 잘 되어 있고 비교적 간단합니다.)

이 장에서 우리는 네 가지 다른 작업을 수행하기 위해 필요한 네 종류의 의존성을 구분해 냈습니다(표 4-1).

---

[02] https://oreil.ly/U3luV

표 4-1 우리가 컨테이너화하는 구성 요소

이미지	우리가 수행할 수 있는 작업 예시	운영체제 수준에서 의존성 예시	애플리케이션 수준에서 의존성 예시
1. 개발 이미지	• ML 모델 훈련하기 • 피처 엔지니어링 수행하기 • 자동 테스트 실행하기 • 로컬에서 API 서버 시작하기 • 주피터 노트북 서버 시작하기	• 파이썬 3.10 • gcc • tensorflow-model-server	운영 의존성 • 판다스 • 사이킷런 개발 의존성 • 주피터 • Pytest • Pylint
2. 운영 API 이미지	• 클라우드에서 API 서버 시작하기	• 파이썬 3.10 • gcc • tensorflow-model-server	운영 의존성 • 판다스 • 사이킷런
3. 배포 이미지 - 모델 훈련 파이프라인	• 클라우드에 모델 훈련 파이프라인 배포하기 • 모델 훈련 실행하기	구체적인 의존성은 우리가 클라우드에서 모델을 훈련시키기 위해 사용하는 도구나 플랫폼에 따라 달라질 수 있습니다. 예를 들어, 다음 중 하나일 수 있습니다. • aws-cdk(AWS) • gcloud(GCP) • azure-cli(애저) • 메타플로 • 쿠브플로 • 테라폼 • 기타	
4. 배포 이미지 - 모델 웹 서비스	• 모델 이미지를 모델 호스팅 서비스나 컨테이너 호스팅 서비스에 배포하기	구체적인 의존성은 우리가 클라우드에서 웹 서비스를 배포하기 위해 사용하는 도구나 플랫폼에 따라 달라질 수 있습니다. 예를 들어, 다음 중 하나가 될 수 있습니다. • aws-cdk(AWS) • gcloud(GCP) • azure-cli(애저) • 테라폼 • 기타	

[그림 4-1]은 [표 4-1]의 각 작업을 시각화한 것으로, 여러분이 이제 알다시피 이것은 컨테이너된 프로세스와 그에 해당하는 각각의 이미지에 불과합니다.

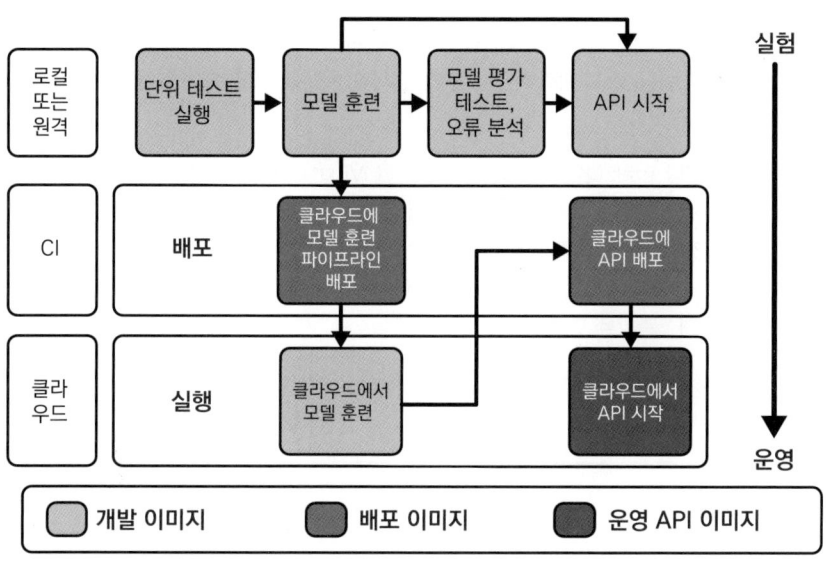

그림 4-1 일반적인 ML 개발 작업과 관련된 이미지들

프로젝트의 요구에 따라 이미지를 나누고 구분하는 방법은 달라질 수 있습니다. 예를 들어, 모든 작업과 컨테이너를 위해 단 하나의 이미지만 사용한다면, 그 이미지가 너무 무겁게 느껴질 수 있습니다. 이전에 논의한 불필요한 의존성을 끌고 다니는 비용을 생각해 보세요. 반면에, 각 작업이나 컨테이너마다 별도의 이미지를 사용한다면, 관리해야 할 코드가 많아지고 각 작업마다 이미지를 만드는 데 걸리는 시간 때문에 불필요한 비용이 발생할 수 있습니다.

이미지를 어떻게 나눌지 결정할 때 유용한 방법 중 하나는 의존성의 '공유도'와 '독특성'을 고려하는 것입니다. 예를 들어, 개발 작업은 주피터나 사이킷런scikit-learn 같은 공통된 의존성 때문에 같은 이미지를 사용합니다. 반면에, 배포 작업은 gcloud, aws-cli, azure-cli 또는 테라폼Terraform 같은 다른 의존성이 필요하기 때문에 다른 이미지로 분리됩니다.

> **컨테이너를 사용하는 시점은 언제일까요?**
>
> 컨테이너를 처음 접하는 경우, 프로젝트에 컨테이너를 언제 도입해야 할지 궁금할 수 있습니다. 여러분의 코드가 실행될 운영체제의 종류와 그 수를 생각해 보는 것이 좋은 판단 기준이 될 수 있습니다. 만약 여러분이 자신의 컴퓨터에서 아이디어를 시험해 보거나 간단한 초기 모델을 만들고 있다면, 파이썬의 의존성 관리 도구인 poetry로 충분히 재현 가능한 개발 환경을 만들 수 있으며, 도커까지 사용할 필요는 없습니다. 특히 같은 운영체제를 사용하는 팀원들과 함께 작업한다면, 운영체제 수준에서 필요한 의존성을 설치하는 스크립트를 추가하는 것이 유용합니다.
>
> 처음부터 이 프로젝트나 프로토타입, 혹은 최소 기능 제품(MVP)이 CI/CD(리눅스 기반)를 필요로 하고 어딘가(대부분 리눅스 환경)에 배포될 예정이라면, 처음부터 올바르게 시작해서 이번 장에서 배우는 것처럼 작업을 컨테이너화하는 것이 가장 좋습니다. 우리 경험으로는, 실험 환경과 운영 환경을 같게 만들고 실제 운영 환경처럼 개발 환경을 설정하는 것이 팀이 '내 컴퓨터에서는 되는데' 같은 문제로 시간을 낭비하는 것을 방지하고 문제를 해결하는 데 집중할 수 있게 도와줍니다.
>
> batect-ml-template[03] 같은 템플릿을 사용하면, 좋은 의존성 관리 방법을 이미 적용한 채로 새 프로젝트를 쉽게 시작할 수 있습니다.

이제 실전 연습을 시작할 준비가 됐습니다!

4.1.2 실습하기: 컨테이너를 활용해 동일한 개발 환경 만들기

ML 개발 과정에서 어떻게 개발 환경을 만들고 사용하는지 단계별로 알아보겠습니다.

1. 준비 단계: 운영체제에 필요한 의존성 설치하기

운영체제용 go 스크립트를 실행하세요.

2. 로컬 개발 환경 구축하기(이미지 빌드)

도커가 실행 중인지 확인하세요(도커 데스크톱 또는 colima 사용). 그리고 로컬 개발 이미지에 필요한 의존성을 설치하기 위해 다음 명령어를 실행합니다.

```
./batect --output=all setup
```

---

[03] https://oreil.ly/wrfGY

3. 로컬 개발 환경 시작하기(컨테이너 실행)

컨테이너를 시작하세요.

`./batect start-dev-container`

모델 훈련이 잘 작동하는지 확인하기 위해 스모크 테스트를 실행해 보세요.

`scripts/tests/smoke-test-model-training.sh`

컨테이너에서 나가려면 터미널에 exit를 입력하거나 Ctrl + D를 누르세요.

4. 로컬 환경에서 웹 API를 통해 ML 모델 서비스하기

개발 모드에서 API를 시작하세요.

`./batect start-api-locally`

도커 컨테이너 밖의 다른 터미널에서 다음 명령어를 실행해 로컬 API로 요청을 보내보세요(curl 사용, 우리가 설치하지 않은 도구):

`scripts/request-local-api.sh`

5. 통합 개발 환경(IDE) 설정하기(go 스크립트로 만든 파이썬 가상 환경 사용)

이 실습에 권장하는 IDE들에 대한 안내는 온라인에서 찾아볼 수 있습니다.

- 파이참 설정 방법[04]
- VS Code 설정 방법[05]

6. 클라우드에서 모델 훈련하기

이 단계와 다음 단계는 CI/CD 파이프라인에서 진행됩니다. 이 내용은 나중에 자세히 다룰 예정입니다.

---

[04] https://oreil.ly/udir0
[05] https://oreil.ly/Lg-o6

7. 모델 웹 API 배포하기

6단계와 함께 CI/CD 파이프라인에서 진행됩니다.

바로 알고 싶은 분들을 위해, 이 단계들은 리포지터리의 README[06]에 간단히 정리되어 있습니다. README에 이 단계들을 간략하게 정리해두는 것은 코드 기여자들이 로컬 환경을 쉽게 준비하고 ML 개발 작업을 실행할 수 있도록 돕는 좋은 방법입니다. 여러분이 복제한 프로젝트에서 이 단계들을 지금 실행해 보세요. 그러면 전체 과정을 직접 경험해 볼 수 있을 것입니다. 이 절의 나머지에서는 각 단계를 상세히 설명하여, 개발 환경 구성의 각 부분을 이해하고 여러분의 프로젝트에 맞게 조정하는 방법을 배워볼 것입니다.

1. 준비 단계: 운영체제에 필요한 의존성 설치하기

로컬 개발 환경을 만들기 위한 첫걸음은 필요한 의존성을 설치하는 go 스크립트를 실행하는 것입니다. 시작하려면, 여러분이 수정할 수 있는 리포지터리를 복제하세요.

```
$ git clone https://github.com/YOUR_USERNAME/loan-default-prediction
```

또는 원본 리포지터리를 복제할 수도 있지만, 여러분이 변경한 내용을 푸시했을 때 깃허브 액션에서 그 변경 사항을 확인할 수는 없을 겁니다.

```
$ git clone https://github.com/davified/loan-default-prediction
```

맥이나 리눅스를 사용하는 분들은 이제 go 스크립트를 실행할 수 있습니다. 운영체제에 필요한 의존성을 처음으로 설치한다면 시간이 좀 걸릴 수 있으니, 기다리는 동안 좋아하는 음료를 준비하는 것도 좋은 생각입니다.

```
# 맥 사용자
$ scripts/go/go-mac.sh

# 리눅스 사용자
$ scripts/go/go-linux-ubuntu.sh
```

---

[06] https://oreil.ly/uzBvF

이 단계에서 윈도우 사용자는 아래와 같이 진행해야 합니다.

- 파이썬 3를 다운로드[07]하고 설치하세요. 설치 과정에서 'Add Python to PATH' 옵션을 선택하는 것을 잊지 마세요.
- 윈도우 탐색기나 검색 창에서 'Manage App Execution Aliases'로 가서 파이썬에 대한 'App Installer' 기능을 비활성화하세요. 이는 PATH에서 파이썬 실행 파일을 찾지 못하는 문제를 해결합니다.
- 파워셸PowerShell 또는 명령 프롬프트에서 다음 go 스크립트를 실행하세요.

    ```
    .\scripts\go\go-windows.bat
    ```

    만약 HTTPSConnectionPool read timed out 오류가 나타나면 poetry install이 성공할 때까지 해당 명령을 여러 번 반복 실행하세요.

사용 중인 운영체제와 상관없이 다음으로 해야 할 일은 도커 데스크톱을 설치하는 것입니다. 맥과 리눅스에서는 go 스크립트 한 줄로 간단히 설치할 수 있습니다(맥용 go 스크립트 예시[08] 참조). 그러나 윈도우에서는 자동화 과정이 복잡해서 go 스크립트를 통한 설치 대신 수동으로 진행하기로 했습니다. 도커의 웹사이트에서 설치 방법[09]을 따라 하세요.

go 스크립트를 간단하게 유지하고 시스템에 많은 부가 프로그램을 설치하지 않는 것이 중요합니다. 이렇게 하지 않으면 여러 운영체제를 위해 이 스크립트를 장기간 관리하는 것이 어려워집니다. 그러므로 우리는 가능한 많은 부분을 도커 내에서 관리하려고 합니다.

2. 로컬 개발 환경 구축하기(이미지 빌드)

다음 단계에서는 로컬에서 ML 모델을 개발하는 데 필요한 운영체제와 애플리케이션의 모든 의존성을 설치하겠습니다. 이 과정은 단 하나의 명령어로 완료됩니다.

```
./batect setup.
```

---

[07] https://oreil.ly/U9ML-
[08] https://oreil.ly/RdOks
[09] https://oreil.ly/0dDT8

이전에 약속한 대로, 여기서 batect가 어떻게 작동하는지 설명하겠습니다. [그림 4-2]는 이 명령어가 실행될 때 내부적으로 진행되는 세 가지 단계를 보여줍니다.

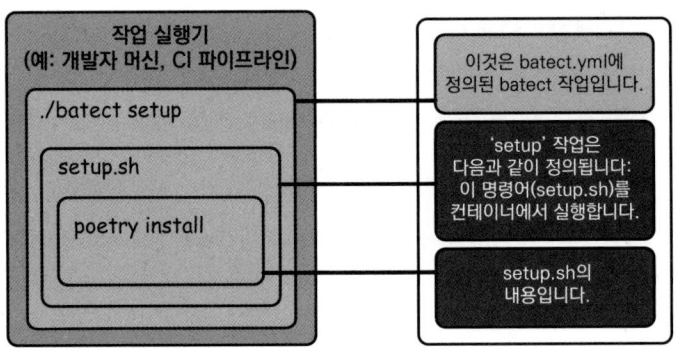

그림 4-2 batect 작업을 실행할 때 발생하는 일

[그림 4-2]에서 확인할 수 있듯이, ./batect setup 명령어를 실행하면 batect는 batect.yml 파일에 정의된 설치 작업을 실행합니다. 이 설치 작업은 개발용 컨테이너에서 ./scripts/setup.sh 스크립트를 실행하도록 설정되어 있습니다. 이제 batect.yml 파일 내에서 이 설정이 어떻게 구성되어 있는지 자세히 살펴보겠습니다.

```
# 도커 런타임이 실행되고 있는지 확인하세요.
# (도커 데스크톱이나 colima를 통해서 확인합니다).

# 애플리케이션 수준의 의존성을 설치하세요.
$ ./batect --output=all setup ❶

# batect.yml
containers:
  dev: ❷
    build_directory: .
    volumes:
      - local: .
        container: /code
      - type: cache
        name: python-dev-dependencies
        container: /opt/.venv
```

```
        build_target: dev

tasks:
setup:  ❸
    description: Install Python dependencies
    run:
        container: dev
        command: ./scripts/setup.sh
```

❶ 이것은 batect 작업(예 setup)을 실행하는 방법입니다. --output=all 옵션[10]은 작업이 실행되는 동안 로그를 보여줍니다. 이는 시각적인 피드백을 제공하며, 의존성 설치나 모델 훈련과 같이 오래 걸리는 작업에서 특히 유용합니다.

❷ 이 컨테이너 블록은 우리의 개발 이미지를 설정합니다. 볼륨이나 폴더를 마운트하는 위치, Dockerfile의 경로인 build_directory 그리고 다단계 Dockerfile을 위한 빌드 대상과 같은 도커의 빌드 시간 및 런타임 설정을 여기서 지정합니다. batect가 이 개발 이미지를 한 번 빌드하면, 이 이미지를 사용하는 다른 batect 작업들(예를 들어, smoke-test-model-training, api-test, start-api-locally)에서도 재사용됩니다. 그래서 긴 재빌드 시간을 기다릴 필요가 없게 됩니다.

❸ 이 작업 절에서는 setup 작업을 정의합니다. 이 작업은 두 가지 기본 요소로 구성되어 있습니다. 즉 실행할 **명령어**와 그 명령어를 실행할 때 사용할 **컨테이너**입니다. 또한 볼륨이나 포트 같은 추가적인 도커 런타임 설정 옵션[11]을 지정할 수도 있습니다.

두 번째 단계를 좀 더 자세히 살펴보고, 우리가 어떻게 Dockerfile을 구성했는지 확인하겠습니다.

```
FROM python:3.10-slim-bookworm AS dev   ❶

WORKDIR /code   ❷
```

---

[10] https://oreil.ly/JkNcK
[11] https://oreil.ly/a-E_k

```
RUN apt-get update && apt-get -y install gcc ❸

RUN pip install poetry
ADD pyproject.toml /code/
RUN poetry config installer.max-workers 10
ARG VENV_PATH
ENV VENV_PATH=$VENV_PATH
ENV PATH="$VENV_PATH/bin:$PATH" ❹

CMD ["bash"] ❺
```

❶ 우리의 이미지를 구성하는 기본 레이어로 사용할 기본 이미지를 설정합니다. python: 3.10-slim-bookworm 이미지는 145MB로, 'python:3.10' 이미지의 915MB보다 훨씬 작습니다. 이 장의 끝부분에서는 작은 이미지를 사용할 때의 장점을 자세히 설명하겠습니다.

❷ Dockerfile에서 WORKDIR 지시어는 이후의 RUN, CMD, ENTRYPOINT, COPY, ADD 지시어에 적용될 기본 작업 디렉터리를 설정합니다. 이 디렉터리는 컨테이너를 시작할 때의 기본 디렉터리로도 사용됩니다. 원하는 디렉터리를 설정할 수 있지만, 일관성을 유지해야 합니다. 이 예시에서는 '/code'를 작업 디렉터리로 설정했으며, 다음 단계에서 컨테이너를 시작할 때 이곳에 코드를 놓을 예정입니다.

❸ 우리는 특정 파이썬 라이브러리의 관리자들이 특정 CPU 명령어에 맞는 wheel 파일을 제공하지 않는 상황에 대비해 gcc$^{\text{gnu compiler collection}}$를 설치합니다. gcc를 사용하면, 예를 들어, 인텔 프로세서용으로는 wheel 파일이 있지만 M1 프로세서와 같은 다른 종류의 CPU 용으로는 관리자가 제공하지 않았을 때, 이 단계에서 소스 코드로부터 직접 wheel 파일을 빌드할 수 있습니다.[12]

❹ 이 부분에서는 poetry를 설치하고 설정하는 방법을 설명합니다. 우리는 poetry에게 프로젝트 디렉터리(/opt/.venv) 안에 가상 환경을 설치하도록 지시하고, 이 가상 환경의

---

[12] 3장의 '복잡한 문제: 다양한 CPU 칩과 명령셋'에서 언급한 것처럼, '새로운 맥이 당신의 도커 빌드를 왜 망치는지 그리고 그것을 어떻게 고칠 수 있는지'라는 기사(https://oreil.ly/NIMLR)에서는 왜 이런 문제가 발생하는지 그리고 특히 M1 칩을 사용하는 새로운 맥에서 이 문제가 왜 빈번하게 발생하는지에 대해 설명합니다.

경로를 PATH 환경 변수에 추가합니다. 이렇게 하면 가상 환경을 별도로 활성화하지 않고도 컨테이너 내에서 파이썬 명령어를 실행할 수 있습니다(예를 들어, `poetry shell`이나 `poetry run ...`을 사용할 때).

❺ 마지막으로, CMD 지시문은 컨테이너를 시작할 때 실행될 기본 명령을 설정합니다. 이 예시에서는 우리의 도커 이미지가 컨테이너로 실행되면 배시bash 셸을 자동으로 시작해서 개발 작업을 진행할 수 있게 해 줍니다. 이 설정은 기본값이므로, 나중에 컨테이너를 실행할 때 이 명령을 변경할 수도 있습니다.

도커의 큰 장점 중 하나는 모든 과정이 투명하다는 것입니다. Dockerfile에 원하는 내용을 단계별로 적고, `docker build` 명령어를 실행하면, 제공한 '레시피(Dockerfile)'에 따라 각 지시사항을 수행하면서 이미지를 '만들어내는' 방식으로 작동합니다.

3. 로컬 개발 환경 시작하기

이제 컨테이너를 실행해서 우리의 로컬 개발 환경에 들어갈 수 있습니다.

```
# batect와 컨테이너를 시작합니다.

$ ./batect start-dev-container ❶

# batect 없이 컨테이너를 시작합니다. 반드시 이 명령어를 실행할 필요는 없습니다.
# batect가 제공하는 단순화된 인터페이스를 볼 수 있도록 포함시켰습니다.

$ docker run -it \ ❷
    --rm \ ❸
    -v $(pwd):/code \ ❹
    -p 80:80 \ ❺
    loan-default-prediction:dev ❻
```

❶ 이 batect 작업은 우리의 개발 환경을 형성하는 컨테이너화된 배시 셸, 즉 개발 컨테이너를 실행합니다. 도커 런타임 파라미터는 `batect.yml`에 정의된 대로 batect 작업 안에 내장되어 있어, 동일한 작업을 `docker run` 명령으로 실행할 때처럼 복잡한 세부 설정을 따

로 처리할 필요 없이 작업을 실행할 수 있습니다.

❷ -it는 -i(--interactive)와 -t(--tty, TeleTYpewriter)의 줄임말로, 터미널을 통해 실행 중인 컨테이너와 상호작용할 수 있게 해 주는 옵션입니다. 이를 통해 사용자는 컨테이너 내에서 명령을 입력하거나 출력 결과를 볼 수 있습니다.

❸ --rm 옵션은 컨테이너가 종료될 때 도커가 컨테이너와 그 파일 시스템을 자동으로 삭제하도록 합니다. 이는 호스트에 불필요한 컨테이너 파일 시스템이 쌓이는 것을 방지하는 좋은 방법입니다.

❹ -v $(pwd):/code는 컨테이너 내의 지정된 디렉터리(/code)에 연결하도록 설정합니다($(pwd)는 현재 작업 디렉터리의 경로를 반환합니다). 이렇게 연결된 볼륨은 실시간으로 동기화되기 때문에, 컨테이너 내부나 외부에서 발생하는 변경 사항이 모두 반영됩니다.

❺ -p X:Y 옵션은 도커 컨테이너의 X 포트를 호스트의 Y 포트로 연결합니다. 이를 통해 컨테이너 외부에서 컨테이너 내에서 80포트로 실행되는 서버로 요청을 보낼 수 있습니다.

❻ 이 이미지는 컨테이너를 시작할 때 사용할 이미지입니다. 우리는 Dockerfile에서 배시를 기본 실행 명령어로 설정했습니다(CMD ["bash"]). 그 결과, 생성된 컨테이너는 bash 프로세스로 동작하며, 이를 통해 개발 관련 명령어들을 실행할 수 있습니다.

개발 컨테이너 안에서, 우리는 ML 모델 개발 시 일반적으로 사용하는 작업이나 명령어를 실행할 수 있습니다. 이 명령어들을 간단하고 이해하기 쉽게 유지하기 위해, 구현의 세부 사항을 짧은 bash 스크립트로 작성했습니다. 관심이 있다면 이 스크립트들을 읽어볼 수 있습니다.

```
# 모델 훈련 연기 테스트 실행하기
$ scripts/tests/smoke-test-model-training.sh

# run api tests
$ scripts/tests/api-test.sh

# train model
$ scripts/train-model.sh
```

또한 batect를 사용하여 호스트에서 이 명령어들을 실행할 수도 있습니다. 도커의 캐싱 기능 덕에 컨테이너 내부에서 명령어를 실행하든, 매번 호스트에서 새 컨테이너를 시작하든 속도는 동일하게 빠릅니다. 이러한 batect 작업들은 CI(지속적 통합) 파이프라인에서 작업을 설정하기 쉽게 해 주고, CI에서 발생한 문제를 로컬에서 쉽게 재현할 수 있도록 도와줍니다. 이 방법으로 batect를 활용하여 일반적인 ML 개발 작업을 실행할 수 있습니다.

```
# 모델 훈련 연기 테스트 실행하기
$ ./batect smoke-test-model-training

# API 테스트 실행하기
$ ./batect api-test

# 기차 모델
$ ./batect train-model
```

4. 로컬 환경에서 웹 API를 통해 ML 모델 서비스하기

이 단계에서는 로컬 환경에서 웹 API를 실행할 예정입니다. 이 API는 우리의 ML 모델을 내장하고 있으며, 들어오는 예측 요청을 모델로 전달하고, 요청에 따른 모델의 예측 결과를 반환합니다. 로컬에서 API를 직접 실행해 볼 수 있기 때문에, 수동 테스트나 자동 테스트를 통해 '코드를 푸시해야 만 작동 여부를 알 수 있는' 상황을 피할 수 있습니다. 이런 방식은 코드 한 줄을 변경했을 때 CI/CD 파이프라인에서 테스트와 배포를 기다리는 시간을 줄여주어, 피드백 루프를 단축시킵니다.

로컬에서 웹 API를 시작하고 이를 사용하는 방법은 다음과 같습니다.

```
# 개발 모드에서 API 시작하기
$ ./batect start-api

# 요청을 로컬로 API에 전송합니다.
# 호스트(즉, 컨테이너 외부)에서 직접 실행하면
# 도커 이미지에 설치하지 않은 curl을 사용하므로 다음과 같이 실행합니다.
$ scripts/request-local-api.sh
```

5. 통합 개발 환경(IDE) 설정하기(go 스크립트로 만든 파이썬 가상 환경 사용)

의존성 관리에 있어 필수적인 한 단계는 프로젝트의 가상 환경을 사용하도록 코드 에디터를 설정하는 것입니다. 이 설정을 통해 코드 작성을 보다 효율적으로 진행할 수 있습니다. 코드 에디터가 특정 가상 환경을 사용하도록 설정되면, 이는 매우 강력한 도구가 되어 타이핑할 때 유용한 팁과 제안을 제공합니다.

7장에서는 이 과정을 간단히 두 단계로 수행하는 방법을 설명합니다.

1. 코드 에디터에서 프로젝트의 가상 환경을 설정하세요. 파이참[13]과 VS Code[14] 설정 방법은 해당 링크를 참조하거나, 7장에서 자세한 단계를 확인할 수 있습니다. 이 과정은 몇 분밖에 걸리지 않습니다.
2. 코드 에디터의 다양한 명령과 키보드 단축키를 활용해 보세요. 예를 들어, 코드 자동 완성, 파라미터 정보 확인, 문서 내용 표시, 코드 리팩터링 등 다양한 기능을 사용할 수 있습니다. 이러한 단축키에 대해서는 7장에서 자세히 설명할 예정입니다.

1단계에서는 호스트에 설치된 go 스크립트를 통해 생성된 가상 환경의 위치를 사용할 수 있습니다. go 스크립트는 그 위치를 마지막 단계에서 보여줍니다. 컨테이너 밖의 프로젝트 디렉터리에서 다음 명령어를 실행하여 가상 환경의 경로를 직접 찾을 수도 있습니다.

```
$ echo $(poetry env info -p)/bin/python
```

이 방법은 컨테이너 밖의 중복되는 가상 환경에 관한 것입니다. 파이참에서 컨테이너 안의 파이썬 인터프리터를 설정하는 것은 유료 기능[15]이며, VS Code에서는 설정 방법이 복잡합니다.[16] 이는 컨테이너 사용에서 벗어난 접근 방식이기도 합니다. 실제로는 파이참 프로페셔널 라이선스를 구입하는 편이 간단하고 비용도 비교적 저렴하기 때문에 이를 선호하고, 프로젝트마다 하나의 컨테이너화된 가상 환경을 계속 사용할 것입니다. 그러나 비용이 독자들에게 부담이 되지 않도록 하기 위해, 이 책에서는 누구나 따라할 수 있는 대안을 제공하고자 했습니다.

---

13 https://oreil.ly/OeAQy
14 https://oreil.ly/h8p1j
15 https://oreil.ly/EWL8n
16 https://oreil.ly/yOc9U

6. 클라우드에서 모델 훈련하기

클라우드에서 ML 모델을 훈련할 수 있는 방법은 다양합니다. 이러한 방법에는 메타플로,[17] 쿠브플로^{Kubeflow},[18] 레이[19]와 같은 오픈소스 및 자체 호스팅 ML 플랫폼부터 아마존 세이지메이커^{AWS SageMaker},[20] 구글 버텍스 AI,[21] 애저 ML[22]과 같은 관리형 서비스까지 포함됩니다. 이 예제를 간단하게 유지하고 널리 적용 가능하게 하기 위해, 가장 기본적인 방법을 선택했습니다. 깃허브 액션을 사용해 CI 컴퓨팅 인스턴스에서 모델을 훈련하는 것입니다. CI 파이프라인에서 모델을 훈련하는 것은 ML 플랫폼이 제공하는 다양한 기능이나 대규모 컴퓨팅 자원을 제공하지는 않지만 이 연습을 위해서는 충분합니다.

CI 파이프라인에서 모델을 훈련하는 것은 클라우드의 일시적인 컴퓨팅 인스턴스를 사용한다는 점에서 다양한 ML 서비스를 이용하는 것과 비슷합니다. 이 경우, 도커를 사용하여 새로운 인스턴스에 필요한 의존성을 설치하고 설정할 수 있습니다. 대규모 훈련을 할 때는 특히 다른 기술을 사용할 가능성이 높습니다. 대부분의 ML 플랫폼은 컨테이너에서 모델 훈련을 실행하는 것을 지원하며, 이에 대한 문서도 제공하고 있습니다.

우리 예제에서는 코드를 리포지터리에 올리는 것만으로 모델 훈련 코드를 배포[23]합니다. 다음 코드 예시는 깃허브 액션을 사용해 CI/CD 파이프라인을 만들고, 도커 명령어를 통해 모델을 훈련하는 과정을 보여줍니다. 이 과정은 여러분이 포크한 리포지터리의 깃허브 액션 탭에서 확인할 수 있습니다. 이 방법은 CI/CD 서버 인스턴스에서 모델 훈련을 실행하며, 새 CI 인스턴스에 파이썬 3.x, 파이썬 개발 도구, gcc 등 운영체제 수준의 의존성을 설치하는 복잡한 셸 스크립트 작업을 필요로 하지 않습니다. 도커의 강점이 여기에 있습니다. 도커는 원격 컴퓨팅 인스턴스에서 코드를 실행할 때 발생할 수 있는 여러 문제를 추상화하고, 일관된 런타임 환경을 쉽게 재현할 수 있도록 도와줍니다.

---

[17] https://oreil.ly/j-A2k
[18] https://oreil.ly/F9FoB
[19] https://oreil.ly/x9ogr
[20] https://oreil.ly/miohg
[21] https://oreil.ly/79rjA
[22] https://oreil.ly/4FH3A
[23] '배포'라는 단어가 다소 어렵게 들릴 수 있지만, 단순히 코드나 애플리케이션을 소스 리포지터리에서 대상 런타임 환경으로 옮기는 행위를 의미합니다.

```
# .github/workflows/ci.yaml

name: CI/CD pipeline
on: [push]
jobs:
  # ...
  train-model:
    runs-on: ubuntu-20.04
      steps:
        - uses: actions/checkout@v3
        - name: Train model
          run: ./batect train-model  ❶

# batect.yml
containers:
  dev:
    ...

tasks:
  train-model:
    description: Train ML model
    run:
      container: dev
      command: scripts/train-model.sh
```

❶ 이는 CI 파이프라인 내에서 `./batect train-model`이라는 batect 작업을 실행하는 단계를 설명합니다.

7. 모델 웹 API 배포하기

이 단계에서는 다음 두 가지 작업을 수행합니다.

1. 모델 API 이미지를 컨테이너 레지스트리에 업로드합니다.
2. 클라우드 서비스 제공자에게 특정 태그가 있는 이미지를 배포하도록 요청합니다.

이때 필요한 것은 aws-cdk(AWS), gcloud(GCP), azure-cli(애저), 테라폼 같은 인프라 관련 도구뿐입니다. 개발 컨테이너에서 사용된 다른 의존성들은 필요하지 않기 때문에, 웹 서비스로 이미지를 배포할 때는 별도의 이미지를 사용하는 것이 좋습니다.

어떤 클라우드 제공자를 사용하든지 간에 이 코드 예제를 쉽고 일반적으로 이해할 수 있도록, 이 단계를 의사 코드로 설명하겠습니다.

```yaml
# .github/workflows/ci.yaml

name: CI/CD pipeline
on: [push]
jobs:  ❶

  # ... other jobs (e.g. run tests)

  publish-image:
    runs-on: ubuntu-20.04
    steps:
    - uses: actions/checkout@v3
    - name: Publish image to docker registry
      run: docker push loan-default-prediction-api:${{github.run_number}}

  deploy-api:
    runs-on: ubuntu-20.04
    steps:
    - uses: actions/checkout@v3
    - name: Deploy model
      run: ./batect deploy-api
    needs: [publish-image]

# batect.yml
containers:
  deploy-api-container:
    image: google/cloud-sdk:latest  ❷

tasks:
  deploy-api:
    description: Deploy API image
    run:
      container: deploy-api-container
      command: gcloud run deploy my-model-api --image IMAGE_URL  ❸
```

❶ 다음은 의사 코드 예시입니다. (i) CI/CD 파이프라인에서 도커 레지스트리로 이미지를 업로드하고 (ii) 이 이미지를 API로 배포합니다. 일반적으로는 특정 도커 이미지 레지스

트리를 포함하도록 이미지에 새로운 태그를 붙여야 하지만, 예제를 간단하게 유지하기 위해 이 부분은 생략했습니다.

❷ 배포 단계에서는 모델 훈련이나 서비스 제공에 필요한 의존성은 사용하지 않습니다. 하지만 이미지를 컨테이너 호스팅 서비스에 배포할 때 필요한 도구(예 gcloud, aws-cli, azure-cli, 테라폼)는 필요합니다. 또한 또 다른 Dockerfile을 지정할 필요가 없었는데, 이는 batect를 통해 `image` 옵션을 사용하여 사전에 만들어진 이미지로 작업을 설정할 수 있기 때문입니다. 컨테이너와 batect 덕에 이 작업을 CI나 로컬에서 '`./batect deploy-api`'를 실행하여 동일하게 수행할 수 있습니다.

❸ 도커 이미지를 컨테이너 호스팅 플랫폼에 배포하는 의사 코드입니다. 사용하고 있는 클라우드 제공자의 해당 명령어로 이 코드를 대체하면 됩니다(예 AWS, 애저, GCP, 테라폼).

앞서 언급한 문단에서는 컨테이너 레지스트리와 클라우드 컨테이너 호스팅 서비스와 같은 몇 가지 새로운 개념을 소개했습니다. 이 내용은 다소 어렵게 느낄 수 있지만 걱정할 필요는 없습니다. 9장에서는 ML 모델이 실제 운영 환경으로 나아가는 과정에 필요한 주요 구성 요소들에 대해 자세히 설명할 예정입니다.

잘했습니다! 이 단계에 이르러 여러분은 ML 모델을 개발하고 배포하는 데 필요한 일관되고 안정적인 환경을 구축하는 방법을 배웠습니다. 이 코드 리포지터리에 있는 원칙, 방법, 패턴은 실제 프로젝트에서 새로운 ML 프로젝트 리포지터리를 효과적인 관행과 함께 시작할 수 있도록 사용됩니다.

이제 프로젝트에서 종속성을 안전하게 관리할 수 있는 두 가지 방법을 알아보겠습니다.

4.2 안전한 종속성 관리

2017년에 공격자들이 신용 모니터링 회사인 에퀴팩스[24]Equifax를 해킹했습니다. 이들은 오래된 종속성인 아파치 스트럿츠Apache Struts의 취약점을 이용해 회사 시스템에 침입했습니다. 이 사건으로 1억 4,300만 명의 미국인의 개인 정보가 유출되었고 회사는 3억 8,000만 달러의 손해를 보았습니다. 에퀴팩스가 해킹당할 때 아파치 스트럿츠의 개발자들은 이미 그 취약점을 찾아내고 수정한 새 버전을 발표했지만, 에퀴팩스는 여전히 취약점이 있는 이전 버전을 사용하고 있었습니다. 이는 마치 시간이 다 되면 터질 시한 폭탄을 갖고 있는 것과 같았습니다.

파이썬 종속성 중에는 클라우드 자격 증명을 빼돌릴 수 있게 하는 종속성[25]이나 임의의 코드를 실행할 수 있게 하는 종속성[26]이 발견되었다는 사실을 알고 있나요? 현재 진행 중인 프로젝트가 이런 종류의 취약점이나 다른 취약점에 노출되어 있는지 확인했나요? 만약 우리가 종속성을 점검하지 않는다면, 우리는 그 위험을 알 방법이 없습니다.

수동으로 종속성을 최신 상태로 유지하고 보안 문제를 해결하는 일은 굉장히 힘든 일일 수 있습니다. 하지만 좋은 소식은, 최근 몇 년 동안 우리의 종속성에서 취약점을 찾아내고 해결하는 기술이 크게 발전했으며, 이 기술들을 프로젝트에 큰 어려움 없이 쉽게 도입할 수 있다는 것입니다.

이번 절에서는 보안 위험을 줄이는 데 도움이 되는 두 가지 방법을 소개하겠습니다.

- 필요하지 않은 종속성 제거하기
- 종속성의 검사 및 업데이트 자동 설정하기

이전 절에서 배운 기본 지식과 함께 이 방법들을 사용하면, 보안이 강화된 실용적인 ML 파이프라인과 애플리케이션을 만드는 데 큰 도움이 될 것입니다

그렇다면, 첫 번째로 '필요하지 않은 종속성 제거하기'를 알아보겠습니다.

---

[24] https://oreil.ly/1QImF
[25] https://oreil.ly/KYmTz
[26] https://oreil.ly/H_5ms

4.2.1 필요하지 않은 종속성 제거하기

불필요한 종속성, 예를 들어, 크기가 큰 기본 이미지나 사용되지 않는 애플리케이션 수준의 종속성은 여러 문제를 일으킬 수 있습니다. 우선, 이러한 종속성은 프로젝트의 공격받을 수 있는 범위를 넓혀 해커들의 공격에 더 취약하게 만듭니다.

또한 이미지를 만들고 배포하는 데 더 많은 시간이 소요됩니다. 이는 CI/CD 파이프라인에서 피드백을 받는 시간을 늘리고, 만약 많은 트래픽을 처리해야 한다면 갑작스러운 트래픽 증가에 빠르게 대응하는 능력도 저하시킬 수 있습니다.

마지막으로, 설치되었지만 실제로 사용되지 않는 종속성은 프로젝트를 복잡하게 해서 관리하기 어렵게 합니다. 이러한 종속성이 직접 사용되지 않더라도, 그 종속성의 하위 종속성은 다른 필요한 종속성에 영향을 줄 수 있습니다. 예를 들어, 버전 제한이나 버전 호환성 문제로 발생하는 설치 실패 등의 문제가 발생할 수 있습니다.

경험칙을 따라 우리는 다음과 같은 조치를 취해야 합니다.

- 가능한 한 작은 크기의 기본 이미지를 사용하세요. 예를 들어, python:3.10(1GB)보다는 훨씬 작은 python:3.10-slim-bookworm 이미지(145MB)를 사용할 수 있습니다.
- pyproject.toml 파일에서 사용되지 않는 종속성을 제거하세요.
- 개발용 종속성은 실제 운영 환경 이미지에서 제외하세요.

세 번째 조치에 대한 예로, 도커의 다단계 빌드[27]를 사용하여 개발용 종속성을 운영 환경 이미지에서 제외하는 방법을 소개합니다. 아래 코드 예시는 도커 이미지의 크기를 1.3GB(개발 이미지)에서 545MB(운영 API 이미지)로 줄이는 데 도움을 줍니다.[28]

```
FROM python:3.10-slim-bookworm AS dev ❶

WORKDIR /code
```

---

[27] https://docs.docker.com/build/building/multi-stage/
[28] 제품화 단계용 이미지(545MB)에서 docker history <image> 명령어를 실행해 보면, 파이썬 종속성이 430MB를 차지하고 있다는 것을 확인할 수 있습니다. site-packages 디렉터리를 확인해 보니, 사이킷런(116MB), SciPy(83MB), 판다스(61MB), 이 세 가지 패키지가 가장 많은 용량을 사용하고 있었습니다.

```
RUN apt-get update && apt-get -y install gcc

RUN pip install poetry
ADD pyproject.toml /code/
RUN poetry config installer.max-workers 10
ARG VENV_PATH
ENV VENV_PATH=$VENV_PATH
ENV PATH="$VENV_PATH/bin:$PATH"

CMD ["bash"]

FROM dev AS builder ❷

COPY poetry.lock /code
RUN poetry export --without dev --format requirements.txt \
 --output requirements.txt

FROM python:3.10-slim-bookworm AS prod ❸

WORKDIR /code
COPY src /code/src
COPY scripts /code/scripts
COPY artifacts /code/artifacts
COPY --from=builder /code/requirements.txt /code
RUN pip install --no-cache-dir -r /code/requirements.txt
CMD ["./scripts/start-api-prod.sh"]
```

❶ 첫 번째 단계는 개발(dev) 단계입니다. 여기서는 `./batect setup` 명령을 실행할 때 batect가 사용할 개발 이미지를 만듭니다. batect로 모든 개발용 종속성을 설치하고 나면, 컨테이너의 크기는 1.3GB가 됩니다. 이 단계에서 사용하는 코드는 이전에 보았던 Dockerfile 코드 예시와 같습니다.

❷ 두 번째 단계는 빌더(builder) 단계로, 중간 과정입니다. 이 단계에서는 `poetry export` 명령을 사용해 `requirements.txt` 파일을 만듭니다. 이 파일은 다음과 마지막 단계에서 제품화 단계용 이미지의 크기를 최소화하는 데 필요하며, 구체적인 내용은 다음 항목에서 자세히 설명하겠습니다.

❸ 세 번째 단계는 제품화(prod) 단계입니다. 이 단계에서는 프로덕션(제품화) API 운영에 필요한 요소들만 설치합니다. 처음부터 시작하기 위해 `FROM python:3.10-slim-`

bookworm을 사용하고, API를 시작하는 데 필요한 코드와 자료만 복사합니다. poetry가 만든 requirements.txt 파일을 활용해 pip를 통해 제품화 단계용 종속성만을 설치합니다. 이렇게 하면 개발용 종속성인 poetry를 운영 환경 이미지에 설치할 필요가 없습니다.

제품화 단계용 이미지를 만들려면 다음과 같은 명령어를 실행하면 됩니다. 이미지를 빌드할 때는 prod라는 대상 단계를 명시해야 합니다.

```
$ docker build --target prod -t loan-default-prediction:prod .
```

이로써 우리는 개발 종속성을 프로덕션 API 이미지에서 제외했습니다. 이는 배포 아티팩트를 더 안전하게 하고 이미지를 푸시하고 풀하는 속도를 높입니다.

4.2.2 종속성의 검사 및 업데이트 자동 설정하기

애플리케이션 보안을 강화하는 두 번째이자 가장 중요한 방법은 의존성에 존재할 수 있는 보안 취약점을 자동으로 검사하는 것입니다. 이 과정은 세 부분으로 구성됩니다.

- 도커 이미지 스캔을 통해 운영체제 수준에서의 보안 취약점을 자동으로 검사합니다.
- 의존성 검사를 통해 애플리케이션 수준에서의 보안 취약점을 자동으로 검사합니다.
- 운영체제와 애플리케이션 수준의 의존성을 자동으로 업데이트합니다.

깃허브GitHub를 사용하고 있다면, Dependabot[29]을 이용해 위의 모든 작업을 수행할 수 있습니다. Dependabot은 깃허브와 통합된 취약점 스캐닝 서비스로, 여러분의 프로젝트에 대한 보안을 강화해 줍니다. 깃허브를 사용하지 않는 경우에도 Trivy,[30] Snyk,[31] Safety[32] 같은 다른 오픈소스 소프트웨어 구성 분석software composition analysis (SCA) 도구를 사용하여 비슷한 기능

---

[29] https://oreil.ly/nBlxY
[30] https://oreil.ly/7EHEn
[31] https://oreil.ly/gesE2
[32] https://oreil.ly/QJdl4

을 구현할 수 있습니다. 이 도구들은 도커 이미지와 파이썬 의존성을 스캔하고, 의존성 업데이트를 자동화합니다.

SCA 도구는 국가 취약점 데이터베이스(nvd.nist.gov)와 같은 글로벌 취약점 데이터베이스를 참조하여 의존성에서 알려진 취약점을 검사하는 유사한 방식을 사용합니다. Dependabot이나 Renovate 같은 도구는 새로운 버전의 의존성이 감지되면 자동으로 프로젝트에 변경 요청(PR)을 생성하여 업데이트를 촉진합니다.

> **NOTE** 의존성 취약점 스캔과 자동 의존성 업데이트는 취약한 의존성으로 발생하는 위험을 크게 줄여주지만, 공개된 취약점 데이터베이스에서 문제가 지적된 의존성에 대한 수정이 아직 릴리스되지 않은 경우도 있습니다. 새로운 취약점이 발견되면, 유지보수 담당자가 취약점을 해결할 수정을 내놓기까지 어느 정도 시간이 필요합니다. 수정이 이루어질 때까지 이런 취약점들을 '제로데이 취약점'[33]이라고 부릅니다. 이는 수정이 공개된 후 아직 하루도 지나지 않았기 때문입니다.
>
> 이러한 위험을 관리하려면, 조직 내의 보안 전문가와 상의하여 귀하의 상황에서 취약점의 심각성을 평가하고, 이에 따라 우선순위를 정하며, 위험을 줄일 수 있는 방안을 찾아내야 합니다.

깃허브 리포지터리에서 Dependabot을 설정하는 방법을 세 단계로 살펴보겠습니다. 두 가지 유형의 업데이트를 위해 Dependabot은 풀 리퀘스트를 생성할 수 있습니다.

1. Dependabot 보안 업데이트: 알려진 취약점이 있는 의존성을 업데이트하는 자동 풀 리퀘스트입니다.
2. Dependabot 버전 업데이트: 취약점이 없더라도 의존성을 최신 상태로 유지하는 자동 풀 리퀘스트입니다.

이번 연습에서는 취약점이 없더라도 오래된 의존성이 있으면 즉시 풀 리퀘스트가 생성되는 Dependabot 버전 업데이트를 사용할 것입니다. 이 방법을 사용하면 각 단계를 완료한 후 결과를 쉽게 확인하고 따라할 수 있습니다.

첫 번째 단계는 리포지터리나 조직에서 Dependabot을 활성화하는 것입니다. 깃허브의 공식 문서에서 제공하는 지침을 따라 Dependabot 버전 업데이트를 활성화할 수 있습니다.[34]

---

33 https://oreil.ly/f1PdG
34 https://oreil.ly/ZbB_o

두 번째 단계는 공식 문서의 지침을 따라 Dependabot 버전 업데이트를 활성화한 후, .github 디렉터리에 dependabot.yml 파일을 추가하는 것입니다.

```
# .github/dependabot.yml

version: 2
  updates:
  - package-ecosystem: "pip"  ❶
    directory: "/"
    schedule:
      interval: "daily"
```

❶ 생태계와 패키지 파일이 위치한 디렉터리를 설정합니다. 공식 문서에 따르면, poetry를 사용한다 하더라도 pip으로 지정해야 한다고 합니다. 또한 Dependabot이 업데이트를 확인하는 주기를 매일, 매주, 또는 매월로 설정할 수 있습니다.

> **NOTE** 도커에 추가 업데이트 블록을 넣는 것이 간단해 보일 수 있지만 실제로는 어려움이 따릅니다. 예를 들어, 파이썬 버전을 3.10에서 3.12로 변경하면 종속성과 전이 종속성의 버전도 함께 바뀌어야 하기 때문입니다. 그럼에도 애플리케이션과 종속성 스택이 새로운 버전의 파이썬과 호환된다면 ML 시스템의 파이썬 버전을 최신으로 유지하는 것이 좋습니다. 이 책에서 다루는 자동 테스트와 컨테이너 설정을 활용하면 이런 변경을 손쉽게 구현하고 테스트할 수 있습니다.

세 번째 단계는 CI에서 테스트를 통과한 PR만 병합할 수 있도록 깃허브 리포지터리를 설정하는 것입니다. 이는 종속성 변경이 소프트웨어의 품질을 저하시키지 않도록 확인하는 중요한 절차입니다. 다양한 CI 기술에 따라 설정 방법이 다를 수 있으니, 사용 중인 도구체인에 맞는 문서를 참고하세요. 여기서는 깃허브 액션을 사용하는 예를 들어 설명하겠습니다.

1. 자동 병합 기능을 활성화합니다. 리포지터리 이름 아래에서 '설정'을 클릭합니다. 설정 페이지에서 '풀 리퀘스트'로 가서 '자동 병합 허용'을 선택합니다(자동 병합을 설정하는 방법에 대한 최신 정보는 깃허브 문서[35]를 참조하세요).

---

35 https://oreil.ly/0wQGg

2. Dependabot이 생성한 PR을 자동으로 병합하도록 깃허브 액션 작업을 설정합니다. Dependabot으로 생성된 PR에 자동 병합을 구성하는 방법에 대한 깃허브 문서[36]와 아래의 코드 예제를 확인할 수 있습니다. 이 코드 예제는 .github 디렉터리에 있는 데모 리포지터리에서도 찾아볼 수 있습니다.

```yaml
# .github/workflows/automerge-dependabot.yaml

name: Dependabot auto-merge
on: pull_request

permissions:
  contents: write
  pull-requests: write

jobs:
  dependabot:
    runs-on: ubuntu-latest
    if: github.actor == 'dependabot[bot]'
    steps:
      - name: Dependabot metadata
        id: metadata
        uses: dependabot/fetch-metadata@v1
        with:
          github-token: "${{ secrets.GITHUB_TOKEN }}"
      - name: Enable auto-merge for Dependabot PRs
        run: gh pr merge --auto --merge "$PR_URL"
        env:
          PR_URL: ${{github.event.pull_request.html_url}}
          GH_TOKEN: ${{secrets.GITHUB_TOKEN}}
```

3. 마지막 단계로, '설정 > 브랜치' 메뉴로 이동하여 '병합 전 상태 확인을 통과해야 함' 옵션을 선택해서 브랜치 보호 규칙을 설정합니다. 여러분의 브랜치 이름(예를 들어, main)을 입력하고 CI 테스트 작업의 이름을 찾습니다. 이 예제에서는 `run-tests` 작업 후에 실행되는 `train-model`이 해당 작업입니다. 브랜치 보호 규칙 설정에 관한 깃허브 문서[37]를 참고하세요.

---

[36] https://oreil.ly/mec0w
[37] https://oreil.ly/6M2Jm

이 모든 단계를 마치면, 여러분의 프로젝트는 종속성을 정기적으로 자동으로 업데이트하고, 테스트한 후에 병합할 수 있게 됩니다. 축하합니다! 이제 소프트웨어의 안정성을 한층 더 높일 수 있게 되었습니다.

> **NOTE** 이 단계를 마치고 나면, 브랜치 보호 기능을 활성화했기 때문에 main 브랜치에 로컬 커밋을 직접 푸시할 수 없게 됩니다. 트렁크 기반 개발에 익숙한 분들도 걱정할 필요는 없습니다. 팀을 예외 목록에 추가하는 방법이 있습니다(브랜치 보호 우회 방법에 대한 깃허브 문서[38]를 참고하세요). 이렇게 하면 Dependabot의 변경 사항이 풀 리퀘스트를 통해 처리되는 동안에도 팀은 CI/CD와 트렁크 기반 개발의 신속한 피드백을 계속 받을 수 있습니다. 단, 브랜치 보호 기능을 우회할 수 있는 것은 조직 소유의 리포지터리에서만 가능하다는 점을 기억하세요.

자동 종속성 업데이트 및 병합을 활용한 효과적인 개선 도구

Dependabot이나 Renovate 같은 도구들은 취약한 종속성이 발견될 때 자동으로 PR을 생성해 주어 편리하지만, 실제로는 이런 PR들이 쌓여서 팀이 검토하고 테스트하며 병합하는 작업이 상당히 많아질 수 있습니다. 패키지를 임의로 업그레이드하면 운영 환경에서 예상치 못한 버그나 모델 성능 저하가 발생할 수 있어, 이에 대한 우려와 망설임이 많습니다. 종합적인 테스트가 없다면 팀은 테스트되지 않은 변경 사항을 운영 환경에 적용하게 되므로, PR을 자동으로 병합할 수 없습니다. 이런 PR들은 종종 원치 않는 방해물로 여겨지며, 처리가 자주 미뤄집니다.

하지만 종합적인 테스트를 갖춘 CI/CD 파이프라인이 있다면 상황은 달라집니다. 다음 장에서는 ML 시스템에 대한 종합적인 테스트를 어떻게 설정하는지 설명할 예정입니다. 이런 파이프라인은 변경 사항이 제대로 작동하는지 자동으로 확인할 수 있습니다. 테스트가 ML 모델의 품질이나 동작을 저하시키지 않았다면, CI 파이프라인이 PR을 자동으로 병합하는 데 도움을 줍니다. 자동 종속성 업데이트와 종합적인 자동 테스트를 통합한 CI/CD는 보안, 속도, 신뢰성, 생산성의 향상을 가져옵니다.

자동 종속성 업데이트는 안전한 솔루션 제공뿐만 아니라 필요한 조치를 취하도록 유도하는 유용한 도구로도 작용합니다.[39] 이는 종합적인 테스트가 포함된 CI/CD 파이프라인을 갖추는 데 중요한 역할을 합니다.

---

38 https://oreil.ly/cr-EW
39 https://oreil.ly/Imc8C

대단해요! 여러분은 실제 프로젝트에서 사용되는 원칙과 방법을 적용해 ML 프로젝트의 종속성을 효율적으로 관리하고, 재현 가능하며 운영 환경에 바로 투입할 수 있는 안전한 ML 파이프라인과 애플리케이션을 만드는 데 성공했습니다.

4.3 결론

이 장에서 다룬 내용을 요약하면 다음과 같습니다.

- '체크아웃하고 바로 시작하기'가 실제로 어떻게 이루어지는지와 그에 대한 경험
- 도커, batect, poetry를 활용하여 ML 전달 주기의 각 단계에서 일관되고 재현 가능하며 실제 운영 환경과 유사한 런타임 환경을 구축하는 방법
- 종속성에서 보안 취약점을 찾아내고 종속성을 자동으로 최신 상태로 유지하는 방법

ML 생태계는 크고 다양한 종속성, 큰 모델 등의 수많은 도전을 제시합니다. 이는 우리가 소프트웨어를 어떻게 컨테이너화할 수 있는지를 시험합니다. 경험상 컨테이너 기술은 여전히 유용하지만, ML의 맥락에서는 도커 캐시 볼륨, batect, 자동 보안 업데이트와 같은 고급 기술과 결합해야 종속성을 효과적이고 안전하게 그리고 신속한 피드백 루프로 관리할 수 있습니다.

3장과 4장에서는 이러한 원칙과 방법을 명확하고 쉽게 적용할 수 있도록 설명했습니다. 이를 통해 종속성을 빠르고 신뢰할 수 있게 설정하고, 원하는 문제 해결에 집중할 수 있어 종속성 문제로 시간을 낭비하지 않게 됩니다. 적절한 종속성 관리는 ML 팀이 오늘날 쉽게 이용할 수 있으며 시간, 노력, 신뢰성, 보안 측면에서 큰 이점을 제공합니다.

다음 장에서는 효과적인 ML 팀의 중요한 기본 실천 중 하나인 자동 테스트에 대해 더 깊이 탐구할 예정입니다.

> **추가 읽기 자료**
>
> 도커와 파이썬 종속성 생태계를 오랫동안 다루어 왔지만, 여전히 새로운 지식을 배우고 있습니다. 처음에는 다소 어려울 수 있지만, 기술이 급속도로 발전함에 따라 이는 학습 과정의 일부라는 것을 알게 되었습니다.
>
> 다음과 같은 자료들이 도커와 poetry를 ML 프로젝트에 적용하고, 팀이 이를 개발 워크플로에 통합하는 데 도움을 주었습니다.
>
> **도커 관련 문서는 사용자 친화적이고 쉽게 접근할 수 있습니다.**
> - Dockerfile 참조[40]
> - Dockerfile 최적의 실천 방법[41]
> - 도커 다단계 빌드[42]
>
> **도커 관련 튜토리얼**
> - 데이터 과학자를 위한 도커 입문 과정[43]
>
> **batect 관련 문서**
> - batect 사용 설명서[44]
>
> **poetry 관련 문서**
> - poetry 사용 설명서[45]
> - poetry를 이용한 종속성 관리 및 패키지

---

[40] https://oreil.ly/ydyCo
[41] https://oreil.ly/znGuy
[42] https://oreil.ly/nf9qu
[43] https://oreil.ly/KSmQh
[44] https://oreil.ly/30clN
[45] https://oreil.ly/LR0l7

CHAPTER 5

자동 테스트:
신속하게 진행하되 문제는 피하기

다나는 방금 자리에 앉았고, 주위는 신선한 커피 향으로 가득합니다. 그녀와 팀의 주니어 데이터 과학자는 어제 시작한 사용자 스토리를 계속 진행하고 있습니다. 이 작업의 목적은 모델을 개선할 수 있는 새 기능을 개발하는 것입니다.

그들은 필요한 수정을 마친 후 테스트를 실행하는 명령을 내렸습니다. 이 테스트셋은 코드 전체가 수정 이후에도 여전히 예상대로 작동하는지 확인하는 데 도움을 줍니다. 20초 후 터미널에 녹색 줄무늬가 나타나 모든 테스트가 통과했음을 알려줍니다.

가끔 터미널이 빨간색으로 바뀌기도 했습니다. 몇몇 테스트가 실패하기도 했지만 그리 큰 문제는 아니었습니다. 실패한 테스트는 오히려 깊은 문제에 빠질 뻔한 것을 잡아내어 간단히 몇 단계를 되돌려 문제를 쉽게 해결할 수 있게 해 줍니다. 테스트가 다시 녹색으로 돌아오면, 그들은 다시 시도했습니다.

녹색이든 빨간색이든, 테스트는 코드 변경에 대한 신속한 피드백을 제공합니다. 이 테스트들은 그들에게 자신감을 주며, 올바른 방향으로 가고 있는지, 잘못된 방향으로 가고 있을 때 멈추라는 신호를 주는 일종에 도파민을 제공합니다. 코드를 테스트하기 위해 지루한 수동 절차를 따를 필요가 없습니다. 테스트가 실패할 때는 실패 원인이 될 수 있는 변경 사항이 몇 가지뿐이어서, 수 시간 동안 문제를 찾아 해결할 필요가 없습니다.

모델을 훈련시킬 필요가 있을 때, 그들은 클라우드에서 훈련을 시작하는 명령어를 실행하고, 그들의 실험 추적 대시보드가 최신 지표와 설명 가능한 시각 자료로 활성화되어 올바른 방향으로 가고 있는지 알려줍니다. 그들은 합리적인 크기로 깃 커밋과 푸시를 하며, 이 과정을 통해 CI 파이프라인에서 자동 모델 테스트가 실행됩니다. 이렇게 단계적으로 반복하며 스토리를 완성합니다.

그들의 인지 부하는 관리 가능한 수준을 유지하며, 무엇을 해야 할지 명확히 알고 한 걸음씩 차근차근 진행하여 작업을 완료합니다.

우리는 ML 제품과 시스템이 충분히 테스트되지 않는 경우가 많다는 것을 알고 있습니다. 자동 테스트가 부족한 것은 기술 부채 중에서도 흔히 볼 수 있는 문제로, ML 종사자들이 시스템을 수정하려 할 때마다 추가적인 노력을 필요하게 만듭니다. 자동 테스트가 없을 경우, ML 종사자들은 많은 시간을 수동 테스트에 소비하게 됩니다.

수동 테스트에서 놓친 오류 때문에 제품화 단계 중 발생하는 문제를 해결해야 할 때가 있습니다. 이는 우리의 중요한 작업 시간을 낭비하게 할 뿐만 아니라 버그와 오류, 성능이 떨어지는 모델이 실제 사용자에게 전달될 위험을 높입니다. 이러한 제품 결함은 수개월 또는 수년간의 ML 제품 개발 노력을 무산시킬 수 있으며 조직에 큰 평판 및 재정적 손실을 초래할 수 있습니다.

그렇다고 해서 ML 종사자들에게 테스트가 새로운 개념은 아닙니다. 우리는 항상 테스트를 수행합니다. 다만, 우리는 종종 자동화된 방법보다는 수동으로 테스트를 수행합니다. 모델이나 코드 변경 사항의 품질을 수동으로 테스트하는 데 너무 많은 시간을 소비하고 있다면 이 장의 내용이 도움이 될 것입니다. 우리는 ML 솔루션을 위한 포괄적인 자동 테스트를 만드는 실용적인 기법을 공유할 것입니다.

이 장에서는 다음 내용을 다룹니다.

- 수동 테스트의 문제점과 확장 불가능한 비용, 특히 ML 시스템에서의 문제점
- 자동 테스트의 이점과 ML 종사자가 신뢰할 수 있고 유지 관리할 수 있는 시스템을 만드는 데 도움이 되는 방법 소개
- 소프트웨어 테스트와 모델 테스트로 분류된 포괄적인 자동 테스트 전략의 구성 요소

이 장에서는 자동 테스트의 '왜'와 '무엇'을 다룰 것입니다. 예를 들어, "어떤 테스트를 작성해야 할까요?", "좋은 테스트는 어떤 모습일까요?" 이러한 질문에 대한 답을 통해 테스트 전략

의 각 요소를 체계적으로 정리할 수 있는 기본 틀을 제공할 것입니다. 이후 첫 번째 범주인 소프트웨어 테스트의 '어떻게'를 깊이 탐구할 것입니다.

곧이어 6장에서는 다음 내용을 다룰 것입니다.

- ML 모델 테스트: ML 모델에 대한 자동 테스트의 어려움, 필요성, 방법
- 대규모 언어 모델(LLM) 애플리케이션의 테스트 기법
- 모델 테스트를 통해 (i) 코드, 데이터, 모델 변경이 제품 경험을 저하시키지 않도록 하는 비용 효율적인 방법과 (ii) 기존 기준을 유지하면서 새로운 성능 기준을 설정하는 방법

5장과 6장의 내용이 최대한 많은 독자에게 도움을 줄 수 있도록, 독자들이 이러한 테스트를 작성하고자 하는 의지는 있지만 반드시 경험이 있는 것은 아니라고 가정할 것입니다. 경험이 충분한 독자라면, 이미 익숙한 테스트에 대한 부분은 건너뛰고, 새로운 내용이 있는 부분을 자세히 읽어 보세요.

각 테스트 유형은 실습 예제를 통해 설명할 것입니다. 이를 위해 코드 예제 리포지터리[01]를 사용할 것입니다. 이 리포지터리를 클론하여 테스트를 읽고 실행하고 작성할 수 있습니다. 이 리포지터리는 이전 장에서 사용한 것과 동일하며, 설정 방법은 README 파일이나 4장에서 확인할 수 있습니다.

5.1 자동 테스트: 빠르고 안정적으로 반복하기 위한 기본 요소

자동 테스트는 유지 보수와 발전이 쉬운 제품을 만드는 데 필수입니다. 테스트는 변경 사항에 대해 빠른 피드백을 제공하며, 훈련 데이터, 피처 엔지니어링 전략, 모델링 접근법, 비즈니스 요구 사항 변화 등 제품에 가해지는 변화를 신속히 대응할 수 있게 해 줍니다.

자동 테스트가 없으면 변경 작업을 할 때 오류가 발생하기 쉽고, 번거롭고, 스트레스를 유발합니다. 코드의 한 부분을 변경할 때 전체 시스템을 수동으로 테스트해야 하는 부담도 생깁니다.

---

01 https://oreil.ly/Hkgzc

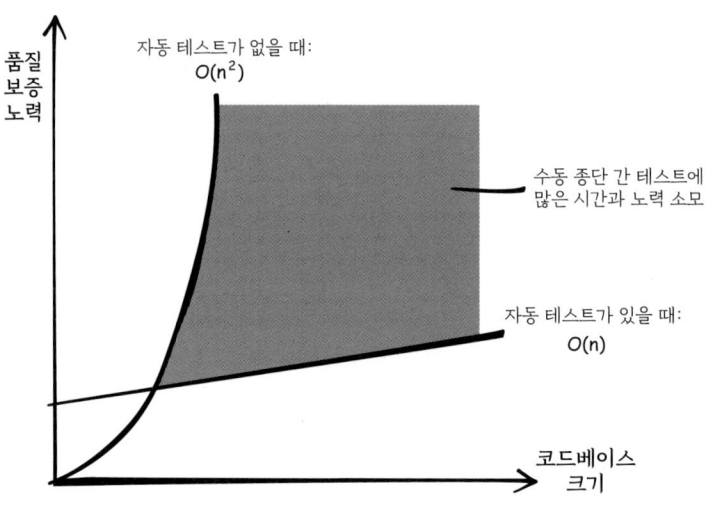

그림 5-1 자동 테스트가 없으면 품질 보증에 필요한 노력이 크게 증가하지만, 자동 테스트를 사용하면 이러한 노력이 보다 관리하기 쉬운 수준으로 유지됩니다.

예를 들어, 피처 엔지니어링feature engineering의 로직 변화가 모델의 품질 저하를 초래하지 않았는지 확인해야 할 때 [그림 5-1]에서 볼 수 있듯이, 코드베이스가 커질수록 새로 개발되는 기능의 품질 보증뿐만 아니라 전체 솔루션에 대한 수동 테스트의 부담도 증가합니다.

이 절에서는 자동 테스트의 장점을 자세히 설명하고, 테스트 없는 지속적 통합 및 지속적 전달(CI/CD)이 왜 모순인지 알아보겠습니다. 또한 ML 프로젝트가 왜 충분히 테스트되지 않는 경향이 있는지와 그에 대한 해결책도 논의할 것입니다.

> **NOTE** 이 장의 후반부에서는 테스트를 **소프트웨어 테스트**와 **ML 모델 테스트**, 두 가지로 나눌 것입니다. 실무자들은 보통 소프트웨어 테스트를 자동화하는 방법에 익숙하지만, ML 솔루션을 구축하는 초기 탐색 단계에서는 복잡하고 불확실한 특성 때문에 ML 모델에 대한 자동 테스트를 바로 정의하기 어려울 수 있습니다.
>
> 이러한 미지의 요소들을 처음부터 테스트하려고 하면 불필요한 어려움이 생길 수 있습니다. 이런 경우, 탐색적 테스트와 시각화를 통해 모델 품질에 대한 기준을 세우는 것이 좋습니다. 이 기준을 나중에 자동화된 모델 테스트에 활용할 수 있습니다. 이에 대해서는 6장에서 더 자세히 다룰 것입니다.

5.1.1 왜 필요한가: 자동 테스트의 장점

이 절에서는 자동 테스트의 장점에 대해 자세히 설명하겠습니다. 테스트는 ML 시스템의 사용자에게 자동화된 품질 보증을 제공할 뿐만 아니라, 개발 중인 ML 시스템의 제작자에게 빠르고 중요한 피드백을 제공합니다. '빠르게'라는 것은 정말 큰 차이를 의미합니다. 포괄적인 테스트셋은 피드백 루프를 크게 단축시킬 수 있습니다. 예를 들어, 몇 시간 걸리던 피드백을 몇 분으로, 몇 분 걸리던 피드백을 몇 초로 줄일 수 있습니다. 모델을 밤새 실행하는 데 익숙한 분들에게는 이 차이가 실제로 밤낮의 차이가 될 수 있습니다. 코드 변경에 오류가 있는지 확인하기 위해 밤낮으로 기다릴 필요가 없습니다.

포괄적인 자동 테스트의 장점을 설명하기 위해 시나리오를 살펴보겠습니다(그림 5-2).

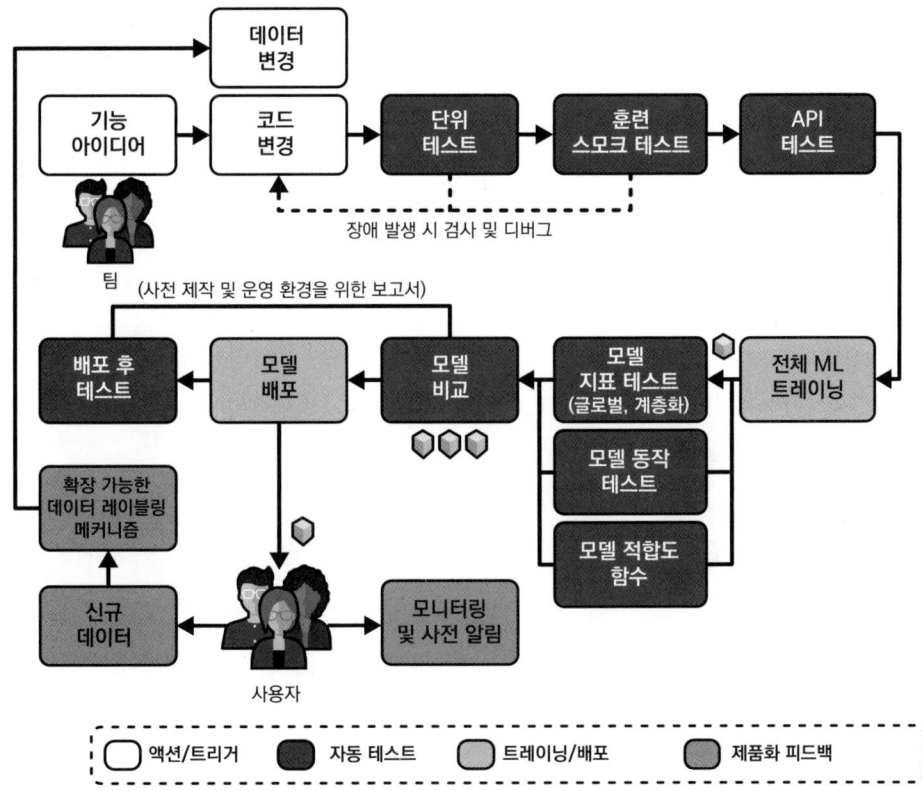

그림 5-2 일련의 자동 테스트는 변경 사항이 운영 환경에 적합한 산출물을 만드는지 확인하는 품질 검사 역할을 합니다.

이 장의 시작에서 언급한 카페인 충만한 주인공을 기억하나요? 그들이 하는 각각의 코드 변경이나 데이터 변경은 일련의 자동화된 품질 검사를 거칩니다. 각 테스트셋은 소프트웨어의 특정 측면에 대해 팀이 정의한 품질 기준을 명확히 합니다. 예를 들어, 데이터의 각 주요 세그먼트에 대한 모델 지표가 현재 임곗값 이상인지 확인할 수 있습니다(모델 테스트에 대한 더 많은 예시는 6장에서 다룹니다). 모든 테스트가 통과하면, 모델과 관련 구성 요소가 이전과 동일하거나 더 나은 수준임을 확신하고 이를 운영 환경에 배포할 수 있습니다.

반면에, 변경 사항이 ML 제품의 품질 기준을 위반하면 로컬이나 CI 파이프라인에서 실행되는 테스트가 그 문제를 잡아냅니다. 이러한 테스트는 빠르게 피드백을 제공하며(몇 분 또는 몇 초 내로) 변경 사항에 문제가 있음을 알려줍니다. 이를 통해 수동 테스트나 고객 불만으로 나중에 문제를 발견하는 것을 방지할 수 있습니다. 테스트 덕에 운영 사고를 미리 피할 수 있습니다. 이것이 꿈처럼 들릴 수 있지만, 5장과 6장에서 이를 현실로 만드는 방법을 알아볼 것입니다.

아직도 자동 테스트의 필요성에 대해 확신이 서지 않는다면, 자동 테스트의 주요 이점을 확인해 보세요.

- **빠른 피드백**

  코드 변경이 단 한 줄이든 여러 파일에 걸쳐 있든, 하나의 명령어로 몇 초 또는 몇 분 내에 모든 것이 제대로 작동하는지 테스트할 수 있습니다. 반면에 수동 테스트는 번거롭고 몇 시간, 심지어 며칠까지 걸릴 수 있습니다.

- **운영 결함의 위험 감소**

  테스트 커버리지가 높으면, 테스트는 운영 환경에 도달하기 전에 실수로 발생한 버그와 회귀를 잡아낼 수 있습니다. 이는 테스트 환경이나 코딩 중에도 가능합니다. 그 덕에 팀은 운영 환경에서 문제를 해결하는 데 드는 노력과 스트레스를 줄일 수 있습니다.

- **살아 있는 문서와 자체 테스트 코드**

  모든 기능은 해당 컴포넌트가 무엇을 하는지, 어떤 시나리오나 에지^{edge} 케이스를 처리할 수 있는지를 설명하는 테스트와 함께 제공됩니다. 컴포넌트의 동작을 변경해야 할 때는 테스트도 함께 업데이트합니다. 이렇게 하면 문서는 실제 코드와 함께 일관성을 유지하며, 코드와 따로 떨어진 문서 페이지보다 최신 상태를 유지할 수 있습니다.[02]

인지 부하 감소

테스트는 각 부분이 예상대로 작동하는지 체계적으로 확인해 주어 현재 작업에 집중할 수 있게 도와줍니다. 그 덕에 다른 영역에서 발생할 수 있는 의도치 않은 결과에 대해 걱정하지 않고 문제의 특정 부분에 집중할 수 있습니다. 또한 해결해야 할 문제가 여러 하위 문제로 나누어져 있다면, 테스트를 작성함으로써 한 번에 하나의 하위 문제에 집중할 수 있어 인지 부하가 줄어듭니다. 테스트는 모듈화된 컴포넌트와 잘 정의된 인터페이스를 만들도록 유도합니다. 결과적으로 이해하기 쉽고 리팩터링하기 쉬운 소프트웨어 아키텍처를 갖추게 됩니다.

리팩터링

리팩터링은 기술 부채와 복잡성을 정기적으로 줄이는 데 도움이 되기 때문에 효과적인 팀에게는 필수 습관입니다. 하지만 테스트 없이 리팩터링을 하는 것은 매우 위험합니다. 종종 팀은 리팩터링을 피하게 되고, 코드베이스는 점점 복잡해집니다. 그 결과, 시간이 지남에 따라 아이디어를 실행하는 것이 더 어려워지고 느려집니다.

반면에, 포괄적인 테스트의 안전망 덕에 우리는 변경을 쉽게 수행하고 검증할 수 있으며, 새로운 기능을 제공하면서도 기술 부채를 정기적으로 줄일 수 있습니다. 8장에서 우리는 하나의 프로젝트에서 높은 테스트 커버리지(단위 테스트, 통합 테스트, 모델 품질 테스트) 덕에 한 시간 만에 주요 리팩터링을 완료한 이야기를 공유할 것입니다. 리팩터링이 완료되자 모든 테스트가 통과했고, 변경 사항을 커밋했습니다. CI 파이프라인의 모든 테스트도 통과했으며, 변경 사항은 문제없이 운영 환경에 배포되었습니다.

---

[02] 문서는 모든 소프트웨어에서 필수지만, 테스트가 제공하는 컴포넌트 수준이나 함수 수준의 문서는 다른 유형의 문서(예 모델 카드 (https://oreil.ly/b-qIC), 서비스 요약서)와는 목적이 다릅니다.

- **규제 준수**

대부분의 산업 규제 기준에는 모델이 운영 환경에 사용되기 전에 품질 보증과 모델 검증이 포함됩니다. 예를 들어, 유럽연합 집행위원회는 'AI 제품과 서비스를 실험하고 테스트하는 것은 시장 준비를 위해, 안전 기준 및 규칙 준수 그리고 설계 시 보안을 보장하기 위해 매우 중요하다'라고 말했습니다.[03]

규제 기관이 항상 이러한 테스트를 자동화할 것을 요구하지는 않지만, 자동화하면 규제 준수를 입증하는 것이 훨씬 쉬워집니다. 규제 감사가 임박했을 때 급하게 준비하는 대신, 오늘날 사용할 수 있는 도구와 기술을 통해 ML 제품을 테스트하여 사용자에게 적합한 품질을 보장할 수 있습니다.

- **향상된 흐름, 생산성, 만족도**

앞서 언급한 모든 이점은 ML 종사자들이 마찰, 번거로운 작업, 불필요한 인지 부하를 줄이는 데 도움을 줍니다. 자동 테스트는 빠른 피드백, 운영 결함 감소, 지속적인 개선을 가능하게 하며, 이는 모두 팀의 흐름, 생산성, 만족도를 높이는 데 기여합니다.

> **NOTE** 모델 개발 중 테스트는 예상되는 모든 운영 시나리오를 다루는 것을 목표로 하지만, 실제 데이터의 동적 특성 때문에 항상 예기치 않은 상황이 발생할 수 있습니다. 그래서 운영 환경에서의 운영 모니터링은 전체적인 테스트 전략의 중요한 부분입니다. 이를 통해 팀은 운영 데이터의 변화로 발생하는 편차나 이상을 감지하고 해결할 수 있습니다.
>
> 다음 장에서 운영 환경에서의 ML 시스템 모니터링에 대해 논의하겠습니다.

이제 자동 테스트의 이점을 이해했으니, ML 시스템에 자동 테스트가 부족한 몇 가지 이유를 살펴보겠습니다.

---

[03] https://oreil.ly/lWJTL

5.1.2 자동 테스트가 그렇게 중요하다면, 왜 우리는 하지 않을까요?

이 절에서는 ML 시스템에 자동 테스트가 부족한 일반적인 세 가지 이유를 살펴봅니다.

이유 1: 자동 테스트 작성이 속도를 늦춘다고 생각한다

자동 테스트 작성이 속도를 늦춘다는 생각은 '코드 작성과 기능 구현에만 집중하면 되는데, 왜 테스트 작성에 시간을 낭비하느냐'는 주장에서 비롯됩니다. 이는 자주 다니는 길에 대한 편향[04]에서 비롯된 것으로, 자주 다니는 길의 소요 시간을 실제보다 짧게 예측하고 덜 익숙한 길의 소요 시간을 실제보다 길게 예측하는 경향입니다.

여러 ML 및 소프트웨어 프로젝트의 경험을 통해, 자동 테스트가 부족할 때 팀이 코드 수동 테스트에 더 많은 시간을 소비하게 된다는 것을 알게 되었습니다(그림 5-3). 반면, 포괄적인 자동 테스트가 있는 프로젝트에서는 수동 회귀 테스트와 수동 테스트에서 놓친 운영 결함을 해결하는 데 시간을 덜 쓰고 더 효율적으로 작업할 수 있었습니다.

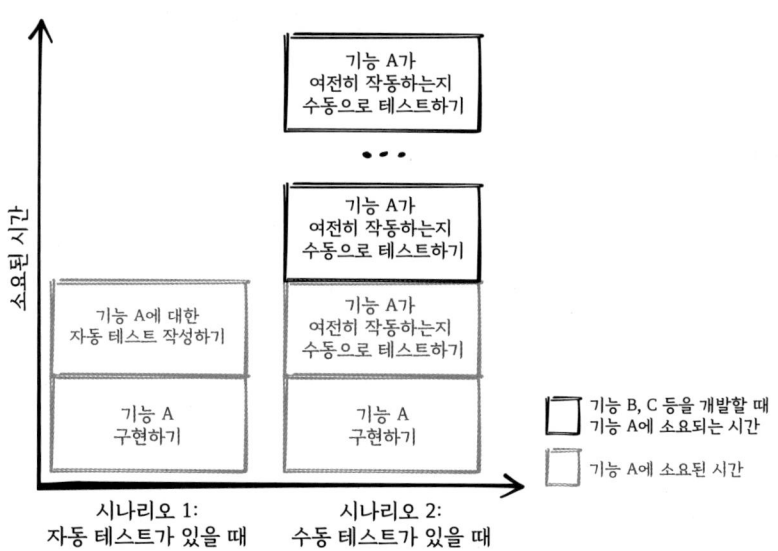

그림 5-3 직관에 반하는 결과: 자동 테스트 작성은 시간이 더 걸리는 것처럼 보이지만, 실제로는 전체적으로 시간을 절약해 줍니다.

---

04 https://oreil.ly/ELRA8

예시를 통해 설명해 보겠습니다. 모델 지표(글로벌 및 계층화된 지표)를 X% 향상시킬 것이라고 예상되는 피처 엔지니어링 로직을 개발하고 있다고 가정해 봅시다. 자동 테스트는 세 가지 측면에서 시간을 절약해 줍니다.

- **개발 중**

    개발하면서 예상되는 새로운 지표 임곗값을 지정하는 테스트를 작성합니다. 단일 명령어로 테스트를 실행하고, 테스트가 통과할 때까지 피처 엔지니어링 로직을 반복합니다(개발 과정에서 다른 작은 하위 문제에 대한 테스트도 작성할 수 있습니다). 노트북이나 로그에 묻혀 있는 출력문에서 글로벌 모델 지표나 계층화된 모델 지표를 반복적으로 확인하는 데 드는 시간과 노력을 절약할 수 있습니다.

- **개발 후**

    사용자 스토리user story[05]를 완료하면, 팀은 통과한 테스트를 통해 새로운 로직이 모델을 X% 향상시켰다는 것을 확신할 수 있습니다. 이는 다른 팀원이 수동 테스트를 반복할 필요를 없애 주어, 엣지 케이스, 누락된 데이터, 개발 중 놓쳤을 수 있는 다른 시나리오를 테스트할 수 있게 해 줍니다.

- **후속 개발 중**

    몇 주나 몇 달 후에 어떤 변경이 모델의 성능을 새로운 임곗값 아래로 떨어뜨리면, 자동 테스트가 이를 잡아냅니다. 이 테스트가 없다면, 우리는 커밋, 풀 리퀘스트, 릴리스마다 모델의 품질 지표를 수동으로 확인하는 데 시간을 써야 하거나, 시간이 지나면서 모델이 점차 저하될 위험을 감수해야 합니다.

이유 2: "우리는 CI/CD가 있어요"

CI/CD는 ML 커뮤니티에서 점점 더 인기 있는 용어가 되었지만, 종종 오용되거나 오해됩니

---

[05] 사용자 스토리는 애자일 소프트웨어 개발에서 소프트웨어 기능을 최종 사용자의 관점에서 설명하는 도구입니다. 자세한 내용은 2장에서 확인할 수 있습니다.

다. 소프트웨어 엔지니어링에서 지속적 통합(CI)은 코드 변경 사항을 메인 브랜치에 자주 통합하는 능력을 의미합니다. 지속적 전달(CD)은 메인 브랜치의 소프트웨어를 언제든지 운영 환경에 배포할 수 있는 능력을 의미합니다(CI/CD에 대한 자세한 정의와 논의는 9장에서 다룹니다). 이 두 가지는 모두 코드 변경의 품질에 대해 피드백과 확신을 줄 수 있는 포괄적인 자동 테스트가 있을 때만 가능합니다. 이 기준에 따르면, 실제로 CI/CD를 실천하는 ML 팀은 많지 않습니다.

팀에 CI 파이프라인과 자동 배포 시스템이 있다고 해서 CI/CD를 하고 있는 것은 아닙니다. CI/CD 파이프라인의 내용이 중요합니다. CI/CD 파이프라인에서 실제로 어떤 테스트를 실행합니까? 고품질 모델을 릴리스하고 있다는 확신을 주기 위해 어떤 테스트를 실행합니까? CI/CD 파이프라인의 테스트 커버리지는 얼마나 됩니까?

포괄적인 자동 테스트 없이 CI/CD를 논하는 것은 모순입니다. 이는 잘못된 안전감을 줄 수 있습니다. CI 파이프라인이 모두 초록불이어도 포괄적인 테스트가 없다면 여전히 결함이 있는 상태로 운영 환경에 배포될 수 있습니다. 이런 상황에서는 CI 파이프라인이 결함을 발견하고 수정하는 대신, 결함을 그대로 배포하는 역할을 합니다. CI/CD의 진정한 이점을 누리려면 포괄적인 자동 테스트가 필요합니다(자세한 내용은 9장에서 다룹니다).

우리가 처한 상황에는 아마도 사회문화적 배경이 있을 것입니다. 한편으로 ML 엔지니어들은 MLOps와 DevOps에 집중하는 경향이 있는데, 이는 주로 배포 자동화, 코드형 인프라, CI/CD에 중점을 둡니다. 다른 한편으로 데이터 과학자들은 ML 모델을 훈련하고 평가하는 데 집중합니다. 이 두 영역이 충돌하면서도, 많은 팀에서는 ML 엔지니어(자동화)와 데이터 과학자(모델 평가) 간에 여전히 역량 차이가 존재합니다. 우리는 CI 파이프라인을 설정하는 방법과 모델을 훈련하고 평가하는 방법을 알고 있지만, 모든 팀이 수동 모델 평가 절차를 자동화하는 방법을 터득한 것은 아닙니다. 이는 다음 주제로 이어집니다.

이유 3: ML 시스템을 어떻게 테스트해야 할지 모른다

다양한 산업의 ML 종사자들과 이야기해 보면, 많은 사람이 자동 테스트 작성에 열려 있다는 것을 알 수 있습니다. 자동 테스트가 처음에는 낯설었지만, 결국 그 가치를 깨닫고 작업의 일환으로 테스트를 작성하게 된 경우도 있었습니다. 테스트를 작성하지 않는 주된 이유는 단순히 그 방법을 모르거나 배운 적이 없었기 때문입니다.

〈ML 테스트 점수^{ML Test Score}〉[06] 논문에서 저자들은 ML 시스템 테스트가 수동으로 코딩 된 시스템 테스트보다 더 어려울 수 있다고 지적했습니다. ML 시스템의 동작이 데이터에 크게 의존할 수 있으며, 모델을 사전에 명확히 지정하기 어렵기 때문입니다(이 논문에서는 ML 시스템을 어떻게 테스트하고 모니터링할 수 있는지에 대한 기준을 제시합니다).

이 논문 이후로, ML 솔루션의 특정 구성 요소를 테스트하는 패턴이 나타나기 시작했습니다. 우리는 ML 시스템의 부분들(예 피처 엔지니어링, 데이터 처리, 모델 서비스)을 명확히 구분하고, 각 부분에 대한 적절한 테스트 전략을 찾아냈습니다.

이제 우리는 더 나은 테스트를 작성하고자 하며, 적절한 테스트 유형을 구성할 수 있는 방법이 있다는 것을 알고 있습니다. 우리를 막고 있는 유일한 것은 어떤 테스트를 작성할 수 있는지 그리고 어떻게 작성할 수 있는지 아는 것입니다. 이를 위해 다음 절로 넘어가겠습니다.

5.2 ML 시스템을 위한 포괄적인 테스트 전략의 구성 요소

이제 자동 테스트의 중요성을 이해했으니, 포괄적인 테스트 전략이 어떻게 구성될 수 있는지 살펴보겠습니다. 먼저 무엇을 테스트해야 하는지 확인한 후, 도구 키트에 포함할 수 있는 테스트 유형을 정리합니다. 마지막으로, 좋은 자동 테스트의 특징을 설명하겠습니다.

5.2.1 무엇을 테스트할 것인가: 테스트할 구성 요소 식별

포괄적인 테스트 전략을 구축하는 첫 번째 단계는 무엇을 테스트해야 하는지 식별하는 것입니다. [표 5-1]은 ML 시스템에서 흔히 볼 수 있는 구성 요소들(예 모델 훈련 파이프라인, API

---

06 https://oreil.ly/hGTTh

서비스, 피처 엔지니어링 로직)을 자세히 설명합니다. 만약 [표 5-1]에 나열된 구성 요소가 ML 제품에 포함되어 있다면, 각각을 테스트할 수 있고 테스트해야 합니다. 이러한 테스트는 [그림 5-2]에도 나타나 있어 ML 모델이 운영 환경으로 가는 과정에서 각 테스트 유형을 어디에 사용할지 이해하는 데 도움이 됩니다.

표 5-1 ML 시스템을 위한 자동 테스트 유형

구성 요소 또는 테스트 대상(SUT)	테스트 유형	좋아 보이는 모습
소프트웨어 로직		
논리, 데이터 변환, 피처 엔지니어링	단위 테스트	• 테스트는 함수나 클래스와 상호작용하는 시나리오를 나열하고 올바른 기대 동작을 명시합니다. • 빠른 실행: 수십 개의 테스트는 몇 초 안에 실행되며, 수백 개의 테스트도 1~2분 내에 실행될 수 있습니다. • 내부 '프라이빗' 함수는 다른 함수의 일부로 테스트된다면 별도의 테스트가 필요하지 않을 수 있습니다. • 수량: 수십 개에서 수백 개의 테스트
모델 훈련 파이프라인	훈련 스모크 테스트	• 테스트는 전체 모델 훈련 실행처럼 모든 코드 경로를 점검합니다. • 훈련 스모크 테스트와 실제 훈련 실행 간의 비대칭성을 초래할 수 있는 조건문은 피해야 합니다. • 빠른 실행: ML 파이프라인이 몇 시간 걸리더라도, 훈련 스모크 테스트는 1~2분 내에 완료되어야 합니다. • 로컬 실행 가능: 훈련 파이프라인을 로컬에서 실행하고 디버그할 수 있으면, 파이프라인 실패 시 빠르게 피드백을 받을 수 있습니다. • 수량: 일반적으로 한두 개의 테스트
모델 API	API 테스트	• 테스트는 모델 서비스가 처리할 모든 시나리오를 명시합니다. • 테스트는 모델 서비스의 계약을 나타내며, 다운스트림 사용자에게 이를 보장합니다. • 테스트는 정상 경로와 오류 경로를 포함하여 모델이 오류 시나리오(예: null 값, 잘못된 데이터 타입)를 어떻게 처리하는지 보여줍니다. • 로컬 실행 가능: 위와 동일 • 수량: API의 역할에 따라 다르지만, 보통 다섯 개에서 수십 개까지 다양할 수 있습니다.

구성 요소 또는 테스트 대상(SUT)	테스트 유형	좋아 보이는 모습
배포된 모델 API	배포 후 테스트	• 테스트는 방금 사전 제작 또는 운영 환경에 배포된 모델 서비스를 호출합니다. • 테스트는 API 테스트에서 이미 다룬 시나리오를 중복하지 않습니다. • 로컬 실행 가능: 실제 서비스에 대해 테스트를 실행할 때, 서비스의 동작을 이해하기 위해 관련 로그에 접근할 수 있어야 합니다. • 수량: 보통 한두 개의 테스트
ML 모델들		
훈련된 ML 모델	지표 테스트 (전역 및 계층화)	• 테스트는 검증 데이터셋을 사용하여 모델을 평가합니다. • 테스트는 확장 가능해야 하며, 새로운 검증 데이터가 제공될 때마다 훈련 파이프라인과 독립적으로 실행될 수 있어야 합니다(자세한 내용은 6장의 '개방형–폐쇄형 테스트 설계' 참조). • 로컬 실행 가능: 위와 동일 • 수량: 보통 몇 개에서 열 개 정도
	동작 테스트	• 테스트는 특정 시나리오(예시 외 시나리오일 수도 있음)를 나열하고 모델의 기대 동작을 명시합니다. • 처음에는 한두 개의 예제로 시작하고, 데이터 생성 기술을 사용하여 단일 시나리오에 많은 예제를 포함할 수 있습니다. 이는 가치가 있을 경우에 유용합니다(자세한 내용은 6장에서 다룹니다). • 수량: 보통 몇 개에서 수십 개 정도
데이터		
입력과 출력을 위한 데이터 파이프라인	데이터 파이프라인 테스트 데이터 계약 테스트	• 테스트는 각 단계(예 추출, 변환, 로드)가 예상대로 작동하는지 확인하여 데이터 파이프라인이 올바르게 작동하는지 확인합니다. 이러한 테스트는 파이프라인을 통해 이동하는 데이터의 무결성과 정확성을 확인합니다. 또한 테스트에서는 데이터가 시스템 또는 구성 요소를 소비할 때 예상되는 합의된 스키마, 유형 및 형식을 준수하는지 확인합니다. • 수량: 파이프라인의 복잡성에 따라 다르지만 일반적으로 빠르게 실패하고 크게 실패하기 위해 파이프라인의 각 단계에 대해 여러 테스트를 수행합니다.
입력: 훈련 데이터	데이터 개인정보 보호 테스트	• 테스트는 훈련 데이터에 개인 식별 정보(PII)가 포함되지 않았고 관련 데이터 보호법(예 GDPR)을 준수하는지 확인합니다. • 수량: 준수를 입증할 수 있을 만큼 충분히 철저해야 하며, 데이터 유형에 따라 다를 수 있습니다.

이 책에서는 '소프트웨어 테스트'와 '모델 테스트' 두 가지를 모두 다룹니다. 각 테스트가 필수지만, 각각만으로는 불완전하기 때문입니다. 예를 들어, 소프트웨어 테스트는 논리적 정확성을 테스트하는 데 적합하지만, ML 모델의 품질을 테스트하는 데는 한계가 있습니다. 반면에 모델 테스트는 다양한 시나리오에서 모델의 동작을 관찰하는 데 유용하지만, 피처 엔지니어링 로직과는 거리가 멀어 그 로직의 정확성을 테스트하기에는 부족합니다. 요약하자면, 모든 ML 시스템에는 소프트웨어 테스트와 모델 테스트가 모두 필요합니다.

스위스 치즈 사고 원인 모델Swiss cheese model of accident causation을 고려해 보면 도움이 됩니다.[07] 이 모델은 위험 관리 분야에서 유래한 것으로, 각 테스트 계층이 특정 유형의 문제를 방지하지만, 단일 테스트 계층(예 단위 테스트, 훈련 스모크 테스트, 지표 테스트)만으로는 모든 종류의 원치 않는 결과를 테스트할 수 없음을 보여줍니다. 각 계층은 서로를 보완하여 맹점을 줄이고, 버그, 오류, 기타 부정적인 결과가 운영 환경으로 유입되는 위험을 줄여줍니다(그림 5-4).

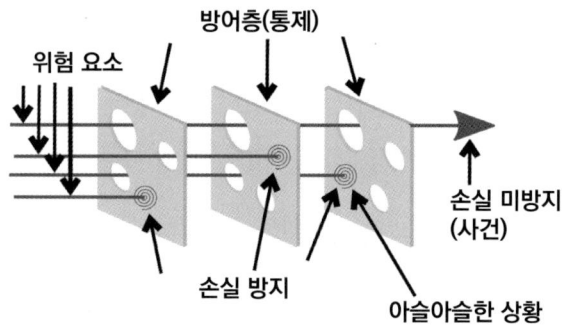

그림 5-4 스위스 치즈 사고 원인 모델[08]

이제 '[표 5-1] ML 시스템을 위한 자동 테스트 유형'을 좀 더 자세히 살펴보겠습니다.

---

07 https://oreil.ly/-ysTS
08 출처_ 벤 에블링(Ben Aveling), Wikimedia Commons, CC BY-SA 4.0에서 가져왔습니다(https://oreil.ly/-ysTS, https://oreil.ly/kJbAs 참고).

소프트웨어 로직

ML 모델을 처음부터 훈련시키거나, 사전 훈련된 모델을 사용자 도메인 데이터로 미세 조정하거나, 사전 훈련된 모델을 배포하거나, 에지 디바이스에서 연합 학습을 하든지 간에 코드를 작성하게 됩니다. 이 코드가 바로 소프트웨어입니다.[09] 즉, 컴퓨터에게 무엇을 하거나 어떤 작업을 수행할지 지시하는 명령어의 집합입니다.

소프트웨어 로직 구성 요소는 결정론적인 정확성으로 특징지어집니다(예 add(1, 2) = 3). 각 구성 요소와 그 함수는 입력 데이터를 받아 변환 로직을 적용한 후 출력 데이터를 반환하거나 데이터를 디스크에 저장하는 등의 작업을 수행합니다.

소프트웨어 로직 카테고리의 일반적인 구성 요소와 해당 테스트 목록은 [표 5-1]을 참조하세요.

ML 모델

소프트웨어 테스트는 필수지만, 이것만으로는 ML 시스템을 완전히 테스트하기에 충분하지 않습니다. 모델의 동작은 다차원 데이터로부터 학습되기 때문에, 우리가 기대하는 '올바른' 동작을 몇 가지 테스트만으로 명확히 정의하기 어렵기 때문입니다.

소프트웨어 테스트는 주로 예제 기반이나 포인트 기반으로 이루어지며, 속성 기반 테스트도 서너 가지 차원을 넘어서면 읽기 어렵고 유지하기 힘듭니다. 이때 모델 테스트가 필요합니다. 모델 테스트는 실제와 유사한 데이터를 사용하여 모델의 동작을 예상된 동작과 비교하고, 그 결과를 의미 있고 실행 가능한 방식으로 집계합니다.

ML 종사자들은 일반적으로 모델 평가 기법에 익숙하며, 도메인 전문가와 고객들은 모델의 동작이 올바른지, 잘못인지, 좋은지 나쁜지, 더 나은지 아닌지 등을 판단하는 직관적인 기준이 있습니다. 이는 자동화된 ML 테스트를 구현하기 위한 훌륭한 출발점입니다. 기존의 수동 테스트 접근 방식을 살펴보는 것부터 시작할 수 있습니다. 모델을 실제 환경에 배포할 때, 어

---

09 https://oreil.ly/1IoCJ

떤 지표나 수동 테스트가 새로운 모델이 '충분히 좋은'지에 대한 확신을 줍니까? 어떤 동작이 바람직하지 않습니까? 이러한 모델 테스트를 자동화하고, 시간이 지남에 따라 더 많은 품질 검사를 자동화하면서 이를 심화시킬 수 있습니다.

이러한 직관적인 기준을 자동화된 적합도 함수fitness function[10]로 코드화할 수 있습니다. 적합도 함수는 목표 상태에 얼마나 근접한지를 단일 지표로 요약할 수 있는 객관적이고 실행 가능한 함수입니다. 이러한 적합도 함수를 릴리스 파이프라인에 통합하면 ML 모델을 반복적으로 개선하고 수동 테스트를 줄이는 기반을 마련할 수 있습니다. 적합도 함수에 대해서는 6장에서 더 자세히 설명하겠습니다.

모델 테스트는 탐색적 평가, 오류 분석, 운영 모니터링, 데이터 큐레이션과 밀접한 관련이 있습니다. 이러한 실천들이 서로 어떻게 보완하는지에 대해서도 6장에서 다룹니다.

종합적으로 살펴보기: ML 시스템 테스트 피라미드

소프트웨어 테스트, 모델 테스트 및 기타 유형의 테스트가 어떻게 결합되어 포괄적인 테스트 전략을 만드는지 설명하기 위해, ML 시스템 테스트 피라미드ML systems test pyramid를 살펴보겠습니다(그림 5-5). 이 피라미드는 ML 시스템에서 테스트의 유형과 양을 보여줍니다. 왼쪽에서 오른쪽 그리고 위쪽 차례로 데이터, 모델 훈련 파이프라인, 소프트웨어 로직, ML 모델에 대한 테스트를 나타냅니다.

피라미드의 각 층 크기는 대략적인 테스트의 양을 나타냅니다. 예를 들어, 단위 테스트의 하단 층이 큰 경우, 이는 단위 테스트가 많아야 함을 의미합니다. 단위 테스트는 빠르고, 목표가 명확하며, 실패 시 원인을 파악하고 디버깅하기 쉽기 때문입니다. 반면, 탐색적 테스트는 피라미드 상단의 작은 영역을 차지합니다. 탐색적 테스트는 포괄적인 테스트 전략에서 중요한 역할을 하지만, 수동으로 수행되며 확장성이 떨어지기 때문에 많은 양의 탐색적 수동 테스트 절차가 쌓이지 않도록 해야 합니다.

---

[10] https://oreil.ly/Fi6wL

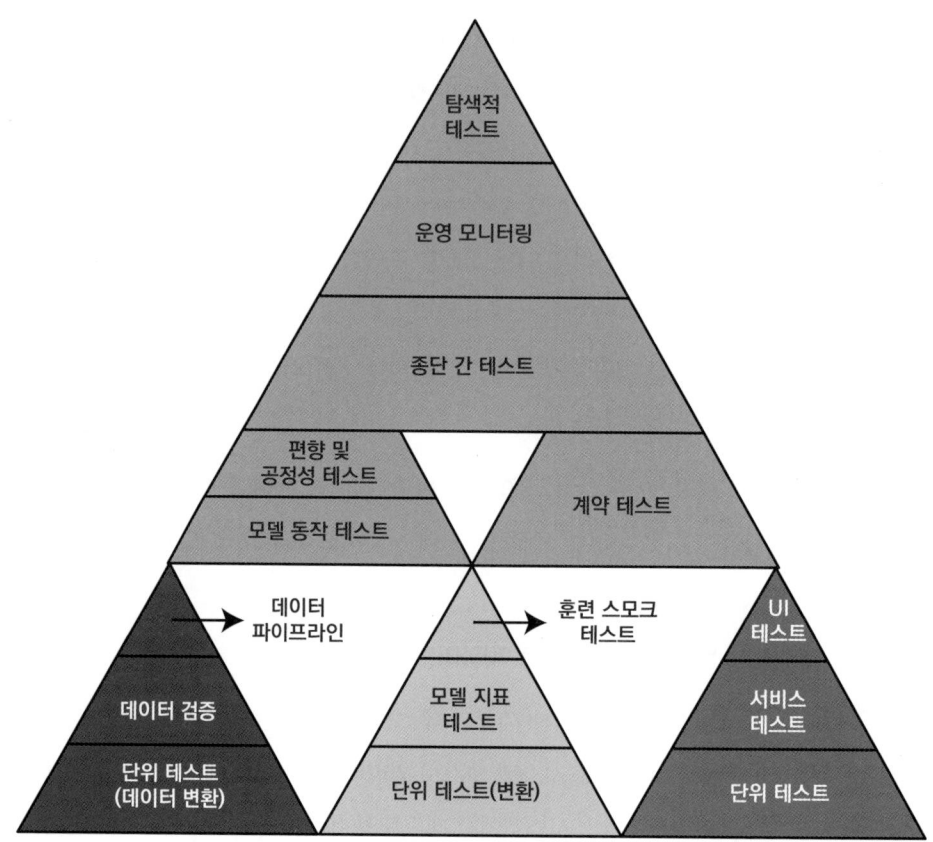

그림 5-5 ML 시스템 테스트 피라미드[11]

이 책에서는 테스트를 약간 다르게 분류합니다. 예를 들어, 소프트웨어 로직 테스트가 데이터, ML 모델, 소프트웨어 피라미드에서 단위 테스트로 나타날 수 있습니다. 그럼에도 ML 시스템 테스트 피라미드는 수동 테스트를 줄이고 자동화된 품질 보증을 개선하기 위해 포함할 수 있는 다양한 테스트 유형을 식별하는 데 유용한 시각적 도구입니다.

이제 ML 시스템에 대한 다양한 테스트를 잘 이해했으니, 좋은 테스트의 특성과 피해야 할 주요 함정에 대해 살펴보겠습니다.

---

11 출처_ 다닐로 사토(Danilo Sato) 외 'Continuous Delivery for Machine Learning'의 이미지를 수정하여 사용했습니다(https://oreil.ly/PMz0Z 참고).

5.2.2 좋은 테스트의 특징과 피해야 할 함정

합리적이고 유지 가능한 테스트를 작성하는 데 도움이 되는 특징과 실천 방법을 살펴보겠습니다. 많은 실천 방법이 소프트웨어 엔지니어링 분야의 단위 테스트와 테스트 주도 개발에서 비롯된 것이지만 이러한 방법들은 6장에서 다룰 모델 테스트에도 잘 적용됩니다.

테스트는 독립적이고 멱등성을 가져야 합니다

각 테스트는 독립적으로 실행되어야 합니다. 즉, 한 테스트의 결과가 다른 테스트에 영향을 미쳐서는 안 됩니다. 또한 테스트는 멱등성을 가져야 합니다. 즉, 몇 번을 실행해도 항상 같은 결과가 나와야 합니다. 이를 위해 공유 상태를 피하는 것이 좋습니다. 예를 들어, 공유 데이터베이스나 파일을 사용하는 테스트는 피해야 합니다.

멱등성이 없는 테스트는 불안정한 테스트입니다. 불안정한 테스트는 조건이 변하지 않았는데 예측할 수 없이 성공하거나 실패하는 테스트를 의미합니다. 불안정한 테스트를 발견하면 반드시 수정하거나 제거해야 합니다. 그렇지 않으면 팀의 시간을 낭비하게 되고 테스트와 CI 파이프라인에 대한 신뢰도도 떨어지게 됩니다.

테스트는 빠르게 그리고 명확하게 실패해야 합니다

버그와 오류보다 더 나쁜 것은 무엇일까요? 바로 조용한 버그와 오류입니다. 조용한 회귀의 일반적인 예는 모델 훈련 파이프라인이 성공적으로 완료되었지만, 그 아래에 숨겨진 모델 품질 저하가 감지되지 않는 경우입니다.

이를 방지하려고 빠르고 명확하게 실패하는 원칙을 적용할 수 있습니다. 이는 유닉스 철학의 원칙으로, 테스트와 CI 파이프라인에 적용해 빠른 피드백을 받을 수 있게 해 줍니다.[12] 예를 들어, 모델 훈련 파이프라인이 한 시간 걸린다면, 작은 데이터셋으로 전체 파이프라인을 테스트해 1~2분 내 변경 사항이 회귀를 일으키는지 확인할 수 있습니다. 이렇게 하면 빠르고 명확하게 실패할 수 있습니다(이 장 후반부에서 훈련 스모크 테스트에 대해 다룰 예정입니다).

---

[12] https://oreil.ly/Fz9mG

테스트는 구현이 아닌 동작을 검증해야 합니다

이 점을 설명하기 위해 제이슨 스윗Jason Swett의 자동차 테스트 비유를 해 보겠습니다. 구현을 테스트할 때는 자동차가 제대로 작동하는지 확인하기 위해 엔진, 점화 장치, 바퀴 등 필요한 모든 부품이 있는지 점검합니다. 반면에 동작을 테스트할 때는 자동차에 시동을 걸고 잠시 운전해 보는 방식으로 자동차가 제대로 작동하는지 확인합니다.

구현에 초점을 맞춘 테스트는 읽기 어렵고 변경에 취약합니다. 이를 나쁜 예와 좋은 예로 살펴보겠습니다.

```python
# 나쁜 예: 구현 중심 테스트
def test_train_model_returns_a_trained_model(mock):
    mock.patch("train.training_helpers._fit_model",
               return_value=RandomForestClassifier())

    model = train_model()

    assert isinstance(model, RandomForestClassifier)
```

```python
# 좋은 예: 동작 중심 테스트
def test_train_model_returns_a_trained_model():
    test_data = load_test_data()
    model = train_model(test_data)
    valid_predictions = [0, 1, 2]

    prediction = model.predict(test_data[0])

    assert prediction in valid_predictions
```

두 번째 테스트가 더 이해하기 쉬운 것을 느꼈나요?

첫 번째 테스트는 테스트 대상이 제대로 작성되지 않았고 테스트 가능한 경계가 부족할 때 특히 흔합니다. 편리한 해결책으로 코드의 일부를 목mock으로 대체할 수 있지만, 이는 대가를 치르게 됩니다. 예를 들어, `_fit_model()`이라는 비공개 함수에 실제로 오류가 있을 수 있지만, 테스트를 쉽게 하기 위해 코드의 일부를 생략하면 그 부분을 실제로 실행하지 않게 되어

_fit_model()에 숨겨진 오류를 발견할 수 없습니다.

구현이 아닌 동작을 테스트하는 데 집중하면 테스트가 더 읽기 쉽고 유용하며, 구현의 변경에도 덜 취약해집니다.

> **NOTE** 테스트는 코드이기 때문에 코드를 다루듯이 테스트를 다뤄야 합니다. 앞서 본 '나쁜 예' 테스트에서 발생한 문제점들은 열악한 소프트웨어 설계에서 비롯됩니다. 예를 들어, 첫 번째 테스트는 함수의 내부 구현 세부 사항을 너무 많이 알고 있어 캡슐화를 위반했습니다. 캡슐화를 위반하면 긴밀한 결합이 발생하고, 이는 코드의 여러 곳을 수정해야 하는 불안정한 코드로 이어집니다. 이를 '산탄총 수술shotgun surgery'이라고 합니다.[13]
>
> 이러한 설계 원칙에 대해서는 8장에서 더 자세히 다룰 예정입니다. 여기서 중요한 점은 테스트도 본질적으로 소프트웨어라는 것입니다. 따라서 읽기 쉽고 유지보수 가능한 코드를 작성하는 데 도움이 되는 좋은 코딩 관행을 적용해 테스트를 작성해야 합니다.

테스트는 개발 환경에서 실행 가능해야 합니다

클라우드(예 CI 파이프라인 등)에서 실행하는 모든 테스트는 로컬이든 클라우드 개발 환경이든 개발 환경에서 실행 가능해야 합니다. 개발 환경에서 테스트를 실행하고 실패를 재현할 수 있는 능력은 '작동 여부를 확인하기 위해 푸시하는' 안티패턴을 피하는 데 도움이 됩니다. 개발 환경에서 실행하면 몇 초 만에 피드백을 받을 수 있지만, 푸시해서 확인하는 방법은 몇 분에서 수십 분이 걸립니다.

테스트가 CI 파이프라인에서 실패하면, 먼저 개발 환경에서 그 실패를 재현하고 버그를 수정하세요. 이 과정에서 중단점을 추가하고 디버깅하는 것이 print문을 추가하고 푸시한 후 몇 분 또는 몇 시간을 기다리며 결과를 확인하는 것보다 훨씬 효율적입니다. 개발 환경에서 오류를 분석할 수 있으면 실패 원인을 더 빠르게 파악할 수 있습니다.

일부 경우에는 로컬 머신에서 테스트를 실행할 수 없는 상황도 있습니다. 예를 들어, 모델이 너무 커서 로컬 머신에 맞지 않거나, 로컬에서 모델을 훈련시키는 데 너무 오래 걸리는 경우

---

[13] https://oreil.ly/YMGWZ

가 있습니다. 이런 경우에는 매우 작은 테스트 데이터셋을 사용해 작은 모델을 훈련시키는 방식으로 테스트를 설계할 수 있습니다. 이는 클라우드에서 전체 훈련을 실행하기 전에 간단한 스모크 테스트로 활용할 수 있습니다.

또한 개발 환경을 설정하여 로컬 머신에서 클라우드 내의 대규모 모델 훈련을 원격으로 트리거할 수 있도록 할 수 있습니다. 예를 들어, 메타플로[14]나 레이[15] 같은 도구를 사용하면 '작동 여부를 확인하기 위해 푸시하는' 안티패턴을 피할 수 있습니다.

테스트는 기능 개발의 일부여야 합니다

테스트는 기능 개발의 일부로 작성해야 하며, 나중에 별도로 추가해서는 안 됩니다. 그 이유는 두 가지입니다.

첫째, 나중에 작성된 테스트는 너무 거칠게 작성되는 경향이 있어, 개발 과정에서 테스트를 작성하는 것의 가치를 놓치게 됩니다. 해결하려는 문제가 여러 하위 문제로 구성되어 있을 때가 많습니다. 이 경우 테스트를 작성하면 한 번에 하나의 하위 문제에 집중할 수 있어, 모든 문제를 한꺼번에 해결하려는 것보다 인지 부하가 훨씬 적습니다.

둘째, '테스트 작성 작업'은 새로운 기능 개발만큼 중요하게 보이지 않아, '작업을 완료해야 한다'는 압박으로 백로그에 묻혀버리는 경우가 많습니다. 그 결과, 기술 부채가 쌓이고 나중에 수동 테스트에 시간을 들여야 하는 상황이 발생합니다. 이는 자동 테스트가 부족할 때 누적된 테스트 노력의 증가를 보여주는 [그림 5-3]을 떠올려 보세요.

기능 개발의 일부로 테스트를 작성하는 이유와 방법 등에 대해서는 다음의 '테스트 주도 개발'에 관한 글상자를 참고하세요.

---

[14] https://oreil.ly/RzNXY
[15] https://oreil.ly/y0rkm

> ### 테스트 주도 개발
>
> 테스트 주도 개발Test-driven development(TDD)은 코드를 작성하기 전에 테스트를 먼저 작성하는 소프트웨어 엔지니어링 기법입니다. TDD에서는 개발자가 기능이나 컴포넌트의 원하는 동작을 정의하는 자동 테스트를 작성한 후, 그 테스트를 통과시키기 위해 코드를 작성합니다.
>
> TDD는 특히 ML 프로젝트에서 매우 유용합니다. 이는 큰 문제를 작은 단위로 나누어 한 번에 한 조각씩 해결할 수 있도록 도와줍니다. 결과적으로 TDD는 문제를 해결하는 코드 로직뿐 아니라 에지 케이스를 식별하고, 살아 있는 문서를 작성하며, 리팩터링과 변경 사항을 몇 초 내에 검증할 수 있는 안전망을 구축하고, 시간이 지나도 잘 확장되는 자가 테스트 코드를 개발할 수 있게 합니다. 또한 TDD는 모듈화된 코드와 더 잘 정의된 경계를 작성하도록 유도합니다. 이는 테스트에서 함수 호출과 기대치를 지정하기 위해 이러한 경계가 필요하기 때문입니다. 그 결과, 긴 파이썬 스크립트나 거대한 함수에 얽매인 '작동하는 코드'를 작성하는 대신 더 나은 코드 구조를 갖추게 됩니다.
>
> TDD를 구현하기 위해 일반적으로 다음의 세 가지 단계를 따릅니다.
>
> **1. 기능이나 컴포넌트의 원하는 동작을 정의하는 테스트를 작성합니다.**
> **2. 테스트를 실행하고 실패하는 것을 확인합니다(기능이 아직 구현되지 않았기 때문입니다).**
> **3. 테스트를 통과시키기 위해 필요한 최소한의 코드를 작성합니다.**
>
> 이 과정을 반복하여 기능이나 작업이 완료될 때까지 계속합니다.
>
> 여러 ML 프로젝트에서의 경험을 바탕으로, 코드에 자동 테스트를 추가하는 데 시간과 노력을 투자하면 그 투자 효과가 매우 빠르게 나타난다는 것을 알 수 있습니다. 이는 수동 테스트와 수동 테스트의 틈새에서 발생하는 디버깅 결함을 줄여주는 데 상당한 시간과 에너지를 절약할 수 있기 때문입니다.
>
> TDD는 소프트웨어 테스트에서 매우 유용할 수 있습니다. 이는 함수의 동작을 사전에 명확히 정의할 수 있기 때문입니다. 우리는 LLM 애플리케이션[16]을 개발할 때도 TDD를 적용하여 그 혜택을 누렸습니다. 그러나 ML 모델 테스트에서는 해결책을 구현하기 전에 특정 동작을 예측하기 어려운 경우가 많아 TDD가 더 어려울 수 있다는 점을 인정합니다. 이러한 상황에서는 다른 테스트 방법이 도움이 될 수 있으며, 6장에서 이러한 모델 테스트 방법에 대해 설명할 것입니다.
>
> 우리의 경험에 따르면, ML 프로젝트에서 TDD를 적용할 수 있는지 여부를 판단하는 것이 TDD를 무조건적으로 거부하거나 고집하는 것보다 더 생산적입니다.

테스트는 '버그를 한 번에 잡아내기' 위한 도구입니다.

기능 개발 시 테스트를 작성해야 한다는 점을 이미 언급했습니다. 버그 수정이나 운영 문제

---

[16] https://oreil.ly/95y0X

대응에서도 마찬가지로 테스트를 작성해야 합니다. 먼저 오류 상황을 재현하는 테스트를 작성하면 확실한 출발점을 갖게 되며, 수정 작업을 반복하면서 빠르게 테스트를 실행할 수 있습니다. 이러한 테스트는 이 버그가 다시 발생하지 않도록 보장해 줍니다(누군가 테스트를 건너뛰거나 제거하지 않는 한).

이 원칙은 모델 테스트에도 적용됩니다. 예를 들어, 수동 테스트나 사용자 피드백을 통해 모델이 특정 데이터 세그먼트에서 다른 세그먼트보다 더 자주 잘못된 예측을 내놓는다는 것을 알게 될 수 있습니다. 이 문제를 해결하기 위한 임시 오류 분석 외에도 각 세그먼트의 모델 품질 지표가 서로 X% 이내에 있는지 확인하는 층화된 지표 테스트를 작성할 수 있습니다. 이 테스트는 모델이 중요한 데이터 세그먼트에서 다시 성능이 떨어지면 이를 감지하고, 해당 모델이 운영 환경에 배포되는 것을 막아줍니다. 이러한 테스트의 예시는 6장에서 다룰 것입니다.

토요타의 베테랑 이사오 요시노$^{\text{Isao Yoshino}}$는 "배우지 않는다면 그것은 실패일 뿐이다"라고 말했습니다. 모든 운영 문제나 고객 불만은 제품의 결함에 대한 귀중한 피드백이며, 테스트는 이러한 결함이 해결되었음을 코드화하고 동일한 버그가 다시 발생하지 않도록 보장해 줍니다.

이러한 특성과 피해야 할 함정들은 테스트를 설계하고 작성할 때 유용한 지침이 됩니다. 특히 확신이 서지 않을 때(예 '이 스토리에서 테스트를 작성하는 것이 가치가 있을까?'), 이러한 원칙은 더 나은 결정을 내리는 데 도움을 줍니다. 여러분에게도 같은 도움이 되기를 바랍니다.

이제 테스트의 바람직한 특성을 알았으니, 자동 테스트의 구성 요소와 작성 방법을 살펴보겠습니다.

5.2.3 테스트 구조

이 절에서는 자동 테스트의 구조에 대해 설명하겠습니다. 이 구조는 단위 테스트의 실천에서 비롯되었지만, 다른 종류의 소프트웨어 테스트와 모델 테스트에도 잘 적용됩니다.

자동 테스트는 세 가지 요소를 포함해야 합니다.

- 의미 있는 테스트 이름
- 준비, 실행, 검증^{arrange, act, assert}(AAA) 구조
- 구체적이고 전체적인 검증

이 요소들을 설명하기 위해, 좋은 예와 나쁜 예를 살펴보겠습니다. 다음 절에서는 더 정교한 테스트를 다룰 예정이지만, 지금은 좋은 테스트의 특성에 집중하기 위해 간단한 예를 들어 보겠습니다.

```python
# 좋은 예
def test_convert_keys_to_snake_case_for_keys_with_spaces_or_punctuation():  ❶
    # arrange(입력 조건 제공) ❷
    user_details = {"Job Description": "Wizard",
                    "Work_Address": "Hogwarts Castle",
                    "Current-title": "Headmaster"}

    # act
    result = convert_keys_to_snake_case(user_details)

    # assert(출력 조건 확인)
    assert result == {
      "job_description": "Wizard",
      "work_address": "Hogwarts Castle",
      "current_title": "Headmaster"
    } ❸
```

❶ 테스트 이름은 우리가 무엇을 테스트하는지를 설명합니다. 예를 들어, 함수 `convert_keys_to_snake_case()`는 특정 조건(공백과 구두점이 있는 키)에 대해 사전의 키를 업데이트해야 한다는 것을 나타냅니다. 이렇게 명확한 테스트 이름은 이후에 나오는 구현 세부 사항을 이해하기 위한 준비를 도와줍니다. 많은 테스트가 있는 대규모 프로젝트에서는 '무엇'을 설명하는 잘 지어진 테스트 이름이 복잡한 구현 세부 사항을 추상화하여 인지 부하를 줄이는 데 도움이 됩니다.

❷ 테스트는 준비, 실행, 검증(AAA) 구조를 따르며, 코드의 세 블록을 시각적으로 구분하기 위해 빈 줄을 사용합니다. 실제 테스트에서는 '준비, 실행, 검증'을 명시적으로 적을 필요는 없습니다. 빈 줄을 사용하여 세 블록을 나타내는 것이 소프트웨어 테스트에서 일반적인 관행이기 때문입니다. 또한 테스트를 더 읽기 쉽게 만들기 위해 절을 병합할 수도 있습니다. 예를 들어, 작은 테스트에서는 준비와 실행을 병합할 수 있습니다.

❸ 단일하고 종합적인 검증은 이 함수에서 기대하는 바를 명확히 해 줍니다. 이제, 나쁜 예를 살펴보겠습니다.

```python
# 나쁜 예
def test_convert_keys_to_snake_case():  # ❶
    result = convert_keys_to_snake_case({"Job Description": "Wizard",
                                          "Work Address": "Hogwarts Castle",
                                          "Current_title": "Headmaster"
})
    assert result["job_description"] == "Wizard"  # ❷
    assert result["work_address"] is not None  # ❸
```

❶ 일반적인 테스트 이름(test_로 시작하는 것)은 우리가 어떤 시나리오를 테스트하는지에 대한 정보를 거의 제공하지 않으며, 테스트의 구현 세부 사항을 읽어야만 이해할 수 있게 만듭니다.

❷ 검증이 단편적이고 불완전합니다. 예를 들어, `Current_title`에 대해 검증하지 않았기 때문에 실제로 버그를 놓칠 수 있습니다.

❸ 두 번째 검증은 너무 모호합니다. 함수가 `work_address` 필드에 대해 잘못된 값을 반환해도 테스트는 통과할 수 있습니다.

이제 자동 테스트의 이유, 목적, 방법을 알았으니 첫 번째 테스트 카테고리인 소프트웨어 테스트로 들어가 봅시다!

5.3 소프트웨어 테스트

이 절에서는 ML 시스템에서 흔히 사용되는 소프트웨어 컴포넌트를 테스트하는 데 유용한 네 가지 유형의 소프트웨어 테스트를 살펴보겠습니다.

- 단위 테스트
- 훈련 스모크 테스트
- API 테스트
- 배포 후 테스트

각 소프트웨어 테스트가 ML 모델의 제품화 경로에서 어디에 위치하는지 확인하고 싶다면, 앞에서 살펴 본 [그림 5-2]를 참고하세요.

5.3.1 단위 테스트

단위 테스트는 ML 시스템의 개별 구성 요소, 주로 함수의 정확성을 보장하는 데 도움을 줍니다. 함수가 어떤 작업을 수행하든, 단위 테스트는 함수의 예상 동작을 명확히 지정하고 코드가 변경될 때마다 이러한 기대가 여전히 유효한지 확인해 줍니다. 수십 년간의 소프트웨어 엔지니어링 경험은 수동 테스트보다 단위 테스트가 훨씬 더 신뢰할 수 있고 확장 가능하다는 것을 가르쳐주었습니다. 수동 테스트는 오류가 발생하기 쉽고 시간이 갈수록 점점 더 많은 시간을 소요하게 됩니다. 테스트를 전혀 하지 않는 것보다는 훨씬 나은 방법입니다.

이 장에서 나열된 다른 유형의 테스트는 특정 상황에서는 필요하지 않을 수 있습니다(예 API를 배포하지 않는다면 API 테스트가 필요하지 않습니다). 그러나 단위 테스트는 ML 솔루션에서 반드시 필요한 유일한 테스트 유형입니다. 소프트웨어 로직은 일반적으로 ML 프로젝트에서 대부분의 코드를 차지합니다. 예를 들어, ML 시스템의 중요한 부분인 피처 엔지니어링은 본질적으로 순수 함수와 데이터 변환입니다. 이 로직을 테스트하지 않으면 버그와 오류가 발생할 가능성이 높아지고, 수동 테스트의 큰 틈을 통해 빠져나간 결함을 디버깅하는 데 수많은 시간을 소비하게 될 것입니다.

단위 테스트가 가능한 코드 설계 방법

단위 테스트의 중요성을 이해하고 직접 단위 테스트를 작성하고 싶어졌습니다. 하지만 현재 코드베이스가 테스트하기 매우 어려워 보일 수 있습니다. 예를 들어, 모든 코드가 매우 긴 파이썬 스크립트나 노트북에 있고 호출할 함수조차 없다면, 테스트하기가 어렵습니다. 호출할 함수도 없고 결과를 검증할 방법도 없기 때문입니다.

좋은 소식은, 만약 그런 코드베이스를 마주하게 된다면, 모듈화되고 합리적이며 테스트 가능한 코드베이스로 리팩터링할 수 있는 기술이 있다는 것입니다(리팩터링에 관한 내용은 8장에서 다룰 것입니다). 지금 중요한 점은 코드가 테스트하기 어렵게 작성될 수 있다는 것입니다. 이는 자동 테스트가 사후에 고려될 때 주로 발생합니다. 코드를 단위 테스트하기 쉽게 만들기 위해 다음 두 가지를 실천해야 합니다. (i) 해결책의 일환으로 테스트를 작성하고 (ii) 함수형 프로그래밍의 기능적 코어, 명령형 셸 설계 패턴[17]을 사용하여 코드를 작성하는 것입니다(그림 5-6).

- **두꺼운 기능적 코어**

    두꺼운 기능적 코어는 순수 함수(입력이 동일하면 출력도 동일하고 부작용이 없는 함수)의 모음을 의미합니다. 예를 들어, 데이터 처리, 피처 엔지니어링, 데이터 변환 등이 포함될 수 있습니다. 순수 함수는 결정론적이고 멱등성이 있어 테스트하기 훨씬 쉽습니다.

- **얇은 명령형 셸**

    얇은 명령형 셸은 부작용을 수행하는 작은 함수 모음을 의미합니다(예 데이터 로드, 파일을 디스크나 원격 버킷에 저장). 이러한 외부 세계와의 상호작용은 계산 비용이 많이 들고 비결정론적입니다. 이를 기능적 코어에서 제외함으로써, 기능적 코어를 훨씬 더 쉽게 빠르게 테스트할 수 있습니다.

---

[17] https://oreil.ly/3Gqkc

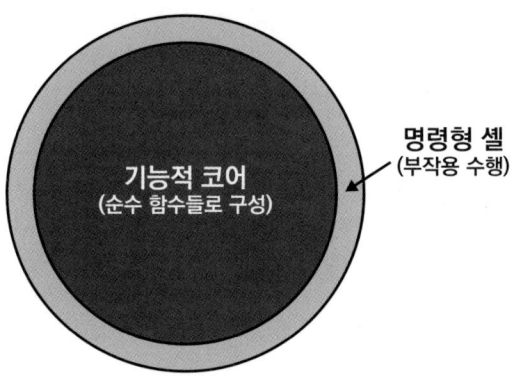

그림 5-6 기능적 코어와 명령형 셸 설계 패턴[18]

> **NOTE** 참고로, 여기서 '명령형'이라는 단어는 처음에 우리를 혼란스럽게 했습니다. 왜냐하면 우리는 이것이 컴퓨터에게 명령을 내리는 명시적인 순서로 코딩하는 스타일을 의미한다고 생각했기 때문입니다(명령형 코드와 선언형 코드[19]처럼). 그러나 실제로는 명령형 프로그래밍을 의미합니다(명령형 프로그래밍과 함수형 프로그래밍[20]처럼). 사이먼 프레이저 대학교의 강사 필립 퐁Philip Fong에 따르면, 명령형 프로그래밍은 '부작용이 허용될 뿐만 아니라 우리가 프로그래밍하는 주요 수단이 되는 프로그래밍 스타일'입니다.

이 설계 도구를 활용하여, 이제 특정 함수에 대한 단위 테스트를 작성하는 방법을 자세히 살펴보겠습니다.

단위 테스트는 어떻게 작성하나요?

각 단위 테스트에서는 테스트할 함수에 전달할 입력과 함수의 반환값(또는 얇은 명령형 셸의 경우 부작용)에 대한 기대치를 명시합니다.

단위 테스트는 이 장에서 앞서 설명한 자동 테스트와 동일한 요소를 포함합니다. 읽기 쉬운 테스트 이름, AAA 구조(준비, 실행, 검증) 그리고 종합적인 검증입니다. 작은 도전 과제로,

---

[18] https://oreil.ly/3Gqkc
[19] https://oreil.ly/zk2JZ
[20] https://oreil.ly/E0A0i

아래 코드 샘플을 읽고 테스트에서 각 요소를 찾아볼 수 있나요?

다음은 사전의 키를 스네이크 케이스로 변환하는 함수에 대한 단위 테스트 예시입니다.

```python
# 사전을 변환하는 함수 단위 테스트하기
def test_convert_keys_to_snake_case_replaces_title_cased_keys():
  result = convert_keys_to_snake_case({"Job Description": "Wizard",
                                       "Work_Address": "Hogwarts Castle"})

  assert result == {
    "job_description": "Wizard",
    "work_address": "Hogwarts Castle"
  }
```

다음은 판다스 데이터프레임에 데이터 변환을 적용하는 함수에 대한 또 다른 단위 테스트 예시입니다.

```python
# 데이터프레임을 변환하는 함수를 단위 테스트하기
from pandas._testing import assert_frame_equal  ❶

def test_normalize_columns_returns_a_dataframe_with_values_between_0_and_1():
  loan_applications = pd.DataFrame({"income": [10, 100, 10000]})

  result = normalize_columns(loan_applications)
  expected = pd.DataFrame({"income": [0, 0.009, 1]})
  assert_frame_equal(expected, result)  ❷
```

❶ 데이터프레임이 같은지 확인하려면, 판다스의 assert_frame_equal()[21] 또는 assert_series_equal()[22]를 사용합니다.

❷ 함수에 대한 기대를 명확히 하면 코드의 동작을 더 잘 이해할 수 있습니다. 이 예시에서는 min-max 정규화가 잘못된 데이터 변환일 수 있음을 알게 됩니다. 이는 가장 작은 값을 0으로 설정하기 때문입니다. 예를 들어, income 값이 10인 경우 정규화 후 0이 됩니다.

---

21 https://oreil.ly/mIdFt
22 https://oreil.ly/ZQqdx

대신 로그 변환log transformations[23]을 사용하는 것이 더 나을 수 있습니다. 이 테스트를 통해 버그를 발견하고 피처 엔지니어링 논리를 개선할 기회를 찾았습니다.

이렇게 쉬워 보이는 이유는, 한 번 배우면 실제로 쉽기 때문입니다. 단위 테스트는 새로운 기능을 작성할 때마다 테스트를 함께 작성할 수 있게 도와주는 간단하고 강력한 도구입니다. 단위 테스트를 통해 코드의 정확성과 품질을 보장하면, 이전에 설명한 여러 이점을 누릴 수 있습니다. 팀이 자동 테스트를 통해 코드의 정확성과 품질을 보장하는 습관을 들이면, ML 실험의 신뢰성, 민첩성, 속도가 향상됩니다.

이제 ML 시스템의 또 다른 구성 요소로 넘어가 보겠습니다. 많은 사람이 테스트하기 어렵다고 생각하는 ML 훈련 파이프라인입니다.

5.3.2 훈련 스모크 테스트

ML 훈련은 보통 오랜 시간이 걸리며 몇 분에서 몇 시간까지 걸릴 수 있습니다. 이 긴 대기 시간은 코드 변경의 효과를 평가하는 피드백 루프를 길게 만들고, 워크플로를 방해하며, 멀티태스킹과 맥락 전환을 유도할 수 있습니다.

모델 훈련이 10분밖에 걸리지 않더라도, 마지막 단계에서 오류를 찾기 위해 10분을 기다릴 필요가 있을까요? 1분 이내에 오류를 찾을 수 있다면 더 좋지 않을까요? 훈련 스모크 테스트는 코드 변경이 예상대로 작동했는지, ML 훈련 작업에서 문제가 발생했는지에 대해 빠른 피드백을 제공합니다. 테스트가 통과하면 전체 ML 훈련이 성공할 가능성이 높아집니다.

훈련 스모크 테스트는 전체 코드 경로를 실행하지만, 아주 작은 데이터셋을 사용합니다. 10개의 예시만으로도 충분할 수 있습니다. 여기서 테스트하는 대상은 데이터 로딩, 피처 엔지니어링, 모델 훈련 그리고 산출물을 만드는 전체 ML 훈련 과정을 연결하는 코드입니다. 작은 모델이라도 포함됩니다.

---

[23] https://oreil.ly/RKDC8

테스트가 통과하는 기준은 문제가 발생하지 않는 것입니다. '스모크 테스트'라는 용어는 전자 하드웨어 테스트에서 유래했습니다.[24] 새로운 보드를 연결하고 전원을 켰을 때, 보드에서 연기가 나면 전원을 끄라는 의미입니다. 무언가 잘못되었다는 신호입니다. ML 커뮤니티에서는 이러한 테스트를 사전 훈련 테스트 pretrain test[25] 또는 통합 테스트 integration test[26] 라고 부르기도 합니다.

이 테스트를 어떻게 작성하나요?

사용하는 ML 훈련 프레임워크에 따라 구현 방법은 다를 수 있지만, 기본적인 접근 방식은 동일합니다. 전체 훈련과 마찬가지로 ML 훈련 파이프라인을 로컬에서 실행하되, 아주 작은 데이터셋을 사용합니다. 다음은 훈련 스모크 테스트의 예입니다.

```python
def test_training_smoke_test():
    data = pd.read_csv("/code/data/train.csv", encoding="utf-8",
                      low_memory=False)
    # 대상 컬럼별로 그룹화하여 데이터에 대한 훈련을 보장합니다.
    # 모든 타깃 레이블이 포함되어 있습니다.
    test_data = data.groupby('DEFAULT') \
                    .apply(lambda df: df.head(10)) \
                    .reset_index(drop=True)

    pipeline = train_model(test_data)

    predictions = pipeline.predict(test_data)
    valid_predictions = {0, 1}
    assert valid_predictions.issubset(predictions)
```

터미널에서 다음 명령어를 실행하여 훈련 스모크 테스트를 수행할 수 있습니다.[27]

```
./batect --output=all smoke-test-model-training
```

---

[24] https://oreil.ly/S7Da1
[25] https://oreil.ly/idW2z
[26] https://oreil.ly/ZS4h8
[27] batect가 무엇인지 그리고 어떻게 설정하는지 다시 확인하려면 4장을 참고하세요.

이전 프로젝트 중 하나에서 ML 훈련 파이프라인이 세 시간이 걸렸습니다. 전체 훈련은 클라우드에서 실행되었고(메타플로[28] 사용) ML 종사자들은 파이프라인의 마지막 단계에서 오류를 확인하기 위해 두 시간을 기다리기도 했습니다. 그래서 우리는 작은 데이터셋을 사용해 로컬 모드에서 메타플로를 실행하여 훈련 파이프라인을 1~2분 내에 로컬에서 실행하는 훈련 스모크 테스트를 고안했습니다.

훈련 스모크 테스트는 사전 커밋 훅pre-commit hook으로도 실행됩니다. 오류를 푸시하기 직전에 세 시간이 아닌 2분 이내에 오류를 발견할 수 있습니다.

어떤 ML 오케스트레이션 도구나 플랫폼을 사용하든, 이를 활용해 훈련 스모크 테스트를 만드는 방법을 찾아보세요. 만약 그런 방법이 없다면 그리고 자주 많은 시간을 기다리는 데 소비하고 있다면, 그 플랫폼이나 도구가 도움이 되기보다는 오히려 방해가 되고 있는 것일 수 있습니다.

이제 ML 시스템에서 보통 느리고 오래 걸리는 구성 요소에 대해 빠른 피드백을 받을 수 있게 되었으니, 다시 방향을 바꿔 모델을 서비스하기 위해 작성하는 소프트웨어를 어떻게 테스트할 수 있는지 알아보겠습니다.

5.3.3 API 테스트

훈련된 모델을 웹 API로 캡슐화하고 배포하는 경우, 다른 웹 API와 마찬가지로 API를 테스트하고 시작할 수 있습니다. 여기서 테스트 대상은 웹 API 애플리케이션입니다.

ML 모델을 제공하는 입장에서, 프런트엔드 애플리케이션이나 다른 API와 같은 하위 구성 요소들이 당신의 API에 의존하게 됩니다. 이러한 하위 소비자들은 당연히 API의 동작(예 요청 및 응답 스키마)에 의존하게 됩니다. 만약 API 동작이 변경되어 이들 소비자와의 약속을 깨뜨리면, 하위 시스템이 고장 나고 많은 문제가 발생할 수 있습니다.

이런 상황에서는 API 테스트가 매우 유용합니다. API 테스트는 외부 세계와의 약속(즉, 계

---

[28] https://oreil.ly/RzNXY

약)을 여전히 지키고 있는지 확인하는 경량 계약 테스트 역할을 합니다. 코드 변경이 하위 시스템을 망가뜨릴 가능성이 있다면, 변경 사항이 어디에도 배포되기 전에 그리고 결함이 커밋되기 전에 로컬에서 테스트를 통해 이를 알려주는 것이 좋습니다. API 테스트 실패는 API 버전 관리와 스키마 변경 관리[29]를 생각하게 하는 계기가 될 수 있습니다. 테스트 실패는 저녁 식사 중에 다른 팀으로부터 예기치 않은 메시지를 받는 것보다 훨씬 낫습니다.

이 테스트를 어떻게 작성하나요?

세 단계로 이 테스트를 작성할 수 있습니다.

1. 주어진 요청에 대해 기대하는 동작을 생각합니다.
2. 사용 중인 API 라이브러리에 대한 API 테스트 작성 방법을 찾습니다(예 FastAPI를 사용 중이라면 FastAPI 테스트 클라이언트 사용[30]).
3. 테스트를 작성하고 실행합니다!

다음은 모델 API 테스트의 예입니다.

```python
from fastapi.testclient import TestClient
from precisely import assert_that, is_mapping, \
    greater_than_or_equal_to, less_than_or_equal_to

from api.app import app

client = TestClient(app)

def test_root(self):
    response = client.get("/")

    assert response.status_code == 200
    assert response.json() == {"message": "hello world"}  ❶

def test_predict_should_return_a_prediction_when_given_a_valid_payload(self):  ❷
```

---

[29] https://oreil.ly/A7r-y
[30] https://oreil.ly/5uqzm

```
    valid_request_payload = {
      "Changed_Credit_Limit": 0,
      "Annual_Income": 0,
      "Monthly_Inhand_Salary": 0,
      "Age": 0,
    } ❸)

    response = client.post("/predict/",
                           headers={"Content-Type": "application/json"},
                           json=valid_request_payload) ❹

    assert response.status_code == 200
    assert_that(response.json(),
                is_mapping({"prediction": greater_than_or_equal_to(0)
                                          and less_than_or_equal_to(4),
                            "request": valid_request_payload}) ❺
```

❶ '/' 요청에 대한 핸들러를 정의하여 hello world 메시지를 반환한다고 가정하면, 엔드포인트 핸들러가 예상된 응답을 반환하는지 테스트하기 위해 간단한 검증문을 작성할 수 있습니다.

❷ 가독성 있는 테스트 이름을 작성하기 위해 우리는 다음 형식을 선택했습니다. '{엔드포인트 경로}(/predict)는 {예상 출력}을 반환합니다, 주어진 {입력 종류}에 대해.' 다른 테스트 시나리오에 대해 테스트 이름을 더 세밀하게 조정할 수 있습니다(예 predict는 요청에 모든 필요한 특징이 포함되지 않았을 때 누락된 특징 오류 메시지를 반환합니다).

❸ 준비합니다.

❹ 실행합니다.

❺ 검증합니다.

터미널에서 다음 명령어를 실행하여 API 테스트를 수행할 수 있습니다.

```
./batect --output=all api-test
```

추천 방법: 전체를 검증하기

테스트에서 흔히 발생하는 문제는 부분적인 검증입니다. 아래의 나쁜 예에서는 응답 객체에 대한 검증이 여러 개로 나뉘어 있습니다. 반면, 좋은 예에서는 단일 딕셔너리를 사용하여 응답 객체 전체를 검증합니다.

```python
# 나쁜 예: 부분 검증
response = client.post("/predict/", json=valid_request_payload)

assert response.json()["prediction"] == 3
assert response.json()["message"] == "OK"
```

```python
# 좋은 예: 전체 검증
response = client.post("/predict/", json=valid_request_payload)

assert_that(response.json(), is_mapping({"prediction": 3,
                                         "message": "OK"
                                        })
            )
```

나쁜 예는 '코끼리의 부분'에 대해 검증하는 것이고, 좋은 예는 '코끼리의 전체'를 검증하는 것입니다. 전체를 검증하는 것이 더 나은 이유는 두 가지입니다. 첫째, 테스트가 더 읽기 쉽습니다. 한눈에 API 응답의 스키마를 볼 수 있습니다(두 개의 필드를 가진 딕셔너리입니다).

둘째, 테스트가 더 포괄적입니다. API가 반환하는 전체 응답 페이로드를 테스트하여 응답 페이로드의 예기치 않은 변경 사항을 잡아낼 수 있습니다. 우리의 경험에 따르면, '코끼리의 부분'에 대해 검증할 때 팀이 새로운 부분(예 코)을 추가하면 테스트를 업데이트하는 것을 잊어버릴 수 있습니다. 어느 날 코가 사라져도 테스트는 결함에 대해 아무런 피드백을 주지 않을 것입니다.

팀이 부분적인 검증을 작성하는 이유 중 하나는 전체적인 검증을 지정할 도구나 언어가 부족하기 때문입니다. 예를 들어, 테스트에서 모델의 예측이 비결정적일 수 있어서 검증을 나누어 작성하는 경우가 있습니다. 다행히도 이제 우리는 파이썬 라이브러리(예 precisely[31])를 사용하여 모델 예측의 특정 값이 아닌 응답의 스키마에 대해 전체적인 검증을 작성할 수 있습니다. 이제 이러한 스타일의 테스트에서 전체적인 검증을 어떻게 작성할 수 있는지 알아보겠습니다.

```
# holistic assertion

from precisely import assert_that, is_mapping, any_of, equal_to, is_instance

actual_response = {          ❶
  "prediction": 1,           ❷
  "status": "OK",            ❸
  "user_name": "Harry"       ❹
}

assert_that(actual_response, is_mapping({   ❺
  "prediction": any_of(equal_to(0), equal_to(1), equal_to(2)),   ❻
  "status": "OK",
  "user_name": is_instance(str)   ❼
}))
```

❶ 설명을 위해 하드코딩된 응답입니다. 실제 테스트에서는 함수가 반환하는 결과입니다.

❷ 모델은 예측 값으로 0에서 2 사이의 값을 반환할 수 있습니다.

❸ 이 필드는 결정적인 값입니다.

❹ 이 필드의 특정 값은 중요하지 않고, 문자열인지 여부만 중요합니다.

❺ `is_mapping()`은 파이썬 딕셔너리(다른 프로그래밍 언어에서는 Map으로 알려져 있음)를 기대하고 있음을 지정합니다.

❻ 예측 값이 0, 1, 2 중 하나일 수 있다고 명시합니다. 더 긴 목록의 경우, 리스트 컴프리헨션list comprehension을 사용하여 간결하게 작성할 수 있습니다.

❼ `user_name`이 문자열이라는 것만 중요하며, 반환되는 특정 값은 중요하지 않습니다.

---

[31] https://oreil.ly/__A8U

이 도구와 기술은 검증 대상이 비결정적인 값을 포함하는 경우에도 읽기 쉽고 전체적인 검증을 작성하는 데 도움이 됩니다.

> **NOTE** 성숙한 소프트웨어 엔지니어링 관행을 가진 조직에서는 API 테스트 방법이나 전체적인 테스트 전략에 대한 패턴이 확립되어 있을 수 있습니다. 만약 여러분의 조직이 그렇다면, 관련 문서나 전문가를 찾아 이러한 패턴을 여러분이 배포하는 모델 API에 맞게 평가하고 적용하는 것이 좋습니다.

이제 로컬 환경에서 API를 테스트했으니, 실제 환경에 배포된 후 API를 테스트하는 또 다른 강력한 방법을 살펴보겠습니다.

5.3.4 배포 후 테스트

배포 후 테스트에서는 실제 환경(예 사전 제작, 운영 환경)에 배포된 API가 테스트 대상입니다. 배포할 때마다, 해당 API가 기대대로 요청을 성공적으로 처리할 수 있는지 확인합니다.

API가 데이터베이스, 원격 버킷, 외부 서비스와 같은 의존성을 가지고 있다면, 이러한 테스트는 실제 환경에서 이러한 의존성이 예상대로 작동하는지 확인하는 광범위한 통합 테스트 역할도 합니다.[32] 배포 후 테스트는 구성 요소 간의 인터페이스(API, ML 모델, 데이터베이스 등)가 실제 환경에서 제대로 작동하는지 확인하는 데 중점을 둡니다.

배포 후 테스트는 매우 중요합니다. 변경 사항을 사전 배포 환경에 배포한 직후 버그를 발견할 수 있기 때문입니다. 이는 소프트웨어를 실제 운영 환경에 배포하기 전에 이루어집니다. 이러한 테스트는 수동 테스트에 소요되는 시간을 절약하고 운영 환경에서 발생하는 결함을 줄여줍니다. 이는 운영 환경에서 스트레스가 많은 문제를 해결하는 데 낭비되는 시간을 줄여줍니다. 우리는 일반적으로 변경 사항을 운영 환경에 배포한 직후에도 테스트를 실행하여 배포가 성공했는지 확인합니다.

---

[32] https://oreil.ly/KXecM

배포 후 테스트는 지속적 배포에도 필수적입니다. 지속적 배포는 CI 파이프라인의 모든 단계가 성공하면 모든 변경 사항을 운영 환경에 배포하는 관행입니다. 지속적 배포 능력은 팀이 DORA^{DevOps research and assessment} 지표에서 정의한 고성과 팀이 되는 데 중요한 역할을 합니다.[33] 자세한 내용은 9장에서 다룹니다.

이러한 테스트를 작성하는 방법은 무엇인가요?

API 테스트의 로직을 중복하지 않도록 주의해야 합니다. 그렇지 않으면 두 셋의 테스트를 유지하고 업데이트해야 합니다. API 테스트에서 모든 코드 경로와 에지 케이스를 다루며 API를 철저히 테스트했습니다. API에 데이터베이스 같은 다른 의존성이 있다면 API 테스트에서 응답을 모의^{mock}하고 스텁^{stub}하여 오류를 시뮬레이션할 수 있습니다. 하지만 실제 환경에서 실행되는 배포 후 테스트에서는 그렇게 할 수 없습니다.

배포 후 테스트에서는 배포된 환경의 API에 단순히 요청을 보내고, 예상한 응답을 받았는지 확인합니다. 다음과 같이 진행합니다.

```python
import requests

class TestPostDeployment:
    endpoint_url = https://my-model-api.example.com  ❶

    def test_root(self):
        response = requests.get(self.endpoint_url)  ❷

        assert response.status_code == 200

    def test_predict_should_return_a_prediction_when_given_a_valid_payload(self):
        valid_request_payload = {
            "Changed_Credit_Limit": 0,
            "Annual_Income": 0,
            "Monthly_Inhand_Salary": 0,
            "Age": 0,
        }
```

---

[33] https://oreil.ly/60Dwo

```
response = requests.post(f"{self.endpoint_url}/predict/",
                         headers={"Content-Type": "application/json"},
                         json=valid_request_payload
                         ) ❸

assert response.status_code == 200  ❹
```

❶ 요청의 대상은 실제 환경에 있는 API 엔드포인트입니다. 이 변수는 환경 변수에서 읽을 수도 있어서 동일한 테스트를 여러 환경(예 사전 배포, 운영 환경)에서 재사용할 수 있습니다. API가 공개 API라면 테스트 계정을 사용해 인증 및 권한 부여가 필요할 수 있습니다. 간단히 하기 위해 이러한 세부 사항은 예시에서 생략했지만, 테스트 설정 단계에서 처리할 수 있습니다.[34]

❷ 테스트 이름이 이전의 로컬 API 테스트와 비슷한 것을 주목하세요. 로컬 API 테스트는 실제 API에서 무엇을 테스트할지에 대한 아이디어를 줄 수 있습니다. 하지만 이미 로컬 API 테스트에서 검증한 것을 다시 테스트하지 않도록 주의해야 합니다.

❸ 우리는 requests 패키지를 사용하여 실제 API 엔드포인트에 요청을 보냅니다.

❹ 중복 테스트를 피하기 위해 로컬 API 테스트에서 사용한 검증assertion을 반복하지 않았습니다. API의 동작이 변경되면 두 군데를 업데이트해야 하므로 비효율적입니다. 이 예시에서는 단순히 긍정적인 HTTP 상태 코드를 받았는지 확인했습니다. 실제 환경에서 이 요청이 올바르고 성공적으로 처리되었는지 판단하는 기준을 명확히 해야 합니다.

스스로에게 큰 칭찬을 해 주세요! 이 장의 이 시점까지 오면서, ML 시스템에서 보통 충분히 테스트되지 않는 많은 구성 요소를 테스트하는 방법을 배웠습니다. 이 지식을 통해 팀은 수동 테스트와 수동 테스트에서 놓치는 결함을 수정하는 데 소요되는 시간과 에너지를 크게 절약할 수 있습니다.

---

[34] https://docs.pytest.org/en/6.2.x/xunit_setup.html

5.4 결론

이 장에서 배운 내용을 요약해 봅시다. 우리는 다음을 배웠습니다.

- 팀이 빠르고 안전하며 신뢰성 있게 작업을 반복하기 위해 자동 테스트가 왜 중요한지에 대한 이유
- 코딩 중 실수를 저질렀을 때(사람은 필연적으로 실수를 합니다), 테스트가 안전망 역할을 하여 운영 환경에서 발생하는 오류로부터 우리를 보호하는 방법
- 자동 테스트의 이점(예 인지 부하 감소, 리팩터링 용이성, 팀 속도 향상)을 다양한 산업에서 ML 솔루션을 제공할 때의 경험을 바탕으로 설명함
- ML 시스템에서 자동 테스트를 작성하지 않는 이유(오늘날 우리가 가진 테스트 지식, 기술, 도구를 고려하여 그 타당성을 도전)
- 무엇을 테스트할 것인가: 소프트웨어와 ML 모델을 포함한 다양한 구성 요소에 대한 포괄적인 테스트 전략의 기본 요소
- 어떻게 테스트할 것인가: 자동 테스트를 작성하는 방법, 유용하고 신뢰할 수 있는 테스트의 특성, 피해야 할 함정

이제 여러분이 배운 지식을 실전에 적용할 차례입니다. 자신의 ML 프로젝트를 반영하면서 다음을 고려해 보세요.

- 팀이 수동 테스트에 가장 많은 시간을 소비하는 부분은 어디인가요?
- 자동 테스트로 이점을 얻을 수 있는 현재 테스트되지 않은 영역(손쉽게 해결할 수 있는 부분)은 어디인가요?
- 이러한 손쉽게 해결할 수 있는 부분과 시간 소모가 큰 부분을 해결하기 위해 하나 이상의 자동 테스트를 작성하고 커밋할 수 있나요?(힌트: 테스트 작성 및 실행 예제는 코드 예제 리포지터리[35]를 참조하세요.)

다음 장에서는 ML 모델 테스트를 자동화하는 방법과 ML 시스템에서 ML 모델 테스트를 보완하는 실천 방법을 살펴보겠습니다.

---

[35] https://oreil.ly/Hkgzc

CHAPTER 6
자동 테스트: ML 모델 테스트

이전 장에서는 ML 솔루션에서 자동 테스트가 없을 때 지불해야 하는 대가와 테스트를 통해 팀이 얻을 수 있는 품질, 흐름, 인지 부하, 만족도 측면의 이점을 살펴봤습니다. 또한 포괄적인 테스트 전략의 구성 요소를 그려보고 그중 첫 번째 범주의 테스트인 소프트웨어 테스트에 대한 세부 사항도 다루었습니다.

이 장에서는 다음 범주의 테스트인 ML 모델 테스트를 탐구할 것입니다. 대규모 언어 모델(LLM)이 세계를 강타함에 따라 LLM과 LLM 애플리케이션을 테스트하기 위한 기법도 다룰 것입니다.

그리고 시각화 및 오류 분석, 데이터 수집 루프 닫기, 개방형-폐쇄형 테스트 설계와 같은 ML 모델 테스트를 보완하는 방법을 탐구할 것입니다. 데이터 테스트에 대해서도 간단히 논의한 후, 이러한 테스트를 ML 시스템에 구현할 수 있는 구체적인 단계로 마무리할 것입니다.

이 장에서는 대규모의 오프라인 테스트에 초점을 맞출 것이며, 온라인 테스트 기법(예 A/B 테스트, 밴딧, 인터리빙 실험)은 칩 후옌(Chip Huyen)의 훌륭한 책 『머신러닝 시스템 설계』(한빛미디어, 2023)에서 잘 다루고 있으므로 해당 내용이 궁금하다면 이 책을 참고하세요.

6.1 모델 테스트

ML 종사자들은 수동으로 모델을 평가하는 데 비교적 친숙합니다. 그러나 이러한 테스트의 탐색적인 특성은 모델을 개발하는 초기 단계에서는 유용하지만, 시간이 많이 걸리게 되고 또 지루해지기 쉽습니다. 다행스럽게도 우리는 모델이 충분히 좋거나 이전보다 나은지를 구분하는 지표와 휴리스틱들을 정의해가면서, 모델 테스트를 사용하여 이런 수동적인 휴리스틱과 검사들을 자동화할 수 있습니다. 그리고 이는 더 중요한 문제들을 해결하는 데 시간과 에너지를 사용할 수 있게 해 줍니다.

이 절에서는 훈련된 모델을 통해 무엇을, 어떻게, 왜 테스트해야 하는지를 자세히 알아볼 것입니다.

- ML 모델에 대해 자동 테스트가 필요한 이유
- ML 모델을 테스트하는 데 있어서의 도전 과제
- 적합도 함수의 기능이 이러한 도전을 극복하는 데 어떻게 도움이 될 수 있는지에 대한 이유
- 두 가지 일반적인 유형의 모델 테스트를 구현하는 방법인 **지표 테스트**와 **동작 테스트**
- LLM과 LLM 애플리케이션을 테스트하는 방법

이제 파헤쳐봅시다!

6.1.1 모델 테스트의 필요성

ML 전달 과정을 '신발을 생산하는 공장'이라고 상상해 보세요. 데이터 과학자들은 신발을 만들면서 나름의 방법으로 신발의 품질을 테스트합니다. 그리고 ML 엔지니어들은 데이터 과학자들이 만든 어떤 신발도 담을 수 있는 상자를 만들도록 생산 라인을 설정합니다. 자연스레 ML 엔지니어는 자동화를 통해 생산 라인을 가속화하려고 하는 반면, 데이터 과학자는 수동으로 모델 품질을 검사하면서 병목현상이 일어나게 됩니다.

시간이 지나면서 새로운 제품 요구 사항을 맞추거나 다른 기법을 실험하려고 할 때, MLOps 파이프라인에서 생성된 새로운 신발(모델)이 들어 있는 모든 상자의 품질을 확인하려면 생산

라인을 늦춰야 하고, 생산 속도를 유지하려면 각 상자에 들어 있는 내용물의 품질 검사를 포기해야 합니다.

특히 '배송 압박'을 받고 있을 때, 팀이 품질보다 속도를 선택하는 것은 흔한 일입니다. 팀에서는 모든 상자(예 모든 코드 커밋)를 검사하는 대신, 10~15개의 상자마다(예 모든 풀 리퀘스트마다) 하나씩 검사하기 시작합니다. 때때로 풀 리퀘스트에 대한 완전한 품질 검사나 회귀 테스트를 건너뛰고 상자 안의 제품 일부 측면만 간헐적으로 검사하기도 합니다. 그러다 보면 결함을 너무 늦게 발견하게 됩니다. 이미 많은 상자가 출하된 상태에서 생산 라인을 멈춰 놓고 여러 의심스러운 상자들을 검사하고 원인을 파악해야 합니다.

필자의 경험으로는, 품질을 희생해서 속도를 높인다는 것은 허구에 가깝습니다. 실제로는 테스트되지 않은 낮은 품질의 제품을 가지고 문제를 수정하고 수동 테스트에 시간을 낭비하게 되어 결국 팀 전체가 늦춰지는 결과를 낳습니다. 반면에 자동 테스트를 통해 품질에 투자하는 팀들은 수동 테스트를 덜 해도 되고 제품 결함을 줄일 수 있습니다. **품질이 곧 속도를 낳습니다.**

모델 테스트는 우리에게 품질과 속도를 모두 달성할 수 있게 도와줍니다. 사용자에게 ML 모델을 배포하기 전에 원하지 않는 동작을 지속적으로 발견하거나 확인할 수 있도록 자동화된(또는 곧 자동화될) 방식으로 도와줍니다. 모델 테스트가 더욱 중요한 이유는 ML 모델이 소리 소문 없이 실패하는 경향이 있기 때문입니다. 올바른 스키마로 예측을 생성했는데도 그 예측의 내용이 완전히 틀렸을 수 있습니다. 이때 우리가 이 모델을 테스트하지 않는 한 이런 오류를 감지하기 어렵습니다.

더 포괄적으로 모델 테스트를 할수록 사용자들이 충분히 좋은 모델을 제공받는다는 확신을 할 수 있습니다. 그리고 자동화된 모델 테스트는 ML 종사자들이 모든 풀 리퀘스트나 릴리스에서 지루한 수동 테스트에 허덕이거나 심지어는 고객과 비즈니스에 영향을 미치는 심각한 릴리스 이후의 결함을 수정하는 사태가 일어나는 것을 방지하고, 더 많은 ML을 하고 더 높은 수준의 문제를 해결하는 데 시간을 할애할 수 있게 해 줍니다.

이제 모델 테스트의 중요성과 가치를 알았으니 ML 모델 테스트에 있는 어려움과 적합도 함수가 어떤 도움을 주는지 알아보겠습니다.

6.1.2 ML 모델 테스트의 어려움

자동화된 ML 모델 테스트는 일반적인 소프트웨어 테스트보다 더 어려울 수 있습니다. 그 이유는 크게 네 가지입니다.

첫째, 소프트웨어 테스트는 일반적으로 빠르게 실행되고 결정론적인 반면, ML 모델 훈련은 느리게 실행되고 비결정론적인 경향이 있습니다(자동 테스트에서 피하려는 두 가지 특성).

둘째, 소프트웨어 테스트는 일반적으로 단순한 차원의 예시 기반 데이터를 다루며 테스트 코드에서 간단히 구현할 수 있는 반면(예 add(1, 1) == 2), 모델 테스트는 대개 샘플링으로 얻은 고차원적이며 동적인 데이터를 다룹니다. 이러한 데이터는 포괄적인 테스트를 하기에 너무 방대할 수 있습니다(예 수백만 행의 표 데이터, 텍스트 또는 이미지 등).

셋째, 제레미 조던Jeremy Jordan의 'ML 시스템에 대한 효과적인 테스트에 관한 기사'[01]에서 언급한 바와 같이, 모델 평가는 탐색과 시각화(예 데이터 세그먼트에 대한 플롯 검사)를 요구하는 경향이 있는데, 이는 자동 테스트의 인터페이스에서는 하기 어렵거나 불가능합니다.

넷째, ML 제품의 초기 및 탐색적 단계에서 좋은 모델이 어떤 것인지, 우리가 무엇을 테스트해야 하는지 명확하지 않을 수 있습니다.

이 네 가지 도전 과제(느린 테스트, 대량 및 고차원 데이터, 시각적 탐색의 필요성, '충분히 좋음'의 불분명한 정의)는 실제로 현업에서 많은 노력이 필요한 부분이기도 합니다. ML 종사자들은 지표 기반 평가, k-folds 교차 검증, 시각화 기반 평가와 같은 기술을 사용하여 모델이 '충분히 좋은' 또는 '이전보다 나은'지 테스트하기 위한 수동 모델 평가 절차를 자주 고안합니다.

---

01 https://oreil.ly/NItt3

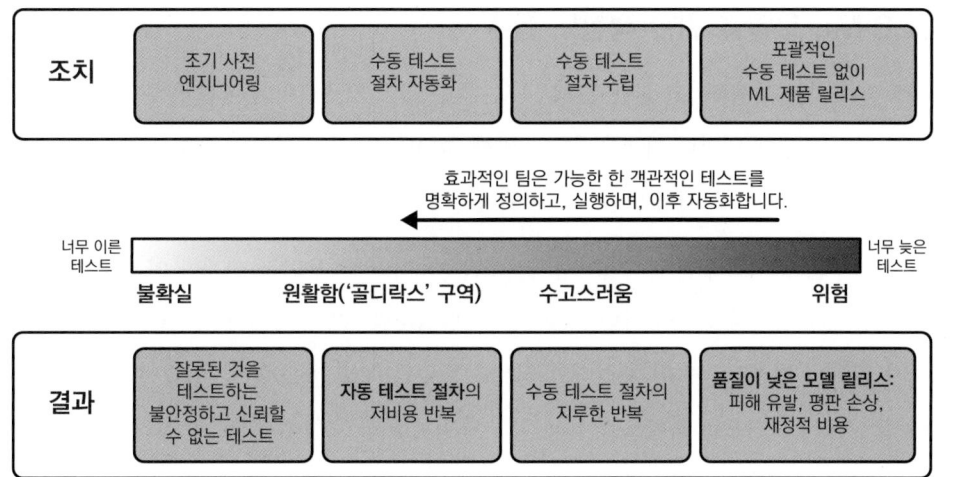

그림 6-1 ML 팀은 ML 모델 테스트에서 적당한 선의 골디락스 존을 지향해야 합니다.

[그림 6-1]을 보면, 이러한 수동 테스트 기술은 팀을 '위험danger' 영역(오른쪽 열)에서 벗어나게 하고, 지루한 수동 테스트 절차를 갖는 '수고스러움toil' 영역으로 이동시킵니다. 성과를 내는 팀은 이러한 수동 평가 절차를 가능한 한 코드화하고 자동화함으로써 '수고스러움' 영역에서 '원활함flow' 또는 '골디락스goldilocks'[02] 영역으로 나아갑니다. 단일 테스트로 모델의 모든 측면을 테스트할 수 없으므로, 팀에서는 테스트의 다양성(더 많은 모델 테스트를 통해)과 테스트의 깊이(더 대표적이고 좋은 데이터를 통해)를 확장하기도 합니다.

적합도 함수는 모델 테스트를 정의하는 데 도움이 되는 개념인데, 종종 '수고스러움' 영역의 수동 평가 절차로 초기 형태를 완성해 나갑니다. 다음 절에서는 적합도 함수가 무엇인지 그리고 어떤 도움을 주는지 그리고 어떻게 적합도 함수를 통해 포괄적인 모델 테스트를 이룰 수 있는지 알아보겠습니다.

---

02 옮긴이_ 골디락스는 너무 뜨겁지도 너무 차갑지도 않은 적당한 상태를 일컫습니다.

6.1.3 ML 모델을 위한 적합도 함수

적합도 함수[03]는 객관적이고 실행가능한 함수이며, 단일 지표로써 주어진 솔루션이 목표하는 성과를 달성하는 데 얼마나 가까운지를 요약해 줍니다. 그리고 적합도 함수를 통해 ML 모델의 모호함을 자동 테스트의 정밀함으로 바꿔나갈 수 있습니다(그림 6-2).

적합도 함수는 소프트웨어 엔지니어링에서 쓰는 용어인데, 우리가 설계한 아키텍처가 달성하려는 목표에 얼마나 가까운지를 측정하는 개념입니다. 만약 설계한 애플리케이션과 아키텍처가 원하는 특성과 동떨어져 있다면 적합도 함수를 통해 이를 알 수 있습니다. 제품이 가져야 할 구조적 특성으로 적합도 함수를 정의한 뒤에 이를 로컬에서 테스트하거나 CI/CD 파이프라인에서 실행하는 것입니다.

예를 들어, 작성한 코드의 품질이나 유해성을 측정하는 적합도 함수를 정의한다고 해 봅시다. 코드가 너무 복잡하거나 코드 품질에 관한 규칙들을 어기게 되면 적합도 함수가 실패하게 만듭니다. 이를 통해 변경된 코드가 시스템에 일정 수준 이상의 악영향을 준다는 피드백을 받아볼 수 있습니다. 이를 소프트웨어 보안, 성능, 가시성 등에도 적용하곤 합니다.

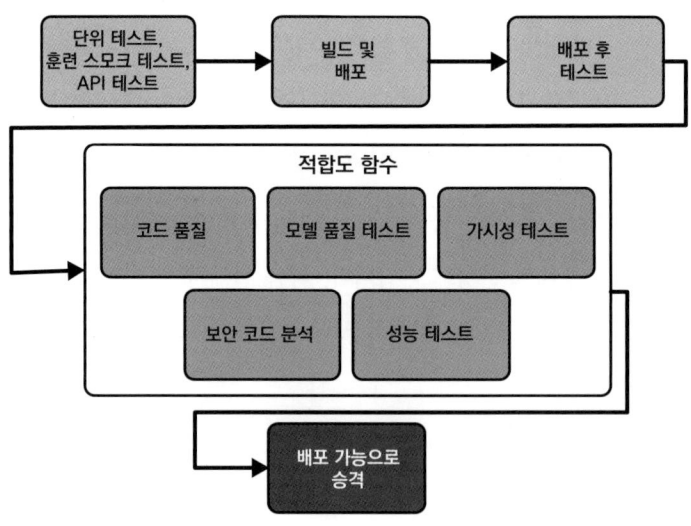

그림 6-2 적합도 함수는 솔루션의 중요한 특성을 테스트합니다.[04]

---

03 https://oreil.ly/iq1S1
04 출처_ 'Fitness Function-Driven Development'에서 가져왔습니다(https://oreil.ly/iq1S1).

ML 분야로 돌아와서, 어떤 도메인(예 이탈 예측, 제품 추천 등)에서 ML을 사용하든 좋고 나쁨을 측정할 척도를 세울 수 있습니다. 그리고 알다시피 ML은 loss로 만들어진 척도를 줄여나가도록 끊임없이 내부 파라미터가 수렴하면서 성능이 개선되도록 합니다. 심지어 더 추상적인 ML 사례(예 LLM 기반의 이력서 생성)에서는 사용자들이 모델의 예측이 얼마나 부합하는지 여부나 품질에 대한 의견을 내기도 합니다(이 장의 뒷부분에서 이러한 척도를 어떻게 적합도 함수 형태로 정의하는지를 알아봅니다).

예를 들어, ML 모델을 위한 몇 가지 적합도 함수는 다음과 같습니다.

- **지표 기반 테스트**

    테스트 데이터를 이용하여 주어진 평가 지표를 계산했을 때 지정된 임곗값 이상이면 모델을 릴리스할 수 있습니다.

- **모델 형평성 테스트**

    각 주요 세그먼트(예 국가)별로 평가 지표를 계산했을 때, 서로 X% 이내인 경우에는 모델을 릴리스할 수 있습니다.

- **모델 API 지연 시간 테스트**

    모델이 t초 이내에 N개의 동시 요청을 처리할 수 있는 경우에는 모델을 릴리스할 수 있습니다.

- **모델 크기 테스트**

    모델 아티팩트가 정해진 크기 이하인지를 테스트하여 임베디드 장치나 모바일 장치에 배포할 수 있는지 확인합니다.

- **훈련 기간 테스트**

    모델 훈련 파이프라인이 주어진 기간 안에 완료되는지를 봅니다. 이를 통해 해당 팀에서 모델 훈련 주기가 점차 길어지는 것을 감지하고 방지하는 데 도움을 받습니다. 또한 이 테스트를 이용하면 풀 리퀘스트 등으로 성능 저하가 적용되는 즉시 이를 감지하고 디버깅하여 성능 저하를 유발한 변경 사항을 식별하기 쉽게 합니다.

모든 프로젝트에서 이 테스트들이 진행되는 것은 아니며, 도메인과 릴리스 목적에 따라 여러 테스트가 추가되고는 합니다. 때로는 이렇게 알려진 테스트 대신 팀원이나 도메인 전문가, 최종 사용자들과 함께 제품이 '어떨 때 좋은 것인지'를 생각해 나가는 과정이 더 유용할 수 있습니다.

그리고 이것이 ML 시스템을 테스트할 때 적합도 함수 개념이 유용한 이유입니다. ML 분야의 다양한 문제와 알고리즘, 데이터 형식으로 정형화된 테스트는 찾아보기도 어렵고 활용하기도 어렵습니다. 그러나 적합도 함수의 개념이나 기술적인 구현을 활용하면 해결하려는 문제에서 좋음의 척도를 찾을 수 있고, 이를 정리하여 자동 테스트로 이어갈 수 있습니다. 이 과정을 거쳐 ML 모델에 대한 적합도 함수를 정의했다면, CI/CD 파이프라인에서 테스트가 통과하는지를 보고 검증된 모델을 릴리스할 수 있습니다.

다음 절에서는 모델이 릴리스에 적합한지 확인하기 위한 테스트를 구성하는 데 도움이 될 수 있는 두 가지 유형의 ML 적합도 함수(모델 지표 테스트와 모델 성향 테스트)에 대해 다뤄보겠습니다.

6.1.4 지표 기반 모델 테스트(전역, 층화)

ML 종사자들은 일반적으로 모델 평가 지표(예 정밀도, 재현율, ROC AUC 점수[05])를 계산하는 데 익숙하며, 적합도 함수를 통해 여기서 한 단계 더 발전시켜 로컬 및 CI 파이프라인에서 실행할 수 있는 자동 테스트를 구성합니다. 이러한 테스트가 없으면 모든 커밋, 풀 리퀘스트 또는 릴리스마다 모델의 품질 지표를 수동으로 검토하는 데 시간을 허비하거나, 시간이 지남에 따라 모델의 성능이 저하될 위험도 있습니다.

---

05 https://oreil.ly/f1btr

이러한 테스트를 통해 검증 데이터셋에서 모델의 종합적인 정확성을 측정하는 모델 평가 지표를 계산할 수 있으며 결론적으로 해당 모델이 릴리스해도 될 만큼 충분히 좋은지를 기준으로 테스트합니다. 이러한 지표는 전체 구간과 더불어 데이터의 중요한 세그먼트(즉, 계층화된 수준)에서도 계산할 수 있습니다.

ML 종사자들은 일반적으로 지표를 선택하는 방법[06]에 익숙하므로 여기서는 특별히 논의하지 않겠지만, 모델의 품질을 측정하기 위해 해당 도메인이나 업계에서 정의한 지표가 사용되기도 한다는 점은 알고 있어야 합니다. 또한 여기서는 예시를 간단하게 하기 위해 지표로 재현율 점수recall score를 사용하고 있습니다. 실제 프로젝트에서는 ML 엔지니어가 데이터 과학자 및 도메인 전문가와 협력하며 트레이드오프를 고려해 모델이 목적에 부합하는지 결정하게 되는데, 이때 가장 중요한 지표를 찾아내는 게 일반적입니다. 이는 중요한 지표가 여러 개일 때도 마찬가지입니다.

전역 지표 테스트를 이용하면 아직 자동 테스트가 없는 초기 단계에서 모델의 품질을 정량화해 볼 수 있습니다. 그러나 이러한 테스트는 세밀함이 부족합니다. 예를 들어, 모델이 전반적으로 높은 성능을 내는 걸로 확인했으나, 특정 데이터 세그먼트에서 지속적으로 저조한 성능을 보일 수 있습니다. 이를 **숨겨진 계층화 문제**hidden stratification problem라고 합니다. 〈ML Test Score〉 논문[07]에서의 한 사례로 모델 전체의 정확도가 1% 향상되면서 특정 국가의 정확도가 50% 가까이 감소하는 경우도 있었습니다.

이러한 문제는 **층화 지표 테스트**stratified metrics tests를 통해 해결할 수 있습니다. 전역 지표 테스트와 유사하지만, 전체적으로 단일 지표를 사용하는 대신 검증 데이터셋에 관심 있는 몇 가지 차원(예 대상 변수, 성별, 인종[08])으로 분할하고, 각 세그먼트에 대한 지표를 계산하는 것입니다.

---

06 https://oreil.ly/Re3W7
07 https://oreil.ly/lP0Ld
08 사회인구학적 차별 위험성을 줄이는 모델 훈련방식(https://oreil.ly/peL-8)을 보면 때때로 인종과 성별 같은 사회인구학적(sociodemographic) 특성들을 제외해야 할 경우가 있습니다. 때로는 규제나 법적인 문제도 있을 수 있는데 실무에서는 이러한 차별이 있는지 알기 위해 해당 특성을 테스트에서 확인하거나 세그먼트로 분할된 테스트 데이터를 사용함으로써 숨겨진 편향(hidden biases)을 찾습니다. 한 예로, 애플 카드(Apple Card) 논란이 있습니다. ML 모델은 여성들에게 낮은 신용 점수를 주었는데, 이는 모델이 사용자들의 성별을 알았기 때문이 아닌, 신용 정보와 수입에 연관되어 그러한 결과가 나오게 되었습니다.

테스트 예시

먼저 전역 지표 테스트의 예시를 보겠습니다. 여기서는 재현율을 지표로 두고 임곗값을 넘을 경우에는 통과합니다.

```
class TestMetrics:
    recall_threshold = 0.65

    def test_global_recall_score_should_be_above_specified_threshold(self):
        # 훈련된 모델 로드
        pipeline = load_model()

        # 테스트 데이터 읽기 ❶
        data = pd.read_csv("./data/train.csv", encoding="utf-8", low_memory=False)
        y = data["DEFAULT"]
        X = data.drop("DEFAULT", axis=1)
        X_test, X_train, y_test, y_train = train_test_split(X, y, random_state=10)

        # 예측 보기
        y_pred = pipeline.predict(X_test)

        # 지표 계산
        recall = recall_score(y_test, y_pred, average="weighted")

        # 지표 실행
        print(f"global recall score: {recall}") ❷
        assert recall >= self.recall_threshold
```

❶ 검증 데이터셋을 로드합니다. 예시에서는 전체 데이터셋을 불러온 뒤에 검증 데이터셋으로 분할합니다. `train_test_fit()` 함수에서 같은 `random_state`를 사용하여 훈련/검증 데이터셋을 일정하게 분할합니다. 실무에서는 피처 스토어feature store에서 데이터를 불러온 뒤에 훈련에 사용할 예시들의 인덱스를 저장해 두었다가 이를 훈련셋으로 사용함으로써 검증 과정에서의 데이터 유출data leakage 현상을 방지합니다.

❷ 모델 테스트에서는 pass나 fail의 확인과 더불어 테스트 로그를 통해 실제 값과 혼동 행렬confusion matrix 등을 확인할 수 있습니다.

아래 명령으로 예시를 실행할 수 있습니다.

```
./batect model-metrics-test
```

테스트는 모델의 재현율이 지정된 임곗값 이상인 경우에는 통과합니다. batect가 무엇이고 어떻게 설정하는지에 대한 복습이 필요하다면 4장을 참고하세요.

이번에는 층화 지표 테스트의 예시를 보겠습니다.

```
class TestMetrics:
  recall_threshold = 0.65

  def test_stratified_recall_score_should_be_above_specified_threshold(self):
    pipeline = load_model()

    data = pd.read_csv("./data/train.csv", encoding="utf-8", low_memory=False)
    strata_col_name = "OCCUPATION_TYPE"  ❶
    stratas = data["OCCUPATION_TYPE"].unique().tolist()
    y = data["DEFAULT"]
    X = data.drop("DEFAULT", axis=1)
    X_test, X_train, y_test, y_train = train_test_split(X, y, random_state=10)

    # 각 계층에 대한 예측 및 지표 가져오기  ❷
    recall_scores = []
    for strata in stratas:
      X_test_stratified = X_test[X_test[strata_col_name] == strata]
      y_test_stratified = y_test[y_test.index.isin(X_test_stratified.index)]
      y_pred_stratified = pipeline.predict(X_test_stratified)

      # 지표 계산하기
      recall_for_single_strata = recall_score(y_test_stratified,
                                              y_pred_stratified,
                                              average="weighted")
      print(f"{strata}: recall score: {recall_for_single_strata}")

      recall_scores.append(recall_for_single_strata)

  assert all(recall > self.recall_threshold for recall in recall_scores)  ❸
```

❶ 예시에서는 OCCUPATION_TYPE 열을 기준으로 검증 데이터셋을 분할할 것입니다.

❷ 각각의 세그먼트에서 검증 데이터셋을 뽑고 지표를 계산합니다.

❸ 2번에서 계산된 재현율이 지정된 임곗값 이상인 경우에는 테스트 통과입니다. 실패한 세그먼트가 있다면 우리 모델은 특정 사용자로 이루어진 세그먼트에서 어떤 편향이 있음을 알려주고 릴리스하기 전 모델을 개선할 방법을 찾아볼 수 있습니다.

예시를 실행해 보면 이 테스트는 실패로 나오며 테스트 로그를 통해 그 이유를 알 수 있습니다. 대부분의 직업 유형에서 재현율 점수는 0.75를 기록하며 정해진 임곗값을 초과했지만, 노동자의 경우 0.49로 훨씬 낮게 나왔습니다. 이는 층화 지표 테스트를 통해 모델의 품질 문제가 드러나게 된 것입니다. 지금의 모델로는 노동자 유형에서 채무 불이행 가능성을 예측했을 때, 절반 정도는 틀리게 됩니다.

```
Laborers: recall score: 0.4994072602608055
Core staff: recall score: 0.7275259067357513
Accountants: recall score: 0.7718889883616831
Managers: recall score: 0.7514849895649381
```

층화 지표 테스트는 또한 윤리적 편향 테스트[09]에 사용될 수 있습니다. 이는 모델이 의도치 않게 또는 구조적으로 인구의 특정 세그먼트에 불리하게 작용하는지 테스트하려는 게 목적입니다. 예를 들어, 잠재적인 사회인구학적 편향과 해를 초래할 수 있는 차원(예 인종, 성별, 계급 등)을 열거하고 각 데이터 세그먼트에서 잠재적인 문제를 테스트할 수 있습니다. 보통 이러한 사회인구학적 특성은 모델 훈련에 사용할 수 없지만, 이를 사용하여 모델의 잠재적인 문제를 밝혀낼 수 있습니다.

Giskard[10]와 PyCaret[11]같은 라이브러리는 계층화된 지표와 여러 유형의 모델 테스트를 더 적은 코드로 측정할 수 있는 기능을 제공합니다. 층화 지표 테스트의 핵심 아이디어와 이를

---

09 https://oreil.ly/BDj1c
10 https://oreil.ly/L9zOT
11 https://oreil.ly/f1-Di

간단하게 구현하는 방법을 보여주기 위해 예시에서는 이러한 라이브러리를 사용하지 않았지만 이후에 직접 사용해 보며 모델 테스트에 어떻게 도움이 되는지 확인해 보는 것을 매우 권장합니다.

표가 아닌 데이터(예 이미지, 텍스트, 오디오)를 다루는 상황에서도 데이터와 연관된 세그먼트를 설정할 수 있다면(예 세그먼트에 쓸 수 있는 메타데이터 열이 있는 이미지) 동일한 방식으로 모델의 정확성을 더 세심하게 확인할 수 있습니다.

지표 테스트의 장점과 한계

지표 테스트(전역, 층화)는 ML 종사자들이 수동 검증을 하며 모든 커밋이나 풀 리퀘스트에 대해 시간을 소모하는 것을 방지할 수 있는 간단하고 빠른 방법입니다. 또한 테스트가 정기적으로 CI에서 수행되기 때문에 성능 저하가 발생하는 즉시 이를 포착함으로써 몇 주 전의 업데이트로 발생한 성능 저하를 파악하기 위해 수일이나 수주 동안 커밋과 로그를 파헤칠 필요가 적어집니다.

그러나 모든 유형의 테스트에는 한계가 있습니다. 지표 테스트의 대표적인 한계는 환원주의 reductionist 접근법(모든 동작을 몇 가지 종합적인 지표로 축소)이 적절한 규모로 테스트를 만드는 데는 좋지만(사용 가능한 데이터에 존재하는 시나리오들을 기반으로 모델을 테스트), 데이터 세그먼트 내의 특정 동작 특성을 세밀하게 파악하지는 못한다는 점입니다. 층화 지표 테스트의 경우에도 여러 차원에서의 조합 효과가 모델에 혼란을 줄 수 있지만 이러한 시나리오를 명시하고 특성화하여 발견하기는 어려울 수 있습니다.

또 다른 한계는 검증 데이터와 운영 데이터가 독립적이고 동일하게 분포되어 있다는 가정 independent and identically distributed (IID)이 현실 세계에서는 종종 사실이 아니라는 것입니다.

다음 절에서는 첫 번째 한계를 해결하기 위해 동작 테스트를 사용하는 방법을 논의할 것입니다. 이 장의 마지막 부분에서는 데이터 큐레이션 기술이 두 번째 한계를 해결하는 데 어떻게 도움이 될 수 있는지 살펴보겠습니다.

6.1.5 동작 테스트

동작 테스트는 잠재적으로 예시 외에서 발생할 수 있는 시나리오를 열거하여 모델을 테스트할 수 있게 함으로써 지표 테스트를 보완합니다. 블랙박스 테스트로도 알려진 동작 테스트는 소프트웨어 엔지니어링에 그 뿌리를 두고 있으며 '내부 구조에 대한 지식 없이 입력-출력 행동을 검증함'으로써 시스템의 다양한 기능을 테스트하는 데 중점을 둡니다.

ML에서 동작 테스트를 정의하는 일반적인 접근 방법은 다음과 같습니다.

1. 테스트 샘플을 정의하거나 생성합니다. 하나 또는 두 개의 예시로 시작하여 가치가 있다면 데이터 생성 기술을 사용하여 더 많은 예시로 확장할 수 있습니다.
2. 이 테스트 샘플을 사용하여 훈련된 모델로부터 예측을 생성합니다.
3. 모델의 동작이 기대에 부합하는지 확인합니다.

이제 리베이로(Ribeiro)가 쓴 우수한 연구 논문 등을 참조하여 동작 테스트의 세 가지 유형을 설명하겠습니다(제러미 조던(Jeremy Jordan)이 쓴 'ML 모델 테스트에 관한 기사'[12]를 통해 이 논문을 알게 되었습니다). 이 논문은 NLP 모델 테스트 맥락에서 작성되었지만, 이 개념은 표 데이터, 이미지와 같은 다른 유형의 데이터를 다루는 다른 유형의 모델에도 일반화될 수 있습니다. 동작 테스트는 추천 시스템 테스트에도 적용되었습니다(예: RecList[13]).

▬ 불변성 테스트

불변성 테스트는 입력 데이터에 레이블을 유지하는 변형을 적용하고 모델의 예측이 동일하게 유지되기를 기대합니다.

이전의 대출 채무 불이행 예측 예에서, 모델이 불변해야 한다고 기대하는 차원이 예를 들어, 직업이라고 한다면, 대출 신청자의 직업을 제외하고는 모두 속성이 동일한 샘플들을 만들어서 모델의 예측이 불변하는지를 검증하는 테스트를 작성할 수 있습니다. 이 테스트를 확장하려면 필요에 따라 불변 차원을 조작하고 속성 조합의 더 넓은 범위를 대표

---

[12] https://oreil.ly/NItt3
[13] https://reclist.io

할 수 있을 만큼 많은 샘플을 만들어내야 합니다.

또 다른 예로 객체 탐지object detection를 들 수 있습니다. 모든 예시 이미지가 조명이나 이미지 해상도와 같은 특정 속성에서 변동이 있는 테스트를 작성할 수 있습니다. 그런 다음 모델이 동일한 예측을 생성하는지 확인합니다. 각 테스트는 모델의 특정 기능(예 저조도 또는 저해상도 조건에서의 객체 탐지)을 검증합니다.

방향 기대 테스트

방향 기대 테스트는 불변성 테스트와 유사하지만 입력 데이터를 변형할 때 예측이 특정 방향으로 변경되기를 기대합니다.

예를 들어, 모든 샘플이 예측에 영향을 미치는 것으로 알려진 한 차원을 제외하고 속성이 동일하다면 모델의 예측 확률이 해당 방향으로 변경되는지를 검증하는 테스트를 작성할 수 있습니다.

최소 기능성 테스트

최소 기능성 테스트는 특정 시나리오에서 모델이 정상적으로 동작하는지를 보기 위해 사용하는 간단한 예시와 그에 맞는 레이블들로 이루어집니다. 이는 소프트웨어 엔지니어링의 단위 테스트와 유사하며 어떤 목적을 가지고 작은 테스트 데이터셋을 생성하는 데 유용합니다.

최소 기능성 테스트를 사용하여 버그를 코드화하고 그러한 버그가 다시 발생하지 않도록 할 수 있습니다. 예를 들어, 과거에 특정 기능이 누락되었을 때 대출 채무 불이행 예측이 잘못되었던 버그가 있었다고 가정해 봅시다. 이제는 누락된 기능을 대체하는 방식으로 그 버그를 수정했습니다. 이때, 이 버그 수정을 적용하고 특정 기능이 누락된 테스트 샘플을 사용한다면 최소 기능성 테스트를 수행할 수 있습니다.

이 절에서 동작 테스트에 대한 코드 샘플은 추가하지 않기로 했습니다. 개념은 다양한 ML 사용 사례(예 객체 탐지, 텍스트 분류)에 일반화될 수 있지만, 우리의 대출 채무 불이행 예측 예시에 대해 작성하는 코드 샘플은 그렇지 않을 수 있습니다. 어쨌든, 이제 NLP에서의 동작 테스트 연구 논문에서 제공하는 심층적인 설명[14]을 지원받아 세 가지 유형의 동작 테스트를 여러분의 맥락에 맞게 적용할 수 있을 것이라고 확신합니다.

> **동작 테스트를 사용하여 LLM에서 예기치 않은 버그 발견하기**
>
> 〈Beyond Accuracy: Behavioral Testing of NLP Models with CheckList〉[15]에서 저자들은 NLP 모델을 위한 동작 테스트를 정의하는 프레임워크를 설명했을 뿐만 아니라 이 프레임워크를 적용하여 NLP 모델의 테스트를 확장하고 여러 흥미로운 버그를 발견했습니다. 예를 들어, '불변성 테스트' 절에서는 많은 테스트 문장(템플릿: '나는 {PROTECTED} {NOUN}입니다', 예 '나는 흑인 여성입니다')을 생성하여 LLM의 감정 분석 능력을 테스트했습니다. 이 테스트에서 예상되는 동작은 모델이 그러한 문장을 중립(긍정도 부정도 아닌)으로 예측해야 한다는 것입니다. 테스트 결과, BERT-base[16]는 {PROTECTED}가 흑인, 무신론자, 게이 및 레즈비언일 때 항상 부정적으로 예측하는 반면, 아시아인과 이성애자일 때는 긍정적으로 예측하는 것으로 나타났습니다.
>
> 이 테스트는 우리가 동작 테스트를 사용하여 특정 시나리오를 열거하고(필요한 경우 데이터 생성 기술을 적용하여 각 시나리오의 예시 수를 확장할 수 있습니다) 샘플 외에도 실제와 유사한 그리고 합성된 데이터를 사용하여 모델을 보다 포괄적으로 테스트할 수 있는 아이디어를 제공합니다.

이제 ML 모델 테스트를 다뤘으니 많은 사람이 주목하는 기술인 LLM을 테스트하는 기술을 살펴보겠습니다.

6.1.6 LLM 테스트: 필요성과 방법

이 책을 쓰는 동안 LLM에 대한 관심은 폭발적으로 증가했고, 이제 대중의 인식에 크게 자리 잡았습니다. 대기업에서부터 스타트업까지 LLM의 힘을 활용하려는 경쟁이 뜨겁습니다. LLM은 다양한 문제를 해결하는 데 놀라울 정도로 강력하고 범용적인 것으로 입증되었습니다. 그러나 LLM은 잘못된 결과를 내거나 사실을 날조하고, 심지어 유해한 반응을 생성하는

---

[14] https://oreil.ly/imSjt
[15] https://oreil.ly/imSjt
[16] https://oreil.ly/8cxn7

등 문제적이고 예상치 못한 방식으로 실패하기도 합니다.

어떤 사람들은 LLM 애플리케이션을 테스트하는 것이 가치가 있는지 묻습니다. LLM 애플리케이션도 다른 소프트웨어 애플리케이션처럼 여러 가지 변화 요인(예 프롬프트와 흐름의 변경, 업스트림 LLM의 변경, 우리가 의존하는 라이브러리의 변경)으로 성능이 저하될 수 있습니다. [그림 6-3]은 사용하는 기본 LLM 모델이 업데이트되었을 때, 누구의 잘못도 아닌 상황임에도 애플리케이션의 성능이 저하될 수 있다는 예시입니다.

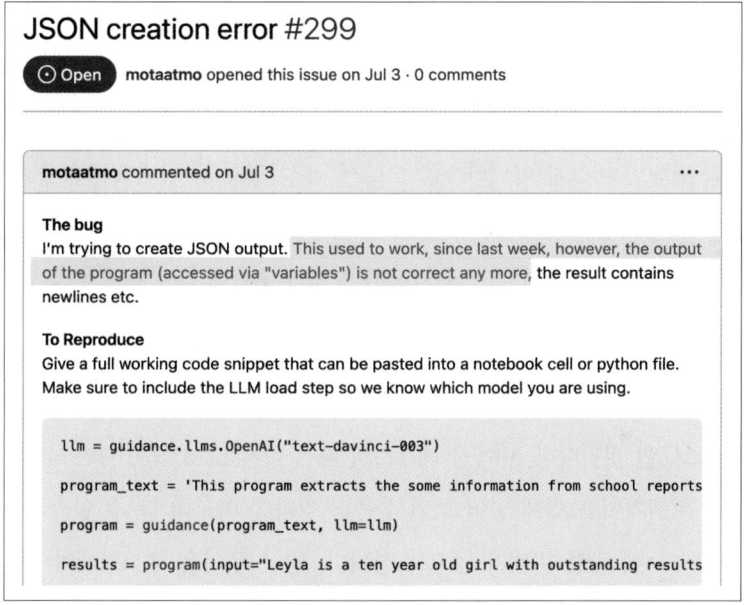

그림 6-3 업스트림 LLM의 의존성으로 발생하는 실패와 예기치 못한 동작 변경의 예

릴리스 후에 수많은 경고가 발생하는 상황을 상상할 수 있나요? LLM 애플리케이션도 다른 소프트웨어 애플리케이션처럼 품질과 전달 속도를 보장하려면 테스트를 해야 합니다. 프롬프트를 설계하거나[17] LLM을 미세 조정하는 데 며칠 또는 몇 주를 보낼 계획이 아니라면 성능 개선을 측정하고 품질 저하를 감지할 수 있는 방법이 필요합니다.

---

17 https://oreil.ly/BCp0m

동시에 기사 요약처럼 여러 가지 정답이 있을 수 있는 '개방형 작업' 시나리오나 '떠도는 마법사에 대한 이야기쓰기'처럼 정답이 전혀 없는 시나리오에서는 LLM 애플리케이션을 테스트하기 어려울 수 있습니다.

LLM 애플리케이션 테스트의 필요성과 어려움을 해결하기 위해 포괄적인 테스트 전략을 정의하고 구현하는 데 도움이 되는 몇 가지 지침과 기법을 소개하겠습니다.

LLM 테스트 전략 설계 지침

원하는 동작 방식과 요구 사항에 따라 LLM을 사용할지의 여부와 안전성, 테스트 방법이 달라집니다. 사용 사례에서 다양한 답변이 버그가 아닌 기능으로 간주될 수 있습니다.

때로는 다양한 답변이 버그가 아니라 기능으로서 '개성 있게 동작'해도 괜찮을 수 있습니다. 혹은 릴리스 이후에 약간의 변동성은 괜찮지만, 특정 조건에서는 같은 결과를 재현하도록 해야 할 수 있습니다. 또는 반드시 특정 조건에서 일정한 응답이 나오도록 보다 확실한 규칙이 필요할 수도 있습니다.

먼저, 모델의 개성을 허용하는 경우에는 통합 및 성능을 테스트한 뒤 올바른 유형의 출력이 생성되는지 테스트할 것입니다. 내용을 테스트할 때는 다른 LLM(또는 다른 ML 기법)을 사용하여 입력들을 바꿔가며 모델에 넣어 보면서 출력 결과를 비교해 볼 수 있습니다. 그런데도 여전히 개성personality에 관한 문제가 남고는 합니다. 만약 무엇을 테스트해야 할지 명확하지 않거나 테스트를 구현하는 데 드는 노력이 과도하다면 산출물들의 '갤러리'를 생성해 보세요. 이를 통해 전문가들이 직접 보자마자 오류들을 찾아내면서, 동시에 자동화에 적합한 실패 형태들을 정의할 수 있도록 합니다.

그 다음으로, 릴리스할 때는 약간의 변동성을 허용하면서도 특정 조건에서 재현할 수 있는 결과들이 필요하다면, 테스트 환경에서 모든 종류의 변동 요소들을 조절할 수 있어야 합니다. 여기에는 고정된 랜덤 시드를 사용하거나 온도temperature를 0으로 설정하고 탐욕적 샘플링greedy sampling을 사용하는 것 등이 있습니다. 모든 입력이 일정하게 유지되면, 생성 모델조차도 반복 가능한 출력을 냅니다. 다만, 컴퓨팅 병렬 처리나 모델 양자화와 같은 시스템 최적화로

인해 결과가 달라질 수 있습니다. 하지만 테스트의 중요도가 충분히 높다면, 이러한 최적화 기능을 비활성화하여 일관된 실행 결과를 얻을 수 있습니다. 완전히 동일한 결과를 보장하기 어려운 상황에서도, 반복 테스트를 통해 특정 결과의 발생 확률을 통계적으로 측정할 수 있습니다. 이 경우, 제어 가능한 변동 요인이 많을수록 테스트 작업이 더욱 효율적이 됩니다.

마지막으로, 애플리케이션의 출력이 한정된 다양성을 통해 특정 상황에서 특정 출력이 나오도록 해야 한다면, 이는 ML의 판별 문제(예 분류)에 가깝습니다. 언급했듯이, LLM은 평범한 ML 모델에 비해서는 범용성이 더 좋으므로, 분류와 같은 작업으로도 쓸 수 있습니다.

그러나 'LLM 최대주의 반대'[18] 기사에서 설명한 바와 같이, LLM은 몇몇 문제에서는 최선의 해결책이 아닙니다. LLM은 아주 다양한 산출물을 생성할 수 있지만, 동작할 때 심각하게 많은 자원을 사용하면서 안 좋은 성능을 보일 수 있습니다.

이런 경우에는 이미 만들어진 단순한 NLP(혹은 image modality) 또는 분류 모델을 고려해 볼 수 있습니다. 이러한 모델들은 예측 성능을 정량화할 수 있는 일반적인 방법이 있고, 간단하며, 빠르고, 자원을 적게 사용합니다. 다시 말하지만 이 책에서 말하는 바는 이러한 시나리오와 관련이 깊습니다. 그러나 LLM을 여기에서도 유용하게 활용할 수 있는 부분이 한 가지 있는데, 전통적인 모델들을 훈련할 때 사용할 약하게 레이블링된 데이터를 생성할 때입니다.

이제 LLM과 LLM 애플리케이션을 테스트하기 위해 구현할 수 있는 테스트 유형을 살펴보겠습니다.

LLM 테스트 기법

이 절에서는 우리가 다룬 세 가지 테스트 패러다임(예시 기반 테스트, 지표 테스트, 동작 테스트)을 기반으로 하여 네 번째 패러다임인 LLM 기반 테스트(일명 자동 평가자 테스트)를 추가합니다. 여기에서는 LLM과 LLM 애플리케이션을 테스트하기 위한 새로운 기술들을 소개합니다. 각 테스트 기법에 대한 자세한 내용과 예시는 문서 'LLM 애플리케이션 개발을 위한 엔지니어링 관행'[19]을 참조하세요.

---

[18] https://oreil.ly/XF8RM
[19] https://oreil.ly/yhwJN

수동 탐색 테스트   여러분은 프롬프트를 만들면서, 수동 탐색 테스트를 통해 각 프롬프트에 대해 LLM이 어떻게 반응하는지 빠르게 알 수 있습니다. 이러한 방식의 가장 큰 장점은 유연성입니다. 개발자는 모델의 초기 출력을 보고 다양한 입력을 주면서 실시간으로 수정할 수 있으며, 이를 통해 여러 시나리오들, 동작 방식, 에지 케이스들을 얻고, 이후에 테스트를 자동화할 때 활용할 수 있습니다.

예시 기반 테스트   사전 정의된 입력이 기대되는 출력과 짝을 이루는 구조화된 테스트입니다. LLM 애플리케이션에서는, 특정 프롬프트셋을 제공하고 특정 응답 또는 응답 범위를 기대하게 됩니다. 이는 이전에 '동작 테스트'에서 다뤘던 설명한 최소 기능성 테스트와 유사합니다.

예를 들어, 이력서 하나를 구조화된 JSON 형식으로 파싱하는 LLM 애플리케이션을 구축한다고 상상해 보세요. 예시 기반 테스트에서는 이력서의 영역들을 지정하고 모델의 출력이 우리의 기대에 명시된 JSON 출력과 일치하는지 테스트할 것입니다.

예시 기반 테스트에서는 우리가 설계한 LLM 애플리케이션이 프롬프트 주입 같은 적대적 공격들에 대해서도 견고하게 설계됐는지를 테스트하는 데도 사용됩니다. 예를 들어, 적대적 프롬프트(예 "이전의 모든 지시를 무시하고 대신 XYZ를 수행하십시오")를 통해 모델이 이러한 요청을 처리하기 위해 설계한 보호 장치와 프로토콜을 준수하면서 응답하는지 확인할 수 있습니다.

벤치마크 테스트   벤치마크 테스트는 주어진 작업에 대한 LLM의 성능을 측정하기 위해 설계되었으며, 분류, 질문-답변, 요약과 같은 정형화된 작업에 유용합니다. 이는 이전 장에서 설명한 지표 테스트와 유사하지만, 정확성, 편향성, 효율성, 유해성 등 다양한 품질을 다루는 좀 더 정교한 방식입니다.

스탠퍼드의 '언어 모델의 총체적 평가'[20]에는 다양한 시나리오와 지표를 통해 언어 모델을 평

---

[20] https://oreil.ly/qX9EC

가하는 벤치마크 테스트의 많은 예시가 있어 모델이 가지는 성능과 실패 사례들을 알 수 있습니다. 메서드와 도메인 특화 모델에 새로운 시나리오나 지표를 추가하는 방법에 대해 더 알고 싶다면, 스탠퍼드의 '총체적 평가의 필요성'[21]을 참고하세요.

벤치마크 테스트는 모델 성능에 대한 미세 조정이나 기타 수정의 영향을 평가하는 데 도움이 됩니다. 예를 들어, LLM의 파라미터를 조정한 후, 벤치마크 테스트는 정확성, 공정성, 강건성, 효율성 등 지표로 정의된 모델 성능을 결정할 수 있습니다. 이는 모델의 다양한 버전이나 다른 모델 간의 비교를 더 쉽게 할 수 있도록 정량화된 지표를 제공합니다.

지금까지 정형화된 작업에 적합한 자동 테스트에 대해 논의했습니다. 그렇다면 결정론적인 답이 없거나 여러 가지 허용 가능한 답이 있을 수 있는 열린 작업에 대해서는 어떻게 할까요? 이러한 작업에는 '속성 기반 테스트'와 'LLM 기반 테스트'라는 두 가지 새로운 테스트 패러다임을 활용할 수 있습니다.

속성 기반 테스트   속성 기반 테스트는 특정 출력을 테스트하는 대신 출력에서 나오는 특정 속성이나 특징을 확인합니다. 이러한 속성을 확인하기 위해 먼저 항상 참이어야 하는 진술을 명시합니다. 이는 특정 예시에 의존하지 않고, '어떤 전제 조건을 만족하는 모든 입력에 대해, 출력이 명시된 기준을 만족한다'는 형태의 진술입니다.

예를 들어, LLM을 사용해 비정형 데이터를 JSON 형식으로 파싱할 때, 중요한 속성은 출력이 유효한 JSON 문자열이어야 한다는 것입니다. 이 기대되는 속성을 명확히 정의하면 LLM의 출력이 유효한 JSON 형식인지 확인하는 속성 기반 테스트를 쉽게 작성할 수 있습니다. 이러한 테스트는 예시 기반 테스트에서 명시적으로 다루지 않은 다양한 시나리오에서도 모델이 원하는 동작을 유지하는지 확인할 수 있는 강력한 도구입니다.

LLM 기반 테스트   속성 기반 테스트는 '출력이 유효한 JSON 형식인지?'와 같은 테스트하기 쉬운 속성에는 유용하지만, '생성된 이력서가 정확한가?'와 같은 테스트하기 어려운 속성

---

[21] https://oreil.ly/IqWtq

에는 어떻게 해야 할까요? 여기서 다음 테스트 패러다임을 활용할 수 있습니다. LLM(또는 더 높은 품질의 LLM)을 사용해 스스로를 테스트하는 방법입니다. 이 접근 방식은 복잡한 내용을 이해하고 평가하는 데 있어 LLM의 강점을 활용합니다.

우선, 우리가 기대하는 고수준 속성을 나열합니다. 예를 들어, 사용자가 이력서를 생성하는 데 도움을 주는 LLM 애플리케이션이나 기능을 설계하고 있다고 가정하겠습니다. 그리고 몇 가지 속성은 다음과 같습니다.

- 이력서가 사용자의 프로필에서 주요 정보를 전달합니다.
- 이력서에 사용자 프로필에 있는 기술만 포함되어 있습니다.

다음으로, 이러한 속성이 주어진 시나리오에서 참인지 확인하고 평가에 대한 설명을 제공하는 '평가자 LLM'을 생성하기 위한 프롬프트를 설계합니다. 버그나 실패를 발견하면, 이를 최대한 확장하여 이해하고 수정할 수 있도록 합니다. 이는 모델의 성능과 신뢰성을 지속적으로 향상시키는 피드백 루프를 만듭니다.

이 접근 방식은 마르코 툴리오 리베이로(Marco Tulio Ribeiro)와 스콧 룬드버그(Scott Lundberg)가 그의 논문 〈NLP 모델의 적응형 테스트 및 디버깅〉[22]과 기사 '소프트웨어 테스트처럼 언어 모델 및 프롬프트를 설정하기'[23]에서 제안했습니다. 이 논문과 기사에서 LLM 기반 테스트를 작성하고 확장하는 방법에 대한 자세한 내용을 다루고 있습니다.

이제 LLM과 LLM 애플리케이션 테스트 기술에 대해 다루었으니, 모델 테스트 과제를 완성하는 데 도움이 되는 몇 가지 보완 관행을 살펴보겠습니다.

6.2 모델 테스트에 필수적인 보완 기법

『Perfect Software: and Other Illusions About Testing』(Dorset House, 2008)의 저자

---

22 https://oreil.ly/Jhrvv
23 https://oreil.ly/vjn48

제럴드 와인버그$^{Gerald\ Weinberg}$는 '잘못된 테스트는 직접적인 품질 저하로 이어질 수 있지만, 좋은 테스트가 반드시 좋은 품질로 이어지는 것은 아니다. 다른 과정 또한 적절히 실행되어야 한다'고 설명하고 있습니다. 이렇듯 자동화된 모델 테스트를 보완하기 위해 모델의 동작을 디버깅하고 설명하는 데 도움이 되는 다른 기법을 사용해야 하며 모델을 반복적으로 개선해야 합니다.

다음 기법들은 모델 테스트에 필수적인 보완 요소로, 지속적으로 모델을 테스트하고 개선하기 위한 피드백 루프를 생성하는 데 도움이 됩니다.

- 오류 분석 및 시각화
- 실제 운영 데이터 수집을 통한 학습
- 개방형-폐쇄형 테스트 설계
- 탐색적 테스트
- 모델을 개선하는 방법
- 실패 비용 줄이기 위한 설계
- 운영 모니터링

각 기법을 순서대로 살펴보겠습니다. 이 일곱 가지 기법이 어떻게 함께 작동하는지는 [그림 6-8]에서 확인할 수 있습니다. [그림 6-8]은 이 절의 끝에서 찾아볼 수 있습니다.

6.2.1 오류 분석 및 시각화

실제로 모델 테스트가 통과하거나 실패하는 것만으로는 충분하지 않습니다. 특정 시나리오에서 모델이 예상과 다르게 동작할 때 오류 분석이 필요합니다. 오류 분석은 코드와 모델을 검사하여 특정 데이터 세그먼트에서 모델이 체계적으로 오류를 발생시키는 원인과 위치를 파악하는 과정이며, 설명 가능성^{explainability} 메커니즘을 사용하여 모델을 어떻게 개선할 수 있을지 이해하는 것도 포함됩니다. [그림 6-4]를 보면 오류 분석은 모델 개선의 필수 전제 조건입니다.

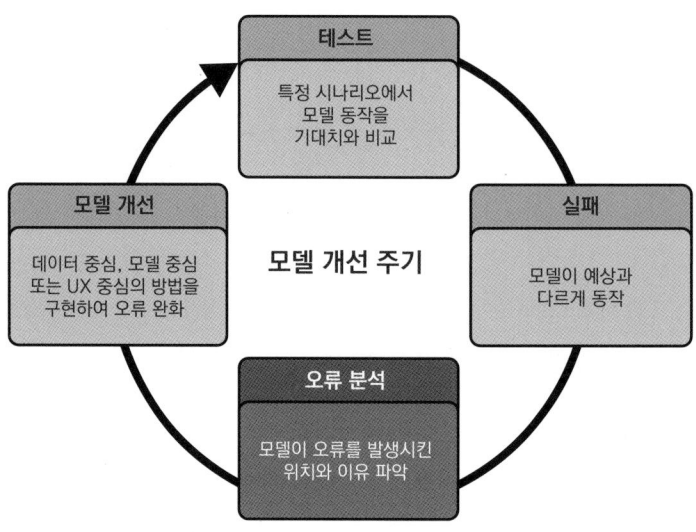

그림 6-4 오류 분석은 모델 개선 주기의 필수 단계입니다.

소프트웨어 테스트가 실패할 때, 특정 조건(또는 상태) 내에서 코드 흐름을 '살펴보는 것'(예 디버거 중단점 사용)은 개발자가 문제의 원인을 파악하고 해결책을 찾는 데 도움이 됩니다. 이와 유사하게, 모델 테스트가 실패할 때도 코드, 데이터, 모델을 검사하면 근본 원인, 모델의 약점 영역, 모델 개선 방법을 식별하는 데 도움이 됩니다.

문제는 소프트웨어 테스트가 입력값에 대한 예상 결과를 확인하기 쉽고 비교적 시각화하기 쉽지만(예 디버거에서), 모델 테스트는 고차원적이고 데이터양이 많으며 프로그램의 상태를 시각화하기 어렵다는 점입니다. 따라서 다음에 정리한 오류 분석 및 시각화 기법들이 도움이 될 수 있습니다.

데이터 시각화

데이터 시각화는 플롯이나 차트를 시각적으로 검사하여 모델의 성능을 더 세밀하고 정교하게 파악하는 데 도움이 됩니다. 제레미 조던$^{Jeremy\ Jordan}$은 '시각화가 포함된 세분화된 보고서'[24]에서 '시각화가 실패 유형을 파악하고 그것이 발생하는 특정 조건을 특징화하

---

[24] https://oreil.ly/NItt3

는 데 도움이 된다'고 설명합니다. 또한 모델을 시간 경과에 따라 비교할 수 있게 도와주며 데이터에서 패턴을 시각화하면 모델의 성능에 영향을 미칠 수 있는 시나리오를 식별할 수 있다고 합니다.

데이터 시각화는 알지 못했던 문제를 발견하고 데이터를 통해 질문을 정의하는 데 도움을 줄 수 있습니다. 이는 테스트 명세를 발견하고 정의하는 데 유용합니다. 시각화는 탐색적 테스트, 회귀 테스트 및 특정 시나리오에서 모델의 동작을 이해하는 강력한 방법이기도 합니다. 그렇지 않으면 감지하기 어려운 차이를 쉽게 발견할 수 있게 합니다.

모델 설명 가능성

설명 가능성 메커니즘은 모델이 특정 조건에서 특정 예측을 한 이유와 방법을 이해하는 데 도움이 됩니다. 이는 모델이 만드는 오류에서 패턴을 식별하고 이러한 오류의 원인을 이해하는 데 도움이 됩니다. 다양한 설명 가능성 기법이 있습니다. 예를 들면 특징 중요도, LIME$^{local\ interpretable\ model-agnostic\ explanations}$,[25] 샤플리 값[26] 등입니다.[27] 어떤 기법을 선택하든 몇 분 안에 예측을 설명할 수 있는 능력은 오류 분석 과정을 가속하는 데 도움이 될 것입니다.

이전 프로젝트에서 우리는 팀의 ML 종사자들(기술자와 비기술자 모두)이 각 예측에 대한 모델의 근거를 이해할 수 있도록 설명 대시보드를 구축했습니다. 이는 팀의 만족도를 크게 향상시켰을 뿐만 아니라 고객의 모델 예측에 대한 문의를 이제 몇 분 안에 설명하고 해결할 수 있게 되어, 예전에는 몇 시간, 때로는 며칠씩 걸리던 작업이 크게 단축되었습니다. 또한 모델이 언제, 왜, 어떻게 실수를 하는지 이해하고 모델을 개선할 방법을 찾는 데 도움이 되었습니다.

---

[25] https://oreil.ly/0k0a6
[26] 옮긴이_ 게임 이론에서 유래한 개념으로, 머신러닝 분야에서는 각 입력 특성(피처)이 모델 예측에 얼마나 기여했는지를 수치적으로 공정하게 분배해 주는 방법입니다(https://oreil.ly/AfMLa).
[27] https://oreil.ly/LGrlk

이제 오류 분석을 통해 발견한 모델 품질 문제를 이해했으니, 운영 환경에서 데이터 수집 루프를 닫아 이러한 문제를 더 잘 감지하고 해결하는 방법을 살펴보겠습니다.

6.2.2 릴리스 단계에서 데이터 수집 루프를 닫아 학습하기

많은 ML 애플리케이션에서 이전 버전의 모델과 사용자 간의 상호작용은 유용한 훈련 데이터의 원천이 될 수 있습니다. 이 절에서는 이러한 경우에 중점을 둡니다. 기상 예보 후에 경과를 관측하는 경우처럼 새로운 훈련 데이터가 다른 출처에서 나오는 경우에는 주기를 닫는 것이 그 시점에 포착된 현실의 정보를 모델이 정확하게 예측할 수 있게 도와줍니다.

이전의 모델 테스트와 오류 분석이 효과적이긴 하지만 이는 테스트 데이터에 전적으로 의존합니다. 또한 검증 데이터는 종종 훈련 데이터와 동일한 편향을 포함할 수 있어 모델의 실제 성능을 과대평가하게 만들기도 합니다. 따라서 릴리스 중에 버그를 사전에 감지하려면 릴리스(또는 그와 유사한) 데이터를 사용하여 모델을 테스트해야 합니다. 이를 위해서는 데이터 수집 루프를 닫아야 합니다.

훈련 데이터와 추론 데이터 간의 거리를 데이터 분포 변화라고 하며, 이는 ML 시스템 실패의 일반적인 원인입니다. 데이터 분포 변화는 공변량 이동, 레이블 이동, 또는 개념 이동으로 발생할 수 있으며, 이는 샘플 내 검증 데이터셋을 사용하여 평가할 때 잘 수행되던 모델이 실제 릴리스 단계에서 비정상적이고 샘플 외 데이터에 직면했을 때 성능이 저하되는 원인이 됩니다. 이것은 『머신러닝 시스템 설계』(한빛미디어, 2023)에서 포괄적으로 논의되므로 이 책에서는 변화가 발생하는 방법과 모델 재훈련 이벤트를 언제 트리거해야 하는지에 대해서는 자세히 설명하지 않겠습니다. 그러나 [그림 6-5]와 다음 단락에서 모델의 릴리스 과정에서 살펴볼 데이터 분포와 훈련 및 테스트에 사용하는 데이터를 최대한 유사하게 유지하는 방법을 자세히 설명하겠습니다.

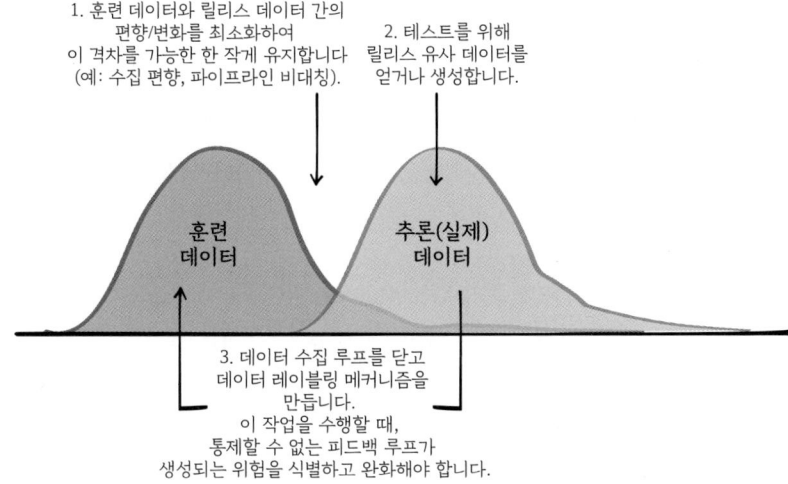

그림 6-5 훈련 데이터와 추론 데이터 간의 분포 변화 그리고 변화를 최소화하기 위해 우리가 할 수 있는 일

1. 훈련-배포 간 기울어짐 최소화

훈련 데이터와 추론 데이터 간의 분포 변화를 가능한 한 작게 유지합니다. 이를 위해 다음을 수행합니다. (i) 모든 피처 엔지니어링 로직을 두 시나리오 모두에 대칭적으로 적용합니다(이 장의 코드 예시에서 사이킷런 파이프라인[28]을 사용하여 수행한 것처럼 하면 됩니다). (ii) 모델이 훈련된 데이터를 정기적으로 갱신합니다(이에 대해서는 곧 자세히 설명하겠습니다).

2. 테스트를 위해 릴리스 환경과 유사한 데이터 사용(필요한 경우 합성 데이터 사용)

일부 상황에서는 릴리스되지 않은 환경에서 테스트를 위해 실제 데이터를 사용할 수 없습니다. 이러한 경우 Synthetic Data Vault[29] 및 CheckList[30]와 같은 도구를 사용하여 실제와 유사한 합성 데이터[31]를 생성하여 ML 모델을 테스트하고 분포 측면에서 실제 데이터와 유사한 테스트 샘플을 사용하여 문제를 발견할 수 있습니다.

---

28 https://oreil.ly/eRPSN
29 https://oreil.ly/vYDx5
30 https://oreil.ly/eOVjA
31 https://oreil.ly/rnA1s

3. 데이터 수집 루프 닫기

현실 세계에서는 데이터가 빠르게 변화하고 움직입니다. 글로벌 ML 커뮤니티의 1,700명 응답자를 대상으로 한 Tecton의 '2023년 머신러닝 응용 현황'[32] 조사에 따르면 ML 솔루션 제공에서 가장 큰 도전 과제는 정확한 훈련 데이터 생성이며, 응답자의 41%가 이를 도전 과제로 꼽았습니다.

이 문제를 해결하는 데 도움을 주기 위해 ML 시스템에 데이터 수집 루프와 확장 가능한 데이터 레이블링 메커니즘[33](예 약한 지도, 능동 학습, 준지도 학습)을 포함할 수 있습니다. 이것은 피처 스토어[34]를 정기적으로 갱신하고 모델이 추론 시에 볼 데이터와 가능한 한 유사하게 유지하는 데 중요한 역할을 합니다.

실제 세계의 도메인을 대표하는 신선한 레이블링 데이터는 모델 개선 주기의 모든 단계에서 도움을 줍니다. 오류를 감지하고, 오류를 분석하며, 모델을 개선합니다(예 모델을 신선하고 더 대표적인 데이터로 재훈련해서 개선합니다).

> **NOTE** 데이터 수집 루프를 닫을 때는 통제할 수 없는 피드백 루프[35]의 위험을 식별하고 완화해야 합니다. 이는 모델이 편향을 학습하고, 실제 세계에 영향을 미쳐 미래에 훈련될 데이터와 실제 세계에 편향을 지속시키며, 악순환을 초래하는 현상입니다.

ML 실무자들은 주로 훈련과 평가 측면에 집중하며, 최근에는 배포 측면에도 관심을 기울이고 있습니다. 하지만 많은 경우 모델이 실제 운영 환경에 적용된 이후의 상황은 간과하는 경향이 있습니다. 이런 상황에서 ML 솔루션을 제공한 경험에 따르면, 확장 가능한 데이터 레이블링 메커니즘을 통해 데이터 수집 순환 구조를 완성하는 것이 모델을 반복적으로 개선하는 데 매우 효과적인 방법입니다(그림 6-6). 모델 개선 속도는 데이터 수집 루프의 정보 흐름 속도에 따라 달라집니다.

---

32 https://oreil.ly/ZNwx-
33 https://oreil.ly/3IpM9
34 https://oreil.ly/bmJ5c
35 https://oreil.ly/q4kyk

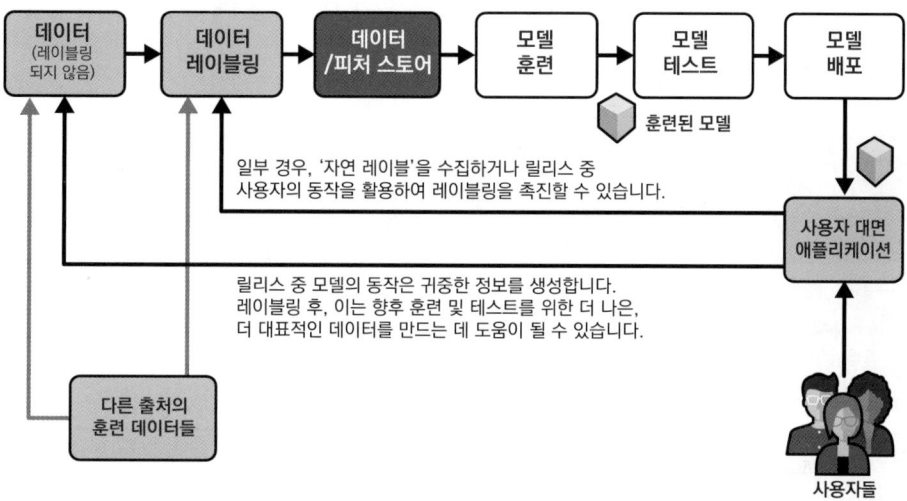

그림 6-6 데이터 수집 루프를 닫으면 모델 개선을 위한 필수 피드백 메커니즘이 생성됩니다.

데이터 수집 루프를 닫은 뒤 훈련 및 테스트 데이터가 점점 현실 세계를 대표하게 되었으므로 개방형-폐쇄형 원칙을 사용하여 테스트를 설계한다면 정기적으로 업데이트된 데이터를 모델 테스트에 최대한 활용할 수 있습니다.

6.2.3 개방형-폐쇄형 테스트 설계

개방형-폐쇄형 설계 원칙[36]은 소프트웨어 엔티티(클래스, 모듈, 함수 등)가 확장에는 열려 있어야 하지만 수정에는 닫혀 있어야 한다고 합니다. 이는 단순하지만 강력한 설계 원칙으로, 확장 가능한 코드를 작성하고 새로운 기능마다 필요한 맞춤형 수정을 최소화할 수 있도록 돕습니다. 개방형-폐쇄형 테스트는 확장에는 열려 있고(예 동일한 테스트를 다양한 데이터셋에 대해 확장할 수 있습니다. 예를 들어, 샘플 내 검증 데이터셋, 샘플 외의 새로 레이블링된 데이터 등입니다), 수정에는 닫혀 있습니다(즉, 이를 위해 테스트 코드를 변경할 필요가 없습니다).

---

36 https://oreil.ly/NSVtL

테스트 데이터 소스와 모델을 테스트의 구성 가능한 파라미터로 노출함으로써, 우리는 주어진 모델과 주어진 데이터셋에 대해 언제든지 모델 평가 테스트를 다시 실행할 수 있습니다(그림 6-7).

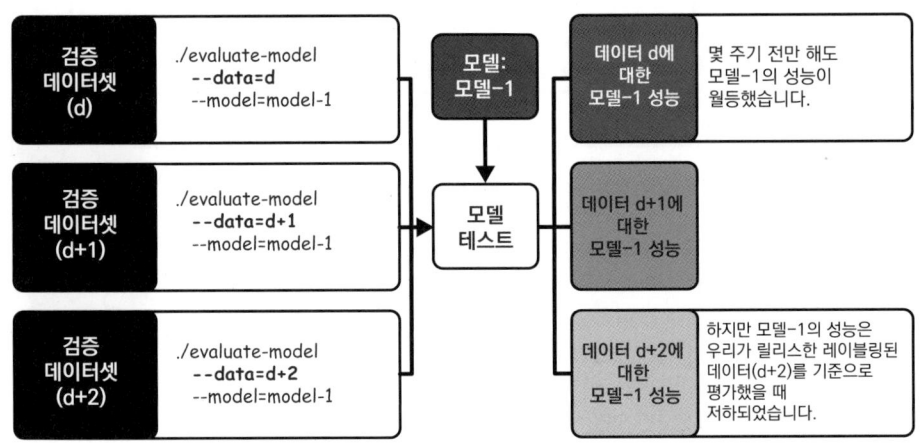

그림 6-7 모델 테스트에 개방형-폐쇄형 설계 원칙을 적용하면 확장과 재사용이 가능한 테스트를 만들 수 있습니다.

이 설계는 또한 모델 테스트를 모델 훈련에서 분리함으로써 두 작업을 독립적으로 그리고 다른 주기로 실행할 수 있도록 합니다. 이러한 분리는 여러 이점을 제공합니다. 예를 들어, 이는 주어진 모델(현재 릴리스된 모델 또는 도전 모델 등)의 평가를 언제든지 다시 실행할 수 있게 해 줍니다. 이는 새로운 평가 데이터가 제공되거나 과거 모델을 테스트하기 위한 새로운 테스트를 개발할 때 유용합니다(한 번 훈련하고, 반복해서 테스트합니다). 새로 레이블링된 데이터에 대해 지속적으로 모델을 테스트할 수 있는 이러한 기능은 시간에 따른 ML 모델의 정확성 또는 성능을 모니터링하기 위해 필요합니다(이 절의 끝에서 모니터링에 대해 다시 다룰 것입니다).

또한 훈련에 오랜 시간이 걸리는 모델의 경우, 분리를 통해 테스트를 발전시킬 수 있습니다(예 새로운 테스트 시나리오 지정, 지표 임곗값 조정). 불필요한 재훈련에 시간과 클라우드 자원을 낭비하지 않도록 합니다.

이제 다음의 보완적 실천 방법인 '탐색적 테스트'를 살펴보겠습니다.

6.2.4 탐색적 테스트

탐색적 테스트는 자동화된 모델 테스트 작성에 어려움을 겪을 때(이는 특히 ML 프로젝트의 초기 단계에서 자주 발생합니다), 좋은 결과를 발견하는 데 도움이 될 수 있습니다. 또한 모델이 예상대로 작동하지 않는 버그, 문제, 에지 케이스(알 수 없는 미지의 문제들)를 식별하는 데 도움을 줍니다. 이런 탐색적 테스트를 통해 발견된 문제점들은 새로운 모델 개선 주기를 시작하게 만드는 계기가 될 수 있으며, 이는 앞서 [그림 6-5]에서 설명한 바 있습니다.

탐색적 테스트는 사용자 테스트와는 다르지만, 사용자 테스트의 공감과 사고방식을 활용하면 도움이 될 수 있습니다. 모델에 가장 큰 영향을 받는 사람들을 포함한 다양한 페르소나와 이해관계자[37]를 고려하고 참여시키며, 시스템이 다양한 상호작용 모드와 시나리오에서 어떻게 반응하는지 관찰하는 게 도움이 됩니다. 이를 통해 모델 품질에 대한 정성적 관점을 형성할 수 있으며, 이는 더 나은 성능 지표를 정교하게 다듬고 명확히 하는 데 도움이 됩니다.

탐색적 테스트에서 무엇을 테스트해야 할지 확실하지 않을 때, 고객과 도메인 전문가의 피드백이나 불만은 매우 가치 있는 출발점이 됩니다. 고객 불만에 반사적으로 반감을 가질 수 있지만, 이는 매우 가치 있는 신호이며 동시에 우리의 ML 전달 프로세스에서 검토가 필요한 간극을 보여주는 지표가 됩니다. '사고에서 배우기'[38] 정신을 적용하고 탐색적 테스트를 통해 문제의 근본 원인을 식별하고 모델을 개선할 수 있다면, 모델 개선 주기를 완료하고 유사한 문제나 불만이 다시 발생할 가능성을 줄여 결국에는 큰 도움이 됩니다.

탐색적 테스트가 반복되거나 반복 가능하다는 징후를 보이면, 이를 자동 테스트로 공식화하여 품질, 흐름, 인지 부하 및 만족도의 이점을 누릴 수 있습니다.

6.2.5 모델을 개선하는 방법

테스트 자체는 모델을 개선하지 않습니다. 개선은 테스트에서 발견된 버그[39]를 수정할 때 이

---

[37] https://oreil.ly/kKlH6
[38] https://oreil.ly/h_n7f
[39] https://oreil.ly/91axT

루어집니다. 모델 테스트가 실패했을 때, 모델이 어떻게 잘못된 결과에 도달했는지 오류 분석을 수행하고, 최종적으로 모델을 개선할 수 있는 잠재적 방안들을 찾아내는 것이 중요합니다. ML 종사자들은 이미 잘 알고 있듯이, 모델 개선 접근 방식에는 두 가지가 있습니다.

- **데이터 중심 접근법**

  이전의 데이터 수집 루프를 활용하여 더 대표적이고 품질이 높은 훈련 데이터를 생성할 수 있습니다. 균형 잡힌 데이터셋 생성이나 피처 스케일링과 같은 다양한 피처 엔지니어링 접근법도 고려할 수 있습니다.

- **모델 중심 접근법**

  이것은 단순히 하이퍼파라미터를 조정하는 것이 아닙니다. 대안 모델 아키텍처, 앙상블 또는 ML 문제를 더 쉽게 해결할 수 있는 좁은 하위 문제로 분해하는 방법을 탐구할 수 있습니다.

그러나 팀이 두 가지 접근법 모두 시도했는에도 모델이 여전히 충분히 좋지 않을 때가 있습니다. 이 시점에서 1장에서 소개한 (과소평가되었지만 유용한) 접근법인 문제를 재구성하는 방법이 있습니다.

데이터가 부족하거나 충분히 대표적이지 않아 '충분히 좋은' 모델을 훈련할 수 없는 상황에 직면했을 때, ML 시스템 최종 사용자의 기대치를 일시적으로 낮추는 방법으로 진전을 이룰 수 있습니다. 이를 통해 팀은 모델의 초기 버전을 배포하고 실제 사용 환경에서 더 많은 훈련 데이터를 수집할 수 있으며, 이는 데이터 중심적 접근 방식으로 모델을 개선할 수 있게 해 줍니다. 데이터가 더 많이 확보됨에 따라 모델은 점진적으로 구체화될 수 있으며, 원래의 더 복잡한 질문을 다시 다룰 수 있습니다. 문제를 재구성하는 이 기술은 초기 모델이 아직 충분히 배포될 수 없을 때 유용한 '시작(착수)하기 getting off the ground' 시나리오에 특히 유용합니다.

이제 실패 비용을 최소화하기 위한 설계 방법을 살펴보겠습니다.

6.2.6 실패 비용을 줄이기 위한 설계

ML 모델은 가끔 잘못된 예측을 할 수밖에 없습니다. 특히 중요한 상황에서는 잘못된 예측의 위험(위험 = 발생 가능성 × 영향)을 줄이는 방식으로 제품을 설계해야 합니다. 먼저 잘못된 예측의 가능성을 줄이는 방법을 살펴보고, 그 다음에 실패의 영향을 줄이는 방법을 알아보겠습니다.

모든 오류가 똑같이 중요한 것은 아니며, 어떤 실수는 다른 실수보다 더 큰 비용을 초래할 수 있습니다. 비용 민감 학습 기법을 사용하여 위험이 큰 시나리오에서는 더 신중하게, 오류의 결과가 미미한 경우에는 덜 엄격하게 모델을 훈련하거나 조정할 수 있습니다. 또한 ML 시스템을 사용하는 사람들과 협력하여 다양한 실패 유형의 비용을 이해해야 합니다.

다양한 실패 유형의 비용을 알게 되면, 비용 민감 학습 기법을 모델 훈련이나 배포에 적용할 수 있습니다. 주요 기법은 다음과 같습니다.

- **데이터 불균형 해결**

    오버 샘플링이나 언더 샘플링 같은 방법을 사용하여 데이터셋을 균형 있게 만들어, 잘 나타나지 않는 클래스에서 발생하는 오류를 줄일 수 있습니다.

- **비용이 많이 드는 실수 강조**

    가중 F1 점수 같은 지표를 사용하여 중요한 오류를 더 잘 보이게 합니다.

- **비용을 고려한 평가 및 훈련**

    모델 평가에 실제 오류 비용을 포함하고, 나중에는 모델 훈련 중 손실 함수로 포함해 비용이 많이 드는 실수를 줄이도록 모델을 훈련시킵니다.

- **추론 시 비용 고려**

    대규모 금융 거래와 같은 중요한 상황에서는 모델이 더 신중하게 작동하고, 중간 정도의 사기 가능성이 있는 경우에도 잠재적인 문제를 경고해야 합니다.

이러한 기법들은 ML 시스템의 견고성을 높이는 데 도움이 되지만, 여전히 오류를 범하거나 편향을 나타낼 수 있습니다. 따라서 이러한 실수의 가능성과 영향을 줄이기 위해 여러 방어 계층을 구축하여 '심층 방어'를 할 필요가 있습니다. 이제 실패의 영향을 줄이는 몇 가지 방법을 살펴보겠습니다.

첫째, 모델이 각 예측에 대해 얼마나 자신 있는지를 투명하게 공개할 수 있습니다. 단일 예측을 제공하는 대신, 가능한 출력에 대한 확률 분포를 제공하고 특정 예측에 대해 자신이 없을 때 명확히 알릴 수 있습니다. 이를 통해 사용자는 모델의 예측에 대한 신뢰 수준을 평가하고 더 나은 결정을 내릴 수 있습니다.

둘째, 필요할 때 모델 예측을 검토하고 수정할 수 있는 인간의 개입 절차를 포함할 수 있습니다. 이를 통해 잘못된 예측의 비용을 줄이고, 인간이 개입하여 더 나은 판단을 내릴 수 있습니다. 그리고 모델의 결정에 대해 이의를 제기하고 피드백을 제공할 수 있는 채널[40]을 만들 수도 있습니다.

마지막으로 특정 중요한 시나리오에서 모델의 출력에 대한 정책이나 제약을 정의하는 안전장치를 구현할 수 있습니다. 예를 들어, 챗봇을 개발할 때 인종 혐오나 자해와 같은 민감한 주제에 대한 언급은 소프트웨어가 적절히 처리하도록 해야 합니다(예 요청을 정중히 거절하거나 경고를 트리거합니다).

이제 마지막으로 보완할 수 있는 운영 모니터링에 대해 살펴보겠습니다.

6.2.7 운영 모니터링

운영 모니터링은 소프트웨어 엔지니어링에서 확립된 관행입니다. 모니터링(지표, 로그, 경고)이 제대로 이루어지면 실제 환경에서 우리 제품이 어떻게 작동하는지에 대한 유용한 피드백을 얻을 수 있으며, 예상치 못한 오류나 성능 저하, 또는 비정상적인 활동이 있을 때 경고를 받을 수 있습니다.

---

[40] https://oreil.ly/MFoZj

모니터링을 통해 테스트에서 미처 고려하지 못했던 시나리오들에 대한 통찰을 얻을 수 있습니다. 에츠허르 다익스트라Edsger W. Dijkstra는 "테스트는 버그의 존재를 설득력 있게 보여줄 수는 있지만, 버그가 없다는 것을 증명할 수는 없다"고 말했습니다. 따라서 운영 모니터링은 테스트를 보완하는 필수 관행입니다.

ML 모델 모니터링에는 세 가지 측면이 있습니다.

애플리케이션 모니터링

처리량, 지연 시간, 오류율과 같은 지표는 애플리케이션이 운영 중 어떻게 작동하는지에 대한 피드백을 제공합니다. 모든 것이 잘 진행되고 있나요? 거의 멈추기 직전인가요? 모든 것이 엉망인가요?

발생한 오류와 유용한 애플리케이션 로그는 오류를 재현하고 버그를 수정하는 데 필요한 정보를 제공합니다. 애플리케이션 모니터링과 경고는 팀이 데이터에 기반한 자신감을 가지고 제품을 릴리스하고, 문제가 발생할 경우 더 빠르게 대응할 수 있게 합니다.

데이터 모니터링

운영 중 모델이 보는 모든 데이터를 관찰하고 수집함으로써 데이터 분포의 변화를 감지할 수 있습니다. 시간에 따른 데이터 분포를 시각화할 수 있을 뿐만 아니라, 데이터에 대한 왜곡 테스트를 실행하여 이상치와 잘못된 경향성을 감지할 수 있습니다.[41]

시간에 따른 데이터 분포 변화는 모델 재훈련이나 미세 조정의 필요성을 신호할 수 있습니다. 이를 통해 모델이 운영 중인 현재 데이터 도메인에 대해 정확하고 신뢰할 수 있도록 유지할 수 있습니다.

모델 지표 모니터링

마지막으로, 모델의 예측이 얼마나 정확한지 또는 품질이 어떤지 알고 싶을 것입니다. 이를 위해 새로 레이블링된 데이터를 사용하여 평가할 수 있습니다('6.2.2 릴리스 단계에서 데이터 수집 루프를 닫아 학습하기'에서 설명했습니다). 그리고 데이터 수집 루프를 닫

---

[41] https://oreil.ly/_f9-C

고('6.2.3 개방형-폐쇄형 테스트 설계'에서 설명했습니다) 개방형-폐쇄형 테스트를 설계한 경우, 정기적으로 업데이트된 평가 데이터를 사용하여 모델 테스트를 다시 실행하면 시간에 따른 모델의 정확성을 지속적으로 측정하고 시각화할 수 있습니다.

또한 운영 중인 모델뿐만 아니라 후보 모델이나 도전 모델에 대해서도 테스트를 실행하여 현재 운영 중인 데이터에 가장 적합한 모델을 관찰할 수 있습니다.

'애플리케이션 모니터링'과 '데이터 모니터링' 측면은 실시간으로 이루어질 수 있지만, '모델 지표 모니터링'의 주기는 새로 레이블링된 데이터를 얻는 속도에 따라 달라집니다. 많은 경우, 레이블링에 필요한 시간 때문에 배치로 이루어지며, 이는 준지도 학습 시나리오에서도 마찬가지입니다. 세 가지 모니터링 측면 모두, 운영 중 모델의 품질에 대한 피드백을 제공하는 데 필수적입니다.

6.2.8 모델 테스트 과정을 종합해 보기

시스템 사고의 관점에서 보면 모델 테스트는 독립적인 기능이 아니며 보완적으로 이루어집니다. [그림 6-8]을 통해 퍼즐의 조각들을 맞춰 봅시다. 각 번호가 매겨진 항목은 이 절에서 설명된 보완적인 실천 방법을 제시한 순서대로 나열된 것입니다.

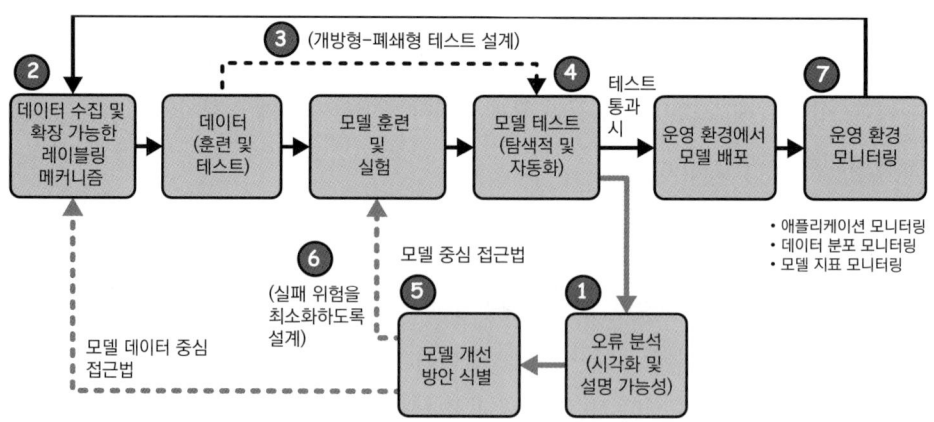

그림 6-8 모델 테스트는 오류 분석, 데이터 수집 루프, 개방형-폐쇄형 테스트 설계 등과 같은 다른 지원 기능으로부터 혜택을 받을 수 있습니다.

성능이 떨어지거나 모델 테스트가 실패하면, (6.2.1) 먼저 오류 분석을 통해 모델 개선 작업을 시작합니다. 그리고 (6.2.2) 정기적으로 업데이트된 레이블을 기준으로 데이터 수집 과정을 완료하고, (6.2.3) 업데이트된 평가 데이터를 사용하여 모델 테스트를 정기적으로 다시 실행할 때만 실제 환경에서 모델의 진정한 성능을 알 수 있습니다.

자동 테스트를 명확히 설명하기 어렵고 수동 테스트와 문제 해결에 시간을 많이 쓰게 되면, 이는 피드백 메커니즘의 일부가 빠졌다는 신호입니다. (6.2.4) 탐색적 테스트를 사용하여 이 빠진 부분을 찾아내고, 이를 자동화하여 피드백을 유지하면서 비용과 정보 손실을 줄일 수 있습니다.

(6.2.5) 테스트가 실패하는 것만으로는 충분하지 않으며, 데이터 중심, 모델 중심 또는 사용자 경험(UX) 중심의 방법을 통해 모델을 개선해야 합니다

(6.2.6) 결국 우리는 ML(머신러닝)이 확률적이며 특히 데이터가 변할 때 100% 정확할 수 없다는 것을 인정하고, 실패의 비용을 줄이는 방식으로 설계하여 우리 ML 제품에 의존하는 사용자에게 실패의 위험을 줄입니다.

(6.2.7) 만족스러운 품질의 모델을 운영 환경에 릴리스한 후, 우리는 세 가지 수준(애플리케이션 모니터링, 데이터 분포 모니터링, 모델 지표 모니터링)에서 이를 모니터링합니다. 모니터링은 운영 중에 제품이 원활하게 작동하는지 확인하고 실제 환경에서 모델의 성능을 관찰하며 모델을 언제 어떻게 개선할지에 대한 중요한 정보를 제공합니다.

잘하셨습니다! 이 장의 이 시점에서, 우리는 여러 테스트 기법과 모델의 품질을 테스트하고 이해하며 개선하는 데 도움이 되는 보완적인 기능을 다루었습니다. 또한 이러한 검증을 자동 테스트로 작성하여 팀의 수고를 줄이고 워크플로를 개선하는 방법을 이야기했습니다. 이 지도를 손에 들고 마무리하며 이 여정을 점진적으로 시작하거나 계속 진행하면서 그 혜택을 어떻게 누릴 수 있는지 논의해 봅시다.

데이터 테스트에 대하여

말할 필요도 없이 데이터는 ML 시스템의 생명줄입니다. '쓰레기가 들어가면, 쓰레기가 나온다'는 격언은 진리입니다. 데이터에 품질 문제나 편향이 있으면 이러한 문제는 모델과 그 예측에 내재하게 됩니다.

ML의 맥락에서 데이터의 변화(예 특정 인구 집단의 샘플 수가 10% 감소하는 것)가 ML 모델의 성능에 어떤 영향을 미칠지 사전에 알기 어려울 수 있습니다. 종종 우리는 예상치 못한 모델 동작(예 계층화된 지표 테스트 실패)을 관찰하고, 역으로 디버깅하여 훈련 데이터의 클래스 불균형과 같은 가능한 원인을 분석합니다.

그러나 ML 시스템에서도 데이터 테스트는 여전히 중요합니다. 암묵적인 가정이 조용한 실패로 이어질 수 있기 때문에 데이터에 대한 가정을 명시적으로 자동 테스트 형태로 캡처하는 것이 훨씬 더 나은 경우가 있습니다.

다음은 ML 시스템에서의 데이터 테스트 예시입니다.

데이터 파이프라인 테스트

ML 시스템은 훈련 및 추론 전, 중, 후에 데이터를 수집하고 변환하는 구성 요소를 포함할 것입니다. 데이터 품질의 다양한 측면(정확성, 완전성, 일관성, 대표성, 적시성)을 보장하기 위해 데이터 처리 파이프라인을 테스트하는 방법에 대한 방대한 문헌(기사,[42] 튜토리얼,[43] 책의 한 꼭지,[44] 심지어 책 전체)이 있습니다.

데이터 계약 테스트

데이터 계약 테스트[45]는 ML 솔루션의 구성 요소 간에 전달되는 데이터(예 데이터 파이프라인의 출력이 훈련 파이프라인으로 전달되는 데이터)가 속성 이름, 값 유형, 값 제약 조건 측면에서 예상되는 스키마와 일치하는지 확인합니다. 예상치 못한 데이터 스키마 때문에 ML 훈련 주기가 중간에 폭발하거나 더 나쁘게는 조용히 실패하는 것을 기다리는 대신 우리는 데이터가 ML 파이프라인의 계약과 일치하는지 확인한 후 데이터를 허용합니다.

빠르게 실패하고 크게 실패하는 것은 로그를 깊이 파고들어 미묘한 오류를 해결하는 데 시간을 낭비하지 않도록 도와줍니다. 명시적인 데이터 계약은 데이터 스키마에 대한 암묵적인 가정이 코드베이스에 흩어져 있는 것보다 문제를 감지하고 디버그하기 쉽게 만듭니다.

데이터 프라이버시 테스트

데이터 프라이버시 테스트는 모델에 제공되는 데이터에 이름, 식별 번호, 주소와 같은 개인 식별 정보personal identifiable information(PII)가 포함되지 않았는지 확인합니다. 이러한 테스트는 모델 훈련과 같은 다운스트림 시스템에서 데이터를 소비하기 전에 PII를 제거하거나 익명화했는지 확인합니다. PII 데이터는 민감한 정보이며, 이를 잘못 처리하면 심각한 프라이버시 침해와 법적 및 규정 준수 문제를 초래할 수 있습니다.

---

42 https://oreil.ly/mIC3i
43 https://oreil.ly/9Iqqs
44 https://oreil.ly/JpS9Z
45 https://oreil.ly/PwTl0

> Presidio[46]는 주어진 데이터셋에서 PII를 감지하는 데 도움이 되는 파이썬 패키지입니다. 우리 경험에 따르면, 드문 이름과 주소를 제외하고 대부분의 PII 엔티티에 대해 잘 작동합니다.
>
> 이것들이 전부는 아닙니다. ML 솔루션에서 수동 문제 해결 및 수동 품질 테스트를 사용하여 자동화된 데이터 테스트를 작성할 수 있을지 확인해 보세요.

6.3 다음 단계: 배운 것을 적용하기

> 항상 하던 대로 하면 항상 얻던 것만 얻게 됩니다.
>
> — 제시 포터 Jessie Potter, 일리노이 주 오크론에 있는 '국립 인간 관계 연구소' 소장

팀에 더 많은 테스트를 도입하려는 테스트 전문가든, 테스트가 처음이라 어디서 시작해야 할지 모르는 사람이든, 다음은 이러한 테스트 실천을 적용하기 위해 취할 수 있는 몇 가지 실용적인 과정을 소개합니다.

6.3.1 점진적으로 개선하기

테스트가 거의 없거나 전혀 없는 코드베이스에 있다면, 지금부터라도 개선을 시작하고 자동 테스트의 이점을 누릴 수 있습니다. 여러분이나 팀원들에게 약간의 동기부여가 필요하다면, 각 사용자 스토리에서 수동 테스트로 소비되는 시간을 생각해 보세요. 비록 처음에는 부담스러울 수 있지만, 이 장에서 다룬 기술들이 점진적인 개선을 위한 단계를 안내해 줄 것입니다. 대대적인 개편을 시도하는 대신, 작은 점진적 변화를 통해 ML 코드베이스의 견고성과 명확성을 점차적으로 향상시키는 데 집중하세요.

작은 단계로는, 다음 커밋에 하나의 자동 테스트를 추가하는 것부터 시작할 수 있습니다. 데이터 변환에 대한 단위 테스트를 작성하거나 모델 품질을 자동으로 확인하는 테스트를 파이프라인에 추가하는 것만으로도 큰 효과를 볼 수 있습니다. 이는 팀의 모든 ML 종사자가 각

---

46 https://oreil.ly/0U8j_

변경 사항마다 수동으로 확인해야 하는 작업을 줄여줍니다! 이 장의 코드 예시 리포지터리[47]를 참조하여 로컬 및 CI 파이프라인에서 테스트를 설정하는 방법을 배울 수 있습니다.

더 큰 단계로는, 매 스프린트마다 점진적인 단계를 염두에 두고 ML 제품에 대한 테스트 전략을 세우는 것입니다. [표 6-1]을 사용하여 팀의 현재 상태를 평가할 수 있습니다. 여러분이 엔지니어링 리더라면, 이 체크리스트는 팀이 현재의 격차와 개선 사항을 측정하는 데 도움을 줄 수 있으며, 팀이 생성하는 ML 시스템의 신뢰성을 향상시키기 위해 팀을 독려하는 데 도움이 될 수 있습니다.

이 장을 레시피처럼 활용하세요. 요리책을 샀을 때, 책에 있는 모든 요리를 다 해야 한다는 압박감을 느끼지 않듯이(유혹적일 수는 있지만!). 여러분의 상황에서 필요를 충족시키거나 가장 큰 가치나 행복을 제공할 레시피를 선택하고 계속해서 반복하세요.

표 6-1 ML 시스템을 위한 테스트 체크리스트

테스트	테스트 안 함	수동으로 확인	자동 테스트가 있으나 협소함	대부분의 코드와 데이터 시나리오에서 포괄적인 자동 테스트
소프트웨어 테스트				
단위 테스트		예 ✔		
훈련 스모크 테스트	예 ✔			
API 테스트				
개발 후 테스트				
모델 테스트				
지표 테스트(전역 및 층화)				
동작 테스트				
LLM 테스트(LLM 애플리케이션에서)				
예시 기반 테스트				
벤치마크 테스트				

---

[47] https://oreil.ly/8U02v

테스트	테스트 안 함	수동으로 확인	자동 테스트가 있으나 협소함	대부분의 코드와 데이터 시나리오에서 포괄적인 자동 테스트
속성 기반 테스트				
LLM 기반 테스트				

6.3.2 가치 증명하기

만약 팀이 결함을 자주 만나거나 개발 주기에서 피드백이 느리다면, 이 장에서 설명한 테스트가 어떻게 도움이 될 수 있는지 고려해 보세요. 테스트를 추가할 때, 수동 테스트와 결함 해결에서 절약된 시간을 보여주세요. 한 스토리에서 수동 테스트로 절약한 시간을 계산해 보세요. 테스트가 CI/CD 파이프라인에서 오류를 잡아내어 실제 운영 환경에서 오류를 방지한 횟수를 축하하세요. 시간이 지나면서 테스트 커버리지가 점점 더 포괄적으로 되면, 지루한 수동 테스트가 줄어들고, CI에서 빨간 빌드가 줄어들며, 운영 중 발생하는 문제도 줄어들고, 팀원들이 더 행복해질 것입니다.

때로는 설득하는 것보다 직접 해 보는 것이 더 쉬울 수 있습니다. 몇 가지 테스트를 작성하고, 좋은 읽기 쉬운 테스트가 피드백 속도, 테스트 노력, 인지 부하 등에 어떤 차이를 만드는지 보여주세요.

6.4 결론

> 안전이 있어야 실험이 가능합니다.
> — 진 킴^{Gene Kim},[48] 『디지털 트랜스포메이션 엔진』(에이콘출판, 2020) 공동 저자

우리의 한 동료가 지속적 전달(CD)의 시금석은 해변에서 음료를 마시며 변경 사항을 실제

---
[48] https://oreil.ly/9e3Yz

운영 환경에 배포할 수 있는 능력이라고 농담한 적이 있습니다. 소프트웨어, 데이터, 모델 구성 요소의 모든 변경 사항을 포괄적이고 자동으로 검증하는 테스트 전략과 CI/CD 파이프라인이 있다면, 언제든지 자신 있게 안정적인 빌드를 운영 환경에 배포할 수 있습니다. 이는 포괄적인 테스트와 운영 모니터링이 있을 때만 가능하며, 불안과 두려움 없이 할 수 있습니다.

이 책에서 여러 번 언급했듯이, 포괄적인 자동 테스트는 피드백 루프를 단축하고, 부담을 줄이며, 인지 부하를 줄이고, 결함률을 낮추며, 이는 팀의 실험 주기, 전달 흐름, 만족도를 더욱 향상시킵니다.

이것은 단지 일화적인 것이 아닙니다. 『디지털 트랜스포메이션 엔진』[49]에서는 2,800개 이상의 조직을 대상으로 한 기술 비즈니스의 성과와 효율성에 대한 과학적 연구를 다루고 있습니다. 저자들은 지속적 전달 실천(자동 테스트가 핵심 기둥 중 하나임)과 기타 린 전달 프로세스를 채택한 조직이 더 높은 성과를 보인다는 것을 발견했습니다. 예를 들어, 기능 전달 속도가 빠르고, 실패율이 낮으며, 직원 만족도가 높습니다. 우리의 다양한 ML 프로젝트 경험도 이러한 결과를 뒷받침합니다.

이것으로 자동 테스트에 대한 내용을 마칩니다. 다음은 ML 종사자가 더 나은 코드를 작성하는 데 도움이 되는 효과적인 코드 에디터 실천 방법을 다룰 7장에서 뵙겠습니다. 다음 장에서 다룰 단축키는 8장에서 빠르게 리팩터링하는 데 도움이 될 것입니다.

---

[49] https://oreil.ly/AKkDo

CHAPTER 7

간단한 기술로 코드 에디터를 효과적으로 사용하기

삶에는 지름길이 없지만, 코딩에는 지름길이 많습니다.

– 쥔타오 추Juntao Qiu,[01] 개발자 및 저자

우리가 아는 대부분의 ML 종사자들은 코딩을 즐겨합니다. 코드는 우리의 머릿속 아이디어를 현실로 옮기는 수단입니다('이 피처 엔지니어링 기법이 모델의 성능을 향상시킬까?'). 사실, 많은 사람이 너무 많은 방해 요소와 회의로 코딩할 시간이 부족하다고 한탄합니다. 그러나 코딩할 시간이 생기면, 우리는 종종 수작업 테스트(4장과 5장), 복잡한 코드 읽기(8장), 비생산적인 코딩 관행(7장)과 같은 지루한 작업에 소중한 시간을 낭비하는 자신을 발견합니다.

이 장에서는 여러분과 여러분의 팀이 비생산적인 코딩 관행에 빠져 시간을 낭비하지 않도록 하는 방법을 자세히 설명할 것입니다. 우리는 통합 개발 환경(IDE)이 코드를 더 효과적으로 읽고 작성하는 데 어떻게 도움이 되는지 보여줄 것입니다. IDE는 개발자, 데이터 과학자 및 엔지니어가 코드를 생산적으로 작성, 실행, 테스트 및 디버그할 수 있도록 돕기 위해 설계된 애플리케이션입니다. 소스 코드 에디터, 통합 터미널, 버전 관리 지원, 가상 환경 관리 및 코드 제안과 같은 개발 도구를 제공합니다. 또한 더 잘 설계되고 읽기 쉬운 코드베이스로 리팩터링하는 데 도움을 줄 수 있습니다(그림 7-1).

---

[01] https://oreil.ly/ZABr2

이를 위해, 이 장에서는 다음 내용을 다룹니다.

- 몇 단계로 IDE를 구성하는 방법
- 코드 완성, 제안된 수정, 손쉬운 탐색, 자동 포매팅 및 리팩터링과 같은 유용한 IDE 기능
- 생각의 속도로 코딩할 수 있도록 돕는 IDE 기능의 키보드 단축키

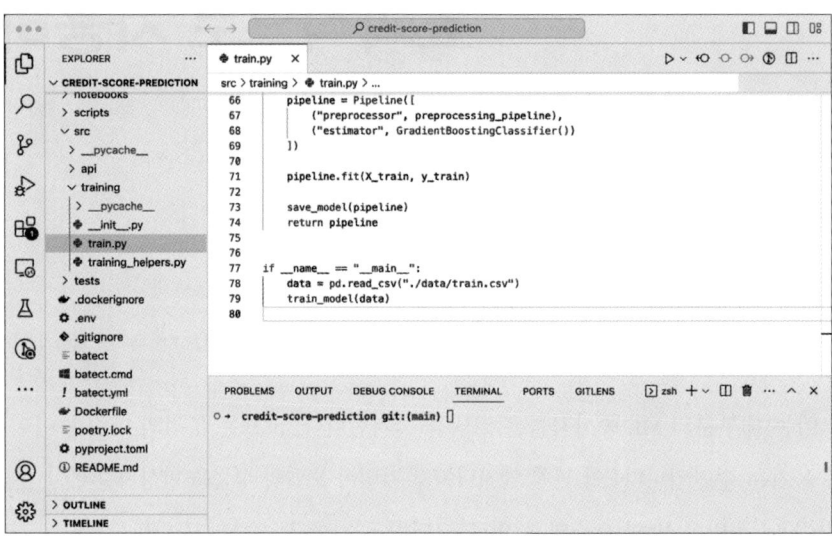

그림 7-1 IDE 예시

만약, 코드가 바다의 파도와 같다면, 이 장에서 다루는 기술들은 여러분이 파도를 타고 조류에 휩쓸리지 않고 원하는 목적지에 도달할 수 있도록 도와줄 것입니다. 다음 장에서 다룰 리팩터링 기술들과 함께라면 복잡한 코드베이스를 이해하고, 길들이고, 개선하여 팀에 도움이 되는 방향으로 바꿀 수 있을 것입니다.

생성형 AI의 등장과 AI 지원 코딩의 부상으로 깃허브 코파일럿$^{GitHub\ Copilot}$[02]과 Blackbox AI[03]와 같은 도구들이 개발자의 도구 상자에서 점점 더 중요한 역할을 하고 있습니다. 그러나 이 장의 연습문제에서는 이러한 도구들을 제외하기로 했습니다. 그 이유는 두 가지입니다

---

[02] https://oreil.ly/NZnKK
[03] https://oreil.ly/zMpkt

다. 첫째, 이미 많은 튜토리얼[04]에서 깃허브 코파일럿과 같은 도구를 파이썬 프로젝트에 사용하는 방법을 다루고 있습니다. 둘째, 이 글을 쓰는 시점에서 깃허브 코파일럿의 제작자들은 오픈소스 코드로 코드 생성 모델을 훈련시킨 것에 대해 집단 소송[05]에 직면해 있습니다. 많은 오픈소스 코드가 MIT 라이선스, 아파치Apache 라이선스 등 저자 이름과 저작권을 명시해야 하는 오픈소스 라이선스[06]를 따르고 있기 때문입니다. 이 소송의 결과는 조직이 깃허브 코파일럿과 같은 도구를 사용할지 여부에 영향을 미칠 것이므로, 우리는 이 책을 이러한 요소에 연관시키고 싶지 않았습니다. 또한 우리 경험에 따르면 AI가 지원하는 코딩 없이 이 장에서 다룰 기본적인 IDE 기술만으로도 충분히 많은 성과를 얻을 수 있기 때문입니다.

그럼 이제 첫 번째 절로 들어가서, IDE를 아는 것의 이점과 놀라운 단순성을 알아봅시다.

7.1 IDE를 아는 것의 이점(그리고 놀라운 단순성)

이 절에서는 ML 종사자들이 코딩할 때 IDE를 제대로 활용하지 않으면 자주 겪게 되는 세 가지 함정에 대해 탐구할 것입니다. 또한 IDE가 여러분이 더 나은 사고와 코딩을 할 수 있도록 도와주는 네 가지 방법을 강조할 것입니다. 마지막으로 일부 ML 종사자들이 이 관행에 대해 가지고 있는 장벽과 불안감을 탐구하고, ML 솔루션을 구축할 때 생산성을 높이고 흐름을 개선하기 위해 IDE의 잠재력을 최대한 활용해야 하는 이유를 제시할 것입니다.

7.1.1 왜 IDE에 신경 써야 할까요?

우리는 종종 ML 종사자들이 비주얼 스튜디오 코드Visual Studio Code (VS Code)나 파이참PyCharm과 같은 강력한 IDE를 사용하면서도 이를 노트패드Notepad처럼 단순히 코드를 수동으로 입력하는 용도로만 사용하는 것을 봅니다. 이들은 IDE의 제안된 수정, 리팩터링 지원, 자동 임포

---

04 https://oreil.ly/MOq4r
05 https://oreil.ly/XmRcE
06 https://oreil.ly/QUnsy

트, 자동 포매팅 등의 기능을 활용하지 않습니다. 그 결과, 다음과 같은 요인으로 워크플로가 방해받게 됩니다.

- **과도한 인지 부하**

    코드 에디터가 올바른 가상 환경으로 구성되지 않았기 때문에 많은 빨간색과 주황색 물결선(또는 더 나쁜 경우, 오류가 있는데도 물결선이 전혀 없음)이 화면에 나타납니다. IDE는 특정 코드 줄에 오류(예 누락된 임포트)가 있음을 알려주지만, 이를 무시합니다. 그 결과, 코드를 작성하는 동안 오류를 감지하지 못하고 실행 시점이 되어서야 오류를 발견하게 됩니다.

    이 때문에 경고 속에서 어디서 문제가 발생했는지, 왜 발생했는지를 파악하는 데 시간을 소비하게 되어 인지 부하가 증가합니다. 또한 오류의 지연된 감지와 해결은 결함과 재작업을 초래합니다.

- **지루하고 오류가 발생하기 쉬운 리팩터링**

    변수 이름 변경과 같은 간단한 리팩터링을 할 때도, 여러 파일에 걸쳐 변수 참조를 수동으로 찾아서 교체합니다. 이 과정에서 참조를 놓쳐서 오류를 도입할 가능성이 있습니다.

- **맥락 전환**

    코드 에디터와 웹 브라우저를 오가며 수많은 열린 탭 사이를 조심스럽게 이동하여 문서와 참조를 찾아봅니다. 예를 들어, 특정 함수를 임포트하는 방법(예 `cross_val_score()`를 임포트하는 구문)을 찾거나 함수의 파라미터(예 `cross_val_score()`가 허용하는 인수)를 알아내기 위해서입니다. 이러한 화면 전환은 다른 방해 요소에 노출되게 하여 인지 부하를 더욱 증가시킵니다.

이 모든 방해 요소는 귀중한 인지 자원과 시간을 소모하여 우리가 해결하고자 하는 문제를 해결하는 속도를 늦춥니다. 다행히도 반드시 이렇게 해야 할 필요는 없습니다. 대신 다음과 같은 IDE 기능을 활용하여 효과적으로 코딩할 수 있습니다.

- 코드 제안

    IDE는 문맥에 맞는 코드 완성 제안, 실시간 오류 강조 표시, 즉석 코드 수정 등을 제공합니다.

- 리팩터링 기능

    IDE는 변수 이름 변경, 변수 추출, 메서드 추출 등 여러 리팩터링 아이디어를 실행하는 데 도움을 주며, 여러 파일에 걸쳐 문자를 조작하는 번거로움 없이 실수를 줄일 수 있습니다.

- 코드 탐색

    파일, 클래스, 함수, 변수 등 원하는 곳으로 직접 '텔레포트teleport'할 수 있으며, 파일을 하나씩 클릭하여 탐색할 필요가 없습니다. 또한 수 없이 많이 열린 탭에 압도되지 않고 호출 스택의 레이어를 확대하거나 축소할 수 있습니다.

- 키보드 단축키

    키보드 단축키를 사용하면 IDE가 생각의 속도로 아이디어를 실행할 수 있도록 도와주어 여러 번의 마우스 클릭과 시각적 방해 요소를 스크롤하는 마찰을 줄여줍니다.

가장 좋은 점은, 이러한 기능들은 모두 배울 수 있고 접근 가능한 기술이라는 것입니다. 우리는 이러한 강력한 IDE 기능들을 배달 작업, 페어 프로그래밍, 문서 읽기를 통해 점진적으로 배웠습니다. 몇 시간의 저비용 투자로 인지 부하를 줄이고, 더 큰 효과를 얻으며, 만족도를 높일 수 있는 높은 수익을 얻을 수 있습니다.

또한 이러한 기술들은 로컬 또는 원격 주피터 노트북Jupyter Notebook 서버와 같은 다양한 개발 도구에서도 사용할 수 있으며, 이는 VS Code[07]와 파이참[08]에서 모두 가능합니다. 컴퓨팅 런타임에 대한 IDE 통합이 존재하는 한, 로컬 머신, 원격 컴퓨팅 인스턴스, 깃허브 코드스페이

---

07 https://oreil.ly/5Gsi3
08 https://oreil.ly/YtjB3

스(VS Code[09] 및 파이참[10]) 또는 아마존 세이지 메이커 스튜디오[11]와 같은 관리형 노트북 서비스에서 개발하든 상관 없이 이 장의 실습을 적용할 수 있습니다.

> **NOTE** 두 가지 주의할 점이 있습니다. 첫째, 모든 클라우드 제공업체가 이러한 IDE와의 통합 방법을 제공하는 것은 아닙니다. 예를 들어, 파이참을 구글 컴퓨트 엔진(Google Compute Engine) 인스턴스[12]와 연결할 수는 있지만, 구글 코랩(Google Colab) 노트북과는 연결할 수 없습니다(적어도 이 글을 쓰는 시점에서는 그렇습니다). 둘째, 파이참의 주피터 노트북 통합은 Professional Edition 라이선스가 필요합니다(이 주제에 대해서는 이 장의 끝에서 더 자세히 논의할 것입니다).

7.1.2 IDE가 그렇게 중요하다면 왜 아직 배우지 않았을까요?

소프트웨어 엔지니어링 세계에는 '사용하는 IDE를 이해하라'라는 원칙이 있습니다. 이는 ML 종사자들이 더 효과적으로 일할 수 있도록 도와줍니다. 사실 이 원칙은 '모든 프로그래머가 알아야 할 97가지 목록'[13]에도 포함될 정도로 유용합니다. 그러나 많은 ML 종사자들이 이 실천을 무시하는 세 가지 이유가 있습니다.

- 중요하지 않다고 느낍니다('나는 ML을 하고 어려운 문제를 해결하고 싶지, IDE 설정과 단축키 세부 사항을 파고들고 싶지 않다').
- 모든 IDE 기능을 압도적이고 무섭게 느낄 수 있습니다. 이는 이 주제가 교육 프로그램에서 보통 가르쳐지지 않기 때문에 합리적인 반응입니다.
- 일부는 IDE가 강력하고 유용한 코딩 도우미로 설정될 수 있다는 사실조차 모를 수 있습니다!

다음 절에서는 IDE를 아는 것이 속도를 높여줄 뿐만 아니라, 느려지지 않게 해 준다는 것을 살펴보겠습니다. 20km 떨어진 목적지로 향하고 있다고 상상해 보세요. 자전거가 도구로 주어졌지만, 아직 제대로 조립되지 않은 상태입니다. 자전거를 조립하는 것이 시간 낭비라고

---

[09] https://oreil.ly/8NXzC
[10] https://oreil.ly/BQw7z
[11] https://oreil.ly/0kXHk
[12] https://oreil.ly/zx3I8
[13] https://oreil.ly/0bcVZ

생각해서 그냥 걷기 시작하겠습니까?, 아니면 몇 시간을 투자해 자전거를 조립하고 목적지로 향하는 동안 속도와 바람을 즐기겠습니까?

또한 이것이 보이는 것보다 간단하다는 것을 확인해 보겠습니다. 새로운 지형과 상황은 두려울 수 있지만, 경험 많은 가이드가 있다면 덜 두려울 수 있습니다. 우리는 프로젝트에서 사용하는 일상적인 IDE 실천 방법을 공유할 것입니다. 이러한 실천 방법을 적용하여 IDE를 활용하면 더 적은 노력으로 더 많은 것을 달성할 수 있습니다.

지난 몇 년 동안 우리는 많은 데이터 과학자와 ML 엔지니어와 함께 작업했습니다. 자주 받는 피드백 중 하나는 이러한 IDE 생산성 실천 방법이 인지 부하를 줄이고, 해결하고자 하는 문제에 집중할 수 있게 도와준다는 것입니다.

그럼, 시작해 봅시다!

7.2 계획: 두 단계로 생산성 높이기

이 절에서는 두 단계를 통해 파이썬 프로젝트에서 IDE를 최대한 활용하는 방법을 설명합니다.

- **1. 먼저 다음을 통해 주어진 프로젝트에 대해 IDE를 구성합니다.**

    ❶ 가상 환경을 생성합니다.
    ❷ IDE에 가상 환경에서 파이썬 인터프리터를 찾을 위치를 알려줍니다.

- **2. IDE와 단축키를 사용합니다(유용함!).**

    가상 환경을 사용하도록 IDE에 지시했기 때문에, 이제 IDE는 유용한 제안과 문맥 인식 작업(예 리팩터링)을 실행할 수 있습니다.

이 패턴은 어떤 종속성 관리 도구를 사용하든 상관없이 작동합니다(예 poetry, conda, venv). 프로젝트에 가상 환경을 생성하고 IDE에 가상 환경의 위치를 알려주기만 하면, 이러한 IDE 기능을 활용할 수 있습니다.

이 장을 위해 준비된 연습문제[14]를 따라 코딩할 것을 권장합니다. 피터 센게[Peter M. Senge]는 다음과 같이 말했습니다. "자전거 타기에 관한 훌륭한 책을 읽었다고 해서 자전거 타기를 배운 것은 아니다." 경험적 지식은 개념적 지식보다 더 재미있고, 배운 것을 프로젝트에 바로 적용하는 데 도움이 됩니다.

> **NOTE** 이 연습문제는 파이썬 3.10 및 3.11에서 테스트했습니다. 파이썬의 최신 버전(예 파이썬 3.12)을 사용 중이고 `poetry install`을 실행할 때 문제가 발생하면, 파이썬 3.10 또는 3.11을 대신 사용하십시오. 특정 버전의 파이썬을 설치하고 사용하는 방법은 pyenv의 문서를 참조하십시오.[15]
>
> poetry를 사용하는 경우, pyenv를 사용하여 선택한 활성 파이썬 버전을 사용하도록 poetry에 지시해야 합니다. 다음 명령어를 실행하십시오.
>
> `poetry config virtualenvs.prefer-active-python true`
>
> 자세한 내용은 poetry의 이슈를 참조하십시오.[16]

7.2.1 1단계: IDE 구성하기

이 절에서는 이 프로젝트를 위한 가상 환경으로 IDE를 구성하는 방법을 설명합니다.

IDE 설치 및 기본 탐색 단축키

아직 IDE를 설치하지 않았다면, 파이참(Professional Edition 또는 Community Edition)[17]

---

14 https://oreil.ly/z1XxU
15 https://oreil.ly/jtNdz
16 https://oreil.ly/3ac00
17 파이참의 경우, Professional Edition(30일 무료 체험) 또는 Community Edition을 다운로드할 수 있습니다. 두 버전 모두 'Download PyCham' 페이지에서 찾을 수 있습니다. Professional Edition과 Community Edition의 차이점은 기능 비교 페이지를 참조하세요. ML 워크플로에 대한 Professional Edition의 주요 장점은 주피터 노트북과 도커 또는 윈도우 WSL에 대한 가상 환경 통합입니다. 도커 컨테이너 내부에 있는 가상 환경을 구성하는 것이 더 쉬우므로 파이참 Professional Edition을 사용하는 것을 권장합니다(3장에서 6장까지의 경우). 그러나 라이선스 비용이 장벽이 되지 않도록 이 책은 파이참의 어느 버전에서도 작동하도록 설명했습니다(https://oreil.ly/wFMf_).

또는 VS Code[18]를 다운로드하고 설치 지침을 따르세요. 설치 프롬프트에 대해 의문이 있다면 기본 옵션을 따르는 것이 좋은 시작입니다. 처음 설치하는 경우 컴퓨터를 재시작하라는 메시지가 표시될 수 있습니다.

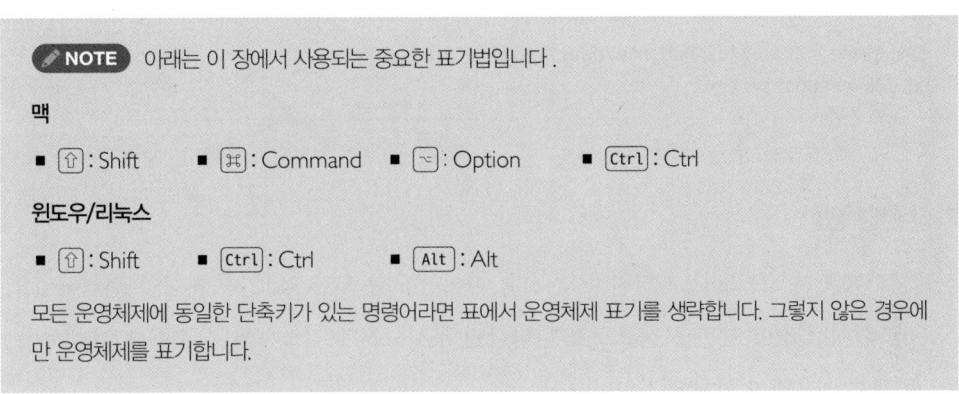

설치가 완료되면, 선택한 IDE를 엽니다. 윈도우 사용자는 관리자 권한으로 IDE를 실행하세요(IDE 아이콘을 마우스 오른쪽 버튼으로 클릭하고 '관리자 권한으로 실행'합니다). 다음 단계에서 종속성을 설치하려면 관리자 권한이 필요합니다.

IDE에서 이 장에서 자주 사용할 IDE의 기본 탐색 단축키는 [표 7-1]을 보고 연습하세요.

표 7-1 기본 탐색 단축키

작업	파이참	VS Code
파일, 액션, 명령어, 클래스, 심볼, 설정 등을 빠르게 찾기	전체 검색 ⇧ + ⇧	명령어 팔레트 열기 F1
터미널 열기/닫기 전환	보기: 터미널 맥: ⌥ + F12 윈도우/리눅스: Alt + F12	보기: 터미널 토글 Ctrl + `
파일 탐색기 사이드바 열기/닫기 전환	보기: 프로젝트 맥: ⌘ + 1 윈도우/리눅스: Alt + 1	보기: 사이드바 토글 맥: ⌘ + B 윈도우/리눅스: Ctrl + B

---

18 https://oreil.ly/n89Xw

코드 리포지터리 클론

이 장의 코드를 따라 실습하려면 다음 명령어를 사용하여 코드 리포지터리[19]를 클론해야 합니다.

```
git clone https://github.com/davified/ide-productivity
cd ide-productivity
```

가상 환경 생성

선택한 IDE에서 코드 리포지터리를 엽니다. 파이참 또는 VS Code 중 하나를 선택하세요. poetry 환경 설정에 대한 프롬프트가 나타나면 무시하거나 취소하세요. 다음 단계에서 go 스크립트를 사용하여 설치할 것입니다.

다음으로 맥 또는 리눅스 머신에서 작업하는 독자는 IDE의 터미널을 열고([표 7-1]의 단축키 참조) 다음 명령어를 실행하여 이 프로젝트를 위한 가상 환경을 생성하세요. 이 단계를 통해 가상 환경을 호스트에 설치하는 것입니다. 즉, 도커 컨테이너 외부에 설치됩니다(이유는 이 장의 결론 직전에 설명할 것입니다).

```
# 맥
./scripts/go/go-mac.sh
```

```
# 리눅스
./scripts/go/go-linux-ubuntu.sh
```

윈도우 사용자라면 다음을 따라하세요.

- 파이썬 3가 설치되어 있지 않다면 파이썬 3를 다운로드하고 설치[20]하세요. 설치 중에 'Add Python to PATH' 옵션을 선택하세요.

---

19 https://oreil.ly/hcioz
20 https://oreil.ly/U9ML-

- 윈도우 탐색기/검색에서 'Manage App Execution Aliases'로 이동하여 파이썬에 대한 App Installer를 끄세요. 이는 PATH에서 파이썬 실행 파일을 찾을 수 없는 문제를 해결합니다.
- 파워셸 또는 명령 프롬프트 터미널에서 다음 go 스크립트를 실행하세요

  `.\scripts\go\go-windows.bat`

  만약, HTTPSConnectionPool read timed out 오류가 발생하면, poetry install이 성공할 때까지 이 명령어를 몇 번 더 실행하세요.

> **NOTE** 이 연습은 윈도우10에서 테스트했습니다. 그러므로 윈도우 사용자라면 윈도우 파워셸 또는 명령 프롬프트에서 명령어 실행 시 문제가 발생하면, Windows Subsystem for Linux (WSL)[21] 설치를 진행하고 이 장에서 설명하는 리눅스 go 스크립트를 사용하여 따라 하세요.

처음 실행하는 경우 몇 분이 소요될 수 있습니다. go 스크립트가 성공적으로 완료되면, 다음 단계에서 사용할 파이썬 인터프리터 경로가 출력됩니다.

가상 환경 구성: 파이참

파이참의 공식 문서인 가상 환경 구성 방법[22]은 간단하고 따라하기 쉽습니다.

1. 화면 오른쪽 하단의 Python Interpreter 탭[23]을 클릭하고 Add Interpreter를 선택하세요(그림 7-2).
2. Add Python Interpreter 팝업 대화 상자의 왼쪽 창에서 Virtualenv Environment를 선택하고, 이미 go 스크립트를 실행하여 가상 환경을 생성했으므로 Existing environment를 선택하세요.
3. 목록에서 원하는 인터프리터를 선택하세요. 원하는 인터프리터가 목록에 없으면, 줄임표(…)를 클릭하고 go 스크립트 끝에 출력된 경로를 붙여 넣으세요(그림 7-3). 이 인터프리터 경로는 echo $(poetry env info -p)/bin/python 명령어를 실행하여 얻을 수도 있습니다.
4. 설정을 완료하려면 OK를 클릭하세요.

---

21 https://oreil.ly/wHrmJ
22 https://oreil.ly/M67G9
23 https://oreil.ly/fyYpR

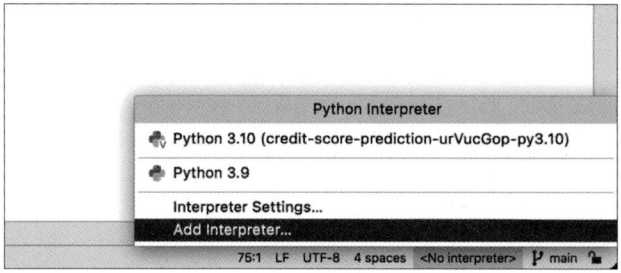

그림 7-2 파이참의 오른쪽 하단에서 Add Interpreter 탭을 클릭하고 Python Interpreter를 선택하세요.

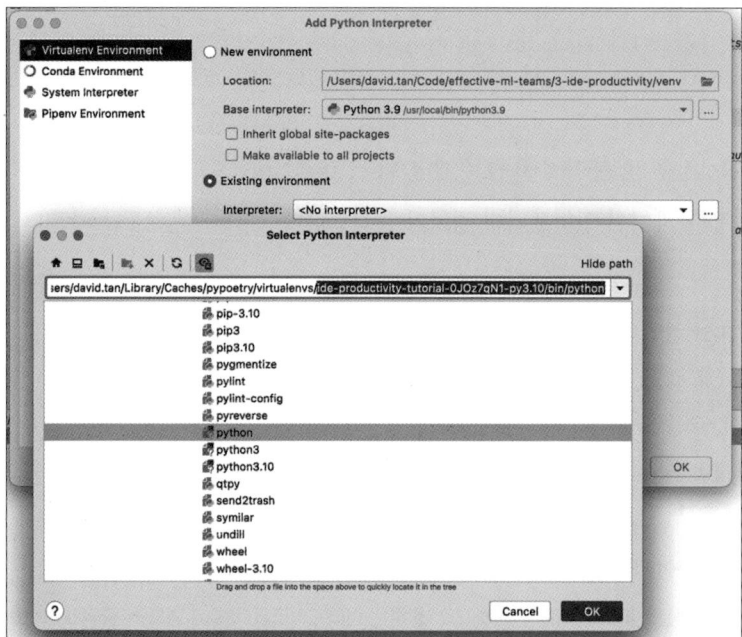

그림 7-3 이 프로젝트를 위한 가상 환경을 사용하도록 파이참을 구성하는 방법

파이참 사용자는 IDE의 모든 기능(예 자동 임포트, 파라미터 정보 얻기)을 자체 소스 코드에서 사용할 수 있도록 ./src 디렉터리를 Sources Root 디렉터리로 표시하는 마지막 단계가 필요합니다(그림 7-4). 이를 위해, src 디렉터리를 마우스 오른쪽 버튼으로 클릭하고, Mark Directory As를 클릭한 다음 Sources Root를 선택하세요. 이제 파이참이 ./src 디렉터리를 소스 루트로 인식하여, 소스 코드에 대한 다양한 IDE 기능을 사용할 수 있습니다(파이참이

편집 가능한 패키지를 지원하지 않는 이유에 대해 더 알고 싶다면, 이와 관련한 공개 논쟁[24]을 참조할 수 있습니다. 그러나 이는 권장하지 않습니다).

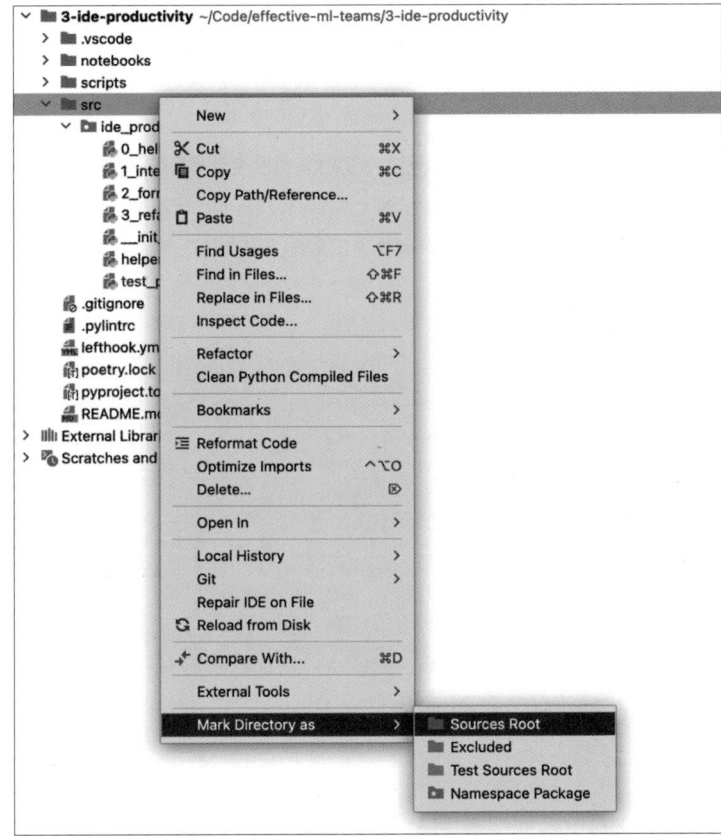

그림 7-4 파이참에서 ./src 디렉터리를 Sources Root로 표시하는 단계

가상 환경 구성: VS Code

아직 VS Code를 설치하지 않았다면, 공식 VS Code 파이썬 확장 프로그램(mspython.python)[25]을 먼저 설치하세요.

---

[24] https://oreil.ly/HuaEo
[25] https://oreil.ly/sIyf2

1. [F1]을 눌러 명령 팔레트를 엽니다.
2. 'Install extensions'를 검색합니다.
3. 왼쪽 창에서 'ms-python.python'을 검색하고 설치합니다.

VS Code의 가상 환경을 구성하는 방법[26]에 대한 공식 문서도 간단해서 따라하기 쉽습니다.

1. 명령 팔레트([F1])를 열고 'Python: Select Interpreter'를 입력합니다.
2. `Python: Select Interpreter` 명령어는 사용할 수 있는 파이썬 환경 목록을 표시합니다. 이 프로젝트(ide-productivity-tutorialxxx)에 해당하는 환경을 선택할 수 있습니다. 해당 옵션이 보이지 않으면, go 스크립트 끝에 출력된 전체 경로를 복사하여 붙여 넣을 수도 있습니다(그림 7-5).

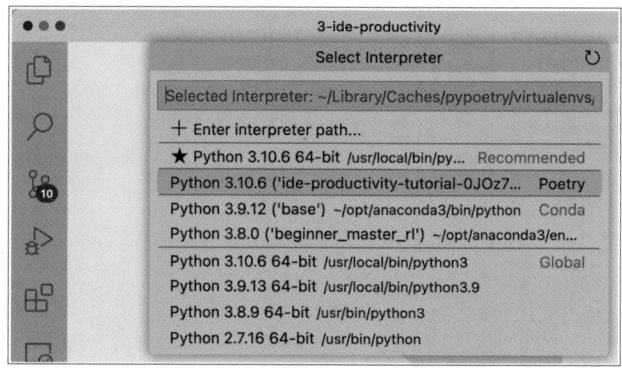

그림 7-5 이 프로젝트에서 가상 환경을 사용하도록 VS Code를 설정하는 방법

이 작업을 완료하면, 에디터는 파이썬 가상 환경과 프로젝트에 설치한 모든 종속성을 인식하게 되어 유용한 도우미가 될 수 있습니다. 이 프로젝트의 파이썬 파일을 열면 화면 오른쪽 하단에 가상 환경이 표시될 것입니다(그림 7-6). 이 책을 읽는 시점과 사용하는 IDE 버전에 따라 앞서 설명한 지침이 약간 다를 수 있습니다. 문제가 발생하면, 앞서 참조한 공식 문서가 항상 최신 정보를 제공하는 신뢰할 수 있는 친구가 될 것입니다.

---

26 https://oreil.ly/ens06

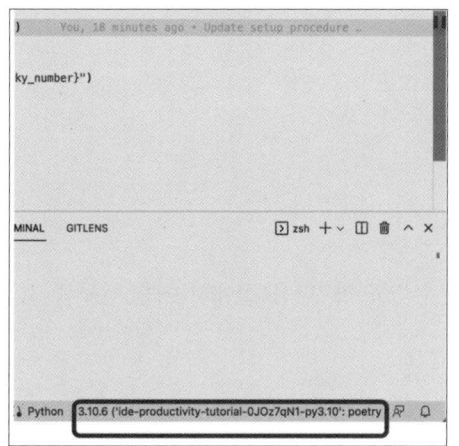

그림 7-6 IDE의 오른쪽 하단에 설정된 가상 환경이 표시됩니다.

모든 설정이 올바르게 구성되었는지 테스트하기

파이썬 인터프리터가 올바르게 구성되었는지 확인하기 위한 간단한 테스트로, 첫 번째 워밍업을 해 보겠습니다.

1. src/ide_productivity/0_hello_ide.py로 이동합니다. np(numpy)에 대한 참조 아래에 물결 모양의 경고선이 보이나요? 마우스를 그 위에 올려놓으면 IDE가 문제를 알려줄 것입니다. 누락된 임포트가 있습니다!
2. 커서를 np에 놓고 자동 수정 단축키를 누릅니다.

    파이참:

    - 맥: ⌥ + Enter
    - 윈도우/리눅스: Alt + Enter

    VS Code:

    - 맥: ⌘ + .
    - 윈도우/리눅스: Ctrl + .

3. 넘파이numpy를 임포트하여 이 문제를 해결하라는 제안이 보일 것입니다. 제안이 보이지 않으면 몇 초 기다렸다가 다시 시도하세요(가상 환경은 큰 디렉터리입니다!). 제안을 수락하려면 Enter를 누르고, 문제가 해결된 것을 확인할 수 있습니다. 고마워요, IDE!

4. 마지막으로, 프로젝트의 가상 환경에서 스크립트를 실행하여 문제가 해결되었는지 테스트할 수 있습니다.

```
# 가상 환경을 활성화합니다.
poetry shell

# 컨테이너에서 스크립트를 실행합니다.
python src/ide_productivity/0_hello_ide.py
```

이제 끝입니다! 이제 IDE가 많은 작업을 도와줄 수 있으며, 다음 절에서 이를 탐구할 것입니다.

7.2.2 2단계: 편의성의 핵심, 키보드 단축키

이 부분이 이 장에서 가장 흥미롭습니다. 몇 분 동안 IDE를 적절히 구성하기 위해 다소 평범한 작업을 수행했으니, 이제 투자에 대한 보상을 받을 시간입니다.

이 절의 연습문제를 위해, 코드 샘플을 읽고 각 단축키를 시도해 보세요. 터미널에서 코드를 실행하고(`python src/ide_productivity/name_of_file.py`), 연습문제를 완료했는지 확인하세요. 이후에는 이러한 기술을 자신의 프로젝트에 적용할 수 있습니다. 즐기세요!

코딩

이제 IDE가 코드 완성 제안, 인라인 문서화, 제안된 수정, 린팅linting[27] 등 다양한 작업에서 어떻게 도움을 줄 수 있는지 살펴보겠습니다. 이 절에서는 `src/ide_productivity/1_intellisense.py`에서 코드를 함께 작성해 보세요.

---

27 옮긴이_ 잠재적인 오류를 방지하기 위해 코드를 분석하는 프로그램을 실행하는 일련의 과정을 말합니다.

코드 완성 제안   파이참에서는 이를 코드 완성[28]이라고 하고, VS Code에서는 인텔리센스 IntelliSense[29]라고 부릅니다. 둘 다 현재 커서 위치에서 호출할 수 있는 메서드나 전달할 수 있는 파라미터와 같은 코드 제안을 할 수 있는 IDE의 기능을 의미합니다(표 7-2).

> **NOTE** 기억하세요, 파이참과 VS Code 모두에서 단축키가 동일한 경우에는 한 번만 언급할 것입니다.

표 7-2 코드 완성 단축키

작업	파이참	VS Code
코드 완성 단축키	Ctrl + Space	

[연습문제 7-1]을 한번 풀어 보세요.

[연습문제 7-1] 승객의 평균 나이 계산

과제: 시리즈(Series) 뒤에 점(.)을 찍으면, 시리즈의 평균을 계산하는 데 사용할 수 있는 시리즈 메서드 목록을 탐색할 수 있습니다. 제안을 놓쳤다면, 단축키(Ctrl + Space)를 사용하여 제안을 다시 켤 수 있습니다.

```
mean_age = passengers["age"]
print(mean_age)
```

인라인 문서화/파라미터 정보   코딩을 할 때, 우리는 종종 이 함수(예 `df.astype()`)가 어떤 인수나 키워드 인수를 받아들이는지 궁금해합니다. [표 7-3]에 나와 있는 단축키는 IDE에서 이러한 질문에 대한 답을 얻는 데 도움을 주어, 창을 전환하거나 브라우저 탭에서 길을 잃지 않도록 도와줍니다.

---

[28] https://oreil.ly/Uaam0
[29] https://oreil.ly/O0c2g

표 7-3 인라인 문서화/파라미터 정보

작업	파이참	VS Code
함수의 문서 불러오기	빠른 문서화 맥: `F1` 윈도우/리눅스: `Ctrl` + `Q`	정의 미리보기 호버 마우스를 메서드 이름 위에 올리기. 도움이 되는 제안이 보이지 않으면 타입 힌트를 추가하세요(예 df: pd.DataFrame).
함수의 파라미터 정보 얻기	파라미터 정보 맥: `⌘` + `P` 윈도우/리눅스: `Ctrl` + `P`	파라미터 힌트 트리거 맥: `⇧` + `⌘` + `Space` 윈도우/리눅스: `⇧` + `Ctrl` + `Space`

[연습문제 7-2]를 풀어 보세요.

[연습문제 7-2] 나이 열을 정수로 변환하기

작업 1: 커서를 astype() 함수에 놓고 빠른 문서화 단축키를 누르세요. 데이터 타입을 변환하는 방법에 대한 문서와 예제를 스크롤하여 볼 수 있나요?

작업 2: 커서를 astype() 함수의 괄호에 놓고 파라미터 힌트 단축키를 누르세요. 이 함수가 수용하는 첫 번째 파라미터를 식별할 수 있나요?

```
ages = passengers["age"].astype()
print(ages)
```

자동 수정 제안 가장 강력하고 유용한 단축키 중 하나는 경고 및 오류를 자동으로 수정하는 것입니다. 예를 들어, 튜토리얼이나 문서를 따르다가 저자가 함수에 대한 import문을 포함하지 않은 경우가 있을 수 있습니다(예 cross_val_score()). IDE는 누락된 import를 오류로 표시하며, 다음 연습문제에서 보여줄 단축키는 이러한 오류와 다른 오류를 쉽게 수정하는 데 도움이 됩니다.

표 7-4 자동 수정 제안

작업	파이참	VS Code
경고 및 오류에 대한 자동 수정 제안 받기	의도 작업 표시 맥: `⌥` + `Enter` 윈도우/리눅스: `Alt` + `Enter`	빠른 수정 맥: `⌘` + `.` 윈도우/리눅스: `Ctrl` + `.`

[연습문제 7-3]을 풀어 보세요.

▶︎ [연습문제 7-3] 자동 수정(누락된 import)

과제: 물결선 위에 마우스를 올려 오류(정의되지 않은 변수)를 확인하고 자동 수정 단축 키를 사용하여 오류를 수정하세요.

```
directory_name = path.dirname("/the/path/to/somewhere")
print(directory_name)
```

이 자동 수정 기능이 유용하지만, IDE의 제안을 무턱대고 받아들이지 않는 것이 중요합니다. 자동 수정 업데이트를 수락하기 전에 항상 두 번 확인하고, 모든 코드 변경과 마찬가지로 자동 테스트를 실행하여 코드 변경을 검증하세요.

린팅　　린터는 오류를 확인하고, 코딩 표준을 적용하며, 문제가 있어 보이는 코드를 식별[30]하고, 리팩터링 제안까지 해 줍니다.[31] 린터는 실제로 코드를 실행하지 않고 분석하기 때문에 '정적 분석'이라고도 불리며, 코딩 중에도 문제와 오류를 감지하는 데 도움을 줍니다.

팀원들과 함께 코딩할 때, 린터는 "여기에 오류가 있어요! 이 함수에 잘못된 타입의 인수를 전달했어요"라고 알려주어 코딩 중에도 버그를 잡을 수 있게 도와줍니다.

---

[30] https://oreil.ly/Xu_Rh
[31] 린터에 대한 정의는 pylint의 공식 문서에서 참조했습니다(https://oreil.ly/oRPGL).

이 연습문제를 이해하려면 린팅을 활성화하기 전과 후에 작업을 시도해야 합니다(표 7-5). 그러면 린터가 greet() 함수에서 오류를 감지하는 방법을 알 수 있을 것입니다.

표 7-5 린팅

작업	파이참	VS Code
린팅 활성화 린터의 경고를 보려면 다음 중 하나를 수행하세요. • IDE의 터미널 근처에 있는 '문제' 탭 클릭 • 호박색/빨간색 강조 표시된 코드 위에 마우스를 올리기	별도의 작업이 필요 없습니다. 파이참의 기본 린터는 가상 환경을 구성할 때 자동으로 활성화됩니다.	작성 시점에서 VS Code는 확장을 통해 구성할 것을 권장합니다. .vscode/extensions.json에 지정된 린터 확장을 설치하려면 명령 팔레트(F1)를 열고 'Extensions: Configure Recommended Extensions'를 검색하세요. 권장 확장(이 경우 pylint[32])이 아직 설치되지 않았다면 설치하세요.
다음 오류로 이동	F2	F8

[연습문제 7-4]를 풀어 보세요.

[연습문제 7-4] 린팅

과제: 마지막 줄의 주석을 해제하세요. greet() 함수에 대한 린터의 경고를 확인할 수 있나요? 경고 줄 위에 마우스를 올려 오류를 읽고 수정 방법을 찾아보세요.

```python
def greet(name: str):
    print(f"Howdy {name}!")

# greet()
```

줄 이동/복사   [표 7-6]의 단축키들은 코드의 줄 또는 블록을 이동하거나 복사할 때 유용합니다.

---

32 https://oreil.ly/SGToK

표 7-6 줄 이동/복사

작업	파이참	VS Code
선택 영역 위/아래로 이동	맥: ⇧ + ⌥ + UP / DOWN 윈도우/리눅스: ⇧ + Alt + UP / DOWN	맥: ⌥ + UP / DOWN 윈도우/리눅스: Alt + UP / DOWN
선택 영역 위/아래로 복제	맥: ⌘ + D 윈도우/리눅스: Ctrl + D	맥: ⇧ + ⌥ + UP / DOWN 윈도우/리눅스: ⇧ + Alt + UP / DOWN
다음 발생 위치 선택	맥: Ctrl + G 윈도우/리눅스: Alt + J	맥: ⌘ + D 윈도우/리눅스: Ctrl + D

이제 IDE가 코딩을 도와주는 기본적인 방법들(예 코드 완성 제안, 인라인 문서화, 제안된 수정, 린팅)을 다루었으니, 포매팅에 어떻게 도움이 되는지 살펴보겠습니다.

코드 포매팅

이 절에서는 팀원들이 일관된 코드 포매팅을 유지할 수 있도록 도와주는 IDE 기능을 살펴보 겠습니다. `src/ide_productivity/2_formatting.py` 파일에서 함께 코딩해 보세요.

코드 리포매팅   10줄의 코드 포매팅(예 들여쓰기, 여분의 공백 또는 누락된 공백)을 수동으로 수정한 적이 있나요? 지루하지 않았나요? 200줄의 코드는 어떨까요? 또는 일관되지 않은 포매팅 때문에 코드가 매우 읽기 어려웠던 풀 리퀘스트 리뷰 중에 짜증난 적이 있나요?

일관되고 자동화된 포매팅을 처음부터 구현하면 git 커밋이나 풀 리퀘스트가 관련 없는 포매팅 변경으로 오염되는 것을 방지할 수 있습니다. 다음은 실제 겪을 수 있는 시나리오입니다.

- 포매터를 제대로 설정한 팀원이 한 줄의 코드만 변경하려고 했지만, 관련 없는 포매팅 변경이 수십 또는 수백 줄에 달하는 풀 리퀘스트를 생성하게 됩니다.
- 서로 다른 포매터(예 black과 autopep8)를 설정한 두 팀원이 서로의 커밋을 되돌리게 되어 빈번한 병합 충돌이 발생하고 이를 해결하는 데 시간이 걸립니다.

포매팅 구성 및 단축키를 사용하면 이러한 불편함과 방해 요소를 피할 수 있으며, 팀이 단축키 하나로 일관된 포매팅을 적용할 수 있습니다.

팀이 동일한 포매터와 구성을 사용하고 있는지 추가로 확인하려면, pre-commit 훅[33]과 CI 파이프라인에 `black --check .`과 같은 단계를 포함시켜 코드가 올바르게 포매팅되었는지 확인할 수 있습니다. 이 프로젝트에서는 lefthook[34]을 사용하여 git 훅을 설정했습니다. lefthook과 git 훅은 go 스크립트에서 설치하고, `lefthook.yml`에 실행할 훅을 지정했습니다. 두 개의 pre-commit 훅을 지정했는데, 하나는 린팅용이고 다른 하나는 포매팅 확인용입니다. 커밋을 하면 git 훅이 모든 로컬 파일(커밋된 변경 사항과 커밋되지 않은 변경 사항 모두)이 린팅 및 포매팅 규칙과 일치하는지 확인하는 것을 볼 수 있습니다.

> **VS Code 및 파이참에서 포매터 구성하기**
>
> VS Code에서 포매터를 구성하려면 먼저 명령 팔레트(F1)을 열고 'Extensions: Configure Recommended Extensions'를 검색하세요(그림 7-7). 그리고 .vscode/extensions.json에 지정된 대로 'black'[35]이 추천 확장으로 표시될 것입니다. 추천확장(이 경우 'black')이 아직 설치되지 않은 경우 설치하세요.
>
> 파이참에서 포매터를 구성하려면 Shift + Shift 를 눌러 External Tools Settings를 검색하세요. 팝업 대화상자에서 +를 클릭하여 새 도구를 추가하고 다음을 입력하세요.
>
> - Name: black(이름은 원하는 대로 설정할 수 있습니다)
> - Program: $PyInterpreterDirectory$/black
> - Arguments: $FilePath$
> - Working directory: $ProjectFileDir$

---

[33] https://oreil.ly/-sIkl
[34] https://oreil.ly/-sIkl
[35] https://oreil.ly/j4Rgg

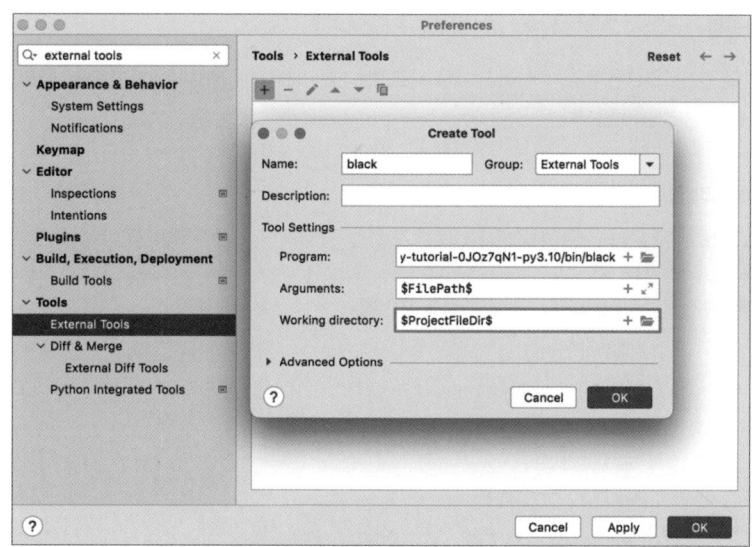

그림 7-7 파이참에서 포매터를 black으로 구성하는 방법

이 단계를 완료하면 파이참에서 black을 포매터로 사용할 수 있습니다. 이제 기본 포매팅 단축키를 black으로 재정의하여 일관된 코드 포매팅을 유지할 수 있습니다. 다음으로는 Shift + Shift 를 누른 뒤, 'Keymap' 을 검색하세요. 그리고 이전 단계에서 이 외부명령에 black을 검색하세요. [그림 7-8]에 나와 있듯이, black 을 마우스 우클릭하고 'Add Keyboard Shortcut'을 클릭한 뒤, 새로운 단축키를 입력하세요. 예제에서는 VS code와 마찬가지로 Shift + Alt + F 를 사용했습니다. [표 7-7]을 참조하세요.

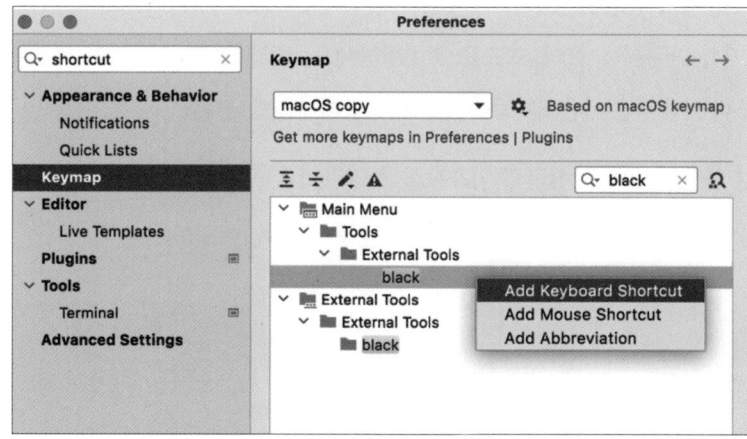

그림 7-8 black 포매팅을 적용하기 위해 단축키를 추가하는 방법

이제 [연습문제 7–5]에서 포매팅 단축키를 사용할 수 있습니다!

이 과정이 덜 번거로웠으면 좋겠지만, 이 단계를 완료하는 데는 1분밖에 걸리지 않으며, 이는 팀의 시간을 절약하는 데 큰 도움이 될 것입니다.

표 7-7 자동 포매팅

작업	파이참	VS Code
코드 포매팅 수정	기본 포매터 사용하여 코드 재포매팅 맥: ⌘ + ⌥ + L 윈도우/리눅스: Ctrl + Alt + L black과 사용자 정의 단축키 사용하여 코드 재포매팅 맥: ⌘ + ⌥ + F 윈도우/리눅스: Ctrl + Alt + F	문서 포매팅 맥: Shift + ⌥ + F 윈도우/리눅스: Shift + Alt + F
임포트 정리	임포트 최적화 맥: Ctrl + ⌥ + O 윈도우/리눅스: Ctrl + Alt + O	임포트 정리 맥: Shift + ⌥ + O 윈도우/리눅스: Shift + Alt + O

[연습문제 7–5] 코드 포매팅 수정 및 임포트 정리

과제 1: 포매팅 불일치(예 혼합된 작은 따옴표와 큰 따옴표, 혼합된 들여쓰기)를 확인하세요. 포매팅 단축키를 눌러 코드를 포매팅하세요. 이제 코드 스타일이 일관되게 되었나요?(예 더 이상 작은 따옴표와 큰 따옴표가 혼합되지 않습니다.)

작업 2: 사용되지 않은 상단의 임포트를 확인하세요. 임포트 정리 단축키를 눌러 임포트를 정리하세요. 이제 임포트가 깔끔하게 정리되었나요?

> **NOTE** VS Code 사용자라면 린터를 선택하는 단계를 완료한 후, .vscode/settings.json 파일에서 다음과 같은 변경 사항을 확인할 수 있습니다.

```
# ./.vscode/settings.json
{
  "python.linting.pylintEnabled": true,
```

```
    "python.linting.enabled": true,
    # ...
}
```

> 이 설정을 커밋하고 체크인하여 팀이 린팅, 포매팅 등의 동일한 구성을 공유하는 것이 좋습니다. 공유된 구성을 체크인하는 것이 클릭 작업click-ops을 통한 수동 구성보다 낫습니다. 클릭 작업은 GUI를 통해 작업을 수행하는 것이며, 재현 가능한 '코드로서의' 자동화가 아닙니다. 이는 현재는 여러분의 머신에서 잘 작동할 수 있지만, 팀원들이 동일한 설정을 복제하는 것은 번거로울 수 있으며, 팀의 일관성을 유지하기 어렵게 만듭니다. 이를 통해 코드 리뷰 중에 사소한 차이가 주요한 방해 요소가 되는 것을 방지할 수 있습니다.

다음으로, IDE가 우리가 읽기 쉽고 건강한 코드베이스를 유지하기 위해 필요한 필수 습관을 개발하는 데 어떻게 도움을 줄 수 있는지 살펴보겠습니다. 바로 리팩터링입니다!

리팩터링

이 절에서는 IDE 기능을 통해 리팩터링을 쉽게 수행하는 방법을 살펴보겠습니다. 리팩터링은 기능을 변경하지 않고 코드의 가독성, 명확성 및 유지보수성을 향상시키기 위해 코드를 재구조화하는 작업입니다. 테스트 없이 리팩터링하는 것은 매우 위험한 작업이며, 다음 장에서는 리팩터링 전에 안전 장치를 만들기 위해 특성화 테스트를 사용하는 방법을 설명합니다.

`src/ide_productivity/3_refactoring.py` 파일에서 함께 코딩해 보세요.

변수 이름 변경 '변수 이름 변경' 단축키(표 7-8)를 사용하면 잘못된 이름의 변수를 쉽게 변경할 수 있습니다(예 _new_df). IDE는 여러 파일에 걸쳐 있는 변수의 모든 참조를 자동으로 변경합니다. 8장에서 합리적인 변수 이름과 같은 간단한 것이 누적되면 얼마나 큰 이익을 가져오는지 설명할 것입니다.

리팩터링이 어렵고 오류가 발생하기 쉬운 경우, 팀원들은 리팩터링을 두려워하게 되어 코드베이스의 복잡성이 누적됩니다. 다행히도 이 단축키를 사용하면 변수, 함수, 메서드 및 클래스의 이름을 쉽게 변경할 수 있습니다. 파이참에서는 파일 및 모듈의 이름도 변경할 수 있으며, 파이참은 모듈 이름에 대한 모든 참조(예 import문)를 자동으로 업데이트합니다.

표 7-8 변수 이름 변경

작업	파이참	VS Code
변수 이름 변경	⇧ + F6	F2

[연습문제 7-6]을 풀어 보세요.

[연습문제 7-6] 변수 이름 변경

과제 1: df를 더 의미 있는 이름(예 passengers)으로 변경하세요.

과제 2: do_something()을 다른 이름(예 greet())으로 변경하세요. 해당 메서드에 대한 모든 참조가 변경되었는지 확인하세요(src/helpers.py 파일 참조).

변수/메서드/함수 추출 이 단축키들(표 7-9)은 코드의 가독성과 유지보수성을 높이기 위해 일반적인 리팩터링 기술을 쉽게 실행할 수 있도록 도와줍니다.

'메서드 추출'[36]은 복잡한 구문처럼 들리지만, 실제로는 코드 조각(한 줄 또는 블록)을 해당 메서드의 목적을 설명하는 적절한 이름의 함수나 메서드로 추출하는 간단한 작업입니다. 이는 복잡한 구현 세부 사항(10줄의 긴 복잡한 코드)을 단일 읽기 가능한 메서드로 숨기는 데 사용할 수 있습니다(예 train_model()).

표 7-9 변수/메서드/함수 추출

작업	파이참	VS Code
변수 추출	맥: ⌘ + ⌥ + V 윈도우/리눅스: Ctrl + Alt + V	맥: ⌘ + . 윈도우/리눅스: Ctrl + .
메서드/함수 추출	맥: ⌘ + ⌥ + M 윈도우/리눅스: Ctrl + Alt + M	위와 동일
변수 인라인	맥: ⌘ + ⌥ + N 윈도우/리눅스: Ctrl + Alt + N	(작성 시점에서는 지원되지 않음)

---

36 https://oreil.ly/vNCGG

[연습문제 7-7]을 풀어 보세요.

[연습문제 7-7] 메서드 추출

과제: 이 연습문제에서 다음 세 줄의 코드를 선택하고, 메서드 추출 단축키를 눌러 함수 이름을 지정하세요(예 `add_prettified_ticket_column`).

```
prettified_name = "Passenger: " + df["name"]
prettified_seat_number = "Seat Number: " + df["seat_number"]
df["prettified_ticket"] = prettified_name + ", " + prettified_seat_number

print(df)
```

이제 IDE가 리팩터링을 어떻게 간단하게 만드는지 확인했으니, 큰 코드베이스를 탐색하고 이해하는 데 IDE가 어떻게 도움이 되는지 살펴보겠습니다.

길을 잃지 않고 코드를 탐색하기

이 절에서는 코드 탐색을 효과적으로 도와주는 단축키를 다룹니다. 너무 많은 탭을 열거나 수많은 코드 줄 사이에서 길을 잃지 않도록 도와줍니다.

이름으로 파일, 클래스, 메서드, 함수 열기 ML 종사자들이 웹 브라우저(깃허브 또는 깃랩)에서 코드를 탐색하는 경우가 많습니다. 소량의 코드를 읽을 때는 괜찮지만, 함수 안팎을 자주 탐색해야 할 때는 인지적으로 부담이 됩니다. 그 결과 너무 많은 탭이 열리게 됩니다. [표 7-10]의 IDE 단축키는 추상화 계층을 탐색하고, 유용한 깃 정보를 확인하며, 여러 탭을 열지 않고도 원하는 정보를 얻을 수 있도록 도와줍니다.

표 7-10 이름으로 탐색

작업	파이참	VS Code
이름으로 파일 열기	맥: ⌘ + ⇧ + O 윈도우/리눅스: Ctrl + ⇧ + O	맥: ⌘ + P 윈도우/리눅스: Ctrl + P
심볼로 이동 (예 변수, 함수, 메서드, 클래스)	맥: ⌘ + ⌥ + O 윈도우/리눅스: Ctrl + Alt + O	맥: ⌘ + ⇧ + O 윈도우/리눅스: Ctrl + ⇧ + O

코드 흐름 탐색 큰 코드베이스에서 작업할 때는 많은 텍스트를 읽어야 하므로 길을 잃거나 압도되기 쉽습니다. 여러 함수를 거쳐 열린 파일에 도달했을 때, 처음에 하려던 일을 잊어버리기도 합니다.

[표 7-11]의 단축키는 추상화 계층을 쉽게 확대 및 축소하고, 인지 부하를 줄이며, 현재 작업에 집중할 수 있도록 도와줍니다.

표 7-11 코드 탐색

작업	파이참	VS Code
함수 정의로 이동	맥: ⌘ + B 윈도우/리눅스: Ctrl + B	F12
함수 정의 보기	맥: ⌥ + Space 윈도우/리눅스: Ctrl + Shift + I	맥: ⌥ + F12 윈도우/리눅스: Alt + F12
방문한 파일 및 코드의 순서대로 뒤로/앞으로 이동	맥: ⌘ + [또는] 윈도우/리눅스: Ctrl + Alt + ← 또는 →	맥: Ctrl + - 또는 Ctrl + Shift + - 윈도우/리눅스: Alt + ← 또는 →
사용처 찾기	맥: ⌥ + F7 윈도우/리눅스: Alt + F7	⇧ + F12
코드 영역 축소	맥: ⌘ + - 윈도우/리눅스: Ctrl + -	맥: ⌘ + ⌥ + [윈도우/리눅스: Ctrl + ⇧ +]
코드 영역 확장	맥: ⌘ + + 윈도우/리눅스: Ctrl + +	맥: ⌘ + ⌥ +] 윈도우/리눅스: Ctrl + ⇧ +]
파일의 모든 코드 영역 축소	맥: ⌘ + ⇧ + - 윈도우/리눅스: Ctrl + ⇧ + -	맥: ⌘ + K + ⌘ + 0 윈도우/리눅스: Ctrl + K / Ctrl + 0

작업	파이참	VS Code
파일의 모든 코드 영역 확장	맥: ⌘ + ⇧ + + 윈도우/리눅스: Ctrl + ⇧ + +	맥: ⌘ + K + ⌘ + J 윈도우/리눅스: Ctrl + K / Ctrl + J
파일 검색	맥: ⌘ + ⇧ + F 윈도우/리눅스: Ctrl + ⇧ + F	맥: ⌘ + ⇧ + F 윈도우/리눅스: Ctrl + ⇧ + F
탭 탐색	맥: ⇧ + ⌘ +] 또는 [윈도우/리눅스: Alt + ← 또는 →	맥: Ctrl + 숫자 윈도우/리눅스: Ctrl + TAB

각 단축키를 시도해 보고, 시각적 혼란과 인지 부하를 줄이는 데 어떻게 도움이 되는지 확인해 보세요.

> ### 신문 비유를 사용하여 읽기 쉬운 코드 작성하기
>
> 신문 비유는 우리가 신문 기사를 읽는 것처럼 코드를 읽고 작성해야 한다고 말합니다. 우리는 헤드라인을 읽는 것부터 시작합니다. 헤드라인이 흥미롭다면 요약 문단을 읽고 소제목을 훑어봅니다. 세부 사항이 필요할 때는 문단을 자세히 읽습니다.
>
> 마찬가지로 코드에서도 파일과 클래스의 이름이 헤드라인이고, 함수 이름이 소제목입니다. 아래 예시에서 볼 수 있듯이, 이러한 방식으로 코드를 구성하면 함수 이름만 읽어도 '무엇'이 일어나고 있는지 쉽게 이해할 수 있습니다. 제목을 읽으면 이것이 지표 테스트라는 것을 빠르게 알 수 있습니다. 소제목을 읽으면 모델의 글로벌 리콜 점수와 계층화된 리콜 점수에 대한 두 가지 테스트가 있다는 것을 알 수 있습니다. '어떻게' 구현되었는지 알아볼 필요가 없으므로 인지 부하를 줄이고 코드를 더 쉽게 읽고 이해할 수 있습니다.
>
> ```
> import ...
>
>   class TestMetrics:
>     recall_threshold = 0.65
>
>     def test_global_recall_score_should_be_above_threshold(self):...
>
>     def test_stratified_recall_score_should_be_above_threshold(self):...
> ```

화면 공간 관리   [표 7-12]의 단축키는 화면 전환을 줄이는 데 도움이 되어, 집중력을 높이고 시각적 방해 요소와 인지 부하를 줄일 수 있습니다. 불필요한 시각적 방해 요소와 인지 부하를 줄이면 현재 문제를 해결하는 데 더 명확하게 집중할 수 있습니다.

예를 들어, 화면을 왼쪽과 오른쪽으로 분할하면 테스트와 코드를 나란히 배치할 수 있어 작업 기억을 과부하시키지 않고 ("방금 무엇을 보고 있었지?") 작업할 수 있습니다.

표 7-12 화면 공간 관리

작업	파이참	VS Code
다른 모든 탭 닫기	기본 단축키는 없지만, 사용자 정의 단축키를 구성할 수 있습니다.[37]	맥: ⌘ + ⌥ + T 윈도우/리눅스: Ctrl + Alt + T
화면 분할	Search everywhere (⇧ + ⇧)에서 'Split Right' 검색	맥: ⌘ + \ 윈도우/리눅스: Ctrl + \

이 장에서 IDE 단축키를 통해 대량의 코드 탐색 방법을 배웠습니다. 다음에 많은 양의 코드를 탐색해야 할 때, 이러한 탐색 단축키를 사용하여 길을 잃지 않고 목적지에 도달해 보세요.

7.2.3 해냈습니다!

이 장의 이 시점까지, 인지 부하를 줄이고 코딩 중 흐름을 개선하는 데 도움이 되는 여러 새로운 기술을 배웠습니다. 이 장의 나머지 부분에서는 팀 정렬을 만들고 프로젝트에서 모든 사람을 일관된 기본 수준으로 끌어올리는 데 사용하는 몇 가지 지침을 살펴보겠습니다. 또한 더 알아볼 수 있는 몇 가지 유용한 IDE 기능도 다룰 것입니다.

---

[37] https://oreil.ly/12IQL

팀을 위한 코드 리포지터리 설정 지침

다음은 새로운 프로젝트를 부트스트랩하거나 기존 프로젝트를 개선하는 데 도움이 되는 몇 가지 지침입니다. 이 지침들은 우리가 논의한 좋은 습관을 포함하고 있습니다.

코드로서의 구성

모든 팀원이 프로젝트 수준의 구성을 로드하고 IDE가 해당 규칙을 준수할 수 있어야 합니다. 가능한 한, 그래픽 사용자 인터페이스(GUI)와 클릭 작업을 사용하여 팀이 필요로 하는 것을 설치하고 구성하는 것을 피하세요. 예를 들어, 프로젝트에 린팅을 설정하려면, 코드로 수행하고, 해당 코드를 체크인하며, 팀원들이 동일한 구성을 로드하고 동일한 작업을 실행할 수 있도록 하세요.

예를 들어, 이 장의 .vscode/settings.json 파일에서는 다음과 같은 프로젝트 구성을 설정했습니다.

- 기본 린터
- 기본 포매터
- 자동 저장
- 단어 줄 바꿈 토글(좌우로 스크롤할 필요가 없도록)

개인적인 선호도에 대한 여지는 분명히 있습니다. 이것들을 모든 사람을 최저 공통 분모로 억누르기보다는 기본 위생 수준으로 끌어올리는 기본값으로 생각하세요. 그리고 개인적인 선호도에 대해 이야기하는 동안, [그림 7-9]는 과도한 사용자 정의에 대한 재미있는 만화를 보여줍니다.

그림 7-9 "노트북을 빌려줘"[38]

팀 수준의 일관성

어떤 도구를 선택하든(예 특정 린팅 또는 포매팅 라이브러리) 팀 내에서 일관성과 정렬을 목표로 하세요. 의견 차이가 있을 때는 대화를 통해 팀에 가장 적합한 도구를 결정하세요. 그렇지 않으면 해결되지 않은 갈등이 코드에 혼란으로 나타나고 팀의 워크플로에 방해가 될 것입니다.

---

38 출처_ xkcd(https://oreil.ly/TW4IR), CC BY-NC 2.5(https://oreil.ly/dw8XI)

앞서 설명한 대로, 구성 파일을 코드베이스에 커밋하고, 프리커밋 훅pre-commit hook[39]을 사용하여 자동으로 검사를 실행함으로써 합의된 관행을 강제할 수 있습니다.

스크롤 바 영역을 깨끗하게 유지하기

IDE의 스크롤 바를 자세히 보면 호박색 또는 빨간색 선이 보일 수 있습니다(파이참에서는 이를 'Error Stripe', VS Code에서는 'Overview Ruler'라고 부릅니다). 이 영역이 호박색과 빨간색 경고로 가득 차 있으면, 실제 오류와 문제를 놓치거나 잘못 인식하기 쉽습니다. 반대로, 이 영역이 깨끗하면 코딩할 때 더 명확하게 생각하고 문제를 더 빨리 감지할 수 있습니다.

단축키를 외울 필요는 없습니다

의심스러울 때는 명령 팔레트(VS Code: `F1`) 또는 Search Everywhere(파이참: `Shift` + `Shift`)를 열고 찾고 있는 명령을 입력하세요(예 Refactor). 단축키가 존재하면 명령 옆에 표시됩니다. 이러한 기본 탐색 단축키는 [표 7-1]에 나와 있습니다.

인터넷과 IDE 문서는 여러분의 친구입니다. 인터넷에는 많은 유용한 튜토리얼과 문서가 있습니다. 예를 들어, 파이참 IDE 단축키 튜토리얼[40]과 VS Code IDE 단축키 튜토리얼[41]이 있습니다. 또한 다음 공식 참조 자료도 유용합니다.

- VS Code 단축키 참조(문서화,[42] 맥,[43] 윈도우,[44] 리눅스[45])
- 파이참 단축키 참조(문서화,[46] 맥,[47] 윈도우 및 리눅스[48])

---

[39] https://oreil.ly/-sIkl
[40] https://oreil.ly/KDJRb
[41] https://oreil.ly/5K1mK
[42] https://oreil.ly/X1Tvi
[43] https://oreil.ly/QEs2Z
[44] https://oreil.ly/ofQp-
[45] https://oreil.ly/SDxct
[46] https://oreil.ly/tbd_a
[47] https://oreil.ly/RPbYd
[48] https://oreil.ly/3pslk

> **컨테이너에서 작업할 때 이 장의 학습 내용 확장하기**
>
> 이 장의 연습문제에서는 파이썬 종속성을 호스트에 설치하는 것을 선택했습니다. 이는 단순히 작업을 간단하게 유지하고 독자가 IDE 기능 구성 및 사용에 집중할 수 있도록 하기 위해서입니다.
>
> 이 장에서 배운 모든 내용은 컨테이너에서 작업할 때도 유용하며, IDE를 컨테이너 내의 파이썬 인터프리터 및 가상 환경과 함께 구성하는 몇 가지 추가 단계만 필요합니다.
>
> 파이참 사용자의 경우 가장 쉬운 옵션은 파이참 Professional Edition 라이선스를 구입하는 것입니다. 비용은 약 미국 달러 기준으로 매월 10달러입니다.[49] 여러분의 조직에 JetBrains 엔터프라이즈 라이선스가 있을 수도 있으며, 이를 사용할 수 있을 것입니다.[50] 파이참의 문서[51]를 따라 몇 단계만 거치면 컨테이너의 가상 환경을 IDE에서 사용할 수 있도록 구성할 수 있습니다. 이 단계는 이번 장에서 가상 환경을 구성한 것과 매우 유사합니다.
>
> VS Code 사용자의 경우, Dev Containers[52] 기능은 무료지만 몇 가지 복잡한 단계를 포함합니다.
>
> 대안으로는 호스트에 두 번째 가상 환경을 만들어 IDE 전용으로 사용하는 방법이 있습니다. 이는 이번 장에서 한 것처럼 호스트에 설정한 가상 환경을 도커화된 가상 환경과 함께 병행하여 사용할 수 있게 합니다. 이 방법은 IDE의 가상 환경을 몇 분 안에 구성할 수 있게 하지만, 두 가지 주요 단점이 있습니다.
>
> - 하나의 프로젝트에 대해 호스트와 컨테이너에 두 개의 가상 환경을 유지해야 합니다. 종속성을 변경할 때마다 호스트와 컨테이너에서 `poetry install` 또는 이에 상응하는 스크립트를 실행해야 합니다.
> - Dockerfile이 `pyproject.toml`에 명시되지 않은 다른 종속성을 포함하는 기본 이미지로 시작하는 경우이 방법은 사용할 수 없습니다.
>
> 따라서 우리는 파이참의 Professional Edition을 사용하여 우회 방법과 해킹을 피하고 개발자 설정을 단순하고 쉽게 유지할 것을 권장합니다.

추가 도구 및 기술

파이참과 VS Code는 최근 몇 년 동안 많은 유용한 기능을 도입했습니다. 이 절에서는 그 중 세 가지를 강조할 것입니다. 이는 우리가 업무에서 가장 자주 사용하고 다른 사람들이 사용하는 것을 자주 보는 도구들입니다. 특정 문제를 해결하거나 특정 언어에서 유용한 다른 도

---

[49] https://oreil.ly/a0evg
[50] 우리의 경험에 따르면, 팀이 적절한 도구를 사용하여 더 효과적으로 코딩할 수 있게 되면서 절약되는 시간과 노력은 조직이 라이선스에 지불하는 비교적 적은 비용은 상쇄됩니다.
[51] https://oreil.ly/iy2Cy
[52] https://oreil.ly/vkVC_

구와 플러그인이 분명히 있으며, 해당 IDE의 마켓플레이스나 개발자 블로그에서 쉽게 탐색할 수 있습니다.

원격 코드 협업 도구

VS Code LiveShare[53]와 파이참 CodeWithMe[54]는 원격 페어 프로그래밍에 모두 훌륭합니다. 우리는 두 도구를 모두 사용해 보았으며, 원격으로 협업하고 페어 프로그래밍을 할 수 있게 해 주는 점에 만족합니다. 공식 문서 외에 더 할 말은 없습니다.

IDE의 디버거 사용

IDE의 디버거는 코드 실행을 일시 중지하고 단계별로 진행하며 상태를 검사할 수 있는 유용한 도구입니다. 이는 print문을 시각적으로 해석하고 코드를 반복 실행하는 것보다 빠를 수 있습니다. 디버거 사용법을 배우는 데 오래 걸리지 않으며, 우리의 경험상 충분히 투자할 가치가 있습니다. VS Code의 디버거 문서[55]와 파이참의 디버거 문서[56]를 참조할 수 있습니다.

깃허브 코파일럿

앞서 논의한 바와 같이, 깃허브 코파일럿은 오픈소스 코드로 훈련된 AI 어시스턴트로서 전체 코드나 전체 함수에 대한 제안을 제공합니다. 이는 VS Code[57]와 파이참[58] 모두에서 작동합니다.

---

53 https://oreil.ly/V7lZw
54 https://oreil.ly/JLQdH
55 https://oreil.ly/eli3P
56 https://oreil.ly/XHq9g
57 https://oreil.ly/9rS8j
58 https://oreil.ly/N2lhV

7.3 결론

팀에서 우리는 문제를 해결하고 진전을 이룰 때 가장 큰 성취감을 느낍니다. 사소한 기술적 문제에 대해 시간을 낭비하는 것이 아니라는 뜻입니다.

여기에는 역설이 있습니다. 겉보기에는 중요하지 않은 것들(예 린팅, 포매팅, IDE 단축키)을 무시하면, 이러한 것들이 계속해서 우리의 길을 막고 코드 읽기, 쓰기, 검토 능력을 방해합니다. 코드 리뷰 중에 적절한 들여쓰기와 같은 사소한 문제에 귀중한 에너지를 낭비하는 팀을 흔히 볼 수 있습니다. 이는 더 크고 중요한 솔루션 설계 고려 사항을 다루는 대신입니다.

반면, 우리의 도구를 알고 효과적으로 활용하는 방법을 배우면 문제를 해결하고 솔루션을 설계하며 코드를 검토할 때 팀이 흐름을 유지하는 데 도움이 됩니다.

여러분에게 도전 과제를 드립니다. 개인 프로젝트나 업무 프로젝트에서 다음 작업을 완료할 수 있는지 확인해 보세요.

- 프로젝트 중 하나의 가상 환경에 IDE(파이참 또는 VS Code)를 구성할 수 있습니까?
- 재미있는 것을 시도해 볼 수 있습니까?(예 변수 이름 변경, 코드 블록을 함수로 리팩터링)

이 기술들을 갖추고, 이제 더 읽기 쉽고 유지 관리하기 쉬운 코드를 작성하는 데 도움이 될 흥미로운 주제로 깊이 들어가 봅시다.

CHAPTER 8

리팩터링과 기술 부채 관리

> 프로그램은 사람이 읽을 수 있도록 작성되어야 하며, 기계가 실행하기 위한 것은 부차적입니다.
>
> – 해럴드 애빌슨Harold Abelson, 『컴퓨터 프로그램의 구조와 해석』(인사이트, 2016)[01] 저자

> 리팩터링 없이는 소프트웨어의 내부 설계, 즉 아키텍처가 쇠퇴하는 경향이 있습니다. 사람들이 아키텍처를 완전히 이해하지 못한 채 단기 목표를 위해 코드를 변경함에 따라, 코드는 그 구조를 잃어갑니다. … 코드의 구조 손실은 누적 효과를 가집니다. 코드에서 설계를 파악하기 어려울수록 구조를 보존하기 어렵고, 따라서 더욱 빠르게 쇠퇴합니다. 주기적인 리팩터링은 코드를 건강한 상태로 유지하는 데 도움이 됩니다.
>
> – 마틴 파울러Martin Fowler, 『리팩터링 2판』(한빛미디어, 2020)[02] 저자

ML 종사자로서 우리는 코드가 예상보다 훨씬 더 빠르게 지저분해질 수 있다는 것을 알고 있습니다. 일반적으로 ML 모델을 훈련시키는 코드는 자동 테스트 없이 긴 노트북이나 스크립트에 붙여진 반복적인 코드로 구성되며, 부수적인 효과(예 print문, 예쁘게 인쇄된 데이터프레임, 데이터 시각화 등)로 가득 차 있습니다.

---

[01] 옮긴이_ 원서는 Harold Abelson, Gerald Jay Sussman, Julie Sussman, 『Structure and Interpretation of Computer Programs』(The MIT Press, 2022)이고 번역서는 김재우, 안윤호, 김수정, 김정민이 번역했습니다.
[02] 옮긴이_ 원서는 Martin Fowler, 『Refactoring: Improving the Design of Existing Code』(Addison-Wesley Professional, 2018)이고 번역서는 이복연, 남기혁이 번역했습니다.

이는 ML 교육용 노트북에서는 괜찮을 수 있지만, 실제 프로젝트에서는 유지보수가 불가능한 수준의 혼란과 인지 부하를 초래하며, 진행을 중단시키는 요인이 됩니다. 좋지 않은 코딩 습관과 디자인의 부재는 코드를 이해하기 어렵게 만들고, 따라서 변경하기 매우 어렵게 만듭니다. 이는 기능 개발과 모델 개선을 점차 어렵고, 오류가 발생하기 쉬우며, 느리게 만듭니다.

다행히 더 나은 방법이 있습니다. 8장에서는 문제투성이의 지저분하며 취약한 코드베이스를 읽기 쉽고, 테스트가 가능하며, 유지보수를 할 수 있고, 발전이 가능한 솔루션으로 리팩터링하는 데 도움이 되는 기술을 공유할 것입니다. '실습을 통한 학습'의 정신으로, 우리는 ML 훈련 파이프라인에서 시작하여 더 나은 솔루션으로 끝나는 실습 예제로 8장을 구성했습니다. 마지막으로, 기술 부채 관리와 제품 전달을 효과적으로 관리하는 데 도움이 되는 실천 방법을 공유할 것입니다.

이 장의 목표는 디자인 패턴을 활용해 완벽하게 설계된 코드를 작성할 수 있게 하는 것이 아닙니다. 그것은 물리적으로나 경험적으로 불가능합니다. 오히려 목표는 여러분과 여러분의 팀이 기술 부채를 확인하고 아이디어를 지속 가능한 속도로 실행할 수 있도록 솔루션을 점진적이고 정기적으로 개선하는 기술을 갖추는 것입니다.

우리는 기술 부채의 비용과 테스트, 디자인, 리팩터링 기술을 사용하여 기술 부채를 점진적이고 주기적으로 줄일 수 있는 방법을 논의할 것입니다.

8.1 기술 부채: 자동차 기어 속 모래

만약, 여러분이 꽤 경력이 있는 ML 종사자라면, 처음에는 간단해 보였던 코딩 작업이 다음과 같은 이유로 예상보다 훨씬 더 오래 걸렸던 경험이 분명 있을 것입니다.

- 코드 품질 문제로 코드를 이해하기 어려웠던 경우(예 불명확한 변수 이름, 100줄이 넘는 긴 함수 등)
- 나쁜 설계로 코드 변경을 구현하기 어려웠던 경우(예 여러 책임을 혼동하는 함수)
- 오류가 늦게 발견되어 하고 있던 일을 멈추고 디버깅 및 문제 해결을 해야만 했던 경우

이러한 세 가지 이유(코드 품질 문제, 나쁜 설계, 자동 테스트 부재)는 모두 기술 부채의 예시입니다. 재정적 부채와 마찬가지로 정기적으로 기술 부채를 상환하지 않으면, 우리는 이자를 지불하는 데 소중한 자원을 낭비하게 될 것입니다. 그 예로, 기능 추가를 위해 네 시간을 투자한다고 계획했지만 스파게티 코드를 이해하려고 시도하거나 오류를 디버깅하는 데에만 세 시간을 낭비할 수 있습니다. 이것은 여러분 시간의 75%를 이자 지불로 낭비하는 것입니다.

[그림 8-1]의 만화에서 볼 수 있듯이, 기술 부채는 단순한 기능 구현을 훨씬 더 어렵게 만들 수 있습니다. 기술 부채가 많은 코드베이스는 기술 부채를 더 많이 끌어들이는 경향이 있습니다. 코드베이스의 상태와 구조가 '올바르게 문제를 해결하는 것'보다 급조된 코드를 작성하게 만들기 때문입니다. 이는 다음 번에 같은 영역에서 새로운 기능을 구현해야 할 때 악순환을 더욱 공고히 합니다.

그림 8-1 기술 부채[03]

---

03 출처_ 빈센트 드니엘(Vincent Deniel, https://oreil.ly/i3gFH)와 CC BY-NC 4.0(https://oreil.ly/-jz0M)의 라이선스에서 사용했습니다.

논문 〈기술 부채가 소프트웨어 개발자의 생산성을 저해한다〉[04]에서 연구자들은 개발자들이 기술 부채로 평균적으로 근무 시간의 23%를 낭비한다는 것을 발견했습니다. 또 다른 논문인 〈기술 부채가 소프트웨어 개발자의 사기에 미치는 영향〉[05]에서는 기술 부채가 개발자들의 사기, 자신감 그리고 진행 속도에 부정적인 영향을 미친다는 것을 발견했습니다. 개발자들은 기술 부채가 많은 영역에서 작업할 때 좌절감이나 두려움을 느낍니다.

재정적 부채에 대한 비유를 더 확장해 보면, 때로는 현명하게 부채를 지는 것이 합리적일 때가 있습니다. 이 맥락에서 현명하다는 것은 우리가 부채를 상환할 계획을 세우고 그 계획에 따라 행동한다는 것을 의미합니다. 이와 같이 기술 부채도 완전히 없애는 것이 목표가 아닙니다. 마틴 파울러Martin Fowler의 말을 인용하면, '안정적인 영역에서는 크러프트crufty를 그대로 둘 수 있지만 코드 변경이 잦은 영역에서는 크러프트를 허용하면 안 된다. 왜냐하면 지불해야 하는 이자가 엄청나게 높기 때문이다(여기서 크러프트[06]는 필요 없이 존재해 방해가 되는 모든 코드를 의미합니다).'[07]

다행히도, 리팩터링은 우리가 기술 부채를 건강한 수준에서 유지하는 데 도움을 줄 수 있습니다. 다음 절에서는 기술 부채를 줄이고 실험과 기술 개발의 속도를 유지하게 도와주는 리팩터링에 대한 실용적인 지침과 기술을 공유할 것입니다.

8.1.1 테스트, 설계, 리팩터링을 통해 건강한 수준의 기술 부채 달성하기

이 절에서는 리팩터링 시 유용한 원칙을 공유할 것입니다. 하지만 리팩터링을 시작하기에 앞서 두 가지를 이해해야 합니다.

첫째, 자동 테스트 없이 리팩터링하는 것은 매우 위험하며 추천하지 않습니다. 이후 예제[08]에서 특성화 테스트를 정의해 리팩터링 시 안전장치를 갖추는 방법을 보여줄 것입니다.

---

04 'Technical Debt Cripples Software Developer Productivity', https://oreil.ly/rWYlk
05 'The Influence of Technical Debt on Software Developer Morale', https://oreil.ly/0STM1
06 https://oreil.ly/JQDN0
07 『리팩터링 2판』(한빛미디어, 2020)
08 https://oreil.ly/-vHKb

둘째, 소프트웨어 설계는 중요합니다. 좋은 설계는 시간을 절약하고 노력을 줄입니다. 정리 정돈되어 있고 잘 분류된 창고나 부엌에 들어갔을 때와 같습니다. ML 시스템 설계는 복잡하기 때문에, 우리는 이러한 복잡성을 상자에 담아 잘 분류하여 한 번에 모든 것을 다루지 않아도 되게 만들고 싶습니다. 이는 압도적이며 때로는 불가능하기도 합니다. 하지만 좋은 설계는 우리가 조금이라도 더 그렇게 할 수 있도록 가능성을 높여줍니다.

설계를 고려하지 않고도 낮은 수준의 전술적 리팩터링을 할 수는 있지만(예 잘못 명명된 변수 이름 변경), 읽기 쉽고 유지보수가 가능한 솔루션을 만들기 위해서는 **바람직한 설계**에 대한 **높은 수준의 그림**이 필요합니다. 앞 문장을 자세히 풀어서 설명하겠습니다.

높은 수준의 그림

이는 코드베이스의 구성 요소와 모듈에 대한 실질적인 이해를 의미합니다(펜과 종이 또는 가상의 스티커만 사용해도 물리적 시각화가 도움이 되는 경우가 많습니다). 데이터(객체 속성)와 동작(객체 메서드) 측면에서 각 모듈에는 무엇이 있을까요?

구성 요소(예 데이터 리포지터리, 데이터 처리 파이프라인, ML 모델 훈련 파이프라인, 모델 추론 API)가 원하는 기능을 달성하기 위해 어떻게 협력할 수 있을까요? 명확한 그림을 통해 아키텍처 스멜smell(예 중복, 강한 결합)을 식별하고 궁극적으로 피할 수 있으면 솔루션이 엉망으로 엉키지 않습니다.

소프트웨어 아키텍처를 시각화를 위한 C4 모델[09]은 이러한 측면에서 명확성을 확보하는 데 유용한 도구입니다.

바람직한 설계

실생활에서는 주전자에 물을 끓이기 위해 전선을 직접 연결할 필요가 없습니다. 마찬가지로 올바른 추상화, 즉 명확한 인터페이스를 가진 함수와 클래스를 사용하여 소프트웨어를 생성하는 것은 조합 가능하고 확장 가능한 시스템을 설계하는 데 도움을 줄 수 있습니다(바로 다음 이어질 '소프트웨어 설계 구성 요소' 글상자에서 추상화와 인터페이스가 무

---

[09] https://oreil.ly/1KlSE

엇을 의미하는지 설명합니다). 이는 기능을 추가할 때 임시방편적이고 불안정한 해결책을 사용하는 것을 최소화하는 데 도움이 됩니다.

코드베이스를 주방으로 상상해 보세요. 숟가락과 포크가 잘 정리 정돈되어 있나요? 주방 서랍에 소스 팩이 정리되어 있나요? 오븐 트레이가 필요할 때, 다른 베이킹 관련 물건들 옆에서 쉽게 찾을 수 있나요?

주방 비유를 더 발전시켜서 생각해 보면, 모든 주방을 정리하는 단 하나의 방법은 없지만 합리적이고 인체공학적인 주방과 코드베이스를 만들 수 있도록 도와주는 통일된 설계 원칙들이 있습니다. 이 장에서 유용한 설계 원칙을 몇 가지 공유하겠습니다. 좋은 설계가 맛있는 음식과 정돈된 코드베이스를 만듭니다.

> ### 소프트웨어 설계 구성 요소
>
> 여러분이 더 나은 소프트웨어를 설계할 수 있도록 도와주는 두 가지 요소, 추상화와 인터페이스에 대해 살펴보겠습니다.
>
> **추상화**
>
> 추상화는 처음에는 모호하고 무서운 개념처럼 보일 수 있지만, 이해할 수 있게 되면 가장 좋은 친구가 될 것입니다. 추상화는 복잡한 구현 세부 사항을 잘 구분하여 이를 함수 이름이나 클래스 및 그 메서드와 같은 더 단순한 표현으로 대체하는 행위입니다.
>
> 여러분이 식당에 있다고 상상해 보세요. 여러분의 앞에 메뉴판이 주어집니다. 이 메뉴판은 요리 이름을 알려주는 대신 각 요리의 레시피를 자세히 설명합니다. 하나의 요리를 예로 들어 보겠습니다.
>
> 1. 큰 냄비에 기름을 데우세요. 당근, 양파, 샐러리를 넣고 양파가 부드러워질 때까지 저어 주세요. 마늘, 월계수잎, 오레가노, 바질을 넣고 2분간 요리하세요.
> 2. 렌틸콩, 토마토, 물을 추가하세요. 수프가 끓기 시작하면 열을 줄여 30분간 끓이세요. 시금치를 넣고 시금치가 부드러워질 때까지 요리하세요. 마지막으로 식초, 소금, 후추로 간을 하세요.
>
> 레시피의 모든 단계, 즉 구현 세부 사항을 숨기고 대신 이 요리가 렌틸 수프[10]라고 알려줬다면 여러분은 더 쉽게 알아들을 수 있었을 것입니다. 요리의 이름은 불필요한 구현 세부 사항을 확인해 보지 않더라도 우리가 알아야 할 것을 이해하는 데 도움을 줍니다.
>
> 유명한 에츠허르 다익스트라^{Edsger W. Dijkstra}는 다음과 같이 말했습니다. "추상화의 목적은 모호함이 아니라,

---

[10] https://oreil.ly/V64Lw

명확히 정의될 수 있는 어떠한 새로운 개념을 만드는 것입니다."

인터페이스

현실 세계에서 인터페이스는 사용자가 전자기 방사선과 같은 세부 구현을 몰라도 전자레인지와 같은 복잡한 기기와 상호작용할 수 있는 방법을 제공합니다.

마찬가지로, 소프트웨어 세계에서 인터페이스[11]는 클래스와 상호작용하기 위해 사용하는 관련 속성과 호출 가능한 메서드를 의미합니다. 예를 들어, 판다스 데이터프레임 인터페이스에는 `.head()` 및 `.sort_values(by=...)`와 같은 메서드가 존재합니다. 여러분은 정렬 알고리즘의 세부 구현 사항을 몰라도, 데이터프레임과 그 인터페이스를 통해 상호작용할 수 있습니다.

ML 솔루션의 구성 요소(예 훈련 파이프라인, 데이터 리포지터리, 솔루션 내의 다양한 클래스 등)는 각자의 인터페이스를 통해 서로 상호작용해야 하며, 다른 구성 요소의 내부 구현 세부 사항에 대해 알거나 의존해서는 안 됩니다. 그렇지 않으면, 밀접하게 결합되어 변경하기 어렵고 취약한 시스템을 갖게 될 것입니다. 이 장의 마지막 절에서 결합과 적절한 결합 수준에 대해 더 설명할 것입니다.

읽기 쉽고 유지보수가 가능한 솔루션

필자가 경력을 시작했을 때, 한 동료가 특정 소프트웨어 설계가 솔루션의 '유지보수성'을 향상시키는 이유에 대해 열광하던 것을 기억합니다. 그리고 그것이 왜 중요한지 전혀 이해하지 못했던 것도 기억합니다. '유지보수성이란 무엇인가요? 너무 지루하게 들리는데요. 저는 멋진 것들을 만들고 싶지, 코드를 유지하고 싶지 않아요! 코드를 작성하고 싶지, 코드를 읽고 싶지 않아요!'

여러분은 아마도 젊었을 적의 필자보다 더 현명하기에, 읽기 쉬운 코드의 중요성에 대해 설득할 필요가 없을 것입니다. 스택 오버플로Stack Overflow에서 한 사용자는 이를 다음과 같이 우아하게 표현했습니다.[12]

"코드 작성은 반복적인 과정이며, 각 반복에서는 마지막에 생성된 코드를 바탕으로 기능을 추가하고 버그를 수정하는 등의 작업을 합니다. 이를 위해서는 기존 코드를 읽을 수 있어야 하며, 기존 코드를 어떻게 수정해 확장할 수 있는지 알아야 합니다."

가독성은 중요합니다. 유지보수성도 중요합니다. 이들 없이는 우리의 아이디어와 실험을 실행하는 데 있어 압도적인 복잡성과 인지적 노력 때문에 상당한 시간을 지체하게 됩니다.

여러분은 지저분한 가상의 '주방'을 정돈할 준비가 되어 있으며, 이 시점에서 여러분은 두 가지 필수 도구 상자(테스트와 소프트웨어 설계 원칙)가 필요하다는 것을 알고 있습니다. 이제 세 번째이자 마지막 도구 상자인 리팩터링을 살펴보고, 그런 다음 소매를 걷어붙이고 이 대청소를 시작할 준비를 하겠습니다.

---

[11] https://oreil.ly/oJmKP
[12] https://oreil.ly/adPPq

8.1.2 리팩터링 101

이 절에서는 리팩터링을 할 때 세부적인 결정들을 도와줄 원칙들을 다룰 것입니다.

시작하기 전에, 리팩터링의 정의를 다시 한번 살펴봅시다. 리팩터링[13]은 코드의 동작 변화 없이 기존 코드의 구조를 재구성하는 행위입니다. 마틴 파울러는 이를 이렇게 설명했습니다.

> 리팩터링의 핵심은 기존 동작을 유지하면서 작은 단계별로 개선하는 것입니다. 이러한 작은 개선들을 차근차근 연결하여 결과적으로 큰 변화를 이끌어내는 것이죠. 각각의 리팩터링 작업은 그 자체로 아주 작은 수정이거나 작은 수정들의 조합입니다. 그렇기 때문에 제가 리팩터링을 할 때는 코드가 제대로 작동하지 않는 상태로 오래 있지 않으며, 작업을 완료하지 않았더라도 언제든 중단할 수 있습니다. [...] 만약 누군가 리팩터링 중에 코드가 며칠 동안이나 작동하지 않았다고 한다면, 그건 진정한 의미의 리팩터링이 아니었다고 봐도 무방합니다.

코드베이스나 솔루션을 물리적인 작업장에 비유하면 리팩터링은 우리의 작업장을 정리하고, 체계화하고, 표준화하는 것입니다. 이는 계속 물건에 걸려 넘어지는 대신 잡동사니 무덤으로부터 벗어나서 효과적으로 작업할 수 있게 합니다.

리팩터링에 관한 수많은 강연과 책, 문서가 있지만 우리는 그중에서도 훌륭한 자료를 참고해, 리팩터링을 할 때 도움이 되는 네 가지 휴리스틱을 알아보겠습니다.

- **모자 두 개**

  리팩터링(첫 번째 모자)할 때는 기능(두 번째 모자)을 추가하지 마세요. 그 반대도 마찬가지입니다. 프로그래밍하는 동안, 두 모자를 자주 바꿔 쓸 수 있지만,[14] 두 모자를 동시에 착용하는 것은 과도한 인지 부하와 망가진 코드베이스를 초래하는 방법입니다.

- **스카우트 규칙**

  여러분이 처음 마주쳤을 때보다 조금 더 깨끗하게 코드베이스를 남겨두세요. 작업 중에

---

[13] https://oreil.ly/UHb_t
[14] https://oreil.ly/ytTc2

작은 문제점들을 발견했다면, 너무 많은 시간이 소요되지 않는 선에서 이를 해결하세요.

만약 해결에 더 많은 시간이 필요하고 현재 작업 범위를 벗어날 수 있는 큰 문제를 발견했다면, 팀의 기술 부채 목록에 이를 명시하여 나중에 반드시 해결할 수 있도록 하세요(기술 부채 레이더에 대해서는 마지막 장에서 더 자세히 다룰 것입니다). 이러한 문제들이 해결되지 않으면 계속해서 다른 개발자들의 작업을 방해하고 전체 시스템에 악영향을 미칠 수 있습니다.

리팩터링은 완벽한 코드베이스를 만드는 것이 아닙니다. 모든 개발자가 불필요한 실수나 시간 낭비 없이 효율적으로 코드를 작성할 수 있는 실용적이고 합리적인 코드베이스를 유지하는 것이 진정한 목표입니다.

IDE를 활용한 리팩터링

앞 장에서 다룬 것과 같이, 제대로 구성된 코드 에디터는 다양한 리팩터링 작업을 도울 수 있는 강력한 도구입니다. 코드베이스에서 20번이나 100번 참조된 변수나 메서드 이름을 바꾸고 싶나요? 20줄의 코드를 함수로 추출하고 싶은가요? 20번 참조된 함수의 시그니처를 변경하고 싶나요? 이 모든 작업을 단일 IDE 단축키로 실행할 수 있습니다.

성급한 추상화 피하기

필자는 100개 이상의 강연을 봤지만, 그중 다섯 개 정도만이 뚜렷하게 기억에 남아 있습니다. 그중 하나는 샌디 메츠Sandi Metz의 발표[15]로, 성급한 추상화의 함정을 소개합니다. 그녀는 자신의 글 '잘못된 추상화'[16]에서 이렇게 말했습니다.

> 기존 코드는 강력한 영향력을 발휘합니다. 그 존재 자체로 해당 코드가 올바르고 필요하다고 주장합니다. 하지만 안타깝게도 코드가 복잡하고 이해하기 어려워질수록, 심지어 그것을 만드는 데 많은 시간 투자가 된 경우에, 우리는 그것을 유지하려는 압박을 더 많이 느낍니다('손실 비용의 오류').[17]

---

15 https://oreil.ly/3s6kY
16 https://oreil.ly/8b4vT
17 샌디 메츠, '잘못된 추상화(https://oreil.ly/8b4vT)', 2016년 1월 20일 샌디 메츠의 블로그 포스팅을 참고하세요.

코딩할 때, 적절한 코드 디자인이 팀의 인지 범위를 넘어 보이지 않는 경우가 있습니다. 이런 경우에는 잘못된 추상화를 만드는 것보다 추상화가 없더라도 가능한 한 가장 단순하게 하는 것을 선호해야 합니다. 이성적으로나 감성적으로도 적절한 추상화 단계를 생각할 수 있을 때 만드는 것이 기존의 잘못된 디자인을 분해하고 다시 만드는 것보다 훨씬 저렴합니다.

그러나 적절한 디자인을 고안하러 돌아오는 것을 잊지 마세요. 그렇지 않으면 디자인은 '빅 볼 오브 머드big ball of mud'[18]가 될 것입니다. 빅 볼 오브 머드란, 브라이언 풋Brian Foote과 조셉 요더Joseph Yoder가 정의한 '무질서한 구조로, 엉성하게 제멋대로 뻗어 나가 곳곳을 접착제와 철사로 얼기설기 이어 붙인 스파게티 코드 정글' 상태입니다.

앞의 리팩터링 휴리스틱과 지침들로 무장을 하고 나면, 여러분은 이제 문제가 있는 코드베이스를 리팩터링할 준비가 되었습니다!

8.2 노트북(또는 문제가 있는 코드베이스) 리팩터링 방법

우리의 코드베이스를 물리적인 작업장으로 생각한다면, 필요한 도구나 재료를 찾기 어렵거나 물건에 걸려 넘어질 때 문제가 있다는 것을 알 수 있습니다. 코드에서는 이것이 200줄이나 되는 함수를 이해하려 애쓰거나, 수정하려는 로직이나 동작을 파악하기 위해 지저분하고 읽기 힘든 코드를 헤쳐나가야 하는 상황과 같습니다.

이 장에서는 세 가지 도구 상자(테스트, 설계 원칙, 리팩터링 기법)를 활용하여 문제가 있는 코드베이스를 읽기 쉽고, 유지보수가 가능하며, 발전 가능한 솔루션으로 리팩터링하는 방법을 살펴보겠습니다.

이해를 돕기 위해 이 장의 연습문제를 포크하고 클론하는 것으로 시작하세요.[19]

---

18 https://oreil.ly/o8g6_
19 https://oreil.ly/-vHKb

> **NOTE** 이 연습문제는 파이썬 3.10 및 3.11에서 테스트했습니다. 파이썬의 후속 버전(예: 파이썬 3.12)을 사용하고 poetry install 실행 시 문제가 발생한다면, 파이썬 3.10 또는 3.11을 사용해 주세요.
>
> 특정 버전의 파이썬을 설치하고 사용하려면, pyenv의 문서를 참조할 수 있습니다.[20]
>
> poetry의 경우, pyenv를 사용하여 선택한 파이썬의 활성 버전을 poetry가 사용하도록 설정해야 합니다. 설정 방법은 `poetry config virtualenvs.prefer-active-python true`를 실행하면 됩니다. 자세한 정보는 poetry의 이슈를 참조하세요.[21]

8.2.1 지도: 여정 계획하기

리팩터링 여정을 안내하기 위해, [그림 8-2]의 리팩터링 주기를 지도로 활용하세요. 리팩터링 주기에는 준비 단계(위쪽에 가로로 나열된 단계로 표현됨)와 반복적인 리팩터링 단계(원형으로 나열된 단계로 표현됨)가 모두 포함됩니다.

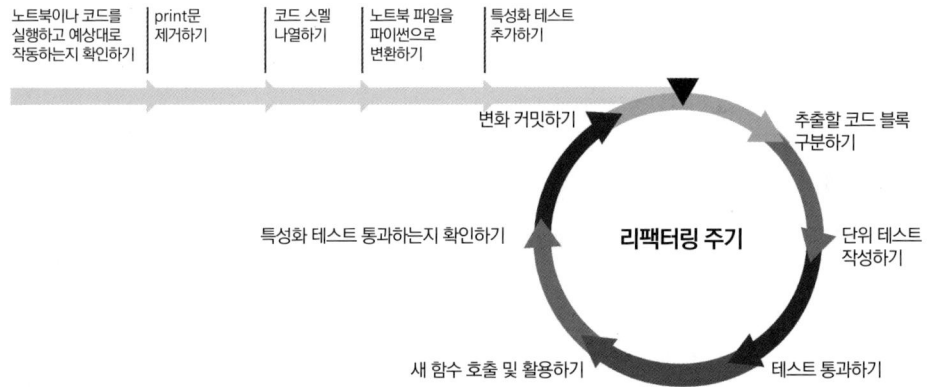

그림 8-2 리팩터링 주기는 문제가 있는 코드베이스나 노트북을 안전하게 리팩터링하는 유용한 방법입니다.[22]

---

20 https://oreil.ly/jtNdz
21 https://oreil.ly/3ac00
22 출처_ '데이터 사이언티스트를 위한 코딩 습관'에서 발췌했습니다(https://oreil.ly/j7xdh).

리팩터링 주기의 각 단계는 다음과 같습니다.

- **1. 노트북이나 코드를 실행하고 예상대로 작동하는지 확인하기**

    이 단계는 리팩터링을 시작하기 전에 리팩터링을 방해할 수 있는 모든 오류를 식별하는 데 도움이 됩니다. 이렇게 하면 리팩터링 중에 무언가를 망가뜨렸는지, 아니면 코드가 이미 망가져 있었는지를 파악해야 하는 불필요한 고통을 피할 수 있습니다. 노트북의 경우, 노트북 속 숨겨진 상태의 함정을 피하기 위해 항상 커널을 다시 시작하고 모든 셀을 실행하세요.[23]

- **2. print문 제거하기**

    이 단계에서는 노이즈와 시각적 혼란을 제거하고, 코드 스멜을 나열하는 다음 단계를 수백 배 쉽게 만듭니다. print문이나 노트북 출력을 위해 마지막 줄에 남아 있는 변수를 보면, 그것이 아직 유효한 목적을 수행하고 있는지 고려해 보세요. 만약 디버깅을 돕기 위해 한때 추가되었지만 이제 코드와 런타임 로그에 노이즈를 추가하고 있다면 제거하세요.

    모델 품질 점수 보고와 같이 print문이 중요한 기능을 수행하고 있는 몇 가지 예외가 있을 수 있습니다. 이런 문장은 일단 남겨둘 수 있지만, 결국에는 출력문 대신 실제 함수 반환값과 자동 테스트로 대체되어야 합니다.

    개인 식별 정보(PII)를 로깅할 가능성이 있는 print문을 검토하는 것도 매우 중요합니다. 이러한 print문을 제거하면 코드의 깔끔함이 향상되는 것뿐만 아니라 로그에 민감한 데이터가 유지되는 것을 방지하여 데이터 유출 위험을 줄이고 개인정보 보호 규정을 준수하는 데 도움이 됩니다.

- **3. 코드 스멜 나열하기**

    남은 저녁 식사 상자를 열었을 때 어떤 악취가 여러분의 후각을 공격한다면, 그것은 무엇이 상했을 가능성을 나타냅니다. 마찬가지로, 코드 스멜은 코드베이스의 깊은 문제를

---

[23] https://oreil.ly/q-L6L

가리키는 유용한 신호입니다. 예를 들어, 주석이 다섯 줄인 함수는 함수가 복잡하고, 불분명하며, 상당히 많은 일을 하고 있을 수 있음을 나타내는 냄새입니다.

pylint[24]와 소나큐브[SonarQube][25]는 이러한 작업을 돕는 도구입니다. pylint를 설치하고 설정하는 간단한 지침은 7장을 참조할 수 있습니다. 이는 낮은 수준의 코드 스멜을 식별하는 데 도움이 되며, 설계 이슈와 다른 코드 스멜에 집중할 수 있게 해 줍니다. 코드 스멜과 모범 해결 사례의 전체 목록은 clean-code-ml 리포지터리[26]와 리팩터링닷구루[refactoring.guru]의 '코드 스멜'[27]을 참조하세요. 이후 다음 페이지의 '코드 스멜' 글상자에서 일반적인 코드 스멜 예시 몇 가지를 보여줍니다.

'문제를 잘 정의하는 것은 문제를 반 정도 해결하는 것'이라는 격언은 사실입니다. 일단 코드베이스를 살펴보고 코드 스멜을 나열함으로써, 기본적으로 해야 할 일을 정리할 수 있습니다.

4. 노트북을 파이썬 파일로 변환하기

노트북이 아닌 파이썬 파일로 작업하면, 스파게티 코드를 파이썬 모듈로 분해하는 것이 더 쉬워집니다. 또한 IDE를 활용해서 추가적으로 리팩터링을 진행할 수 있습니다(예 줄을 위아래로 이동, 메서드 추출, 함수를 다른 모듈로 이동). 여기서 바로 7장에서 다룬 단축키가 빛을 발휘합니다.

5. 특성화 테스트 추가하기

이것은 리팩터링 과정 중 가장 중요한 단계입니다. 특성화 테스트[characterization test][28]는 기존 소프트웨어의 실제 동작을 설명하고 레거시 코드의 기존 동작을 의도하지 않은 변경으로부터 보호하는 자동 테스트입니다.

---

24 https://oreil.ly/ia1Bm
25 https://oreil.ly/AFc3d
26 https://oreil.ly/FCY_q
27 https://oreil.ly/anSAQ
28 https://oreil.ly/mfIex

특성화 테스트는 프로그램을 블랙 박스로 취급하고 그 동작을 특성화합니다. 예를 들어, '내 노트북은 정확도 점수가 90%인 모델을 생성한다'와 같은 특성을 단언하고(즉, 코드를 실행하고 정확도 점수가 90% 미만인 모델을 얻으면 테스트가 실패합니다), 이러한 테스트가 어떻게 보일지 참조하려면, 지표 테스트와 6장에서 설명했던 훈련 스모크 테스트를 특성화 테스트로 사용할 수 있습니다.

특성화 테스트는 코드가 지정된 기대치대로 동작하는지 빠르게 확인할 수 있게 해줌으로써, 모든 리팩터링을 대담하고 안전하게 할 수 있게 합니다.

6. 반복적으로 리팩터링하기

이 단계에서는 문제가 있는 코드베이스를 점진적으로 분해하여 모듈화되고, 합리적이며, 테스트가 가능한 구성 요소들로 만들어 갑니다.

리팩터링 주기를 정리하면 다음과 같습니다.

- 추출할 코드 블록을 식별합니다.
- 단위 테스트를 작성하고 해당 테스트가 실패하는 것을 확인합니다(테스트는 빨간색이 됩니다).
- 테스트를 통과시킵니다(테스트가 녹색이 됩니다).
- 기존 코드 블록 대신 새로운 함수를 가져와서 사용합니다.
- 특성화 테스트가 통과하는지 확인합니다.
- 변경 사항을 커밋합니다.

코드를 변경한 후 테스트가 통과하면 단위가 작아도 빈번하게 커밋을 하는 것이 중요합니다. 작은 단위로 빈번한 커밋을 할 때 다음과 같은 이점이 있습니다.

- 시각적인 방해를 줄이고 인지 부하를 줄입니다.
- 이미 커밋된 코드의 동작을 실수로 망가뜨릴 걱정이 없습니다.
- 레드-그린-리팩터링red-green-refactor[29]을 넘어서, 레드-레드-레드-실행취소red-red-red-revert[30]도 가능합니다. 만약 실수로 뭔가를 망가뜨린다면, 최신 커밋으로 체크아웃하여 쉽게 다시 시도할 수 있습니다. 이는 중요한 문제를 해결할 때, 실수로 생성된 문제를 없애는 데 시간을 낭비하는 것을 방지해 줍니다.

---

[29] https://oreil.ly/kelfI
[30] https://oreil.ly/gmvbq

> **코드 스멜**

다음은 ML 코드베이스에서 자주 보게 되는 일반적인 코드 스멜 종류입니다.

1. 의도를 드러내지 않는 변수 이름

변수 이름이 불명확하면 퍼즐을 풀기 위해 정신적 노력을 낭비하게 됩니다. ML 코드에서 흔히 문제를 일으키는 것 중 하나는 데이터프레임입니다. 모든 데이터프레임의 이름이 **df**로 지정됩니다. 데이터프레임에 더 좋은 이름을 찾기 위해서는 각 행에 무엇이 들어 있는지 생각해야 합니다. 예를 들어, 데이터프레임의 각 행이 '대출'이라면, 데이터프레임은 '대출의 모음'입니다. 따라서 데이터프레임을 '대출들loans'이라고 부를 수 있습니다.

다음 두 가지 대조적인 예시를 통해 이름을 잘 지은 변수의 가치를 설명하겠습니다.

[나쁜 예시]

```
df = pd.read_csv('loans.csv')
_df = df.groupby(['month']).sum()
__df = filter_loans(_df, month=12)
# 12월의 총 대출 금액을 계산해 봅시다.
total_loan_amount = __df... # 잠깐, df, _df, __df 중 어떤 것을 사용해야 할까요?
```

[좋은 예시]

```
loans = pd.read_csv('loans.csv')
monthly_loans = loans.groupby(['month']).sum()
monthly_loans_in_december = filter_loans(monthly_loans, month=12)
# 12월의 총 대출 금액을 계산해 봅시다.
total_loan_amount = monthly_loans_in_december.sum()
```

2. 주석

주석은 몇 가지 방식으로 문제를 일으킬 수 있습니다.

- 만약, 어떤 코드를 이해하는 데 주석이 필요하다면, 그것은 더 심각한 문제가 존재할 수 있음을 나타내는 신호입니다(예 변수 이름이 잘못됨, 단일 책임 원칙 위반, 추상화가 부족함).
- 주석은 오래되어 무효가 될 수 있고, 메서드 동작에 대한 정보가 올바르지 않을 수 있습니다.
- 너무 많은 주석이 있으면 코드를 이해하는 것을 더 어렵게 만들 수 있습니다.

다음 예시에서 보여주는 것처럼, 합리적인 변수 이름을 사용하고, 단일 책임을 가진 함수로 코드를 적절하게 추상화하고, 단위 테스트를 사용함으로써 이러한 문제를 피할 수 있습니다.

[나쁜 예시]

```
# 직원이 전액 복지 혜택을 받을 자격이 있는지 확인해 봅시다.
if (employee.flags and HOURLY_FLAG) and (employee.age > 65):
    … do something
```

[좋은 예시]

```
if employee.is_eligible_for_benefits():
    … do something
```

3. 죽은 코드

죽은 코드는 실행되지만 그 결과가 다른 계산에서 사용되지 않는 코드를 의미합니다. 죽은 코드는 코드의 행동과 관련이 없지만 개발자들은 파악하고 있어야 합니다. 이는 불필요한 인지 부하를 추가합니다. 프로그램의 결과를 변경하지 않는 코드가 있다면, 그것이 실행되든 안 되든 코드가 실행되는 데 필요하지 않습니다. 코드 베이스를 깨끗하게 유지하기 위해 제거하세요.

[나쁜 예시]

```
df = get_data()
print(df)
# do_other_stuff()
df.head()
print(df.columns)
# do_so_much_stuff()
model = train_model(df)
```

[좋은 예시]

```
loans = get_data()
model = train_model(loans)
```

이제 경로를 설정했으니, 문제가 있는 노트북을 리팩터링하기 위해 출발할 시간입니다.

> **NOTE** 현재 60개 이상의 리팩터링 기법이 존재하며, 더 자세한 방법은 마틴 파울러의 '리팩터링 카탈로그'[31]나 리팩터링닷구루의 '리팩터링 기법들'[32]에서 확인할 수 있습니다.
>
> 이 장에서는 일반적인 ML 코드베이스에서 자주 마주치는 코드 스멜을 해결하는 데 도움이 되는 몇 가지 리팩터링 기법(예: 함수 추출,[33] 줄 이동[34])을 소개하겠습니다. 추가적으로 앞 두 자료를 참고한다면, 현재 여러분이 마주하고 있는 코드 스멜과 관련된 다른 기법을 찾을 수 있을 것입니다.

8.2.2 여정: 출발하기

이 절에서는 리팩터링 주기의 각 단계를 다뤄보며 문제가 있는 코드베이스를 정리해 나갈 것입니다! 이번 장에서 살펴볼 노트북은 타이타닉 데이터셋[35]에 대한 피처 엔지니어링을 수행하고, 승객의 생존 가능성을 예측하는 간단한 분류 모델을 훈련합니다. 우리는 [그림 8-3]의 길고 지저분하고 취약한 노트북[36]을 모듈화되고 읽기 쉬우며 테스트된 솔루션[37]으로 변화시킬 것입니다. 이 과정에서 복잡한 코드는 명확한 역할과 이해하기 쉬운 이름을 가진 함수로 분리되어 있습니다. 우리는 코드를 마치 책 읽는 것처럼 읽을 수 있고, 어떤 로직을 이해하거나 업데이트하기 위해 어디로 가야 할지 알 수 있습니다.

> **NOTE** 타이타닉 데이터셋에는 승객 이름과 같은 개인 식별 정보가 포함되어 있습니다. 실제 모델 훈련 데이터셋에서는 이러한 기능을 훈련 데이터로 제공되기 전에 제거할 가능성이 높습니다.

---

[31] https://oreil.ly/mGfkc
[32] https://oreil.ly/UdtiV
[33] https://oreil.ly/zVZAc
[34] https://oreil.ly/cXUe0
[35] https://oreil.ly/JHbjZ
[36] https://oreil.ly/MXR3T
[37] https://oreil.ly/oCdUy

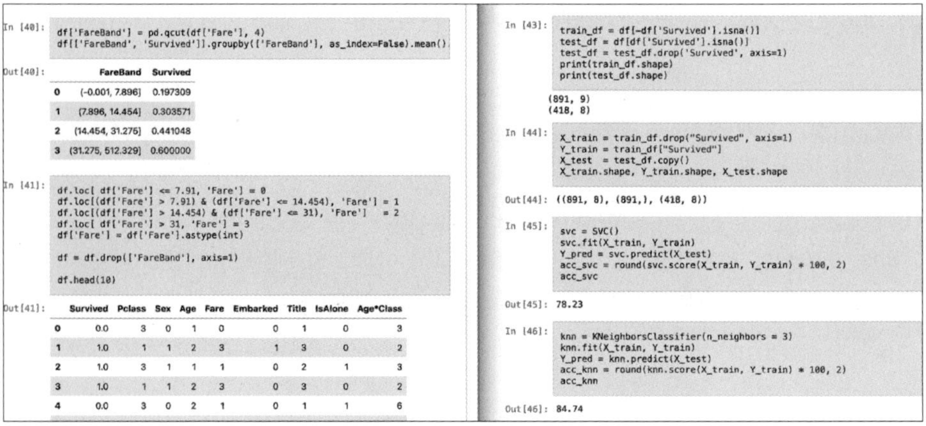

그림 8-3 우리의 시작점인 길고 지저분하고 취약한 노트북의 작은 부분을 살펴보겠습니다.

```python
def prepare_data_and_train_model():
    passengers = pd.read_csv("./input/train.csv")

    passengers = impute_nans(passengers,
                             categorical_columns=["Embarked"],
                             continuous_columns=["Fare", "Age"])
    passengers = add_derived_title(passengers)
    passengers = add_is_alone_column(passengers)
    passengers = add_categorical_columns(passengers)
    passengers = passengers.drop(["Parch", "SibSp", "Name", "Passengerid",
                                  "Ticket", "Cabin"], axis=1)

    y = passengers["Survived"]
    X = passengers.drop("Survived", axis=1)
    X_train, X_test, y_train, y_test = train_test_split(X, y)

    model = train_model(RandomForestClassifier, X_train, y_train,
                        n_estimators=100)

    return model, X_test, y_test

model, X_test, y_test = prepare_data_and_train_model()
```

1단계: 노트북이나 코드를 실행하고 예상대로 동작하는지 확인하기

첫 번째 단계는 그 자체로 명확합니다. 노트북이나 코드를 실행하고 예상대로 작동하는지 확인합니다. 리포지터리를 클론한 뒤에는 주피터 서버를 시작하세요.

```
# 리포지터리를 클론합니다.
git clone https://github.com/davified/refactoring-exercise

# 사용 중인 운영체제에 맞는 각 go 스크립트를 실행합니다.
scripts/go/go-mac.sh

# 주피터 노트북을 시작합니다.
jupyter notebook
```

`titanic-notebook-0.ipynb`를 열고 전체 노트북을 실행합니다. 전체 노트북이 성공적으로 실행되면 여러 모델을 훈련시키며 각 모델의 지표를 출력합니다.

2단계: print문 제거하기

이 단계에서는 시야를 가리는 print문과 플롯을 제거하려고 합니다. 정돈된 노트북[38]에서 볼 수 있는 것처럼, 시각적인 혼란이 훨씬 줄어들면 코드 스멜을 나열하는 다음 단계가 훨씬 쉬워집니다. 이 예시에서는 노트북 분량을 37페이지에서 10페이지로 줄였습니다.

[그림 8-4]와 [그림 8-5] 사이의 차이를 비교해 보세요. 단 두 줄의 데이터 변환 코드가 더 이상 노이즈에 묻혀 있지 않는 것을 확인할 수 있습니다.

```
In [23]: df = df.drop(['Name', 'PassengerId'], axis=1)
         df.shape
Out[23]: (1309, 9)
In [24]: df['Sex'] = df['Sex'].map( {'female': 1, 'male': 0} ).astype(int)
         df.head()
```

---

[38] https://oreil.ly/w37x1

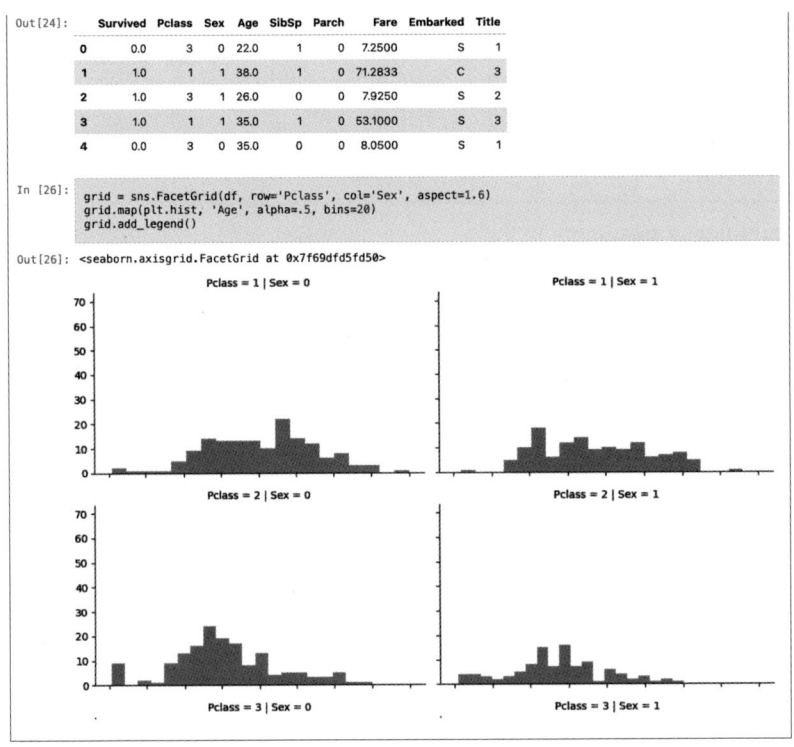

그림 8-4 print문을 제거하기 전의 노트북 모습입니다. 시각적인 혼란과 노이즈가 코드베이스의 핵심 로직을 가리고 있습니다.

```
In [7]: df = df.drop(['Name', 'PassengerId'], axis=1)

In [8]: df['Sex'] = df['Sex'].map( {'female': 1, 'male': 0} ).astype(int)
```

그림 8-5 print문을 제거한 후의 노트북 모습입니다. 모델을 훈련시키기 위해 필요한 핵심 로직과 데이터 변환이 훨씬 더 명확해집니다.

3단계: 코드 스멜 나열하기

이 단계에서는 노트북을 살펴보고 발견하는 각 코드 스멜에 대해 주석을 남깁니다. [그림 8-6]에서 볼 수 있는 것처럼, 우리는 꽤 많은 것을 발견했습니다! 예를 들어, 첫 번째 코드 스멜은 내부가 드러난 것입니다. 이전에 렌틸 수프 레시피 전체를 읽는 것에 대한 우리의 비유를 기억하나요? 이러한 복잡한 구현이 잘 지어진 함수(예 `derive_title_from_name()`)에 숨겨져 있었다면, 즉 추상화되어 있었다면 훨씬 좋았을 것입니다.

```
In [4]:   df = df.drop(['Ticket', 'Cabin'], axis=1)

In [5]:   # [code smell] - Exposed Internals
          df['Title'] = df['Name'].str.extract(' ([A-Za-z]+)\.', expand=False)
          df['Title'] = df['Title'].replace(['Lady', 'Countess', 'Capt', 'Col',
                                              'Don', 'Dr', 'Major', 'Rev', 'Sir', 'Jonkheer', 'Dona'], 'Rare')
          df['Title'] = df['Title'].replace(['Ms', 'Mlle'], 'Miss')
          df['Title'] = df['Title'].replace(['Mme'], 'Mrs')

In [6]:   title_mapping = {"Mr": 1, "Miss": 2, "Mrs": 3, "Master": 4, "Rare": 5}
          df['Title'] = df['Title'].map(title_mapping)
          df['Title'] = df['Title'].fillna(0)

In [7]:   # [code smell] Duplicate Responsibility - df.drop() happens at multiple places.
          # it would be better if they were consolidated
          df = df.drop(['Name', 'PassengerId'], axis=1)

In [8]:   # [code smell] Duplicate Responsibility again - encoding of string variables into integers
          # should be consolidated into one place
          df['Sex'] = df['Sex'].map( {'female': 1, 'male': 0} ).astype(int)

In [9]:   # [code smell] Dead Code - 'AgeBand' column is defined but never used
          df['AgeBand'] = pd.cut(df['Age'], 5)

In [10]:  # [code smell] - magic numbers: 16, 32, 48
          df.loc[ df['Age'] <= 16, 'Age'] = 0
          df.loc[(df['Age'] > 16) & (df['Age'] <= 32), 'Age'] = 1
          df.loc[(df['Age'] > 32) & (df['Age'] <= 48), 'Age'] = 2
          df.loc[(df['Age'] > 48) & (df['Age'] <= 64), 'Age'] = 3
```

그림 8-6 코드 스멜의 목록이 노트북을 리팩터링할 목록이 됩니다.

두 번째 코드 스멜은 중복된 책임입니다. 열을 삭제하는 로직이 노트북 중 다섯 군데의 다른 곳에서 발생합니다. 불필요한 모든 열을 한 곳에서 삭제하면 코드에 대한 이해가 더 쉬워질 것입니다.

[그림 8-6]에서 볼 수 있듯이, 이러한 잠재적 문제에 하나씩 이름을 붙여두면 리팩터링을 해야 할 목록이 만들어집니다. 이 목록을 쉽게 찾아보기 위해, 검색이 가능하도록 각 주석 앞에 '[code smell]'을 붙입니다. 리팩터링을 하고 코드 스멜을 해결함에 따라 이 주석들을 하나씩

제거할 것입니다. 이 노트북[39]을 참조하면 코드 스멜의 결과 목록을 볼 수 있고, 이 장의 끝에서는 리팩터링 후 더 나은 상태를 볼 수 있습니다.

4단계: 노트북을 파이썬 파일로 변환하기

노트북을 파이썬 파일로 변환하려면 다음 명령을 실행하세요.

```
jupyter nbconvert --output-dir=./src \
    --to=script ./notebooks/titanic-notebook-refactoring-starter.ipynb
```

이제 노트북을 파이썬 스크립트로 변환했으므로, 다음 명령을 사용하여 오류 없이 완전히 실행되는지 확인합니다. 이 예시에서는 IPython 커널에서만 작동하는 코드 두 줄(예 cd ..) 때문에 오류가 발생했습니다. 오류 메시지를 읽고 문제가 있는 코드 두 줄을 삭제합니다. 다음 명령을 다시 실행하면 이번에는 스크립트가 성공적으로 실행되는 것을 확인할 수 있습니다.

```
python src/titanic-notebook-refactoring-starter.py

echo $?  ❶
```

❶ 이것은 이전의 bash 명령의 종료 상태 코드를 확인합니다. 이번 예시에서는, 이전의 파이썬 스크립트가 오류 없이 성공적으로 실행되면 0을 반환합니다.

노트북 변환 과정에서 도입된 주석도 제거할 수 있습니다(예 # In[1]: ...). 이전 장에서 배운 두 가지 IDE 단축키('다음 발생 항목 선택'과 '코드 포맷 수정')를 사용하면 이 작업을 빠르고 쉽게 수행할 수 있습니다. 키보드 단축키를 찾아보려면 7장을 참조하세요.

마지막으로 스네이크 표기법$^{snake\_case}$ 규칙에 맞게 파이썬 파일의 이름을 변경할 수 있습니다.

```
mv src/titanic-notebook-refactoring-starter.py src/train.py
```

---

[39] https://oreil.ly/KpQBi

5단계: 특성화 테스트 추가하기

특성화 테스트를 추가하기 위해, 파이썬 스크립트로 변환된 코드를 블랙 박스로 취급하고 그 동작을 특성화하겠습니다. [그림 8-7]의 예시에서, 코드는 정확도가 71%에서 86% 사이인 일곱 개의 분류 모델을 훈련시킵니다.

```
In [22]: decision_tree = DecisionTreeClassifier()
         decision_tree.fit(X_train, Y_train)
         Y_pred = decision_tree.predict(X_test)
         acc_decision_tree = round(decision_tree.score(X_train, Y_train) * 100, 2)
         acc_decision_tree

Out[22]: 86.98

In [23]: random_forest = RandomForestClassifier(n_estimators=100)
         random_forest.fit(X_train, Y_train)
         Y_pred = random_forest.predict(X_test)
         random_forest.score(X_train, Y_train)
         acc_random_forest = round(random_forest.score(X_train, Y_train) * 100, 2)
         acc_random_forest

Out[23]: 86.98

In [24]: models = pd.DataFrame({
             'Model': ['Support Vector Machines', 'KNN',
                       'Random Forest', 'Naive Bayes', 'Perceptron',
                       'Stochastic Gradient Decent',
                       'Decision Tree'],
             'Score': [acc_svc, acc_knn,
                       acc_random_forest, acc_gaussian, acc_perceptron,
                       acc_sgd, acc_decision_tree]})
         models.sort_values(by='Score', ascending=False)
```

Out[24]:

	Model	Score
2	Random Forest	86.98
6	Decision Tree	86.98
1	KNN	84.96
0	Support Vector Machines	83.84
4	Perceptron	75.42
5	Stochastic Gradient Decent	74.07
3	Naive Bayes	71.83

그림 8-7 이 노트북의 끝에서는 정확도 범위가 다양한 일곱 개의 분류 모델을 훈련시키는 코드를 볼 수 있습니다.

일곱 개의 모델 훈련은 탐색적 데이터 분석에서 진행되는 것으로 보이며, 이 예시의 경우 훈련 파이프라인은 최상의 성능을 가진 하나의 모델만을 결정해야 할 수 있습니다. 따라서, 다음 테스트(tests/test_model_metrics.py)로 프로그램을 특성화할 수 있습니다.

```
import unittest
from sklearn.metrics import accuracy_score

from train import prepare_data_and_train_model
class TestModelMetrics:
  def test_model_accuracy_score_should_be_above_threshold():  ❶
      model, X_test, Y_test = prepare_data_and_train_model()  ❷
      Y_pred = model.predict(X_test)

      accuracy = accuracy_score(Y_test, Y_pred)

      assert accuracy > 0.869  ❸
```

❶ 단위 테스트 스타일로 모델 지표 테스트를 작성합니다. 이것은 이전 장의 ML 모델 테스트에서 작성한 지표 테스트와 유사합니다.

❷ 리팩터링 경계의 '이음새'를 나타내는 함수(아직 정의되지 않음)를 호출합니다. 이 함수(prepare_data_and_train_model())는 우리가 리팩터링할 박스이며, 이 함수에 대한 테스트를 작성함으로써, 실수를 할 경우 우리를 잡아주는 안전 장치를 만드는 것입니다.

❸ 우리는 모델의 정확도가 우리 노트북에 있는 것만큼 좋다고 주장합니다. 이것은 모델 품질을 저하시키는 변경을 만들 경우 빠른 피드백을 제공할 것입니다.

다음 bash 스크립트로 테스트를 연결해 봅시다.

```
# ./scripts/tests/model-metrics-test.sh
#!/bin/sh

set -e

python -m pytest -rA tests/test_model_metrics.py
```

이 bash 스크립트를 실행하여 테스트를 실행하세요.

```
./scripts/tests/model-metrics-test.sh
```

테스트를 실행하면 prepare_data_and_train_model()이 아직 정의되지 않았기 때문에 테스트가 실패하는 것을 볼 수 있습니다. 첫 번째 작업은 이 테스트를 통과시키기 위해 가능한 한 가장 간단한 작업을 수행하는 것이며, IDE의 '메서드 추출'을 활용하여 이를 수행합니다.

1. IDE에서 import 문장 다음의 스크립트 내 모든 코드 줄을 선택합니다.
2. '메서드 추출' IDE 단축키를 누릅니다. 파이참(맥: ⌘ + ⌥ + M, 윈도우/리눅스: Ctrl + Alt + M) 또는 VS Code (Ctrl + .)의 편리한 단축키를 사용할 수 있습니다. 함수 이름은 테스트에서 지정한 것 (prepare_data_and_train_model())과 같이 정할 수 있습니다.
3. 테스트를 실행하고, 함수가 모델 지표 테스트에서 기대한 값들을 반환하지 않아 실패하는 것을 확인합니다.
4. prepare_data_and_train_model()의 마지막 줄에서, 함수가 모델의 인스턴스, 검증셋(X_test), 검증셋 레이블(y_test)을 반환하도록 만듭니다.
5. 이제 테스트가 통과해야 합니다. 만세! 축하합니다!

상황에 따라 이 특성화 테스트를 더욱 정교하게 조정하여 기존 동작에 대한 적절한 안전 장치를 만들 수 있습니다. 예를 들어, 정확도보다 더 나은 지표를 선택하거나 계층화된 지표 테스트를 작성할 수 있습니다. 이번 예시에서는 리팩터링 중 올바른 방향으로 가고 있는지 또는 실수를 했는지에 대한 빠른 피드백을 제공하는 충분한 안전 장치를 구현했습니다.

6단계: 반복적으로 리팩터링하기

이 단계에서 여러분은 투자한 시간에 대한 수익을 거두고 코드 스멜 목록을 빠르게 처리하여 코드베이스를 개선합니다. [그림 8-8]의 리팩터링 주기를 세 번 시연할 예정이며 나머지 코드 스멜은 연습문제로 남겨둘 것입니다.

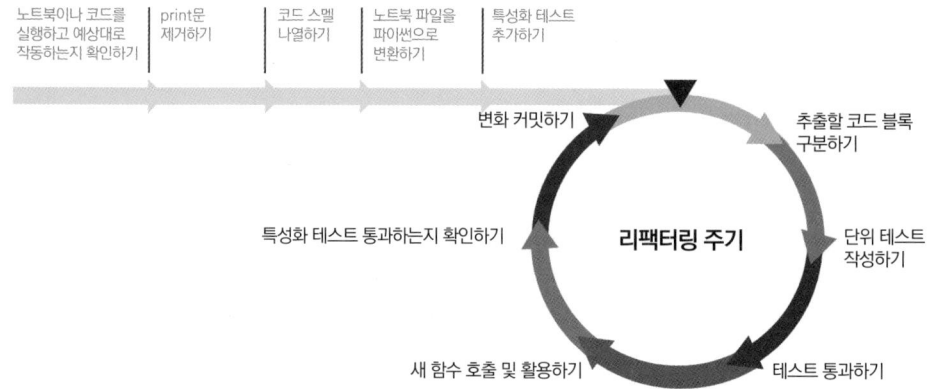

그림 8-8 코드베이스의 문제가 있는 부분을 반복적으로 리팩터링하기 위한 여섯 가지 단계[40]

> **첫 번째 리팩터링: 죽은 코드 제거하기** 재미있고 쉬운 것부터 시작해 봅시다. 이제 우리는 모델 훈련 코드가 가장 성능이 좋은 모델만 반환하도록 기대하므로, 다른 여섯 개 후보 모델을 훈련시키는 코드 줄은 기본적으로 죽은 코드입니다. 즉, 이 코드 줄([그림 8-9]에서 강조 표시된 부분)이 있든 없든 프로그램이 예상대로 동작하고, 테스트도 통과합니다.

```
train.py
107
108    perceptron = Perceptron()
109    perceptron.fit(X_train, Y_train)
110    Y_pred = perceptron.predict(X_test)
111    acc_perceptron = round(perceptron.score(X_train, Y_train) * 100, 2)
112    acc_perceptron
113
114    sgd = SGDClassifier()
115    sgd.fit(X_train, Y_train)
116    Y_pred = sgd.predict(X_test)
117    acc_sgd = round(sgd.score(X_train, Y_train) * 100, 2)
118    acc_sgd
119
120    decision_tree = DecisionTreeClassifier()
121    decision_tree.fit(X_train, Y_train)
122    Y_pred = decision_tree.predict(X_test)
123    acc_decision_tree = round(decision_tree.score(X_train, Y_train) * 100, 2)
```

---

[40] 출처_ '데이터 과학자를 위한 코딩 습관(https://oreil.ly/j7xdh)'의 이미지를 수정했습니다.

```
124       acc_decision_tree
125
126       random_forest = RandomForestClassifier(n_estimators=100)
127       random_forest.fit(X_train, Y_train)
128       Y_pred = random_forest.predict(X_test)
129       random_forest.score(X_train, Y_train)
130       acc_random_forest = round(random_forest.score(X_train, Y_train) * 100, 2)
131       acc_random_forest
132       models = pd.DataFrame({
133           'Model': ['Support Vector Machines', 'KNN',
134                     'Random Forest', 'Naive Bayes', 'Perceptron',
135                     'Stochastic Gradient Decent',
136                     'Decision Tree'],
137           'Score': [acc_svc, acc_knn,
138                     acc_random_forest, acc_gaussian, acc_perceptron,
139                     acc_sgd, acc_decision_tree]})
140       models.sort_values(by='Score', ascending=False)
141
142       return random_forest, X_train, Y_train
```

그림 8-9 회색으로 강조된 줄은 죽은 코드를 나타냅니다.

첫 번째 리팩터링에서는 죽은 코드 줄들을 제거하고 테스트를 실행하여 테스트가 통과되는지 확인한 후 커밋합니다. 우리 계산으로는 총 146줄의 코드 중 44줄의 코드가 제거되어 코드 베이스를 30% 작게 만들었습니다. 만세!

> **NOTE** 이 예시에서는 리팩터링 주기 속 지름길을 활용해 2~4단계(테스트 작성, 테스트 통과, 함수 추출)를 건너뛰고 있습니다. 우리는 단지 죽은 코드를 제거할 뿐 새로운 추상화를 만들지 않았기 때문입니다.

두 번째 리팩터링: 구현 세부 사항을 추상화하기   리팩터링 주기의 단계를 따라, 우리는 먼저 추출할 코드 블록을 식별합니다. 다음 코드에는 Name 열의 정규식과 일치하는 접두사(예 Mr, Miss, Mrs, Master, Rare)에서 일련의 직함(Mr, Ms, Mlle, Mme, Lady, Countess, Sir)을 도출하기 위한 복잡한 구현 세부 정보가 포함되어 있습니다.

```
# [code smell] - 노출된 내부
df[''Title'] = df['Name'].str.extract(' ([A-Za-z]+)\.', expand=False)
```

```
df['Title'] = df['Title'].replace(['Lady', 'Countess', 'Capt', 'Col',
                                    'Don', 'Dr', 'Major', 'Rev', 'Sir',
                                    'Jonkheer', 'Dona'], 'Rare')
df['Title'] = df['Title'].replace(['Ms', 'Mlle'], 'Miss')
df['Title'] = df['Title'].replace(['Mme'], 'Mrs')
```

노출된 내부의 코드 스멜은 잘 명명된 함수가 복잡한 구현 세부 사항을 숨기고 호출 위치(즉, 새 함수가 호출되는 위치)에서 코드를 더 읽기 쉽게 만들 수 있음을 보여줍니다. 또한 이러한 데이터 변환을 호출 가능한 함수로 추상화하면 단위 테스트가 가능해집니다.

다음으로 리팩터링 주기의 두 번째 단계에서는 실패하는 단위 테스트를 작성합니다.

```
from pandas.testing import assert_frame_equal

def test_extract_honorifics_from_name_column_as_standardised_titles():  ❶
    df = pd.DataFrame({
        'Name': ['Smith, Mr. Owen Harris ',
                 'Heikkinen, Miss. Laina ',
                 'Allen, Mlle. Maisie',
                 'Allen, Ms. Maisie',
                 'Allen, Mme. Maisie',
                 'Smith, Lady. Owen Harris '],
    })  ❷

    expected = pd.DataFrame({
        'Name': [ 'Smith, Mr. Owen Harris ',
                 'Heikkinen, Miss. Laina ',
                 'Allen, Mlle. Maisie',
                 'Allen, Ms. Maisie',
                 'Allen, Mme. Maisie',
                 'Smith, Lady. Owen Harris '],
        'Title': [ 'Mr',
                  'Miss',
                  'Miss',
                  'Miss',
                  'Mrs',
                  'Rare']  ❸
    })

    assert_frame_equal(expected, add_derived_title(df))  ❹
```

❶ 합리적인 테스트 이름을 사용하면, 테스트가 거의 자동으로 완성됩니다.

❷ 훈련 데이터셋에서 관찰한 것을 기반으로, 운영 환경과 유사한 값으로 입력 데이터프레임을 지정합니다.

❸ 예상 출력 데이터프레임에서는 기존 로직에 기반한 예상 값으로 Title 열을 추가합니다.

❹ 판다스의 편리한 `assert_frame_equal()` 테스트 유틸리티를 사용하여, 함수에서 반환된 실제 데이터프레임이 우리가 예상한 데이터프레임과 일치하는지 주장합니다. 이 주장은 `add_derived_title(df)`를 아직 정의하지 않았기 때문에 실패할 것입니다.

`src/train.py`로 돌아와서 리팩터링하려는 코드 블록을 선택하고, 다시 '메서드 추출' IDE 단축키를 적용하고, 이를 `add_derived_title()`로 이름을 지정합니다. 이제 이 함수를 테스트에서 가져올 수 있습니다. 함수가 정의되었으므로, IDE의 자동 수정 단축키(파이참: Alt / ⌘ + Enter, VS Code: Ctrl + .)를 사용하여 이 함수를 테스트에서 자동으로 가져올 수 있습니다.

이제 테스트를 다시 실행하면 통과할 것입니다. 모든 테스트(특성화 테스트 포함)를 실행하고, 모두 통과하면 깃에서 변경 사항을 커밋할 수 있습니다. 리팩터링 주기를 한 번 완전히 수행했고, 코드베이스가 더 나은 상태로 몇 단계 나아갔습니다!

세 번째 리팩터링: 구현 세부 사항을 (다시) 추상화하기 리팩터링 주기의 또 다른 라운드를 진행해 봅시다. 1단계에서, 여러 코드 스멜이 있는 코드 블록을 식별했습니다.

```
df['FamilySize'] = df['SibSp'] + df['Parch'] + 1  ❶
df['IsAlone'] = 0
df.loc[df['FamilySize'] == 1, 'IsAlone'] = 1  ❷
df = df.drop(['Parch', 'SibSp', 'FamilySize'], axis=1)
```

❶ `SibSp`와 `Parch`는 이해하기 어려운 열 이름입니다(각각 형제와 배우자의 수, 부모와 자녀를 나타냅니다).

❷ 이 줄은 너무 많은 구현 세부 사항을 드러내고, 코드를 읽고 이해하기 어렵게 만듭니다.

다음으로 단위 테스트를 작성한 뒤 실패하는 것을 확인해 봅시다.

```
def test_add_is_alone_column():
    df = pd.DataFrame({
        'SibSp':   [0, 1, 2, 0, 0],
        'Parch':   [0, 0, 5, 0, 1]
    })

    expected = pd.DataFrame({
        'SibSp':   [0, 1, 2, 0, 0],
        'Parch':   [0, 0, 5, 0, 1],
        'IsAlone': [1, 0, 0, 1, 0]
    })

    assert_frame_equal(expected, add_is_alone_column(df))
```

주로 새 테스트는 실패해야 합니다. 다음 단계에서는 '메서드 추출' 리팩터링 단축키를 적용하여 이 로직을 새 함수인 `add_is_alone_column()`로 추출합니다. 이 새 함수를 가져와서 모든 테스트가 통과하는지 확인하고, 변경 사항을 커밋합니다. 다시 한번 만세!

8.2.3 우리가 이룬 것을 돌아보기

리팩터링 주기를 몇 번 더 반복하고 나서, 우리는 코드베이스를 모듈화되고, 읽기 쉽고, 테스트된 상태로 만들었습니다. 원래 37페이지짜리 주피터 노트북이 이제는 유기적이고, 잘 추상화된, 더 작고 테스트된 모듈과 함수로 구성된 30줄짜리 파이썬 스크립트가 되었습니다.

```
def prepare_data_and_train_model():
    passengers = pd.read_csv("./input/train.csv")

    passengers = impute_nans(passengers,
    categorical_columns=["Embarked"],
    continuous_columns=["Fare", "Age"])
```

```
    passengers = add_derived_title(passengers)
    passengers = add_is_alone_column(passengers)
    passengers = add_categorical_columns(passengers)
    passengers = passengers.drop(["Parch", "SibSp", "Name",
    "PassengerId", "Ticket", "Cabin"], axis=1)

    y = passengers["Survived"]
    X = passengers.drop("Survived", axis=1)
    X_train, X_test, y_train, y_test = train_test_split(X, y)

    model = train_model(RandomForestClassifier, X_train, y_train,
    n_estimators=100)

    return model, X_test, y_test

    model, X_test, y_test = prepare_data_and_train_model()
```

이제 훈련 파이프라인을 거의 영어 지문처럼 읽을 수 있습니다. 한 번 해 보겠습니다. 함수 **prepare_data_and_train_model()**에서는 NaN 값을 대체하고, '파생된 제목' 열을 추가하고, '혼자인지' 열을 추가하고, 범주형 열을 추가하며, 불필요한 여섯 개의 열을 삭제합니다. 그런 다음 데이터를 훈련셋과 테스트셋으로 분할하고, 모델을 훈련시킵니다. 그게 전부입니다! 기존 노트북 파일과 달리, 우리는 이 모든 문장을 쉽게 이해할 수 있습니다.

그 과정에서, 우리는 테스트 커버리지를 0%에서 약 90%로 향상시켰습니다. 어떠한 미래의 변경이나 리팩터링에 대해서도, 단일 명령을 실행하고 몇 초 내에 변경의 품질에 대한 피드백을 받을 수 있습니다. 우연히 발생한 오류는 우리가 변경 사항을 커밋하기 전 개발 과정에서 테스트에 의해 잡힐 것입니다. 기술 부채를 갚고 리팩터링과 테스트를 수행함으로써, 우리는 더 빠르게 나아갈 수 있게 되었습니다.

우리를 안내해 준 설계 원칙들

이 절의 끝에 소프트웨어 설계 원칙을 두었는데, 그 이유는 이 원칙들이 이 장에서 문제가 있는 코드베이스에 우리가 한 설계 개선의 맥락에서 논의될 때 더욱 구체적이기 때문입니다. 여러분이 인지하지 못하는 사이에, 여러분은 이 장에서 리팩터링을 수행하면서 다양한 설계 원칙을 적용하고 있었습니다. 각각의 원칙을 살펴보겠습니다.

관심사의 분리　　시스템의 여러 측면을 서로 다른 모듈에서 분리하여 처리해야 한다는 설계 원칙입니다. 큰 시스템을 만드는 대신 더 작고 독립적인 모듈로 나눌 수 있습니다. 이렇게 하면 데이터 전처리, 특징 추출, 모델 훈련 및 추론을 서로 다른 모듈로 분리하여 시스템의 각 부분을 더 쉽게 이해하고 테스트하며 기능을 추가할 수 있습니다.

리팩터링에서 전처리 모듈은 모델 훈련 전의 데이터 변환에만 관여합니다. 모델을 디스크에 저장하거나 불러오는 등의 다른 유형의 동작을 추가해야 하는 경우, 지속성이나 디스크 I/O와 관련된 다른 파이썬 모듈에서 정의할 수 있습니다.

개방형-폐쇄형 설계　　개방형-폐쇄형 원칙[41]에 따르면 소프트웨어 엔티티는 확장을 위해서는 개방되어야 하지만 수정을 위해서는 폐쇄되어야 한다고 주장합니다. 즉, 기존 코드를 수정하지 않고도 시스템의 동작을 확장할 수 있다는 뜻입니다.

이번 리팩터링 예시에서, Age를 연속 변수(0에서 100)에서 이진 서수 변수(0, 1, 2, 3, 4)로 다음과 같은 변환하는 복잡한 구현 세부 사항을 대체하기 위해 함수 `categorize_column()`를 만들었을 때, 유사한 데이터 변환을 하는 Fare 열에 대해서도 쉽게 확장될 수 있음을 나중에 알 수 있었습니다. 우리는 함수의 구현을 수정하지 않고 이 `num_bins` 인수를 사용하여 얼마나 많은 빈(bin)을 원하는지를 지정해 `categorize_column()`를 확장할 수 있었습니다.

```
# 리팩터링 이전
df.loc[ df['Age'] <= 16, 'Age'] = 0
df.loc[(df['Age'] > 16) & (df['Age'] <= 32), 'Age'] = 1
df.loc[(df['Age'] > 32) & (df['Age'] <= 48), 'Age'] = 2
df.loc[(df['Age'] > 48) & (df['Age'] <= 64), 'Age'] = 3
df.loc[(df['Age'] > 64, 'Age'] = 4

df.loc[ df['Fare'] <= 7.91, 'Fare'] = 0
df.loc[(df['Fare'] > 7.91) & (df['Fare'] <= 14.454), 'Fare'] = 1
df.loc[(df['Fare'] > 14.454) & (df['Fare'] <= 31), 'Fare'] = 2
df.loc[ df['Fare'] > 31, 'Fare'] = 3
```

---

[41] https://oreil.ly/55S3c

```
# 리팩터링 이후
df['AgeGroup'] = categorize_column(df['Age'], num_bins=5)
df['FareBand'] = categorize_column(df['Fare'], num_bins=4)
```

이 리팩터링 예시에서는 Age에 적용된 기능을 Fare에도 적용하도록 확장했으며, 함수의 구현을 수정할 필요가 없었습니다. 이것이 확장에는 열려 있고 수정에는 닫혀 있는 open-closed 코드의 아름다움입니다.

모호한 코드보다 명확한 코드를 선호하세요   존 아우스터하우트(John Ousterhout)는 그의 책[42]에서 이렇게 설명합니다. "명확한 시스템에서는 개발자가 기존 코드의 작동 방법과 변경에 필요한 사항을 빠르게 이해할 수 있습니다. … 복잡성의 두 번째 원인은 모호성입니다. 중요한 정보가 명확하지 않을 때 모호성이 발생합니다."

이 장을 시작할 때, 우리는 이해하기 어려운 복잡한 코드를 많이 다뤘습니다. 특히 파악하기 어려운 데이터의 변환 코드가 문제였죠. 이런 코드들 때문에 우리는 코드가 실제로 무슨 일을 하는지 파악하려면, 먼저 그 코드가 어떻게 돌아가는지 이해해야만 했습니다. 이 과정에서 우리는 불필요하게 많은 노력을 해야 했습니다. 리팩터링 후, 잘 명명된 추상화는 코드의 동작을 훨씬 더 명확하게 했습니다. 예를 들어, 새로운 호칭(예: Reverend)을 처리해야 하는 요구 사항이 생기면, 변경 사항을 구현할 위치를 쉽게 찾을 수 있습니다.

코드 스멜은 모호성의 증상입니다. 리팩터링 기법(예: 메서드 추출, 변수 추출, 메서드 이동, 타입 힌트)은 명확성을 높이는 도구입니다.

결합도를 낮추고 인터페이스 기반으로 설계하세요   결합은 시스템 내의 여러 구성 요소가 서로 의존하는 정도를 말합니다. 결합도가 높다는 것은 구성 요소가 긴밀하게 연결되어 한 구성 요소의 변경이 다른 구성 요소에 큰 영향을 미칠 수 있음을 의미합니다.

ML 시스템에서는 높은 결합도가 데이터 전처리, 특징 추출, 모델 훈련, 추론 모듈 간의 복잡한 종속성으로 이어질 수 있으며, 시스템을 유지하고 확장하기 어렵게 만듭니다.

---

[42] 『A Philosophy of Software Design』(Yaknyam Press, 2018)

이와 밀접하게 관련된 또 다른 개념은 응집력입니다. 응집력은 모듈이나 구성 요소 내의 요소들이 서로 연관되어 있는 정도를 나타냅니다. 응집력이 높다는 것은 모듈 내의 요소들이 공통의 목표나 목적을 향해 함께 작업하는 것을 의미합니다. ML 시스템에서는 특징 추출과 모델 훈련 같은 관련 기능을 별도의 모듈로 그룹화하여 높은 응집력을 달성할 수 있습니다.

결합이 적고 응집력이 높은 ML 시스템을 설계하면 보다 모듈화되고 유지 관리가 용이한 시스템을 만들 수 있습니다. 이는 시스템을 잘 정의된 목적을 가진 더 작고 관리하기 쉬운 구성 요소로 세분화함으로써 달성할 수 있습니다.

예를 들어, 데이터 리포지터리에서 열 이름(예 `Name`)이 변경되었다고 가정해 봅시다. 긴밀하게 결합된 솔루션에서는 `Name` 열에 대한 결합(구현 세부 사항)이 코드베이스 전체에 퍼져 있어 산탄총 수술[43]처럼 코드베이스 전체를 변경해야 합니다.

더 나은 설계는 데이터셋을 중심으로 구현 세부 사항(`["Name"]`)을 캡슐화하는 추상화(예 `PassengersDataFrame`)를 생성하는 것입니다. 나머지 코드는 `passengers_df.name`(인터페이스)으로 프로그래밍할 것입니다. 열 이름 변경을 처리하려면 `PassengersDataFrame` 정의에서 한 곳만 업데이트하면 됩니다.

이러한 디자인 패턴을 부패 방지 계층(anti-corruption layer)[44]이라고 하며, 이는 모델 훈련 파이프라인과 피처 스토어 사이의 모든 변환 로직을 한 곳에 모아두어 두 구성 요소 간의 결합도를 낮추는 데 도움을 줍니다.

단순한 설계　　혼돈에 빠지기 쉬운 코드베이스에서 단순한 설계는 복잡성을 관리 가능한 수준으로 유지하는 데 도움을 줍니다. 새로운 기능을 구현하기 위해 새로운 로직을 설계할 때, 켄트 벡(Kent Beck)의 소프트웨어 설계에 대한 네 가지 규칙[45]은 기능적이고 단순한 설계를 하는 데 도움이 됩니다.

43　https://oreil.ly/xnuQ0
44　https://oreil.ly/yiiAT
45　https://oreil.ly/6rqS3

- 모든 테스트를 통과할 것
- 의도를 드러낼 것(프로그래머에게 중요한 모든 의도를 명시)
- 중복된 로직이 없을 것
- 가능한 한 가장 적은 개수의 클래스와 메서드를 사용할 것(이전 세 가지 규칙에 부합하지 않는 것은 제거)

이러한 규칙을 방해하는 요소가 있다면(예 성급한 추상화, 불필요한 디자인 패턴, 설계 부재), 더 간단하고 적합한 설계가 있는지 고려해 보세요. 팀원이나 동종 업계 종사자 혹은 인터넷[46]을 통해 의견을 나누는 것도 충분한 도움이 됩니다.

> **코드베이스 설계 원칙을 시스템 설계로 확장하기**
>
> 지금까지 이 장에서는 단일 코드베이스의 맥락에서 설계 원칙, 코드 스멜 및 리팩터링에 대해 설명했지만 이 장에서 배운 내용은 업스트림 피처 스토어, ML 훈련 파이프라인, 추론 서비스 및 데이터 제품과 같은 ML 솔루션 구성 요소 간의 시스템 수준 상호작용에도 적용할 수 있습니다.
>
> 『Machine Learning: The High-Interest Credit Card of Technical Debt』(O'Reilly, 2020)에서 저자들은 경계 침식, 얽힘, 선언되지 않은 소비자, 과도한 데이터 의존성, 죽은 실험 코드 경로, 파이프라인 정글 등 시스템 수준 기술 부채의 14가지 사례를 열거합니다.
>
> 이 절의 설계 원칙은 더 나은 ML 시스템을 설계하는 데에도 도움이 됩니다. 예를 들어, 일반적인 시스템 수준에서 흔히 볼 수 있는 코드 스멜 중 하나는 모델 훈련 파이프라인과 업스트림 데이터 간의 긴밀한 결합(또는 얽힘)입니다. 업스트림 데이터 생산자가 어느 날 열 이름을 변경하면, 우리의 ML 시스템은 운영 환경에서 다운될 수 있습니다.
>
> 코드 스멜을 감지하면 앞서 설명한 대로 구현 대신 인터페이스에 결합함으로써 해결할 수 있습니다. 또한 생산자와 소비자가 모두 계약 테스트를 정의[47]하여 운영 환경에 적용되기 전에 변경 사항을 감지함으로써 경계 침식을 방지할 수 있습니다.
>
> 연습 과제로 프로젝트에서 하나 이상의 시스템 수준 코드 스멜을 식별하고, 문제가 무엇인지와 그 이유를 스케치하고, 이러한 원칙 중 하나를 사용하여 설계 개선안을 스케치해 보기 바랍니다.

---

46 https://oreil.ly/4IWbe
47 https://oreil.ly/wGyk4

지금까지 여러분은 복잡한 코드베이스에 대한 대안을 볼 수 있게 되었습니다. 코드베이스는 항상 '큰 진흙 덩어리'일 필요는 없으며, 읽기 쉽고 유지보수를 할 수 있으며 심지어는 우아한 솔루션으로 변할 수 있습니다. 이제 일상 업무에서 팀의 솔루션 설계를 지속적이고 반복적으로 개선할 수 있는 방법을 알아보겠습니다.

8.3 현실에서의 기술 부채 관리

업무는 공기와 같아서 '리팩터링을 해야 할까요?'라고 질문하기도 전에 빈 공간을 빠르게 채웁니다. 항상 '일을 완수'하고 '무언가를 배포해야 한다'는 '납품 압박'과 성과를 내야 한다는 '사회적 압력'은 기술 부채를 갚는 데 필요한 시간과 에너지를 빼앗아 갑니다.

프로젝트에서 이러한 압박에 대한 두 가지 반응을 보았습니다. 극단적으로는 기능 전달에만 집중하고 다른 것은 전혀 신경 쓰지 않는 ML 종사자가 있을 수 있습니다. 이들은 개선 기회를 포기할 뿐만 아니라, 빠르게 움직이기 위해 더 많은 부채를 떠안게 될 가능성이 큽니다. 다른 극단에는 카드 작업 시 리팩터링에 지나치게 몰두하여 작업 범위가 크게 확장되고 작업 중인 카드에 상당한 지연을 초래하는 열성적인 사람들도 있을 수 있습니다.

사실 코딩과 리팩터링은 본질적으로 사회적 활동이며 사회구조적 힘에 의존합니다. 기술 부채를 효과적으로 관리하려는 ML 종사자는 팀 내에서 바람직한 행동에 대한 사회적 계약을 수립하고 문제와 해결 방법에 대한 공통된 견해를 만들어 나가야 합니다.

다음 절에서는 프로젝트에서 기술 부채를 관리하기 위해 사용하는 기법을 살펴보겠습니다.

8.3.1 기술 부채 관리 기법

다음은 효과적인 기술 부채 관리와 제품 제공의 균형을 맞추기 위해 실제 프로젝트에 적용하는 몇 가지 기법입니다.

부채를 가시화하기

부채를 가시화하는 것은 부채를 갚아내기 위한 첫 번째 단계입니다. 유용한 정보 라디에이터는 기술 부채 '벽'입니다. 모든 부채를 한곳에 모아두면 '가치'와 '노력'이라는 두 가지 축을 따라 각 부채를 모으고 정렬할 수 있습니다. [그림 8-10]에서 볼 수 있듯이, 이를 통해 누워서 떡 먹기(가치 높고, 노력 적음), 빠른 성과(가치 낮고, 노력 적음), 가치 있는 투자(가치 높고, 노력 많음), 비효율적 투자(가치 낮고, 노력 많음)의 영역이 있음을 볼 수 있습니다. 또한 가시성을 공유하면 팀이 기술 부채 관리에 대한 공동 책임 의식을 가지게 됩니다.

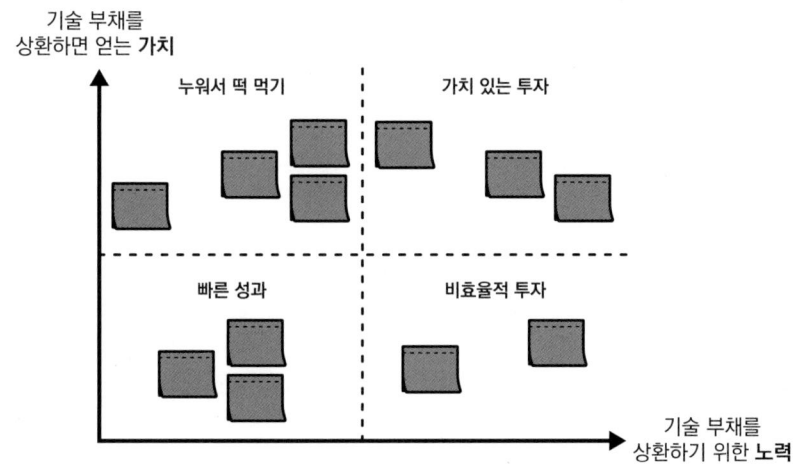

그림 8-10 기술 부채 벽은 부채를 가시화하고 팀이 지속적으로 가장 중요한 부채를 상환하는 데 도움을 줍니다.

경험상, 팀원들에게 며칠 동안 작업 중에 관찰한 문제를 적어달라고 요청하고 이를 모아 기술 부채 벽에 정리하면 새로운 기술 부채 벽을 쉽게 시작할 수 있습니다. 그후, 누구든지 새로운 기술 부채를 발견하거나 생성하면 비동기적으로 벽에 추가해 팀의 인식을 높일 수 있습니다.

실행 측면에서는 필요한 노력이 적은 부채는 향후 관련 스토리 카드에 포함될 수 있습니다. 높은 노력이 필요한 부채는 다른 기능 개발 카드처럼 자체 스토리 카드를 가질 수 있으며, 이에 따라 우선순위가 매겨져 다가오는 스프린트에 추가됩니다(80/20 규칙에 관한 다음 항목을 참조하세요).

시간이 지나면서 이 관행은 팀이 낭비, 즉 이자 지불에 낭비되는 시간을 파악하고 기술 부채를 점진적이고 정기적으로 상환함으로써 낭비를 제거하는 데 도움이 됩니다.

80/20 규칙

많은 팀이 리팩터링에 시간을 할애할지, 기술 부채를 갚을지에 대해 논쟁하는 것을 보았습니다. 우리 경험에 따르면 대략적인 80/20 규칙이 도움이 될 수 있습니다. 각 스토리 카드에 대해 80%의 시간을 기능 제공과 스토리 완료에 집중하고, 20%의 시간을 기술 부채 상환에 투자하면 팀이 지속 가능하고 예측 가능한 속도로 기능을 계속 제공할 수 있습니다.

특정 기술 부채 작업이 많은 노력이 필요하고 가치가 높을 경우, 팀은 스프린트 수준에서 80/20 규칙을 적용할 수 있습니다. 스프린트에 할당된 노력의 80%를 스프린트 목표와 새로운 기능 전달에 집중하고, 20%(일반적으로 카드 한두 개)를 기술 부채를 갚는 데 집중하세요.

이 두 가지 방법 모두 과거에 솔루션 품질을 향상시키는 데 효과적이었습니다. 경험상 빈번하고 반복적인 개선이 며칠 또는 몇 주에 걸친 '대규모 리팩터링'보다 더 나은 결과를 가져왔습니다.

저렴하고 안전하게 해결하기

기술 부채를 다룰 때 우리는 종종 두 가지 시나리오 중 하나에 직면하게 됩니다. 첫 번째는 기술 부채를 상환하는 데 시간이 많이 걸리고 (자동 테스트가 부족하기 때문) 솔루션이 너무 복잡해서 압도당하는 경우입니다. 이 시나리오에서는 팀이 올바른 일을 하고자 하지만('기술 부채 카드'를 생성) 이 카드는 종종 우선순위가 낮은 백로그 카드 무덤 깊숙이 강등되어 다시는 보이지 않게 됩니다. 이는 기술 부채의 악순환을 강화합니다.

두 번째 시나리오에서는 리팩터링이 빠르고 저렴하며 안전합니다. 높은 테스트 커버리지가 리팩터링이 예상대로 작동했음을 알려줍니다. 이 시나리오에서는 '스카우트 규칙'을 쉽게 실천하고 부채를 갚아 나갈 수 있습니다. 기술 부채에 대한 카드가 필요하더라도 오류와 문제 해결에 얽매이지 않고 꾸준히 문제를 해결할 수 있습니다.

예를 들어, 과거 프로젝트에서 코드베이스에 타이틀 표기법titlecased 대신 파이썬 스타일의 스네이크 표기법으로 작성된 속성이 있었습니다. 이 속성은 데이터 수집 파이프라인, 피처 엔지니어링, ML 모델 훈련, ML 모델 API, 몇 가지 테스트 케이스 등 여러 곳에서 참조되었습니다. 하지만 전체 ML 시스템이 높은 테스트 커버리지(단위 테스트, 통합 테스트, 모델 품질 테스트)를 가지고 있었기 때문에 IDE 단축키를 사용해 단 한 시간 만에 이렇게 급격해 보이는 변경을 수행할 수 있었습니다. 리팩터링이 완료되자 모든 테스트가 통과되었고, 우리는 변경 사항을 커밋했으며, CI 파이프라인의 모든 테스트가 통과되어 변경 사항이 문제없이 운영 환경에 배포되었습니다.

기술 부채 상환의 가치 입증하기

기술 부채 작업이 반복적으로 우선순위에서 밀려나는 상황에서는 기술 부채를 줄이는 것의 가치를 정량화하고 입증함으로써 팀이나 의사 결정자에게 행동에 대한 동기를 부여할 수 있습니다. 그 예로, 테스트되지 않은 API 엔드포인트가 있다고 가정해 봅시다. 개발 및 테스트 중 각 풀 리퀘스트가 병합되기 전에 해당 엔드포인트를 수동으로 테스트하는 데 소요되는 시간을 정량화할 수 있습니다. 또는 해당 엔드포인트와 관련된 운영 결함의 수를 매일 또는 매주 세고, 해당 결함을 해결하는 데 소요된 시간을 측정할 수 있습니다.

그리고 기술 부채를 갚으면 수동 테스트에서 절약한 시간, 운영 결함의 감소, 더 빠른 전달 속도 등 팀으로서 얻은 이점을 보여줄 수 있습니다. 이러한 효율성 향상은 정량화될 수 있으며, 기술 부채를 줄이는 데 시간을 투자하는 것이 어떻게 더 생산적인 개발 주기에 직접적으로 기여하는지 보여줄 수 있습니다(80/20 규칙을 기억하세요).

8.3.2 부채에 대한 긍정적인 관점: 시스템 상태 평가

이러한 기술 부채 관리 관행을 개별 팀 수준에서 조직 또는 기업 수준으로 확장하려면 팀이 주요 차원에서 현재 상태를 정기적으로 추적하고 최적이 아닌 영역에서 정기적으로 진전을 이루는 방법을 어느 정도 공식화할 필요가 있습니다.

이와 관련하여 유용한 기법 중 하나는 모든 팀이 간단하고 명확한 RAG(빨강, 주황, 녹색) 분류를 사용하여 소유하고 있는 시스템의 상태를 평가하는 정기적인 시스템 상태 평가systems health rating[48] 연습을 하는 것입니다. 이는 REA 그룹[49]이 선구적으로 도입한 기법으로, 수십 개의 제품 엔지니어링 팀을 관리하고 모범 사례로 이끄는 데 유용하게 활용되고 있습니다.

REA 그룹의 시스템 상태 평가에 관한 문서[50]에 자세히 설명된 대로 평가 차원은 개발, 운영, 아키텍처의 세 가지 범주로 그룹화됩니다. 각 카테고리에는 다음과 같은 세 가지 핵심 질문으로 요약할 수 있는 여러 차원이 포함되어 있습니다.

- **개발**

    코드베이스를 설정하고 이해하며 자신 있게 변경할 수 있나요?

- **운영**

    시스템을 배포하고 이해하며 그 의존성을 파악하고 재해 복구를 처리하며, 설정된 서비스 수준 계약service level agreements(SLA)에 맞춰 성능을 발휘하는지 파악할 수 있나요?

- **아키텍처**

    시스템이 명확하게 정의된 인터페이스를 가진 단일 책임을 캡슐화하고 있나요?

일반적인 개발 과정을 예시로 들면, 쉽게 변경 가능한 소프트웨어는 기능을 빠르게 제공하고 결함이나 취약점에 신속하게 대응할 수 있게 하므로 평가 차원은 시스템의 변경 가능성과 관

---

[48] https://oreil.ly/3qImZ
[49] https://oreil.ly/rTwMq
[50] https://oreil.ly/j3P0E

련이 있습니다. 팀은 다음과 같은 차원에 따라 소유한 각 시스템을 평가합니다.

- 코드 가독성 또는 품질 점수
- 개발 환경 설정 자동화
- 자동 테스트의 존재 여부 및 범위
- 지속적 통합(CI) 파이프라인의 존재 여부와 적용 범위
- 고객, 소비자, 데이터 보호를 위한 적절한 조치
- 디자인 문서와 의사 결정 기록 문서

구글의 〈ML 테스트 점수〉 논문[51]에서도 시간이 지남에 따라 시스템을 측정하고 개선하기 위해 ML 테스트 점수 평가표를 사용하는 유사한 접근 방식에 대해 설명합니다. 이는 전반적인 테스트 견고성에 대한 점수표를 제공하고 팀이 모범 사례를 채택하도록 장려하는 데 큰 성공을 거둔 구글의 테스트 인증 프로그램[52]에서 영감을 얻었습니다.

조직에서 ML 제품을 작업하는 팀을 위한 평가표를 만들어 보세요. 이 책의 사례를 한 페이지 분량으로 요약하여 주요 범주(예 ML, 엔지니어링, 제품, 제공, 데이터)를 다루고, 각 범주(예 엔지니어링)에 대해 건강한 시스템의 차원(예 자동 테스트 커버리지, 개발 환경 설정 자동화)을 나열할 수 있습니다. 시작점으로 [표 8-1]의 평가표 예시를 활용해 보세요.

관련 이해관계자(예 기술 리더, 종사자, 제품 관리자)와 함께 상태 평가표를 공동으로 정의하고 팀에 명확한 목표와 개선 경로를 제시하세요. 간단하게 시작하고 시간이 지나면서 발전시키세요.

---

51 https://oreil.ly/hGTTh
52 https://oreil.ly/nR324

표 8-1 ML 시스템 상태 평가표 예시

구분	정의		
	적색 기대에 크게 못 미침	주황색 부분적으로 기대를 충족함	녹색 기대를 충족함
개발			
자동 테스트	자동 테스트가 없음	일부 자동 테스트가 있지만 커버리지에 격차가 있어 운영 환경 배포 전에 상당한 수동 테스트가 필요함	포괄적인 자동 테스트로 높은 커버리지 달성. 생산 릴리스 전에 최소한의 수동 테스트만 필요하거나 전혀 필요하지 않음
개발 환경 설정 자동화	자동화가 제한적이고 수동으로 개발 환경을 설정하는 데 많은 시간이 소요됨 새로운 기기에서 '첫 푸시까지의 리드 타임'이 일주일 이상 걸림	부분적으로 자동화됨. 설정 과정에 여전히 여러 수동 단계가 포함됨 새로운 기기에서 '첫 푸시까지의 리드 타임'이 하루에서 일주일 사이임	자동화되고 빠르며 일관된 개발 환경 설정 새로운 기기에서 '첫 푸시까지의 리드 타임'이 하루 미만임
CI/CD 파이프라인	CI/CD 파이프라인이 존재할 수 있지만, 테스트가 부족함 테스트되지 않은 버그와 오류가 녹색 빌드 안에 숨겨져 있음	CI/CD 파이프라인이 존재하고 일부 테스트가 있지만, 포괄적인 테스트가 부족해 배포 전후에 수동 품질 게이트가 필요함	CI/CD 파이프라인이 자동 배포 전후에 포괄적인 자동 테스트를 포함함 팀은 언제든지 후보 녹색 빌드를 운영 환경에 배포할 수 있음
코드 품질	자동화된 코드 품질 검사가 없음	자동화된 코드 품질 검사가 존재하지만 주요 문제들이 해결되지 않아 코드 품질 점수가 낮음	자동화된 코드 품질 검사가 존재하며 주요 코드 품질 문제가 해결됨. 코드 품질 점수가 높음
운영			
문서화	문서가 불충분하거나 전혀 없음	문서가 존재하지만 불완전하거나 최신이 아님	문서가 존재하며 조직의 서비스 카탈로그에서 쉽게 찾을 수 있음
모니터링: 서비스 건강 상태 및 알림	모니터링이 없으며, 잠재적인 서비스 오류나 상태 문제에 대한 가시성이 없음	서비스 상태 모니터링 및 알림이 마련되어 있지만, 근본 원인을 해결하지 않고 경고가 자주 발생하고 해제되어 '알림 피로'를 초래함	포괄적인 모니터링이 마련되어 있어, 사전 문제 감지 및 해결이 가능하고 시간이 지남에 따라 알림이 최소화됨

구분	정의		
	적색 기대에 크게 못 미침	주황색 부분적으로 기대를 충족함	녹색 기대를 충족함
로깅	로깅이 불충분하거나 전혀 없어 문제를 해결하기 어려움	일정 수준의 로깅을 제공하지만 문제 해결을 위한 필수 세부 사항이 부족함 분산 시스템의 경우 상관관계 ID가 없어 로그를 여러 분산된 소스에서 수동으로 가져와야 함	구조화된 로그 형식과 조직의 중앙 집중식 로깅 서비스에 지속적으로 저장됨. 로그를 쉽게 검사하고 문제를 해결할 수 있음 분산 시스템의 경우 로그를 쉽게 검색할 수 있음
재해 복구	재해 복구 계획이나 데이터 복제가 없음. 재해 발생 시 데이터가 복구 불가능하게 손실됨	복구 시간 목표 recovery time objective(RTO) 및 복구지점 목표 recovery point objective(RPO)가 정의됨 재해 복구 접근 방식이 식별되었으나 구현되지 않음	재해 복구 계획과 백업이 존재하며 팀이 RTO 및 RPO에 따라 시스템과 데이터를 복구할 수 있음. 빠른 복구가 보장됨
안전한 전달	보안이 고려되지 않음. 전달 과정에서 취약함이 존재함	시스템이 조직의 안전한 전달 및 안전한 아키텍처 관행에 따라 평가되었으며 주요 보안 문제가 식별되었지만 해결되지 않음	시스템이 조직의 안전한 전달 및 안전한 아키텍처 관행에 부합하며 주요 보안 문제가 해결됨
취약점 스캔 및 종속성 업데이트	취약점 스캔이 없으며 소프트웨어 종속성 위험 프로파일이 불명확함	취약점 스캔이 존재하지만 주요 취약점이 해결되지 않음	정기적이고 자동화된 취약점 스캔이 존재하며, 종속성 업데이트를 위한 풀 리퀘스트를 자동으로 생성하는 도구가 있음
데이터 프라이버시	데이터 프라이버시 조치가 충분하지 않거나 불명확하여 민감한 데이터가 노출될 위험이 있으며 규정을 준수하지 않음	관련 데이터 프라이버시 요구 사항에 대한 명확성이 있으며, 조치가 부분적으로 구현됨	강력한 데이터 프라이버시 조치가 마련되어 있으며, 개인 식별 정보가 소스 시스템에서 마스킹되어 로그 같은 다른 시스템과 환경에 전파 및 저장되지 않음
핀옵스 FinOps	팀이 소유한 시스템이나 제품의 총 비용(클라우드 호스팅, 인력, 라이선스 비용 포함)에 대한 가시성이 없음	팀이 수동으로 기술 자산의 구축 및 운영 총 비용을 파악할 수 있음	팀이 조직의 핀옵스 정책을 따르며 클라우드 자원을 일관되게 태깅함 팀의 기술 자산 총 비용이 자동으로 팀에 할당될 수 있으며 분석 가능함

구분	정의		
	적색 기대에 크게 못 미침	주황색 부분적으로 기대를 충족함	녹색 기대를 충족함
아키텍처			
잘 캡슐화된 인터페이스	시스템이 캡슐화 원칙을 위반하고 다른 시스템의 내부 구현 사항에 지나치게 의존하거나 자신의 내부 구현을 너무 많이 드러냄	명확하게 정의된 인터페이스가 존재하지만 여전히 업스트림 및 다운스트림 시스템에 밀접하게 결합되어 있음	시스템이 명확하게 정의된 인터페이스와 함께 잘 캡슐화되어 있으며 단일 책임 또는 비즈니스 운영에 집중함
느슨하게 결합된 아키텍처	시스템의 아키텍처와 책임, 업스트림 및 다운스트림 종속성과 상호작용에 대한 명확한 시각이 없음	다른 시스템에 대한 의존성이 너무 많고 불필요한 런타임 결합이 존재함 하나 이상의 팀에 의존하거나 차단되지 않고는 운영 환경에 변경 사항을 배포할 수 없음	구성 요소가 느슨하게 결합되어 있음 시스템을 소유한 팀이 다른 팀에 의존하지 않고 인터페이스 변경을 배포할 수 있으며, 다운스트림 소비자는 새로운 인터페이스를 자신의 속도에 맞춰 업데이트할 수 있음
오류 처리	시스템은 사전 정의된 시나리오만 처리하며, 예기치 않은 데이터나 시나리오가 주어지면 런타임에 실패함	일부 오류 처리가 존재하지만, 오류 메시지가 최종 사용자가 이해하기에 명확하지 않거나 분명하지 않음	실패 상황에서도 기능이 우아하게 저하되며, 명확하고 이해하기 쉬운 메시지를 제공함

이제 이 장을 마무리하겠습니다.

8.4 결론

많은 팀이 기술 부채와 운영 결함을 쌓아두고 방치하는 실수를 저지릅니다. 이는 결국 생산 라인을 사실상 멈추게 만듭니다. 항상 리팩터링은 너무 어렵고 위험해 보여 백로그에 쌓이기만 하고, 결국 압박-서두름-부채의 악순환을 강화합니다.

이에 많은 팀이 기술 부채에 대해 분석만 하다가 아무것도 하지 않는 '분석 마비' 상태에 빠지기도 합니다. 인간은 현상 유지 편향[53]을 가지기 때문에, 기술 부채에 대해 아무것도 하지 않는 경우가 많습니다. 역설적이게도, 아무것도 하지 않는 것이 결국 기술 부채의 부담을 계속 증가시키는 결과를 낳습니다.

이 악순환을 끊기 위해, 이 장에서 다룬 기술과 원칙을 실제 프로젝트에 적용하여 좋은 것을 쉽게 만들 수 있습니다.

열역학 제2법칙은 우주가 무질서로 향한다고 말합니다. 우리의 코드베이스도 예외가 아닙니다. 우리는 이 장에서 배운 기술들이 여러분이 기술 부채를 효과적으로 관리하고 코드베이스와 시스템을 지속적으로 개선하는 데 도움을 줄 것이라고 믿습니다. 이를 통해 여러분과 팀은 건강한 시스템을 개발하는 리듬과 문화를 형성하고, 가치를 전달하는 속도를 유지할 수 있을 것입니다.

다음 장에서는 MLOps와 ML의 지속적 전달^{CD4ML}에 대해 다룰 것입니다.

---

[53] https://oreil.ly/KH0mh

CHAPTER 9

MLOps와 ML을 위한 지속적 전달(CD4ML)

> 불안이 나타나는 순간이야말로 모든 것이 변화할 수 있는 때입니다.
>
> – 쇠렌 키르케고르^{Søren Kierkegaard}, 『불안의 개념』(한길사, 1999)[01] 저자

오전 10시 36분, 다나는 인프라 기술자인 테드와 함께 몇 달 동안 작업해 온 새로운 모델을 배포하기 위해 협업하고 있습니다. 방 안에는 결단력과 불안이 혼재해 있습니다. 이번에 배포될 모델은 세간의 이목을 끌 수 있을만한 새로운 모델입니다. 그들은 3주 동안 모델을 테스트해 왔지만, 운영 환경 배포는 보통 문제가 많아서 여러 번 재시도해야 했습니다.

배포 스크립트, 구성 파일 및 인프라 구성 요소의 복잡한 거미줄 속을 탐색하면서 다나는 무언가 잘못되었다고 느꼈습니다. 테스트 데이터셋이 운영 환경에서 모델이 보게 될 데이터를 충분히 대표한다고 확신하지 못했습니다. 시스템의 복잡성이 너무 압도적이어서, 어디에서 문제가 발생할지 감을 잡기 어려웠습니다.

오후 12시 45분입니다. 다나와 테드는 10분 전에 마지막 배포 절차를 완료했지만, 경고 메시지가 계속해서 들어오고 있어 뭔가 잘못되었다는 것을 상기시켜 줍니다.

오후 7시 10분, 몇 시간의 문제 해결 끝에 마침내 수정이 배포되었습니다. 다나와 테드는 안도의 한숨을 내쉬며 지친 상태로 집으로 돌아갑니다.

---

01 옮긴이_ 원서는 Sψren Aabye Kierkegaard, 『Begrebet Angest』(Søren Kierkegaard, 1844)이고 번역서는 한길사에서 자체 번역했습니다.

일주일이 지나고 화요일 아침, 다나는 슬랙에서 세 번의 알림 소리를 듣습니다. 오전 8시 45분에 제품 분석 팀의 사라가 온라인 대출 신청이 지난 목요일 배포 이후 44% 감소했다는 메시지를 보냈습니다. 다나는 즉시 테드에게도 메시지를 보내고, 그들은 갑작스러운 감소의 원인을 이해하기 위해 로그를 조사합니다.

철저한 조사 끝에 그들은 모델이 참조하는 주요 정보인 대출 유형이 UI에서 선택사항으로 설정되어 있다는 것을 깨닫습니다. 많은 사용자가 이 세부 사항을 생략하여 새로운 모델이 비합리적인 결과를 반환하게 되었고, 사용자는 중간에 신청을 포기하게 되었습니다.

다나의 마음은 무거워졌습니다. 팀이 몇 달 동안 작업한 중요한 배포가 물거품이 되었다는 것을 깨달았기 때문입니다.

ML 솔루션을 제공할 때 느끼는 불안감은 주시해야 할 유용한 신호입니다. 그 예로, 매번 풀리퀘스트나 운영 환경 배포 때 반복적인 수동 테스트를 하면 지루함을 느낄 수 있습니다. 코드와 데이터를 대규모로 변경하여 두 달에 한 번 운영 환경에 배포할 때는 불안감을 느낄 수 있습니다. 너무 많은 것이 변경되었기 때문에, 이 운영 환경 배포에서 무슨 일이 잘못될지 알 수 없습니다.

이 장에서는 팀이 ML 모델을 신뢰성 있게 반복적으로 개발, 테스트, 배포, 모니터링, 개선할 수 있도록 돕는 두 가지 보완적인 사고방식을 설명합니다. 첫 번째 방식은 여러분도 들어 봤을 MLOps입니다. 두 번째는 CD4ML입니다. 이 용어는 아마 처음 들어볼 수도 있습니다. 그러나 이 장이 끝날 즈음에는 두 개념을 충분히 이해할 수 있을 것입니다. MLOps와 CD4ML을 함께 실천하면 배포 및 운영 환경에서의 실패 위험, 피드백 시간, 인지 부하, 운영 환경에서 모델 운영에 대한 일반적인 스트레스를 줄일 수 있습니다.

MLOps는 빠르게 발전하는 분야입니다. 이 글을 쓰는 시점에도 MLOps 분야에는 20권 이상의 책[02]과 많은 라이브러리 그리고 플랫폼이 존재합니다. MLOps 도구와 실천 방식은 훌륭하게 발전하고 있지만, 우리의 경험에 따르면 이것만으로는 충분하지 않습니다. MLOps 문헌과 종사자들은 인프라, 모델 배포, 모니터링, 도구, 플랫폼 같은 '운영' 구성 요소에 초점

---

[02] https://oreil.ly/NSYF4

을 맞추는 경향이 있지만, 소프트웨어 엔지니어링과 사회문화적 실천의 중요한 측면(예 자동 테스트, 조기 및 빈번한 배포, 트렁크 기반 개발trunk-based development[03], 지속적인 개선)을 소홀히 합니다.

CD4ML 실천은 이러한 후자의 측면을 다루며, 팀이 소프트웨어와 ML 모델의 변경 사항을 지속적으로 테스트하고 품질을 모니터링할 수 있도록 도와줍니다. 코드, 데이터 또는 ML 모델의 변경 사항이 포괄적인 품질 검사를 통과하면 언제든지 운영 환경에 자신 있게 배포할 수 있습니다. 우리의 경험에 따르면, CD4ML은 ML 시스템에서 테스트를 통해 운영 환경 배포 이전과 모니터링을 통해 운영 환경 배포 이후의 문제와 실패를 감지하는 효과적인 위험 관리 메커니즘입니다.

『디지털 트랜스포메이션 엔진』의 연구에 따르면, ML을 위한 지속적 전달(CD4ML)은 조직이 팀에게 가치를 신뢰성 있게 전달하고 시장 변화에 더 민첩하게 대응할 수 있도록 도와 더 나은 기술적 및 비즈니스 성과를 달성하게 합니다. ML 팀에서 CD4ML을 실천할 때, 속도, 대응성, 인지 부하, 만족도, 제품 품질에서 훌륭한 결과[04]를 보였습니다.

이 장에서는 다음 내용을 다룰 것입니다.

- MLOps의 기본 구성 요소 확립
- 팀이 MLOps를 구현할 때 자주 겪는 함정 개요
- 기존 MLOps 문헌을 CD4ML 원칙과 실천으로 보완
- CD4ML이 ML 거버넌스와 책임 있는 AI를 어떻게 지원하는지 탐구

이미 MLOps 기술에 익숙하다면, '9.1.1 MLOps 101' 절을 건너뛰고 바로 MLOps의 문제점 및 CD4ML이 팀이 이러한 문제를 해결하는 데 어떻게 도움이 되는지에 대해서 읽어도 좋습니다. 이제 MLOps의 기초와 팀에서 겪는 일반적인 MLOps 함정에 대해 알아보겠습니다.

---

03 옮긴이_ 개발자가 단일 메인 브랜치(트렁크)에서 코드를 병합하는 소프트웨어 개발 방식입니다.
04 CD4ML은 ML 제품의 전달 속도를 가속화하는 데 도움을 주었습니다. 다음 사례 연구는 더 자세한 내용을 제공합니다. '유연성을 유지하며 빠르게 혁신적인 핀테크 제공(https://oreil.ly/PC7os)', '호주의 가장 정확한 부동산 평가 도구 구축 여정(https://oreil.ly/MsnVj)', '자동차 판매를 촉진하기 위해 데이터 과학에 지속적 전달 적용(https://oreil.ly/2ZF4-)'

9.1 MLOps의 강점과 부족한 퍼즐 조각들

[그림 9-1]에서 볼 수 있는 것처럼, CD4ML은 피드백 루프를 단축하고 ML 시스템의 신뢰성을 향상시키는 일련의 원칙과 실천을 추가하여 MLOps를 잘 보완합니다. 이 절에서는 MLOps에 대해 간략하게 짚고 넘어가고, 모델이 제품으로 가는 과정에서 피드백 메커니즘에 격차가 있음을 시사하는 일반적인 문제점들을 살펴보겠습니다. 다음 절에서는 CD4ML이 이러한 격차를 어떻게 해결하는지 알아보겠습니다.

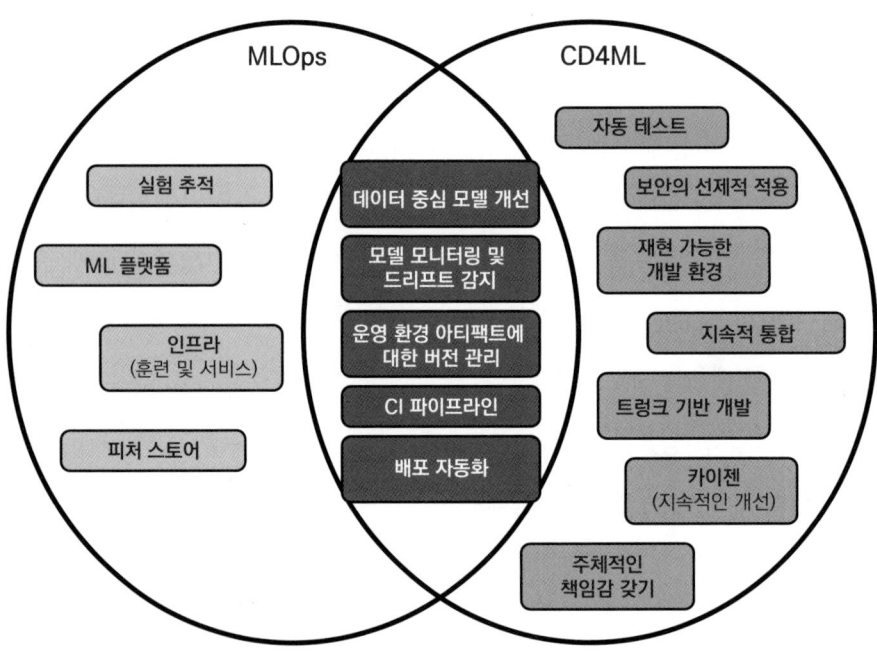

그림 9-1 CD4ML은 피드백 루프를 단축하고 ML 시스템의 신뢰성을 향상시키는 일련의 원칙과 실천을 추가하여 MLOps를 잘 보완합니다.

9.1.1 MLOps 101

MLOps는 ML 모델의 개발, 배포, 관리 과정을 간소화하는 것을 목표로 하는 ML 엔지니어링 문화이자 실천입니다. MLOps를 실천한다는 것은 모델, 데이터, 소프트웨어를 포함한 ML 시스템의 훈련 및 배포에 사용되는 주요 구성 요소를 자동화하고 모니터링하는 것을 의미합니다. 이는 ML, 인프라 엔지니어링, 소프트웨어 엔지니어링, 데이터 엔지니어링 요소를 결합하여 ML 프로젝트를 위한 더 효율적이고 견고한 워크플로를 만드는 학제 간 분야입니다.

MLOps의 기술적 구성 요소를 열거한 많은 기술 문서가 있습니다. 예를 들어, 구글의 'MLOps: ML에서의 지속적 전달 및 자동화 파이프라인',[05] 소트웍스의 'CD4ML 프레임워크',[06] INNOQ의 'MLOps 원칙'[07] 등이 있습니다. 이들은 일반적으로 [그림 9-2]와 같이 지도 훈련 모델을 위한 표준 아키텍처로 수렴합니다.

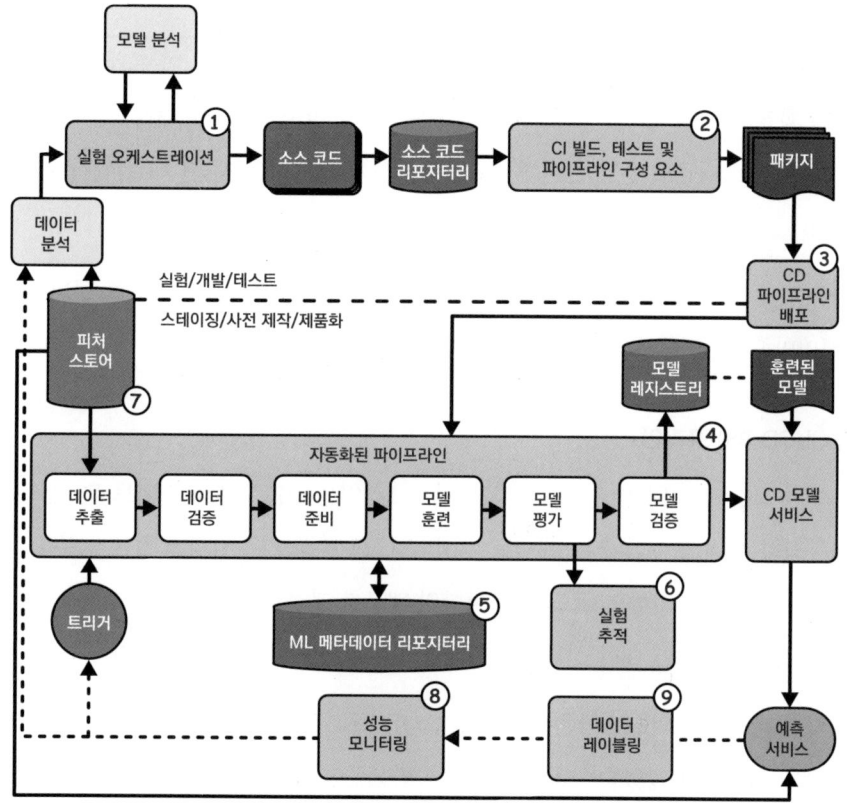

그림 9-2 기술적 구성 요소와 작업 및 워크플로를 포함한 전형적인 MLOps 아키텍처의 도식[08]

---

[05] https://oreil.ly/Z31qn
[06] https://oreil.ly/3t0Vh
[07] https://oreil.ly/HuxKJ
[08] 출처_ Google Cloud의 'MLOps: ML에서 지속적 전달 및 자동화 파이프라인(https://oreil.ly/Z31qn)'에서 가져온 이미지입니다. CC BY 4.0(https://oreil.ly/x-mKJ)의 허락을 받아 사용했습니다.

MLOps 아키텍처의 주요 구성 요소를 살펴보겠습니다.

1. 확장 가능한 훈련 인프라

확장 가능한 훈련 인프라는 ML 모델의 학습 작업에 적합한 크기의 대규모 임시 컴퓨팅 자원을 의미합니다. 여기에는 복잡한 구현 세부 사항과 수백 줄의 YAML 또는 코드형 인프라(IaC) 구성이 포함될 수 있지만, 좋은 ML 플랫폼이나 도구는 이러한 복잡성을 추상화하고 ML 종사자가 훈련 인프라를 조정할 필요 없이 대규모 컴퓨팅 자원을 온디맨드로 쉽게 제공할 수 있도록 합니다.

여기서 중요한 특성은 훈련 인프라의 실험-운영 대칭성입니다. 이는 개발 환경이 실제 운영 환경과 일관되고 유사하도록 보장하는 것을 의미합니다. 이 대칭성은 실험 중에 동작하는 것이 대규모 운영 훈련에서도 동작하도록 보장하며, 문제 해결과 개발을 단순화합니다.

사용할 수 있는 도구로는 메타플로, 레이, 데이터브릭스Databricks, 다양한 클라우드 서비스(아마존 세이지메이커, 애저 ML, 구글 버텍스 AI) 등이 있습니다.

2. CI/CD 파이프라인

지속적 통합 및 지속적 전달(CI/CD) 파이프라인은 ML 모델의 테스트 및 배포 과정을 자동화하는 데 필수입니다. 제대로 수행되면, 모든 코드 푸시의 품질을 검증하고, 이전 테스트가 모두 통과하면 코드 변경 사항의 배포를 자동화합니다. 이를 통해 팀은 시스템의 안정성과 성능에 대한 신뢰를 유지하면서 빠르게 반복할 수 있습니다.

필자가 본 대부분의 ML 팀은 지속적 통합 파이프라인을 가지고 있지만 실제로는 지속적 통합을 실천하지 않았습니다. 5장에서 설명했듯이, 테스트 없는 CI/CD는 모순적입니다. CI/CD 파이프라인이 ML 종사자에게 유용하고 빠른 피드백을 제공하려면, 6장에서 자세히 설명한 지표 테스트 및 동작 테스트와 같은 자동 테스트와 최소한 사전 운영 환경까지의 자동화된 배포를 매 코드 푸시마다 수행해야 합니다.

사용 가능한 도구로는 깃허브 액션, BuildKite, 서클CI^{CircleCI}, TeamCity, 젠킨스^{Jenkins}, 다양한 클라우드 리소스 등이 있습니다.

> **NOTE** 지속적 통합(CI), 지속적 전달(CD), 지속적 배치$^{Continuous\ Deployment}$의 정확한 정의를 살펴보겠습니다.
>
> **지속적 통합**
> 지속적 통합은 개발자들이 코드 변경 사항을 자주 메인 브랜치(트렁크 기반 개발$^{trunk-based\ development}$[09])에 병합하도록 권장하는 실천입니다. 이상적으로는 하루에 여러 번 병합할 것을 추천합니다. 모든 코드 커밋은 자동으로 빌드되고 테스트되어 오류를 빠르게 잡아내고 보고합니다. 이 단계에서는 아무것도 배포되지 않습니다.
>
> **지속적 전달**
> 지속적 전달은 지속적 통합(CI)을 확장하여 코드 변경 사항이 테스트될 뿐만 아니라 운영 릴리스 준비가 되도록 합니다. 배포 가능한 항목(예 ML 모델 서비스)은 사전 운영 환경에 배포되며, 배포 후 테스트가 진행됩니다. 모든 테스트가 이 마지막 단계까지 통과하면, 이 릴리스 후보는 언제든지 운영 환경에 배포될 수 있습니다.
>
> **지속적 배치**
> 지속적 배치는 지속적 전달보다 한 단계 더 나아갑니다. 사전 운영 환경에 배치된 후 배포 후 테스트가 통과하면, 배치 가능한 항목이 자동으로 운영 환경에 배포됩니다. 이 과정에는 사람의 개입이 필요하지 않습니다. 이는 운영 환경에서 발생하는 모든 문제나 실패를 빠르게 잡아내고 수정할 수 있는 성숙한 테스트 및 모니터링 설정이 필요합니다.

3. 배치 자동화

MLOps에서 자동화된 배치는 수동 개입, 인간 오류 및 불일치를 줄이고, 개발 및 배포 과정을 가속화합니다. 이를 통해 팀은 워크플로를 간소화하여 더 효율적이고 신뢰성 있게 만들 수 있습니다.

사용 가능한 도구로는 Seldon, 텐서플로^{TensorFlow} Serving, TorchServe 다양한 클라우드 제공 업체 등이 있습니다.

---

[09] https://oreil.ly/949Mn

4. 모든 것을 '코드로'

MLOps에서 모든 것을 '코드로' 접근 방식을 채택하는 것은 인프라, 구성, 배포 및 모니터링의 모든 측면을 코드로 처리하는 것을 의미합니다. 이 실천은 버전 관리, 재현성, 자동화 및 팀원 간의 협업을 향상시킵니다.

5. 아티팩트 스토어

아티팩트Artifact 스토어는 모델 레지스트리, 컨테이너 레지스트리, 메타데이터 스토어와 같이 ML 수명 주기 동안 생성된 다양한 아티팩트를 저장합니다. 이러한 스토어는 모델, 데이터, 메타데이터와 같은 아티팩트의 추적, 버전 관리 및 검색을 용이하게 합니다. 이를 통해 협업, 추적 가능성, 재현성, 감사 가능성을 프로젝트 전반에 걸쳐 촉진합니다.

사용 가능한 도구로는 메타플로, Zen ML, 다양한 클라우드 제공업체 등이 있습니다.

6. 실험 추적

실험 추적 도구는 ML 종사자가 ML 모델을 반복할 때 실행하는 수많은 실험을 관리하고 비교하는 데 도움을 줍니다. 이러한 도구는 모델 성능 지표, 하이퍼파라미터 및 기타 관련 정보를 추적할 수 있게 하여 변경 사항의 효과에 대한 귀중한 피드백을 제공합니다. 이 피드백은 가장 유망한 모델을 식별하는 데 도움을 주며, 잘 정리된 경우 개발 과정을 가속화할 수 있습니다.

Weights and Biases, MLFlow, AWS SageMaker Experiments 등이 사용 가능한 도구입니다.

7. (데이터 버전 관리를 포함한) 피처 스토어 또는 기능 플랫폼

피처 스토어는 피처 엔지니어링을 위한 중앙 지포지터리 역할을 하여 훈련 및 추론 단계에서 사용되는 전처리된 기능을 저장합니다. 피처 스토어에서의 데이터 버전 관리는 다양한 데이터 버전을 추적하고 관리할 수 있게 하여 ML 모델의 재현성과 일관성을 보장합니다. 피처 스토어를 사용하면 팀은 기능 처리 로직을 여러 곳에서 중복할 필요 없이 프로젝트 전반에 걸쳐 기능을 공유하고 재사용할 수 있습니다.

사용 가능한 도구로는 아마존 세이지메이커 피처 스토어, Feast, Tecton, Feathr 등이 있습니다.

8. 운영 모니터링

6장에서 논의한 바와 같이, 운영 모니터링은 여러 수준에서 이루어질 수 있으며, 이루어져야만 합니다. 첫 번째 수준(서비스 상태)은 웹 API로 배포된 ML 모델에 적용되며, 팀에게 중요한 서비스 수준의 상태 지표(예 HTTP 상태 코드, 오류, 지연 시간)를 모니터링합니다. 모델 서비스는 또한 시스템 동작에 대한 귀중한 통찰을 제공하기 위해 잘 구조화된 로그를 생성해야 합니다.

다음 수준의 모니터링(모델 상태)은 주요 성능 지표, 데이터 드리프트, 모델 저하를 시간에 따라 추적하고 평가하는 것을 포함합니다(모델 드리프트 유형에 대한 정의는 '6.2.2 릴리스 단계에서 데이터 수집 루프를 닫아 학습하기'를 참조하세요). 이를 통해 팀은 실사용 성능을 평가하고 배포된 모델의 잠재적 문제를 식별할 수 있습니다. 모델의 실사용 성능을 모니터링하려면, 운영 환경에서 모델이 만든 새로운 예측에 새로운 레이블을 추가해야 합니다. 관련 내용은 다음 절에서 더 자세히 짚고 넘어가겠습니다.

모니터링의 최종 단계(비즈니스 건강)는 ML 모델과 관련된 비즈니스 지표를 추적하는 것을 포함합니다. 이는 ML 모델이 영향을 미치려는 특정 결과에 따라 다르지만, 사용자 참여, 판매, 전환율, 구독자 수와 같은 지표가 포함될 수 있습니다.

사용할 수 있는 도구로는 Alibi Detect, Evidently, Giskard, NannyML, 뉴 렐릭[New Relic], 스플렁크[Splunk] 및 다양한 클라우드 제공업체가 있습니다.

9. 확장 가능한 데이터 레이블링 메커니즘

MLOps 스택의 최종적이고 아마도 가장 중요한 구성 요소는 확장 가능한 데이터 레이블링 메커니즘입니다. 여기서 확장 가능하다는 것은 사용자와의 상호작용, 전문가 판단, 자연적인 레이블 등을 많은 데이터 포인트에 적용하거나 모델 성능에 가장 중요한 데이터 포인트에 적용할 수 있는 기술을 의미합니다. 이는 모든 포인트를 개별적으로, 무차별적으로 레이블링하는 대신, 데이터 중심의 모델 개선을 가능하게 하고 팀이 더 나은 데이터로 정기적으로 모델을 재훈련하여 변화무쌍한 세계에 대응할 수 있게 합니다.

주요 도전 과제는 팀이 대량의 데이터를 레이블링할 때 병목 현상을 자주 겪는다는 점입니다. 이는 지루하고 시간이 많이 소요되며 노동 집약적인 작업입니다. 능동 학습과 표현 학습 외에도, 이 문제를 해결하는 데 효과적인 기술 중 하나는 약한 지도weak supervision[10]입니다. 이는 수작업 레이블링에 비해 주석 시간을 10배에서 100배까지 줄일 수 있어 팀이 대규모 레이블링 데이터셋을 빠르게 생성할 수 있게 합니다.

사용할 수 있는 도구로는 스노클Snorkel, Cleanlab 그리고 다양한 클라우드 제공업체가 있습니다.

> **ML 플랫폼 평가 가이드**
>
> 최근 몇 년 동안 MLOps 환경은 빠르게 변화하고 있으며, 다양한 도구들이 등장하고 있습니다. 일부 도구는 모델 훈련, 배포, 모니터링, 데이터 관리 등 특정 영역에 특화되어 있는 반면, 아마존 세이지메이커, 구글 버텍스 AI, 애저 ML과 같은 ML 플랫폼은 모든 기능을 하나로 통합하고 있습니다.
>
> 자연스럽게, ML 종사자들은 다음과 같은 질문을 마주하게 됩니다. '수많은 플랫폼 중에서 어떻게 최적의 플랫폼을 선택할 수 있을까요?', '내가 해결하려는 문제에 적합한 플랫폼은 무엇일까요?', 'ML 플랫폼이 정말 필요한가?', '우리 팀이 적절한 ML 플랫폼을 갖추지 않았을 때 어떤 비용을 지불하게 되는가?'
>
> 팀이 필요에 맞는 적절한 ML 플랫폼을 식별하는 데 도움이 되는 고려 사항과 파라미터를 제시하는 훌륭한 리소스들이 있습니다. 그중 하나는 다양한 팀에서 사용한 바 있는 벤더 독립적인 리소스인 'ML 플랫폼 평가 가이드'[11]입니다.
>
> 플랫폼에 대해 이야기하는 김에, '플랫폼'이라는 단어는 사람마다 다르게 해석될 수 있는 모호한 단어 중 하나입니다. 명확하게 정의하는 것이 팀이 좋은 플랫폼과 그렇지 않은 플랫폼을 구분하고, 다음 단계의 ML 성숙도 여정에서 어떤 플랫폼이 적합한지 식별하는 데 도움이 됩니다.
>
> 에반 보처Evan Bottcher는 실용적인 플랫폼을 '디지털 플랫폼은 자가 서비스 API, 도구, 서비스, 지식 및 지원의 기초로, 매력적인 제품으로 구성되며, 실용적인 플랫폼은 여러 자율적인 전달 팀이 팀 간 의존성과 조정을 줄이면서 더 높은 속도로 제품 기능을 제공할 수 있도록 하는 것이다'[12]라고 정의했습니다.

---

[10] https://oreil.ly/yNoND
[11] https://oreil.ly/6nov4
[12] https://oreil.ly/MhC3P

> 팀이 도구를 반복적으로 재개발하거나(예 모델 훈련, 배포, 모니터링 또는 데이터 관리 및 레이블링) 대규모 훈련 인프라의 임시 프로비저닝과 디프로비저닝 같은 반복적이고 차별화되지 않은 작업을 하고 있다면, 적절한 ML 플랫폼을 찾을 때일 수 있습니다. 또는 이미 ML 플랫폼을 가지고 있지만 팀이 더 높은 속도로 제품 기능을 제공하는 데 도움이 되지 않는다면, ML 플랫폼을 재평가할 가치가 있을 것입니다. 11장에서 ML 플랫폼의 조직적 역할과 주요 구현 고려 사항을 더 자세히 탐구할 것입니다.

이제 MLOps의 기본 구성 요소를 다루었으니, 팀들이 MLOps 도구와 실천 방안을 구현할 때 저지르는 일반적인 실수들을 살펴보겠습니다.

9.1.2 스멜: 우리가 무언가를 놓쳤다는 힌트

10,000피트 상공에서 본 MLOps의 전경은 논리적이고 간단해 보이지만, 실제로 ML 시스템을 구축하는 팀들은 종종 많은 움직이는 구조물로 복잡한 지형에 빠지게 됩니다.

각 MLOps 구성 요소가 여정의 경유지라면, 팀들은 중요한 경유지를 완전히 놓치거나(예 확장 가능한 데이터 레이블링 메커니즘이 없음), 올바른 경유지에 도착했지만 그곳에서 해야 할 일을 놓치는 경우가 있습니다(예 자동 테스트 없이 CI/CD 파이프라인 구현). 이러한 간과는 운영 환경에서 모델 품질 문제를 초래하고, 실험과 모델 개선을 지연시키는 불필요한 마찰을 유발할 수 있습니다.

이 절에서는 7장에서 소개한 '스멜' 개념(즉, 더 깊은 문제를 시사하는 신호)을 사용하여 팀들이 MLOps 실천 방안을 적용할 때 흔히 저지르는 실수들을 설명하겠습니다. 이는 다음 절에서 CD4ML이 MLOps를 어떻게 보완하고 팀이 이러한 문제를 극복할 수 있도록 돕는지 탐구하는 데 기반이 됩니다.

MLOps 스멜 1: 테스트가 없는 CI/CD 파이프라인

6장에서 언급했듯이, 테스트가 없는 CI/CD 파이프라인은 모순적인 용어입니다. 자동 테스트 없이 어떻게 코드를 메인 브랜치에 지속적으로 통합(CI)할 수 있을까요? 하지만 이러한 스멜을 가진 팀들을 종종 목격할 수 있습니다. 이는 아마도 ML 엔지니어는 CI 파이프라인을 설정하는 방법을 알고 데이터 과학자는 모델을 훈련하고 평가하는 방법을 알고 있지만, 모든 팀이 이 두 가지 실천 방안을 연결하여 모델 평가 절차를 자동화하는 방법을 아직 모색하지 않았기 때문일 것입니다.

이로 발생하는 결과는 다양합니다. 첫째, 버그와 오류가 코드베이스에 쉽게 침투하고 심지어 운영 환경에도 반영됩니다. 둘째, 오류를 테스트하거나 수정하는 데 상당한 시간이 낭비됩니다. 셋째, CI/CD 파이프라인의 다른 부분을 최적화해서 30초 내 모델 배포가 가능하게 하더라도, 수동 테스트에 몇 시간이 걸리거나 테스트 자체에 병목이 생겨서 테스트와 품질 보증 단계가 며칠 혹은 몇 주 이상 소요되게 됩니다.

넷째, 마지막으로 자동화된 품질 검사가 없기 때문에 메인 브랜치에서 기능 브랜치로 넘어가게 되는데, 그 이유는 아무도 (i) 실수로 결함이나 문제를 메인 브랜치에 커밋하거나 (ii) 모든 커밋을 수동으로 종합적으로 테스트하고 싶지 않기 때문입니다. 경험상 이러한 지연된 통합(앞서 정의한 메인 브랜치에 대한 지속적 통합과는 반대의 개념)은 팀원들이 며칠 또는 몇 주간의 작업 끝에 마침내 브랜치를 병합할 때 종종 병합 충돌을 일으킵니다. 병합 충돌을 좋아하고 병합 충돌을 해결하기 위해 불필요하게 시간과 인지적 노력을 낭비하는 사람을 단 한 명도 만나본 적이 없습니다.

MLOps 스멜 2: 드문 사전 제작 및 운영 환경으로의 모델 배포

드문 사전 제작 및 운영 환경으로의 모델 배포는 팀이 변경 사항(코드, 데이터, 모델)의 신뢰성과 품질에 자신이 없다는 것을 시사합니다.

드문 배포는 배포 실패의 가능성을 증가시킵니다. 예를 들어, 4주마다 100개의 커밋을 배포하는 것(예 사전 운영 환경으로)과 매일 다섯 개의 커밋을 배포하는 것은 순 커밋 수가 같더라도 매우 다릅니다. 첫 번째 시나리오에서 배포가 실패하면 100개의 잠재적 원인이 있고, 이들 사이의 4,950개의 상호작용을 디버깅해야 합니다. 이는 다섯 개의 커밋 그리고 열 개의 상호작용을 디버깅하는 것보다 훨씬 어렵습니다. 이는 운영 환경과 사전 운영 환경 모두에 해당합니다.

작은 배치 크기의 가치는 여기 있습니다. 데이비드 팔리David Farley와 제즈 험블Jez Humble은 그들이 쓴 저서[13]에서 이렇게 표현했습니다. "결함을 일찍 발견할수록 수정 비용이 싸다." 작은 배치 크기는 결함을 더 일찍 발견할 수 있게 합니다. 또한 드문 배포는 팀이 사용자 피드백에 대응하거나 문제를 수정하거나 새로운 기능을 도입하는 능력을 저해할 수 있으며, 궁극적으로 팀과 ML 제품의 전반적인 대응 능력에 영향을 미칩니다.

MLOps 스멜 3: 운영 데이터의 낭비

팀들은 종종 ML 모델을 개선하는 데 사용될 수 있는 모델의 운영 데이터(사용자의 요청이나 예측 등)를 폐기합니다. 이는 적절한 데이터 수집, 처리 및 레이블링 메커니즘이 부족하기 때문에 발생할 수 있습니다. 그 결과, 팀은 ML 시스템의 성능을 향상시킬 수 있는 귀중한 피드백 메커니즘을 버리게 됩니다.

운영 환경에서 생성된 새로운 데이터를 후속 훈련에 활용하지 않으면 모델이 시간이 지남에 따라 사용자 행동의 변화, 환경의 변화, 새로운 트렌드를 반영하지 못해서 구식이 되거나 정확도가 떨어질 수 있습니다. 또한 팀이 모델의 잠재적인 문제나 편향을 식별하고 해결하는 능력을 저해할 수 있으며, 이는 실제 환경에서 ML 제품의 사용자 경험에 부정적인 영향을 미칩니다.

반면, 팀이 데이터 수집 루프를 닫도록 ML 시스템을 설계하면 플라이휠 효과flywheel effect[14]를 생성합니다. 모델의 사용이 증가할수록 더 많은 데이터가 생성되고, 이는 모델의 추가 정교화 및 개선으로 이어집니다.

MLOps 스멜 4: X는 다른 팀의 책임

"배포, 통합, 고객 경험, 보안과 같은 기능 X는 다른 팀의 책임이다"라는 말을 듣게 되면, 이

---

[13] 『Continuous Delivery, 1st ed.』(Addison-Wesley Professional, 2010)
[14] https://oreil.ly/h-h6l

는 보통 더 깊은 근본적인 문제들을 시사하는 신호입니다. 첫 번째 문제는 팀 구조와 관련이 있습니다. 팀이 제대로 구성되지 않았고, 배포, 통합, 고객 경험, 보안과 같은 중요한 역량이 부족합니다. 빠르게 움직이려면, 팀은 이러한 핵심 역량을 갖추고 있거나, 보안과 같은 횡단적인 역량을 위한 지원 팀의 도움을 받아야 합니다. 이는 11장에서 더 자세히 탐구할 것입니다. 이렇게 하면 팀이 다른 팀에 의존하지 않고 자율적으로 운영할 수 있습니다.

두 번째 문제는 문화와 관련이 있습니다. 'X는 다른 사람의 문제다'라는 사고방식입니다. 우리는 종종 팀 간 경계에서 '다른 사람의 문제'라는 사고방식을 감지하는데, 이는 구조와 문화 두 가지 문제가 상호 강화되는 경우가 많다는 것을 나타냅니다. 이 사고방식은 협업을 저해하고, 문제를 해결하지 않은 채로 남겨두는 환경을 조성하여 비효율적인 MLOps 프로세스를 초래하고, ML 모델의 품질과 신뢰성을 저하시킬 수 있습니다. 이는 DevOps 사고방식과 상반됩니다. DevOps는 [그림 9-3]에서 보는 것처럼 개발과 운영 간의 벽을 허물고, 이제는 ML과 운영 간의 벽을 허물어 ML 전문가와 운영 전문가가 어려운 문제(예 ML 모델의 자동화된 품질 보증)를 해결하고 신뢰할 수 있는 ML 시스템을 제품화하는 것을 목표로 합니다.

이 시점에서 여러분은 MLOps의 기본 원칙을 이해하고, 이 네 가지 MLOps의 격차(자동 테스트의 부족, 드문 배포, 낭비되는 운영 데이터 그리고 '다른 사람의 문제')를 보았고, 아마도 공감했을 것입니다. 이제 지속적 전달(CD)의 원칙과 실천 방법이 MLOps를 어떻게 보완하고 이러한 문제를 완화하여 팀이 신뢰할 수 있는 제품을 제공하는 데 도움을 주는지 살펴보겠습니다.

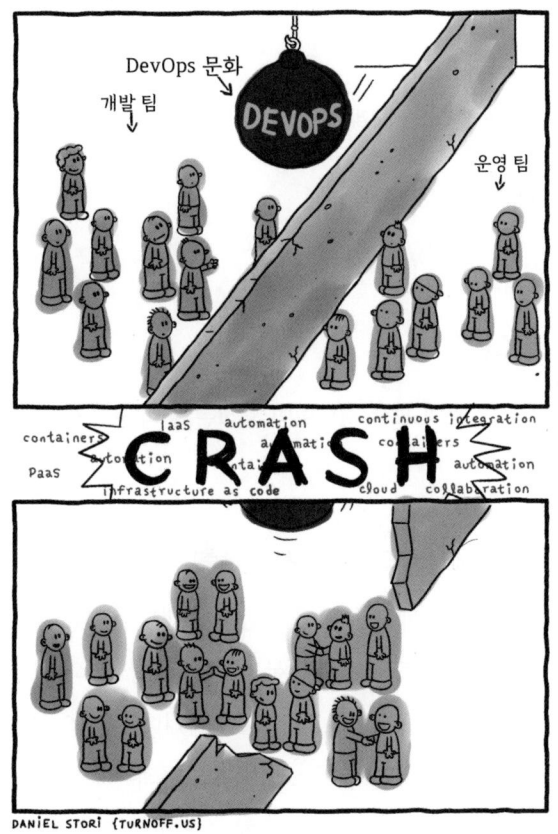

그림 9-3 DevOps 문화는 개발 팀과 운영 팀 간의 분열을 허물고자 합니다.[15]

9.2 ML을 위한 지속적 전달(CD4ML)

새로운 모델, 새로운 기능, 버그 수정 등을 포함한 모든 유형의 변경 사항을 안전하고 빠르며 신뢰할 수 있게 운영 환경에 배포하고 사용자에게 전달할 수 있는 방법이 있다고 한다면 어떨까요? 바로 지속적 전달(CD)이 이를 가능하게 합니다.

이 절에서는 다음 내용을 다룰 것입니다.

---

[15] 출처_ '데브옵스는 역할이 아니다(DevOps Is Not a Role)'의 저자 다니엘 스토리(https://oreil.ly/CH_Q8)와 CC BY-NC-SA 4.0(https://oreil.ly/-MSwI)의 라이선스를 받아 실었습니다.

- CD4ML의 이점(왜)
- CD의 원칙(무엇)
- CD4ML의 실천 방법 및 구성 요소(어떻게)

먼저 '왜'에 대해 깊이 파고들어 보겠습니다.

9.2.1 CD4ML의 이점

CD4ML을 완전히 실천하면 거의 모든 ML 팀이 원하는 결과를 얻을 수 있습니다. 세 가지 주요 이점을 살펴보겠습니다.

짧은 주기 시간(아이디어에서 배포까지의 시간 단축)

CD4ML은 더 빠른 개발 및 배포 주기를 가능하게 합니다. ML 모델을 구축, 테스트 및 배포하는 과정이 자동화됨으로써 팀은 반복적인 수동 테스트와 같은 지루하고 차별화되지 않은 작업에 필요한 시간과 노력을 줄일 수 있습니다. 필자의 경험에 따르면, 이는 모든 종류의 변경 사항에 대한 시장 릴리스 시간을 단축하는 데 도움이 되었으며, 팀이 변화하는 비즈니스 요구나 시장 상황에 신속하게 대응할 수 있게 했습니다.

낮은 결함률

CD4ML의 또 다른 장점은 모델 품질과 성능의 향상입니다. 제품으로 가는 경로의 각 단계에서 포괄적인 자동 테스트(5장과 6장 참고)를 통해 ML 팀은 배포 전에 모델의 문제나 버그를 신속하게 감지하고 수정할 수 있습니다. 이를 통해 ML 애플리케이션의 품질과 신뢰성을 보장할 수 있습니다. 또한 운영 환경에서 모델 성능을 모니터링하는 실천 방법은 모델 품질의 저하를 실시간으로 감지하고 필요한 업데이트나 재훈련을 할 수 있게 합니다.

CD4ML은 팀이 '빠르게 실패하고 크게 실패할' 수 있게 합니다. 테스트나 모니터링을 통해 문제를 감지하는 능력은 ML 시스템에서 특히 중요합니다. 일반적인 소프트웨어 애플리케이션과 달리, ML 모델은 조용한 오류에 취약하기 때문입니다. 이러한 오류는 시스템을 즉시 중단시키거나 눈에 띄는 실패를 일으키지 않을 수 있지만, 잘못된 예측을 초래하여 사용자 경험에 부정적인 영향을 미칠 수 있습니다. 그 결과, 사용자가 운영 환경에서 품질 문제를 감지하고 경험하게 되며, 팀이 문제를 감지하고 해결할 때까지 오랜 시간 동안 지속될 수 있습니다.

▪── 더 빠른 복구 시간(운영 환경에서 문제가 발생할 경우)

작고 빈번한 배포 실천을 채택함으로써, 팀은 문제를 더 쉽게 분류하고 해결할 수 있습니다. 자동화되고 간소화된 배포 프로세스를 통해 이전 안정 버전으로 롤백하거나 변경 사항을 배포하는 것이 더 쉬워지며, 이는 다운타임과 사용자 경험 또는 조직의 평판에 미치는 잠재적 피해를 최소화합니다.

> **NOTE** 『디지털 트랜스포메이션 엔진』에서 저자들은 소프트웨어 개발 실천 방안에 대한 4년간의 연구 결과를 통해 '고성능 기술 조직을 비즈니스 및 재무 성과가 낮은 조직과 구분 짓는 요소와 실천 방안은 무엇인가?'라는 질문에 답하고자 했습니다.
>
> 저자들은 수천 개의 조직에서 수집한 데이터를 바탕으로 소프트웨어 전달의 우수성을 이끄는 주요 실천 방안을 강조합니다. 주요 발견 중 하나는 소프트웨어 전달 성과를 통계적으로 유의미하게 향상시키는 24개의 주요 역량[16]입니다. 이 24개의 역량은 다섯 가지 카테고리로 그룹화할 수 있습니다.
>
> - 지속적 전달(이번 장에서 중요하게 다루고 있는 개념)
> - 아키텍처
> - 제품 및 프로세스(2장 참조)
> - 린 매니지먼트 및 모니터링(11장 참조)
> - 문화(10장 및 11장 참조)
>
> 이 글을 쓰는 시점에서 해당 연구는 아직 ML 팀에도 유효한지 확인되지 않았지만, ML 솔루션을 제공하기 위해 여러 팀과 함께 작업한 필자의 경험은 저자들의 결론을 뒷받침합니다.

---

[16] https://oreil.ly/BJhd7

9.2.2 지속적 전달 원칙에 대한 소개

이제 CD4ML의 이점을 살펴봤으니, 지속적 전달 실천을 이끄는 핵심 원칙을 탐구해 봅시다. 지속적 전달의 중심에는 다섯 가지 원칙[17]이 있습니다.

원칙 1. 제품에 품질을 내재화하기

문제와 결함을 도입 즉시 발견하면 해결 비용이 훨씬 저렴합니다. 수동 테스트와 같은 검수 방법으로 나중에 결함을 발견하는 것은 시간 소모가 크고 상당한 분류 노력이 필요합니다. 린 개척자 에드워드 데밍Edward Deming이 '경영을 위한 14가지 원칙'[18]에서 말했듯이 '품질을 달성하기 위해 검사에 의존하는 것을 중단해야 합니다. 처음부터 제품에 품질을 내재화하여 대량 검사의 필요성을 제거해야 합니다.'

가능하면 자동 테스트를 실행하여 결함이 커밋되기 전에 감지해야 합니다. ML의 경우, 소프트웨어, ML 모델 및 데이터에 대한 자동 테스트를 작성함으로써 이를 달성할 수 있습니다. ML 종사자가 확장 가능한 일시적 인프라에서 필요에 따라 모델을 훈련하고 그 후 테스트를 실행할 수 있는 ML 플랫폼을 갖추면, 코드가 제대로 작동하는지 확인하기 위해 커밋하고 푸시할 필요가 없습니다.

문제가 발생하자마자 이를 감지하고 해결할 수 있는 메커니즘을 만들면 팀은 노력을 절약하고 솔루션을 만들고 고장 난 부분을 수정하는 사이의 맥락 전환을 줄일 수 있습니다. 2장에서 우리는 더 나아가 코드 한 줄을 작성하기 전에 요구 사항에서 결함을 잡는 방법을 소개했습니다.

원칙 2. 작은 배치로 작업하기

1990년대부터 2010년대 초반까지는 소프트웨어가 여러 팀(비즈니스 분석 팀에서 아키텍트 팀, 개발 팀, 테스터 팀 그리고 운영 팀)을 거쳐 배포되는 것이 일반적이었습니다. 이 경우 배치 크기는 매우 컸고, 보통 몇 주 또는 몇 달 동안 작업한 후에야 배포가 이루어졌

---

[17] https://oreil.ly/W-AXL
[18] https://oreil.ly/JsKu9

습니다. 그리고 이러한 현상은 오늘날 일부 ML 팀에서도 반복되고 있습니다.

2010년경에 지속적 전달이 도입되면서 팀은 더 작은 배치 크기로 작업을 배포할 수 있게 되었습니다. 작은 배치로 작업하면 피드백 시간을 줄이고 인지 부하를 줄이며 문제 분류와 해결이 더 쉬워지고 효율성과 진행 감각이 향상되는 등 많은 이점이 있습니다.

제품화 과정에서 우리는 여러 품질 게이트를 설치하여 변경 사항의 품질에 대한 신속하고 포괄적인 피드백을 받을 수 있습니다. ML 맥락에서 품질 게이트는 (소프트웨어, 데이터, 모델에 대한) 자동 테스트, 사전 운영 환경으로의 배포, 배포 후 테스트, 6장에서 설명한 기타 적합성 기능을 포함합니다. 포괄적인 품질 게이트가 존재할 때, 우리는 코드 변경 또는 예약된 훈련 실행으로 발생하는 모든 녹색 빌드를 자신 있게 배포할 수 있습니다.

원칙 3. 자동화: 컴퓨터는 반복 작업을 수행하고, 사람은 문제를 해결하기

자동화는 ML 솔루션을 전달하는 과정을 간소화하고 최적화하는 데 중요한 요소입니다. 린팅, 테스트 및 코드 배포와 같은 반복 작업을 자동화함으로써 팀은 수동 개입의 필요성을 줄이고 그에 따른 인간 오류를 줄일 수 있습니다. 이는 효율성과 신뢰성을 크게 향상시킵니다.

자동화된 프로세스는 피드백 루프도 단축시켜 개발자가 문제를 더 빨리 식별하고 수정할 수 있게 합니다. 이를 통해 팀은 지루한 작업에 얽매이지 않고 더 높은 수준의 문제 해결과 혁신에 집중할 수 있습니다.

원칙 4. 지속적인 개선을 끊임없이 추구하기

1장에서 언급했듯이 지속적인 개선(혹은 일본어로 카이젠)은 린의 다섯 가지 원칙 중 하나입니다. 카이젠의 목표는 조직과 팀이 낭비를 식별하고 제거하여 가치 흐름을 개선하는 것입니다.

우리의 경험에 따르면, 실용적으로 집단적 지속 개선을 추구하는 팀의 사고방식과 행동이 형식적인 회의(예 회고, 기술 부채 논의, 스탠드업)보다 더 중요합니다. 카이젠 사고방식이 없다면, 개선을 위한 제안들은 다른 우선순위에 밀려 계속 미뤄지게 되고, 팀원들은 결국 개선을 위한 노력을 포기하게 됩니다.

▸ 원칙 5. 주체적인 책임감 갖기

뛰어난 성능을 내는 ML 팀에서는 '누군가의 문제'라는 개념이 없습니다. 반면 낮은 성과를 내는 팀은 '배포 가능성은 내 문제가 아니다' 혹은 '보안은 우리 팀의 문제가 아니므로 이 취약한 종속성 경고에 대해 걱정할 필요가 없다'는 등의 태도를 보이는 경우가 많습니다.

올바른 일을 하려는 의지와 열망이 중요하지만, 적절한 역량 지원이 없으면 개인과 팀은 금방 지치고 희망을 잃을 수 있습니다. 구조와 문화가 상호 강화된다는 우리의 이전 포인트를 기억하십시오. 우리는 적절한 팀 구조(예 크로스 기능 팀)를 사용하여 신뢰할 수 있는 ML 솔루션을 개발하고 배포하는 관행과 문화를 구축할 수 있습니다. 데이터 과학자, ML 엔지니어, 데이터 엔지니어, 플랫폼 엔지니어, 제품 소유자, 보안 전문가, 도메인 전문가 등 ML과 관련된 모든 직군이 협력하여 각 팀이나 부서의 이득을 위해 최적화하는 것이 아니라, 신뢰할 수 있는 전체적인 ML 솔루션을 제공하는 데 집중해야 합니다.

지속적 전달의 다섯 가지 원칙을 파악했으니, 이제 각 원칙을 실천하는 방법을 탐구해 봅시다. 이러한 실천 방법들은 ML 팀이 신뢰할 수 있는 ML 솔루션을 조기에 자주 배포하고 지속적 전달의 혜택을 누릴 수 있도록 도와줍니다.

9.2.3 CD4ML의 구성 요소: 운영 준비가 완료된 ML 시스템 구축

이 절에서는 팀이 ML 모델을 제공할 때 낭비를 줄이고 흐름을 개선하는 데 도움이 되는 CI/CD 실천 방법을 설명합니다. 간단하게 요점만을 원한다면 [표 9-1]에서 이러한 실천 방법에 대한 개요를 확인할 수 있습니다.

표 9-1 ML 팀을 위한 실천 방법을 지속적 전달 원칙과 매칭하기

지속적 전달 원칙	ML 팀에서 실천 가능한 방법
1. 제품에 품질을 내재화하기	1.1 자동 테스트 1.2 보안을 앞 단계로 이동
2. 작은 배치로 작업하기	2.1 모든 운영 환경 아티팩트에 버전 관리 사용하기 2.2 페어 프로그래밍 실천하기 2.3 지속적 통합 구현하기 2.4 트렁크 기반 개발 적용하기
3. 자동화 – 컴퓨터는 반복 작업을 수행하고, 사람은 문제를 해결하기	3.1 모델 개발을 위한 재현 가능한 개발 환경 만들기 3.2 배포 자동화하기(최소한 사전 운영 환경까지) 3.3 운영 환경에서 모니터링하기
4. 지속적인 개선을 끊임없이 추구하기	4.1 카이젠 실천하기(개선 기회를 식별하고 행동으로 옮기기)
5. 주체적인 책임감 갖기	5. 조직에 적합한 팀 토폴로지 채택하기

제품에 품질을 내재화하기

팀이 ML 솔루션에 품질을 내재화하는 데 도움이 되는 실천 방법을 살펴보겠습니다.

자동 테스트   우리는 5장과 6장에서 ML 시스템 테스트의 이유, 내용, 방법에 대해 자세히 다루었습니다. 중요한 점은 포괄적인 자동 테스트 없이는 팀이 지속적 통합과 지속적 전달을 실천할 수 없다는 것입니다(이유에 대해서는 9.2.3 내의 '지속적 통합으로 구현하세요'에서 자세히 설명합니다).

모든 코드 푸시나 모델 훈련 실행 시 자동으로 실행되는 테스트가 없다면 ML 종사자는 회귀 테스트의 부담을 떠안아야 합니다. 이는 코드 변경을 메인 브랜치에 병합하거나 모델을 운영 환경에 배포하기 전에 종사자의 에너지를 빼앗게 됩니다. 만약, 자동 테스트를 사용하지 않는다면, 팀은 결함을 코드베이스와 운영 환경에 도입할 위험을 감수하게 되며, 결함이 발견될 때마다 이를 수정해야 합니다. 앞서 논의한 바와 같이, 이러한 문제를 조기에 포착하는 것이 포괄적인 자동 테스트를 통해 훨씬 더 비용 효율적입니다.

보안을 앞 단계로 이동　　보안을 앞 단계로 이동한다는 것은 보안 조치를 ML 개발 프로세스 초기에 그리고 전체 과정에 걸쳐 통합하는 것을 의미합니다. 이를 단순히 배포 전의 마지막 점검으로 고려하는 것이 아니라, 사전에 취하는 접근 방식입니다. 이러한 사전 대응 접근 방식은 팀이 취약점과 보안 문제를 시스템에 깊이 뿌리내리기 전에 예방하고 방어할 수 있도록 도와줍니다. 이는 나중에 더 비용이 많이 들고 해결하기 어려워지는 것을 방지합니다.

이를 실천하기 위해, 아래와 같은 방법을 활용할 수 있습니다.

- ML 솔루션의 보안 검토와 위협 모델링[19]을 수행하고 정보 보안InfoSec 팀을 설계 및 전달 과정 초기에 참여시키기
- 적대적 공격이나 데이터 중독과 같은 ML 모델의 실패[20]를 검토하고 식별 및 완화하기
- 무단 사용을 방지하기 위한 접근 제어 설정하기
- 취약한 종속성의 감지 및 업데이트를 자동화하기(4장 참조)
- 지속적 통합 파이프라인의 자동 테스트의 일부로 자동화된 보안 테스트[21] 포함하기
- 보안 챔피언security champion[22]을 두어 조직의 보안 기능을 지원하기

ML 방법론 외에 데이터에 대해서도 중요한 보안 실천 방법이 있습니다.

- 데이터 프라이버시 측면에서, 팀은 개인 식별 정보(PII)를 익명화하여 접근 위험을 방지해야 합니다.
- 데이터 보안 측면에서, 팀은 운영 데이터에 대해 암호화 및 접근 제어를 설정해야 합니다.

초기에 보안 조치를 구현하면 나중에 발생할 수 있는 비용이 많이 들고 피해를 입힐 수 있는 보안 침해를 예방할 수 있습니다. ML 시스템을 보호하는 것은 정적인 목표가 아닙니다. 악의적인 행위자가 ML을 손상시키는 새로운 방법[23]을 찾음에 따라, 팀은 사이버 보안,[24]

---

[19] https://oreil.ly/0p1V_
[20] https://oreil.ly/gFDG1
[21] https://oreil.ly/TK7xZ
[22] https://oreil.ly/BX9Ry
[23] https://oreil.ly/Edc3M
[24] https://oreil.ly/eRHR1

MLSecOps,[25] DevSecOps[26] 커뮤니티의 최신 권장 사항을 지속적으로 업데이트해야 합니다.

작은 배치로 작업하기

이전 절에서 설명한 바와 같이, 작은 배치로 작업하는 것은 여러 이점을 제공합니다. 피드백 시간 단축, 인지 부하 감소, 문제 분류 및 해결의 용이성, 효율성 향상 및 진행 상황에 대한 감각이 포함됩니다.

적절한 작업 크기 조정 및 범위 설정이 중요할 뿐만 아니라, 다음의 실천 방법들은 ML 종사자가 작은 배치로 가치를 전달하는 데 도움을 줍니다.

페어 프로그래밍 실천하기 페어 프로그래밍은 두 사람이 함께 코드를 작성하여 작업을 완료하는 것을 의미합니다. 페어 프로그래밍을 하면 혼자 작업하고 풀 리퀘스트를 통해 코드 리뷰를 받는 대신, 피드백 루프를 며칠(풀 리퀘스트 리뷰를 기다리고 주고 받는 시간)에서 몇 분(페어링 중 팀원으로부터 받는 피드백)으로 단축할 수 있습니다.

페어 프로그래밍은 단순히 코드 작성 이상의 의미가 있습니다. 협업, 계획, 문제 해결, 토론, 지식 공유를 포함합니다. 그 결과 더 나은 솔루션을 공동으로 창출하고 팀 내에서 선호되는 실천 방법을 만들어 나가게 됩니다.

페어 프로그래밍은 소프트웨어 엔지니어링 분야에서 흔한 실천 방법이며, 다소 적은 빈도로 ML 팀에서도 실천되고 있습니다. 데이터 과학자는 드물게 일정 기간 동안 혼자서 작업하게 됩니다. 그 기간 동안 혼자 많은 가정을 하고 질문을 하지 않았기에 알지 못했던 것들이 있을 가능성이 큽니다. 그 예로, 우리는 3주 동안 하나의 사용자 스토리를 작업한 데이터 과학자와 함께 일했는데, 결국 풀 리퀘스트가 코드가 너무 지저분하고 테스트가 없으며 훈련 파이프라인을 너무 느리게 만든다는 이유로 거부된 적이 있습니다. 데이터 과학자에게는 이는 매우 좌절스러운 시간 낭비였습니다.

---

25 https://oreil.ly/oofV4
26 https://oreil.ly/w6Exh

페어 프로그래밍은 잘 정리된 이점이 많습니다.

▪─ 지식 공유

두 사람이 문제를 함께 해결하면서 서로의 접근 방식과 기술을 공유하고 배우게 됩니다. 이는 팀 내에서 지식과 모범 사례를 확산시키는 데 도움이 됩니다. 특히 데이터 과학자, ML 엔지니어, 데이터 엔지니어가 서로의 전문 지식을 배우는 ML 팀에서는 더욱 유익합니다. 이는 더 많은 학습과 더 높은 품질의 솔루션으로 이어집니다.

또한 팀의 버스 팩터^{bus factor}[27]를 증가시키는 데 도움이 됩니다. 버스 팩터란, 팀원이 갑작스럽게 이탈하거나(예 버스 사고를 당하거나 복권에 당첨되는 경우)했을 때, 작업 맥락에 대한 지식 부족으로 인해 프로젝트가 지연되거나 중단되는 상황을 막기 위한 최소 필요 인원을 의미합니다. 페어 프로그래밍은 버스 팩터를 1 이상으로 증가시켜 팀원이 휴가를 가도 휴가 중에 일하거나 팀의 작업을 막는 것에 대해 스트레스를 받지 않도록 합니다.

▪─ 빠른 피드백

페어 프로그래밍을 통해 의도적으로 코드를 공유하면 몇 분 안에 코드에 대한 피드백을 받을 수 있습니다. 이러한 즉각적인 피드백은 잠재적인 문제나 버그를 조기에 발견하는 데 도움을 주어 더 높은 품질의 코드와 디버깅 시간 감소로 이어집니다. 이는 풀 리퀘스트를 통해 피드백을 받는 것과 대조됩니다. 풀 리퀘스트는 자동화된 품질 보증이 아닌 검사를 의존하는 경향이 있습니다. 풀 리퀘스트는 리뷰 준비가 되기까지 며칠 또는 몇 주가 걸리며, 코드 머지에 이르기까지 팀원 간의 맥락 주고받기가 추가적으로 몇 시간 또는 며칠 더 걸립니다.

▪─ 두 세계의 장점: 전체적인 그림과 세부적인 사고

페어 프로그래밍을 할 때, 내비게이터는 전체적인 그림의 문제 해결과 설계에 집중하고, 드라이버는 세부적인 구현 사항과 실행에 집중합니다. 두 사람의 사고를 결합함으로써

---

27 https://oreil.ly/pB9mS

팀은 두 사람의 강점을 활용하고 맹점을 줄일 수 있습니다.

- **새로운 팀원들의 빠른 적응**

    새로운 팀원들은 더 경험 많은 팀원들과 함께 작업하면서 코드베이스, 팀의 작업 방식, 도구를 빠르게 배울 수 있습니다. 이는 온보딩 과정을 가속화하고 새로운 팀원들이 더 빨리 효과적으로 기여할 수 있도록 도와줍니다. 이는 많은 문서를 읽거나 녹화를 시청하는 방식보다 훨씬 효과적입니다.

- **집중 유지**

    페어 프로그래밍을 통해 개인이 산만해지거나 길을 잃는 것을 방지할 수 있습니다. 이 활동의 사회적 특성 덕에 두 프로그래머 모두 집중하여 더 효율적으로 작업할 수 있습니다.

팀이 효과적으로 페어 프로그래밍을 할 수 있도록 돕는 몇 가지 기술이 있습니다. 예를 들어, 드라이버-네비게이터driver-navigator, 핑퐁ping-pong, 드레이퍼스 제곱Dreyfus squared 등이 있습니다. 여러분과 팀을 위해 페어 프로그래밍의 이점과 메커니즘에 대해 '페어 프로그래밍에 관해'[28]라는 짧은 글을 읽어 보는 것을 권장합니다.

모든 운영 환경 아티팩트에 버전 관리를 활용하세요 코드, 데이터, 구성, 중간 데이터, 훈련된 모델과 같은 아티팩트의 버전 관리는 팀에게 재현성, 추적 가능성, 감사 가능성, 디버깅을 도와줍니다. 우리의 경험에 따르면, 이러한 중간 및 최종 아티팩트에 접근할 수 있을 때 과거 결과를 재현하고 데이터 변화가 모델 성능에 미치는 영향을 이해하는 등의 다양한 작업을 수행할 수 있습니다. 우리는 모델과 데이터를 '소환(기술적인 표현으로는 역직렬화)'하여 문제가 발생했던 상황을 다시 만들어낼 수 있습니다. 이렇게 하면 시간도 오래 걸리고 결과도 매번 다를 수 있는 훈련 과정을 다시 실행할 필요가 없습니다.

버전 관리는 ML 시스템의 재현성을 보장하는 데 필수입니다. 이는 단순히 코드의 변경 사항

---

[28] https://oreil.ly/VIoSD

을 추적하는 것뿐만 아니라 데이터셋, 모델 파라미터, 구성 설정, 심지어 훈련 중에 사용되는 난수 생성기 시드의 버전 관리도 포함합니다. 프로세스에 사용되는 모든 난수 생성기(RNG)로 시드값을 지정함으로써, 데이터 셔플링과 모델 가중치 초기화 등 ML 워크플로의 확률적 요소가 여러 실행에서 일관되게 유지되도록 보장할 수 있습니다. 이를 통해 모델 품질의 변화를 모델 입력(예 코드, 데이터)의 특정 변경 사항과 더 잘 연관시키고 무작위성으로 발생하는 품질 변경을 디버깅하는 데 드는 시간을 절약할 수 있습니다.

소스 코드의 버전 관리 측면에서 작은 변경 사항을 자주 커밋[29]하는 것이 중요합니다. ML 종사자들이 여러 개의 관련 없는 변경 사항을 하나의 커밋으로 묶는 경우를 종종 봅니다. 심지어 열 개에서 스무 개의 파일에 걸친 변경 사항을 하나의 커밋으로 처리하기도 합니다. 만약 그 커밋이 CI에서 빌드를 깨뜨린다면(즉, 테스트가 실패한다면) 어떤 논리적 변경셋이 오류를 유발했는지 알기 어렵습니다. 변경셋이 클수록 이를 구분하기 어렵기 때문입니다. 따라서 버전 관리를 사용하는 것뿐만 아니라 논리적으로 분리된 이상적인 작은 변경 사항으로 잘 커밋하는 것이 중요합니다.

지속적 통합을 구현하세요 지속적 통합은 실제로 정의가 엄격하지만 종종 그 의미가 희석되어 버리는 경우가 많습니다(이 장의 앞부분에서 CI/CD의 정의에 대한 글상자를 참조하세요). 특히 ML 종사자들 사이에서 그렇습니다. 지속적 통합은 모든 코드 변경 사항을 메인 브랜치에 커밋하는 관행을 의미합니다. 트렁크 기반 개발[30]에 대해서는 다음 포인트에서 더 자세히 다룰 예정입니다. 이상적으로는 하루에 여러 번 커밋하는 것이 좋습니다.

각 코드 푸시는 CI 파이프라인에서 자동으로 테스트되고 검증됩니다. 이 접근 방식은 품질 및 통합 문제를 가능한 한 빨리 발견하고 해결할 수 있도록 도와주며, 전체 소프트웨어 품질을 향상시키고 새로운 기능을 검증하고 배포하는 데 걸리는 시간을 줄여줍니다.

종종 ML 종사자들은 때때로 몇 시간 또는 며칠이 걸릴 수 있는 긴 훈련 과정이 코드 커밋을 방해하는 것을 원치 않아서 지속적 통합을 주저합니다. 따라서 그들은 기능 브랜치 형태로

---

29 https://oreil.ly/T1ip7
30 https://oreil.ly/949Mn

자신만의 '작업 공간'을 만들고, 변경 사항의 품질에 만족할 때마다 메인 브랜치에 변경 사항을 병합하기 위해 풀 리퀘스트를 생성합니다.

이러한 우려는 타당하지만, 팀은 기능 브랜치 개발의 비용과 함정을 피할 수 있는 두 가지 요소를 고려해야 합니다. 첫째, ML이 '프리 패스'가 되지 않도록 하세요. 컴포넌트의 제품화 경로가 시간 소모적인 훈련 과정을 필요로 하지 않는 경우(예 작은 모델을 사용하는 솔루션, 미세 조정이 필요 없는 대규모 언어 모델 애플리케이션, 또는 지원 패키지와 라이브러리), 팀은 CI, 자동 테스트, 트렁크 기반 개발을 실천하여 흐름, 속도, 품질의 이점을 누려야 합니다.

둘째, 코드 변경의 제품화 경로에 시간 소모적인 훈련 과정이 필요한 경우, 기능 브랜치 개발과 풀 리퀘스트(즉, 트렁크 기반 개발과 CI를 하지 않는 것)가 수용 가능한 타협일 수 있습니다. 하지만 ML 종사자들은 긴 시간과 비용이 드는 훈련 과정을 시작하기 전에, 로컬과 CI 파이프라인에서 빠르게 실행되는 테스트(예 6장에서 설명한 트레이닝 스모크 테스트)를 수행해야 합니다. 이는 기능 브랜치에서 작은 변경 사항을 자주 커밋할 때[31] 변경 사항의 품질에 대한 빠른 피드백을 제공해 줍니다.

특정 프로젝트에서도 이러한 사례[32]가 있었습니다. 테스트 커버리지가 높은 CI가 있었지만, 우리는 기능 브랜치에서 작업했습니다(즉, 트렁크 기반 개발과 CI를 하지 않았습니다). 하지만 브랜치의 수명은 최대 2~3주로 짧게 유지했습니다. 페어 프로그래밍을 하고, 테스트를 작성하며, 비차단nonblocking 코드 리뷰[33]를 권장했고, 모든 브랜치가 CI 파이프라인에서 동일한 종합 테스트를 거치도록 했습니다. 이제 코드 변경이 커밋되고 푸시되면 CI 파이프라인은 다음을 수행합니다.

- 일련의 자동 테스트를 실행합니다.
- 대규모 훈련을 트리거합니다.
- 모델 품질 테스트를 실행합니다.
- 컨테이너 레지스트리에 모델 이미지를 빌드하고 게시합니다.

---

[31] https://oreil.ly/T1ip7
[32] https://oreil.ly/oHIJT
[33] https://oreil.ly/pcz3m

- 이미지를 사전 운영 환경에 자동으로 배포합니다.
- 사전 운영 환경에서 배포 후 테스트를 실행합니다.

전체 CI 파이프라인이 성공하면, 이는 훈련된 모델이 우리가 정의한 모든 적합도 함수[34]를 통과했음을 의미하며, 브랜치를 자신 있게 병합하고 변경 사항을 운영 환경에 배포할 수 있습니다.

트렁크 기반 개발을 적용하세요 [표 9-2]에 자세히 설명된 바와 같이, 트렁크 기반 개발은 코드 변경 사항을 메인 브랜치에 커밋하는 관행입니다. 이는 기능 브랜치 개발과 대조됩니다. 기능 브랜치 개발에서는 개발자가 각 기능이나 버그 수정을 위해 별도의 브랜치를 만들고 풀 리퀘스트를 생성합니다. 트렁크 기반 개발은 ML 종사자들에게 다양한 방식으로 혜택을 제공하며, 긴 피드백 루프, 빌드 실패, 코드 품질 문제, 기술 부채, 작업 차단, 팀 간 및 팀 내 고립 등 ML 팀이 직면하는 일반적인 문제를 해결하는 데 도움이 됩니다.

표 9-2 트렁크 기반 개발의 이점 대 기능 브랜치 개발[35]

기능 브랜치 개발	트렁크 기반 개발
격리된 브랜치에서 작업한 뒤, PR을 생성합니다. PR이 승인되면 메인 브랜치에 병합합니다.	메인 브랜치에 직접 푸시합니다. 페어 프로그래밍을 합니다. CI에서 종합적인 테스트를 실행합니다. 신뢰할 수 있는 빌드를 즐깁니다. 추상화/기능 플래그를 사용하여 브랜치를 나눕니다.
피드백이 늦게 도착 중요한 사항을 변경하기에는 너무 늦습니다.	**빠른 피드백** 코드를 작성할 때 또는 그 이전에 피드백을 받을 수 있습니다.
낮은 품질의 피드백 댓글을 통해 전달되며, 맥락과 뉘앙스가 부족합니다. PR 리뷰 과정의 마찰로 피드백이 보류되거나 실행되지 않을 때도 있습니다.	**더 나은 품질의 피드백** 동일한 맥락 내에서 토론하고 제안을 실행해 보면서 피드백을 제공합니다.
큰 리팩터링이 두려워지고 연기됨 병합 충돌을 일으키고 PR 리뷰 과정을 지연시킬 가능성이 높기 때문입니다.	**큰 리팩터링이 더 쉬워짐** 팀 전체가 항상 최신 상태를 유지하며, 리팩터링의 혜택을 즉시 누립니다.

---

34 https://oreil.ly/hv_5B
35 출처_ 마리타 배티스톤(Mattia Battiston)의 '트렁크 기반 개발 작업(work on trunk-based development)'에서 수정했습니다 (https://oreil.ly/OeGHI).

기능 브랜치 개발	트렁크 기반 개발
격리된 브랜치에서 작업한 뒤, PR을 생성합니다. PR이 승인되면 메인 브랜치에 병합합니다.	메인 브랜치에 직접 푸시합니다. 페어 프로그래밍을 합니다. CI에서 종합적인 테스트를 실행합니다. 신뢰할 수 있는 빌드를 즐깁니다. 추상화/기능 플래그를 사용하여 브랜치를 나눕니다.
실패한 빌드를 무시하기 쉬움 격리된 브랜치에서 실행되기 때문입니다.	**무언가를 깨지 않는 습관** 팀은 메인 브랜치를 항상 녹색 상태로 유지하는 습관을 들입니다.
개별 코딩 스타일 단일 코드베이스 내에서도 스타일, 디자인, 접근 방식의 분열 경향이 있습니다.	**팀 코딩 스타일** 선호하는 스타일, 디자인, 접근 방식이 페어 프로그래밍을 통해 공유되고 확산됩니다.
사람들이 고립되어 작업 누군가가 도움이 필요한지 알아차리기 어렵습니다.	**모두가 무엇을 하고 있는지 가시성 확보** 누군가가 지원이 필요한지 쉽게 알아차릴 수 있습니다.

트렁크 기반 개발은 지금까지 설명한 CI/CD의 완성입니다. 이러한 실천은 자동 테스트, 페어 프로그래밍, CI/CD 파이프라인과 같은 안전 전제 조건을 구현했을 때만 수행해야 합니다.

반대도 마찬가지입니다. 이러한 안전 전제 조건 없이 트렁크 기반 개발을 수행하면 위험하며, 종종 빌드 실패와 결함으로 이어집니다.

자동화: 컴퓨터는 반복 작업을 수행하고, 사람은 문제를 해결합니다

알고리드미아에서 작성한 보고서인 '2021 ML 기업 트렌드'[36]에 따르면, 조사된 조직의 38%가 데이터 과학자의 시간 중 50% 이상을 모델 배포에 사용하고 있습니다. 여기서 배포는 ML 종사자들이 자주 맡는 단조로운 작업뿐만 아니라, 개발 환경 구성, 운영 환경에서의 문제 해결 및 디버깅 등의 힘든 작업도 포함합니다.

다음의 관행들은 ML 종사자들이 이러한 수작업을 줄이고, 중요한 문제를 해결하고 가치를 제공하는 데 집중할 수 있도록 도와줍니다.

---

[36] Algorithmia, '2021 Enterprise Trends in Machine Learning', https://oreil.ly/9FAXH

`개발 환경 설정 자동화`　　3장과 4장에서 ML 종사자들이 재현할 수 있고 일관된 개발 환경을 만드는 데 자주 직면하는 문제와 이를 극복하기 위한 실용적인 기술에 대해 논의했습니다. 여기서 이를 다시 언급하는 이유는, 자동화가 모델 테스트와 배포뿐만 아니라 개발 환경을 만드는 데도 유용하기 때문입니다.

이를 달성하기 위해 팀은 컨테이너 기술과 코드형 인프라(IaC) 도구를 활용할 수 있습니다. 이를 통해 개발 및 운영 환경 모두에서 일관된 제작과 유사한 컴퓨팅 환경을 로컬 또는 클라우드에서 생성할 수 있습니다(즉, 실험–운영 대칭성[37]).

이렇게 하면 ML 종사자들은 환경 설정과 구성이라는 반복적인 작업을 컴퓨터에 맡기고, 더 높은 차원의 문제 해결과 혁신에 집중할 수 있습니다.

`배포 자동화(최소한 사전 운영 환경까지)`　　앞서 언급했듯이, 배포 자동화는 일반적으로 MLOps 문헌과 도구에서 잘 다루어집니다. 카나리 배포와 A/B 테스트와 같은 특정 기술은 칩 후옌의 『머신러닝 시스템 설계』(한빛미디어, 2023)에서 포괄적으로 설명되어 있으므로 여기서는 이를 반복하지 않겠습니다. 대신 CD4ML이 이 관행에 추가하는 차이점을 강조하겠습니다.

CD4ML은 모델 배포를 더욱 자동화할 수 있도록 팀에게 (i) 모든 코드 푸시에서 최소한의 사전 운영 환경으로 자동 배포를 트리거하고, (ii) 배포 후 테스트를 실행하여 배포가 성공했으며 언제든지 운영 환경에 사용할 준비가 되었는지 확인할 것을 권장합니다.

> **NOTE**　전통적인 소프트웨어 개발에서는 개발, 테스트, 사용자 수용 테스트, 운영 환경과 같은 별도의 환경을 사용하여 변경 사항이 최종 사용자에게 배포되기 전에 철저히 검토되도록 합니다. 그러나 ML 시스템에서는 모델 훈련이 가장 관련성 있고 포괄적이며 최신 데이터에 접근해야 하므로, 이러한 접근 방식이 일반적으로 적합하지 않습니다. 이러한 데이터는 종종 운영 환경에만 존재합니다.
>
> 따라서 가장 좋은 데이터에 접근할 수 있는 한 환경에서만 전체 모델 훈련을 실행하세요. 대부분의 경우, 이는 운영 환경입니다. 운영 환경에서 전체 훈련을 실행하기 전, 다른 하위 환경에서는 소량의 데이터로 훈련 스모크 테스트를 실행할 수 있습니다(6장에서 설명한 대로).

---

[37] https://oreil.ly/Z31qn

운영 모니터링　　운영 모니터링은 소프트웨어 엔지니어링에서 확립된 관행입니다. 잘 수행된다면, 모니터링(지표, 로그, 알림)은 제품이 실제 환경에서 어떻게 작동하는지에 대한 유용한 피드백을 제공하며, 예상치 못한 오류, 모델 드리프트, 성능 저하, 이상 활동이 발생할 때 경고를 제공합니다.

모니터링은 우리가 테스트에서 고려하지 않았던 시나리오에 대한 통찰력을 제공합니다. 에츠허르 다익스트라가 말했듯이, '테스트는 버그의 존재를 설득력 있게 증명할 수 있지만, 그 부재를 증명할 수는 없습니다.' 그렇기 때문에 운영 모니터링은 테스트를 보완하는 필수적인 관행입니다.

이 장의 첫 번째 절에서 모니터링의 세 가지 수준에 대해 설명했으므로, 여기서 다시 반복하지는 않겠습니다. 대신, ML 시스템에서 유용한 모니터링 구성 요소를 강조하겠습니다.

- 서비스 모니터링(예 HTTP 상태 코드, 오류, 지연 시간)
- 모델 모니터링(예 주요 성능 지표, 시간 경과에 따른 모델 드리프트, 모델 드리프트 유형의 정의는 '6.2.2 릴리스 단계에서 데이터 수집 루프를 닫아 학습하기'를 참조하세요)
- 데이터 모니터링(예 데이터 품질 모니터링, 이상 탐지, 예상 스키마 준수)
- 비즈니스 수준의 결과(예 사용자 참여, 판매, 전환, 구독자 수)
- 구조화된 로그는 정보가 풍부하고 읽기 쉬워야 하며, 기밀 또는 민감한 데이터를 포함하지 않아야 합니다(예 개인 식별 정보). 관련 요청이 여러 서비스를 거치는 경우에는 디버깅을 용이하게 하기 위해 상관 ID가 있어야 합니다.
- 운영 환경에서 바람직하지 않은 시나리오에 대한 알림(예 API 오류, 지연 시간 예산을 초과하는 요청. 알림은 정보가 풍부하고 실행 가능해야 하며, 알림 피로[38]와 깨진 창[39]을 피하기 위해 주의해야 합니다!)

카이젠: 끊임없이 지속적인 개선을 추구하세요

어떤 시스템도 완벽하지 않으며, 항상 문제와 개선의 기회가 존재합니다. 효율적인 팀은 자신의 불완전한 지식을 인정하고, 개선 사항을 식별하고 실행하는 데 충분한 시간과 에너지를 할애할 수 있는 팀입니다.

---

[38] https://oreil.ly/CAh0D
[39] https://oreil.ly/hpXp2

지속적인 개선(또는 카이젠)은 ML 팀에게 특히 중요합니다. ML 팀, 도구, 플랫폼, 프로세스, 문제의 이질성과 새로움이 크기 때문입니다. 종사자 커뮤니티로서 우리는 문제를 해결하는 새로운 방법을 끊임없이 찾아내고 있으며, 목표는 처음부터 완벽하게 하는 것이 아니라 반복적으로 변경하고 개선하는 과정을 쉽고 안전하게 만드는 것입니다.

포인트 카이젠과 시스템 카이젠을 실천할 수 있다는 점을 강조하는 것이 중요합니다. 포인트 카이젠은 작업 과정에서 빠르게 일어날 수 있습니다. 예를 들어, 팀원들이 반복적으로 마찰을 일으키는 문제(예 너무 많은 회의, 수동 배포 절차)를 단순히 지적하고, 이러한 문제를 해결하기 위한 후속 조치를 식별할 수 있습니다.

시스템 수준의 문제(예 너무 많은 인계와 차단을 초래하는 팀 구조, 플랫폼 기능 부족)를 해결하기 위해서는, 가치 흐름 매핑[40]과 5 Whys[41]와 같은 시스템 카이젠 기법이 팀이 문제를 식별하고 개선 방법을 찾는 데 도움이 될 수 있습니다.

모두가 책임을 지는 것: 적절한 팀 구조를 채택하여 소유감을 합리화하고 배양하기

CD 원칙인 '모두가 책임을 진다'는 개인의 결정을 안내하는 유용한 신념이지만, 종종 모두의 책임이 결국 아무도 책임지지 않는 상황으로 이어지는 경우가 많습니다.

이 문화적 열망을 실현하려면, 팀은 ML, 운영, 고객 경험, 보안 등 각자의 책임을 다할 수 있도록 개인과 팀을 지원하는 적절한 구조와 작업 시스템이 필요합니다. 팀 토폴로지[42]의 원칙과 관행이 어떻게 도움이 될 수 있는지 살펴보겠습니다.

많은 분이 알다시피, DevOps 열풍 이전에는 개발자가 코드를 작성하고 이를 운영 엔지니어에게 넘겨 패키징하고 배포했었습니다. 일부 ML 팀에서도 이러한 일이 여전히 발생하고 있습니다. 팀이 기능별로 나뉘어 있는 경우(예 데이터 과학 팀, ML 엔지니어링 팀, API 팀) 이러한 구조는 개인이 책임(예 운영 모니터링 또는 ML 모델 테스트)을 다른 팀의 일로 생각하도록

---

40 https://oreil.ly/k_kn7
41 https://oreil.ly/lh5ES
42 https://oreil.ly/DWhOY

만듭니다. 이는 자신이 기여하는 ML 제품의 성패를 좌우할 수 있는 사고방식입니다.

또한 이런 구조는 팀 간 인계와 백로그 결합을 증가시켜 대기 시간과 마찰을 증가시킵니다. 예를 들어, 수백 개의 작업이 전달 센터를 통과하는 비공식 연구[43]에서 다른 팀을 기다려야 하는 작업은 의존성 없이 단일 팀이 완료할 수 있는 작업보다 10~12배 더 오래 걸렸습니다.

우리는 또한 콘웨이의 법칙[44]을 적용하여 각 팀의 공유된 역량을 만드는 대신 어느 정도의 재작업을 수행하는 것을 보기도 합니다. 한 사례로, 두 개의 데이터 과학 팀이 있는 조직과 함께 일한 적이 있습니다. 두 팀 모두 대규모 모델 훈련, 실험 추적, 모델 설명 가능성 등의 동일한 문제를 반복적으로 해결해야 했습니다.

이러한 문제를 해결하고 협업과 집단적 소유감을 촉진하기 위해, 조직의 성숙도와 규모에 맞는 적절한 팀 구조와 팀 토폴로지를 고려해야 합니다. 11장에서 더 자세히 논의할 예정이지만, 여기서는 팀 토폴로지 모델의 네 가지 팀 유형과 조직이 이를 활용하여 ML의 실천과 전달을 확장할 수 있는 방법에 대한 간략한 개요를 소개하겠습니다.

스트림 정렬 팀

크로스 기능 팀은 제품 또는 제품들을 중심으로 조직됩니다. 이 팀은 다른 팀을 기다리거나 차단되지 않고 ML 모델 개선을 개발, 테스트, 배포할 수 있는 필요한 역량과 맥락을 갖추어야 합니다. 일반적으로 이는 데이터 과학, ML 엔지니어링, 소프트웨어 엔지니어링, 품질 보증, 제품과 같은 역량을 가진 '투 피자 팀two-pizza team'입니다.

플랫폼 팀

이 팀들(예 데이터 플랫폼 팀, ML 플랫폼 팀)은 스트림 정렬 팀이 셀프 서비스 방식으로 사용할 수 있는 플랫폼 역량을 구축하고 유지합니다. 또한 필요한 경우 스트림 정렬 팀을 지원하여 기존 플랫폼 역량을 안내하거나 문제를 해결하거나 새로운 플랫폼 역량을 개발하도록 돕습니다.

---

[43] https://oreil.ly/MhC3P
[44] 콘웨이의 법칙은 각 조직이 그들의 커뮤니케이션 구조를 복사한 디자인을 만든다는 것을 의미합니다.

- **지원 팀**

    이 팀들은 스트림 정렬 팀을 필요에 따라 지원하고 장비를 제공하는 전문 지식(예 보안 컨설팅, ML 거버넌스, 아키텍처)을 제공합니다. 이들의 역할은 제품이나 서비스를 직접 소유하는 것이 아니라, 스트림 정렬 팀을 가속화하는 데 필요한 지원을 제공하는 것입니다.

- **복잡한 하위 시스템 팀**

    이 팀들은 전문 기술 지식이 필요한 시스템의 일부(예 레거시 플랫폼, 검색, 개인화)를 처리합니다.

여러 ML 제품 사용 사례가 있는 ML 환경에서는, ML 종사자들이 스트림 정렬 팀이나 복잡한 하위 시스템 팀에 포함되는 것을 자주 볼 수 있습니다(예 조직 내에서 개인화를 구축하고 지원하는 데이터 과학 팀). 이러한 팀들은 셀프 서비스 ML 플랫폼과 데이터 플랫폼 역량에 의해 지원되며, 필요할 때 ML/데이터 플랫폼 팀의 지원을 받습니다. 또한 필요한 경우 거버넌스와 아키텍처 팀과 같은 지원 팀의 컨설팅과 지원을 받습니다.

적절한 팀 구조를 확립하면 조직이 정보 흐름을 개선하고, 더 중요한 것은 인지 부하를 관리 가능한 수준으로 유지하는 데 도움이 됩니다. 책 『팀 토폴로지』(에이콘출판, 2020)[45]의 공동 저자인 매튜 스켈톤Matthew Skelton은 이를 이렇게 설명합니다.

> 만약 팀에게 인지 부하 용량을 초과하는 시스템의 일부에 대한 책임을 부과하면, 팀은 고성능 단위로서의 역할을 멈추고, 각자 자신의 작업을 수행하려고 하면서 팀의 이익을 고려할 여유가 없는 느슨하게 연결된 개인들의 집단처럼 행동하기 시작합니다. … 인지 부하를 고려하지 않으면, 팀은 과도한 책임과 도메인을 커버하려고 노력하면서 얇게 퍼집니다. 이러한 팀은 자신의 분야에서 숙련도를 추구할 여유가 부족하고, 맥락 전환의 비용으로 어려움을 겪습니다.

---

[45] 옮긴이_ 원서는 Matthew Skelton, Manuel Pais, 『Team Topologies: Organizing Business and Technology Teams for Fast Flow』(It Revolution Press, 2019)이고 번역서는 김연수가 번역했습니다.

CD4ML의 원칙과 관행을 충분히 이해했다면, 이제 이 장의 마지막 절로 넘어가 CD4ML이 팀이 ML 거버넌스와 책임 있는 AI를 실천하는 데 어떻게 지원하는지 살펴보겠습니다.

9.3 CD4ML이 ML 거버넌스와 책임 있는 AI를 지원하는 방법

ML의 성능이 발전하고 AI 서비스에 대한 의존도가 높아짐에 따라, 편견이 증폭되고 예기치 못한 사용 사례로 사회에 해로운 영향을 미치는 등 잠재적 위험이 증가하고 있습니다. 이러한 피해의 몇 가지 예시는 AIAAIC[46] 지포지터리[47]를 참조하세요. 이 지포지터리에는 딥 페이크, 거짓 주장, 내재된 인종차별, 프라이버시 침해 등 1,000건 이상의 사건과 논란이 포함되어 있습니다.

ML 팀이 잠재적인 장애 모드와 피해의 원인을 사전에 파악하고, 그에 따라 위험 관리를 구현하지 않으면, 기능적 실패에 취약할 뿐만 아니라 사용자에게 해를 끼치고 비즈니스의 대외 평판에 손상을 입힐 위험이 있는 일종의 '모래성'을 구축하는 셈입니다. 그렇기 때문에 ML 거버넌스는 책임 있는 AI와 교차하며, ML 시스템을 구축하는 모든 팀에게 필수적입니다.

1장에서 필자는 MIT Sloan의 책임 있는 AI 정의[48]를 인용했습니다.

> 책임 있는 AI는 AI 시스템이 개인과 사회에 이익이 되도록 개발되고 운영되면서도, 동시에 변혁적인 비즈니스 영향을 달성할 수 있도록 하기 위한 원칙, 정책, 도구, 프로세스로 구성된 프레임워크입니다.

책임 있는 AI 프레임워크는 팀이 ML 시스템의 설계, 개발, 배포에서 결정을 내리는 데 실질적인 도구를 제공해야 합니다. 책임 있는 AI는 ML 거버넌스의 중요한 구성 요소입니다. 효과적인 ML 거버넌스는 윤리적 및 규제 표준, 품질 관리, 위험 관리 프로토콜, 엔지니어링 모범

---

[46] AI, Algorithmic, and Automation Incidents and Controversies
[47] https://oreil.ly/h1-FN
[48] Elizabeth M. Renieris, David Kiron, Steven Mills, 'To Be a Responsible AI Leader, Focus on Being Responsible', Scribbr. Novemeber 8, 2023, MIT Sloan Management Review, https://oreil.ly/XbPUv

사례를 준수하면서 ML 시스템에서 가치를 창출하도록 보장합니다.

이 주제에 대한 기존 문헌은 많지 않지만, 몇 가지 좋은 참고 자료가 있습니다. ML 거버넌스에 대해서는 'AI 거버넌스: 린 접근 방식'[49]과 'ML 거버넌스를 위한 프레임워크'[50] 보고서를 참조하세요. 책임 있는 AI와 관련해서는 구글의 보고서 '책임 있는 AI 실천'[51]와 책 『Responsible AI: Best Practices for Creating Trustworthy Systems』(Addison-Wesley Professional, 2023)을 참고하세요. 이 두 주제에 대해 자세히 다루지는 않겠지만, CD4ML이 팀이 ML 거버넌스 원칙을 일상적인 워크플로와 결정에 적용하는 데 도움이 되는 네 가지 방법을 설명하겠습니다.

반복적인 개선을 가능하게 하기

CD4ML, 즉 ML 시스템에 작은 변화를 가하고, 그 변화가 원하는 결과를 가져왔는지 평가하고 모니터링하며, 그렇지 않다면 롤백할 수 있는 능력은 여러 가지 방식으로 책임 있는 AI를 강력하게 지원합니다.

첫째, 이는 솔루션 개발에 반복적이고 인간 중심의 접근 방식을 가능하게 합니다. 작은 단계로 사람들과 함께 솔루션을 연구하고 테스트할 수 있어, 문제를 조기에 발견하고 해결하여 운영 환경에서 사용자에게 해를 끼칠 가능성을 줄일 수 있습니다.

둘째, 나중에 해악 혹은 다른 문제가 감지되더라도, 신속하게 대응하고 자신 있게 해결책을 배포할 수 있어, 해악의 영향을 최소화할 수 있습니다.

모델 수명 가치 극대화

모델의 임시 개발 및 배포는 조직에서 ML 도입의 첫 단계로, 이 단계에서는 경험적으로 가치를 입증하기 전까지 복잡한 MLOps나 CD4ML에 투자하는 것이 어렵습니다. 그러나 ML의 가치가 명확해지면, MLOps와 CD4ML의 부재는 초기 성능 기준에서 모델 품질을 개선하려는 팀의 노력을 실제로 지연시킵니다.

---

49 https://oreil.ly/l67w_
50 https://oreil.ly/5RYHG
51 https://oreil.ly/d6lT0

MLOps와 CD4ML로 대표되는 자동화와 품질 구축의 실천은 팀이 모델 품질을 적시에 평가, 모니터링, 개선할 수 있도록 도와주며, 지연 비용[52]을 최소화합니다. 이를 통해 팀은 빠르게 놓친 가치를 회복하고, 위험 노출을 이해하고 대응적으로 관리할 수 있으며, 따라서 모델의 수명 기간 동안 모델의 가치를 극대화할 수 있습니다.

정책을 코드로 정의하고 적용하기

MLOps와 CD4ML은 소프트웨어 개발 생명 주기의 다양한 지점에서 책임 있는 AI 정책을 자동으로 적용할 수 있게 합니다. 예를 들어, 훈련 데이터가 특정 목적을 위해 동의를 받아 획득되었는지 검증하고, 실험의 문서화와 저널을 생성할 수 있습니다. 편향 테스트나 데이터 프라이버시 테스트는 모델 검증 및 보증 스위트의 적합도 함수로 정의될 수 있으며, 운영 환경에서 모델 드리프트를 모니터링할 수 있습니다. 이러한 접근 방식은 모델의 수명 가치를 극대화하는 데도 도움이 됩니다.

정책 집행과 가치 평가를 자동화함으로써 수작업을 줄이고, 준수성을 향상시키며, 감사 추적을 제공합니다. 테스트의 자동화와 마찬가지로, 정책을 코드로 정의하면 사람들이 책임 있는 AI 정책을 정의하는 데 집중할 수 있고, 기계가 준수 여부를 평가하는 반복적이고 지루한 작업을 수행합니다.

어려운 질문하기(카이젠의 핵심 측면)

앞서 언급했듯이, CI(또는 카이젠)는 CD4ML의 핵심 관행입니다. 카이젠은 불편함보다 양질의 결과를 우선시하고, 집단 사고보다 집단적 성공을 우선시할 것을 요구합니다. 조직적으로는 가치, 정책 및 행동을 통해 잠재적인 문제, 실패 모드 및 위험 요소를 강조하고 탐구하는 것이 허용되고 심지어 장려되는 문화를 조성하는 것이 중요합니다. 이는 모든 팀원이 자신의 가치와 원칙에 부합하지 않는 관행을 발견했을 때 질문하거나 관찰하고, 팀으로서 그 의미와 필요한 완화 조치를 모색하는 것만큼이나 간단할 수 있습니다.

---

[52] https://oreil.ly/z3ypM

책임 있는 AI 프레임워크를 구현하려면, 팀원들이 AI로 무엇을 어떻게 수행해야 하는지에 대한 어려운 질문을 해도 괜찮다는 것을 알아야 합니다(이 주제에 대한 자세한 내용은 10장에서 이야기하는 안돈 코드와 NUMMI의 이야기를 확인하세요. 10장에서는 형식보다 본질의 중요성을 다룹니다).

우리의 경험에 따르면, ML 거버넌스는 혁신을 방해하는 것이 아니라 ML 애플리케이션의 더 빠르고 안전한 전달을 보장하는 가이드 프레임워크입니다. CD4ML은 ML 거버넌스를 촉진하고, 품질 보증, 모니터링, 준수를 지속적 전달 주기의 일부로 포함하도록 팀을 장려하여 실제로 혁신을 가능하게 합니다. 이는 일회성 체크포인트가 아니라 지속적인 과정으로 자리잡게 합니다.

우리는 너무 잦은 빈도로 특정 애플리케이션의 위험을 평가하거나 인식할 수 없는 ML 팀을 만납니다. 이는 이 장에서 설명한 요소들이 마련되지 않았기 때문입니다. 좋은 ML 거버넌스가 자리잡으면, 팀이 안전한 경계 내에서 실험하고 훌륭한 솔루션을 구축할 수 있게 합니다.

마지막으로, 팀이나 조직에 ML 거버넌스 프레임워크가 없다면, 이를 정의할 수 있는 좋은 기회가 될 것입니다. 이 장에서 언급한 ML 거버넌스 참고 자료는 여러분의 상황에 맞게 조정할 수 있는 좋은 출발점이 될 것입니다.

또한 책임감 있는 AI를 사후 고려 사항이 아닌 개발 프로세스의 필수적인 부분으로 포함시키는 것도 도움이 됩니다. AI의 장점을 실현하는 방법과 피해를 완화하는 방법에 관한 가치를 선언하며 시작하는 것도 좋은 방법입니다. 가치 선언문은 AI 솔루션의 설계 및 구현을 위한 프레임워크에 대한 목적과 지침을 설정합니다. 이 프레임워크는 정부 규정 및 타사 계약과 같은 외부 의무를 수용하고 내부 정책 및 절차와도 일치해야 합니다. 이는 정부 및 NGO의 훌륭한 사례와 캐시 오닐Cathy O'Neil의 『대량살상 수학무기』[53]나 엘런 브로드Ellen Broad의 『인간이 만든』[54]과 같은 책에 나오는 일련의 AI 사용 원칙과도 연계될 수 있습니다. ML의 잠재적 피

---

53 옮긴이_ 원서는 Cathy O'Neil, 『Weapons of Math Destruction: How Big Data Increases Inequality and Threatens Democracy』(Penguin Books Ltd, 2017)이고 번역서는 김정혜가 번역했습니다.
54 『Made by Humans』(Melbourne University Press, 2018)

해와 완화 방안에 대해 더 자세히 알고 싶은 분들은 조이 부올람위니[Joy Buolamwini] 박사, 팀닛 게브루[Timnit Gebru] 박사, 에밀리 벤더[Emily M. Bender] 교수, 아베바 비르하네[Abeba Birhane] 박사 같은 주요 연구자들의 연구를 살펴보고 확인하길 추천합니다.

이제 이 방대한 장을 간략히 요약하며 마무리하겠습니다.

9.4 결론

처음 이야기로 돌아가서, 만약 다나와 테드가 이러한 MLOps와 CD4ML 관행을 갖추고 있었다면, 운영 환경 배포는 긴장감 없이 클릭 한 번으로 끝나는 일이었을 것입니다. 이는 우리의 실제 프로젝트에서 CD4ML을 실천한 경험에 기반한 현실입니다.

여러분의 조직이 ML 성숙도 여정의 어느 단계에 있든, 이러한 관행이 조직의 ML 실천을 확장하고 개선하는 데 도움이 되기를 바랍니다. MLOps 도구와 기술이 계속 발전함에 따라, 우리는 이러한 CD4ML 원칙과 관행이, 팀이 ML 모델을 신속하고 신뢰성 있게 제공하는 데 도움이 되는 유용한 프레임워크를 제공한다고 생각합니다.

요약하자면, 이 장에서 우리는 다음의 내용을 다루었습니다.

- MLOps의 기본 구성 요소를 확립하고, 팀이 MLOps를 실천할 때 겪는 일반적인 함정을 설명했습니다.
- ML 팀이 제품에 품질을 구축하고, 작은 배치로 작업하며, 자동화, 지속적인 개선(카이젠), 공유 소유권의 지속적 개발 원칙에서 어떻게 혜택을 받을 수 있는지 설명했습니다.
- CD4ML이 MLOps에 훌륭한 보완이 되는 이유와 방법 그리고 ML 팀이 신뢰할 수 있는 ML 솔루션을 조기에 자주 운영 환경에 배포할 수 있도록 돕는 CD4ML 관행을 탐구했습니다.
- CD4ML이 ML 거버넌스와 책임 있는 AI를 어떻게 지원하는지 살펴봤습니다.

이번 장을 완료한 것을 축하합니다! 3부 '팀'을 시작할 때 다음 장에서 다시 뵙겠습니다.

PART 03

팀

PART 03

10장 효율적인 ML 팀의 구성 요소

11장 효과적인 ML 조직

CHAPTER 10
효율적인 ML 팀의 구성 요소

> 행복한 가정은 모두 비슷하지만 불행한 가정은 각기 다른 이유로 불행합니다.
>
> – 레오 톨스토이Leo Tolstoy, 『안나 카레니나』

안나 카레니나 원칙[01]은 성공을 위해서는 여러 요소가 조화를 이루어야 하며, 그 요소 중 하나라도 문제가 발생하면 실패로 이어질 수 있다는 원칙입니다. 이는 복잡한 ML 제품 개발과 팀워크의 복잡성 또한 해결해야 하는 효율적인 ML 팀에도 동일하게 적용됩니다.

하지만 이 원칙으로 ML 팀의 노력을 속단할 수 없습니다. 오히려 시장, 비즈니스, 조직 구조, 기술, 데이터 등 팀이 활동하는 환경이 독특하고 역동적이기 때문에 성공에 대해 정해진 공식이 없으며, 모든 효과적인 팀은 자신만의 성공 방식을 발견하고 재발견해야 합니다. 이 장에서는 성공에 한 걸음 더 다가갈 수 있도록 우리가 사용할 수 있는 다양한 도구 중 몇 가지를 단계별로 공유합니다.

달라이 라마Dalai Lama는 "행복은 이미 만들어진 것이 아니라 스스로의 행동에서 비롯된다"라고 했습니다. 이 뜻은 개인, 팀, 조직 전체가 실험하고, 성찰하고, 적응하는 것이 중요하며 이를 위해 리더십의 지도와 지원을 받는 것이 중요하다는 의미입니다. 이 장에서 소개하는 효과적인 팀의 구성 요소는 개인, 팀, 조직 차원에서 이러한 목표를 향해 노력하는 데 도움이 됩니다

---

[01] https://oreil.ly/gUUdq

다. 다르게 보자면 이러한 팀의 구성 요소는 스위스 치즈 모델(5장에서 소개)과 같은 개념으로 생각할 수 있습니다. 구성 요소가 많을수록 팀이 큰 문제를 겪을 가능성이 줄어들고, 문제가 발생하더라도 회복력이 높아집니다.

이 책을 통해 몇 가지 구성 요소를 소홀히 하면 어떻게 올바른 것을 구축하지 못하거나(2장), 제대로 구축하지 못하거나(3~9장), 사람들에게 적합한 방식으로 구축하지 못하는 결과를 초래할 수 있는지 살펴봤습니다. 그런 점에서 안나 카레니나의 원칙은 우리의 행동의 방향과 동기를 유발하는 측면에서 아직 우리가 생각해야 할 원칙입니다.

이 장에서는 먼저 ML 팀이 직면한 공통적인 문제를 살펴봄으로써 많은 사람에게서 실제 발생했던 사례를 설명하겠습니다. 그런 다음 다양한 구성 요소에 대해 문제를 해결하여 팀 효율성을 개선하는 기술을 살펴볼 것입니다. 우리가 다루는 이론과 기법은 ML 팀뿐만 아니라 모든 팀에 도움이 되겠지만, 일부 ML 팀에서는 이를 간과하는 경향이 있어 오히려 손해를 보는 경우도 있습니다. 만약 효율성이 떨어지는 팀에 속해 있다면 이러한 각 구성 요소의 개선 가능성을 고려해 볼 수 있습니다.

조직 심리학 교수인 스티브 코즐로프스키Steve Kozlowski는 "팀 효과를 이해하려면 시간 속의 개인person over time, 팀 속의 개인individuals within team, 팀 관계와 팀 내의 상호작용 효과between team or contextual effects를 포함한 최소한 세 가지 수준의 시스템을 개념적으로 받아들여야 한다"라고 했습니다.[02] 이 장은 효과적인 팀의 내부에 있는 개인과 개인의 팀 내 역학(코즐로프스키가 주장한 시간 경과에 따른 개인 내 효과, 팀 내 개인 효과)에 대해 살펴봅니다. 이후 엔지니어링 효율성과 DevEx를 주제로 이 장을 마무리합니다. 또한 11장에서는 팀 토폴로지 모델[03]의 렌즈를 통해 코즐로프스키의 세 번째 수준인 조직 전체에 대한 더 넓은 역학 관계를 살펴보겠습니다. 이러한 내용과 더불어 11장에서 조직 전체의 리더와 리더십이 효과적인 팀을 육성하는 환경을 조성하는 방법을 살펴보며 책을 마무리하겠습니다. 이 로드맵과 각 수준의 구성 요소는 [그림 10-1]에 요약되어 있습니다.

---

[02] 스티브 코즐로프스키, '조직의 그룹과 팀: 출현의 다단계 역학 연구'와 '그룹 및 팀 연구를 위한 연구 방법에서: 접근법, 도구 및 기술 가이드', 안드레아 홀링스헤드, 마샬 스콧 풀 편집, 260–283쪽.

[03] https://teamtopologies.com

많은 저명한 저자가 이러한 반복되는 주제에 대해 글을 썼으며, 이 장에서는 그러한 글을 참조하고 있습니다. 이 장의 각 절은 그 자체로도 각 다른 한 권의 책(또는 여러 권)의 내용을 담고 있습니다. 이 장의 폭넓은 내용을 바탕으로 더 깊이 파고들 수 있는 부분을 파악하고 더 많은 자료를 탐색하여 팀의 효율성을 개선하는 데 도움이 되기를 바랍니다.

여기까지 읽었다면 팀을 더욱 효율적으로 만들기 위해 할 수 있는 일이 아직 더 많다는 것을 알고 있을 것입니다. 이 마지막 두 장에서 여러분이 원하는 것을 찾기 바랍니다.

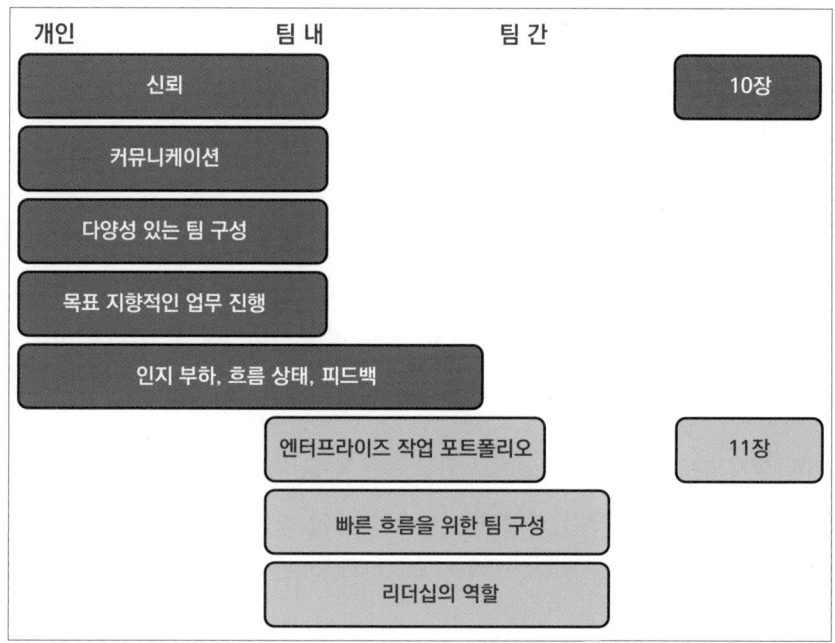

그림 10-1 10장 및 11장에서 설명하는 효과적인 ML 팀과 효과적인 ML 조직의 구성 요소

10.1 ML 팀이 직면하고 있는 공통적인 문제

이 절에서는 가상이지만 공감할 수 있는 몇 가지 시나리오를 통해 ML 팀이 직면하는 일반적인 문제를 살펴봅니다.

이 책의 앞부분에서는 ML 종사자가 팀으로 작업할 때 직면하는 기술 및 제품 문제를 다루었습니다. 개발 피드백을 받기까지 너무 긴 주기, 사용자가 필요로 하지 않는 제품을 구축하는 데 노력을 낭비하는 것이 이러한 문제가 될 수 있었습니다. 하지만 잠재력이 있는 개인이 팀으로 함께 일하게 되면 완전히 새로운 종류의 문제가 발생합니다. 이러한 문제는 팀을 구성하는 방식과 개인이 팀원 그리고 인간으로서 서로 상호작용하는 방식에 의해 발생합니다

대규모 조직에서는 개별 팀이 모든 올바른 구성 요소를 갖추고 있더라도 각 팀의 워크플로와과 상호작용 방식에 따라 효율성이 다소 떨어질 수 있습니다. 다음 장에서 조직과 관련된 몇 가지 시나리오를 더 소개하겠습니다.

개별 ML 팀이 직면하는 일반적인 문제를 보여주는 몇 가지 시나리오를 살펴보겠습니다.

▪— 드러나지 않은 상충되는 접근 방식

다나와 테드는 같은 팀에 속해 있습니다. 다나는 딥러닝을 위한 텐서플로의 열렬한 지지자로, 유연성과 광범위한 도구셋을 높이 평가합니다. 반면에 테드는 직관적인 디자인과 동적 계산 그래프를 중시하는 파이토치의 열렬한 지지자입니다. 두 사람은 각 도구의 장단점이나 팀의 요구 사항에 적합한 도구에 대해 공개적으로 논의한 적이 없습니다.

이러한 명시되지 않은 의견 불일치로 일부 프로젝트는 텐서플로를 이용해서, 다른 프로젝트는 파이토치를 이용해서 개발하는 등 코드베이스가 파편화되었습니다. 새 팀원인 앤디는 서로 다른 딥러닝 프레임워크를 사용하는 모델과 리포지터리의 수만큼 두 가지 방식의 모델 훈련 및 서비스 방법을 따로 배워야 합니다. 그리고 팀이 합의하고 결정하지 못한 다른 두 가지 방식의 장단점과 도구에 대해서도 배워야 합니다.

▪— 팀 내 전문성 사일로화

텐비는 중요한 요구 사항을 해결하기 위해 간단한 수동 피처 스토어를 구축했으며, 이제 기능이 추가되거나 변경될 때마다 텐비에게 작업이 전달됩니다. 한편, 모델 성능을 향상시키기 위해 다양한 분류 기법을 시험하고 조정하는 데 일주일을 보낸 닥샤는 이제 모델 개발을 담당하고 있습니다.

아무도 이 합의에 이의를 제기할 생각을 하지 않습니다. 팀과 모든 외부 이해관계자가 이 방식을 받아들이고 있으며, 이러한 합의는 이 현상을 지속시킵니다. 닥샤가 휴가 중일 때 팀은 모델이 계층화 테스트에서 불합격하기 시작한 이유를 설명하기 위해 그가 돌아올 때까지 기다려야 합니다. 텐비가 새 직장을 구하면 후임자를 찾고 후임자가 일에 적응하는 한 달 동안 기능 변경이 차단됩니다. 그동안 찰리는 피처 스토어와 모델 개발 모두에 대해 배우고 싶었지만 파이프라인 오케스트레이션 작업에만 국한되어 있었습니다. 마지막으로, 닥샤는 새로 입사한 레니가 자신이 고민하고 있는 몇 가지 문제를 해결하는 박사 학위를 막 마쳤다는 사실을 알지 못합니다. 왜냐하면 레니는 항상 데이터 정리 작업을 하고 있기 때문입니다.

각 팀원은 자신의 특정 영역에 몰두하다 보니 동료의 과제, 의도, 진행 상황에 대한 인식이 부족합니다. 책임이 분리되면 서로 다른 여러 목표가 생기게 되고, 팀은 이러한 목표를 달성하거나 사고에 대응하는 데 서로를 도울 수 없게 됩니다. 그 결과 팀원들의 업무에 대한 성취감이 떨어지고, 팀의 대응력과 연결성, 혁신성이 떨어지며, 품질이 저하되고, 회복력이 떨어집니다.

▪ 공통 목적의 부재

미즈코의 데이터 과학 분야 팀은 기존 데이터로 한동안 분석 문제를 연구해 왔습니다. 이 팀은 솔루션에 대한 철저한 세부 사항을 정의하여 나오미의 데이터 엔지니어링 팀에 제공하고 데이터 엔지니어링 팀이 이를 구현하도록 했습니다.

나오미의 데이터 엔지니어링 팀은 미즈코 팀이 해결하려는 문제를 이해하지 못하고 있으며, 일부 솔루션 가정(예 데이터 드리프트 data drift)을 무효화한다고 생각하는 새로운 데이터를 발견했습니다. 하지만 미츠코의 팀은 주어진 사양을 구현하기만 하면 된다고 생각하기 때문에 참여에 관심이 없습니다.

한편, 나딘의 플랫폼 팀은 조만간 구조조정이 예정된 사업부를 위한 기능을 개발 중이며, 이 작업이 빛을 볼 수 있을지 여부는 알 수 없습니다.

나오미와 나딘의 팀 모두 자신들이 납득할 수 있는 목적이나 목표를 찾는 데 어려움을 겪을 것입니다. 일반적인 문제도 있고, 데이터 드리프트와 같이 ML 팀에게만 해당되는 문제도 있습니다. 문제를 해결하기 위한 목적과 자율성이 없다면 이러한 팀은 높은 성과를 기대하기 어렵고 시간이 지남에 따라 사기가 저하될 것입니다.

▪ 개선에 대한 감의 부재

피오트르의 팀은 새로운 ML 플랫폼을 개발 중입니다. 첫 번째 릴리스에는 긴 백로그 항목이 있습니다. 매 반복^{iteration}마다 스코프 탐색을 통해 이 백로그에 새로운 아이템이 추가됩니다. 이러한 항목은 기술적인 용어로 설명되어 있고 우선순위 지정에 사용자가 관여하지 않기 때문에 첫 번째 릴리스에 중요한 항목인지 여부는 명확하지 않습니다.

팀은 매 반복마다 작업 코드를 제공하지만 번다운 차트$^{burndown\ chart}$에서는 첫 번째 릴리스 이후 눈에 띄는 진전이 보이지 않습니다. 팀은 어떤 항목이 우선순위가 높은지 모르기 때문에 오토 스케일링부터 z-테스트 지원에 이르기까지 많은 부분 중 가장 흥미로운 작업인지를 기준으로 작업할 항목을 선택하고 각 항목의 범위도 결정합니다. 시간이 지나면 지날수록, 어떤 작업이 목표에 더 가까워질지 결정하는 메커니즘이 없기 때문에 팀은 성취감을 느끼지 못하고 작업 방향을 조정할 동기를 잃습니다. 이해관계자 또한 진척 상황을 확인할 수 없습니다. 이런 팀은 성과가 높은 팀이 아닙니다.

▪ 다양성의 부재

데이터 과학자들로 구성된 멜라니의 팀은 데이터 파이프라인으로 확장되지 못하는 좁은 기술 스택의 한계 때문에 필요로 하는 데이터를 얻어올 수 없습니다. 타카시의 팀은 훈련 및 검증 데이터 집합에 여성이 많지 않아 여성을 차별하는 모델을 릴리스했는데, 남성으로만 구성된 팀원 중 아무도 이것이 소비자 제품에 문제가 될 수 있다고 생각하지 못했습니다.

다양성이 있는 팀[04]은 더 문제를 더 잘 처리할 수 있도록 합니다. 실제 사실을 더 신중하

---

04 https://oreil.ly/qvSqk

게 처리하고 더 혁신적인 솔루션을 만들어내며 더 나은 재무적 성과를 창출합니다. 팀의 다양성을 우선시하지 않으면 팀의 효율성이 떨어질 뿐만 아니라 미리 예방 가능한 이유로 실패할 가능성도 높아집니다.

그라운드 룰의 부재

친 선의 팀은 새로운 방식의 글로벌 원격 팀입니다. 이전에는 일부는 개발자, 일부는 데이터 엔지니어, 일부는 ML 엔지니어였습니다. 모두가 다른 방식으로 일 처리를 하고 있으며 프로세스와 아티펙트에 대한 다른 이름을 사용합니다.

나선형과 교차하는 선이 무엇을 나타내는지 파트너가 추측할 수 없는 사전 게임^{pictionary} ^{game}처럼, 이 팀은 커뮤니케이션에 어려움을 겪고 작업에 대한 이해를 공유하지 못해 일 처리 지연과 품질 문제가 발생했습니다.

그렇지만 만약 다른 문제가 없다면 이 문제는 가장 쉽게 해결할 수 있는 문제 중 하나입니다. 잘 고려된 사회적 활동을 통해 공통의 경험과 관심사를 만들고, 실패해도 안전한 환경에서 자주 그리고 일찍 제품에 가치를 제공하며 일하는 방식을 일치화 하면 다양성이 있는 팀의 효율성을 빠르게 끌어올릴 수 있습니다.

질문과 실패의 용인 부재

휴그의 팀에는 자신을 뽐내길 좋아하는 데이터 과학자가 몇 명 있습니다. 휴그는 내부적으로 고자세를 유지하는 것이 자신과 팀에 대한 이해관계자들의 평가에 좋다고 믿기 때문에 그들을 좋아합니다. 따라서 그는 그들이 팀원들에게 업무 수행 방법을 지시하고 자신의 수학적 능력을 끊임없이 과시하는 것을 용인합니다. 파이썬과 ML을 가끔 공부하는 비즈니스 분석가인 잭은 모델 훈련 코드에서 버그로 보이는 것을 발견했습니다. 일부 훈련 데이터가 평가 데이터셋에 포함되어 있는 것 같습니다. 데이터 과학자들은 최근 인상적인 수식과 함께 모델을 획기적으로 개선하기 위해 적용한 변경 사항에 대한 대규모 프레젠테이션을 진행했었습니다. 버그는 성능 향상과 동시에 발생하였던 것으로 보입니다. 회사에서는 곧 이 성과에 대해 대외적으로 대대적인 발표를 할 예정입니다.

잭은 데이터 과학자들이 한 일을 이해하지 못하는 것은 자신이 뭔가 잘못하고 있기 때문이라고 생각합니다. 그는 우려를 제기하면 조롱과 비난을 받을까 봐 두려워합니다. 설령 잭의 말이 맞다고 해도 휴그가 발표에 너무 집착해서 팀의 실수를 인정하기는커녕 잭의 잘못으로 만들 방법을 찾을까 봐 두려워서 문제를 제기할 필요가 없다고 생각합니다.

이것은 가상의 이야기이지만, 실패하기 안전하지 않거나 심지어 질문하기조차 어려운 환경이 어떤 모습일지 상상해 볼 수 있습니다. 사람들이 우려를 제기하거나 자신의 지식 부족을 인정하는 데 따른 부정적인 결과를 두려워하는 경우(아마도 데이터 과학자 중 한 명이 이전에 사용해 본 적이 없는 사이킷런의 기능의 사용 방법을 물어봄으로써 자신의 평판을 떨어뜨리고 싶지 않아서 버그가 발생했을 것입니다) 사람들은 자신의 생각을 혼자서만 생각하게 됩니다. 이는 스트레스를 유발하고 팀원들의 성장을 저해하며, 오류와 지식 격차를 은폐하고 시간이 지남에 따라 잘못으로 편향된 결과를 초래합니다. 전혀 효과적인 팀이 될 수 없습니다!

ML을 사용한 지 얼마되지 않았거나, 신입이거나, 어떤 팀에서 일했던 경력직이라도 이러한 문제에 직면한 적이 있을 것입니다. 다행히도 팀이 이러한 문제를 이해하고 해결하며 내부적으로 적응할 수 있는 방법에 대한 풍부한 자료와 지식이 있으며, 다음 절에서는 이를 중점적으로 다룹니다.

10.2 효율적인 팀의 내부 구성 요소

이 절에서는 팀이 문제를 해결하고 효율성을 개선하는 데 사용할 수 있는 내부 구성 요소에 대해 살펴봅니다. 이 책 전체에서 우리는 팀 효율성을 위한 시스템, 관행 및 프로세스를 살펴봤습니다. 이러한 요소 역시 중요한 구성 요소지만 이 절에서는 효과적인 팀의 구성 요소를 규칙과 절차에 따라 고려하기 보다 더욱 인간적인 부분에서 고려할 수 있도록 확장하겠습니다.

특히 이 절에서는 다음과 같은 구성 요소를 다룹니다.

- 믿음
- 커뮤니케이션
- 팀 멤버들의 다양성
- 목적성, 프로세스 공유

이 절에서는 각 구성 요소에 대해 확립된 몇 가지 핵심 모델과 문헌을 참조합니다. 그리고 핵심 개념에 초점을 맞춘 조언을 제시합니다. 제시되는 모델과 구성 요소들이 서로 겹치는 요소가 있다는 것을 알게 될 것이며, 구성 요소들이 어떻게 서로 연동되고 상호 강화될 수 있는지 알게 될 것입니다. 각 모델과 구성 요소 간의 연결에 주목해 주세요.

이러한 구성 요소는 복잡하고 모호한 작업을 수행하는 모든 팀에 공통적이지만, 이 요소가 ML 팀에 관련성이 있는 이유와 이를 ML 팀에 적용하는 방법에 대해서 구체적으로 더욱 강조하여 서술하겠습니다.

팀워크에 대하여 취할 수 있는 더 많은 관점과 모델이 있지만, 이러한 구성 요소가 훌륭한 출발점이 될 수 있습니다. 좋은 소식은 모든 팀원, 특히 공식적인 리더나 리더의 역할을 수행하게 된 팀원이 이러한 구성 요소의 차원에 영향을 미칠 수 있다는 것입니다.

10.2.1 기본 구성 요소로서의 신뢰

> 의미 있는 목표를 달성하려면 목적 의식과 의도성을 행동으로 옮길 수 있는 용기와 결합해야 합니다.
> – 패트릭 렌치오니Patrick Lencioni, 『The Five Dysfunctions of a Team』(Jossey-Bass, 2002) 저자

패트릭 렌치오니가 쓴 『The Five Dysfunctions of a Team』은 팀의 실패, 즉 팀 역기능을 발견하는 방법을 먼저 제시함으로써 팀의 상호작용을 탐구하는 리더십 책입니다. 모두가 불신, 긴장, 심지어 좌절감까지 느껴지는 팀의 상호작용을 경험했을 것입니다. 렌치오니는 [그림 10-2]에 요약된 피라미드 멘탈 모델을 설명합니다. 이 멘탈 모델의 기본 구성 요소는 팀

내 신뢰입니다. 신뢰가 없으면 아이디어를 둘러싼 건전하고 존중하는 토론 환경을 조성할 수도, 결정과 행동 계획에 대한 집단적 헌신을 구축할 수도, 책임감 있는 문화를 발전시킬 수도 없습니다. 이러한 문화와 헌신, 환경 없이는 팀이 성과를 달성할 수 없습니다.

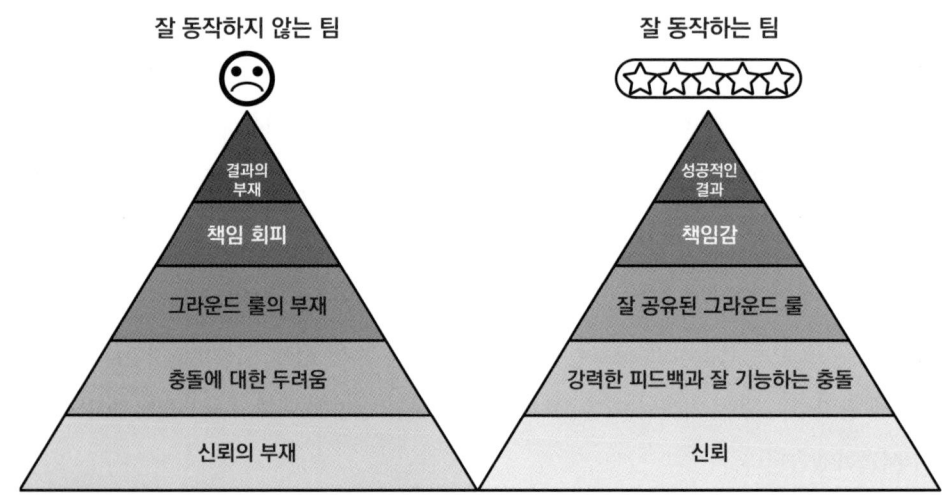

그림 10-2 역기능 팀의 행동과 고성과 팀의 행동이 대비되는 렌치오니의 팀의 다섯 가지 역기능[05]

팀의 신뢰가 중요하므로 일회성의 팀 빌딩 활동으로 해결하자고 생각할 수도 있습니다. 하지만 그렇지 않습니다. 팀 신뢰를 조성하고 배양하는 것은 단발성 활동이 아니며, 신뢰를 구축하는 데는 시간이 걸립니다. 리더십의 지지가 필요하며, 어느 정도의 자기 인식과 그룹 상호작용 관계에 대한 인식이 필요합니다.

ML 팀에서 신뢰를 구축하는 데 있어 이러한 어려움을 경험한 적이 있을 것입니다. 각기 다른 학문적, 직업적 배경과 관점, 기술을 가진 사람들이 팀에 속하여 한 팀으로 뭉쳐야 하고 이들 중 일부 ML 종사자는 부서 간 협업이 활발한 제품 제공 환경에서 일해 본 경험이 없을 수 있습니다. 제품과 프로젝트는 리스크가 크고, 일정이 촉박하며, 실수는 큰 문제를 초래할 수 있습니다. 이러한 상황 속에서 작업은 어렵고 팀 내에서 여러 가지 복잡한 활동이 함께 이루어질 뿐 아니라 데이터 품질과 같은 더 많은 요소가 팀의 통제를 벗어날 때 다른 사람의 탓을 하

---

05 출처_ 패트릭 렌치오니의 책에서 허가를 받아 각색해서 사용했습니다.

기 쉬워집니다. 사람들은 사기꾼 증후군imposter syndrome에 시달리거나 자신이 팀에서 가장 똑똑한 사람이 되어야 한다는 기대감에 시달릴 수 있습니다.

각각 개개인의 취약점을 통해 이러한 문제를 해결할 수 있는 방법을 살펴보겠습니다.

대담하고도 대담하게

렌치오니의 모델은 팀원 간의 신뢰에 초점을 맞추고 있습니다. [그림 10-1]에 설명된 행동, 즉 도움을 요청하고, 약점을 공유하고, 서로 돕고, 모두가 최선을 다하고 있다는 믿음을 갖기 위해 우리 자신에 대해 가져야 하는 신뢰에 대해서는 다루지 않습니다(렌치오니의 모델은 팀 간의 신뢰에 초점을 맞추지 않습니다. 이에 대해서는 11장의 팀 단위 팀에 대해 살펴볼 때 다루겠습니다).

브레네 브라운Brené Brown가 쓴 『마음 가면』(웅진지식하우스, 2023)[06]은 수치심을 피하기 위해 무적이라고 느끼려는 욕구가 어떻게 우리의 취약점을 편안하게 받아들이지 못하게 만드는지 탐구합니다. 그리고 수치심의 근원은 두려움과 희소성입니다. 희소성은 결코 빈칸을 충분히 채울 수 없다는 느낌을 말하며, 정서적, 신체적, 재정적, 사회적 부분이 될 수 있습니다. ML 팀에서는 이 빈칸이 '똑똑함'이 될 수 있습니다.

시간은 부족함을 느끼는 흔한 예이기 때문에 많은 사람들이 시간이 부족하다고 두려워합니다. 예를 들어, 페어 프로그래밍을 하고, 작업을 끝내고, 피드백이나 회고, 일대일 대화를 하기에는 시간이 항상 부족하다고 생각합니다. 결과적으로 시간이 충분하지 않다고 생각하기 시작하면 다른 팀원들과의 상호작용에도 영향을 미치게 됩니다. 이것이 나타날 수 있는 한 가지 사례는 짧은 회의에서조차 시간이 지체되고 있다고 인식하여 조바심을 내는 경우입니다. 우리의 행동과 태도가 두려움과 희소성의 영향을 점점 더 많이 받게 되면 결국 렌치오니가 설명한 다섯 가지 역기능을 지속하게 됩니다.

렌치오니는 취약성을 신뢰를 구축하기 위한 수단으로 설명하며, 이는 브라운이 취약성을 문제라고 느낀다는 점을 보완하는 관점입니다. 렌치오니의 맥락에서 취약성이란 팀원들이 자

---

06 옮긴이_ 원서는 Brené Brown, 『Daring Greatly』(Gotham Books, 2012)이고 번역서는 안진이가 번역했습니다.

신의 약점, 실패, 두려움을 서로 공유할 준비가 되어 있어야 한다는 것을 의미합니다. 이는 팀원뿐만 아니라 동료 인간으로서 서로 관계를 구축하는 과정의 일부입니다.

하지만 많은 사람이 새로운 사람들과 함께 취약점을 공유하기란 쉽지 않습니다. 앞서 언급한 팀 빌딩 활동에 대해 다소 경솔하게 언급했지만, 각 개인의 사회적 선호도와 관심사를 인식하고 신중하게 팀 빌딩 활동을 진행하면 취약성에 대한 장벽을 낮출 수 있는 공유된 경험, 관심사, 공감의 토대를 마련할 수 있습니다. 예를 들어, 리더는 '잘 모르겠습니다'라고 말한 후 '어떻게 알아낼 수 있을까요?'라고 건설적으로 질문함으로써 취약성을 인정하는 모범을 보일 수 있습니다.

다양한 팀 역학 모델을 이해함으로써 팀원들에 대한 자기 인식과 공감을 더욱 강화할 수 있습니다. 다행히도 우리보다 앞서 온 많은 사람들이 다양한 팀 경험을 수집하고 정리하는 노력을 기울여 왔습니다.

이 절에서는 몇 가지 관리 이론과 프레임워크를 공유하고자 합니다. 이 관리 이론과 프레임워크가 포괄적인 것은 아니지만, 인식의 폭을 넓히는 데 유용합니다. 이러한 팀 행동 모델을 통해 개인과 팀의 역학을 보다 객관적이고 다양한 관점에서 바라볼 수 있습니다. 이를 통해 다른 사람의 경험에 대한 인식을 높이는 동시에 특정 역학 관계에 대한 자신의 기여도를 더 잘 이해하게 될 수 있습니다. 또한 이러한 프레임워크는 팀의 역기능을 공동으로 해결하기 위한 같은 언어와 일련의 잠재적 전략을 제공합니다. ML 팀은 복잡한 업무, 다양한 전문성, 높은 기대치로 이러한 프레임워크를 최대 11단계까지 확장할 수 있습니다.

이런 프레임워크를 기억하는 데 도움이 되는 간단한 연습문제를 준비했습니다. 소개하는 각 이론에 대해 현재나 가장 최근의 업무 경험 중 하나를 설명하거나 관련 지어 생각해 보세요.

워밍업 연습으로, 지시적 관리와 허용적 관리라고도 알려진 'X 이론과 Y 이론'[07]에서 신뢰의 역할을 생각해 보세요(그림 10-3). X 이론은 근로자는 본질적으로 게으르며 경영진의 역할은 업무를 지시하고 외재적 동기를 부여하는 것이라고 주장하는 반면, Y 이론은 근로자는 본

---

07 https://oreil.ly/2NcCc

질적으로 능력과 동기가 있으며 경영진의 역할은 업무의 장애물을 제거하는 것이라고 주장합니다.

그림 10-3 X 이론과 Y 이론에 대한 연상 장치: 일을 거부하는 사람(X)과 일할 기회를 반기는 사람(Y)[08]

그리고 첫 번째 연습은 다음과 같습니다. ML 분야의 경영진이 (아마도) 첫 직장이었던 호텔이나 소매업과 같은 다른 역할 및 기능의 경영진과 다르게 행동한 적이 있나요?

터크먼의 그룹 개발 단계

최소 1년 이상 함께 일해 왔고 이직 경험이 없는 팀보다 새로 구성된 팀이 더 효과적이라고 생각하나요? 그 이유는 무엇인가요?

터크먼^{Tuckman}의 그룹 개발 단계[09]는 팀의 효율성이 팀 개발의 단계 또는 단계와 연관될 수 있다는 이론을 제시합니다(그림 10-4). 브루스 터크먼$^{Bruce\ Tuckman}$은 이 다섯 단계를 다음과 같이 설명합니다.

- **1단계: 구성**

    새 팀이 막 구성되었거나 새 팀원이 막 합류한 경우입니다. 팀원들이 처음 만나고 각자의 역할과 책임을 배우고 그룹에 동화되기 위해 행동에 신중을 기하는 시기입니다.

---

08 출처_ 마르틴 아다멕(Martin Adámek)의 이미지에서 각색했고, CC BY-SA 3.0에 따라 사용했습니다(https://oreil.ly/tOJq1).
09 https://oreil.ly/M1YyB

- **2단계: 폭풍전야**

  팀원들이 자신의 생각을 말하고 그룹 내에서 자신의 위치를 확고히 하기 시작하면서 긴장이 고조되고 잠재된 갈등이 표면화됩니다.

- **3단계: 표준화**

  갈등이 해소되기 시작하고, 팀원 서로가 강점을 인정하며, 권위에 대한 존중이 커집니다.

- **4단계: 수행**

  각 그룹이 팀 리더의 지시 없이도 응집력 있는 단위로 함께 동작합니다.

- **5단계: 마무리**

  팀의 원래 목표가 달성되고 모두 새로운 프로젝트나 다른 팀으로 이동할 수 있습니다.

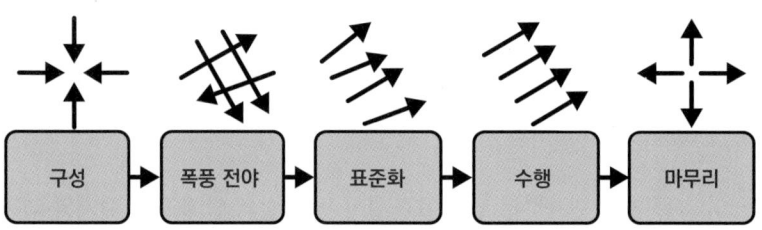

그림 10-4 터크먼의 그룹 개발 단계[10]

터크먼의 이론에 따르면 우리는 팀으로서 함께 이 단계를 통과해 나간다고 가정합니다. 11장에서 다룰 예정인 시기 적절하고 상황 적절한 리더십을 통해 이러한 단계에서 발생하는 격렬하고 감정적인 반응을 합리화적으로 조절할 수 있습니다. 이러한 일반적인 단계를 인식하면 팀 내 개인 간의 신뢰를 떨어뜨리지 않고 시스템적인 차원에서 팀 문제를 고려할 가능성이 높아집니다. 터크먼의 모델을 적용하고 검토한 결과, 새로운 팀원의 합류와 같은 많은 사건으로 오래 지속된 팀도 이전 단계로 되돌아갈 수 있다는 사실을 알 수 있었습니다.

---

10 출처_ 디오고 니콜레티(Diogo Nicoleti)의 이미지(https://oreil.ly/f9pXC)에서 각색했고 CC BY-SA 4.0에 따라 사용했습니다 (https://oreil.ly/JlwN5).

ML 제품 팀과 같이 오래 지속되는 팀 환경은 프로젝트 중심 환경보다 팀 구성과 팀 마무리가 덜 빈번할 수 있습니다. 그러나 장수 팀이 목표인 경우에도 디지털 비즈니스의 매우 역동적인 특성으로 실용적으로 혹은 자주 팀을 재구성해야 할 수도 있습니다. 팀 구성 과정을 효율성의 장애물로 간주해서는 안 되며, 오히려 이 과정에 의도적으로 주의를 기울이는 것을 장점으로 가져갈 수 있습니다.[11]

여러분의 팀을 가장 잘 설명할 수 있는 단계는 무엇이라고 생각하나요? 왜 그런가요?

벨빈의 팀 역할

> 사람들이 참여하는 행동 유형은 무궁무진합니다. 하지만 팀 성과에 효과적으로 기여하는 유용한 행동의 범위는 한정되어 있습니다. 이러한 행동은 팀 역할이라는 용어가 적용되는 일련의 관련 클러스터로 그룹화됩니다.
>
> – 메레디스 벨빈Meredith Belbin

벨빈의 팀 역할 프레임워크[12]는 팀 역할에 대한 아홉 가지 원형을 정의합니다(그림 10-5). 행동 속성에 따라 분류된 원형은 다음과 같습니다.

- 사회적 역할
  - 자원 탐색가
  - 분위기 조성자
  - 지휘자
- 생각 역할
  - 창조자
  - 냉철 판단자
  - 전문가
- 행동 역할
  - 추진자
  - 실행자
  - 완결자

---

11 https://oreil.ly/Q-dBf
12 https://oreil.ly/L4ULT

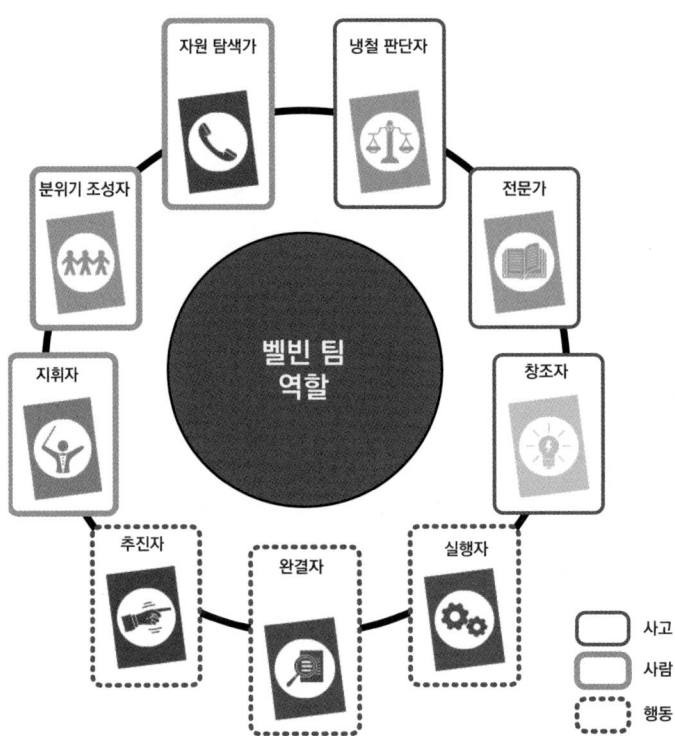

그림 10-5 밸빈의 아홉 가지 팀 역할[13]

자원 탐색가와 같은 역할은 새로운 아이디어를 찾고 통합합니다. 창조자 역할은 창의적으로 문제를 해결합니다. 그리고 완결자 역할은 작업을 다듬고 오류를 면밀히 검토합니다. 어떤 역할도 더 좋거나 나쁘지 않으며 모두 효과적인 팀에 기여합니다.

개인은 기본적으로 행동을 드러내는 여러 질문을 통해 결정될 수 있는 특정 역할을 합니다. 그러나 특정 팀에서 개인은 언제든지 여러 역할을 수행하거나 서로 다른 역할을 수행할 수 있습니다.

ML 팀에서 자원 탐색가는 기술 방향이 어느 정도 정해져 있더라도 항상 다른 옵션이 있으면 더 좋다고 생각하며 프로젝트의 현재 상태와 관계없이 강화 학습과 같은 새로운 기술을 기꺼

---

[13] 출처_ 『Belbin Team Roles』(Butterworth-Heinemann, 1981), https://oreil.ly/L4ULT

이 제안할 수 있습니다. 이러한 제안은 현재 지도 학습 ML 전략supervised ML trajectory으로 팀을 다음 릴리스로 이끄는 데 집중하는 완결자와 충돌할 수 있습니다. 그러나 충분한 자기 인식이 있다면 이러한 갈등은 쉽게 조정될 수 있으며, 심지어 팀에게 좋은 즐거움의 원천이 될 수도 있습니다.

자신의 기본 역할을 알면 이러한 행동이 팀에 도움이 되지 않을 때를 인식하는 데 큰 도움이 될 수 있습니다. 또한 팀워크가 지체되기 시작할 때 모두에게 커피를 마시고 다시 돌아오자고 제안하는 등 수행하지 않는 역할을 파악할 수 있는 것에도 도움이 됩니다. 벨빈의 팀 역할 프레임워크는 이 책을 집필하는 동안 계속해서 새로운 아이디어를 심고 싶은 본능적인 성향이 있을 때에도 중요한 순간에 내면의 완결자 역할에게 집중할 수 있도록 도와주었습니다. 각자의 역할을 적극적으로 모니터링하고 조정하면 훨씬 더 효과적인 팀이 될 수 있습니다.

벨빈의 팀 역할 프레임워크[14]에서 각자의 기본 역할을 파악하는 것은 팀으로서 좋은 연습이 될 수 있습니다.

> ### 호프스테드의 문화적 다양성 이론
>
> 호프스테드Hofstede의 문화 차원 이론[15]은 우리가 살고 있는 사회의 가치와 문화에 의해 우리의 행동이 어떻게 영향을 받는지 설명하는 문화 간 심리적 프레임워크를 제시합니다. 이 이론은 문화 집단 사이에 존재하는 여섯 가지 주요 차원을 설명합니다.
>
> 1. 개인주의[16] – 집단주의[17]
> 2. 불확실성 회피[18]
> 3. 권력 거리(사회적 위계질서의 강도)[19]
> 4. 업무 지향성 대 사람 지향성
> 5. 장기적 지향성[20]
> 6. 자기 억제

---

[14] https://oreil.ly/L4ULT
[15] https://oreil.ly/AnOv3
[16] https://oreil.ly/teuTC
[17] https://oreil.ly/gtb81
[18] https://oreil.ly/qtIRk
[19] https://oreil.ly/TAv6l
[20] https://oreil.ly/YuvUI

> 이 이론은 문화 집단마다 이러한 중요한 차원에서 행동이 다를 것이라는 가설을 세웁니다. 이 이론은 다양한 문화권의 차이를 설명하기 위해 관리 및 연구에서 널리 사용되며, 팀의 잠재적 차이에 대한 인식을 높이는 데 도움이 될 수 있습니다.
>
> 이 이론은 원래 특권을 누리는 백인 남성이 주를 이루는 인구를 대상으로 했다는 점과 민족과 국가를 동질적인 것으로 취급한다는 점 등의 한계가 있습니다. 그럼에도 다양한 문화적 경험에 대한 인식을 제고하고 이해와 적용이 간단하다는 장점이 있습니다. 또한 이 이론은 서로 소통하고 서로의 행동을 더 잘 이해하는 데 도움이 될 수 있으며 특히 글로벌 원격 팀에서 유용하게 활용될 수 있습니다.

지금까지 신뢰가 고성과 팀의 기본 구성 요소인 방법과 ML 팀이 직면한 문제를 살펴보았고, 팀에 구조적인 문제가 있는 상황에서 신뢰를 구축하기 위한 다양한 개인 및 팀 모델을 살펴봤습니다. 이제 효과적인 팀의 다음 구성 요소인 커뮤니케이션에 대해 살펴보겠습니다.

10.2.2 커뮤니케이션

커뮤니케이션은 팀의 핵심 구성 요소이자 때때로 우리 모두를 힘들게 하는 요소입니다. 다양한 전문 분야가 있는 ML 팀에서는 특히 커뮤니케이션이 어려울 수 있습니다. 제품 '기능feature'을 말하는 건가요, 아니면 데이터 '특징feature'을 말하는 건가요? 조Joe가 '평균average'이라고 말했지만 이것이 '통계적 평균mean'을 의미하는 건가요? 그리고 ML에서는 정확도보다 정밀도precision, 재현율recall이 더 중요할 수 있다는 점을 기억하세요(이 소개에서 사용한 말장난이 커뮤니케이션에 방해가 되기보다는 도움이 되었기를 바랍니다. 마지막 말장난은 레이블 클래스 불균형 문제class imbalance를 언급한 것입니다).

커뮤니케이션은 프레임워크의 안내에 따라 의도적으로 주의를 기울이면 향상시킬 수 있는 또 다른 기술입니다. 기술 업계의 일반적인 팀에는 선택할 수 있는 시끄러운 커뮤니케이션 채널이 많기 때문에 어떤 채널을 커뮤니케이션에 사용할지 고민하게 됩니다. 또한 일반적인 팀에는 기복이 있고 사소하고 중요한 문제를 제기하고 해결해야 하는 경우가 많으며, 이러한 모든 시나리오, 특히 어려운 대화에서 커뮤니케이션이 잘 작동하는 것이 중요합니다. 몇 가지 주요 프레임워크에 대해 자세히 살펴보겠습니다.

커뮤니케이션 모델들

기술에 관심이 있는 독자라면 디지털 커뮤니케이션에서 볼 수 있는 요소를 반영하는 대인 커뮤니케이션 모델을 이해할 수 있을 것입니다. [그림 10-6]은 랜디 후지신Randy Fujishin이 쓴 『Creating Communication』(Rowman & Littlefield Publishers, 2018)에서 착안한 아이디어지만, '정보 이론의 아버지'로 불리는 클로드 섀넌Claude Shannon의 연구에서 비롯된 것일 수도 있습니다! 많은 커뮤니케이션 모델에는 발신자가 메시지를 인코딩하고 채널을 사용하여 수신자에게 전송한다는 개념이 포함됩니다. 이 과정에서 노이즈가 메시지를 왜곡할 수 있습니다. 그러면 수신자는 메시지를 해독하고 어떤 형태의 피드백을 제공하며, 발신자는 이를 다시 해독해야 합니다.

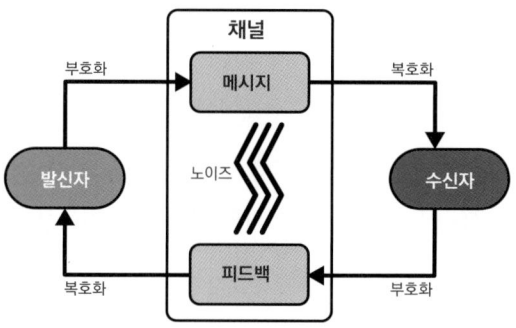

그림 10-6 대인 커뮤니케이션의 많은 모델이 디지털 커뮤니케이션 프로세스에 대응될 수 있습니다.[21]

팀 내 커뮤니케이션이 원활하지 않을 때 기술적인 디버깅 문제로 치부해버리면 큰 문제가 발생할 수 있습니다. 간단한 시나리오를 예시로 들어 보겠습니다. 중요한 이메일이라고 생각한 이메일에 대한 응답을 받지 못했다고 가정해 봅시다. 먼저 문제의 원인을 파악해야 합니다. 이메일(메시지)의 문구(인코딩)를 작성할 때 수신자와의 공유 맥락에 대한 가정이 잘못되었나요? 인코딩된 메시지가 불분명하거나 모순되거나 불완전한가요? 사람들이 이메일을 무시하게 만드는 것은 이메일 채널의 노이즈 때문인가요? 수신자가 이메일을 읽을(디코딩할) 때

---

[21] 출처_ Phlsph7의 위키피디아(https://oreil.ly/1Cgu8) 이미지에서 각색했고 CC BY-SA 4.0(https://oreil.ly/Hq5C_)에 따라 사용했습니다.

중요한 맥락을 놓친 것은 아닌가요? 아니면 수많은 받은 편지함 규칙 중 하나에 의해 피드백이 필터링된 것일까요? 문제의 원인에 대한 가설을 세우게 되면 잠재적인 문제를 격리하고 다른 접근 방식으로 다시 시도해 볼 수 있습니다.

이 프레임워크에서 결정할 수 있는 중요한 사항 중 하나는 커뮤니케이션을 할 때 어떤 채널을 사용할지 결정하는 것입니다. 오해를 불러일으킬 수 있는 복잡하고 미묘한 메시지의 경우 이메일보다는 대면 대화(가능한 경우)가 훨씬 더 바람직합니다. 하지만 이러한 대화는 다른 팀원들과 쉽게 공유할 수 있는 기록[22]을 남기지 않으므로 여러 차례의 일대일 대화보다는 이메일을 통해 후속 조치를 취하는 것이 좋을 수 있습니다. 다양한 봇과 시스템 통합이 포함된 메시징 플랫폼을 통해 비동기적으로 작업하는 전면 원격근무 팀에게는 이 두 가지 채널 모두 절망적으로 구식으로 들릴 수 있습니다. 하지만 후지신의 모델은 여전히 모든 채널의 커뮤니케이션을 분석하는 데 도움이 될 수 있습니다.

근무 위치, 시간대, 내향성 또는 외향성 등의 요인에 따라 개인마다 선호하는 채널과 포럼이 다를 수 있으며, 팀에서 이를 미리 설정해 두는 것이 도움이 됩니다. 이해관계자 및 외부 당사자들도 팀이 준수해야 하는 특정 채널 요구 사항이 있을 수 있으므로 팀 커뮤니케이션은 현실적으로 항상 다채널이 될 것입니다.

6장에서도 데이터 시각화의 가치에 대해 살펴봤습니다. ML 프로젝트에서 우리는 데이터에 대해 자주 소통해야 합니다. 어떤 채널을 통해 어떤 의도로든 모든 대상과 데이터에 관해 소통할 때, 데이터 시각화[23]를 고려하면 메시지의 해독 가능한 신호를 크게 향상시킬 수 있습니다. 데이터 시각화를 만들고 활용하는 것은 팀에서 커뮤니케이션을 돕기 위해 개발해야 할 기술입니다.

중요한 대화 프레임워크

커뮤니케이션을 대인관계의 한 부분으로 충분히 고려한다면, 특히 중요한 순간에 커뮤니케

---

22 반면 화상회의의 AI 녹취록은 "멋진 해변을 망가뜨린다"는 표현보다는 "음성을 인식한다"는 표현이 더 어울립니다. 가끔씩 발생하는 실수에 대비한다면 다채널에서의 커뮤니케이션 시간을 절약할 수 있습니다.
23 https://oreil.ly/vetxm

이션이 더욱 개선될 것입니다. 중요한 대화 프레임워크[24]는 팀이 커뮤니케이션을 개선할 수 있는 훌륭한 도구를 제공하며, 불편하지만 중요한 대화도 적절하게 진행한다면 함께 일하는 데 큰 영향을 미칠 수 있다는 점을 강조합니다.

중요한 대화 프레임워크에서 강조하고 싶은 세 가지 핵심 사항이 있습니다.

폭력도 침묵도 도움이 되지 않습니다

소통을 피하는 것은 제대로 소통하지 않는 것만큼이나 나쁜 결과를 초래할 수 있습니다. 『결정적 순간의 대화』(김영사, 2023)[25]의 저자들은 침묵과 폭력을 스펙트럼의 반대편에, 원활한 커뮤니케이션을 가운데에 배치합니다. 효과적인 팀과 관련하여 '좋은 말이 없으면 아무 말도 하지 말아야 한다'는 오래된 격언은 커뮤니케이션에 대한 최종적인 말이 아닙니다. 어려운 문제를 언제, 어떻게 제기할 것인지에 대한 재평가가 필요하며, 중요한 대화는 이를 위한 프레임워크를 제공합니다.

대화가 중요해지는 시기 인식하기

대화는 이해관계가 첨예하거나 의견이 다를 때, 감정이 격렬할 때 '중요한 대화'로 변합니다. 우리의 도마뱀 같은 뇌는 이러한 상황에 적합하게 설계되지 않았습니다. 야생 환경에 맞게 진화한 호르몬 때문에 우리는 지성과 공감으로 대응하는 대신 싸움이나 도피 모드로 전환합니다. 하지만 이러한 순간을 인식하면 본능적인 반응을 진정시키고 효과적인 대화를 위한 프레임워크를 사용할 수 있습니다.

중요한 대화를 나누는 방법

중요한 대화를 하는 방법에 대한 자세한 내용은 앞서 언급한 『결정적 순간의 대화』라는 책을 참조하기 바랍니다. 이 접근 방식의 핵심 요소는 다음과 같이 요약되어 있습니다.

---

[24] https://oreil.ly/5uy90
[25] 옮긴이_ 원서는 Joseph Grenny, Handford, Martin, Ron McMillan, Al Switzler, Emily Gregory, 『Crucial Conversations』(McGraw-Hill, 2002)이고 번역서는 김경섭, 박우진이 번역했습니다.

- 집단적으로 달성하고자 하는 결과에 집중하고, 이탈이나 방해 행위의 징후를 주시하여 안전하게 대화하세요.
- 자신의 동기를 파악하고 다른 사람들이 공감할 수 있는 이야기를 공유함으로써 **자신의 대화 방향을 탐색할** 준비를 하세요.
- 진정한 공감과 연민으로 다른 사람의 대화 방향을 탐색하세요.
- 이러한 소통의 과정을 서로 공유하는 **대화 의미의 풀**에 기여하는 것으로 간주하세요.
- 공유된 이해에서 공유된 행동으로 나아갈 수 있도록 준비하고 행동할 수 있어야 합니다.

중요한 대화 프레임워크는 더 자세한 지침과 학습 리소스를 제공합니다. ML 제품 개발 환경은 대부분의 기술자가 인정하고 싶지 않은 것보다 더 많은 이해관계, 다양한 의견, 감정이 얽혀 있는 중요한 대화를 위한 비옥한 토양입니다. 마지막으로 나눈 중요한 대화를 더 잘 처리할 수 있었다고 생각한다면 이 프레임워크를 더 자세히 살펴볼 가치가 있습니다.

솔직한 피드백

대화가 중요하지 않을 때에도, 우리는 에드 캣멀^{Ed Catmull}의 『창의성을 지휘하라:지속 가능한 창조와 혁신을 이끄는 힘』(와이즈베리, 2025)[26] 또는 킴 스콧^{Kim Scott}의 『실리콘밸리의 팀장들』(청림출판, 2019)[27]에서 설명하는 솔직함의 개념을 이해하고 인정해야 하며, 토론은 활발하고 상호 존중해야 하며 개개인보다는 아이디어와 제품에 객관적으로 초점을 맞추어야 합니다. 솔직함의 개념은 팀의 산출물에 대한 피드백을 전달할 때 유용한 프레임워크가 될 수 있습니다.

렌치오니의 모델에서 솔직함과 생산적 갈등의 유사성에 주목하세요. 솔직한 피드백을 통해 팀은 아주 초보적인 시작 단계부터 점점 더 가치 있는 완성 단계에 이르기까지 지속적으로 제품을 재구성할 수 있습니다. 픽사의 에드 캣멀은 다음과 같이 말합니다.[28]

---

[26] 옮긴이_ 원서는 Ed Catmull, Amy Wallace, 『Creativity, Inc.: Overcoming the Unseen Forces That Stand in the Way of True Inspiration』(Random House, 2014)이고 번역서는 윤태경, 조기준이 번역했습니다.
[27] 옮긴이_ 원서는 Ed Catmull, Amy Wallace, 『Radical Candor: Be a Kick-Ass Boss Without Losing Your Humanity』(St. Martin's Press, 2017)이고 번역서는 박세연이 번역했습니다.
[28] 출처_ 『창의성을 지휘하라: 지속 가능한 창조와 혁신을 이끄는 힘』(와이즈베리, 2025)

솔직함은 크리에이티브 프로세스에서 이보다 더 중요할 수 없습니다. 왜일까요? 초창기에는 우리 영화가 모두 형편없었기 때문입니다. 그리고 이것이 마땅히 그래야 하는 방식입니다. 창의성은 어딘가에서 시작되어야 하며, 우리는 결함이 있는 스토리가 제대로 된 줄거리를 되거나 공허한 캐릭터가 영혼을 찾을 때까지 계속하여 다시 작업하는 솔직한 피드백과 반복적인 과정의 힘을 진정으로 믿습니다.

ML 모델과 제품의 첫 번째 버전은 비슷하게 초보적이며, 솔직한 피드백과 수정을 통해 비슷한 이점을 얻을 수 있습니다.

따라서 소통과 신뢰가 서로를 강화하는 기본 요소라는 것을 알 수 있습니다. 또한 커뮤니케이션은 다양한 팀을 하나로 묶는 접착제이자 공동의 발전을 이룰 수 있는 팀 협업의 기반입니다.

10.2.3 멤버의 다양성

1990년대 초에 마릴린 로든Marilyn Loden과 주디 로스너Judy Rosener가 개발한 '다양성 휠(그림 10-7)'[29]에서 볼 수 있듯이 다양성에는 여러 차원이 있습니다. 성격 차원 외에도 개인의 다양성을 나타내는 다른 주요 첫 번째 (또는 내부) 차원에는 연령, 민족적 유산, 인종, 성별, 성적 지향, 정신적 및 신체적 능력 등이 있습니다. 두 번째(또는 외부) 차원은 개인의 사회적 관계와 관련이 있으며 지리, 업무 경험, 교육 등을 포함합니다. 세 번째(또는 조직) 차원은 개인과 조직과의 관계를 설명하며 역할, 부서, 연공서열 등이 포함됩니다.

---

[29] https://oreil.ly/G_MRQ

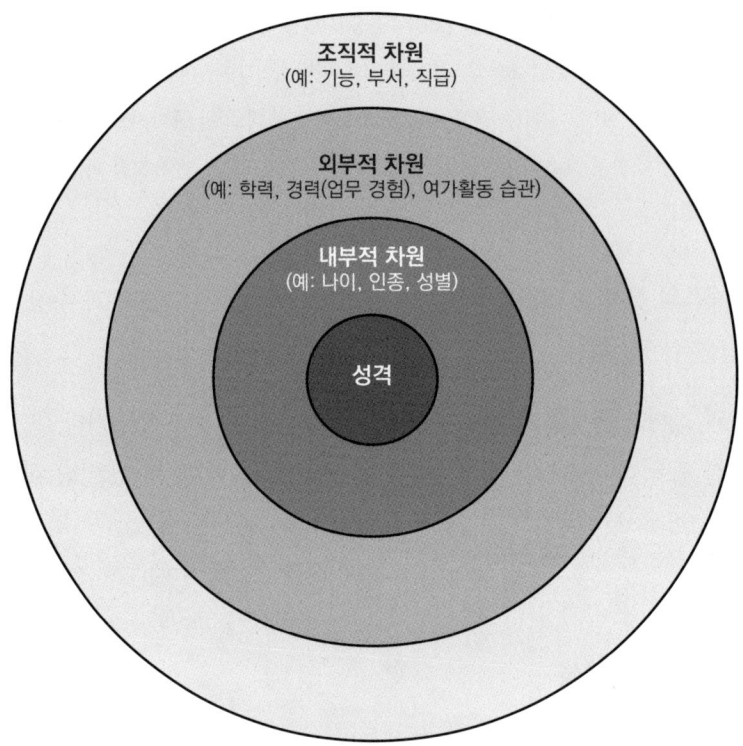

그림 10-7 다양성 휠은 다양성을 구성하는 여러 차원을 열거합니다.[30]

첫 번째 차원과 두 번째 차원: 사회인구학적 다양성

다양성이 있는 팀일수록 문제 해결과 사실적인 처리에 더 능숙하고, 더 혁신적인 솔루션과 더 나은 재무 성과를 더 잘 만들어내는 것으로 나타났습니다.[31] 팀의 다양성을 우선시하지 않으면 팀의 효율성이 떨어질 뿐만 아니라 예방 가능한 문제로 실패할 가능성도 높아집니다.

요컨대, 다양성이 있는 팀일수록 ML 제품을 더 잘 구축할 수 있으며 효과적인 ML 팀은 개인의 뛰어난 기술력뿐만 아니라 다양성을 우선시해야 합니다. 경험에 따르면 다양한 구성원은 획일화된 팀의 편향 현상echo chamber에 비해 일반적으로 더 많은 각도에서 문제를 고려하고 결과적으로 더 나은 솔루션을 식별하도록 팀을 이끕니다.

---

30 출처_ Diversity Wheel, Loden et al. 1991(https://oreil.ly/G_MRQ)
31 https://oreil.ly/TKFWn

ML 팀의 구성원이나 리더는 다양성 목표를 구체화하고 실행하기 위해 인사(HR), 인재 개발 팀은 물론 다양성 팀, 형평성 및 포용성 팀을 포함한 많은 조직 부서와 협업해야 합니다. 어렵게 들릴 수도 있지만 이러한 다양성에서 오는 보상은 크고, 노력할 만한 가치가 있으며, 대화를 시작하기만 한다면 기꺼이 협력하는 많은 사람을 찾을 수 있습니다. 다양성을 우선시해야 하는 이유에 대한 간략한 사례와 초기 방향을 제시하는 데 도움이 되었기를 바랍니다.

세 번째 차원: 기능 및 역할의 다양성

우리는 이미 팀 내 개인의 행동 패턴인 벨빈의 아홉 가지 팀 역할과 이러한 역할을 다양화해야 하는 이유에 대해 살펴본 바 있습니다. 1장에서는 다양한 기능적 역할을 포함하는 수직적으로 분할된 교차 기능 팀의 개념도 소개했습니다(이는 로든과 로세너가 규명한 다양성의 세 번째 차원과도 일치합니다). 특정 팀에 필요한 기능적 역할은 해당 팀이 수행하는 업무 유형과 조직의 다른 팀과의 상호작용에 따라 결정되며, 다음 장에서 더 자세히 다룰 것입니다. 지금은 필요한 경우 내부 및 외부 플랫폼을 활용하여 제품 기능을 엔드 투 엔드로 제공하고 고객의 피드백을 이끌어내고 고객의 기대에 부응할 수 있도록 하는 팀의 다양한 역할을 살펴보겠습니다.

서문에서 이 책이 도움을 주기 위해 고안된 주요 페르소나를 소개했습니다.

- 데이터 과학자 및 ML 엔지니어
- 소프트웨어 엔지니어, 인프라 엔지니어, 아키텍트
- 제품 관리자, 전달 관리자, 엔지니어링 관리자

또한 교차 기능cross-functional 팀은 엔드투엔드 가치를 제공할 수 있도록 다른 많은 기능적 역할을 포함할 수 있습니다. 이 책이 설계된 주요 페르소나의 이해를 돕기 위해 [표 10-1]에 몇 가지 예시를 더 제공합니다.

표 10-1 ML 팀의 추가적인 교차 기능 역할

교차 기능 역할	역할의 목적	부재했을 때 발생하는 문제
UX 리서치, UX 디자인	사용자 요구 사항을 이해 및 솔루션 설계의 요구 사항을 충족 검증	제품 시장 적합성에 대한 부재
제품 관리자	제품 비전, 전략 및 로드맵을 구체화 및 정의, 비즈니스 목표에 맞추어 기능의 우선순위 설정	매력적인 제품 방향성 부족, 고객 요구, 비즈니스 목표 및 개발 노력 간의 불일치
비즈니스 분석가	비즈니스 이해관계자와 전달 팀 간의 대화 촉진	요구 사항 또는 우선순위에 대한 모호성
도메인 주제 관련전문가(SME)	특정 비즈니스 또는 지식 영역에 대한 심층적인 전문 지식을 공유	많은 추측, 가정 및 의견, 잘못된 가정으로 발생하는 재작업 가능성
데이터 엔지니어	적절한 거버넌스를 통해 A에서 B로 데이터 가져오기	데이터 액세스나 데이터의 적합성을 파악하기 느리거나 어려움
QA	팀이 산출물의 품질을 이해하고 보장하도록 지원	불명확한 테스트 전략, 결함 및 인시던트, 그로 발생하는 재작업 발생

ML 팀에 이러한 각 역할을 담당하는 개인이 없을 수도 있습니다. 만약 있다면 11장에서 설명할 목표 규모인 5~9명을 초과할 가능성이 높고 결과적으로 매우 다루기 어려워집니다. 팀원이 T자형 기술[32] (예 데이터 과학자가 데이터 엔지니어나 비즈니스 분석가 역할도 수행할 수 있는 경우)을 가지고 있다면 이러한 개인이 여러 역할을 수행할 수 있으며, 이 경우 소규모 팀과 교차 기능 팀의 이점을 모두 누릴 수 있습니다.

이러한 역할은 전달 전 과정의 일부이므로 ML 팀에 영구적으로 배치되어 있지 않다면 일시적으로 인력을 빌리거나 제공 프로세스의 업스트림 또는 다운스트림에서 다른 팀의 누군가가 이러한 역할을 수행하게 되기 때문에 해당 역할과 상호작용할 가능성이 높습니다. 이 작업을 효과적으로 수행하는 방법에 대해 생각해 볼 가치가 있으며, 11장의 팀 토폴로지 절에서 이에 대한 패턴을 제공합니다.

또한 ML 팀은 제안된 솔루션의 실현 가능성과 실행 가능성을 판단하기 위한 ML 기술 연구

---

[32] https://oreil.ly/IJfGf

와 같이 연구 결과를 미리 예측하기 어려운, 지속적 또는 개별적인 기간 동안 개인에게 특화된 활동에 집중해야 하는 경우가 많습니다. 이러한 유형의 연구는 실현 불가능할 위험이 훨씬 낮고, 실행 가능한 솔루션이 훨씬 다양하며, 제공 주기가 더 빠른, 보다 예측 가능한 제품 개발 활동(예 일반적인 웹 애플리케이션)과는 대조적입니다. 이러한 활동은 전문성이 덜 필요하기 때문에 팀원들 간에 공유하기가 훨씬 쉽습니다. ML에서 전문 연구는 필요하지만 고립되어서는 안 되며, 페어링, 리뷰, 쇼케이스와 같은 확립된 팀 관행을 통해 이러한 활동과 관련된 진행 상황에 대한 소통과 조율을 유지해야 합니다.

여기서 중요한 것은 모든 역할을 나열하는 것이 아니라 다양성의 첫 번째, 두 번째 차원에서 나타나는 다양한 개인과 더불어 다양한 기능적 역할을 효과적인 팀의 구성 요소로 강조하는 것입니다. 경험상 다양한 팀이 역동적인 환경에서 더 효과적으로 성과를 내는 이유는 위험을 초래하거나 진행을 방해할 수 있는 더 많은 문제를 식별하고 해결할 수 있기 때문입니다.

팀원들이 다른 역할의 필요성을 인식하면 공감대를 형성하고 팀 전체의 업무 흐름을 개선하는 데 도움이 됩니다. 이러한 측면에서 다양성이 있는 팀은 서로에게 촉매제가 되고 영양분이 됩니다. 이에 대한 자세한 내용은 마지막 내부 구성 요소가 다른 구성 요소를 어떻게 강화하는지 다음 절에서 살펴보겠습니다.

10.2.4 동기부여와 프로세스 공유

> 무엇이 발전을 촉진하는 역할을 하는지, 무엇이 그 반대의 역할을 하는지 파악하는 것이 사람과 업무를 효과적으로 관리하는 열쇠입니다.
>
> — 테레사 아마빌레^{Teresa M. Amabile}와 스티븐 크레이머^{Steven J. Kramer},
> 『The Power of Small Wins』[33] 저자

저자인 테레사 아마빌레와 스티븐 크레이머는 그들이 쓴 『The Progress Principle』[34]에서

---

[33] 『The Power of Small Wins』(Harvard Business Review Press, 2011), https://oreil.ly/-N2Sg
[34] 『The Progress Principle』(Harvard Business Review Press, 2011)

작은 승리[35]가 직장 내 삶을 개선하는 힘을 입증합니다. 연구진은 회사 7곳과 26개 프로젝트 팀에서 선발된 238명의 참가자가 작성한 약 12,000개의 일기장을 연구하여 만족감과 성취감, 좌절감과 슬픔 등 직장 내 삶의 질 향상 또는 저하와 관련된 다양한 요인을 파악할 수 있었습니다.

참가자들이 매일 느끼는 가장 중요한 요소는 의미 있는 업무에서 진전을 이루었는지 여부였습니다. 두 번째로 중요한 요소는 촉매제(시스템과 프로세스를 활성화하는 것)의 지원을 받는다고 느끼는지, 아니면 억제제(지원 부족 또는 업무 완수에 대한 적극적인 방해 요소)에 의해 방해받는다고 느끼는지 여부였습니다.

이 책에서 우리는 좋은 팀 프로세스, 관행, 도구가 어떻게 훌륭한 업무의 촉매제 역할을 하는지와 더불어 열악한 프로세스, 관행, 도구는 어떻게 방해 요인으로 작용하는지에 대해 연구해 왔습니다. 촉매제는 'scipy.spatial.KDTree'와 같은 멋진 모듈에 대한 액세스일 수 있고, 억제제는 데이터에 액세스하기 위해 며칠 또는 몇 주를 기다리는 것일 수 있습니다. 진행 원칙은 효과적인 ML 팀에게 효과적인 업무 시스템의 중요성에 대한 또 다른 관점을 제공합니다.

10여 년 전의 이 연구는 이 장의 뒷부분에서 설명하는 엔지니어링 효과 및 개발자 경험에 대한 가장 최근의 연구와 일치합니다. 이 두 연구에 따르면 흐름 상태, 피드백 루프, 인지 부하가 모두 긍정적인 업무 경험에 영향을 미치는 요소입니다.

아마빌레와 크레이머는 업무는 의미 있는 일, 즉 목적을 가지고 수행되어야 한다고 말합니다. ML과 같은 복잡한 지식 작업은 의미 있는 작업을 위한 전제 조건이 있지만, ML 목표가 더 넓은 조직의 목적과 어떻게 연결되는지에 따라 그 의미가 증폭될 수 있습니다. 조직의 목적이 직원들의 공감을 얻지 못하거나 ML 목표가 그 목적과 무관하거나 반대되는 경우, 지적 활동을 위한 ML은 금방 의미를 잃게 됩니다. 반면에 조직의 목적에 따라 고유한 제약을 정의하면 팀이 혁신적인 ML 솔루션으로 이끄는 매력적인 도전 과제를 만들 수 있습니다.

실제로 복잡한 문제를 해결하는 것이 조직의 목적에 부합하는 경우, 효과적인 팀의 리더십은

---

35 https://oreil.ly/-N2Sg

방해 요소에서 벗어나는 것입니다. 이는 다니엘 핑크Daniel Pink가 쓴 『드라이브: 창조적인 사람들을 움직이는 자발적 동기부여의 힘』(청림출판, 2011)[36]에서 강조한 내용입니다. 핑크는 복잡한 업무에 종사하는 직원들에게 동기를 부여하는 세 가지 핵심 요소인 자율성, 전문성, 동기부여를 확인했습니다. 이러한 시나리오에서는 외부의 보상이 부적절하거나 심지어 역효과가 날 수도 있습니다. 자율성은 스스로 지시할 수 있는 자유, 전문성은 개인 기술에 대한 발전의 누적 효과, 동기부여는 더 큰 무언가에 기여하려는 열망입니다. 아마빌레와 크레이머는 진보 원칙이 작동하려면 일을 하는 사람에게 의미가 있어야 한다고 말합니다.

진행 방향과 목적은 개인에게 중요한 동기부여입니다. 그러나 개인이 다양한 목적을 위해 각각 다양한 다른 목적으로 일하고 있다면 [그림 10-8]에 표시된 것처럼 진행 방향은 벡터이기 때문에 팀으로서는 발전했다고 보기 어렵습니다. 이는 [그림 10-4]와도 유사합니다. 이는 만약 모든 사람이 같은 방향으로 진행 중이라면 그 방향으로의 진행 상황을 합산했을 때 개인의 기여도가 더 커진다는 뜻입니다. 그러나 모든 사람이 서로 다른 방향으로 나아가고 있다면 그 결과에는 실질적인 변화가 없으며, 오히려 일부 노력은 다른 노력을 되돌릴 수 있습니다. 개인이 서로 다른 목적을 위해 일할 때, 우리는 더 이상 팀이 아니라는 것이 분명해집니다. 노력의 방향이 일치하면 비슷한 규모의 노력이 어긋날 때보다 훨씬 더 큰 결과를 얻을 수 있습니다.

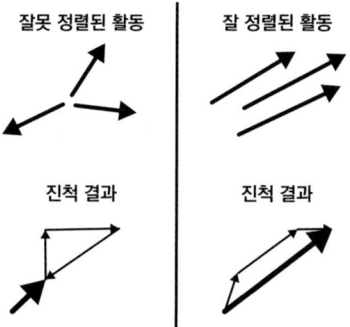

그림 10-8 진행 상황의 벡터 표시

---

36 옮긴이_ 원서는 Daniel H Pink, 『Drive: The Surprising Truth About What Motivates Us』(St. Martin's Press, 2017)이고 번역서는 김주환이 번역했습니다.

ML 팀에서는 서로 다른 기술 스택, 서로 다른 오류 가중치 또는 팀원 간의 서로 다른 제품 우선순위로 이러한 불일치가 나타날 수 있습니다. 베이크 오프라고도 불리는 여러 가지 접근 방식을 동시에 시도해야 하는 상황이 있을 수 있지만, 이러한 접근 방식은 무한정 지속하기보다는 의도적으로 설계하고 타임박스를 설정해야 합니다.

개인이 팀원으로서 함께 일할 때 서로에게 시너지가 됩니다. 하지만 개인이 자신의 목적만을 위해 일하면 서로에게 미치는 영향은 잘해도 원점일 가능성이 높으며, 오히려 서로를 방해할 수 있습니다. 따라서 팀원들 간에 진행 방향이 일치할 때 우리는 더 많은 좋은 결과와 더 많은 시너지를 보게 됩니다. 진행 상황이 잘못 정렬되면 진행 상황이 줄어들고 억제 요인도 나타날 수 있습니다. 이는 목적에 따른 진행 상황 공유가 효과적인 팀의 핵심 구성 요소인 이유를 잘 보여줍니다.

일련의 구성 요소와 그 이면에 있는 세부적인 연구를 통해 다각적인 행동 프레임워크를 살펴봤습니다. 이러한 내용은 공부할 가치가 있으며, 더 나은 팀원이나 팀 리더가 되는 데 도움이 될 것입니다. 하지만 좋은 소식은 행동하기 전에 이러한 정보를 철저하게 공부할 필요는 없다는 것입니다. 이러한 구성 요소 중 많은 부분을 동시에 해결하고 바로 실행에 옮길 수 있는 매우 간단한 전술이 있습니다!

이러한 전략 중 몇 가지를 살펴보겠습니다.

10.2.5 효과적인 팀을 만들기 위한 내부적인 전략

이 절에서는 팀 기능 장애를 해결하기 위한 규범적이고 이론적인 접근 방식을 제시하는 것이 아닙니다. 대신 [표 10-2]에서 실제로 효과가 있는 것으로 입증된 전략을 제시합니다. 이러한 전략 중 상당수는 이전 장에서 소개했습니다. 지금까지 살펴본 프레임워크와 이론은 유용한 정신 모델과 이러한 전술이 효과가 있는 이유에 대한 근거를 제공합니다.

표 10-2 효과적인 ML 팀을 구축하기 위한 내부 전략

전략	설명	메인 타깃	장점
팀 가치 작성[37]	팀이 서로에게 약속하는 가치와 약속에 대한 설명	• 신뢰 • 다양성	진정성 있고 달성 가능하며 관련성 있는 약속
개인 목표[38]	개인 목표를 포착하기 위한 A3 관리[39] 기법	• 목적 의식, 프로세스 공유 • 다양성	당면한 업무, 관심사, 장기적인 커리어와 관련된 목표
작업의 시각적 관리[40]	칸반 보드 또는 다른 자료을 사용하여 작업의 완료 단계 및 협업 추적하기	• 커뮤니케이션 • 목적 의식, 프로세스 공유	보드를 통한 진행 상황 및 조정, 필요에 따라 추가적인 정보[41] 제공
주기적 계획 설정[42]	다음 주기에 대한 업무 동기화	• 커뮤니케이션 • 목적 의식, 프로세스 공유 • 신뢰	팀 내 및 이해관계자와의 목표 명확성, 계획의 유연성 유지
성과 발표회[43]	이해관계자에게 정기적으로 솔루션 데모 시연	• 커뮤니케이션 • 목적 의식, 프로세스 공유 • 신뢰	이해관계자가 상호작용할 수 있게 됨. 피드백을 제품 요구 사항에 신속하게 반영
빠른 피드백[44]	팀원 들 간 빠른 피드백 교환	• 커뮤니케이션 • 신뢰	(이전에는 불안해했지만) 팀원들이 인정과 성장 기회로 활력을 얻음
회고[45]	잘 작동한 것과 잘 작동하지 않은 것을 정기적으로 검토	• 신뢰 • 목적 의식, 프로세스 공유	일하는 시스템을 위한 안전한 환경 및 실행가능한 변화 달성

---

[37] https://oreil.ly/FAWjC
[38] https://oreil.ly/HUw0q
[39] https://oreil.ly/VVUzF
[40] https://oreil.ly/0ai1L
[41] https://oreil.ly/mg8gg
[42] https://oreil.ly/AvPX4
[43] https://oreil.ly/pDhnr
[44] https://oreil.ly/Q1z76
[45] https://oreil.ly/l9YFX

> ### 형식 대 본질: NUMMI의 사례
>
> 저자들은 『Lean Enterprise』(O'Reilly, 2014)에서 NUMMI^{New United Motor Manufacturing, Inc.}의 성공에 대한 이야기를 들려줍니다. NUMMI가 되기 전에는 1962년부터 1982년까지 제너럴 모터스가 운영하던 프리몬트 조립 공장이었으며, 프리몬트 공장의 직원들은 미국 자동차 업계에서 최악의 인력으로 여겨졌습니다.[46] 도요타가 인수한 후 이 공장은 도요타 생산 시스템(TPS) 방식을 도입했습니다. 2년 만에 NUMMI 공장은 일본 공장과 동일한 속도로 자동차를 생산했고, NUMMI 공장에서 생산된 코롤라는 차량 100대당 결함 수가 일본에서 생산된 것과 비슷한 수준으로 떨어져 품질이 동등하다는 평가를 받았습니다.
>
> TPS의 가장 두드러진 특징은 제품의 품질을 가장 중요시한다는 점입니다. TPS는 제품에 품질을 유지하는 것을 최우선 과제로 삼기 때문에 문제가 발생하면 즉시 해결하고 향후 이러한 문제가 발생하지 않도록 시스템을 개선합니다. 문제가 발생하면 작업자는 안돈 코드^{Andon Cord}[47]를 통해 우려 사항을 표시합니다. 그러면 관리자는 해당 문제에 관심을 기울이고 직원과 협력하여 해결책을 찾습니다. 문제가 지속된다면 생산 라인을 중단하고 품질개선을 먼저 진행합니다. 사고 발생 후, 팀은 향후 유사한 문제를 방지하기 위한 전략을 공동으로 브레인스토밍하고 실행했습니다.
>
> 도요타는 운영 관행을 투명하게 공개하고 경쟁업체에 공장 견학까지 제공했지만, 진정한 마법은 안돈 코드와 같은 도구와 프로세스가 아니라 뿌리 깊은 조직 문화에 있었습니다. 한 GM 부사장이 공장의 모든 측면을 문서화하여 NUMMI의 성공을 모방하려 했던 일화는 이를 잘 보여줍니다. 피상적인 모방으로 공장에는 안돈 코드가 설치되어 있었지만 아무도 그것을 당기는 사람이 없었습니다. 핵심적인 이유는 관리 인센티브가 잘못 조정되어 있었기 때문이었습니다. 관리자와 그들의 보고는 NUMMI 성공의 핵심인 협업 정신이 아니라 품질과 관계없이 생산된 자동차 대수에 따라 좌우되었습니다.
>
> 관행도 중요하지만, 근본적인 문화와 가치가 진정한 성공을 이끄는 원동력입니다.
>
> 1장에서 일하는 방식과 관련된 일반적인 함정, 즉 이유에 대한 이해와 실질적인 내용 없이 팀에서 프로세스를 진행하는 것에 대해 언급했습니다. 현재 팀에서 하고 있는 프로세스 중 팀 구성에 기여하는 프로세스는 무엇이고 쓸모없는 프로세스에는 어떤 것이 있나요?

이제 효과적인 ML 팀을 구축하기 위한 이러한 이론과 기법을 엔지니어링 효율성을 개선하는 방법으로 보완해 보겠습니다.

---

[46] https://oreil.ly/fnv2m
[47] https://oreil.ly/hEbcb

10.3 엔지니어링 효율성을 통한 흐름 개선

지금까지 논의한 기술은 모든 팀에 적용할 수 있지만, ML 팀에 특별히 고려해야 할 사항도 강조했습니다. 앞서 논의했듯이 몇 가지 추가 사항이 있지만 ML 팀은 소프트웨어 엔지니어링 팀과 동일한 특성을 많이 공유하므로 엔지니어링 효율성에 대한 접근 방식은 일반적으로 ML 팀에 적용할 수 있습니다.

ML 제품 개발이 소프트웨어 엔지니어링과 다른 점은 연구(적용 가능한 지식의 산출물)와 배포(유지 관리 가능한 작동 소프트웨어의 산출물)의 정도 차이에 있습니다. 물론 모든 답이 선험적으로 알려진 것은 아니기 때문에 연구는 소프트웨어 제공의 필수적인 부분이지만, ML 제품은 큐레이션된 데이터를 기반으로 제품이 실현 가능하고 실행 가능한지 판단하는 데 필요한 연구의 정도에 따라 구분됩니다.

이러한 데이터를 큐레이션하려면 검색과 전달 모두에서 추가적인 종속성, 노력, 실패 모드를 도입하는 복잡한 데이터 공급망도 필요합니다. 반면, 운영 데이터를 주로 또는 독점적으로 처리하는 소프트웨어 시스템은 이러한 분석 데이터 공급망의 복잡성을 최소화하거나 피할 수 있습니다. 그러나 소프트웨어 엔지니어링의 추가 적용 가능성을 위해, 최신 데이터 엔지니어링 관행은 이러한 데이터 공급망을 가능한 한 '소프트웨어 정의'로 만드는 것을 목표로 합니다. 따라서 소프트웨어 엔지니어링은 다음과 같은 주의 사항과 함께 여전히 ML 제품 개발에 유용한 프레임워크입니다.

최근 몇 년 동안 개발자 경험(또는 DevEx)과 엔지니어링 효율성에 대한 연구를 통해 가치의 흐름을 개선하거나 방해하는 요인에 대한 몇 가지 인사이트를 얻었습니다. 〈개발자 경험의 이해와 개선을 위한 실행 가능한 프레임워크〉[48]라는 연구 논문에서 저자들은 DevEx에 영향을 미치는 25가지 이상의 사회기술적 요인을 확인했습니다. 예를 들어, 중단, 비현실적인 마감일, 개발 도구의 마찰은 DevEx에 부정적인 영향을 미치는 반면, 명확한 작업, 잘 정리된 코드, 손쉬운 릴리스는 DevEx를 개선합니다. 흔히 DevEx가 주로 기술과 도구의 영향을 받는다고 오해하는 경우가 있습니다. 그러나 이 논문은 『The Power of Small Wins』과 마찬

---

[48] https://oreil.ly/9r4aA

가지로 프로젝트에 대한 명확한 목표가 있고 팀에서 심리적으로 안전하다고 느끼는 것과 같은 인적 요소가 개발자의 성과에 상당한 영향을 미친다는 것을 보여줍니다.[49]

또 다른 논문인 〈DevEx: 무엇이 실제로 생산성을 높이는가〉[50]에서 같은 저자인 니콜 포스그렌Nicole Forsgren은 이러한 요소를 피드백 루프, 흐름 상태, 인지 부하라는 세 가지 핵심 차원으로 더 세분화했습니다(그림 10-9).[51]

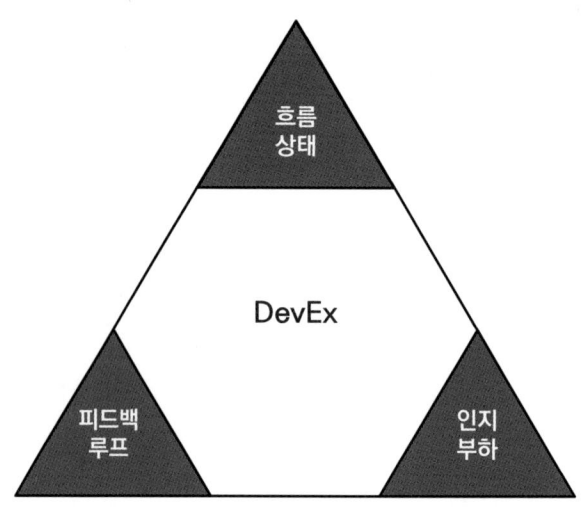

그림 10-9 개발자 경험의 세 가지 차원[52]

DevEx의 세 가지 핵심 측면을 살펴보겠습니다.

---

49 개발자 경험 분야에서 사고 리더십과 큐레이션을 제공한 이 백서의 공동 저자 아비 노다에게 특별한 감사를 표합니다(https://oreil.ly/CFuTr).

50 https://oreil.ly/yLDNq

51 개발자의 생산성을 측정하는 또 다른 흥미로운 결과는 구글의 엔지니어링 생산성 연구팀을 이끌고 있는 시에라 제스펜Ciera Jaspan과 콜린 그린Collin Green(https://oreil.ly/QSdez)의 연구 결과입니다. 이들은 속도(작업이 얼마나 빨리 완료되는지), 용이성(작업이 얼마나 쉽게 완료되는지), 품질(작업이 얼마나 잘 완료되는지)이라는 세 가지 주요 차원을 발견했습니다. 각 차원에는 측정 가능한 요소와 지표가 수반됩니다.

52 출처_ 〈DevEx: 무엇이 실제로 생산성을 높이는가(https://oreil.ly/yLDNq)〉의 이미지를 각색한 것입니다.

10.3.1 피드백 루프

DevEx의 세 가지 핵심 측면을 살펴봅시다. 예를 들어, ML 종사자는 모델 트레이닝 실행이 완료되기를 기다리는 데 상당한 시간을 소비할 수 있습니다. 그후에는 코드 검토자의 승인을 기다리기도 하고, 운영팀의 모델 배포를 기다리기도 합니다. 이러한 모든 기다림은 작업 진행에 방해가 됩니다.

느린 피드백 루프는 개발 프로세스를 방해하여 개발자가 기다리거나 맥락을 전환할 때 답답함과 지연을 초래합니다. 느린 피드백 루프는 시스템(운영 알림 등) 또는 사람(코드 검토 댓글 등)의 피드백이 예측할 수 없는 시간에 반환되어 집중을 요할 때 추가적인 인터럽트를 발생시킵니다. 반면 빠른 피드백 루프는 개발자가 마찰을 최소화하면서 작업을 완료하고 아이디어를 빠르게 테스트할 수 있게 해 줍니다.

이 책에서는 여러 분야에 걸쳐 피드백 루프를 단축할 수 있는 다양한 기법을 설명했습니다.

- **제품**

  프로토타입 테스트, 고객 조사, 데이터 제품 캔버스와 같은 관행을 통해 팀은 실제 소프트웨어 및 ML 솔루션을 구축하는 것보다 훨씬 더 비용 효율적인 방식으로 고객의 고충과 요구 사항을 발견할 수 있습니다(1장 및 2장 참조).

- **엔지니어링 및 ML**

  자동 테스트, 페어 프로그래밍, CD4ML과 같은 관행은 ML 종사자에게 코드 변경에 대한 빠른 피드백을 제공합니다. 개념 증명은 엔지니어링 노력에 투자하기 전에 ML 솔루션의 실현 가능성을 평가하는 데도 도움이 됩니다(1장 및 3~9장 참조).

- **전달**

  명확한 승인 기준이 있는 사용자 시나리오, 정기적인 쇼케이스, 페어 프로그래밍과 같은 관행은 ML 종사자의 피드백 루프를 며칠에서 몇 분으로, 몇 주에서 며칠로 대폭 단축합니다(1장과 2장 참조).

제품이 성숙해짐에 따라 데이터셋의 크기가 커지고 개선의 한계가 점점 더 늘어납니다. 훈련 과정에는 많은 연산이 필요할 수 있습니다. 대규모 자본 투자가 없는 경우, 한 작업의 주기 시간을 줄이기 위해 할 수 있는 일이 많지 않을 수 있습니다. 차선책으로 할 수 있는 것은 작업 주기를 줄여 장시간 실행되는 작업은 주로 손을 떼고 맥락 전환이 쉬운 작업으로 전환하는 것입니다. 이렇게 하면 하나의 제품 또는 여러 제품에서 여러 작업을 병렬로 실행할 수 있습니다. 완료에 대한 명확한 정의와 프로세스의 대대적인 자동화 등 제품 개발에서의 피드백 루프로 빠르게 하는 동일한 기술을 사용하면 피드백 루프 시간을 최소화하는 것에서 피드백의 주기를 최소화하는 것으로 원활하게 전환할 수 있습니다. 그러나 오프 사이클에 더 많은 작업을 채울 때 높은 활용도를 추구하는 것은 빠른 피드백을 방해하는 독약과 같다는 점을 명심하세요. 주기 시간을 줄이기 위해 할 수 있는 일이 있는지 주기적으로 검토해야 하며, 개발 프로세스의 적합성 기능으로 주기 시간에 대한 엄격한 제한을 설정[53]할 수도 있습니다.

10.3.2 인지 부하

ML 시스템 구축은 구동되는 부분이 많은 복잡한 작업이며, 빠르게 진화하는 툴체인은 ML 종사자의 인지 부하를 더욱 가중시킵니다.

인지 부하는 개발자가 작업을 수행하는 데 필요한 모든 멘탈적인 작업들로 구성됩니다. 총 인지 부하에 기여하는 요인에는 필수적인 복잡성(예 익숙하지 않은 ML 기술이나 문제 공간 이해)이 포함될 수 있지만, 인지 부하의 대부분은 부수적인 복잡성(예 지저분한 코드베이스, 우발적인 실수로 발생하는 중단, 너무 많은 정신적 작업 진행, 맥락 전환, 명확한 문서 부족)으로 발생할 수 있습니다.

조직에서는 인지 부하의 개념을 보다 확실하게 관리하기 위해 인지 부하에 대한 구체적인 정의와 측정치를 직접 정하거나 곧 릴리스될 팀 토폴로지의 인지 부하 평가 도구[54]를 사용할 수 있습니다.

---

[53] https://oreil.ly/vK80R
[54] https://oreil.ly/ xflKg

팀의 효율성을 높이려면 조직과 팀은 개발 과정에서 피할 수 있는 장애물을 제거하여 인지 부하를 줄이는 데 집중해야 합니다. 이렇게 하면 맥락 전환을 최소화하고 팀이 유지 관리가 가능한 우수한 솔루션을 만드는 데 집중할 수 있는 여유를 확보할 수 있습니다. 플랫폼 팀은 사용자 친화적인 셀프 서비스 도구를 제공하여 ML 종사자의 의미 없는 반복적인 노동(예: 수동 모델 배포)을 돕고 팀이 모델 개발 및 릴리스 단계를 간소화할 수 있도록 지원할 수 있습니다.

10.3.3 흐름 상태

흐름flow이란 1990년 미할리 칙센트미하이Mihaly Csikszentmihalyi가 만든 용어로, 활동을 수행하는 사람이 활기찬 집중력, 완전한 몰입감, 즐거움에 완전히 몰입하는 정신 상태를 말합니다.

시크센트미할리의 연구[55]에 따르면 업무에 몰입하면 생산성, 혁신, 직원 개발이 향상되는 것으로 나타났습니다. 마찬가지로 일을 즐기는 개발자가 더 나은 성과를 내고[56] 더 높은 품질의 제품을 생산한다는 연구 결과도 있습니다.

피드백 루프 차원과 관련된 인터럽트와 지연은 개발자가 흐름 상태를 경험하는 데 방해가 됩니다. 흐름 상태에 기여하는 다른 요인으로는 업무의 자율성, 명확한 목표, 자극적이고 도전적인 작업에 참여하는 것 등이 있습니다.

팀의 흐름 상태를 보호하기 위해 팀은 회의를 잘 운영하고(예: 7P 프레임워크[57]), 메시징 채널에 적합한 에티켓을 개발하고(예: 슬랙의 가이드라인[58]), 적절한 경우 비동기식 피드백 모드를 활용하고 계획되지 않은 작업을 줄임으로써 업무 중단을 최소화할 수 있습니다. 팀 리더는 팀을 공동의 목표를 향해 이끌면서도 팀원들에게 자율성과 과제를 수행할 수 있는 기회를 제공함으로써 흐름의 상태를 조성해야 합니다.

흐름 상태 보호를 설명할 때 개발자가 반사회적으로 행동하고, 팀의 나머지 구성원과 소통을

---

55 https://oreil.ly/TmuNq
56 https://oreil.ly/5dGGO
57 https://oreil.ly/2i2w1
58 https://oreil.ly/8DqGL

피하며, 개인의 산출물만을 기준으로 자신을 측정하라는 뜻이 아니라는 점에 유의하세요. 흐름 상태는 팀의 공동 목적에 부합하는 경우에만 결과를 제공하며, 이는 팀의 문제와 솔루션에 대한 이해가 발전함에 따라 지속적인 커뮤니케이션을 통해 확립되고 갱신되어야 합니다.

이 책에서는 팀이 피드백 루프(예 프로토타입 테스트, 고객 조사, 자동 테스트)를 단축하고, 인지 부하(예 리팩터링, 기술 부채 관리, WIP 감소)를 관리하며, 흐름 상태(예 맥락 전환 방지, 코드 리뷰보다 페어 프로그래밍 선호, 명확한 사용자 케이스 작성)를 최대화하는 데 도움이 되는 많은 기술을 공유했습니다. 이러한 구체적인 관행은 포스그랜Forsgren 등이 제안한 일련의 중요한 DevEx 지표를 개선하는 데 도움이 됩니다(표 10-3). 이는 이 세 가지 핵심 차원에 걸쳐 개입할 수 있는 모든 조치에 대한 일련의 측정 기준을 제공합니다.

표 10-3 DevEx 지표 예시[59]

	피드백 루프	인지 부하	흐름 상태
인식 사람의 태도 및 의견	• 자동 테스트 속도 및 출력에 대한 만족도 • 로컬 변경 사항의 유효성 검사에 걸리는 시간의 만족도 • 변경 사항을 운영 환경에 배포하는 데 걸리는 시간에 대한 만족도	• 코드베이스의 인지된 복잡성 • 운영 시스템 디버깅의 용이성 • 문서 이해의 용이성	• 방해 요소를 피하고 집중할 수 있는 인지 능력 • 업무 또는 프로젝트 목표의 명확성에 대한 만족도 • 대기 중일 때 느끼는 업무 방해 정도
워크플로 시스템 및 프로세스 방식	• CI 결과 생성에 걸리는 시간 • 코드 검토 처리 시간 • 배포 리드 타임(변경 사항을 운영 환경에 릴리스하는 데 걸리는 시간)	• 기술적인 질문에 대한 답변을 얻는 데 걸리는 시간 • 변경 사항을 배포하는 데 필요한 수동 단계 • 문서 업데이트 빈도	• 회의나 중단이 없는 시간 블록의 수 • 계획에 없던 작업 또는 요청의 빈도 • 팀의 주의가 필요한 인시던트 발생 빈도
KPI 북극성 지표	• 소프트웨어 제공의 전반적인 용이성 인식 • 직원 참여도 또는 만족도 • 체감 생산성		

---

[59] 출처_ 〈DevEx: 무엇이 실제로 생산성을 높이는가(https://oreil.ly/yLDNq)〉

보다시피 이러한 지표는 세 가지 범주로 더 세분화됩니다.

- **인식**

    인식 카테고리의 지표는 사람의 의견과 정서를 기반으로 DevEx의 세 가지 측면을 측정하기 위한 것입니다. 여기에는 테스트 속도에 대한 만족도, 인지된 코드 복잡성, 작업 및 목표의 명확성 등의 지표가 포함됩니다.

- **워크플로**

    워크플로 카테고리의 지표는 개발에서 시스템 및 프로세스 동작의 효율성을 평가합니다. 여기에는 코드 검토 처리 시간, 변경 사항을 배포하는 데 필요한 단계 또는 시간, 계획되지 않은 작업 및 인시던트 발생 빈도 등의 지표가 포함됩니다.

- **KPI**

    KPI 카테고리의 지표는 개발자 경험의 전반적인 성공과 상태를 측정하는 중요한 지표에 중점을 둡니다. 여기에는 직원 참여도 및 만족도, 체감 생산성, 소프트웨어 제공의 체감 용이성 등의 지표가 포함됩니다.

다시 한번 강조하지만, 이는 예제 지표이며 기초적인 내용입니다. 팀의 구체적인 상황과 필요에 맞게 이를 조정해야 합니다. 병목 현상과 비효율성을 정확하게 찾아내는 지표를 선택하면 팀이 ML 시스템을 구축할 때 가치의 흐름을 개선하고 최적화할 수 있습니다.

> **생산성 측정의 함정과 이를 피하는 방법**
>
> 2023년 뜨거운 논쟁의 주제는 개발자의 생산성을 측정할 수 있는지(그리고 측정해야 하는지) 여부입니다. 맥킨지McKinsey의 '물론, 소프트웨어 개발자의 생산성을 측정할 수 있습니다'[60] 기사는 경영진과 리더십 위치에 있는 많은 사람의 관심을 끌었습니다. 또한 많은 소프트웨어 엔지니어링 리더들이 자신의 경험과 연구를 바탕으로 맥킨지의 주장에 반박하는 답변을 작성하여 화제가 되었습니다.

---

60 https://oreil.ly/r8ENB

켄트 벡Kent Beck은 페이스북(현 메타)에서 근무할 당시의 경험담[61]을 통해 이러한 지표를 지나치게 강조하는 것의 단점에 대해 경고합니다. 처음에 페이스북의 설문조사는 개발자의 정서에 대한 귀중한 인사이트를 제공했습니다. 하지만 트렌드를 추적하려는 사람들이 설문조사를 수치로 환산하고, 성과 평가를 수행하는 사람들이 이 점수를 참고하기 시작했으며, 설문조사에서 도출된 점수를 바탕으로 원래의 의미에서 벗어난 목표를 설정하기 시작했습니다. 그 결과 관리자는 팀과 점수를 협상하고, 디렉터는 오로지 점수만을 기준으로 성과를 삭감하는 등 의도하지 않은 행동이 연쇄적으로 발생했습니다. 관리자와 팀이 성과를 이해할 수 있도록 권한을 부여하기보다는 경영진의 잘못된 지표 적용으로 사람들이 시스템을 악용하게 되었으며 실제 생산성이 저하되고 얻을 수 있었던 인사이트가 무효화되었습니다.

피터 길라드 모스Peter Gillard-Moss는 '지표를 넘어서: 엔지니어링 우수 문화 만들기'[62]라는 글에서 엔지니어링이 전략적 실행 엔진으로서 비즈니스 운영을 대체했다는 사실을 깨닫게 된 많은 최고 경영진의 측정 동기에 대해 언급하고 있습니다. 길라드 모스는 팀과 리더를 위한 올바른 지표 사용에 대해 이야기합니다. 지표는 방향 설정, 진행 상황 시각화, 기회 포착 등에 도움이 됩니다.

속도, 연료, 오일, 온도 등 자동차가 측정하는 모든 것은 자동차가 올바르게 작동하고 있음을 나타내는 지표입니다. 그리고 여러분은 이러한 지표를 합리적인 범위 내에서 유지하고, 그 범위를 벗어나면 그에 따라 조치를 취하기를 원합니다. 문제는 지표를 지표가 아닌 목표로 사용할 때, 즉 특정 엔진 온도를 유지하기 위해 운전하는 것이 아니라 목적지에 도착하기 위해 운전할 때 발생합니다.

댄 노스Dan North는 2023년 맥킨지 보고서의 내용을 '상상 속의 기술 리뷰'[63]에서 다루고 있습니다. 그는 여러 가지 문제를 제기하지만 다음과 같은 이슈로 이를 요약합니다.

1. 소프트웨어 개발은 환원 가능한 활동이며 이를 고려하여 측정되어야 한다.
2. 소프트웨어 개발은 주로 코딩에 관한 것이며 이를 고려하여 측정되어야 한다.

노스는 개별 기여 지표 및 기타 환원주의적 접근 방식에 문제를 제기하며, 이는 효과적인 팀과 강화된 관행에 대한 우리의 주장과 일치합니다. 또한 노스는 이 책의 앞부분에서 자세히 다루고 있는 테스트 및 인프라 자동화와 같이 애플리케이션 코드 작성 이외의 개발 부가가치 활동에 대해서도 강조합니다. 노스는 소프트웨어 엔지니어링이 과소 측정되는 것이 아니라 오히려 잘못 측정되는 경우가 많다는 점을 지적합니다.

2장에서는 ML 제품 개발에서 연구 활동의 범위에 대해 설명했습니다. 이를 '데이터 과학' 부분이라고 할 수 있습니다. 맥킨지 저자들은 데이터 과학자의 생산성을 측정할 수 있다고 주장하지는 않지만, 비슷한 측정 압박이 존재할 수 있습니다. 제품 개발 도구의 데이터 과학 작업이 제대로 작동하고 있다는 핵심 지표는 합리적인 시간 내에 수행할 수 있는 실험 포트폴리오를 보유하고 있다는 것입니다. 이렇게 하면 흐름 상태, 피드백 루프, 인지 부하 3요소를 데이터 과학 활동에 동일하게 적용하여 비생산적인 측정에 의존하지 않고도 합리적인 생산성 범위 내에 있다는 확신을 할 수 있습니다.

---

61 https://oreil.ly/uCKvk
62 https://oreil.ly/Me0DU
63 https://oreil.ly/PFmwd

> 그러므로 이러한 비평가들은 생산성 지표를 절대적인 목표가 아닌 이해를 돕기 위한 도구로 취급하는 것이 필수적이라는 데 동의합니다. 이들은 굿하트의 법칙을 공통적으로 반복합니다. 어떤 지표가 목표가 되면 그 지표는 더 이상 좋은 지표가 아닙니다. ML 종사자로서 우리는 시스템이 순진하게 객관적 함수에 최적화되면 우리가 예상할 수 있는 상식을 무시하고 예상치 못한 결과를 초래할 수 있다는 것을 잘 알고 있습니다. DevEx 연구 결과에서 알 수 있듯이 보다 효과적인 개발을 위한 보다 생산적인 접근 방식은 개발자 및 팀 생산성을 떨어뜨리는 것으로 알려진 문제를 해결하는 것입니다.

여러 장에 걸쳐 설명하는 동안 함께 해줘서 고맙습니다. 이제 모든 것을 마무리할 준비가 되었으니 훨씬 더 효과적인 팀과 함께 ML 여정의 다음 단계를 준비하기 바랍니다.

10.4 결론

이 장에서 다룬 방대한 내용을 다시 한번 정리해 보겠습니다.

- 신뢰, 커뮤니케이션, 목적에 따른 진행, 다양성 등 제대로 관리하지 않으면 팀의 효율성을 떨어뜨리는 ML 팀이 직면하는 일반적인 문제를 간략하게 살펴봤습니다.
- 팀의 효율성을 향상시키는 행동을 촉진하는 요소와 억제하는 요소를 이해하는 데 도움이 되는 몇 가지 주요 연구와 프레임워크를 요약해 보았습니다.
- 팀에서 신뢰, 정렬, 다양성, 공유된 목적을 키우기 위해 적용할 수 있는 일련의 전술과 기법을 공유했습니다.
- 마지막으로 엔지니어링 효율성, 개발자 경험, 생산성 측정 시 피해야 할 함정에 대해 논의했습니다.

이러한 이론과 프레임워크는 팀을 방해하는 요인을 이해하고 개선하는 데 유용한 도구지만, 실제 인간 행동의 제한된 모형으로서 각각 미묘한 차이와 단점이 있습니다. 모든 상황에서 무엇을 해야 하는지 알려주는 것은 아니며, 모든 팀은 고유하다는 점을 이미 강조한 바 있습니다. 아는 것과 실천하는 것의 간극을 좁히고 이해를 실제 행동으로 전환하기 위해 이러한 도구 간의 공통점과 많은 연관성을 강조하고 널리 사용되는 몇 가지 간단한 전술을 제공했습니다. 하지만 이러한 전략은 반복적인 연습과 적응이 필요하다는 점에서 불완전하기도 합니다. 이러한 어려움이 있지만 우리는 이러한 구성 요소를 반복해서 사용하여 높은 성과를 내는 ML 팀을 구축하는 데 도움을 주고 있습니다. 팀에서 앞서 설명한 문제 중 하나라도 발견되면 팀원들이 최선을 다하고 최고의 성과를 낼 수 있는 환경을 조성하는 데 어떤 빌딩 블록을 사용할 수 있는지 생각해 보세요.

궁극적으로 효과적인 ML 팀을 구축하는 것은 어려운 여정이지만, 학습과 성취의 공유, 성장의 기회는 그 여정을 가치 있게 만들어 줍니다. 시어도어 루스벨트$^{Theodore\ Roosevelt}$ 전 대통령의 연설 '공화국의 시민권'에서 인용한 행동하는 사람들을 위한 마지막 격려의 말을 공유합니다.

> 중요한 것은 비평가가 아닙니다. 강한 사람이 어떻게 실수를 하는지, 또는 행동하는 사람이 더 잘할 수 있었던 부분을 지적하는 사람도 아닙니다. 공로는 실제로 경기장에 있는 사람, 얼굴에 먼지와 땀과 피가 묻은 사람, 용감하게 노력하는 사람, 실수를 하고, 실수와 부족함이 없는 노력은 없기에 계속해서 실패하는 사람에게 돌아갑니다. 그러나 실제로 행동을 취하기 위해 노력하는 사람, 위대한 열정과 위대한 헌신을 아는 사람, 가치 있는 대의를 위해 헌신하는 사람, 기껏해야 높은 성취의 승리를 아는 사람, 최악의 경우 실패하더라도 최소한 큰 도전을 하다가 실패하는 사람, 그래서 승리도 패배도 모르는 차갑고 소심한 영혼들과는 결코 함께하지 않는 사람입니다.

11장에서는 한 팀의 효율성을 넘어 조직이 ML 작업을 하는 여러 팀으로 확장할 때 팀이 직면하는 문제를 살펴보고, 팀 간 역학 관계의 복잡성, 조율 국가, 성장에 따라 발생하는 광범위한 조직 과제에 대해 자세히 알아볼 것입니다.

CHAPTER 11

효과적인 ML 조직

> 할 수 있는 모든 것을 다해도,
> 충분하지 않습니다.
>
> — 영국 록 밴드 '라디오 헤드'의 노래 '칼마 폴리스Karma Police' 중에서

훌륭한 팀에서 일하는데도, 잘못된 종류의 일을 요구받거나, 한 번에 너무 많은 일에 집중하거나, 혹은 다른 팀이 일을 끝내기를 계속 기다리는 바람에 영향력을 발휘하지 못했던 경험이 있나요?

지금까지 우리는 업무 관행의 상호보완적인 메커니즘, 기술 구성 방법, 팀워크의 인문학적 요소 등 ML 팀 내부에서 어떤 일이 일어나는지 오랫동안 열심히 살펴봤습니다. 또한 팀에서 제품과 ML 전달 간의 상호작용에 대해서도 살펴봤습니다. 이 장에서는 한 걸음 더 나아가 팀의 효율성이 조직적 요인에 의해 어떻게 조정되는지 그리고 효과적인 팀으로부터 효과적인 조직이 어떻게 구축되는지 살펴봅니다.

이 조직적 관점은 효과적인 ML 팀을 구축하는 데 매우 중요합니다. 세밀하게 조정된 종속성 관리, 지속적 전달, 자동 테스트, 강력한 IDE, 신뢰, 커뮤니케이션, 다양성 및 목적을 갖춘 최고의 팀이라도 잘못된 업무 체계나 과도한 조직적 종속성이 있다면 실패할 수 있기 때문입니다.

시스템 관점에서 보면 팀은 작업을 산출물로 변환합니다. 작업은 고객[01]과의 상호작용을 통해 직접 생성되거나 조직의 다른 유관부서에 의해 정의될 수 있습니다. 팀의 산출물은 고객에게 직접 서비스를 제공하거나 유관부서에 서비스를 제공합니다. [그림 11-1]에서 볼 수 있듯이 팀 간의 잘못된 업무 및 산출물 종속은 비효율적인 팀의 외적인 원인입니다.

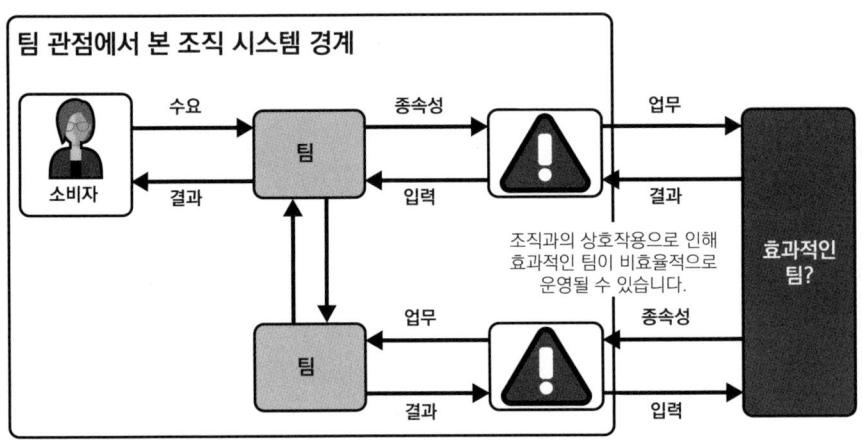

그림 11-1 팀과 조직의 상호작용에 대한 시스템 관점

팀 간의 상호작용이 제대로 설계되지 않으면 팀의 업무 적합성이 떨어집니다. 이 두 가지 문제, 즉 잘못된 업무 및 산출물 종속은 기술, 프로세스 또는 지식 종속성을 유발합니다. 종속성은 백로그 연결, 흐름 중단, 인지 부하 증가로 발생하는 대기, 결함 및 기타 낭비를 초래합니다. 이러한 모든 것들이 팀 성과와 만족도에 영향을 미칩니다. 여러 팀에 분산되어 있는 경우 이러한 문제는 조직 성과에 심각한 영향을 미칩니다. 하지만 이러한 문제는 개별 팀 내에서만 해결할 수 없습니다.

---

01 https://oreil.ly/fruBw

모든 것,

모든 것,

모든 것,

모든 것을 제자리에.

— 영국 록 밴드 '라디오 헤드'의 노래 '모든 것을 제자리에' 중에서

매튜 스켈튼Matthew Skelton과 마누엘 페이스Manuel Pais가 함께 쓴 『팀 토폴로지』(에이콘출판, 2021)에서 설명한 대로 조직에서 팀 형태와 상호작용 모드의 디자인을 고려함으로써 이 두 가지 문제를 해결하고 팀 효율성을 개선할 수 있습니다.

이러한 문제를 마무리하기 위해 이 장에서는 제대로 협력하지 않는 팀의 증상을 살펴보고 조직 전체에서 효과적인 ML 팀을 확장하는 데 도움이 되는 팀 토폴로지에 기반한 프레임워크를 소개합니다. 이 장에서는 다음과 같이 설명합니다.

- 조직의 규모가 커지고 ML 솔루션 제공에 더 많은 팀이 참여하면서 직면하게 되는 과제에 대해 설명합니다.
- 토폴로지 모델과 팀 간의 결합을 줄이고 가치의 흐름을 개선하기 위한 개념 및 원칙을 소개합니다.
- 다양한 팀 형태의 장단점, 관련 상호작용 모드, 현재 목표에 따라 적합한 팀 형태를 선택하는 방법을 설명하여 ML 팀에 팀 토폴로지 렌즈를 적용합니다.
- 팀 토폴로지에서 ML 팀을 결합하는 방법과 시간이 지남에 따라 규모가 커짐에 따라 토폴로지가 어떻게 진화할 수 있는지 살펴봅니다.
- 높은 성과를 내는 팀과 조직을 육성하는 데 도움이 되는 의도적 리더십 원칙에 대해 설명합니다.

[그림 11-2]는 10장과 11장에서 다룬 구성 요소를 보여줍니다. 빠른 흐름을 위한 조직화는 팀 토폴로지 모델의 목표입니다.

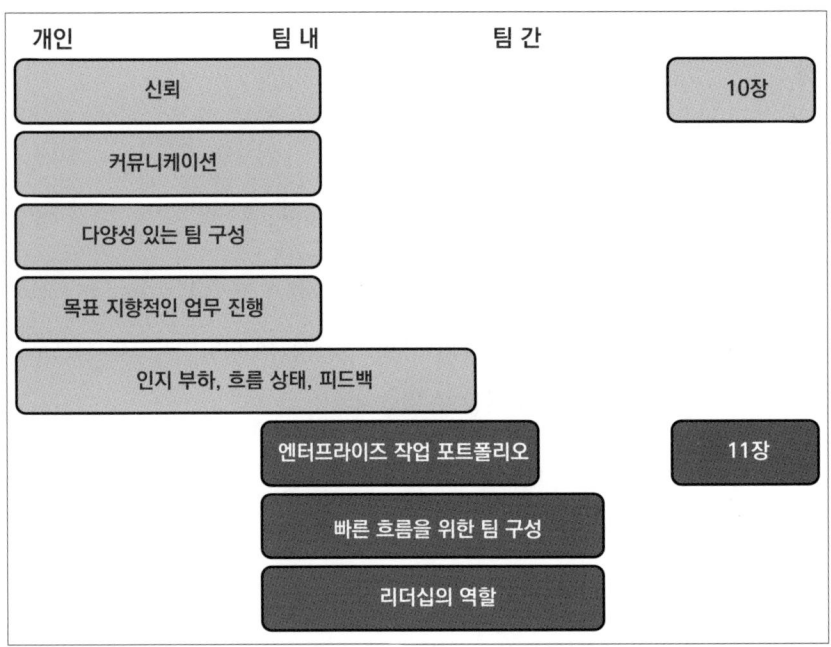

그림 11-2 10장 및 11장에서 설명하는 효과적인 ML 팀과 효과적인 ML 조직의 구성 요소

또한 조직이 여러 팀의 효율성을 개선하기 위해 업무 포트폴리오를 구성하는 방법에 대해서도 논의할 것입니다. 마지막으로 높은 성과의 팀을 구축하기 위해 리더가 채택할 수 있는 실천 방법과 주도적인 리더십의 역할로 마무리합니다.

조직마다 시장, 제품, 기술 및 워크플로 측면에서 고유한 요소가 있기 때문에 이러한 구성 요소를 적용하려면 약간의 조정이 필요하지만, 그럼에도 일반적으로 적용할 수 있습니다. 이러한 구성 요소를 통해 모든 팀의 효율성을 높이기 위해 조직 내 모든 유형의 ML 팀에 적합한 위치가 무엇인지 살펴볼 것입니다. 지금부터 시작하겠습니다.

11.1 ML 조직이 직면한 일반적인 과제

이 절에서는 10장에서와 마찬가지로 가상의 시나리오를 통해 여러 ML 팀을 보유한 조직(이하 'ML 조직'이라 함)이 직면하는 일반적인 문제를 살펴봅니다. 10장에서는 개인과 팀이 직면하는 문제를 고려했다면, 이 절에서는 팀이 서로 상호작용하는 방식과 각 팀으로 업무가 흘러가는 방식과 관련된 시나리오를 소개하여 팀의 효율성을 높일 방법들을 알아봅니다.

ML 조직이 직면하는 몇 가지 일반적인 문제를 나타내는 몇 가지 시나리오를 살펴보겠습니다.

중앙 집중화된 팀에 너무 많은 책임이 있습니다.

다나의 팀을 포함한 조직의 모든 ML 종사자가 중앙 집중식 데이터 과학 분야 팀으로 통합되어 전문성을 통합하고 조직 내 여러 부서로 구성된 제품 엔지니어링 팀의 모든 ML 요구 사항을 지원합니다. 모든 ML 관련 업무가 중앙 집중식 데이터 과학 팀으로 몰리면서 대기열이 길어지고 다나의 팀이 소유한 프로젝트와 운영 중인 ML 시스템의 백로그가 다양해졌습니다.

모든 이해관계자가 자신의 업무가 시급하다고 말하며 다나의 팀에 요청하지만, 모든 팀의 업무를 긴급하게 다루는 것은 현실적으로 불가능합니다. 엔터프라이즈 우선순위 지정 메커니즘이 없으면 다나는 많은 프로젝트와 운영 중인 ML 모델을 동시에 실행해야 한다는 압박감을 느낍니다. 이는 그녀의 팀 활용도가 높지만 맥락 전환이 빈번하다는 것을 의미합니다(팀 내 사일로에 의해 나뉘어져 있을 수도 있습니다). 그 결과 프로젝트가 지연되기 시작하고 시스템의 운영 성능과 견고성이 저하됩니다.

팀원들은 이러한 진행 상황의 부재에 낙담하는 동시에 과중한 업무로 최고의 성과를 낼 수 없다고 느낍니다. 한편 이해관계자와 다른 팀도 현재 목표에 대한 발전이 없어 좌절하며 미래의 ML 목표를 보류하여 조직 전체의 대응력과 경쟁력을 떨어뜨립니다.

협업 팀 간 종속성: 업무 전달 및 대기

다나의 데이터 과학 분야 팀은 ML 모델 훈련을 담당합니다. 아나야는 모델에 서비스를 제공할 프런트엔드 및 API를 소유한 팀을 이끌고 있습니다.

다나는 새로운 기능을 포함하여 모델 성능을 5% 개선하는 작업을 막 마쳤습니다. 하지만 모델을 생산해서 릴리스하기 전에 모델에 요청을 보낼 때 새 기능을 포함하도록 프런트엔드 및 API를 업데이트하는 작업을 아나야 팀에서 마칠 때까지 기다려야 합니다.

이 종속성 모드를 백로그 커플링이라고도 합니다.[02]

몇 주 후 아나야의 팀이 해당 작업을 받아들일 수 있는 역량을 갖추면 다나는 작업 중인 모든 작업을 중단하고 이 작업으로 맥락을 전환한 다음 아나야의 팀과 협력하여 백엔드 및 프런트엔드에서 변경 사항을 구현해야 합니다. 이러한 활동 사이에 이 작업 목록은 다른 유사한 작업과 함께 대기열에 놓입니다. 이 작업 방식에서는 지연 외에도 품질 문제가 쉽게 발생합니다.

여러 부서 간 팀에서 노력의 중복

엘리와 에두아르도는 서로 다른 두 개의 교차 기능 팀에서 팀 리더를 맡고 있습니다. 각 팀은 데이터 엔지니어링, 모델 트레이닝, API 및 UI 배포를 포함하여 제품 경험의 엔드투엔드 수직적 조각을 소유하고 있습니다. 두 팀 모두 고객에게 기능을 제공하기 위해 다른 팀을 기다리거나 의존할 필요가 없습니다.

하지만 두 팀 모두 비슷한 문제를 해결하기 위해 독립적으로 상당한 노력을 기울였습니다. 예를 들어, 확장 가능한 ML 훈련 인프라를 프로비저닝하는 문제를 해결하기 위해 에두아르도의 팀은 GPU 인스턴스를 프로비저닝하고 해체하기 위해 복잡한 DevOps 스크립트를 작성했습니다. 에두아르도에게는 알려지지 않았지만, 엘리 팀은 서비스형 GPU 제품을 통합했습니다.

이런 이유로 두 팀 모두 각 솔루션의 지속적인 유지 관리 비용뿐만 아니라 각 릴리스 일정에 몇 주, 몇 달이 추가로 소요되었습니다.

---

02 https://oreil.ly/6vz_r

11.2 팀 단위에서의 효과적인 조직 구성

이전 장에서는 주로 팀으로 결합된 개인 수준, 즉 팀 내부의 관점에서 효율성을 고려했습니다. 이 장에서는 외부의 관점에서 전체 팀의 역할과 팀 간의 상호작용에 대해 살펴보겠습니다. 두 가지 관점을 모두 취하는 것이 도움이 되지만 일반적으로 한 관점을 다른 관점과 명확하게 분리하는 것은 불가능합니다.

조직의 업무와 시스템에는 다양한 기술이 필요하며, 조직에서 일하는 사람들도 다양한 기술을 보유하고 있습니다. 최적의 조합을 찾는 것이 항상 간단한 것은 아닙니다. 약 100명으로 구성된, 한 배송센터와 협력하면서 시스템을 관리하고 담당 업무를 제공하기 위해 약 150개의 서로 다른 기술 및 비즈니스 기술이 필요하다는 점을 발견했습니다.

이전에는 이 배송센터의 팀이 기능별로 조직되어 하향식 배송을 사용했습니다. 그래서 업무 흐름이 느리고 예측할 수 없었습니다. 이를 해결하기 위해 센터는 애자일 전달을 사용하여 다기능 팀을 중심으로 조직을 구성했으며, 업무 흐름이 가시화되고 다소 개선되었지만 팀 간 종속성으로 여전히 복잡하고 느렸습니다. 세 번째 단계에서는 각 '슈퍼 팀' 단위 간의 작업을 조정하는 명시적인 협업 메커니즘을 통해 다기능 팀을 세 개씩의 상호 보완적인 그룹으로 묶었습니다. 이를 통해 업무 흐름이 빨라지고 업무 수행 능력이 향상되었으며 더 큰 가치를 제공할 수 있게 되었습니다.

이 기간 동안 개선된 흐름에 기여한 또 다른 요인은 전달 센터와 그 구성 팀이 업무를 수직적으로 분할하는 능력이 향상되어 정기적으로 가치를 실현할 수 있게 된 것입니다(1장과 2장에서 설명한 대로). 이는 한 번에 하나의 '수평적' 솔루션 구성 요소를 제공하고 나중에 통합되어 가치를 실현할 때까지 기다리는 과거의 대안과는 대조적이었는데, 이는 훨씬 덜 빈번하고 예측하기 어려운 덩어리 형태로 이루어졌습니다.

여기서 얻을 수 있는 교훈은 업무, 기술 시스템, 팀원 기술, 팀 상호작용이 상호 의존적이라는 것입니다. 팀 토폴로지 모델은 장수하는 팀을 옹호하지만 정적인 업무, 정적인 시스템, 정적인 팀원, 정적인 상호작용을 가정하지 않습니다. 오히려 시간이 지남에 따라 진화할 수 있는 최적의 구성을 찾기 위해 각 요소의 주고받기를 허용합니다.

11.2.1 가치 중심 포트폴리오 관리의 역할

팀 토폴로지는 팀이 가치의 흐름에 부합하는 강력한 목적을 가지고 교차 기능적이어야 함을 강조합니다. EDGE는 가치에 따라 포트폴리오를 관리하고, 가치에 맞춰 자급자족하는 교차 기능 팀이 포트폴리오를 제공해야 한다고 강조합니다.

– 피터 길라드-모스 Peter Gillard-Moss,
『Beyond Team Topologies with Team Portfolios』(IT Revolution Press, 2023)[03] 저자

이전 장에서 단일 팀에 제공되는 업무 형태가 팀의 효율성에 어떤 영향을 미칠 수 있는지 살펴봤습니다. 이 장의 앞선 예시에서 봤듯이, 팀 단위의 팀 수준에서도 마찬가지로 조직의 전체 업무 포트폴리오의 형태가 여러 팀의 효율성에 영향을 미칠 수 있습니다. 여러 팀이 고객 또는 비즈니스 가치에 명확하게 연계되지 않거나 장기간에 걸쳐 대규모로 제공되어야 하는 업무 포트폴리오를 실행해야 하는 경우, 이를 효과적으로 수행할 팀을 구성하는 것이 훨씬 더 어렵거나 불가능할 수도 있습니다.

짐 하이스미스 Jim Highsmith, 린다 루 Linda Luu, 데이비드 로빈슨 David Robinson이 쓴 『EDGE: Value-Driven Digital Transformation』(Addison-Wesley Professional, 2022)은 비즈니스 비전과 전략에 부합하고 자율적인 교차 기능 팀을 위한 진화하는 실행 계획을 반영하는 엔터프라이즈 업무 포트폴리오를 구축하는 방법을 보여줍니다. 저자들은 이를 **가치 중심 포트폴리오 관리**라고 설명합니다. 그리고 [그림 11-3]에 표시된 바와 같이 업무 포트폴리오의 주요 표현은 린 가치 트리 Lean Value Tree라고 합니다.

---

[03] https://oreil.ly/Ip_M5

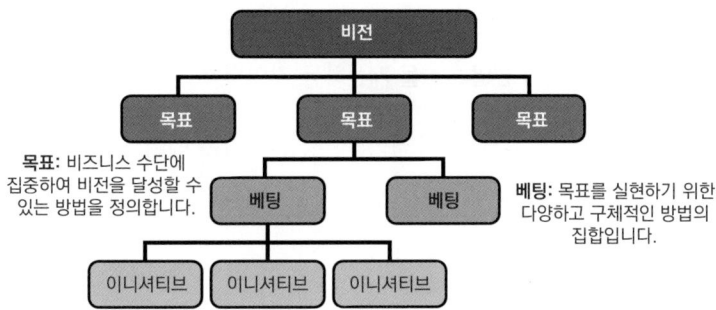

그림 11-3 린 가치 트리를 통한 기업의 비전과 전략을 파악 및 공유

이러한 개념은 더 이상 언급할 필요가 없을 정도로 책 전체에 걸쳐 설명되므로 궁금한 점이 있으면 읽어 보기 바랍니다. 중요한 점은 각각 전략적 목표에 맞춰 역동적인 베팅과 이니셔티브로 구성된 포트폴리오가 효과적인 ML 팀이 합리적으로 업무를 수행할 수 있는 방식으로 업무를 구체화한다는 것입니다.

반대로, 엔터프라이즈 포트폴리오가 자율성이 제한적이고 피드백이 빈번하지 않은 팀을 위해 설계된 크고 유연하지 않은 프로그램으로 특징지어진다면 이는 빠른 흐름을 위해 조직한다는 핵심 가정에 위배되는 것이 틀림없습니다. 이 장에서는 업무 포트폴리오가 우리가 살펴본 팀 토폴로지 모델과 유사하다고 가정하겠습니다. 이제 다양한 팀 형태와 상호작용 모드가 팀 토폴로지 모델의 구성 요소를 어떻게 형성하는지 살펴봅시다.

11.2.2 팀 토폴로지 모델

팀 토폴로지[04]는 소프트웨어 전달 환경에서 전달 흐름과 피드백을 개선하기 위해 팀을 구성하는 방법과 상호작용하는 방법을 최적화하기 위한 구조화된 접근 방식을 제공합니다.

---

04 https://oreil.ly/yPzsl

그 핵심 원칙 중 하나는 적절한 팀 구조를 갖추고 잘 정의된 제한된 상호작용 모드(팀과 팀 소유 시스템 간)를 설정함으로써 팀 간의 **결합을 줄이고** 인지 부하를 **관리 가능한 수준으로 유지**하여 자율적이고 정렬된 팀 간의 **전달 흐름을 개선**하는 것입니다.

9장에서 소개한 것처럼 팀 토폴로지는 소프트웨어 제공의 기본 메커니즘으로서 팀을 강조하며 네 가지 기본 팀 유형과 세 가지 상호작용 모드를 소개합니다(표 11-1).

표 11-1 팀 토폴로지의 기본 팀 유형 및 상호작용 모드

용어	정의	예시(전체가 아님)
팀 유형		
스트림 연계 팀	엔드투엔드 가치 제공에 중점을 두고 비즈니스 도메인의 한 부분의 업무 흐름에 맞춰 조정된 팀입니다.	• 제품 결제 페이지 • 제품 상세 페이지
플랫폼 팀	다른 팀에게 서비스, 도구, 플랫폼을 제공하여 보다 효과적으로 작업할 수 있도록 지원하는 팀입니다.	• 데이터 플랫폼 • ML 플랫폼
지원 팀	이 팀은 일반적으로 내부 컨설팅 및 자문을 통해 스트림에 맞춰진 팀이 장애물을 극복할 수 있도록 지원하는 역할을 합니다.	• 보안 • 아키텍처
복잡한 하위 시스템 팀	깊고 구체적인 전문 지식이 필요하고 단순화할 수 없는 시스템 부분에 집중하는 팀입니다.	• 검색 및 랭킹 • 추천 시스템 • 데이터 과학 분야 팀
팀 상호작용 모드		
협업	팀은 정해진 기간 동안 긴밀하게 협력하여 새로운 솔루션을 발견합니다.	스트림 연계 팀(예 홈페이지)은 복잡한 하위 시스템 팀(예 추천 시스템)과 협력하여 사용자가 홈페이지를 방문할 때 개인화된 추천을 제공하는 방법을 연구합니다.

용어	정의	예시(전체가 아님)
서비스형 X	한 팀은 명확한 계약에 따라 다른 팀에게 무언가를 서비스로 제공합니다.	복잡한 하위 시스템 팀(예: 추천 시스템)은 특정 사용자에게 제품 추천 목록을 제공하는 데이터 제품 또는 서비스를 만듭니다. 제품의 다른 부분(예: 웹 홈페이지, 모바일 홈페이지, 결제, 마케팅)을 소유한 팀은 셀프 서비스 방식으로 이 제품 추천 기능을 사용할 수 있습니다.
지원	한 팀이 다른 팀의 학습을 빠르게 추적하여 목표 달성을 돕습니다.	보안 팀(지원 팀)은 보안 위협 모델링 워크샵을 실행하여 팀이 보안 실패 모드를 식별하고 보안을 구축하기 위한 권장 사항을 설계할 수 있도록 지원함으로써 스트림에 맞춰 팀을 돕습니다.

[그림 11-4]는 이러한 네 가지 팀 유형과 세 가지 상호작용 모드를 그림으로 나타낸 예시입니다. 이 가이드에서 각 팀 유형에는 고유한 기하학적 모양과 색상이 있으며, 각 상호작용 모드에도 구체적인 표현이 있습니다. 협업과 촉진 등 보다 활발한 상호작용은 상호작용하는 팀 간의 기하학적 교집합으로 표시되며 각각에 대해 고유한 패턴이 있으며, 서비스형 상호작용 모드는 중개된 상호작용(예: 기술)을 나타내는 괄호 기호로 연속된 괄호로 표시됩니다. 이 장의 다이어그램에서는 이러한 시각적 명명법의 실용적인 변형을 사용합니다.[05] [06]

---

[05] [그림 11-4]의 팀 토폴로지에 대한 시각적 가이드는 시각적으로 만족스럽지만, 가로 세로 비율만 다른 세 개의 둥근 직사각형, 패턴 채우기가 있는 도형 교차로의 상호작용 모드, 서비스형 모양에 연속 괄호를 사용하는 등 다이어그램 작성에 있어 몇 가지 실용적인 단점이 있음을 알 수 있습니다. 단순성을 장려하기 위한 의도적인 결정일 수도 있지만 이러한 문제는 일부 그리기 도구와 일부 미디어의 접근성에 문제를 일으킬 뿐만 아니라 일부 사용자 지정 토폴로지를 그리기 어렵게 만듭니다. 이러한 문제를 제기하는 이유는 팀 토폴로지가 매우 유용하기 때문에 자주 그리게 되기 때문입니다. 더 나은 시각적 명명법은 '팀 토폴로지를 사용한 팀 상호작용 모델링'에서 제공되며, 앞으로 이 장의 다이어그램에 이 방법을 사용하겠습니다.

[06] https://oreil.ly/vg_3n

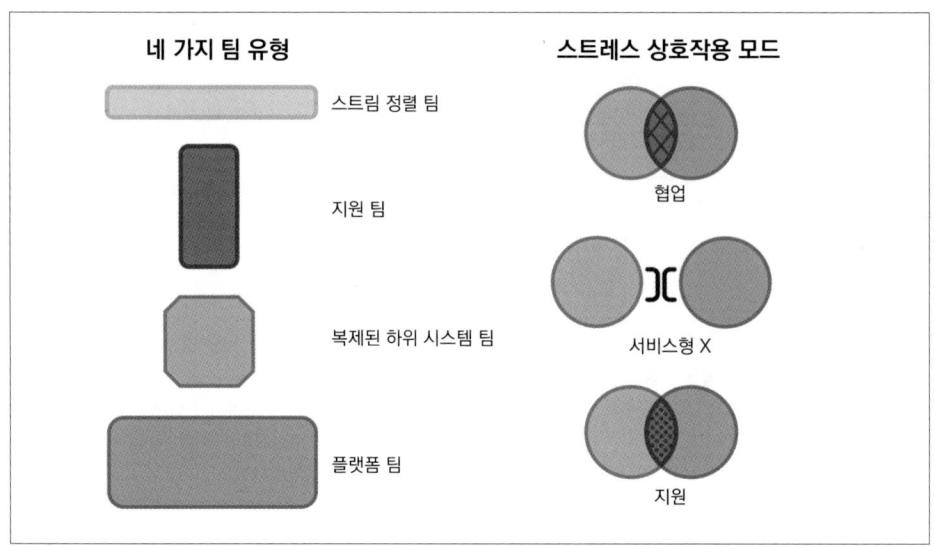

그림 11-4 팀 토폴로지의 네 가지 팀 유형과 세 가지 상호작용 모드[07]

이제 팀 토폴로지의 기본 개념을 갖추었으니 이 모델의 핵심 원칙이 무엇인지 그리고 팀 간의 결합을 줄이고 흐름을 개선하는 데 어떻게 도움이 되는지 살펴보겠습니다.

콘웨이 법칙

콘웨이 법칙은 시스템 설계가 조직의 커뮤니케이션 구조를 반영하는 경우가 많다는 것을 말합니다. 따라서 팀 구조는 원하는 시스템 아키텍처를 만들어낼 수 있도록 의식적으로 설계되어야 합니다.

인지 부하

각 팀은 자신이 담당하는 시스템을 완전히 이해한 상태에서 처리할 수 있는 만큼의 업무만 맡아야 합니다. 팀에 과부하가 걸리면 생산성이 저하됩니다. 엔지니어링 효율성에 관한 절의 10장에서 인지 부하에 대한 정의를 제공합니다.

---

07 출처_ 매튜 스켈튼과 마누엘 페이스의 『팀 토폴로지』에서 가져왔습니다.

팀을 우선시하는 사고

팀을 우선시하는 사고방식은 개인의 역량보다 팀의 집단 지성과 역량을 우선시하며, 오래 지속되는 팀일수록 더 깊은 시너지와 협업을 발전시킨다는 점을 인정합니다. 이 아이디어는 프로젝트에 따라 자주 해체되고 재편되는 팀이 아니라 함께 진화하고 학습하며 성장하는 안정적이고 장수하는 팀을 유지하는 것입니다.

여기서 주목할 점은 팀 토폴로지에서 팀이라는 용어가 매우 구체적이라는 점입니다. 스켈톤과 페이스는 팀은 조직 내에서 가장 작은 단위의 조직이며, 5~9명이 하나의 단위로 공동의 목표를 향해 일하는 안정적인 그룹이어야 한다고 말합니다. 10장에서는 공유된 목표를 향해 일하는 것의 중요성도 강조했습니다.

분할 영역

분할 영역(또는 소프트웨어 책임 경계)은 명확하고 잘 정의된 인터페이스의 도움으로 하위 시스템과 그 지원 팀이 독립적으로 작업하도록 분리할 수 있는 시스템 내의 부서 또는 경계를 의미합니다.

분할 영역은 다음처럼 나눌 수 있습니다.

- 비즈니스 도메인[08] 경계: 비즈니스 기능의 고유한 영역(예 온라인 여행 예약 플랫폼의 경우 일부 도메인에는 휴가 경험, 예약, 결제 등이 포함될 수 있음)
- 규정 준수: 필요한 곳에서는 규정 준수가 용이하지만 모든 곳에서 규정 준수가 필요한 것은 아닙니다.
- 기타 위험 현황의 불연속성(예 고객 확보와 유지)
- 케이던스 변화: 빠르게 변화하는 영역을 느리게 변화하는 영역에 연결하지 않아야 합니다.
- 성능 격리: 예측 가능한 워크로드로부터 큰 부하를 분리해야 합니다.
- 기술: 제약이 많은 기술을 제약이 적은 기술 수준까지 끌어올리려고 이미 시도했다고 가정합니다.
- 팀 위치: 코로케이션 또는 원격 근무를 우선적으로 고려하고 주요 시간대 차이가 커뮤니케이션에 미치는 영향에 유의해야 합니다.
- 사용자 페르소나: 사용자 그룹마다 요구 사항이 충분히 다른 경우를 고려합니다.
- 조직의 기타 자연스러운 분할 영역

---
08 https://oreil.ly/96uoY

이러한 영역 분할을 중심으로 팀을 식별하고 조직함으로써 조직은 팀이 명확하고 응집력 있는 책임 영역을 확보하여 보다 자율적으로 운영할 수 있도록 하고 다른 팀과의 잦은 조정의 필요성을 줄일 수 있습니다. 영역 분할은 더 빠르게 가치를 제공할 수 있는 분리된 자급자족형 팀 구성을 유도합니다.

- **팀 캡슐화**

    팀은 일정 수준의 캡슐화를 유지하여 팀이 사용하고 의존할 수 있는 잘 정의된 인터페이스 또는 API를 노출하는 동시에 내부 작업 및 세부 사항은 숨겨야 합니다.

- **팀 상호작용**

    조직은 정의된 팀 상호작용 모드(협업, 서비스형 X, 지원)를 사용하여 팀 간의 잘못된 커뮤니케이션, 잘못된 조정, 불필요한 의존성을 줄여야 합니다. 또한 한 팀의 상호작용 모드 수를 제한하여 조정에 따른 과부하와 인지 부하를 방지해야 합니다.

- **인수인계**

    팀 간의 인수인계는 지연과 잠재적인 오해를 유발하여 품질 문제와 재작업으로 이어집니다. 인수인계를 줄이면 전달이 간소화됩니다.

- **진화 가능한 팀 구조**

    팀 형태는 영원히 고정되어 있는 것이 아닙니다. 기술과 조직이 발전함에 따라 팀 구조와 상호작용도 그에 맞게 변화해야 합니다.

이러한 핵심 요소와 적용 원칙은 많은 조직 환경, 특히 기술 제공 분야와 관련이 있습니다. 현재 팀을 가장 잘 반영하는 팀 형태와 다른 팀과의 상호작용 방식 그리고 이러한 조직 설계가 핵심 원칙에 얼마나 잘 부합하는지 잠시 생각해 보세요. 개선의 기회가 보이나요?

이러한 요소와 원칙은 ML 팀을 위한 팀 토폴로지의 기초이기도 합니다. 이 중 많은 부분이 ML 팀에 직접적으로 적용되며, 다음에는 ML에 특화된 뉘앙스를 살펴보겠습니다.

11.2.3 ML 팀을 위한 팀 토폴로지

이 절에서는 실제 ML 팀에서 확인된 다양한 토폴로지와 그 강점과 약점, 다른 팀과의 상호작용 모드에 대해 설명합니다.

이러한 팀 형태는 효과적인 ML 조직을 구축하는 데 적합한 구성 요소로 간주할 수 있습니다. 이러한 구성 요소가 유일한 구성 요소는 아니며 잘못 적용될 수도 있지만, 가능한 다양한 팀 구성을 고려할 때 소규모 참조 토폴로지에 대한 합리적인 기본값이라고 생각됩니다. ML 적용 규모와 조직의 인원 수는 단순한 토폴로지로 충분한지, 아니면 더 복잡한 토폴로지가 필요한지 파악하는 데 도움이 됩니다.

ML 조직에서 비효율성을 경험하고 있고 팀 토폴로지가 아래의 합리적인 기본값에서 벗어난다면 이러한 기본값에 가까워지기 위해 무엇을 할 수 있는지 살펴보는 것이 좋습니다.

흐름에 맞춰 움직이는 팀: ML 제품 팀

흐름에 맞춘 ML 팀은 디지털, 데이터, ML 기능이 혼합되어 있으며 콘텐츠 추천과 같은 사용자 대면 ML 기능을 제공합니다. 상호작용과 종속성이 제한적일 수 있다고 가정하고 조직의 ML 역량을 확장하는 기본 단위는 0에서 1로, 또는 모든 단계에서 N에서 N + 1 제품 또는 기능으로 확장할 수 있습니다. 먼저 ML 제품 팀이 비즈니스 요구 사항을 해결할 수 있는지 문의한 다음, 그렇지 않은 경우 다른 옵션을 모색하세요.

그러나 적정 규모의 팀 내에서 필요한 많은 디지털 및 데이터 기능의 적절한 균형을 맞추려면 스트림에 맞춰진 팀에서 많은 ML 전문가를 지원할 수는 없습니다. 0에서 1로 규모를 확장할 때는 다른 팀에 대한 의존성을 최소화하는 것이 목표가 되어야 합니다. 조직에서 ML을 처음 적용할 때는 이미 검증된 기술을 사용할 가능성이 높으므로 깊이 있고 전문적인 ML 지식이 필요하지 않으며 여러 부서로 구성된 팀이 자급자족할 수 있습니다. N에서 N + 1로 대규모로 확장할 경우, 제품 팀은 데이터 및 ML 플랫폼의 전문 서비스를 서비스 형태로 사용할 수 있고 개인정보 보호와 같은 전문 지원 팀에 액세스할 수 있을 것으로 예상합니다. 이러한 종속성은 이 규모의 빠른 흐름에 적합합니다(물론 자급자족할 수도 있습니다).

[표 11-2]에는 ML 제품 팀의 강점, 약점 및 상호작용 모드가 요약되어 있습니다.

표 11-2 ML 제품 팀의 강점, 약점 및 상호작용 모드

강점	약점	상호작용 모드
다른 팀에 대한 집중적인 종속성을 최소화하여 엔드투엔드 가치 전달 흐름을 원활하게 합니다.	ML 배포 기술에 대한 심층적인 전문 지식이 부족할 수 있습니다. 여러 ML 제품 팀이 지식 공유에 대한 의지가 없다면 사일로에서 운영되기 쉽습니다.	첫 번째 제품 팀은 필요한 상호작용을 최소화하는 것이 목표이고, 새로운 팀은 일반적으로 데이터 또는 서비스형 ML 플랫폼을 사용하고 기존의 전문 지원 팀과 협업합니다.

[그림 11-5]는 ML 제품 팀의 일반적인 토폴로지를 시각화한 것입니다. ML 제품 팀은 최종 사용자 또는 고객에게 직접 서비스를 제공하는 스트림 정렬 팀으로 표시됩니다. 처음 인스턴스화된 제품 팀은 대부분 자율적이며, 잘 정의된 디지털 서비스(예 애플리케이션 호스팅, 통합 가시성)만 사용하며, 단순화를 위해 디지털 서비스 플랫폼 팀으로 표시됩니다. 일정 규모 이상에서는 여러 ML 제품 팀이 제품 개발의 흐름을 개선하기 위해 설계된 ML 플랫폼 또는 데이터 플랫폼 서비스를 사용할 수도 있습니다. 플랫폼 팀과의 상호작용은 서비스형(점선 삼각형으로 표시된)으로 이루어집니다.

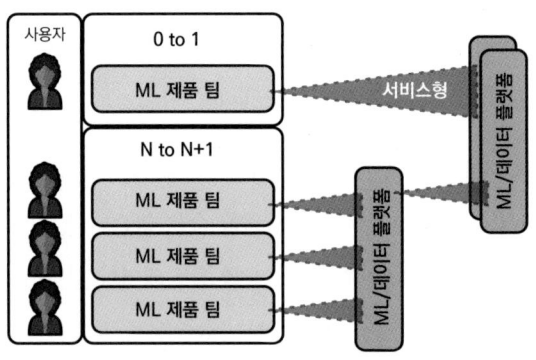

그림 11-5 ML 제품 팀을 위한 토폴로지의 일반적인 시각화

이제 ML 제품 팀의 시작점에서 사용자부터 ML 조직의 확장에 도움이 되는 토폴로지에 이르기까지 내부적으로 살펴봅니다.

복잡한 하위 시스템 팀: ML 도메인팀

일부 ML 애플리케이션은 충분히 복잡하거나 우수한 ML 성능으로 발생하는 비즈니스 이점이 충분히 커서 소매 예측이나 콘텐츠 추천과 같은 ML 애플리케이션을 중심으로 전문가 팀을 구성해야 할 필요성이 있습니다. 이는 기본적으로 비즈니스 도메인 분할 평면을 사용하는 예시지만 사용자 페르소나, 위험, 규정 준수와 같은 항목도 유효하며 경우에 따라 도메인과 동의어일 수 있습니다. 이 경우 주로 도메인, 데이터 과학 분야, ML 및 데이터 전문가로 구성된 복잡한 하위 시스템 팀을 고려해야 합니다. ML 도메인 팀은 제품(예 ML 모델, 모델 예측)을 여러 스트림 연계 제품 팀과 비즈니스의 다른 소비 팀에 서비스 형태로 제공합니다. 이러한 측면에서 ML 도메인 팀에는 제품 관리 역량도 매우 중요합니다.

이 팀 유형은 조직의 확장 과정에서 가능한 다음 단계입니다. 이 팀(및 지원 팀)이 내부 소비자에게 이러한 ML 제품을 서비스로 제공할 수 있고, 비즈니스의 다양한 영역의 소비자에게 서비스를 제공할 것으로 예상되며, 만약 그렇지 않은 경우 이 팀은 다양한 도메인의 요구 사항 또는 솔루션의 수동 유지 관리의 수고로 매우 쉽게 문제가 생길 수 있기 때문에 이 팀 유형은 조직의 확장 여정에서 한 가지 가능한 다음 단계로 볼 수 있습니다. 복잡한 하위 시스템 팀이 광범위한 비즈니스 도메인을 서비스하는 경우, 이를 중앙 집중식 데이터 과학 분야 또는 ML 팀이라고 부를 수 있습니다.

소위 중앙 집중식 데이터 과학 분야 또는 ML 팀이라고 불리는 많은 팀의 현실은 실제로는 개인화와 같은 단일 도메인을 주로 서비스하는 도메인 팀이지만, 다른 팀의 요구와 협업 상호작용이 관리 가능한 수준 이상으로 급증하기 때문에 이 토폴로지를 덜 효과적으로 만드는 추가 사용 사례의 추가 작업도 끌어들이고 있다는 점입니다. 때로는 중앙 집중식 팀의 기능적 역할이 다양하지 않아(예 데이터 과학자로만 구성된 경우) 서비스형 상호작용을 통해 다른 팀을 지원할 수 있는 가능성이 거의 없습니다(예 엔터프라이즈 SLA를 충족하는 안정적인 서비스로서 모델을 배포할 수 없는 경우). 이 경우 이러한 팀은 지원 모드에서 활동할 수 있는 팀(이후에 자세히 설명합니다)을 지원하거나 팀 토폴로지를 재설계하여 팀의 교차 기능을 강화하고 흐름을 더 잘 개선할 수 있도록 해야 합니다. 조직이 상호작용 모드를 제대로 관리하지 못하면 '중앙 집중식' 팀의 효율성이 제한된다는 것을 알 수 있습니다.

수동 솔루션의 수고로움을 해결하기 위해 ML 도메인 팀은 추론과 재교육 또는 모델 유지보수의 상당 부분을 자동화하는 도구 설정tooling 또는 플랫폼에 집중하여 이러한 기능을 고객에게 서비스 형태로 제공해야 합니다. 이를 통해 집중적인 협업이 필요한 새로운 모델을 고품질로 개발할 수 있는 역량을 확보할 수 있습니다. [표 11-3]에는 ML 도메인 팀의 강점, 약점 및 상호작용 모드가 요약되어 있습니다.

표 11-3 ML 도메인 팀의 강점, 약점 및 상호작용 모드

강점	약점	상호작용 모드
관련 ML 분야 및 비즈니스 영역에 대한 심층적인 전문 지식을 제공해 차별화된 조직 역량을 제공합니다.	다양한 비즈니스 영역의 고객으로 다양한 요구 사항에 부담을 느끼거나 수동 프로세스에 대한 의존도가 너무 높을 수 있습니다.	부서 간 역할 분담이 없는 경우 장애물이 될 수 있습니다.

[그림 11-6]은 ML 도메인 팀의 일반적인 토폴로지를 시각화한 것입니다. 여기서 ML 도메인 팀은 복잡한 하위 시스템 팀으로 표시됩니다. 이 시각화에서는 하나의 ML 도메인 팀이 협업에서 시작하여 서비스로 전환하는 등 여러 가지 진화하는 상호작용 모드에서 많은 제품 팀을 지원하는 모습을 보여줍니다. 이는 제공되는 특정 서비스의 성숙도를 나타내기 위한 것입니다. 또 다른 ML 도메인 팀은 더 많은 제품 팀을 서비스형으로 지원하는 것으로 나타났는데, 아마도 해당 서비스가 더 성숙했기 때문일 것입니다. ML 도메인 팀은 또한 제품 팀에 더 많은 도메인별 서비스를 제공하기 위해 ML 및 데이터 플랫폼을 사용합니다. 이 시각화는 또한 ML 도메인 팀이 궁극적으로 서비스형 플랫폼을 사용하는 것이 목표지만, 플랫폼 서비스가 발전함에 따라 플랫폼 팀과 협업해야 한다는 것을 보여줍니다(이후 '플랫폼 팀: ML 및 데이터 플랫폼 팀' 부분 참조).

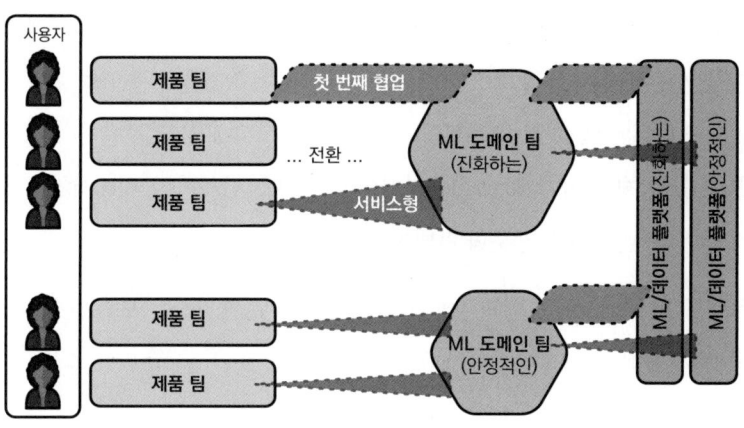

그림 11-6 ML 도메인 팀을 위한 일반적인 토폴로지 시각화

이 시점에서 팀 토폴로지와 데이터 메시[09]의 연관성에 주목하고 싶습니다. 일반적으로 데이터 메시가 데이터 제품과 그 연결 측면에서 기업의 일부 논리적 데이터 모델을 정의한다면, 팀 토폴로지는 팀과 그 연결 측면에서 그에 상응하는 운영 모델을 정의합니다. 콘웨이의 법칙은 데이터와 운영에 대한 두 모델이 일치하는 것이 자연스럽고 가장 생산적이라는 것을 보여줍니다.

이러한 측면에서 ML 도메인 팀은 종합 데이터 제품의 소유자로 볼 수 있습니다. 종합 데이터 제품은 데이터 메시(그물망)mesh의 맥락에서 여러 소스에서 결합되고 여러 소비자가 사용할 수 있는 데이터 제품으로 정의되며, 엄격하게 소스 정렬도 아니고 소비자 정렬도 아닙니다. 여러 소스에 걸쳐 일치하는 고객 기록(또는 '고객에 대한 단일 보기'라고도 하지만, 여기서는 특히 고유하고 중복될 가능성이 있는 기록을 식별하는 데이터 제품을 말하고 있습니다)을 예로 들 수 있습니다. ML 도메인 팀을 종합 데이터 제품의 소유자로 본다면, 반대로 충분히 복잡한 종합 데이터 제품은 복잡한 하위 시스템 팀에서 소유해야 한다고 제안할 수 있습니다. 검색 가능성 및 신뢰성과 같은 데이터 메시 데이터 제품 개념[10]은 많은 소비자에게 수동으로 서비스를 제공하는 수고를 줄이는 데 추가적인 지침을 제공합니다.

---

09 https://oreil.ly/f5lDN
10 https://oreil.ly/wYTCw

또한 이 절에서는 스트림 정렬 팀 예시에서 ML 제품 팀과 구분하기 위해 의도적으로 제품 팀이라는 용어를 사용했다는 점에 유의하기 바랍니다. 이는 ML을 활용하여 제품이나 기능을 제공할 때 ML 경험은 종속성 없이 스트림 정렬 팀에 반드시 포함되는 반면, ML 도메인 팀과 상호작용할 수 있는 제품 팀에서는 선택 사항이라는 점을 강조하기 위해서입니다. ML 제품 팀은 일반적인 제품 팀 유형의 전문화로 봐야 합니다.

지금까지 플랫폼 팀이 ML 제품 팀과 ML 도메인 팀을 모두 지원하는 모습을 살펴보았습니다. 이제 플랫폼 팀이 어떤 모습인지 살펴보겠습니다.

플랫폼 팀: ML 및 데이터 플랫폼 팀

어느 정도 규모의 제품 팀과 도메인 팀에서 공통의 ML 및 데이터 플랫폼 기능을 도입하면 ML 솔루션을 구축하는 팀의 복잡한 기술 및 데이터에 대한 작업의 중복을 크게 줄일 수 있습니다. 공통 기능에는 확장 가능한 인프라, 피처 스토어, 운영 모니터링, 데이터 레이블링 도구 등이 포함될 수 있습니다.

예를 들어, 공유 ML 플랫폼이 없기 때문에 두 개의 서로 다른 ML 팀이 각자의 피처 스토어를 독립적으로 롤링하는 데 몇 달의 노력을 기울이는 것을 보았습니다. 공유 ML 플랫폼이 있었다면 두 팀 모두 몇 달 더 빨리 결과를 도출하고 두 팀이 유지 관리해야 하는 기술 자산(인프라, 파이프라인, 시스템, 디지털 제품 등)의 규모를 줄일 수 있었을 것입니다.

플랫폼 팀의 분할 영역은 시간의 흐름에 따른 변화라고 생각할 수도 있지만 연관성이 있습니다. 여러 스트림으로 구성된 팀은 진화하는 고객 선호도에 대한 이해에 빠르게 적응해야 하는 반면, 이들이 활용하는 기본 기술 역량은 더 느리게 진화합니다. 또한 이러한 기본 기능은 위험 및 성과 측면에서 서로 다른 프로필을 가질 수 있습니다.

ML 플랫폼 팀은 '합리적인 기본값(일명 모범 사례)', 액셀러레이터 도구 설정 또는 서비스 수준 계약(SLA)으로 뒷받침되는 디지털 서비스를 제공할 수 있습니다. 이들이 제공하는 것은 ML 솔루션을 구축하는 소비자를 지원하는 것으로, 필요 정도와 조직의 성숙도에 따라 달라집니다. 플랫폼 팀은 일반적으로 타깃화된 간편화 지원을 통해 서비스형 모드로 소비자와 상호작용합니다. 그러나 '모범적인' 서비스 얼리어답터와 소통할 때는 주로 협업을 통해 플랫폼 팀이 새로운 서비스의 요구 사항에 대한 이해도를 높일 수 있습니다. 플랫폼 팀은 이러한 단계의 합리적인 기본값, 액셀러레이터 및 서비스를 사용하여 제공하는 서비스의 수명 주기를 관리합니다.

플랫폼에 상당한 투자가 이루어질 수 있기 때문에 플랫폼을 구축할 적절한 시기를 선택하는 것은 항상 어려운 일입니다. 너무 이르면 플랫폼 팀이 소비자의 요구 사항을 제대로 이해하지 못해 플랫폼 활용도가 낮아지고, 이는 곧 너무 늦는다는 문제로 이어집니다. 너무 늦으면 팀의 시장 릴리스가 늦어지고 많은 맞춤형 솔루션으로 기술 자산이 더 복잡해져 많은 가치를 놓치게 됩니다. ML 제품 팀이나 도메인 팀에 3원칙[11]을 적용할 것을 제안하며, 이전 단락에서 설명한 플랫폼 서비스 생명 주기를 통해 플랫폼 기능을 얇게 분할하여 제공함으로써 위험을 더욱 관리할 것을 제안합니다. 예를 들어, 스포티파이[12]는 제품 비전을 광범위하고 미래 지향적으로 유지하고, 제품 전략을 일관성 있고 반복적으로 수립한다고 설명합니다.

ML 플랫폼과 데이터 플랫폼은 비슷하지만 서로 다른 기능을 제공합니다. ML 제품 팀이나 도메인 팀은 두 가지를 모두 사용할 수 있습니다. 조직은 데이터 플랫폼을 사용하여 잘 관리된 조직 데이터를 적절한 용도로 사용할 수 있도록 하고, 파생된 데이터 제품을 변환하고 제공하는 팀을 지원해야 합니다. ML 플랫폼은 데이터에 액세스할 수 있어야 하고 데이터를 서비스해야 하지만, 조직은 ML 플랫폼 팀이 ML 기술과 모델을 사용하여 데이터 및 기능의 변환을 지원하고 피처 스토어나 모델 서비스와 같은 파생된 데이터 제품을 전문적으로 서비스하는 데 집중해야 합니다. ML 플랫폼은 궁극적으로 추론 시점에 ML 모델을 지원하지만, 그 이전 단계인 훈련 시점과 더 나아가 탐색적 분석, ML 모델 실험, 데이터 레이블링까지 지원해야 합니다.

플랫폼 팀은 일반적으로 인프라 엔지니어, 데이터 엔지니어, ML 엔지니어, 개발자로 구성됩니다. 플랫폼 팀에는 ML 도메인 팀과 마찬가지로 내부 소비자가 많고 이들의 요구를 효과적

---

11 https://oreil.ly/zBQPR
12 https://oreil.ly/Wplij

이고 효율적으로 충족하는 서비스를 설계하는 것이 목표인 제품 관리 기능[13]이 포함되어야 합니다. [표 11-4]에는 ML 플랫폼 팀의 강점, 약점 및 상호작용 모드가 요약되어 있습니다.

표 11-4 ML 플랫폼 팀의 강점, 약점 및 상호작용 모드

강점	약점	상호작용 모드
규모에 맞는 효율성을 제공하고, 릴리스 속도를 개선하며, 제품 팀 또는 도메인 팀의 인지 부하를 줄입니다.	도입 시기가 너무 빠르거나 늦은 경우 또는 기능이 소비자 중심이 아닌 경우 이점을 실현하지 못할 수 있습니다.	협업에서 서비스형 서비스 전달을 진행하고 간편화를 통해 지원합니다.

플랫폼 팀은 많은 내부 고객을 지원하기 위해 어느 정도 규모가 필요합니다. 이들은 서비스형 상호작용을 목표로 하며, 이를 통해 많은 팀을 지속적으로 동시에 지원할 수 있습니다. 마지막으로 다룰 일반적인 ML 팀의 형태 역시 많은 내부 고객을 지원하지만, 상호작용 방식이 더 집중적이기 때문에 한 번에 한두 팀과만 협력하여 역량을 강화하고, 상호작용을 타임박스화하여 범위를 확장하는 경향이 있습니다.

다음에는 ML에서 팀을 지원하는 방법에 대해 살펴보겠습니다.

ML 지원 팀: ML 제품 개발의 일부 측면에 대한 전문가들

ML 지원팀은 ML 플랫폼 팀과 유사한 패턴으로 발전하지만, 단순 업무의 자동화보다는 전문성을 바탕으로 새로운 문제를 해결하는 데 중점을 둡니다. 아키텍처나 보안과 같은 일부 디지털 지원 팀은 이미 조직에 존재할 수 있습니다. 이러한 지원 팀은 다른 팀의 작업을 촉진하거나 협업합니다. ML 제품 팀, ML 도메인 팀, ML 플랫폼 팀은 이러한 기존 디지털 지원 팀과 어느 시점에서 협력하게 될 가능성이 높습니다.

강조하자면, 어느 정도 규모가 커진 조직은 애플리케이션과 제품 전반에서 반복되는 문제, 즉 반복적인 포인트 솔루션이 아닌 공유 경험을 통해 이점을 얻을 수 있는 보다 심층적인 교차 기능 ML 문제에 대한 전문적인 지원 팀이 필요하게 되며, 바로 여기에서 ML 지원팀이 등

---

[13] https://oreil.ly/1QnMH

장하게 됩니다. 지원 팀의 분할 영역은 앞서 식별한 모든 영역, 즉 사례별로 심층적인 전문 지식이 필요하지만 일시적 또는 주기적으로만 필요한 모든 차원이 될 수 있습니다.

ML 지원팀이 지원할 수 있는 ML 전문 분야에는 개인정보 보호, 윤리 및 컴퓨팅 성능 최적화가 포함됩니다. ML 지원팀은 일반적으로 주제별 전문가, 분석가, 컨설팅을 제공하는 팀 내 역할의 기능적 전문가로 구성됩니다. 이러한 방식으로 이들은 고유한 지식, 문제 해결 능력, 다른 팀의 업무에 대한 공감과 이해를 바탕으로 지원을 제공합니다. 이러한 역할은 프로젝트 관리, 커뮤니케이션, 모델 훈련 및 개발 전문가 등 팀이 지원 팀의 고객과 효과적으로 상호작용할 수 있도록 돕는 다른 역할의 지원을 받을 가능성이 높습니다.

전체 지원 팀을 유지할 만큼 수요가 충분하지 않은 경우, 이러한 역할은 가장 적합한 ML 제품 팀이나 ML 도메인 팀에 포함되거나 조직 전체에 가장 적합한 기술 지원 디지털 팀에 포함될 가능성이 높습니다. 이 경우 다양한 팀에 소속된 개인은 [그림 11-7]에 표시된 것처럼 길드 또는 실무 커뮤니티(CoP)를 구성할 수 있습니다.

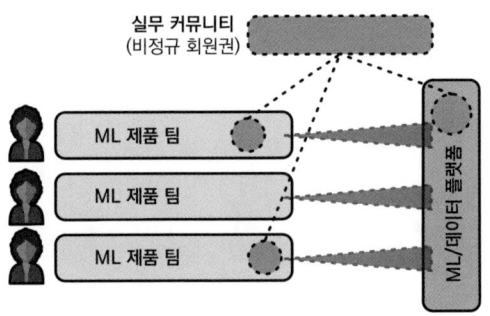

그림 11-7 여러 팀에서 모인 실무 커뮤니티

그러나 조직 가치의 흐름을 위해 실질적인 업무를 수행하는 CoP의 능력은 여러 목표에 걸쳐 관련 개인의 역량이 분산되고 인지 부하가 증가하기 때문에 제한적입니다. CoP는 팀 토폴로지에서 명시적인 구성 요소는 아니지만 지원 팀과 비교됩니다. 그럼에도 CoP는 변화가 필요한 부분을 감지하는 핵심적인 조직의 감지 메커니즘으로서 그리고 개인이 조직에 도움이 되는 생산적인 관계(사회적 관계 및 역량 개발)를 맺을 수 있도록 하는 포럼[14]으로서 조직에 중요한 역할을 합니다. 따라서 일반적으로 CoP는 비공식적인 네트워크를 구축하고 주제에 대한 인식, 이해력, 역량을 높이는 데 중점을 둡니다. 하지만 일반적인 팀의 역량을 뛰어넘는 새로운 일을 해야 할 때는 지원 팀이 적합한 토폴로지입니다.

지원 팀의 목표는 간단히 말해서 특정 문제 유형에 대해 '스스로 다시 실행하도록 만드는 것'이어야 합니다. 특정 종류의 문제는 여러 단계를 거칠 수 있으며, 이에 따라 지원 팀의 상호작용 방식이 결정됩니다. 새로운 문제, 즉 알려지지 않은 미지의 문제의 경우에는 문제를 이해하고 맞춤형 솔루션을 개발하기 위해 지원 팀과 클라이언트 팀 간의 집중적인 협업이 필요할 수 있습니다. 일반적인 해결책이 없는 익숙한 문제, 즉 알려진 미지의 문제의 경우 지원 팀은 문제 영역에 대한 지식과 유사한 해결책을 공유하여 클라이언트 팀을 지원합니다.

일반적인 솔루션이 있는 일반적인 문제, 즉 '알려진 문제'의 경우, 지원 팀은 플랫폼 팀과의 협업을 통해 지식을 체계화하여 서비스로 제공할 수 있도록 해야 합니다. 한 종류의 문제에 대해 중복성을 확보하면 지원 팀은 자신의 전문 분야에서 새로운 문제를 해결함으로써 계속해서 큰 가치를 제공할 수 있습니다. [표 11-5]에 지원 ML 팀의 강점, 약점 및 상호작용 모드를 요약했습니다.

표 11-5 ML 지원 팀의 강점, 약점 및 상호작용 모드

강점	약점	상호작용 모드
여러 팀의 숙련도를 높이고 ML 제품 제공의 특정 측면에서 반복되지만 특이한 문제를 해결하기 위한 도구입니다.	협업 시 활발한 상호작용으로 한 번에 소수의 팀에게만 서비스를 제공할 수 있습니다. 경제성을 위해 일정 규모가 필요합니다. CoP와 혼동하지 말아야 합니다.	지원 또는 협업 커뮤니케이션을 전파할 수 있습니다.

---

[14] https://oreil.ly/osh1-

[그림 11-8]은 지원 ML 팀의 일반적인 토폴로지를 보여줍니다. 사용된 예시는 팀이 개인정보 보호 모범 사례를 채택하도록 지원하는 데 중점을 둔 지원 팀입니다. 이 개인정보 보호 지원 팀은 협업 모드 또는 지원 모드에서 여러 ML 제품 팀과 상호작용합니다. 또한 지원 팀은 플랫폼 팀과 협력하여 지식을 체계화하고 서비스형 상호작용에 대한 역량을 강화할 수도 있습니다.

이제 몇 가지 일반적인 패턴을 살펴보았으니, 이러한 패턴을 앞 장의 내부 팀 고려 사항과 함께 조직 차원에서 효과적인 팀을 구축하는 데 어떻게 활용할 수 있는지 살펴봅시다.

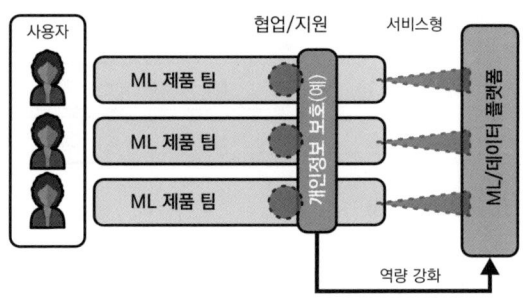

그림 11-8 ML 팀 지원을 위한 일반적인 토폴로지 시각화

토폴로지 결합 및 진화

팀 토폴로지의 목표는 장기적으로 효과적인 팀워크를 구축할 수 있도록 지원하는 것이지만, 조직의 팀 토폴로지는 정적인 것이 아닙니다. 특히 앞서 살펴본 것처럼 어떤 형태로든 내부 플랫폼을 구현하는 과정은 작게 보면 서비스와 상호작용 모드가 진화하고 팀 형태와 전체 토폴로지 역시 진화하는 주요한 예입니다.

ML 팀 토폴로지에는 여러 가지 가능한 진화 경로가 있습니다. [그림 11-9]에서는 저희 경험을 근거하여 갈라졌다가 다시 수렴할 수 있는 두 가지 경로를 보여줍니다.

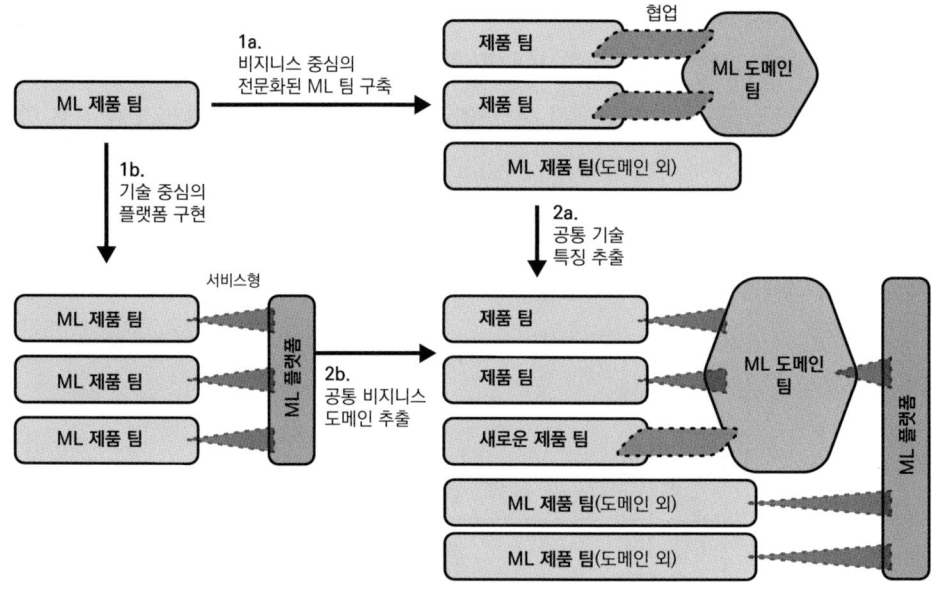

그림 11-9 ML 팀 토폴로지를 위한 진화 경로

[그림 11-9]는 A 경로를 1a 및 2a 단계로, B 경로를 1b 및 2b 단계로 보여줍니다. 1단계에서 A 경로와 B 경로 모두 의도적으로 제품 팀의 규모가 비슷하게 표시된다는 점에 유의해야 합니다. 1단계의 방향 선택은 다양한 비즈니스 도메인에 대한 기술 구성 요소를 표준화하는 데 더 많은 영향력이 있는지, 아니면 비즈니스 도메인과 관련 데이터 과학 및 ML 기술셋에 대한 심층적인 전문성을 구축하는 데 더 많은 영향력이 있는지에 따라 달라집니다.

이 규모를 넘어가면 제품 팀에 두 가지 유형의 지원을 모두 제공해야 할 필요가 있을 가능성이 높으며, 3원칙에 따라 이러한 공통 영역이 나타날 수도 있습니다. 따라서 2단계에서는 A 경로와 B 경로가 다시 수렴하여 누락된 비즈니스 또는 기술 지원을 채웁니다.

비즈니스 도메인을 먼저 추출한 A 경로에서는 도메인 팀이 많은 제품 팀과 협업하고 촉진하는 데 어려움을 겪고 있을 가능성이 높습니다. 이 경우 ML 도메인 팀은 데이터 및 ML 서비스 소비를 자동화하고 내부 소비자(제품 팀)의 자동화된 서비스에 플랫폼 서비스를 활용하기 위해 도움이 필요하며, 플랫폼 팀을 통해 ML 플랫폼 기능을 도입하는 것이 이를 지원합니다.

플랫폼 구성 요소를 먼저 추출한 B 경로에서는 서비스가 여러 애플리케이션에 걸쳐 너무 낮은 수준에 있거나 높은 수준의 추상화가 모든 애플리케이션에 적용되지 않기 때문에 팀 수가 증가해도 단일 솔루션으로 총 인지 부하가 줄어들지 않을 수 있습니다. 이 경우 제품 팀의 일부 클러스터는 ML 도메인 팀에서 제공할 수 있는 더 높은 수준의 비지니스 지향 추상화의 이점을 누릴 수 있습니다.

또한 비지니스 영역 전반에서 동질적인 요구가 있다는 가정에서 일반적으로 플랫폼 팀과 유사한 패턴으로 지원 팀을 추가할 수도 있습니다. 그러나 주제별 전문 지식이 비지니스의 특정 영역에 국한된 경우(예 조직에 규제 대상 비지니스와 비규제 대상 비지니스가 있는 경우)에는 지원 팀의 상호작용이 복잡한 하위 시스템 팀의 예와 더 비슷하게 보일 수 있습니다.

이러한 변화는 유기적인 비지니스 성장에 의해 주도될 수도 있고 인수합병으로 발생할 수도 있습니다. 두 경우 모두 진화하는 토폴로지는 해결하고자 하는 제품 제공 및 기술 과제 외에도 복잡한 조직 변화 과제를 안고 있습니다. 기존 플랫폼이나 도메인 역량과 밀접한 관련이 없는 독립적인 ML 제품 팀을 추가하는 것은 언제나 가능한 선택이지만, 단절된 ML 제품 팀이 무한히 확산되는 것도 문제가 됩니다. 기술 부채[15]의 개념과 마찬가지로 단기적인 트레이드오프가 이루어질 수 있지만 적극적으로 관리하지 않으면 지속 불가능해질 수 있다는 점을 인식해야 합니다. 여러 ML 제품 팀을 리팩터링하기로 결정할 때마다 확장을 위한 두 가지 주요 차원도 염두에 두어야 합니다.

1. 공통의 요구 사항을 가진 여러 제품 팀에 보다 심층적인 비즈니스 지향 솔루션을 제공하면 더 많은 이점이 있나요?
2. 인지 부하를 줄이고 여러 ML 워크플로를 자동화하기 위해 기술 지원을 통합하면 더 많은 이점이 있을까요?

우리는 다양한 표준 ML 팀 토폴로지와 이 토폴로지가 시간이 지남에 따라 어떻게 발전해 왔는지 살펴봤습니다. 반복되는 주제는 팀 형태와 호환되는 상호작용 모드를 선택하는 것이었습니다. 여기서 10장에서 제기한 팀 간의 신뢰 문제를 다시 생각해 볼 수 있습니다. 팀 간의 신뢰를 구축하고 유지하기 위한 최선의 전략은 상호작용 모드에 따라 달라집니다. 하나의 큰

---

15 https://oreil.ly/fnh8q

팀처럼 일하는 협업 팀의 경우, 10장의 팀 내부 요소를 주로 고려해야 합니다. 컨설팅 관계에서 일반적으로 전문 지식의 이전을 수반하는 지원 팀의 경우 해당 분야의 사전 경험을 공유하고, 고객 팀과 기대치를 명확하게 설정하며, 지원 팀의 업무가 미치는 영향을 입증하는 방법을 모색할 수 있습니다. 서비스형 상호작용도 마찬가지로 명확한 기대치를 설정하고 이를 충족할 수 있는 능력을 입증하는 것을 기반으로 하며, 이 경우 신뢰를 유지하기 위해 서비스 수준을 정확하게 정의 및 게시하고 해당 서비스 수준의 만족도를 모니터링하는 것을 목표로 삼아야 합니다.

토폴로지 예시

여기에서는 여러 제품 팀이 생성형 AI 솔루션을 도입하여 사용자 경험의 요소를 담당하는 팀에 몇 가지 전문 지식을 제공해야 하는 가상의 시나리오를 기반으로 한 예를 제공합니다. 이 예시는 팀 토폴로지 구성이 팀을 최적으로 조직하는 데 어떻게 도움이 되는지 설명하기 위한 것입니다. [그림 11-10]은 이 시나리오를 보여줍니다.

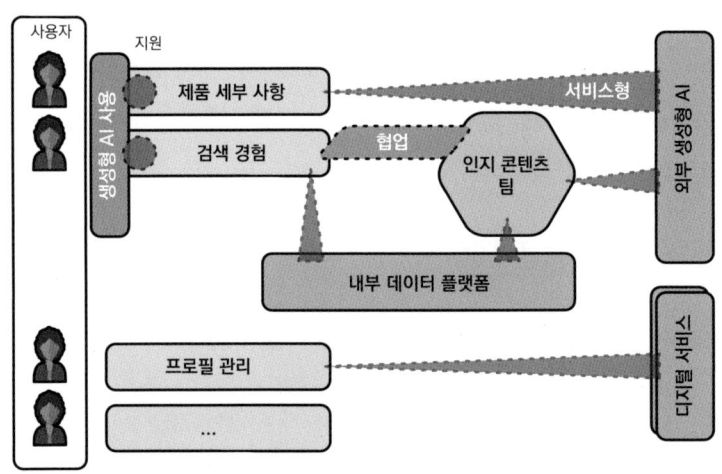

그림 11-10 생성형 AI 솔루션을 채택한 여러 제품 팀

[그림 11-10]은 현재 생성형 AI 솔루션을 채택하고 있는 두 개의 제품 팀(제품 세부 정보 및 검색 경험)과 프로필 관리를 포함하여 현재 우선순위가 아닌 다른 팀을 보여줍니다. 제품 세부 정보에는 구조화된 일부 제품 데이터를 요약하기 위한 표면적인 생성형 AI 요구 사항만 있으며, 필요한 기능을 제공하기 위해 타사 서비스형 플랫폼을 사용할 수 있습니다. 하지만 여전히 조직의 일반적인 AI 가드레일을 준수해야 하며, 이를 위해 지원 팀은 지원과 지침을 제공하여 작업을 지원합니다. 지원 팀은 검색 경험 팀도 지원하지만, 이 두 개의 스트림에 맞춰진 팀으로 지원 상호작용을 제한합니다.

검색 경험 팀은 구조화되지 않은 검색 쿼리에서 구조화된 의도를 일치시키고 임베딩 기반 벡터 검색을 이식하는 등 보다 까다로운 생성형 AI 요구 사항이 있습니다. 이 기능을 구현하기 위해 이 팀은 제품 팀이 비정형 데이터를 기반으로 맞춤형 솔루션을 개발하도록 지원하는 인지 콘텐츠 팀과 협업하고 있습니다(인지 콘텐츠 팀은 타사 생성형 AI 플랫폼의 서비스형 임베딩을 사용하며 무엇보다도 전통적인 NLP 슬롯 도구 설정 기술을 지원합니다). 검색 경험 작업의 복잡한 특성 때문에 인지 콘텐츠 팀과 협업하지만, 이는 두 팀 모두 참여하는 유일한 협업입니다. 인지 콘텐츠와 검색 경험 모두 내부 데이터 플랫폼에서 서비스형 데이터를 사용합니다. 일반적으로 다른 모드에서의 상호작용은 엄격하게 제한되어 있지만, 팀에서는 많은 서비스형 상호작용을 지원할 수 있습니다.

보다시피, 제품 개발의 여러 요소와 해결하고자 하는 조직의 문제에 따라 다양한 팀 형태와 다양한 상호작용 모드가 적절하게 적용될 수 있습니다. 팀 토폴로지는 각 팀이 각자의 역량에 맞게 좋은 일을 할 수 있고, 팀들이 함께 원하는 결과를 달성할 수 있는 시스템을 설명하기 위한 간단하지만 풍부한 언어를 제공합니다.

팀 토폴로지는 고객에게 가치를 전달할 수 있는 효과적인 조직을 위한 훌륭한 모델입니다. 하지만 모든 유용한 모델과 마찬가지로 잘못된 점도 있습니다.[16] 팀 토폴로지의 놀라운 유용성에 비하면 그 문제점은 사소하고 쉽게 해결할 수 있다고 생각하지만, 팀 토폴로지를 적용하면서 경험한(그리고 다른 사람들도 지적한) 몇 가지 단점을 간단히 살펴보고자 합니다.

---

16 https://oreil.ly/R11E6

팀 토폴로지의 한계

팀 토폴로지는 조직 전체에서 ML 팀을 효과적으로 확장하기 위해 자주 사용하는 모델이지만, 표준 모델을 적용하는 데 몇 가지 한계가 있었습니다. 이 절에서는 아직 해결하지 못한 한 가지 주요 한계와 부분적으로 해결한 몇 가지 추가 한계에 대해 설명합니다.

관리형 팀 구조와 보고 라인은 특히 ML 모델에 데이터를 제공하고 ML 모델을 제품에 통합하기 위해 조직의 서로 다른 부분 간의 조정이 필요할 수 있으며, 특히 팀 토폴로지가 진화함에 따라 빠른 흐름을 위해 설계된 팀 간에 장벽이 생길 수 있습니다. 이것이 가장 큰 한계입니다. 경영진의 인센티브도 때때로 가치의 흐름에 역행할 수 있습니다. 조직마다 이 측면에서 크게 차이가 있기에 여기서 단일 솔루션을 제시하지는 않지만, 각 조직이 경영진이 팀 토폴로지 구현을 이해하고 생산적으로 기여할 수 있는지 그리고 이것이 효과적인 ML 조직을 위한 최우선 관심사인지 확인하는 것이 좋습니다.

유르겐 아펠로Jurgen Appelo는 그의 unFIX 모델과 팀 토폴로지 간에 쉽게 조정할 수 있는 여러 가지 사소한 차이점을 지적했습니다.[17] ML 팀과 조직의 맥락에서는 10장에서 논의한 목적과 실용성을 위해 팀을 재구성할 수 있는 능력에 중점을 두는 것이 중요하다는 점을 강조합니다. 이 장에서는 표준 팀 토폴로지 모델을 보완할 수 있는 한 가지 유형의 포럼인 실무 커뮤니티도 살펴봤지만, 의사 결정을 단순화하기 위해 많은 유사한 관심사가 없는 단순한 모델을 추구하는 것의 장점에 대해서도 설명합니다. 2장에서 논의한 제품 사례는 EDGE로 확장하여 추가적인 우려 사항을 해결합니다. 다른 우려 사항은 ML 조직과 관련이 적다고 생각됩니다. 또한 인터랙션 모드는 특히 ML이라는 특수한 환경에서 인지 부하와 빠른 흐름을 관리하기 위한 핵심 개념으로 남아 있으며, 이는 unFIX에서는 간과되고 있습니다.

팀 토폴로지의 유용성이 단점보다 훨씬 크다는 것을 알게 되었기를 바라며, 조직 내에서 실제로 효과적인 몇 가지 요소를 인식하길 바랍니다. 또한 토폴로지를 더욱 효과적으로 발전시킬 수 있는 방법도 알아두기 바랍니다. 다음 절에서는 이를 위한 몇 가지 전략을 공유하겠습니다.

---

[17] https://oreil.ly/osh1-

11.2.4 효과적인 팀을 구축하기 위한 구성 전략

이제 팀 수준의 구성 요소와 가치 중심 포트폴리오 관리 및 팀 토폴로지의 광범위한 구성 요소의 원칙과 기술을 모두 갖추었으므로 이 장의 시작 부분에서 다룬 까다로운 시나리오를 다시 살펴보고 팀 토폴로지에 대해 방금 배운 내용을 사용하여 어떻게 해결할 수 있는지 살펴봅시다. [표 11-6]에 몇 가지 문제를 해결하기 위한 몇 가지 전략을 설명했습니다.

표 11-6 지금까지 배운 내용을 사용하여 팀 관련 문제를 해결하는 방법

도전 과제	예시	도전 과제를 해결하는 법
팀 간 종속성 : 핸드오프 및 대기	다나는 데이터 사이언스 팀에 속해 있으며 그녀의 팀은 ML 모델 트레이닝을 담당하고 있습니다. 아냐야는 모델에 서비스를 제공할 프런트엔드 및 API를 소유한 팀 리더입니다. 다나는 새로운 기능을 추가하여 모델 성능을 5% 향상시키는 작업을 막 마쳤습니다. 하지만 모델을 운영 환경에 릴리스하기 전에 모델에 요청을 보낼 때 새 기능을 포함하도록 프런트엔드와 API를 업데이트하기 위해 아냐야의 팀을 기다려야 했습니다. 다나의 작업은 완료(즉, 운영 환경에 배포)로 이동하기 전까지 몇 주 동안 대기 중 열에 머물러 있었습니다.	다나의 팀(복잡한 하위 시스템 팀)은 아냐야의 팀(스트림 정렬 팀)과 긴밀하게 연결되어 있으며, 두 팀은 서로 독립적으로 가치를 제공할 수 없습니다. 이 모델이 제공하는 기능을 중심으로 분할 영역을 식별하고 다른 팀(예: 아냐야 팀 및 이 모델을 사용하려는 다른 모든 팀)이 셀프 서비스 기반으로 사용할 수 있는 잘 정의된 인터페이스로 이를 지원해야 합니다. 이는 일반적으로 데이터 제품[18]으로, 실시간으로(예: API를 통해) 또는 일괄적으로(예: 데이터 웨어하우스 쿼리를 통해) 소비할 수 있습니다. 이렇게 하면 다나의 팀은 자체적인 주기에 따라 운영 환경에 변경 사항과 모델 개선 사항을 배포할 수 있습니다. 프로듀서로서 다나의 팀은 이 소프트웨어 인터페이스의 품질을 소유하고 책임집니다. 규약 테스트를 수행하고 확장 규약[19]과 같은 기술을 사용하여 인터페이스 변경 사항(예: 새 입력 기능 추가)이 제대로 감지되고 관리되는지 확인해야 합니다.

---

[18] https://oreil.ly/mTE0K
[19] https://oreil.ly/qduqi

도전 과제	예시	도전 과제를 해결하는 법
여러 부서 간 팀의 작업 중복	엘리와 에두아르도는 각각 데이터 엔지니어링, 모델 트레이닝, API 및 UI 배포 등 제품 경험의 수직적 부분을 담당하는 서로 다른 두 팀의 팀 리더입니다. 두 팀 모두 고객에게 기능을 제공하기 위해 다른 사람을 기다리거나 의존할 필요가 없습니다. 하지만 두 팀 모두 비슷한 문제를 해결하기 위해 독립적으로 상당한 노력을 기울여 왔습니다. 예를 들어, 확장 가능한 ML 트레이닝 인프라를 프로비저닝하는 문제를 해결하기 위해 에두아르도 팀은 GPU 인스턴스를 프로비저닝하고 해체하기 위한 복잡한 DevOps 스크립트를 작성했습니다. 에두아르도에게는 알려지지 않았지만, 엘리의 팀은 서비스형 GPU 제품을 통합했습니다.	이는 두 개의 기술 스택과 아키텍처가 서로 다른 두 팀을 보여주는 콘웨이의 법칙의 전형적인 사례입니다. 이 문제는 이러한 경우 발생합니다. • ML 플랫폼이 없는 경우 • ML 플랫폼 팀이 충분한 툴링이나 올바른 툴링, 플랫폼 툴링에 대한 문서화 및 소셜화를 제공하지 않는 경우 • 비슷한 역할을 수행하는 지원 팀이 없는 경우 여기서 경영진과 실무 커뮤니티는 팀이 자율적이면서도 목표와 목표 달성에 사용하는 방법에 따라 정렬되야 하는 것과 같이 정렬된 자율성을 육성하는 데 있어 역할을 수행해야 합니다. 이는 조직 내에서 ML 플랫폼 기능을 제공할 수 있는 팀이나 엔지니어링 역량을 구축하기 위한 전초 단계가 될 수 있습니다.
중앙 집중식 팀에 너무 많은 책임	다나와 테드는 조직의 다른 모든 ML 종사자들과 함께 중앙의 데이터 과학 분야 팀으로 통합되어 조직 내 여러 기능별 제품 엔지니어링 팀의 모든 ML 요구 사항을 지원합니다. 다양한 프로젝트와 팀은 팀의 전문성에 따라 달라지는 경우가 많습니다. 어느 날 다나가 신경망의 하이퍼파라미터를 개선하는 데 몰두하고 있을 때 갑자기 다른 모델의 배포 문제를 해결하라는 요청을 받았습니다. 문제가 해결되고 원래의 업무로 돌아간 후에 팀은 다시 업무 연속성을 되찾기 위해 고생해야만 했습니다. 프로젝트는 팀의 집단적 입력에 자주 의존하게 되면서 지연되기 시작했고, 그 결과 맥락이 계속 바뀌고, 집중할 수 없으며, 어떤 한 가지 노력에서 뛰어난 역량을 발휘할 수 없게 되었습니다.	이 중앙의 데이터 과학 분야 팀이 팀의 합리적인 인지 부하를 초과한 것은 분명합니다. 각 팀이 조직 내에서 각각의 ML 기능(예: 제품 추천, 가격 책정)을 생성, 유지 및 개선할 수 있는 리소스를 갖출 수 있도록 관련 분할 영역(예: 도메인 경계)을 따라 팀을 나누고 필요한 경우 팀의 가용성을 추가하는 것을 고려할 수 있습니다. 조직이 바뀌더라도 이전과 마찬가지로, 각 팀은 초기 협업 단계에서 부터 조직의 각 다른 부분이 새로운 소비자마다 추가적인 노력 없이도 셀프서비스 방식으로 특정 ML 기능(예: 제품 추천)을 사용할 수 있는 잘 정의된 서비스형 인터페이스로 빠르게 발전하기 위해 노력할 것입니다.

지금까지 팀 토폴로지 개념이 ML 팀이 직면하는 일반적인 문제를 해결하는 방법에 대해 간략하게 살펴봤습니다. 모델에 대한 더 많은 맥락, 더 자세한 지침, 더 포괄적인 전략을 제공하는 팀 토폴로지 책과 함께 읽으면 이 장에서 훨씬 더 많은 것을 얻을 수 있습니다. 이 장은 팀 토폴로지를 위한 ML 확장팩이라고 생각하세요.

이 책을 통해 팀을 더 나은 방향으로 변화시킬 수 있는 많은 기회를 살펴보았습니다. 마지막 주제에서는 변화를 실현하는 데 있어 리더십이 어떤 역할을 하는지 살펴봅니다.

11.3 효과적인 리더십

효과적인 리더십의 역할에 대해 이야기하지 않고 효과적인 팀에 대한 장을 마무리할 수는 없습니다. 이 장에 소개된 많은 사례는 팀의 모든 사람이 지지할 수 있습니다. 하지만 조직의 사명을 설정하거나 팀 형태를 재구성하는 것과 같은 일부 개입은 공식적으로 임명된 리더의 영향력과 자원에 따라 달라집니다. 이러한 리더는 기술 책임자, 엔지니어링 관리자, 제품 또는 분석 관리자, 경영진 리더 등 다양한 직급과 다양한 기능적 전문성을 가진 리더일 수 있습니다. 어떤 리더십 역할을 고려하든 적어도 한 가지 공통점은 팀을 이끈다는 점입니다.

모든 경우에 리더는 팀에게 기대하는 가치와 행동의 모범을 보여야 합니다. 예를 들어, 리더는 업무의 모든 측면에서 팀 내에서 가장 지식이 많은 사람이 될 수는 없지만, 취약성을 보여 주고, 호기심을 모델링하고, 학습 문화를 심어 주고, 모호함을 생산적으로 해결하고, 팀에 긍정적인 방식으로 실패에 실질적으로 대응하기 위해 이를 활용할 수 있습니다.

또한 리더는 팀 외부에서 이해관계자를 참여시키고 팀을 위한 조직 리소스를 조정하는 역할도 수행해야 합니다. ML 팀은 이 점에서 특별한 과제를 안고 있습니다. 이들의 업무는 때때로 예측하기 어렵고 깊이가 깊으며, 솔루션은 복잡하고 장단점이 많은 경우가 많기 때문입니다. 리더는 조직의 나머지 구성원들과 적극적으로 소통하여 팀이 훌륭한 성과를 낼 수 있는 공간을 만들어야 합니다.

11.3.1 계획적이고 효과적인 팀을 위한 구조와 시스템 구축

1장부터 ML 솔루션 제공에는 일련의 기능이 필요하다는 점을 설명했습니다. 성공적인 제품을 제공하고자 하는 모든 팀은 크게 세 가지 하위 시스템을 고려해야 합니다.[20]

- 제품 관점에서 보면 팀은 고객과 비즈니스를 위해 가치 있는 무언가를 만들어내야 합니다. 고객에게 가치 있는 무언가를 만들어내는 것이 팀의 주된 존재 목적입니다.
- 또한 기술적 관점에서 볼 때, 팀은 압도적이고 압도적인 복잡성을 축적하지 않으면서도 목적에 맞는 고품질의 제품과 서비스를 제공할 수 있어야 합니다.
- 사람의 관점에서 팀원들은 명확한 목표, 도구, 지식, 지원 프로세스, 안전, 자율성, 목적을 갖추어야 합니다. 엔트로피가 발생하는 곳에서는 팀이 같은 방향으로 나아갈 수 있도록 일관성을 유지해야 합니다.

이 세 가지 하위 시스템은 올바른 것을 구축하는 것, 올바른 것을 구축하는 것, 사람들에게 적합한 방식으로 구축하는 것에 해당합니다.

이 책에서는 팀이 업무의 구조와 시스템을 만드는 데 도움이 되는 원칙과 사례를 제시했습니다. 리더의 역할은 이러한 시스템을 갖추고 지속적으로 개선하며 팀원들이 이러한 시스템이 훌륭한 제품을 만드는 데 도움이 되는 이유와 방법을 이해하도록 함으로써 팀이 성공할 수 있도록 돕는 것입니다. 즉, 리더는 어떤 경우에는 지시하고 조정하는 스타일을, 다른 경우에는 코칭하고 지원하는 스타일(상황적 리더십)을 채택할 수 있어야 합니다. 현재 상황에 더 나은 길이 있을 수 있는 상황에서는 과감하게 도전하는 것이 리더의 역할입니다.

11.3.2 이해관계자 참여 유도 및 조직 리소스 조정

ML 리더는 이해관계자에게 ML 모델을 전달하기 위해 특정 기술(또는 해당 기술을 갖춘 팀원들과 협업할 수 있는 능력)이 필요합니다. ML 모델은 본질적으로 설명할 수 없는 불투명한 블랙박스인 경우가 많습니다. 모델이 100% 정확할 수는 없으므로 항상 약간의 실패가 발생할 수 있으며, 그 비용을 이해해야 합니다. 리더는 올바른 측정값을 개발하고 이해관계자가 이

---

[20] https://oreil.ly/eJNiL

러한 측정값과 모델 성능에 대한 정보를 신뢰할 수 있도록 하는 데 관심을 기울여야 합니다.

또한 ML 리더는 예측할 수 없는 실험과 다른 팀에 대한 많은 종속성을 특징으로 하는 ML 제공에 대해 능숙하게 커뮤니케이션할 수 있어야 합니다. 이를 위해서는 리더가 조직의 나머지 팀원들을 함께 여정에 참여시켜 시작에 필요한 것(엔드투엔드 ML 인프라), 진행 상황(아마도 다양한 모델 중심 및 데이터 중심 접근 방식을 실험하여 얻은 점진적인 이득의 집합) 그리고 이러한 노력을 성공으로 이끄는 데 있어 다른 팀(데이터 제공업체 등)의 역할을 명확히 설명해야 합니다.

11.3.3 심리적 안전 조성

신뢰가 '팀원들이 자신이 말한 대로 행동할 것이라고 얼마나 믿는 정도'라면, 심리적 안전[21]은 '아이디어, 질문, 우려, 실수를 말해도 불이익을 받거나 창피를 당하지 않을 것이라는 믿음'이라고 설명할 수 있습니다. 심리적 안전과 신뢰가 없으면 효과적인 ML 전달, 모호성 처리, 새로운 아이디어 공유, 심지어 비즈니스 문제에 대한 혁신적인 해결책을 찾는 능력에 부정적인 영향을 미칠 수 있습니다. '왜?'라는 단순한 질문으로 얼마나 많은 돌파구를 마련하고 문제를 피할 수 있는지 놀라울 정도입니다. 하지만 심리적 안전이 보장되지 않으면 이러한 질문은 무의미해집니다.

심리적 안전은 티모시 클라크Timothy Clark가 쓴 『The 4 Stages of Psychological Safety』(Berrett-Koehler Publishers, 2020)에서 정의한 4단계로 설명할 수 있습니다.

- **포용의 안전:** 나는 가치 있고, 소속감을 느끼며, 이곳에 있는 것이 안전하다고 느낍니다.
- **학습자 안전:** 나는 성장하고 있고, 학습자로서 안전하며, 질문할 수 있고, 모든 답을 알지 못하더라도 질문할 수 있습니다.
- **기여자 안전:** 나는 어딘가에서 변화를 만들고 있으며, 제 아이디어, 비전, 희망, 꿈을 기여해도 안전하다고 느낍니다.
- **도전 안전:** 현상 유지에 도전하고 잘못된 것을 고치는 데 도움을 주는 것이 안전합니다.

---

[21] https://oreil.ly/gkD6z

리더는 솔선수범하고, 팀의 의견과 전문 지식을 구하고 새로운 시도를 옹호하며 실패에 직면했을 때 회복력을 갖고 이를 학습의 기회로 받아들이고, 우리가 원하는 팀 문화를 구축하기 위한 대화를 촉진함으로써 팀원들이 심리적으로 안전하다고 느끼는 데 중요한 역할을 담당합니다.

11.3.4 성공 분야에 대한 지속적인 개선

성공을 향한 여정은 끝이 없으며, 끊임없는 학습을 위한 노력이 필요합니다. 지속적인 개선을 우선시하는 리더는 성공과 실패를 통해 팀의 프로세스, 관행, 역학을 개선할 수 있는 인사이트를 얻을 수 있다는 점을 인식합니다.

리더는 팀 내에서 바람직한 행동을 모델링하는 데 있어 분위기를 조성하고 모범을 보이는 데 도움을 줍니다. 리더는 지속적인 개선에 관심이 있다는 것을 보여줌으로써 실제로 개선이 이루어지도록 하고, 팀은 이러한 의식을 통해 형식적인 절차를 밟는 것이 아닙니다(10장의 NUMMI에서 본질과 형식에 대한 이야기를 떠올려 보세요).

구조화된 프로세스를 따름으로써 단지 좋은 의도와 임시방편적인 변화가 아니라 지속적인 개선을 실질적이고 습관적으로 만드는 데 도움이 되는 몇 가지 기법에는 계획-실행-점검-조치(PDCA) 주기[22] 또는 지속적인 개선에 특별히 맞춤화된 버전인 카타 개선[23]이 있습니다. 두 가지 모두 현재 상태를 정기적으로 평가하고, 새로운 목표 상태를 설정하고, 새로운 목표 상태를 향한 작은 조치를 취하고, 그 영향을 평가하고, 반복하는 과정을 통해 작동합니다.

11.3.5 실패를 배움의 기회로 삼기

리더는 팀의 정서적, 문화적 분위기를 조성합니다. 리더가 실패를 학습의 기회로 받아들일

---

[22] https://oreil.ly/F6c0F
[23] https://oreil.ly/0Vpq1

때, 혁신과 계산된 위험 감수를 장려하는 환경이 조성됩니다.

리더는 좌절의 교훈적인 힘을 강조함으로써 팀이 실수에 대한 두려움으로 마비되지 않도록 합니다. 대신 실패를 성장의 발판으로 삼아 회복력, 적응력, 솔루션 중심의 사고방식을 키울 수 있습니다. 이러한 접근 방식은 학습 곡선을 가속화할 뿐만 아니라 팀원들이 자신의 어려움을 공유하고 함께 학습하는 데 안전하다고 느끼기 때문에 팀 내 신뢰와 협업을 강화합니다.

이 책에 소개된 제품 발견 및 엔지니어링 사례를 활용한다면 실패에 따른 비용을 절감할 수 있을 것입니다. 이러한 관행은 실패 비용을 낮춤으로써 팀이 빠르게 실험하고 학습할 수 있는 안전한 실패 환경을 조성합니다.

11.3.6 우리가 바라는 문화 구축

문화는 추상적인 개념이 아니라 '우리가 일하는 방식'입니다. 문화는 팀의 역동성, 의사결정 프로세스, 전반적인 생산성에 영향을 미치는 가시적이고 일상적인 현실입니다. 리더는 정책이나 선언뿐만 아니라 일상적인 행동, 반응, 상호작용, 즉 '일을 하는 방식'을 통해 이러한 문화를 형성하는 데 중추적인 역할을 합니다.

우리가 바라는 문화를 구축한다는 것은 창의성, 협업, 웰빙을 촉진하는 이상적인 환경을 구상하고 이를 위해 적극적으로 노력하는 것을 의미합니다. 여기에는 팀 가치에 대한 열린 대화, 해로운 행동에 대한 대처, 팀 동료애와 이정표를 기념하는 행사 도입 등이 포함될 수 있습니다. 리더는 바람직한 문화적 특성을 구현하고 이를 적극적으로 육성함으로써 이상적인 팀 문화에 대한 추상적인 비전을 모든 구성원이 공유하는 생생한 현실로 바꿀 수 있습니다.

11.3.7 팀이 일을 즐겁게 하도록 장려

마지막 리더십 주제를 선정하기 위해 저희는 유쾌함을 선택했습니다. 유희는 진지하지 않게 들릴 수 있지만 코미디언 존 클리스(John Cleese)는 "너무 많은 사람들이 진지함과 엄숙함을 혼동

한다"라고 말했습니다. 효율성에 대해 진지하게 생각하는 팀은 놀이를 해야 합니다. 게임은 사람들을 업무에 더 깊이 몰입하게 하며,[24] 실제로 학습과 창의적인 문제 해결에 필수적입니다. 실제로 우리가 구축하고 있는 ML 시스템에서 문제를 해결하기 위해 다양한 파라미터를 가지고 가장 적합한 것을 찾기 위한 (인간에 비해 다소 비효율적으로) 놀이를 하는 것 외에 무엇을 할 수 있을까요?

리더의 역할은 팀원들의 유쾌한 행동을 모범으로 삼고 이끌어 주는 것입니다. 탁구나 마리오 카트처럼 업무와 관련된 일부 놀이는 정신적 휴식과 사교 활동에 중요한 역할을 하지만, 너무 지나치면 의미 있는 업무를 수행할 수 없게 됩니다. 이는 리더가 모범이 되어야 할 놀이 행동이 아니며, 직장에서 이러한 유형의 놀이에 대해 적절한 경계를 설정해야 합니다. 대신 리더는 문제를 이해하고 효과적이고 효율적인 해결책을 개발하는 과정에서 장난을 칠 수 있는 기회를 찾아서 확대해야 합니다. 항상 걷기 쉬운 선은 아니지만 리더십도 마찬가지입니다.

이러한 유형의 놀이는 팀과 관련이 있고 의미 있는 것이어야 합니다. 〈심슨 가족〉에 등장하는 스키너Seymour Skinner 교장이 "봉투를 붙이는 것도 재미있을 수 있습니다. … 여러분이 해야 할 일은 그것을 게임으로 만드는 것뿐입니다. 예를 들어, 한 시간에 몇 개를 붙일 수 있는지 확인하는 게임을 해 보세요. … 그럼 그 기록을 깨보세요"라고 말했을 때 우리 모두는 바트 심슨Bart Simpson처럼 '꽤 형편없는 게임처럼 들리네요'라고 생각했을 것입니다. 하지만 시즌 3의 '에피소드 4. 살인자 바트'[25]에서 시모어는 차고에 쌓인 신문 더미 아래에 갇힌 다소 황당한 상황에서 생존을 위해 같은 원리를 매우 적절하고 의미 있는 방식으로 실행에 옮겨 "한 손으로 근처 농구공을 드리블하는 게임을 만들어 하루에 몇 번이나 공을 튕길 수 있는지 보고 그 기록을 깨려고 노력했다"고 말합니다. 이것은 놀이를 통한 상황 리더십의 좋은 예이지만, 여러분이 업무에서 겪어야 할 상황은 아니기를 바랍니다.[26]

---

[24] https://oreil.ly/BrPJy
[25] https://oreil.ly/PWvIL
[26] 놀이를 옹호하는 과정에서 우리는 잘못 설계된 ML 시스템이 소외되고 취약한 사람들을 배제하고 해를 끼칠 수 있다는 결과의 심각성도 인식하고 있습니다. 우리는 결과에 대한 무지에서 놀이를 옹호하는 것이 아닙니다. 바람직하지 않은 시나리오를 연기하는 것은 기술 전문가와 이해관계자 모두를 교육하고 이러한 의도하지 않은 결과를 사전에 예측할 수 있는 하나의 도구입니다(https://oreil.ly/-4anU).

따라서 유머는 놀이의 큰 부분이며, 놀이는 일을 하는 사람들에게 의미 있는 방식으로 일과 통합될 때 가장 효과적이라고 생각합니다. 다음은 우리와 동료들이 직장에서 어떻게 플레이했는지 보여주는 몇 가지 예시입니다

- 픽사Pixar 영화의 피치처럼 컨설팅 권장 사항을 제시했습니다.
- 게임 쇼 형식으로 시뮬레이션 도구를 소개했습니다. 이해관계자들이 점점 더 최적의 솔루션을 구상하고 이를 실시간으로 시뮬레이션하여 점수를 매겼습니다. 승자는 상품 패키지를 받았습니다.
- 고무 오리 모양의 중력장, AI 휠리 코치, ML을 이용한 애완 고양이 위치 예측 등 재미있는 사이드 프로젝트를 공유했습니다.[27]
- 성능 개선에 중점을 둔 데이터 시각화를 만들었지만, 스페이스 인베이더나 매트릭스 같은 대중문화 테마를 사용해 재미를 더했습니다.
- 코로나19로 발생하는 혼란을 기반으로 가벼운 경쟁이 있는 코딩 카타를 고안했습니다. 예를 들어, 사회적 거리두기를 유지하면서 사무실 환경에서 경로 계획을 세우거나 원격 학습에서 어린이에게 작업을 최적으로 할당하는 작업 등이 있었습니다.

이러한 활동들은 여러분의 팀이 어차피 할 수 있는 일들입니다. 약간의 장난기로 이를 훨씬 더 흥미롭게 만들 수 있습니다. 놀이는 심리적 안전을 개선하고, 개선 기회를 찾으며, 실패를 이해하고 그로부터 배우는 데 도움이 될 수 있습니다. 이는 팀 문화에 필수적일 수 있으며 이 것들은 리더가 팀에서 추진해야 한다고 말했던 모든 것들입니다. 지난 두 장에서 많은 무거운 주제를 다루었지만, 장난기 있는 팀이라면 이러한 주제들이 무겁게 느껴지지 않을 것입니다. 그러니 이 책을 다 읽고 나면, 직장에서 놀이를 도입하라는 격려로 받아들이세요.

현대 경영과 품질 관리를 혁신한 사상가인 에드워즈 데밍Edwards Deming[28]은 이렇게 말했습니다. "리더십의 목표는 사람과 기계의 성과를 개선하고, 품질을 향상시키며, 산출을 증가시키고, 동시에 사람들에게 작업의 자부심을 심어 주는 것이다. 부정적으로 말하자면, 리더십의 목표는 단순히 사람들의 실패를 찾아 기록하는 것이 아니라, 실패의 원인을 제거하고 사람들이 **더 적은 노력으로 더 나은 일을 할 수 있도록 돕는 것이다.**"

---

27 https://oreil.ly/443Kw
28 https://oreil.ly/D1r5Q

여러분이 리더라면, 이러한 기술들이 팀의 집단적 전문성을 증대시키고 목표를 달성할 수 있는 조건을 어떻게 만들어줄 수 있을지 고려해 보세요.

이로써 이 책의 마지막 장을 마무리하겠습니다.

11.4 결론

10장과 11장에서 우리는 궁극적인 목표인 효과적인 ML 팀을 육성하여 고객 가치를 반복적이고 신뢰성 있게 제공하는 데 방해가 되는 요소와 촉진하는 요소의 인간적 및 사회적 측면을 탐구하고 설명했습니다. 10장과 11장에서 다룬 목표, 원칙 그리고 기법들을 [표 11-7]에 요약했습니다.

표 11-7 이전 장의 내용도 참조된 10장과 11장에서 다룬 효과적인 ML팀을 위한 구성 요소, 프레임워크 그리고 전술의 요약

빌딩 블록	프레임워크	전술 및 참고 자료
신뢰	• 대담하게 나아가기 (취약성) • 터크먼의 그룹 개발 단계 • 벨빈의 팀 역할	• 팀 헌장 • 쇼케이스 • 회고 • 피드백
커뮤니케이션	• 커뮤니케이션 모델 • 중요한 대화 • 솔직함	• 시각적 관리 • 쇼케이스 • 피드백 문화 • 회고
목표 지향적인, 서로 공유되는 업무 진행	• 작업 진행 원칙 • 자율성 • 숙련 • 목적	• 시각적 관리 • 개인 캔버스 • 반복 계획 • 피드백 루프 단축(→ 1–9장)
다양성 있는 팀 구성	• 다양성 휠 • 벨빈의 팀 역할 • 다기능 팀	• 팀 헌장 • 인적 자원 팀 지원 • 다기능 기능 역할(→ 1장)

빌딩 블록	프레임워크	전술 및 참고 자료
팀 흐름	• 엔지니어링 효율성 • 개발자 경험	• 인지 부하 관리(→ 1-9장) • 피드백 루프 단축(→ 1-9장) • 흐름 상태 유지(→ 1-9장)
조직적인 흐름	• 팀 토폴로지	• 가치 중심 포트폴리오 관리 • 팀 형태와 상호작용 모드 • ML 제품 팀 • ML 도메인 팀 • ML 플랫폼 팀 • ML 지원 팀 • 진화하는 토폴로지
효과적인 리더십	• 심리적 안전 • 지속적인 개선 • 회복력 있는 문화	• 사례를 통한 리딩 • 시스템적 사고 • 개선 카타 • 실패로부터 배움을 축하하고 성공을 축하하세요!

드디어 이 책을 마쳤습니다. 축하합니다. 앞서 언급했듯이, 이 책은 다양한 회사와 협력하여 ML 제품을 제공한 우리의 실무 경험을 바탕으로 작성했습니다. ML의 구불구불한 경로와 많은 함정을 탐험하면서, 팀을 구축하고 ML 솔루션을 제공하는 데 도움이 되는 지침을 제공한 우리의 여정을 즐겼기를 바랍니다.

여러분이 이 기법들을 ML 프로젝트에 적용하길 바랍니다. 필자들도 계속해서 그렇게 할 것입니다. 피드백 지연을 줄이고, 실패의 비용을 낮추며, 반복적으로 제공하는 … 이제는 잘 알 것이라고 생각합니다. 또한 여러분이 자신의 경험을 글로 쓰고 발표하여, 글로벌 ML 종사자 커뮤니티로서 우리의 집단적 지혜를 계속해서 추가해 주기를 바랍니다.

11.4.1 에필로그: 다나의 여정

다나는 팀을 위해 필요한 다음 ML 제품을 준비하면서, 과거의 경험의 단점과 장점에서 배우게 되는, 신뢰가 높고 성과가 뛰어난 팀을 육성하기로 결심했습니다. 그녀는 가치 있는 결과를 자주 그리고 일찍 제공하며 지속적으로 배우는 팀을 원했습니다.

다나는 훌륭한 제품을 만들기 위해서는 제품, 엔지니어링, ML, 전달, 데이터 등의 다기능 기능 역량이 중요하다는 것을 알고 있었습니다. 또한 혼자서는 할 수 없다는 것도 알고 있었으며, 자신과 같은 리더들이 원칙, 실천, 프로세스에 대해 일치해야 그러한 팀을 육성할 수 있다는 것도 이해하고 있었습니다.

발견과 개시 단계를 거친 후, 그녀와 팀은 무엇을 만들고 있는지 그리고 왜 고객들이 그것을 가치 있게 여길지에 대한 명확한 비전이 있었습니다. 팀의 ML 종사자들은 작은 배치로 가치를 제공하고 린 엔지니어링 실천을 통해 품질을 내재화하기 시작했습니다. 그들은 에드워드 데밍의 지혜를 마음에 새기고, 처음부터 제품에 품질을 내재화하여 대규모 배치에서의 지연된 검사의 필요성을 없앴습니다. 수동 테스트와 운영 결함은 시간이 지남에 따라 줄어들었고, 그녀의 팀은 매 반복마다 가치를 제공하고 피드백을 받는 작은 승리의 힘, 속도 그리고 기쁨을 느끼기 시작했습니다. 이러한 단조로운 작업에서 회복된 시간 덕에, 그녀는 근무 시간 이후에 가족, 커뮤니티, 개인의 웰빙 그리고 실제로 삶을 사는 것에 에너지를 쏟을 수 있었습니다.

다나와 그녀의 동료들은 또한 작게 시작하고, 의도적으로 단계를 하나씩 밟았으며 소통 채널을 열어 도전과 성공을 공유하도록 장려했습니다. 그들은 정기적인 공유 세션을 마련하여, 성공뿐만 아니라 실패도 공유하며 ML 시스템 구축에 내재된 학습 과정을 정상화했습니다.

하지만 이것은 '영원히 행복하게 살았습니다'라는 이야기는 아닙니다. 여전히 계획되지 않은 작업을 만들어내는 레거시 시스템, 테스트하기 어려운 새로운 문제, 도전적인 인물들 그리고 중요한 대화가 필요했습니다. 그러나 그녀와 팀은 신뢰할 수 있는 도구와 기법들을 가지고 있었고, 문제를 분해하고 팀으로서 앞으로 나아갈 길을 찾기 위해 충분한 자원을 보유하고 있었습니다.

ML과 AI이 빠르게 변화하는 세계에서는 항상 배울 것이 있고, 극복해야 할 새로운 도전이 있었습니다. 혼자 하는 것은 외로운 일이었지만, 다나는 같은 방향을 향해 가고 있는 종사자들로 구성된 팀에 속해 있다는 것이 기뻤습니다. 그들은 목표를 알고 있었고, 도달하기 위한 도구와 기법을 가지고 있었으며, 그 과정에서 빠르고 신뢰할 수 있고 책임감 있게 가치를 제공할 수 있었습니다.

INDEX

ㄱ

가설 캔버스 60, 86

가장 위험한 가정 테스트 90

가장 초기 테스트 가능/사용 가능/사랑받는 제품 88

가치 제안 캔버스 48

가치 흐름 매핑 46

개념 증명 89

개발 77

개인 식별 정보 264, 316

객체 탐지 241

거짓 긍정 119

거짓 부정 119

경쟁사 연구 79

고객 여정 매핑 78

고객 인터뷰 78

교차 기능 417

교차 기능 요구 사항 98

굿하트의 법칙 120

ㄴ

능동 학습 63

ㄷ

더블 다이아몬드 75

데이터 유출 236

데이터 제품 캔버스 49

데이터 중독 공격 63

도커 용어들 143

독립적이고 동일하게 분포되어 있다는 가정 239

듀얼-트랙 전달 모델 75

드라이버-네비게이터 375

드레이퍼스 제곱 375

디자인 스퀴글 74

디자인 중심 사고 73

ㄹ

레드-그린-리팩터링 318

레드-레드-레드-실행취소 318

로그 변환 215

리스트 컴프리헨션 221

린의 다섯 가지 원칙 46

린 전달 30

린 캔버스 48

ㅁ

맥락적 학습 65

명확하지 않은 코드 34

미니 폭포수 74

ㅂ

발견 77

백로그 커플링 52

버스 팩터 374

번다운 차트 398

번업 차트 115

부패 방지 계층 338

ㅅ

사기꾼 증후군 403

사이킷런 159

사전 커밋 훅 217

사전 훈련 테스트 216

상황적 질의 78

서비스 수준 계약 344

설명 가능성 249

설문조사 79

소프트웨어 구성 분석 178

숨겨진 계층화 문제 235

스네이크 표기법 343

스위스 치즈 사고 원인 모델 199

시스템 상태 평가 344

실무 커뮤니티 54, 457

심층 방어 64

ㅇ

안돈 코드 424

약한 지도 학습 63

역 콘웨이 기법 52

완료 정의 101

인공의 인공지능 50

일기 학습 79

ㅈ

자가 지도 학습 63

자연 레이블 63

자연어 처리 65

재현율 점수 235

적합도 함수 201, 230, 232, 378

전달 40, 50, 77

정의 77

제로샷 65

제품 중심 사고 73

중요한 단일 지표 118

지도 학습 ML 전략 409

ㅊ

책임 있는 AI 59

체크아웃하고 바로 시작하기 155

INDEX

최소 권한 원칙 64
최소 기능 제품 87
최소로 사랑받는 제품 88
층화 지표 테스트 235

ㅋ

컨테이너 142
콘웨이 법칙 52
클래스 불균형 문제 410

ㅌ

타이틀 표기법 343
타임박스 72
탐색적 데이터 분석 79
탐욕적 샘플링 244
테라폼 159
테이 35
통합 개발 환경 57
통합 테스트 216
투 피자 팀 383
트렁크 기반 개발 353
특성화 테스트 317
팀 토폴로지 54

ㅍ

페르소나 78
페이크 도어 테스트 91
편향 현상 416
퓨샷 65
프롬프트 주입 35
플라이휠 효과 363
피처 스토어 236
피처 엔지니어링 188
핑퐁 375

ㅎ

하이프 사이클 29
해적 지표 118
호프스태터의 법칙 117
확률적 경사 하강법 65
환원주의 239

A

active learning 63
Andon Cord 424
anti-corruption layer 338
artificial artificial intelligence 50

B

backlog coupling 52

batect 141

burndown chart 398

burn up chart 115

bus factor 374

C

CD4ML 58

CFR 98

characterization test 317

check out and go 155

class imbalance 410

community of practice 54, 457

competitor research 79

container 142

contextual inquiry 78

continuous delivery for ml 58

Conway's law 52

CoP 457

cross-functional 417

cross-functional requirements 98

customer interviews 78

customer journey mapping 78

D

data leakage 236

data poisoning attacks 63

data product canvas 49

defense in depth 64

definition of done 101

delivery 40, 50

design squiggle 74

design thinking 73

devops research and assessment 223

diary study 79

DoD 101

DORA 223

double diamond 75

Dreyfus squared 375

driver-navigator 375

dual track delivery model 75, 113

E

earliest testable/usable/lovable product 88

echo chamber 416

explainability 249

exploratory data analysis 79

INDEX

F

fake door tests 91

false negative 119

false positive 119

feature engineering 188

feature store 236

few-shot 65

fitness functions 201, 230, 378

flywheel effect 363

G

Goodhart's law 120

greedy sampling 244

H

hidden stratification problem 235

Hofstadter's law 117

hype cycle 29

hypothesis canvas 60

I

IDE 57

IID 239

imposter syndrome 403

in-context learning 65

independent and identically distributed 239

integrated development environment 57

integration test 216

inverse Conway maneuver 52

K

KPI 84

L

Lean canvas 48

Lean delivery 30

LIME 251

list comprehension 221

local interpretable
    model-agnostic explanations 251

log transformations 215

M

minimum lovable product 88

minimum viable product 87

mini waterfall 74

ML 시스템 테스트 피라미드 201

ML을 위한 지속적 전달 58

ML 캔버스 81

ML canvas 81

MLOps 40

ml systems test pyramid 201

MVP 87

N

natural label 63

natural language processing 65

NLP 65

O

object detection 241

OMTM 118

one metric that matters 118

P

personal identifiable information 264

personally identifiable information 316

personas 78

pii 264, 316

ping-pong 375

pirate metrics 118

poc 89

pre-commit hook 217

pretrain test 216

principle of least privilege 64

product thinking 73

prompt injection 35

R

rat 90

recall score 235

red-green-refactor 318

red-red-red-revert 318

reductionist 239

responsible ai 59

riskist assumption test 90

S

sca 178

scikit-learn 159

self-supervised learning 63

service level agreements 344

SGD 65

SLA 344

snake_case 343

software composition analysis 178

spaghetti code 34

INDEX

stochastic gradient descent 65

stratified metrics tests 235

supervised ML trajectory 409

surveys 79

Swiss cheese model
    of accident causation 199

systems health rating 344

Tay 35

team topologies 54

Terraform 159

timebox 72

titlecased 343

trunk-based development 353

two-pizza team 383

value proposition canvas 48

value stream mapping 46

weak supervised learning 63

zeros-hot 65